元代畫家作品題跋詩文彙編（下）

佘　城　王邦彥
　　　卓之玉　編著

文史哲出版社印行

# 元代畫家作品題跋詩文彙編（下）

## 脫 脫（右丞相）

　　小傳：名脫脫，蒙古康里人。武宗，仁宗朝任官至尚書省右丞相，有能名，追諡忠獻。（《元史·列傳》第二十五卷一百三十八、〈康里脫脫〉）

〈大師右丞相畫墨竹〉　　　　　　　　　　　　　　　　　　　　　元·歐陽玄

　　右墨竹一枝，大師右丞相所畫，以遺其館客授經郎鄭浚常者也。丞相天資明叡，知識過人。一日，得文與可竹譜學之，即臻其妙。觀其枝葉面嚮，柯幹節脈，皆與可法。而筆意老蒼，與近代李薊丘諸人所作，迥然不同。浚常在相府，直言不阿，又多引拔善類，為長史甚得體。相君雅愛重之，故受以心畫云。（歐陽玄《圭齋文集》、卷十四）

〈題右丞相親寫墨竹贈集賢大學士吳行可〉　　　　　　　　　　　　元·周伯琦

　　相君手植双琅玕，靈根得地元氣蟠。清風白晝掃陰曀，虛心勁節參雲端。鳳池幽賞忽見此，簫韶隱隱來鵷鸞。天真洒落運生意，筆力浩瀚迴狂瀾。伯夷高潔伊尹任，中立不倚世所難。瀛洲老仙永為好，直道相期保歲寒。（周伯琦《近光集》、卷三）

〈題太師贈長學士墨竹〉　　　　　　　　　　　　　　　　　　　　元·貢師泰

　　墨池飛出雙鳳凰，青霞碧雲搖日光。九重阿閣幾千尺，如聽羽節飛鏘鏘。集賢學士瀛洲客，朝回拾得連城璧。便思手把釣魚竿，萬里江山秋水碧。（貢師泰《玩齋集》）

## 惟 善（釋）

　　小傳：不見畫史記載。身世不詳。

〈題上元周伯寧所贈僧惟善山水小圖〉　　　　　　　　　　　　　　明·劉 嵩

　　北苑南宮意所親，早於揮灑見天真。僧郎前月金陵去，卷得淮山一片春。（劉嵩《槎翁詩集》、卷八）

## 惟 堯（釋）

　　小傳：不見畫史記載。身世不詳。

〈戲題僧惟堯墨梅〉　　　　　　　　　　　　　　　　　　　　　　元·趙孟頫

　　蕭洒孤山半樹春，素衣誰遣化緇塵。何如澹月微雲夜，照影西湖自寫真。（趙孟頫《松雪齋文集》）

## 處 能（釋）

小傳：不見畫史記載。身世不詳。

〈贈寫梅僧處能〉　　　　　　　　　　　　　　　　　宋・許月卿

月明牕上老梅癯，我有天然水墨圖。笑殺無文痴老子，冰綃影裏覓林逋。（許月卿《先天集》、卷六）

## 從 序

小傳：不見畫史記載。字子倫，身世不詳，與顧瑛友善。

〈題從序畫墨萱草〉　　　　　　　　　　　　　　　　元・于 立

階下宜男草，新開幾樹花。阿婆年八十，遊子早還家。（元顧瑛《草堂雅集》、卷十一）

〈題從子倫畫山水〉　　　　　　　　　　　　　　　　元・于 立

我本山中人，頗有愛山癖。何人寫秋山，秀色如可食。天河露下秋漢白，挹露磨空洗秋色。尚如洞庭水浸青芙蓉，倒影天光湛虛碧。又如飛龍天外來，鱗鬣森森插霜戟。遠嶼瀰茫隔烟浦，冷雲濕翠愁痕古。便從海上訪三山，又恐征帆迷處所。若耶溪在何處，歸去來，山中住。道逢仙人紫綺冠，指點丹崖是征路。寄書松竹問平安，莫嫌老子來遲暮。（顧瑛《草堂雅集》、卷十一）

〈題從子倫畫雪景便面〉　　　　　　　　　　　　　　元・柯九思

千山雪月繞漁磯，寒沁船窓酒暈微。魂斷翠禽香入夢，梅花應笑美人歸。（柯九思《丹邱集・錄自元詩選》、四六頁）

〈題從子倫寫生芍藥於玉山佳處〉　　　　　　　　　　元・柯九思

九十風光事已非，翻堦紅藥尚天機。畫工點染成生色，說與東君少待歸。（柯九思《丹邱集・錄自元詩選》、五九頁）

〈題從子倫畫南山曉齋圖〉　　　　　　　　　　　　　元・柯九思

少年曾艤南山勝，畫舫笙歌日日來。第二橋邊春水滿，曉晴芳樹散輕埃。（柯九思《丹邱集・錄自元詩選》、六九頁）

〈（從倫畫）張氏瑞蘭記〉　　　　　　　　　　　　　元・楊維禎

蘭，王者香也，其生或與神明通。晉羅咸家，其庭或生蘭，史因以為德行之盛。然則蘭不期而生自生者，非偶然也，必矣吳人張景雲氏葬其親於武丘靈壽岡之原，軒草治壙，見業蘭一種，獨秀於荒草芳棘之間，實青烏氏點穴之所也。亦豈非孝感所及，天有以假之為牛眠馬蹄之兆耶？蓋吳中土風，無論貴賤，家親死，悉棄於火。夫火尸乃三代治惡逆之罪，以示陵遲，而絕之人類也。奈何吳之人子，舉惡逆之刑以待其親，而曾無天誡之痛耶？景雲氏獨能痛其親，拔去惡習，營善地以藏其親躬，負土成墳，廬墓者三月而不忍去，其情有不合於天者耶。宜天有以托諸草木以表之也。父老謂余曰：「蘇之有蘭，皆市之於他所，靈岩，天平雖名山，皆無蘭茁其中，雖植之不生也。」信其言，則景雲氏得蘭於藏親之地，其為孝感之符也，信矣哉。其友從倫圖其蘭于卷，又請余記，於是乎書。至正八年四月四日。（楊維楨《東維子文集》、卷十八）

〈題從子倫畫風梅花鴨〉　　　　　　　　　　　　　　元・陳 基

　溪山風日兩相宜，更著文禽汎綠漪。自愧無才似山簡，為君題作習家池。（顧瑛《草堂雅集》、卷一）

〈題從子倫畫梅花家鳧〉　　　　　　　　　　　　　　元・鄭 東

　池上花開如白雲，碧波鵝鴨動成群。擬開水檻供垂釣，日日春晴共汝分。（顧瑛《草堂雅集》、卷七）

### 強弘之

　小傳：不見畫史記載。身世不詳。

〈題強弘之少府枯木竹石圖〉　　　　　　　　　　　　元・程端禮

　霜木棱棱踞盤石，風篁嫋嫋搖清秋。王孫落筆妙天下，前輩不數文湖州。（程端禮《畏齋集》、卷二）

### 商皓年

　小傳：不見畫史記載。身世不詳。

〈范侯寫白鷹贈陳太常，代陳以詩謝〉　　　　　　　　元・張 雨

　范侯商皓年，能寫鷙鳥樣。亭如鸑鷟峙，潔白以自況。老拳當奮擊，致力霄漢上。晚乃脫韅鞲，刷羽氣彌王。俛首若有思，長風為悽愴。柏也蚤剛狷，棟隆真強項。于今亦蒼皮，分老此雲嶂。幸哉冰霰餘，一眤煩大匠。要非塵中物，親近容跌宕。願保歲寒姿，追從丈人行。（張雨《句曲外史貞居先生詩集》、卷二）

## 商 琦

小傳：字德符，號壽巖，曹州濟陰人。成宗時集賢學士，善山水，師李成，得用墨法兼工墨
竹，自成一家。（見《中國畫家人名大辭典》、三七六頁）

〈題商學士為陳仲剛作澄江圖〉　　　　　　　　　　　　　　　　　元·程端禮

江南水濶天低，目極波晶烟微。閣老為誰肯寫，玉堂有客思歸。（程端禮《畏齋集》、
卷二）

〈書商學士畫山水圖詩後〉　　　　　　　　　　　　　　　　　　元·釋大訢

予十歲祝髮，即受沙彌戒，則綺語口業便當絕之。而父師命，猶令不離學館。至十八，
游方始棄文字。然為人所彊，往往不工，有愧作者，故力辭謝。又取人憎惡，年及衰邁，
猶不能脫然淨盡。信宿習染，人未易洗滌。或謂菩薩假諸伎藝，以如幻三昧因事攝化，
則吾不能知。天目具上人命書舊作，將使吾知過責悔以自新耶。其以世俗喜文，而謂我
能隨機善導耶。知我罪我，當有識者。（釋大訢《蒲室集》、卷十四）

〈商德符畫為雲門若季衡題〉　　　　　　　　　　　　　　　　　元·釋大訢

左山文采妙一世，季子德符以畫傳。家世風流寧復爾，粉繪零落隨朝煙。德符一飲一
石斗，山中作客兼旬酒。携我一匹練絹歸，畫成許寄隨烏有。溪翁何幸得片幅，著我風
瓢寄枯木。萬壑驚濤聲撼屋，陰崖六月寒生粟。我倦將迤奔驥渴，有懷浩蕩春江濶。惠
遠何曾過虎溪，猶聞大覺焚龍鉢。豈無荷屋薛蘿衣，豆苗如玉山雨肥。十年已負長松期，
扁舟好逐畫圖歸。（釋大訢《蒲室集》、卷二）

〈題商侯畫山水圖〉　　　　　　　　　　　　　　　　　　　　　元·貢奎

秦鞏諸山天下美，相君愛山心獨喜。商侯落筆圖畫裏，盤旋咫尺藏千里。遠山天際抹
修眉，近山淡黛連雲。下有百尺清溪水，石闌木盾懸崖底。時見行人去如螘，危橋吹斷
橫沙尾。村落林園接邐邐，雲中世家重釋流。東刹凌虛構華侈，撾鍾擊鼓兩岩間。西刹
輝煌賀蘭氏，商周遺俗亦在耳。豈無當時隱君子，我欲追遊躋隻趾。卻愛孤舟岸旁艤，
商侯商侯巧能擬。安得從之慰我思，呼酒盡掃溪藤紙。（貢奎《雲林集》）

〈題商德符山水圖〉　　　　　　　　　　　　　　　　　　　　　元·馬祖常

曹南山君畫山水，幅絹咫尺千萬里。古木樛枝障霧雨，蒼石斷裂蹲虎兒。路幽應有仙
人室，樓閣恍惚雲氣入。翰墨黯黯絕丹碧，芙蓉峯高觀海日。（馬祖常《石田文集》、卷
二）

〈商學士畫山水歌〉　　　　　　　　　　　　　　　　　　元・馬祖常

　　商侯畫山并畫水，當今天下無雙比。昔者累蒙天子知，晝日三接賜筐篚。墨瀋翻流雪壁滑，閩嶠蜀門生寸暑。五年送絹或不得，岸幘飲酒辱畫史。江波沈沈樹含霧，疊嶂千層問歸路。玄雲夜合風雨交，漁師不畏蛟龍怒。倚雲茨屋如穹龜，樛枝應有猿□悲。暝靄依稀蜃樓出，暗霏彷彿鰲岸移。君不見剡藤一丈光陸離，嗚呼野父秋行迷。（馬祖常《石田文集》、卷五）

〈商學士萬里圖〉　　　　　　　　　　　　　　　　　　　元・馬祖常

　　曹南商君儒學子，身登集賢非畫史。酒酣氣豪不敢使，揮洒山水在一紙。咫尺萬里乾坤意，人言造物真兒戲。盤紆流動各有象，變化欻忽風雲至。吾觀崑崙四月出，更觀扶桑東日出。形勢開合限內外，分野上合星辰精。大禹鑄九鼎，鄒衍外九州。豈但草木異，乃有鬼魅憂。噫嘻奉常官祿薄，百錢縫囊貯丘壑。為爾作歌還一嚱，何年淮南戴青篛。（馬祖常《石田文集》、卷五）

〈題額森特穆爾開府宅壁畫山水歌〉　　　　　　　　　　　元・馬祖常

　　大山崒崔摩青天，小山平遠通雲煙。商侯胸中有邱壑，信手落筆分清妍。閶風玄圃元不遠，燦爛金碧流潺湲。參差澗谷樓觀起，縈紆石路朱橋連。松風颼颼響虛閣，棋聲剝啄來群仙。漁歌樵唱渺何許，綸巾羽扇清溪邊。高情自有泉石趣，涼意不受塵埃纏。世間書畫亦豈少，誰能真賞如公賢。華堂風日不到處，絕勝　幎空高懸。舉觴酌酒為公壽，眼明對此三千年。（元《元藝圃集》、卷二）

〈題高德符學士桃源春曉〉　　　　　　　　　　　　　　　元・馬祖常

　　宿雲初散青山濕，落紅繽紛溪水急。桃花園裏得春多，洞口春煙搖綠蘿。綠蘿搖煙掛絕壁，飛流淙下三千尺。瑤草離離滿澗阿，長松落落凌空碧。雞鳴犬吠自成村，居人至老不相識。瀛洲仙客知仙路，點染丹青寄輕素。何處有山如此圖，移家欲向山中住。（元《元藝圃集》、卷二）

〈題商學士畫〉　　　　　　　　　　　　　　　　　　　　元・虞　集

　　方士好服食，商山多紫芝。采之長松下，濯以清澗漪。滄涼百里內，秦皇都下知。駕舟載男女，築宮東海涯。（虞集《道園學古錄》、卷一）

〈題商德符蜀山圖〉　　　　　　　　　　　　　　　　　　元・虞　集

　　每愛商公寫蜀山，蒼崖直下竹林間。錦城雨後江沙白，劍閣霜餘木葉殷。何處揚雄池

盡墨，誰家杜甫月臨關。釣鼇海上天空濶，待得仙槎一往還。（虞集《道園遺稿》、卷三）

〈題商德符華山圖〉　　　　　　　　　　　　　　　　　　　　元・虞　集

　　昔祠雲台館，行穿御階栢。夕陰嵐氣深，重碧照行客。獨訪長超谷，漸覺巖險迫。冰生玉井頭，日射仙掌側。豈無鐵鎖懸，翻身若飛鶻。恐煩華陰令，不奈昌黎伯。王事況有程，車馬何忽忽。流觀終南山，周覽天府國。尔來十七年，欲往不再得。山河想邈悠，傷殘轉蕭索。摩挲商老圖，彷彿希夷宅。高哉蓮華峯，白雲澹秋色。（虞集《道園學古錄》、卷一）

〈商德符畫幽篁古木〉　　　　　　　　　　　　　　　　　　　元・虞　集

　　湘君宮在洞庭湖，幽篁古木龍所都。石壇雨長碧苔蘚，水屋風動青珊瑚。老人歌枕看螻蟻，嫠婦停舟聽鷓鴣。江南蜀道問來往，商公商公今有無。（虞集《道園學古錄》、卷二）

〈商德符畫松〉　　　　　　　　　　　　　　　　　　　　　　元・虞　集

　　松根生茯苓，松葉纏兔絲。服之可長生，歸哉南山陲。（虞集《道園學古錄》、卷三）

〈商德符小景〉　　　　　　　　　　　　　　　　　　　　　　元・虞　集

　　商公昔者觀秦蜀，劍閣崢嶸筆底開。又向江南住三載，不為成臯即天台。（虞集《道園學古錄》、卷四）

〈商德符小景〉　　　　　　　　　　　　　　　　　　　　　　元・虞　集

　　五老峰前屢往來，紫雲如蓋陰崔嵬。十年京國頻看畫，最愛高僧坐石苔。（虞集《道園學古錄》、卷四）

〈商德符畫〉　　　　　　　　　　　　　　　　　　　　　　　元・虞　集

　　曉陪劍履上嚴宸，霜葉青紅日色新。誰見江山烟霧起，行吟澤畔老靈均。（虞集《道園遺稿》、卷五）

〈（商琦）孔林圖〉　　　　　　　　　　　　　　　　　　　　元・揭傒斯

　　詩集賢待制周侯能修禮於孔林，侍讀學士商公圖之，史官揭傒斯詩詠之。巍巍尼山，蔽於魯邦。駕生聖人，維民之綱。尼山之下，有洙有泗。有蔚孔林，在泗之涘。維彼聖人，教之誘之。凡厥有氏，則而傚之。維彼聖人，覆之載之。凡厥有民，敬而愛之。既誦其言，亦被其服。孰秣其馬，于林之側。既誦其言，亦履其武。孰秣其馬，于林之下。

六彎既同，周侯之東。荇之侑之，聖人之宮。其音洋洋，其趨蹌蹌。其臨皇皇，聖人允滅。商氏圖之，式昭其敬。載瞻載思，罔不由聖。（揭傒斯《揭文安公全集》、卷二）

〈商德符、李遵道共畫竹樹〉　　　　　　　　　　　　　　　元·丁　復

　　仁皇新寺九天上，二老渭川千畝圖。晚向江南逢小米，只今俱是世間無。天台丁復。
（明朱存理《鐵網珊瑚·書品》、卷四）

〈商學士畫雲壑招提歌〉　　　　　　　　　　　　　　　　元·柳　貫

　　諸生淵魯不花嘗從其父官洛下，強學好修得於山水之助也，集賢侍讀學士商公見而器之。為畫雲壑招提以贈，乞予作歌。此圖意匀閑遠，生能求之筆墨之外，將不由是而有發乎。

　　高為巔峰下為壑，群木慘慘風欲作。浮紅動翠何許似，別峘殘雲明佛閣。眼中疑此洛南山，只尺便到龍門灣。暗潮已落洲渚出，新月未上漁樵還。商侯胸有羣玉府，借酒時時一軒露。延春閣下墨淋漓，餘情只及滄洲趣。好山好水如高人，豈直貌敬將心親。平生幾夢奉先寺，不知猿馬猶相嗔。君不見飲酒吟詩狂太白，曾是匡廬讀書客。泥途失腳走憧憧，歲晚看雲情脈脈。生今益壯業益修，未可造次思巖幽。披圖瀆墨歌遠遊，我無桓玄寒具油。（柳貫《柳待制文集》、卷三）

〈題商德符梅淵泉畫〉　　　　　　　　　　　　　　　　　元·許有壬

　　牧菴姚先生贈相師梅淵泉詩：淵澄如止水，泉活有餘波。梅到清香處，君應風味多。商德符既為畫之，且求予詩。云：

　　牧菴老仙善游戲，贈詩專詠君姓字。壽巖喜畫今獨步，又寫姚詩入縑素。姚詩商畫真二奇，有聲無聲人自知。梅君挾走半寰宇，玉關豪傑皆識之。怒人及蟹世固惑，惜君真與梅無別。品題也到山中人，山人無意問利達。人間難事龜脫筒，等閒莫效俞清老。（許有壬《至正集》、卷七）

〈題商德符為梅淵泉畫清江圖〉　　　　　　　　　　　　　元·許有壬

　　秋江千里快一瀉，目盡雲林認平野。明窗展玩為釋然，況是當年身見者。若人自非詩中仙，定知胸次無此天。可憐眾史恣塗抹，兔魚未得空蹄筌。我登鶴樓望江漢，恰似壽巖圖上看。有時風止水鏡平，便棹酒船游汗漫。梅君收歛江湖蹤，過我翠鵠烟霞中。他時若見壽巖老，不妨添我為漁翁。（許有壬《至正集》、卷七）

〈題商德符為韓伯順畫山水圖〉　　　　　　　　　　　　　元·許有壬

　　我朝善畫高尚書，一變即至商曹南。九方相馬迹固異，妙處均與造化參。韓家此圖更奇崛，展看撲面浮清嵐。山疑近薄忽窈窈，水若清淺中潭潭。望之如仙山中人，便欲卜

鄰茅一菴。紛紛道路何為者，烟霞胡不窮幽探。人間多事行可遣，村社薄酒吾能酣。滿天清興屬何處，煮芹燒筍春方甘。（許有壬《至正集》、卷九）

〈商德符枯木隻石圖二首〉　　　　　　　　　　　　　　　　元‧許有壬

千霜百霆摧不盡，石兄歲晚能相從。山人一見奇興發，欲踞虎豹登虬龍。石非攻玉木非材，半委荒烟半是苔。偃蹇郊原能事畢，誰教收入畫圖來。（許有壬《至正集》、卷二十四）

〈李溉之賦廬山雪夜舊遊，商德符畫〉　　　　　　　　　　　元‧吳師道

王郎孤撐剡溪雪，謫仙醉吟采石月。何如彭蠡雪月舟，前望匡廬中夜發。松林燈火深幽幽，僧窗澗瀑寒颼颼。李公之詩商公畫，謂是奇絕平生遊。乾坤清明浩無際，俗子塵襟那得值。詩畫同成一段奇，彼此天機自深契。鄙人好畫復好詩，仙舟可望不可追。都門昔別二十載，展卷動我長相思。臥遊八極誰能羈，月天雪夜如見之。（吳師道《吳正傳先生文集》、卷五）

〈登眾妙堂題商學士畫雨霽歸舟圖〉　　　　　　　　　　　　元‧薩都剌

大茅山頂見日出，烟樹雲林宿雨收。萬里澄江淨如練，却從天霽泛歸舟。（薩都剌《雁門集》、一八五頁）

〈題開元商學士所作眉山春曉畫壁〉　　　　　　　　　　　　元‧朱晞顏

殊庭旭日移清樾，滉漾晴窗明積雪。山翁解帶凌清寒，一掃窮陰幻銀闕。流澌溶洩春浪生，蛾眉洗粧鬟髻青。盤空飛磴三百里，彷彿中有巴猿聲。參差古木緣雲立，獨拄西南天半壁。臥看參井懸高秋，不假丹梯手親摘。人間無此山水佳，何年瀛海來仙崖。不應蒼翠掩春晝，雲氣日夕屯空齋。（朱晞顏《瓢泉吟稿》）

〈題商集賢畫山水〉　　　　　　　　　　　　　　　　　　　元‧柯九思

山人苔徑散青鞋，上有雲煙疊翠崖。何處彈琴消白日，隔溪修竹繞茅齋。（柯九思《丹邱集‧錄自元詩選》、一二二頁）

〈題商壽巖畫山水〉　　　　　　　　　　　　　　　　　　　元‧柯九思

集賢曾畫嘉熙服，敕賜黃金拜舞歸。從此人間重山水，清泉白石轉晴暉。（柯九思《丹邱集‧錄自元詩選》、四七頁）

〈商壽巖山水圖〉　　　　　　　　　　　　　　　　　　　元・柯九思

老子胸吞幾雲夢，賸水殘山藏妙用。酒酣時把墨濡頭，收拾乾坤作清供。粉黛不寫兒女顏，禿兔歸盡江南山。孤峰拔地起千尺，凜凜秀色撐虛寒。飛泉一道躍靈窟，古樹千株舞煙骨。小橋流水隔紅塵，中有幽人臥茅屋。眾奇百譎鳥可名，筆力到處俱天成。王維久死喚莫起，此畫一出疑更生。世人飲食鮮知味，淡裏工夫屬三昧。屠門大嚼空垂涎，口不能言心自醉。蹇驢駄我春暮時，觀山仰面哦新詩。垂楊修竹夾古道，忽有桃花橫纖枝。浴沂風軟搖輕袂，雨過屏山滴烟翠。數家籬落近橫塘，牛背夕陽明遠霽。悠然對景心無窮，冥搜直欲收奇功。貪愛眼前閑世界，不知身落畫圖中。（柯九思《丹邱集》錄自元詩選、八十頁）

〈和王治書題商學士山水十韻〉　　　　　　　　　　　　　元・胡　助

盛時宗翰墨，學士擅丹青。逸興開山水，高名仰日星。樵斤空谷應，漁網暮潭腥。晴塢雲無迹，寒崖樹有靈。幽篁奇石瘦，野蔓怪花馨。猿鳥林間見，舟車水際停。齊梁圖作障，吳蜀寫為屏。萬壑歸深院，千峰列廣庭。滄波鷗泛泛，空宇雁冥冥。遐思巢由輩，中歲隱者扃。（胡助《純白齋類稿》、卷十二）

〈商學士山水〉　　　　　　　　　　　　　　　　　　　　元・胡　助

雨斷雲林濕翠幢，漁舟一葉釣清江。好山秀水商公筆，付與幽人臥北牕。（胡助《純白齋類稿》、卷十四）

〈題商學士畫蘭〉　　　　　　　　　　　　　　　　　　　元・釋大圭

商公握筆倚清酣，愛寫風光蕊半含。無限王孫芳草恨，盡隨烟雨入江南。（清高宗《御定歷代題畫詩類》、卷七十五）

〈商德符、李遵道共畫竹樹〉　　　　　　　　　　　　　　元・張　雨

壽巖樹石黃巖竹，善畫如今最得名。更得二公同一幅，千金酬價尚嫌輕。句曲外史。（明朱存理《鐵網珊瑚・書品》、卷四）

〈商學士畫，次張外史韻〉　　　　　　　　　　　　　　　元・倪　瓚

獨棹扁舟引興長，踈林遠岫見微茫。商侯畫筆張仙句，可比豊城寶劍光。（倪瓚《倪雲林先生詩集》）

〈商學士畫〉　　　　　　　　　　　　　　　　　　　　　元・金哈剌

樓台遠近樹玲瓏，雲白山青幾數重。恰似昔年鞍馬上，雨晴青日過居庸。（金哈剌《南遊寓興詩集》、三十七頁）

〈商德符、李遵道共畫竹樹〉　　　　　　　　　　　　　　元・偰哲篤

槎牙老樹根盤石，楚楚霜筠護碧苔。古怪清奇俱絕筆，頡頑好手為誰開。偰哲篤。（明

朱存理《鐵網珊瑚・書品》、卷四）

〈商德符、李遵道共畫竹樹〉　　　　　　　　　　　　　　　元・曾　光

　　老木騰龍上，踈雲翠作叢。看圖誰伯仲，二妙一清風。廬陵曾光。（明朱存理《鐵網珊瑚・書品》、卷四）

〈題商學士寒林圖〉　　　　　　　　　　　　　　　　　　　明・劉　基

　　普聞商學士，水墨稱絕藝。今觀寒林圖，信美無與儷。淒涼霰雪餘，簸掃悉輕脆。玄冰刮老骨，衣被荷纖荔。龍鬚結纓珞，虎爪出鋒銳。鱗皴蝮蛇殼，璀錯琅玕帶。下有不死石，藍汁沃鬢髻。前有赴海湍，漱濯沙土細。青煙曼遙渚，白日淡荒裔。蒼茫浮雲外，縹緲惑眒昧。梧桐早飄落，鳳鳥將焉逝。四序若循環，葳蕤在惱罽。衰榮各有時，至道惟宜契。（劉基《誠意伯劉文成公文集》、卷十三）

〈題商德符山水〉　　　　　　　　　　　　　　　　　　　　明・釋妙聲

　　左山畫山延祐初，山如何其佳有餘。飛泉高挂白蝦蛷，奇峯爛發青芙蕖。直疑三周華不注，又似北岳翳無閭。嗟哉好手不復得，藏去貴比英瓊琚。（釋妙聲《東皋錄》、卷上）

〈題商集賢畫〉　　　　　　　　　　　　　　　　　　　　　明・童　冀

　　天下幾人學董元，近代復數商集賢。集賢畫山唯畫意，不將點畫分清妍。乾坤元氣尚渾沌，百年此意無人傳。我生髫齓愛公畫，亂離不見三十年。大明開天四海一，江山在處還依然。欲求公畫不可得，夢中往往看雲煙。昔年為客上湘水，雲山好處長留連。九華秀色開菡萏，匡廬瀑布晴虹懸。洞庭雪浪渺無際，華蓋曉峰青可憐。今年又上燕山道，憑高四望惟青天。舟行一月少山色，北風吹沙塵晝昏。曷來燕市厭闤闠，旦暮車馬爭駢闐。蓬萊真境偶一到，拭眼復見公山川。當時舊物無一在，嗟我與公良無緣。公家子孫今白髮，十年湖海相周旋。客鄉邂逅重相遇，趣裝又上通州船。我家金華山色裏，雲間白石如羊眠。柴門小橋枕流水，溪聲久不聽潺湲。昨宵又作故人夢，耳邊忽似聞清猿。松根茯苓如斗大，便欲歸去求神仙。安得壺公縮地法，南歸道里猶五千。官船利涉急於箭，一月可到家山前。白頭儻獲遂此願，畊雲自種南山田。（童冀《尚絅齋焦》、卷四）

## 商橘所

　　小傳：不見畫史記載。身世不詳。

〈商橘所畫海棠雙喜圖〉　　　　　　　　　　　　　　　　　元・黃鎮成

相向相鳴兩縞巾，海棠風暖上林春。今朝識得眉黃意，同立花間報主人。（黃鎮成《秋聲集》、卷四）

## 堵　炳

小傳：字文明，無錫人。善畫山水。（見《中國畫家人名大辭典》、五〇〇頁）

〈題（堵文明）山水畫〉　　　　　　　　　　　　　　　明・劉　嵩

小山削玉搏空青，大山錯繡開帷屏。劃然千丈崖壁立，下有流水當高亭。亭中幽人顏色好，城市何年迹如掃。長江日落澹浮雲，極浦春回滿芳草。深林窈窕仙路遙，谷口雪明雙松橋。便携綠玉上絕頂，閒聽松風吹洞簫。（劉嵩《槎翁詩集》、卷三）

〈題堵郎中畫湘漢秋色〉　　　　　　　　　　　　　　　明・劉　嵩

兵曹簿領困填委，忽見雲山落塵几。問君何意貌此圖，湘漢蕭蕭秋色裹。長峯巨壑相參差，彷彿江行曾見之。雲中樹色三百里，峽裏猿聲十二時。古人今人不相見，江水依然淨如練。魚鳧窈窕接山川，雲雨荒荒出台殿。岸迴路轉楓林青，丹崖紺壁秋冥冥。山童出掃澗上葉，客意已到松間亭。登高望遠心獨苦，江潤霜清雁如雨。九天飛瀑下香爐，萬里歸帆到鸚鵡。我從前年來帝京，偶離蔬屬喪冠纓。故園畊釣歸未得，對此佳致空含情。茅堂遠在珠林下，安得從君問圖寫。九衢塵動五更風，又趣雞鳴逐朝馬。（劉嵩《槎翁詩集》、卷三）

〈題堵炳所畫扇面山水，為李鴻漸賦〉　　　　　　　　　明・劉　嵩

紫崖碧嶂連雲樹，白石青莎並江路。採樵客去洞門深，出郭人歸烟水暮。兩崖之間高且虛，有亭翼然誰所居。山花當戶可載酒，芳草滿庭宜讀書。（劉嵩《槎翁詩集》、卷三）

〈（堵文明）竹石圖有序〉　　　　　　　　　　　　　　明・劉　嵩

省郎中堵君文明作石，兵部李君克雋作竹，共成一圖，以歸於大參唐君，信二美也，予為之賦。

東吳妙手不可得，省郎山石兵曹竹。唐侯座上偶相逢，併寫秋光歸一幅。叢篁擢玉分彎環，怪石立鐵支孱顏。筆鋒揮霍斬絕外，意匠回斡蒼茫間。物情境態精描貌，紫蔓青苔見斑駁。鳳雛濯濯散毛羽，稚子差參露頭角。人生會遇安可常，一時合景如干將。千年崖谷注明月，九夏庭館寒飛霜。唐侯特達參朝政，兩君高致誰能並。嗟哉奇絕真二難，此石此竹誰當看。（劉嵩《槎翁詩集》、卷三）

〈題堵文明雲樹圖〉　　　　　　　　　　　　　　　　　明・淩雲翰

詹同文以堵文明所作雲樹圖寄徐大參復仍寄以詩，因次其韻。

長句和平見治音，京華猶記盍朋簪。聲傳珠履星辰近，影動金蓮雨露深。雲樹有圖憑雁寄，春山無伴聽鶯吟。懸知兩地看明月，愛國憂民共此心。（凌雲翰《柘軒集》、卷二）

〈題（堵文明）秋江送別圖送陶九成歸雲間〉　　　　　　　　　　明·貝 瓊

右秋江送別圖，處士陶九成東歸，左司郎中堵文明作而贈之也。處士始居赤城，值天下兵變，遂蹈海入吳，隱雲間之鳳凰山後，又徙山陽之南村。皇明洪武六年，或以處士之名荐者，松江守廉公即隱所起之。之京師□□□□□以疾辭，許之。或疑其上下相比之時，獨隱而不仕。何也，蓋高者恒不屑於事，雖萬鐘千駟有弗顧者，非薄萬鐘千四也。遺己而徇物，非其志也。此處士終於隱口，亦遂其志而不屈焉。京師之士喜其歸而惜其別，追而祖之龍江之上，而文明工繪事，因寫而為圖，觀其艤舟於岸者，行人欲發而未發也。引騎或前或卻者，賓客之咸集也。波濤洶湧，雲山慘淡，相與置酒勞勞亭上，俯仰金陵之景無窮，而古今之離思只無窮也。凡能詩者咸繫於後，而國子助教橋李貝瓊既賦十四韻，後序以冠其首云，詩曰：（詩文略）（貝瓊《清江貝先生集》、卷二十）

〈跋（堵文明）耕漁圖〉　　　　　　　　　　　　　　　　　　明·貝 瓊

右南溪耕漁圖，刑曹郎中堵文明所作赤城吳仲謙之隱居也。築堂若干楹，背陰而面陽，有山北自鷗鶿之脊蜿蜒南迤以屬其居。而三嶼平岡旁列左右，風山龍山掖丙隅而特起如儓价焉。堂瞰大溪百頃，可俯而鑑，其南則紫凝翠屏危插天平，西距寒明二巖三十里，赤城桐栢皆在其東北，起伏向背，四顧類城郭狀。天台之勝殆盡於此，托李敷榮，桑竹交蔭，不啻秦人之武陵溪，世莫得而知者。圖之位置亦曲盡遠近之勢矣，仲謙於是治沃饒之地，率童奴耕其中，溪又多大魚，時漁以給朝暮，故以耕漁自號，復求余為之說。余惟耕之與漁皆事之細者，而豪傑之士窮而在下者，恒記之為名。若伊摯之耕於莘野，耕而顯也。遂開有商六百年之王業，鹿門之龐德公則隱而耕矣。呂尚釣於璜溪，漁而顯也。為周之師而封東海，若桐江之嚴光則隱於漁矣，或論其為伊呂者難，為龐與嚴者易。又惡知遇時而成功者固非常人之所及，而守節以抗世者孰能過於二人哉。今仲謙肆志佳山水間，非求顯如伊呂，蓋欲附鹿門之龐桐江之嚴而同其高也。余恐才名聞於時且將應聘而出，不得遂溪南之樂於異日，而貽由翁溪友之所譏，不若去耕與漁，混乎田翁溪友以泯其跡之愈焉。因書其說以諗之，仲謙必有會於心者矣。洪武六年歲在癸丑冬十月，國子助教橋李貝瓊書於時習齋。（貝瓊《清江貝先生集》、卷十三）

〈題皇甫文遠所藏左司郎中堵炳山水歌〉　　　　　　　　　　明·孫 蕡

繁華亂翠時共喜，金膏空青人罕識。每觀皇甫先生圖，令我感此三歎息。墨樵避俗如避鴉，折花頻見先生招。亂雲團成樹宛宛，澹墨掃作山迢迢。人言此是雲谷底，武夷下映九曲水。不然五老匡廬峯，萬疊芙蓉照彭蠡。低低茅屋溪澗濱，墨樵更寫先生真。千章古木一藜杖，毛骨自是仙中人。塵緣淨盡丹砂熟，蒼虬停飛虎亦伏。山童卷取琅函經，縱有黃庭不須讀。烟霞此樂真不迁，臨風卻作長嗟吁。十年未得還初服，蕙帳石室今何如。先生歸來早卜築，我亦同棲此山曲。便煩作賦邀墨樵，更與泉南數竿竹。（孫蕡《西菴集》、卷三）

〈題堵法曹父明所畫匡廬圖〉　　　　　　　　　　　　　　明・孫　蕡

墨樵仙翁髮垂耳，少年嗜畫今老矣。山雞野鹿是前身，每見青山樂忘死。高堂醉掃匡廬巔，香爐縹緲生紫烟。我來一見似相識，彷彿偃臥彭郎船。小孤魚肥春酒好，何當舉白醉五老。芙蓉倒影月出早，與君同上樂天亭。令人夜喚琵琶聽。（孫蕡《西菴集》、卷四）

## 啓東明（釋）

小傳：不見畫史記載。身世不詳。

〈酬答啟東明上人詩畫之惠〉　　　　　　　　　　　　　　明・藍　仁

上人自是貫休徒，風雨重逢世事殊。竹寺每懷尊宿健，草堂能憶故人無。三年艾起烟霞疾，八法書存竹石圖。他日相思回首處，白雲千丈一峰孤。（藍仁《藍山集》、卷四）

## 通通平章

小傳：不見畫史記載。身世不詳。

〈題通通平章畫梅卷〉　　　　　　　　　　　　　　　　　元・曹伯啟

畫出孤山清絕景，誰其作者四王孫。何當更假和羹手，添就西南月一痕。（曹伯啟《曹文貞公詩集》、卷九）

## 常　武

小傳：不見畫史記載，字德壽，身世不詳。

〈減字木蘭花〉　　　　　　　　　　　　　　　　　　　　元・姚　燧

劉子善得常德壽梅圖，持歸鎮江，壽其父梅軒。

壽梅紙本傳常武，遠壽梅軒歸北固。愛梅無有似君貪，東極吳中西極楚。黃昏清淺孤山路，能對春風旬日許。不如滿歲畫中看，冷蕊疏枝常照戶。（姚燧《牧庵集》、卷三十五）

## 雪　厓（釋）

小傳：不見畫史記載。身世不詳。

〈雪厓為寓寰中作溪山茅屋〉　　　　　　　　　　　　　　元・釋至仁

　高僧筆底開青嶂，水繞千岩似越州。支遁法筵華雨濕，賀公茅屋白雲秋。（釋至仁《澹居藁》、十頁）

〈雪厓畫為寰中題〉　　　　　　　　　　　　　　　　　　元・釋克新

　茅屋門前花覆津，鴨頭波漲玉鱗鱗。樹陰盤石青苔厚，坐聽流鶯啼過春。（釋克新《雪廬稿》、五頁下）

## 雪　巖

小傳：不見畫史記載。身世不詳。

〈題雪巖畫倒蘭〉　　　　　　　　　　　　　　　　　　　元・葉　顒

　黃瑢卿題云：嫋嫋春風一樣吹，托根高處欲何為。從渠自作顛倒想，終有懸崖撒手時。瑢卿舉進士，歷官至行省左丞，乞身歸私第，幅巾布衣，澹如也，予喜賦一絕於後。

　托根孤峻極尊崇，俯視群芳迥不同。到底謙恭隱君子，何曾仰面笑春風。（葉顒《樵雲獨唱》、卷四）

## 梅　氏

小傳：不見畫史記載。身世不詳。

〈（梅氏）竹林七賢畫記〉　　　　　　　　　　　　　　　元・楊維禎

　右七賢畫一局，四湖梅氏之作，施景芳氏之藏也。七人，落筆而書一，閣筆而思者二，撚髭者二，擁鼻者一，背胡床而面仰空者一。非遊心於嶧谷名山，則湘水之斑，淇澳之漪漪者歟。按史，七人者，譙國嵇康，河南山濤，瑯琊王戎，陳留阮籍阮咸，河內向秀，沛國劉伶也。共為竹林之遊，世所謂竹林七賢者是也。予嘗約史評之，顯用於時者，濤與戎也。濤司人物之銓者十年，粗稱得人，然所甄拔隨上意向後先，則未為忠直。戎徒苦論談於子房季禮之間，總鼎司而惟務苟媚及醫乩，乃欲慕籧伯玉之為人，至於握牙籌鑽李核其鄙有不足言者。他如秀始有箕山之志，而之洛為時主所機；伶專以酒為務，酒德之頌乃其失德之自著也；咸又縱情越禮有不思言者；惟康以才俊氣豪而不免車市之，及海內之士無不痛之；籍廣武之嘆，蓋以英雄自命不在劉項之下，慨然有濟世之志者也，使二子誠德時行志，顧未知究者何如耳。然吾又悲夫典午氏之養賢，不在朝而在林也，夫國無仁賢則國空，典午氏之國不亦虛矣乎。而後世又使李孔韓裴之徒，相與跡其遺於竹林之後，其果竹之而樂見者歟，賢之而樂聞者歟，嘻。至正八年春二月三日誌。（楊維禎《東維子文集》、卷十八）

## 梅湖道人

小傳：不見畫史記載。身世不詳。

〈梅湖道人墨梅跋〉　　　　　　　　　　　　　　　　　　　　元・劉壎

自和靖香影句傳天下，遂令梅增萬世重。乃知西湖寒碧是此華成名處，今老仙濡毫吮墨為此花寫真，而以梅湖自號。蓋是本色，展卷一覽，粲粲萬玉，神采逼真。只形色縉素別爾，客復徵予下一轉語，予無語，只朗吟曰：近來黑白無分曉，墨作梅花賣得行。（劉壎《水雲村稿》、卷七）

## 婁仲瑛

小傳：善山水，有山居圖。（見《中國畫家人名大辭典》、三七一頁）

〈題婁仲瑛山居圖〉　　　　　　　　　　　　　　　　　　　元・成廷珪

近代幾人畫山水，郭畀無人朱敏死。後之作者徒紛論，得骨得皮誰得髓。聞君掃卻山居圖，令我見之心獨喜。前山環伏似虎蹲，後山奔騰若龍起。緣溪草堂星散居，嘉樹陰陰雲旋旋。豈無採藥古仙人，亦有看書兩君子。七十老翁居竹間，老去胡為在城市。君如有意肯相過，貌得滄江弄清泚。（成廷珪《居竹軒詩集》）

## 莫士元

小傳：善山水。（見《中國畫家人名大辭典》、三八〇頁）

〈莫士元山水歌〉　　　　　　　　　　　　　　　　　　　　明・童冀

吳興畫手古所傳，近代復數莫士元。莫郎畫山惟畫意，不學吳人金碧繁。前年為我寫岑寂，落筆悲風動蕭瑟。不知渾沌開何年，絕壁猶含太古色。兩株古木蒼蘚皮，煙雲繆轕迴風吹。廣樂秋張洞庭野，鐵網夜起珊瑚枝。林下古木荒茅茨，綠蘿交絡簷間垂。抱琴來訪者誰子，路險不畏溪橋危。顛崖石磴何逶迤，仙人往往凌丹梯。九疑衡岳儼在目，復恐有路通仇池。我家金華山色裏，見畫忽憶山中時。明年春雨瑤草綠，荷鋪歸採南山芝。（童冀《尚絅齋集》、卷三）

〈莫士元畫〉　　　　　　　　　　　　　　　　　　　　　　明・童冀

　　天下幾人畫古松，近代獨稱唐棣好。莫郎棣也里中子，每見虬枝驚絕倒。閉門一月坐風雨，敗壁頹垣恣揮掃。不知何年得神助，意匠經營出天巧。晴窗示我雙松圖，滿幅煙雲生縹緲。高堂六月無炎蒸，颯颯悲風起林杪。蛟龍欲雨動鱗甲，虎豹拏空奮牙爪。孤根盤盤踞厚地，高標落落撐晴昊。嘆息徂徠久荊棘，何處丘原存合抱。客邊忽遇許玄度，要我林泉共幽討。君家弁山古雲麓，歲歲畊雲種碧草。松根茯苓如斗大，便擬服食思輕矯。只恐明堂須棟梁，長材未許山林老。（童冀《尚絅齋集》、卷四）

## 莫慶善
小傳：工畫鷹。（見《中國畫家人名大辭典》、三八〇頁）

〈莫君寫鷹圖〉　　　　　　　　　　　　　　　　　　　　　明・劉　嵩

　　莫君寫鷹如寫生，毛翮嘴爪皆天成。軒然縑素出奇骨，眼光上掣層雲驚。狠如猛士赴敵場，烱如愁胡望八荒。屹如虎將坐我闈，欻如雷電驅干將。皂鵰最大木鷂小，老鶻兩翅森開張。角鷹戴角下廖廓，海風颯颯天飛霜。當時見畫畫搏擊，突過陡捩捎平岡。山禽塌翼雉碎首，仁者見之心慘傷。知君才名重江海，攻畫苦心三十載。楚公絕筆見孤鶱，太華峰尖見精采。只今陰山誰復過，鳴鵑獵騎方森羅。江南萬里芳草綠，奈爾鷹隼飛揚何。（劉嵩《槎翁詩集》、卷四）

〈題莫慶善翎毛戲墨三首〉　　　　　　　　　　　　　　　　明・劉　嵩

　　青鳥來何晚，垂楊春已深。琴中無限意，惆悵白頭吟。
　　鸂鶒相依好，日喧沙草叢。晴川朝浴罷，刷羽愛微風。
　　兩兩鵪鶉小，秋田啄粟肥。沙寒栖不定，驚起向南飛。（劉嵩《槎翁詩集》、卷七）

〈題（莫慶善）墨鷹〉　　　　　　　　　　　　　　　　　　明・劉　嵩

　　莫氏寫翎毛，精神故自豪。軒然蒼隼立，鬱彼北林高。急想追星火，輕疑掣鏇絛。向來飛動意，感激使心勞。（劉嵩《槎翁詩集》、卷五）

〈題莫慶善墨禽二首〉　　　　　　　　　　　　　　　　　　明・劉　嵩

　　野竹并蘭花，紅深石角斜。一雙山喜鵲，飛起向誰家。
　　日出露未晞，垂楊青嫩嫩。啼殺白頭翁，春歸薊門曉。（劉嵩《槎翁詩集》、
　　卷七）

〈題劉履初所藏莫慶善鷹〉　　　　　　　　　　　　　　　　元・郭　鈺

　　日光懸秋雙翮齊，欲飛不飛愁雲低。足無絛鏇腹無食，空林尚死難安棲。筆力精到天

機微，莫生所畫詩我題。君不見天太平角端語，狐兔草間何足數。（清高宗《御定歷代題畫詩類》、卷九十四）

〈莫公畫角鷹搏雉圖歌〉　　　　　　　　　　　　　　　　　　明・周是修

莫公畫鷹如掃字，顛倒貌出天然似。側目睢盱怕殺人，利瓜生擊樹枝死。朔風蕭蕭吹石林，寒天鳥雀寂無音。饑來三日不飽肉，黯慘一片英雄心。狐潛兔走山鬼訝，四顧欲下而不下。夕陽沉地暮霞明，度盡原頭采樵者。莽間雄雉何得知，載飛載雛求其雌。竦身奮起過電掣，頃刻平蕪洒毛血。隻拌霹靂劍鋒交，五色繽紛錦文裂。莫公寫去非徒然，君子夕惕終無愆。性多耿介少思殆，山梁之時不可再。（周是修《芻蕘集》、卷二）

〈題莫慶善鷹，為袁生大鶚賦〉　　　　　　　　　　　　　　　明・李東陽

昔年從羽獵，高入萬重雲。尚有沖霄志，難忘報主恩。（清高宗《御定歷代題畫詩類》、卷九十四）

## 莊　麟

小傳：字文昭，江東人，居京口。善山水，清潤可愛，與郭天錫齊名。（見《中國畫家人名大辭典》、三七八頁）

〈莊麟翠雨軒圖〉短卷　　　　　　　　　　　　　　　　　　　自　題

持敬以翠雨名其軒，諸名公為詩文題卷。余因隨牒京師，與持敬會于朝天宮，出此卷索拙作。余嘗觀僧巨然蓮社圖，意度仿此，遂想像摹之。兼賦詩云：

小逕春陰合，方床午睡醒。坐憐苔錦綠，吟愛竹君清。煮茗仍聯句，籠鵝可換經。人間塵土隔，遙望少微星。江表莊麟。（清吳升《大觀錄》、卷十八）

〈莊麟翠雨軒圖〉短卷　　　　　　　　　　　　　　　　　　　明・董其昌

獨見此幀，乃知元之畫師不傳者何限。夫福慧不必都兼，翰墨小緣，有以癡福而偶傳者矣，要以受嗤法眼，終歸歇滅，此何遽為福，微獨畫也。玄宰。（清吳升《大觀錄》、卷十八）

## 康上人

小傳：不見畫史記載。身世不詳。

〈康上人畫〉　　　　　　　　　　　　　　　　　　　　　　　明・淩雲翰

林扃掩孤寂，落木無餘聲。道人坐空山，那知歲崢嶸。夜寒窗有雪，漸與茅屋平。不

悟梅花閑，但覺鼻觀清。殘經未能了，映隙窺微明。願以第一義，於焉證無生。右雪窗玩梅。山雲有幽姿，南塢春更好。鞭起露地牛，布種皆藥草。寧辭袈裟單，但恐稂莠惱。根莖固云殊，所貴辨之早。況以稊稗秋，每食敢求飽。感茲澤物功，童閒不教掃。右南塢耕雲。（凌雲翰《柘軒集》、卷三）

### 康鍊師

小傳：道士，佚名，松江人，善畫。（見《中國畫家人名大辭典》、三八一頁）

〈（康鍊師）天嶽圖歌〉　　　　　　　　　　　　　　　　　元・陳　泰

雲間康鍊師來自岳陽，稱其友蔡素蟾好道之篤，乃作天嶽圖以寄。徵余題卷末。岳陽予舊游也，爰集杜陵句以贈之。

知君重毫素，好手不可遇。壯哉崑崙方壺圖，對此興與精靈聚。雲來氣接巫峽長，影動倒景搖瀟湘。湘妃漢女出歌舞，矯如群帝參龍翔。大江東流去，忽在天一方。初月出不高，照我征衣裳。憶昔北尋小有洞，青楓葉赤天雨霜。先生有道出羲皇，晚有弟子傳芬芳。神仙中人不易得，今我不樂思岳陽。蔡侯靜者意有餘，戚聯豪貴耽文儒。致身福地何蕭爽，幾歲寄我空中書。（陳泰《所安遺集》、十頁）

### 章叔厚

小傳：不見畫史記載。身世不詳。

〈題章叔厚所畫投竿圖〉　　　　　　　　　　　　　　　　　元・張　昱

大魚不可得，小魚釣何益。不如投竿生，臨流以終日。（張昱《可閒老人集》、卷一）

### 章復彥

小傳：不見畫史記載。身世不詳。

〈章復彥許畫菜，作詩促之〉　　　　　　　　　　　　　　　明・烏斯道

采薇何必首陽東，翠葉葳蕤在眼中。傾國可堪誇絕艷，灌園端合想連筒。遲徊公館應無事，洗滌膏粱信有功。老我不能忘此味，幾回題品學涪翁。（烏斯道《春草齋集》、卷四）

### 崔彥暉

小傳：一作崔彥輔，字遵暉，號雲林生，趙孟頫少孫，錢塘人。隱居賣藥以活，善篆隸，詞賦畫筆亦超詣。（見《中國畫家人名大辭典》、三八八頁）

〈題雲林隱居圖為崔彥暉賦〉　　　　　　　　　　　　　　　　元・張　昱

　崔郎志趣在雲林，筆底遙岑自淺深。敧枕不忘圖畫事，開函又動隱居心。粉痕白白生雲，黛色沈沈覆樹陰。幽思不教忘夢寐，耳邊長似有猿吟。（**張昱《張光弼詩集》、卷七**）

〈雲林小隱為崔彥暉賦〉　　　　　　　　　　　　　　　　　　明・淩雲翰

　白雲何英英，蔭此嘉木林。雲氣有卷舒，林木恒蕭森。六天慕高躅，於焉遂初心。舉頭弁山高，濯足苕水深。草堂自秋爽，松廳空夕陰。冥鴻飛避弋，野鶴下聽琴。載歌招隱章，重賦歸來吟。白駒在空谷，毋遐金玉音。（**淩雲翰《柘軒集》、卷三**）

〈賦崔彥暉雲林小隱〉　　　　　　　　　　　　　　　　　　　明・唐之淳

　羃歷更氤氳，林居靜不喧。畫光琴薦濕，玉氣石牀溫。夜雨泉驚枕，春雷筍到門。看知書畫法，幽趣許誰論。（**唐之淳《唐愚士詩》、卷三**）

### 崔鑑泉

　小傳：不見畫史記載。身世不詳。

〈題崔鑑泉署丞作春山隱秀扇面〉　　　　　　　　　　　　　　元・許有壬

　半生給事五雲間，慣作蓬壺富貴仙。移入月輪收不住，光風浮出翠屏顏。（**許有壬《至正集》、卷二十八**）

### 盛　昭

　小傳：字克明，歸德人。仕官至淮南行省照磨。善畫竹石，師文湖州（見《中國畫家人名大辭典》、三八九頁）

〈竹石圖〉　　　　　　　　　　　　　　　　　　　　　　　　元・釋大訢

　往年，會盛克明於幹禮部舟，後蒙以便面相寄。今見與喜近仁台郎作竹石圖，喜而為題。

　我愛淮南大小山，座分江月弄潺湲。竹君石丈能無恙，偏稱台郎玉筍班。（**釋大訢《蒲室集》、卷六**）

### 盛　洪

　小傳：字文裕，臨安人。畫山水、人物、翎毛各臻工巧。（見《中國畫家人名大辭典》、三八九頁）

〈盛文裕群仙圖軸〉　　　　　　　　　　　　　　　　　　　　自　題

群仙圖（篆書）。至正十四年春正月，盛洪畫。（清龐元濟《虛齋名畫錄》、卷七）

〈盛文裕群仙圖軸〉　　　　　　　　　　　　　　　　　　　　明・陳繼儒

似趙子固水仙，更帶唐人，不覺春叢紛敷，襲人也。但不露不香耳。陳繼儒。（清龐元濟《虛齋名畫錄》、卷七）

〈盛文裕群仙圖軸〉　　　　　　　　　　　　　　　　　　　　清・高　宗

品已出塵體淨芳，白沙碧草伴清揚。繼儒未足為知畫，卻向圖間恨不香。乙未新正，御題。（清龐元濟《虛齋名畫錄》、卷七）

## 盛　著

小傳：字叔彰，懋從子。山水高潔秀潤，能得其叔懋傳。兼工人物、花鳥而全補圖畫，運筆設色與古無殊。（見《中國畫家人名大辭典》、三八九頁）

〈盛叔章畫〉　　　　　　　　　　　　　　　　　　　　　　　元・楊維楨

春波門前水如酒，十里竹西歌吹迴。蓮葉箭深香霧巷，桃花扇小綠雲開。九朵芙蓉當面立，一雙鸂鶒近人來。老夫於此興不淺，玉遂時吹鸚濫堆。楊維楨。（明朱存理《鐵網珊瑚書品》、卷四）

〈盛叔彰山水〉　　　　　　　　　　　　　　　　　　　　　　明・董　紀

山北山南秋復春，扁舟為屋樹為隣。誰能學得天隨子，老向江湖作散人。（董紀《西郊笑端集》、卷一）

〈盛叔章畫〉　　　　　　　　　　　　　　　　　　　　　　　明・鄭　洪

記得天台雁蕩歸，滿山松露濕人衣。十年眼底無林壑，今日畫圖看翠微。素軒鄭洪。（明朱存理《鐵網珊瑚・書品》、卷四）

〈盛叔章畫〉　　　　　　　　　　　　　　　　　　　　　　　明・鮑　恂

烟濕空林翠靄飄，渚花汀草共蕭蕭。仙家應在雲深處，祇許人間到石橋。（清高宗《御定歷代題畫詩類》、卷十二）

〈盛叔章畫〉　　　　　　　　　　　　　　　　　　　　　　　明・王　璋

草湖只在南湖上，山色水光相與清。漚鳥不來魚不起，落花風颭讀書聲。王璋。（明朱存理《鐵網珊瑚書品》、卷四）

〈盛叔章畫〉　　　　　　　　　　　　　　　　　　　　　　　　明・果育老人

　　山空禽鳥樂，地僻松竹秀。茅屋是誰家，柴門掩春晝。果育老人題。（明朱存理《鐵
網珊瑚・書品》、卷四）

〈盛叔章畫〉　　　　　　　　　　　　　　　　　　　　　　　　明・仲　孚

　　烟濕空林翠□飄，渚華汀草共蕭蕭。仙家應在雲深處，祇許人間到石橋。仲孚。（明
朱存理《鐵網珊瑚・書品》、卷四）

〈盛叔章畫〉　　　　　　　　　　　　　　　　　　　　　　　　明・郟　經

　　千峯繞溪嫌地迮，桃源路迷尋不得。應疑何處出人間，青天遙遙白雲白。淵明寓言吾
已知，賢者辟世夫何為。太平之民總朝市，猿鶴山中空怨咨。郟經。（明朱存理《鐵網
珊瑚・書品》、卷四）

## 盛　蒼

　　小傳：不見畫史記載。身世不詳。

〈題盛蒼崖雁〉　　　　　　　　　　　　　　　　　　　　　　　明・貝　瓊

　　八月鴻雁來，往彼天南陬。前飛倦已息，後至飢相求。日落洞庭晚，風高彭蠡秋。彭
蠡多蒹葭，遠近彌汀洲。恒死羽毛損，稻粱非所謀。寒門阻冰雪，異鄉安可留。徘徊念
其族，天外復千儔。身今萬里客，肉非九鼎羞。慎為弋者獲，遠寄征人秋。願以海為池，
上同朱鳳游。飲啄全微軀，不愧波上鷗。（貝瓊《清江詩集》、卷二）

## 盛　懋

　　小傳：字子昭，盛洪子。善山水、人物、花鳥，始學陳仲美，略變其法，精絕有餘，特過于
　　　　巧（見《中國畫家人名大辭典》、三八九頁）

〈盛子昭秋林漁隱圖〉　　　　　　　　　　　　　　　　　　　　自　題

　　至正庚寅五月望日，武塘盛懋，為竹溪作秋林漁隱。（清吳升《大觀錄》、卷十八）

〈盛子昭淵明愛菊圖〉　　　　　　　　　　　　　　　　　　　　自　題

　　至正十三年秋九月既望二日，寫淵明愛菊圖，武塘盛懋。（清李佐賢《書畫鑑影》、卷
二十）

〈題畫山水似盛子昭〉　　　　　　　　　　　　　　　　　　　　元・黃　玠

冉冉山上雲，纍纍水中石。梢梢林莽高，黯黯崖谷黑。東岡特秀絕，拔地起千尺。突兀眾峯間，猶是太古色。　連山根插江，江碧石齒齒。層顛高出雲，老樹下壓水。巖扉俯深迴，磴道陟紆委。欲持一壺酒，慰彼幽棲子。　前山如立稍，後山如倚較。遠近千萬山，斗絕入牛角。巒頭積磊砢，石面鬭磽确。是中無征徭，民俗猶愿愨。回峯危欲墮，峭徑深可入。縈紆度壁塢，杳窕去井邑。泉懸淨練明，崖擁積鐵澀。緬懷貞白君，相從負雲笈。（黃玠《弁山小隱吟錄》、卷一）

〈題韓介石所藏盛子昭畫〉　　　　　　　　　　　　　　　　元・黃　玠

　隆隆大谷深，挺挺嘉木秀。崇岡拆陰壑，懸水落長霤。槎牙松顛迴，側塞石角鬭。來者豈阮生，尚爾冠服舊。清嘯滿空山，高人在危構。胡不從之居，分瓢飲雲竇。（黃玠《弁山小隱吟錄》、卷一）

〈盛子昭畫趙松雪苕溪釣雪圖〉　　　　　　　　　　　　　　元・朱德潤

　子昭為松雪學士作苕溪釣雪圖，澤民題。（清李佐賢《書畫鑑影》、卷二十）

〈題王維賢所藏盛子昭畫雙松繫舟圖〉　　　　　　　　　　　元・成廷珪

　雲門寺前風物幽，布襪青鞋吾昔遊。葫蘆盛酒待明月，舴艋載琴當上流。長松並立幾千尺，狂客一別三千秋。何當掛蓆過湖去，東里草堂姑少留。（成廷珪《居竹軒詩集》）

〈題盛子昭便面〉　　　　　　　　　　　　　　　　　　　　元・許　恕

　秋雨山容淨，春雲樹色蒼。一帆魚鳥外，容與泛滄浪。（許恕《北郭集》、卷二）

〈盛子昭溪山曳杖圖〉　　　　　　　　　　　　　　　　　　元・吳　炳

　積水潛通渭，連村不近城。青雲浮野闊，春氣與人清。嚶響出幽谷，琴聲非遠征。客心在三益，山木向人鳴。雲莊吳炳。（清卞永譽《式古堂書畫彙考・畫考》、卷之三）

〈盛子昭停舟觀雁圖〉　　　　　　　　　　　　　　　　　　元・吳　炳

　秋色澹江皋，晴林風未凋。遠村雲際擁，孤島沼中搖。雁影雙翻水，漁歌半倚潮。停橈正回首，霜信晚迢迢。雲莊吳炳。（清卞永譽《式古堂書畫彙考・畫考》、卷之三）

〈盛子昭畫〉　　　　　　　　　　　　　　　　　　　　　　元・張　憲

　秋樹半著霜，水落石嶁嶁。寄謝清渭翁，釣得營邱否。（張憲《玉笥集》、卷十）

〈內人吹篴詞為顧瑛題盛子昭畫〉　　　　　　　　　　　　　元・楊維禎

天寶年來教春坊，紫雲製曲吹寧王。美人何處竊九漏，耳譜只解傳伊涼。鷗絃轉斷黃金軸，獨据胡床弄橫玉。冶情忽逐野鶯飛，十指紅蠶迷起伏。御溝水暖浴鸂鶒，天地久無征戰聲。夫容楊柳自搖落，豈識黃雲邊塞情。西樓今夜月色午，內人思仙望河鼓。白日瀟條鳳不來，井梧風動神鳥語。（楊維禎《鐵厓先生古樂府》、卷二）

〈內人剖瓜詞，為顧瑛題盛子昭畫〉　　　　　　　　　　　　　　　　元・楊維禎

轆轤索退垂金井，水殿風來晚花靜。美人睡起袒蟬紗，照見臂釵紅肉影。荔子漿酸搖左車，阿母新進朱陵瓜。侍奴手浴井花冷，水冰金盤擎掌窊。鸞刀未破團玉斗，斗破紅冰驚落手。玉郎渴甚故相嘲，可忍食殘團月凹。（楊維禎《鐵厓先生古樂府》、卷二）

〈盛子昭雙松繫舟圖〉　　　　　　　　　　　　　　　　　　　　　　元・王維賢

雲門寺前風物幽，布韈青鞵吾昔遊。葫蘆盛酒待明月，舴艋載琴當上流。長松並立幾千尺，狂客一別三十秋。何當挂席過湖去，東里草堂姑少留。（清厲鶚《東城雜記》、卷上）

〈題盛子昭畫〉　　　　　　　　　　　　　　　　　　　　　　　　　明・貝　瓊

石轉交流水，山浮欲動雲。名園鄭谷迥，絕境輞川分。老樹龍初化，仙人鶴不群。已臨吳道子，不數李將軍。（貝瓊《清江詩集》、卷七）

〈題盛子昭畫〉　　　　　　　　　　　　　　　　　　　　　　　　　明・錢　宰

空山絕壑懸崖高，一塢百雲如海濤。幽人抱琴無路入，松風落耳聲蕭騷。（錢宰《臨安集》、卷二）

〈題盛子昭臨吳興公溪山釣船圖　　　　　　　　　　　　　　　　　　明・虞　堪

著我春江聽雨眠，漚波亭下水如天。當時度得參差玉，吹起春風滿釣船。（虞堪《希澹園詩集》、卷三）

〈題周千戶所藏盛子昭雪中讀書圖〉　　　　　　　　　　　　　　　　明・鄭　真

銀界參差百萬重，春蟲亂撲夜窗風。誰知千古經綸意，袛在青青汗簡中。隔屋誰歌玉樹花，飄飄鸞鶴海天涯。書中自許論今古，金帳何消說黨家。袁門深閉路崎嶇，焦寢清酣怪鐵衾。誰似先生冰壑底，一編獨對聖賢心。（鄭真《滎陽外史集》、卷八十九）

〈題盛子昭山水為陳景中賦〉　　　　　　　　　　　　　　　　　　　明・王　洪

雲白山黛青，橋平路如掌。柳岸搖春暉，桃蹊皺晴漲。地偏亭宇幽，林深苑閣敞。於

焉促席談，於焉事琴仗。動靜那異趨，共此泉石賞。（王洪《毅齋集》、卷三）

〈題衛以嘉藏盛子昭畫〉　　　　　　　　　　　　　　明・楊士奇

　　盛生家住吳山下，前代風流多見畫。此圖三尺更清奇，野水疏林澹瀟灑。風平雲淨霽景鮮，玻璨倒映水中天。鑑湖洞庭不可辨，隔浦山光落釣船。蕩舟者誰定曾識。渺渺相望似相覓，尋常一曲滄浪歌。醉倚汀沙白鷗側，鴟夷羊裘世久無。浮世虛名安足沽，放懷縱意任所適。何處烟波無釣徒。（楊士奇《東里詩集》、卷五十七）

〈題盛子昭畫〉　　　　　　　　　　　　　　　　　　明・謝　縉

　　衡門靜掩春陰裏，滿地濕雲飛不起。柳絮飄殘淡蕩風，桃花開過清明雨。屋前屋後是涯山，半擁青螺半翠鬟。最峻一峰高突起，直疑飛上層霄間。湖波瀲灩通平遠，林木參差帶長坂。風汀漁笛弄淒清，煙寺僧鐘促昏晚。我本林泉蕭散人，年來衣染玉京塵。今朝見畫思田里，目斷江南煙雨春。（謝縉《蘭庭集》、卷下）

〈盛子昭秋林漁隱圖〉　　　　　　　　　　　　　　　明・王　紱

　　群動日擾擾，何由止嚚煩。我心一以靜，庶或澄其源。天高四山寂，落日孤雲騫。至理無不在，朝市同丘園。君應領斯妙，吾亦忘其言。九龍山人王紱題。（清吳升《大觀錄》、卷十八）

〈盛子昭畫〉　　　　　　　　　　　　　　　　　　　明・岳　正

　　半世生涯落水鄉，也曾輕犯橫波狂。日西松影長千尺，閒倚秋空數雁行。（岳正《類博稿》卷二）

〈題盛子昭畫〉　　　　　　　　　　　　　　　　　　明・徐有貞

　　南山白雲裏，仙侶常往復。仰攀喬林秀，下瞰深溪淥。松風度絃聲，蘭氣薰衣馥。閒來藉瑤草，玄談自相屬。塵想俱已冥，道機諒應熟。何當稅吾駕，於此尋幽躅。（徐有貞《武功集》、卷二）

〈盛子昭山水圖〉　　　　　　　　　　　　　　　　　明・王友行

　　元季畫師稱子昭，天機妙出秋霜毫。巖屏屹峙千萬叠，喬林六月藏風濤。誅茅新構臨蒼麓，門對橫塘渺晴淥。小舟蕩漾若鳬鷖，漁父為家穩於屋。二山欄楯何嶙峋，那知海內飛紅塵。無名藥草迷行徑，平地盪胸生白雲。索居信足求吾志，杖屨何曾入城市。翛然野服淡無營，從教許史論豪貴。我嘗叨祿方解簪，披圖洒却奔馳心。相尋甚欲窮幽賞，擬抱床頭霹靂琴。歸田叟王友行。（清吳升《大觀錄》、卷十八）

〈盛子昭秋林漁隱圖〉　　　　　　　　　　　　　　　　　　　　　明・林　鏞

　萬里滄波杳靄中，平林落日映丹楓。黃塵撲馬長安道，誰似磯頭一釣翁。林鏞。（清
吳升《大觀錄》、卷十八）

〈題梅花仙子圖，盛子昭畫〉　　　　　　　　　　　　　　　　　　明・顧　清

　烟林烏啼天未霜，落月漏雲金鏡光。美人獨宿九華殿，天風吹動金琅璫。瑤階露重侵
羅襪，凍合梅梢不成雪。翩然飛下西湖頭，獨傍寒香倚愁絕。寒香鬱鬱愁沖沖，冰魂蕩
漾迷西東。星眸欲流滴秋水，霓裳不動縈天風。天風颯颯鳴璃玖，欲去踟躕更回首。武
塘仙人五彩毫，偷眼方朔窺金桃。凌晨寫出一時景，清寒入面風蕭騷。蒼苔粼粼白石淨，
空青暗滴陰匼冷。石畔叢篁低拂雲，雲外疏桐落金井。翠禽一聲河漢橫，遼天回首思冥
冥。雲樓霧閣渺何許，冷蕊疏枝空翠屏。美人只今遊太清，武塘遺跡亦晨星。悵望龍城
夢中路，寒綃慘淡來精靈。（顧清《東江家藏集》、卷二）

〈盛懋畫千巖競秀卷〉　　　　　　　　　　　　　　　　　　　　　明・徐　渭

　勝國畫師推盛懋，何年圖此千巖秀。筆尖點染不妨嬌，其中自寓老而瘦。王郎捲來令
我題，我覽三日目不移。醉後伊吾吟杜詩，較計王宰未可相雄雌。王郎急走忽持歸，眼
中猶見堆翠微。山陰道上忙應接，即此卷中誠不非。茅堂寄居修竹裡，除却看畫吟詩無
別事。王郎却是我貧交，何擲我三百青蚨為酒費。（徐渭《徐文長三集》、卷五）

〈盛懋秋江畫，董堯夫索題〉　　　　　　　　　　　　　　　　　　明・徐　渭

　楓江霽色浩無邊，故寫蓑衣挂釣船。莫笑漁郎多點檢，從來風雨起晴天。（徐渭《徐
文長三集》、卷十一）

〈盛子昭赤壁圖〉　　　　　　　　　　　　　　　　　　　　　　　明・虛　菴

　白露橫江水接天，百年餘興尚依然。及今惟有江心月，會照坡仙載酒船。虛菴。（清
卞永譽《式古堂書畫彙考・畫考》、卷之四）

〈盛子昭赤壁圖〉　　　　　　　　　　　　　　　　　　　　　　明・荷鋤散人

　虎豹虬蟉自滿胸，卻乘孤鷁汎秋風。絕勝繞樹烏三匝，驚散江心一炬紅。荷鋤散人。
（清卞永譽《式古堂書畫彙考・畫考》、卷之四）

〈題盛懋畫〉　　　　　　　　　　　　　　　　　　　　　　　　　明・郭　鈺

　遠鳥映微紅，疏林帶寒綠。石上一柴關，溪邊兩茅屋。輕風花落地，細雨雲歸谷。側
耳試閒聽，疑聞紫芝曲。（清高宗《御定歷代題畫詩類》、卷十二）

〈盛懋畫觀音〉　　　　　　　　　　　　　　　　　　　　明・都　穆

　　盛子昭觀音，絹畫，林松枯槎，老枝森聳，時出自足其家法，面目略損動，而神采自在。（明都穆《鐵網珊瑚》、卷八）

## 梁大用

　　小傳：不見畫史記載。身世不詳。

〈梁大用所作青松紅梅二畫〉　　　　　　　　　　　　　　　明・凌雲翰

　　仙館長松老更奇，過門曾見出牆枝。誰傳月下較龍影，應有風雷起硯池。占得魁名即賜緋，調羹心事尚依依。玉堂別有如椽筆，更待春風為發揮。（凌雲翰《柘軒集》、卷一）

## 郭小山

　　小傳：寧波人，身世不詳，能畫人馬。（見《中國畫家人名大辭典》、三九九頁）

〈題郭小山所畫騎驢圖〉　　　　　　　　　　　　　　　　　元・張　庸

　　君不見將軍戰馬八尺高，身為龍紋脊虎毛。臂鎗馳突萬人逃，左避側石右坑壕。爭如不富亦不貴，平地騎驢往來易。權門噂沓足不至，歸來有酒時一醉。（張庸《張處士全歸集》、卷二、8/b）

## 郭子虛

　　小傳：不見畫史記載。身世不詳。

〈題吳教授所藏郭奉祠子虛墨梅，子虛已歿，初為黃冠）〉　　明・管時敏

　　郎官遠寄一枝春，寫得冰花箇箇真。黃鶴山房明月夜，暗香疎影屬詩人。羅浮道士是前身，愛寫江南雪裏春。今日香魂招不得，看花一度一傷神。（管時敏《蚓竅集》、卷八）

## 郭　公

　　小傳：不見畫史記載。身世不詳。

〈題郭、元二公畫壁〉　　　　　　　　　　　　　　　　　　元・薩都剌

　　兩山出沒如虎頭，爭奇角怪不肯休。一山如龍入雲去，一山化作長江流。嶙嶒相雄不相下，欲向人間索高價。應中有客語如狂，龍者可先江者亞。一笑上馬歸醉眠，麴生使我多妄言。酒醒忽記夜來語，先者姓郭亞者元。（薩都剌《薩天錫詩集》、卷後）

# 郭　生

小傳：不見畫史記載。身世不詳。

〈題趙虛一（郭生）山水畫〉　　　　　　　　　　　　　　　　　元・貢　奎

　我愛青山欲歸去，偶見生綃喜還住。層巒疊嶂遠冥濛，旭日東生光采注。簾陰微閃數株丹，疑是巖前半開樹。晴嵐曉翠千萬重，一覽底須攜杖履。郭生十年不相見，筆意從容入天趣。青田道人如瘦鶴，能跨生駒窮海嶽。何如掛此素壁間，終日焚香相對閒。政爾胸中有丘壑，烏帽黃塵漫飄泊。向來山中我醉眠，白雲孤飛興悠然。清幽到處畫不出，自遣數語人間傳。（貢奎《雲林集》）

# 郭宗夏

小傳：不見畫史記載。身世不詳。

〈五雁圖〉　　　　　　　　　　　　　　　　　　　　　　　　　　明・貝　瓊

　檇李郭宗夏兄弟五人，友愛尤篤，後值兵變，東西散處，宗夏思之，為作五雁圖，賦詩一首。

　五雁何翩翩，飲啄同清池。失路在中道，飢寒不相知。昔為八龍聚，今作四鳥離。驚飇廣漠至，十月百草衰。天高羽翮短，苦受胡鷹欺。上林豈不廣，念汝歸何時。管蔡興流言，坐使君臣疑。京城死大叔，寪生手刃之。淮南歌尺希，千歲有餘悲。東阿苦不容，七步詠然箕。骨肉成虎狼，所爭毫與釐。我觀五雁圖，為繼鶺鴒詩。（貝瓊《清江詩集》、卷一）

# 郭　畀

小傳：字天錫，京口人。工書畫，書法出入趙孟頫。畫山水，並善竹木、窠石，有米家風，　　　　人物故實，亦妙。（見《中國畫家人名大辭典》、五頁）

〈為僧作山水二首〉　　　　　　　　　　　　　　　　　　　　　　自　題

　門有方袍客，圖成水墨山。我非求肖似，汝亦愛幽閒。密樹難分辨，高雲任往還。行當絕世事，終老屋三間。有客被方袍，合爪前致辭。不獨愛公畫，仍復愛公詩。詩成縱意書，了此一段奇。世人稱三絕，公胡不自知。我心了不知，晚歲聊嬉嬉。向來用世心，轉首成弃遺。所嗟聞道晚，倏已雙鬢絲。前賢去已遠，來哲未可期。寓形宇宙間，倀倀欲何之。願誨藥石言，再拜真吾師。（郭畀《快雪齋集》、三頁下）

〈郭天錫青山白雲圖〉　　　　　　　　　　　　　　　　　　　　元・釋契了

　米元暉昔遊徑塢，登含暉亭，攬山青雲白樹色水光之勝，悟得毫端三昧，為鄭、王、楊、吳、董、宋、郭、范羣公開壇場，初聞是說，實是訝之。及元貞丙申春，余寓山中，禪餘偕二三友，縱步是亭，日擊真態，亦有感發，乃信元暉悟是而得天巧，非浪說也。大德癸卯秋，既下峯頂，及今至順癸酉，逾五十年，每想舊遊之樂，不可復得，為之慨嘆。適今三月十有五日，姑胥良禪人，出示郭公天錫所作，亂山隱秀，輕風淡抹，矮屋藏林，短橋橫澗，朝曦夕靄，千狀萬貌，把玩至再，不覺宿懷一時脫焉，恍如身臨亭際，神遊物表，殆不知人為耶？天就耶？抑郭得于米耶？得于天耶？善毫素者辨之，庶幾吾言得之矣。鶴亭釋契了。（清吳升《大觀錄》、卷十八）

〈題郭天錫畫山水窠石二首〉　　　　　　　　　　　元・釋善住

疊嶂無重數，茅茨有幾家。杖藜人寂歷，流水小橋斜。

春風吹不醒，塵世豈知名。未化牛羊去，空山獨老成。（釋善住《谷響集》）

〈題了堂所藏郭天錫作亂山烟雨圖〉　　　　　　　　元・龔璛

南郭山人隱幾處，青山白雲無所住。萬壑度盡松風聲，更向了堂參一句。（龔璛《存悔齋稿》）

〈題郭天錫雲山圖〉　　　　　　　　　　　　　　　元・黃玠

翹翹山有木，翳翳林有谷。雨氣作深雲，新陰如膏沐。夫豈無居人，誅茅結溪屋。幽栖不出戶，野塘春水綠。（黃玠《弁山小隱吟錄》、卷一）

〈郭天錫仿米老雲山圖〉　　　　　　　　　　　　　元・黃玠

門外馬蹄三尺塵，屋底青山看白雲。不知身世在城市，但覺爽氣吹冠巾。鴨嘴漢頭露沙渚，彷彿西陵與漁浦。惱人歸興滿江東，烟樹半沉天欲雨。黃玠伯成。（明朱存理《鐵網珊瑚・書品》、卷四）

〈郭天錫青山白雲圖〉　　　　　　　　　　　　　　元・釋祖瑛

今人作事每思古，暮仿太甚復可嗤。要於法外出新意，變化臭腐為神奇。襄陽妙法畫前代，千金一紙爭購之。郭公丹青有能名，亦復愛之如渴飢。今觀此幅殆逼真，氣骨老蒼無俗姿。青峯碧潤在烟霧，令人益重幽人期。沃州天姥見仿彿，支公寺前秋鶴飛。橋危霜清苟與小，憶得前途曾攀躋。郭公久矣閟泉壤，此幻不滅留齋咨。前身太白無乃是，句法酷似金山詩。右題良禪人藏青山白雲圖。時至元丁丑十二月望。松陵釋祖瑛。（清吳升《大觀錄》、卷十八）

〈郭天錫青山白雲圖〉　　　　　　　　　　　　　　元・釋若舟

萬叠青山萬叠雲，水邊烟樹隔孤村。依稀南嶽峰頭住，茅屋三間獨掩門。携李釋若舟。（清吳升《大觀錄》、卷十八）

〈郭天錫青山白雲圖〉　　　　　　　　　　　　　　　元·釋餘澤

雨後山光分外奇，蒼雲淡淡樹離離。朱方才子毫端妙，絕勝襄陽米虎兒。天泉餘澤。（清吳升《大觀錄》、卷十八）

〈題（郭天錫）雲山圖〉　　　　　　　　　　　　　　元·黃溍

予不解畫，凡古今名筆皆莫識其所以為工。近留南屏，積雨彌月。遙望群峯，隱見於煙雲杳靄間。倐忽之頃，變幻百出。宛然它日畫中所見，乃知良工之意匠真有能窺造化之妙者。昔人誦杜子美夜深殿突兀，以為親涉其境始悟為佳句。豈虛言哉。天錫作此卷時，蓋與予俱寓南屏，亦因其可見者移入縑素耳。（黃溍《金華黃先生文集》、卷二十一）

〈郭天錫仿米老雲山圖〉　　　　　　　　　　　　　元·黃溍

退直歸來日半曛，毫端風雨正紛紛。不須更覓驚人句，惱亂青山與白雲。（明朱存理《鐵網珊瑚·書品》、卷四）

〈題郭天錫畫〉　　　　　　　　　　　　　　　　　元·黃溍

漠漠疏林晚，蕭蕭寒雁鳴。窮秋萬里客，開卷若為情。（黃溍《金華黃先生文集》、卷六）

〈郭天錫雲岫圖〉　　　　　　　　　　　　　　　　元·吳師道

撩亂春雲雜曉嵐，時於湧雲出青藍。依稀一筆誰傳與，北固山前海嶽庵。（吳師道《吳正傳先生文集》、卷九）

〈題郭天錫畫古木〉　　　　　　　　　　　　　　　元·張天英

木落空山憶五君，髯虬飛影拂玄雲。幾夜烟蘿月中立，醉歌時見郭將軍。（顧瑛《草堂雅集》、卷三）

〈題郭天錫畫〉　　　　　　　　　　　　　　　　　元·陳旅

郊居息塵事，日夕望青山。青山秋氣多，白雲出其間。露渚野芳集，楓林江色寒。夷猶感流序，況乃曠幽攀。（陳旅《安雅堂集》、卷三）

〈題韓伯清所藏郭天錫畫〉　　　　　　　　　　　　元·陳旅

往年京口郭天錫，學得房山高使君。晝省歸來人事少，烟岑閒向客樓分。林扃暝落青楓雨，水郭寒生白晝雲。歲晚懷人增感慨，晴窗展玩到斜曛。（陳旅《安雅堂集》、卷二）

〈題徽太古所藏郭天錫畫卷後〉 　　　　　　　　　　　　　元‧朱德潤

皇慶中，僕因受學於霅川姚子敬先生。先生謂藝成而下足以掩德，戒以勿勤畫事。適彥敬高侯至，見僕弄翰，語先生曰：「是子畫亦有成，先生勿止之。」由是日新月染，不覺墮于藝成。延祐初，因抵杭，與郭君天錫會于旅次。天錫每詫余于善得高侯旨趣。再三四年，天錫來吳，因每與對圖，時各出新意。圖成，天錫掀髯相顧一笑。既而僕奉詔入京，於慶壽□□□泥金梵典，比歸吳中，天錫已物故。余不□□□□□圖軸中□□□□□□□□人之思。至正已亥夏仲，太古徽師持此卷來，乃天錫得意筆也。師復求余畫，乃作臥龍平遠於後。山川寥廓，物換人移。因識歲月，重增慨然。（朱德潤《存復齋續集》、四七頁）

〈郭天錫山水〉 　　　　　　　　　　　　　　　　　　　元‧胡　助

危峰千仞翠蒼蒼，彷彿匡廬有草堂。聞道山人徵不起，紫芝春暖白雲鄉。（胡助《純白齋類稿》、卷十四）

〈郭天錫仿米老雲山圖〉 　　　　　　　　　　　　　　　元‧張　翥

米家老虎住京口，愛以水墨塗江山。山中之雲殊漫漫，樹木與雲生石間。後來繼者有髯郭，筆力能斷千犀顏。遙汀別渚小布置，便若藍輿衝雨滄江灣。行前石梁橫野渡，近入青林□微路。茅茨小著蘿薜深，知有人家西崦住。想當雪夕揮寫時，已分留我題其詩。後十六年方見之，滿筆元氣渾淋漓。江流茫茫去不返，白鶴未歸劉李遠。眼中彷彿峴山雲，老我空嗟歲月晚。時至正六年孟冬之望，應奉翰林文字河東張翥題於武林史局。（明朱存理《鐵網珊瑚‧書品》、卷四）

〈郭天錫仿米老雲山圖〉 　　　　　　　　　　　　　　　元‧張　雨

曾是書經三昧手，省郎何許獨多才。不知公子香奩裏，那得米家烟雨來。林間風雨避藍輿，城頭鼓聲知有無。只消深淺屏風叠，題作蘇郎詩意圖。鄜川王孫厭世去，大滌仙人天台還。醉戀璚華張學究，未應夢到小雲山。張天雨奉為季博卿兄書三絕句于卷後。（明朱存理《鐵網珊瑚‧書品》、卷四）

〈郭天錫畫〉 　　　　　　　　　　　　　　　　　　　元‧鄭元祐

飛墨來從海岳菴，春風吹雨滿江南。青山肯被雲遮盡，時聳尖奇一兩簪。（鄭元祐《僑吳集》、卷六）

〈題郭天錫畫二首〉　　　　　　　　　　　　　　　　　　　元‧鄭元祐

　飛墨來從海岳菴，春烟林麓是江南。綠蘋洲渚閒鷗白，不著征人一解驂。
　商頌何須曳履歌，江南山色硯池波。長髯蘸得琳瑯墨，留作飛雲在碉阿。（鄭元祐《
　　僑吳集》、補遺）

〈題郭天錫山水〉　　　　　　　　　　　　　　　　　　　　元‧錢惟善

　擁腫無根山癩頭，銀雲截翠半空游。酒醒拭目知何處，華嶽飛來一片秋。（錢惟善《江
　月松風集》、卷五）

〈郭天錫青山白雲圖〉　　　　　　　　　　　　　　　　　　元‧樵山漢

　　近日江南過江北，旅食維揚為寄客。春風池館雨餘初，滿地莓苔滋翠色。疎林日曉集
晴鴉，柴門靜掩絕紛華。寸心悒鬱不自得，幽然抱膝吟朝霞。忽聞剝啄敲門速，自起開
門延客入。乃是故人遠相訪，袖出亂山圖一軸。恍然置我玉壺間，詩思滿懷清可掬。大
山高聳削芙蓉，小山微茫如聚粟。迢遙一帶石嵯峨，連峰接岫白雲多。矮屋隈岩倚蒼樹，
斷橋流水籠烟蘿。自嘆平生愛山水，把圖把玩情無已。遲我他年致仕歸，營結茅屋烟雨
裏。時至正丙戌端陽後三日。樵山漢拜手謹書。（清吳升《大觀錄》、卷十八）

〈郭天錫青山白雲圖〉　　　　　　　　　　　　　　　　　　元‧倪　瓚

　　天錫橡郎與余交最久，死別忽忽二十餘載，念之悵悵如何可言。天錫于河上元貞道館、
錫麓玄丘精舍，其畫壁最多，今為軍旅之居，或為狐鬼之窟，頹垣遺址，風景亦異，雖
余之故鄉，乃若異鄉矣。不歸吾土亦已十年，因勝伯徵君携此卷相示，為之展卷，感慨
并序，述其疇昔相與之所以然者，其中有不能自己也，投筆悽然久之。至正二十三年歲
癸卯十二月十夜，笠澤蝸牛廬中寫。倪瓚。（清吳升《大觀錄》、卷十八）

〈郭天錫山水卷〉　　　　　　　　　　　　　　　　　　　　元‧倪　瓚

　郭髯予所愛，詩書總名家。水際三叉路，毫端五色霞。米顛船每泊，陶令酒能賒。猶
憶相過處，清吟夜煮茶。
　　天錫橡郎與予交最久，死別忽忽二十餘載，念之恨恨，如何可言。錫山於河上玄元道館，錫
　　麓玄丘精舍，其畫壁最多。今或為軍旅之居，或為狐兔之窟，頹垣遺址，風景亦異，雖予之
　　故鄉，乃若異鄉矣。不歸吾土亦已十年，因勝伯徵君携此卷相示，為之展玩，感慨并叙述其
　　疇昔相與之所以然者，其中有不能自己也。捉筆淒然久之。至正二十三年歲在癸卯十二月十
　　日夜，笠澤蝸牛廬中寫，倪瓚。（明朱存理《鐵網珊瑚書品》、卷五）

〈題郭天錫畫〉　　　　　　　　　　　　　　　　　　　　　元‧釋克新

畫省簾櫳絢彩霞，揮毫坐對紫薇花。碧山樓觀飛雲外，騎馬歸來日未斜。（釋克新《雪廬稿》、二頁下）

〈郭天錫仿米老雲山圖〉　　　　　　　　　　　　　　　　　元‧陳元英

郭君胸次多丘壑，身作省郎猶布衣。好句每懷蘇養直，小圖聊作米元暉。嶺頭淡淡春雲薄，樹底陰陰石徑微。自恨買山錢未辦，結茅如此足相依。陳元英。（明朱存理《鐵網珊瑚‧書品》、卷四）

〈郭天錫仿米老雲山圖〉　　　　　　　　　　　　　　　　　元‧全思誠

小橋橫水口，矮屋露林梢。想見山中客，書成擬絕交。全思誠。（明朱存理《鐵網珊瑚‧書品》、卷四）

〈郭天錫仿米老雲山圖〉　　　　　　　　　　　　　　　　　元‧韓友直

小隊江山北固多，當時人物漸消磨，茅山道士頭如雪，狡獪題詩奈爾何。韓友直。（明朱存理《鐵網珊瑚‧書品》、卷四）

〈郭天錫仿米老雲山圖〉　　　　　　　　　　　　　　　　　元‧顧　祿

郭天錫世家京口，故其所畫全倣米南宮家為得法。況黃文獻公、張潞公，俱有高題在前，而僕之師文華殿大學士全公題詩於後，故不敢復贅冗語，姑書以附名云。吳郡顧祿跋。（明朱存理《鐵網珊瑚‧書品》、卷四）

〈郭天錫青山白雲圖〉　　　　　　　　　　　　　　　　　　明‧均虛白

前朝郭天錫，解寫雨中山。鳥度朝雲濕，僧歸夕照閒。湘靈彈瑟罷，神女駕龍還。遠道無窮意，江流窈渺間。

江浦杜惟銘文學，秩滿南歸，持此圖索予題，乃京口郭公天錫臨米家筆法，又書五言一首於其上，惟銘將之永平司訓，就用郭韻，冷風灑翰，情見乎辭。洪武三年丁丑八月既望。均虛白在青雲軒寫。（清吳升《大觀錄》、卷十八）

〈郭天錫仿米老雲山圖〉　　　　　　　　　　　　　　　　　明‧楊　彝

孰嗟兩眼視荒荒，有分看山久未償。蘭谷烟雲疑雁蕩，橘洲風浪近龍陽。門生可辦肩輿往，畫史空令意匠忙。誰識閉門乘快雪，為君三叫寫瀟湘。吳郡楊彝。（明朱存理《鐵網珊瑚‧書品》、卷四）

〈郭天錫仿米老雲山圖〉　　　　　　　　　　　　　　　　　明‧曹孔章

揮毫誰解寫蒼茫，只有南徐郭省郎。料得房山應撫掌，翩翩筆意近襄陽。曹孔章。（明朱存理《鐵網珊瑚・書品》、卷四）

## 郭景諒

小傳：不見畫史記載。身世不詳。

〈郭景諒畫〉　　　　　　　　　　　　　　　　　　　　　　　明・淩雲翰

月來中天，琴聲以和。爰有君子，於焉詠歌。松風遞清，石泉流響。顧瞻白雲，入我遐想。有道之裔，媲美林宗。假此圖畫，像此從容。雲月無窮，松泉有待。善琴弗鼓，萬境斯在。（淩雲翰《柘軒集》、卷一）

## 郭誠之

小傳：不見畫史記載。身世不詳。

〈題郭誠之百馬圖〉　　　　　　　　　　　　　　　　　　　　明・張以寧

唐家羽林初百騎，誰其畫之傳郭氏。開元天廄四十萬，爽氣雄姿那得似。風鬃霧鬣四百蹄，或飲或齕長鳴嘶。或翹或俯或騰躍，意態變化浮雲齊。黃沙雲暖地椒濕，什什為曹競相及。蹂躪秦原狐兔空，蕩搖渭水蛟鼉泣。前年括馬輸之官，苜蓿開花春風閑。民間一駿豈復有，何如飽在圖中看。郭君才越流輩日，迺策蟻封人不識。驊騮豈少伯樂無，捲還畫圖三嘆息。（張以寧《翠屏集》、卷一）

## 曹知白

小傳：字又元，一字貞素，號雲西，華亭人。工山水，師郭熙，筆墨清潤，全無俗氣至調其
　　　師馮覲，筆墨差弱而清氣可喜。（見《中國畫家人名大辭典》、四〇四頁）

〈曹雲西秋水釣舟圖并題〉　　　　　　　　　　　　　　　　　自　題

秋水拍湖魚正肥，釣舟還好趁斜暉。晚風拂面酒未醒，新月流光又上衣。

至正辛丑夏五月，雲西老人曹知白。（清卞永譽《式古堂書畫彙考・畫考》、卷之三）

〈曹雲西重溪暮靄圖〉　　　　　　　　　　　　　　　　　　　自　題

重溪暮靄，雲西為明叔作。（清吳升《大觀錄》、卷十八）

〈曹雲西清閟閣圖〉　　　　　　　　　　　　　　　　　　　　自　題

雲西老人作於清閟閣。（清吳升《大觀錄》、卷十八）

〈曹雲西秋涉圖〉　　　　　　　　　　　　　　　　　　　自　題

　秋涉圖。至正丁酉冬十月六日，貞素為澤民提舉畫。往歲作此圖，以贈朱提舉。今又於仲和所一見，回首二十餘年，然澤民、仲和皆吳人，正為楚人亡弓，楚人得之。雲西記。（清吳升《大觀錄》、卷十八）

〈曹雲西疎松幽岫圖軸〉　　　　　　　　　　　　　　　　　自　題

　壬申生人皆年八十歲，至正辛卯仲春雲□誌。（近代龐元濟《虛齋名畫續錄》、卷一）

〈曹雲西山居圖軸〉　　　　　　　　　　　　　　　　　　　自　題

　英上人訪僕於雲西小築，相與劇談話舊，因作山居圖以貽之。至元三年仲春望前一日，曹知白記。（清龐元濟《虛齋名畫錄》、卷七）

〈曹雲西石瀨雙松圖〉　　　　　　　　　　　　　　　　　元・張　雨

　□君老筆天機熟，□瀨雙松未易摹。怪□營邱風骨在，君家□有讀碑圖。句曲外史題於金鼇玉塵之間。（清李佐賢《書畫鑑影》、卷二十）

〈題曹雲西畫〉　　　　　　　　　　　　　　　　　　　　元・黃　玠

　何人操玉斧，夜半緣青冥。斫去月中樹，千秋傷我情。無根亦云已，有根當復生。但笑吳剛者，負此不義名。（黃玠《弁山小隱吟錄》、卷一）

〈題呂德常所藏雲西雲山外景〉　　　　　　　　　　　　　元・黃　玠

　前岡嶄如削，後巘旋若顧。溪寒隙嶮晚，雪沒刻中路。將無乘輿人，過彼幽棲處。應待月華生，卻棹扁舟去。（清高宗《御定歷代題畫詩類》、卷二）

〈曹雲西重溪暮靄圖〉　　　　　　　　　　　　　　　　　元・黃公望

　雲老與僕年相若，執筆濡墨既有年矣，老而益進，於今諸名勝善。畫家求之巧思者甚多，至于韻度清越，則此翁當獨步也。至正九年正月廿五日，大痴學人公望題識，時年八十有一。（清吳升《大觀錄》、卷十八）

〈題曹雲西畫卷〉　　　　　　　　　　　　　　　　　　　元・柯九思

　東吳高士雲西客，愛染長箋淺深墨。空濛不記山幾重，萬樹疎烟氣猶濕。漁人舉網溪流清，野老何來歆素情。上方鐘磬出雲表，歸帆影落空江明。前邨雞犬日已暮，黃葉秋風滿山路。箇中妙境壓古人，三復摩挲未能去。（柯九思《丹邱集・錄自元詩選》、一一六頁）

〈題曹雲西雙松圖〉　　　　　　　　　　　　　　　　　　元・柯九思

　　兩箇蒼松傍石生，白雲西畔愜幽情。何時共聽華亭鶴，立到疎林野月明。（明都穆《寓意錄》、卷二）

〈憑闌人，題曹雲西翁贈妓小畫〉　　　　　　　　　　　　元・邵亨貞

　　誰寫江南一段秋，粧點錢塘蘇小樓。樓中多少愁，楚山無斷頭。（邵亨貞《蟻術詩選》、卷二）

〈曹知白吳淞山色圖〉　　　　　　　　　　　　　　　　　元・潘　純

　　　一片吳江江上秋，澹雲涼月思悠悠。何時蓴菜鱸魚膾，卻向先生畫裡遊。潘純。（清卞永譽《式古堂書畫彙考・畫考》、卷之三）

〈曹雲西疎松幽岫圖軸〉　　　　　　　　　　　　　　　　元・潘　純

　　溪上仙翁年八十，口水千山畫盈尺。西風吹向雲之東，翠壁銀濤角寒石。一隻老眼驚未識，掛起窗前照空碧。卷舒入手才三年，嗟嗟仙去成陳迹。此人此畫不可得，此人此畫不可得。至正乙未秋七月二十日，潘口書于碧梧堂。（清龐元濟《虛齋名畫續錄》、卷一）

〈題雲西畫卷〉　　　　　　　　　　　　　　　　　　　　元・吳　鎮

　　雲西老人清且奇，隨意點筆自合詩。高尚不趨車轍迹，新圖不讓虎頭痴。溪中有人空佇立，江上征帆歸去遲。何處溪歌聲欸乃，碧雲疎樹晚離離。（清高宗《御定歷代題畫詩類》、卷十二）

〈曹雲西幽篁古木圖〉　　　　　　　　　　　　　　　　　元・張　雨

　　山空明月夜寂寥，幽篁古木風蕭蕭。安得仙人王子晉，時吹鳳管下雲霄。至正辛丑三月，題於上清方丈，句曲張雨。（清卞永譽《式古堂書畫彙考・畫考》、卷之四）

〈題曹雲西山水〉　　　　　　　　　　　　　　　　　　　元・鄭元祐

　　筆底江山不露鋒，茅茨十尺倚長松。采芝空谷歸何晚，知在晴雲第幾重。（鄭元祐《僑吳集》、補遺）

〈曹知白吳淞山色圖〉　　　　　　　　　　　　　　　　　元・陸居仁

　　終南求捷徑，少室索高價。唯有孄雲西，山深無俗駕。陸居仁。（清卞永譽《式古堂書畫彙考・畫考》、卷之三）

〈曹雲西山水〉　　　　　　　　　　　　　　　　　　　　　元・王　逢

　　世治多福人，時危多貴人。貴人乃鬼朴，福人真天民。緬憶曹雲西，生死太平辰。高秋下孤鶴，想見英風神。菀菀露撣間，幽幽水石濱。槳行甫里船，角墊宗林巾。往訪趙松雪，滿載九峰酒名酒。斯圖作何年，投筆為　呻。池慶餘野鶂，井溁搖青蘋。（王逢《梧溪集》、卷五）

〈題曹雲西畫〉　　　　　　　　　　　　　　　　　　　　　元・倪　瓚

　　吳松江水碧於藍，怪石喬柯在渚南。鼓枻長吟採蘋去，新晴風日更清酣。（倪瓚《倪雲林先生詩集》）

〈題曹僉事畫溪山春霽圖〉　　　　　　　　　　　　　　　　元・倪　瓚

　　荊溪之水清漣漪，溪上晴嵐紫翠圍。連舸載書烟渚泊，提壺入林春蕨肥。身遠雲霄作幽夢，手栽花竹映山扉。磯頭雪影多鷗鷺，也著狂夫一浣衣。（顧瑛《草堂雅集》、卷六）

〈題曹雲西畫松石〉　　　　　　　　　　　　　　　　　　　元・倪　瓚

　　雲西老人子曹子，畫手遠師韋與李。衡門晝掩春長閒，搖毫動筆長風起。葉藏戈法枝如籥，蒼石庚庚橫玉理。庭前落月滿長松，影落吳松半江水。（倪瓚《倪雲林先生詩集》）

〈曹雲西疎松幽岫圖軸〉　　　　　　　　　　　　　　　　　元・元　本

　　八十雲西骨已口，獨看山水復悽然。不知此日貞溪上，亦口當時書畫船。元本。（近代龐元浙《虛齋名畫續錄》、卷一）

〈曹雲西清閟閣圖〉　　　　　　　　　　　　　　　　　　　明・危　素

　　吾聞箕潁水，能洗古人心。茲山有飛泉，泠泠琴上音。塵垢悉蕩除，方寸清似滌。何止匡廬間，嘯咏成李白。危素。（清吳升《大觀錄》、卷十八）

〈題曹雲西隻松圖〉　　　　　　　　　　　　　　　　　　　明・陶宗儀

　　泖雲西畔一詩翁，畫法營丘理趣融。四十年前經此地，隻松無恙草堂空。（清高宗《御定歷代題畫詩類》、卷七十二）

〈曹雲西畫〉　　　　　　　　　　　　　　　　　　　　　　明・董　紀

　　貞溪人如玉，詩畫清無比。至今溪上人，不唾溪中水。（董紀《西郊笑端集》、卷一）

〈雲西老人春山平遠圖〉　　　　　　　　　　　　　　　　　明・袁　華

雲西老人富文藝，博聞好古無任志。我雖不識嘗夢之，矯矯丰姿髯礧蝐。馭風騎氣上
鈞天，斷縑尺楮人間傳。點染彷彿營丘李，重岡複嶂孤雲邊。谿頭春還雨新足，灌木蒼
蒼柳將綠。漫郎刺船何處去，待向前村借書讀。人生富貴如秋烟，草木同腐良可憐。老
成典刑不復見，展卷題詩心惘然。（袁華《耕學齋詩集》、卷六）

〈曹雲西重溪暮靄圖〉　　　　　　　　　　　　　　　　　　　　明・董其昌

雲西吾松之滇溪人，與倪迂、大癡以畫相倡和。勝國之末，高人多隱于畫。雲西為多
田翁，蓋其家足置鄭莊之驛，以延款名勝者。其昌題。（清吳升《大觀錄》、卷十八）

## 許如圭

小傳：霍州人，洪武時人，工書善畫。說者謂其作畫如作字，點綴清妍，極有風致。（見《中
　　　國畫家人名大辭典》、四〇九頁）

〈題許霍州如圭所畫礐溪圖送張秉文徵士還山中〉　　　　　　　　明・劉　嵩

許侯作畫如作字，點綴清妍極風致。此圖偶為張君寫，雪巘參差出空翠。張君於我同
鄉人，每對山情更親。就中大似爵礐景，遙見武姥青嶙峋。我欲披雲捫絕頂，手招陶皮
漱丹井。千年石室望來深，六月松風坐中冷。山原草荒行者稀，伊誰讀書方掩扉。如此
林陰兩茅屋，安得與子長相依。禾溪向東石橋路，猶憶往年携酒處。春風幾落杜鵑花，
歸夢微茫隔烟霧。許侯今在太行西，君亦南返尋故樓。卷圖相送一腸斷，烟柳滿河鶯亂
啼。（劉嵩《槎翁詩集》、卷三）

〈三顧書隱（圖）記〉　　　　　　　　　　　　　　　　　　　　明・陳謨

夫隱者，君子獨善之名也，苟達焉，斯無取矣。達而欲兼是名，則或肆為瑰辭以擎取
之，大朝市，小山林，以歆動之，使人哆然，日趨於大而鄙其小，然則去隱則遠矣。隱
固有大小乎哉？甚或立乎兩間，自名中隱，不夷不惠，非狂非狷，可貴可賤，君子蓋滋
惑焉。陳君守道讀書三顧山下，味貧之樂，飽德之腴，若將終身，故名其室曰書隱。所
司以賢良強起之，徵試考功，優合矱度，論定且入官。固辭老病，願返田野，當道可之，
會稽許如珪又為作三顧書隱圖，以華其歸，歸以介余記。嗟乎，是山清節先生讀書台在
焉，先生真隱也，非招也，以春秋授忠簡胡公，今其遺書具存，守道熟復而精察之，有
立於身，有垂於後，如是而已，其為隱也，不亦大乎？（陳謨《海桑集》、卷七）

## 許瀾伯

小傳：不見畫史記載。身世不詳。

〈題許瀾伯畫〉　　　　　　　　　　　　　　　　　　　明・高　啟

　望秋倚高閣，隔江望層巘。不見度僧歸，烟聲暮鍾遠。（高啟《高太史大全集》、卷十六）

〈題許瀾伯三虫圖〉　　　　　　　　　　　　　　　　　　明・高　啟

　密脾未滿報衙頻，蠹化初成傳粉新。誰道爭花群隊裏，長吟還有獨清人。（高啟《高太史大全集》、卷十八）

〈題許瀾伯先塋圖〉　　　　　　　　　　　　　　　　　　明・王　行

　我二親歸藏久矣，今見此圖，乃知許氏之思不異予之思也。肺腑流出之言，觀者勿校其工拙。藏親已云竟，思親那可忘。寫親藏魄處，朝夕似親傍。（王行《半軒集》、卷十）

### 戚子雲
　小傳：不見畫史記載。身世不詳。

〈題戚子雲五雲山圖〉　　　　　　　　　　　　　　　　　元・方　回

　不濃不淡烟中樹，如有如無雨外山。尺素展看空想像，何由身著畫圖間。（方回《桐江續集》、卷五）

### 陸子方
　小傳：不見畫史記載。身世不詳。

〈陸子方寫小像於松鶴圖，要予賦詩〉　　　　　　　　　　元・張　雨

　愛松徧遊天目塢，好鶴為見華亭侶。松來映戶鶴歸籠，十丈黃塵隔環堵。紫髯蕭蕭共掀舞，仙骨稜稜欲輕舉。巢居閣下一片雲，隱居樓上三層雨。不似君家道氣濃，藥籠陰功何可數。三壽作朋入閣畫，畫出分明養生主。（張雨《句曲外史貞居先生詩集》、卷三）

### 陸行直
　小傳：字季衡，吳江人，洪武中翰林典籍，善書，詩，畫，清勁為時所稱。（見《中國畫家人名大辭典》、四一七頁）

〈陸季道為張元明作雲山圖，求詩其上〉　　　　　　　　　元・張　雨

　羣山如陣帆，出沒波濤中。白雲自多奇，不倩粉墨工。澹然相怡悅，所得亦已豐。石門吾故廬，奚必窮華嵩。（張雨《句曲外史貞居先生詩集》、卷一）

## 陸　顥

小傳：字伯瞻，善畫人物，與詩，字，時稱三絕。（見《中國畫家人名大辭典》、四一七頁）

〈求陸伯瞻入孏雲莊圖〉　　　　　　　　　　　　　　　　　明‧劉彥昺

　老米已矣房山逝，江海丹青少奇祕。故人胸次出神奇，寫法誰能識天趣。倒翻墨汁金蟾蜍，珊瑚翡翠相縈紆。遠樹浮青氣黯淡，遙山疊翠烟糢糊。洞庭八月波如鏡，一片玻璨三萬頃。白蘋香老雁啼霜，九點蒼梧落秋影。煩君為寫孏雲莊，樹根絡石苔連牆。丹崖深處三間屋，坐弄紫簫書滿床。（劉彥昺《劉彥昺集》、卷五）

## 陸季宏

小傳：不見畫史記載。身世不詳。

〈題陸季宏畫碧桃花〉　　　　　　　　　　　　　　　　　　明‧虞　堪

　飛去三千里，開過幾刼春。此言誰解得，還汝日東人。（虞堪《希澹園詩集》、卷二）

〈題季宏畫竹〉　　　　　　　　　　　　　　　　　　　　　明‧虞　堪

　少年文賦已曾傳，畫竹風流老更妍。煙雨一竿生筆底，珠璣萬箇落簾前。翛翛双玉倚空青，翠羽鸞翎裊不停。好似皇英秋日暮，九疑如黛隔秋屏。（虞堪《希澹園詩集》、卷三）

## 陸　垣

小傳：不見畫史記載。身世不詳。

〈陸垣畫〉　　　　　　　　　　　　　　　　　　　　　　　元‧張　憲

　山果綴丹實，霜林開畫屏。美人湘水上，誰與拾秋馨。（張憲《玉笥集》、卷十）

## 陸　某

小傳：不見畫史記載。身世不詳。

〈題陸某寄元聲詩畫〉　　　　　　　　　　　　　　　　　　元‧華幼武

　新詩遺明珠，清圖寫寒玉。二美從何來，天風墜茅屋。屋下有佳士，孤吟坐煩促。披圖誦新詩，翛然坐巖谷。瞻彼江上雲，飄颻謝羈束。夕影弄明月，朝光泛晴旭。念茲塵埃客，可望那可逐。願將綠綠琴，同歌紫芝曲。（華幼武《黃楊集》、補遺1頁下）

## 陸　廣

小傳：字季弘，號天游生，吳人。善山水，仿王叔明，落筆蒼古，用墨不凡。說者謂其寫樹
　　　枝，有鸞舞蛇驚之勢。（見《中國畫家人名大辭典》、四一七頁）

〈陸廣山水〉　　　　　　　　　　　　　　　　　　　　　　　　　　自　題

　層雲起西嶺，餘華散芳洲。卜居地清勝，願言成臥遊。會心淡無為，山水相綢繆。書
屋倚深谷，蒔木森且修。良時適真意，罷飲臨清流。吁嘆捷逕者，奚識南山幽。賦歸遂
初服，拂袂登崇邱。中吳陸廣畫并詩。（明朱存理《珊瑚木難》、卷八）

〈陸廣畫〉　　　　　　　　　　　　　　　　　　　　　　　　　　　自　題

　林積巫山雨，山連艮嶽雲。屢尊商谷士，頻憶洞庭君。史篆時枯筆，陶泓自著文。披
圖撫陳迹，往事□同聞。天游生。（明朱存理《珊瑚木難》、卷八）

〈陸天游丹臺春賞圖并題〉　　　　　　　　　　　　　　　　　　　　自　題

　江南風物軼飆塵，天際曾峰意出群。乳竇雨晴飛玉液，巔崖露冷浥松雲。丹砂勾漏何
年受，璚笈靈符此日聞。借問安棲珠樹鶴，山居如畫個中論。陸廣。（清卞永譽《式古
堂書畫彙考・畫考》、卷之三）

〈陸天游破窗風雨圖并題〉　　　　　　　　　　　　　　　　　　　　自　題

　四簷風雨晝昏昏，小紙斜窗破墨痕。翻得杜陵巫峽語，歸雲擁；樹失前村。陸廣。（清
卞永譽《式古堂書畫彙考・畫考》、卷之四）

〈陸天游丹臺春曉圖〉　　　　　　　　　　　　　　　　　　　　　　自　題

　丹臺春曉圖。天游為伯顯作。

　十年客邸絕塵氛，江上歸來思不羣。玉氣浮空春不雨，丹光出井曉成雲。風前龍伏時
堪倚，月下鸞笙久不聞。幸對仙翁遠孫子，座中觀畫又論文。（清吳升《大觀錄》、卷十
八）

〈陸天游竹溪仙館圖〉　　　　　　　　　　　　　　　　　　　　　　自　題

　久與青山結歲寒，渭川瀟灑數千竿。平生愛爾多情致，寫向溪藤客坐看。陸天游寫竹
溪仙館圖。（清吳升《大觀錄》、卷十八）

〈和陸天游春暮感懷〉　　　　　　　　　　　　　　　　　　　　元・華幼武

　江水淫淫日夜流，江花點點亂鄉愁。傷心白髮似春夢，滿眼青山非舊遊。三月韶華空

對酒，百年世事獨登樓。不須俯仰懷　今古，一曲滄浪發釣舟。（**華幼武《黃楊集》、卷中**）

〈題天游畫〉　　　　　　　　　　　　　　　　　　　　　　元·華幼武

　仙翁醉倒金壺汁，信筆塗糊作畫春。泉令松聲流別潤，雨將雲氣出層巒。移家隱遯懷龐老，携妓登臨憶謝安。一笑頓忘塵世事，也須卜築老江干。（**華幼武《黃楊集》、卷下、21/ a**）

〈寄天游〉　　　　　　　　　　　　　　　　　　　　　　　元·華幼武

　江漢秋風起，鄉山入夢頻。乍驚烏繞樹，又　雁來賓。笑詠嗤狂老，飄零憶故人。不知忙底事，一別動兼旬。（**華幼武《黃楊集》、卷下**）

〈題天游畫〉　　　　　　　　　　　　　　　　　　　　　　元·華幼武

　老龍驟驟隱雲間，揮灑翰墨心神閒。移來子真谷口樹，寫出米家江上山。峨峨翠巘遠能致，渺渺丹梯高可攀。白雲深處有仙子，為求大藥駐朱顏。（**華幼武《黃楊集》、補遺**）

〈題陸某寄元翠詩畫〉　　　　　　　　　　　　　　　　　　元·華幼武

　新詩遺明珠，清圖寫寒玉。二美從何來，天風墜茅屋。屋下有佳士，孤吟坐煩促。披圖誦新詩，翛然坐巖谷。瞻彼江上雲，飄飄謝羈束。夕影弄明月，朝光泛晴旭。念茲塵埃客，可望那可逐。願將綠綵琴，同歌紫芝曲。（**華幼武《黃楊集》、補遺**）

〈陸天游畫〉　　　　　　　　　　　　　　　　　　　　　　明·杜　瓊

　林木森森枝葉交，小亭寂寂似書巢。手中一卷羲皇易，讀到先天第幾爻。京兆杜瓊。（**清卞永譽《式古堂書畫彙考·畫考》、卷之五**）

〈陸天游畫〉　　　　　　　　　　　　　　　　　　　　　　明·吳　寬

　翛然掩陋室，幸此絕塵鞅。偶開水墨圖，頗慰山林想。危岑瞰深碧，湖水平於掌。喬木四五株，秋氣始蕭爽。不逢弄丹人，似聽伐木響。二老足高致，多暇自來往。落照變岩姿，臨流更欣賞。（**清高宗《御定歷代題畫詩類》、卷三十二**）

## 陳一欽

　小傳：不見畫史記載。身世不詳。

〈書陳一欽小景圖〉　　　　　　　　　　　　　　　　　　　明·林　弼

近世稱善畫者不乏人，然工於長幅者，或拙於小景；得意於蒼古者，或失趣於清潤；過婉麗則氣韻索然矣；過枯率則精神蔑如矣。餘杭張公師夔，翰墨之餘，能於前代諸名畫集其所長，自成一家。大幅小景布置各有法，於蒼古之中而有清潤者存。故雖著色而不流於婉麗，雖不著色而不傷於枝率，其精神氣韻與人迥異，而未嘗失古法。公宦游閩中最久，得其指授者往往知名。陳君一欽，未及張門而能默契其法，下筆咄咄逼真，是其敏慧所造也。張公不可作矣，一欽年方富，藝當日進，他年踵張公之躅，人稱其青於藍者，必一欽也。夫一欽為朱君文貞作小景，因為書此於圖上。(林弼《林登州集》、卷二十三)

## 陳子仁

小傳：不見畫史記載。身世不詳。

〈題陳子仁屏間新作長松叠嶂〉　　　　　　　　　　　　　元・柳　貫

陳子胸中有奇句，墨瀋如雲時一吐。不知毫穎挾何神，頃刻移山起煙霧。紙屏潢飾素光搖，眼明見此青霞標。塵埃滿履我顏厚，為子三賦淮南招。(柳貫《柳待制文集》、卷三)

## 陳子翼

小傳：不見畫史記載。身世不詳。

〈題陳生子翼畫扇面〉　　　　　　　　　　　　　　　　　明・鄭　真

懸崖晴瀑瀉銀河，雜遝松風送珮珂。世外紅塵飛不到，山童卻報晚涼多。(鄭真《滎陽外史集》、卷八十九)

## 陳大倫

小傳：字彥理，自號尚雅，襄陽宜城人，徙居杭州。工古文辭，善寫竹。(見《中國畫家人名大辭典》、四三○頁)

〈故諸暨陳府君墓碣〉　　　　　　　　　　　　　　　　　明・宋　濂

浙江諸暨人，字彥理。自幼岐嶷，學易於洙。年甫喻冠，數繹義例，自度功名如拾芥。屢試藝場屋不中，遂絕意仕途。又善畫。為人長身美髯，性坦夷，日與賓客暢飲為樂。酒酣輒捉筆咏詩，脫帽高歌，，擊案為節，滿座為之絕倒。揮毫輒雲煙滿紙，尤善寫竹樹，蕭蕭有蒼勁之意，寫已競取為清玩。著有《春秋手鏡》、《尚雅集》各若干卷。卒於吳元年十一年，享年七十有二年。(宋濂《宋學士文集・芝園前集》、卷四)

## 陳山人

小傳：不見畫史記載。身世不詳。

〈謝陳山人贈其故弟長司所畫山水〉　　　　　　　　　明・高　啟

大髯袖中有廬霍，嵐氣噴人寒色薄。出贈生綃一幅圖，云是小髯之所作。我嘗游君伯仲間，仲今已沒空見山。畫中無限盤礴意，使我坐見愁滿顏。重厓複澗迷樵路，煙蘿冥冥晝如暮。溪閣風生醉客眠，野橋月出歸僧度。櫪林蒙密楓林高，深處似有猩鼯號。滿空雲凍動秋思，飛泉落日何蕭騷。揮毫若此難再得，白鶴何時返鄉國。良工自古多苦心，留賞人間賴遺墨。南宮北苑皆已仙，此圖與之當并傳。坐嗟存歿意難報，作歌愧匪瓊瑤篇。（高啟《高太史大全集》、卷八）

## 陳文翁

小傳：不見畫史記載。身世不詳。

〈題陳文翁畫扇〉　　　　　　　　　　　　　　　　　元・袁　桷

淡淡孤花欲笑，娟娟雙蝶疑愁。無奈寒螿得意，竟專落日啼秋。（袁桷《清容居士集》、十四）

## 陳允中

小傳：不見畫史記載。身世不詳。

〈題陳允中山居圖〉　　　　　　　　　　　　　　　　明・徐　賁

昔年為客處，看圖懷故山。今日還山住，儼然圖畫間。泉來繞蘭逕，月出對花關。應知農事畢，高坐有餘閑。（徐賁《北郭集》、卷二）

## 陳元昭

小傳：不見畫史記載。身世不詳。

〈題應中立所藏陳元昭山水〉　　　　　　　　　　　　元・胡　助

遠騎出郊坰，裴徊立清曉。風雨江上來，雲山望中小。松瀑瀉巖阿，僧鐘度林杪。茲焉倘可樓，長歌拾瑤草。（納延《金台集》、卷一）

〈（陳元昭）鄞江送別圖序，丙戌〉　　　　　　　　　明・危　素

至正四年，素奉使購求故翰林侍講學士袁文清公所藏書於鄞屬。其孫曦同知諸暨州

事，方以事往海中，待之久而後還。鄞之士君子聞素至，甚喜，無貴賤長少，日候素於寓館。所以慰藉獎予，無所不至，其退處山谷昌者，亦褒方博帶相攜來見。館名涵虛，唐秘監賀公之故宅，下瞰月湖，後枕碧沚。方盛暑，清風時來，坐有嘉客。鄞故文獻之邦，距宋行都不遠，往往能言前代故實。又各出其文卓，如遊瓊林瑤圃，燦然可觀。驛吏愕眙相語，向使者久來，未嘗有賓客如此之盛也。及訖事而去，顧瞻山川，為之徘徊春戀者久之。明年，史越王裔孫文可，因果囉羅易之至京師。寄鄞江送別圖以相遺，其士君子又為詩若文題其上，素何以得此哉。素山林之鄙人，學未卒業，以貧干祿，無寸長以自見，且非有穹官峻爵以聳動當世。遡其先世未嘗宦遊此邦，而有遺愛在其人，何鄞之士君子待遇之隆。一至於此，殆有宿緣耶。此圖陳元昭所作，筆意高雅，其紙猶是越王所畜，皆可葆也。史館暮歸，因志其後，使兒謹藏。（**危素《說學齋稿》、卷三**）

## 陳太初

小傳：明初人，以寫竹著名，兼能畫松。（見《中國畫家人名大辭典》、四三一頁）

〈戲和石末公催太初畫山水之作〉　　　　　　　　　　　　　明・劉　基

春蠶吐絲作成繭，辛苦為人身上衣。畫史等閑揮彩筆，女工鶼頸倚空機。高堂素壁峰巒出，暮雨朝雲夢寐歸。可怪唐朝杜陵老，慶妻短褐有光輝。（**劉基《誠意伯劉文成公文集》、卷十六**）

〈題陳太初畫扇〉　　　　　　　　　　　　　　　　　　　　明・劉　基

炎天玉爍水銀流，琴上薰風可解憂。不負吾皇麟趾意，只今誰是富民侯。（**劉基《誠意伯劉文成公文集》、卷十七**）

〈題石末元帥扇上有陳太初畫松〉　　　　　　　　　　　　　明・劉　基

老松根榦如鐵石，般匠不知空谷深。永夜高風吹萬竅，商聲滿地作龍吟。（**劉基《誠意伯劉文成公文集》、卷十七**）

〈題陳太初畫扇〉　　　　　　　　　　　　　　　　　　　　明・劉　基

一道滄江隔戰塵，白蘋風起浪鱗鱗。新亭滿眼神州淚，未識中流擊楫人。泛湖浮海兩如何，滿地悲風起白波。爭似乘槎隨博望，玉繩光裏看山河。水淨沙明一葉舠，釣絲牽月過長川。五湖何地宜生理，我欲從之問計然。（**劉基《誠意伯劉文成公文集》、卷十七**）

〈陳太初畫竹〉　　　　　　　　　　　　　　　　　　　　　明・劉　璟

危石湧坡陀，菉竹秀其顛。貞堅太古心，蒼翠宜長年。古人重依附，今人自纏牽。陳公古君子，得意造化先。揮洒有神助，至今光彩鮮。我來偶披閱，卻憶遊湛園。武公不可作，妙際無遺筌。豈天不佑善，地氣乃變遷。感之再三嘆，賴有斯圖傳。願持寶愛之，使比恂慄篇。精心勵清操，孫子其相延。（劉璟《易齋集》、卷上）

## 陳大禧

小傳：不見畫史記載。身世不詳。

〈題陳大禧山水〉　　　　　　　　　　　　　　　　　　　　元・洪　焱

古木風煙底，遙山霧露餘。野船依渡小，村舍隔林虛。路暗疑聞犬，江清或見魚。行人向何處，應就白雲居。（洪焱《杏庭摘稿》）

## 陳　生

小傳：不見畫史記載。身世不詳。

〈（陳生）城南春曉圖〉　　　　　　　　　　　　　　　　　元・虞　集

天台先生有山癖，臥起無山朝不食。幾年騎馬聽朝雞，磊磈諸峯拄胸臆。陳生受意不受辭，竟拈禿筆為掃之。既安樓觀對奇石，復著梁棧橫清潒。游吾舊游釣吾釣，隔林彷彿聞幽鳥。瓊台何處無桃花，此是城南暮春曉。夜來天子傳詔呼，先生直上巒坡趨。盤盤迴復一萬里，無限好山并好水。如從島上見陳生，盡寫歸來畫堂裏。（虞集《道園遺稿》、卷二）

〈題陳生畫〉　　　　　　　　　　　　　　　　　　　　　　明・高　啟

前村夕陽明，後嶺秋嵐積。葉落露山村，潮來沒江石。遙遙射雁子，慘慘聽猿客。何事下征帆，西陵渡頭驛。（高啟《高太史大全集》、卷四）

## 陳正子

小傳：不見畫史記載。身世不詳。

〈陳正子畫〉　　　　　　　　　　　　　　　　　　　　　　元・鄭元祐

馮嶺少微星，群峰列帝青。太丘親貌得，嚴壑想嘗經。（鄭元祐《僑吳集》、卷六）

## 陳可立

小傳：不見畫史記載。身世不詳。

〈題表姪陳可立雜畫十首〉　　　　　　　　　　　　　　　元・虞　集

山崖巖巖潤嘈嘈，四圍芳草亂青袍。中間有箇支離木，曲折無知壽最高。
蕭蕭翠羽動晴虛，知是南山長鳳雛。莫道玉堦風露冷，要看千尺拂雲衢。
清江江上倚扁舟，寫得琅玕一尺秋。歷徧風霜如鐵石，世人偏識老湖州。
蠣房如山禦潮沙，鐵網珊瑚浪中出。何處龍孫好頭角，亦玩明珠美風日。
南枝楚楚復娟娟，此樹枯槎更可憐。石角莫令牛礪角，樵翁最後枕渠眠。
高柳金絲積雨晴，桃花灼灼隔溪明。尋源若是忘機者，鸂鶒鵁鶄總不驚。
百頃汀涵落日明，稻田閑水與隄平。白頭想見荒陂去，無數鳴蜩管送迎。
江潭木落雁飛初，已有秋聲動碧虛。似是洞庭張樂地，微風鷺翿立疏疏。
雪滿高林水滿疇，冥鴻亦為稻粱謀。此時最憶江南岸，一色蘆花看釣舟。
玉色臨池靜不言，翛然翠袖共黃昏。玉堂清冷無人到，且對江南烟雨村。（虞集《道
園遺稿》、卷五）


〈題表姪陳可立青山白雲圖〉　　　　　　　　　　　　　　元・虞　集

　昔時謝傅臥東山，亦未忘情絲竹間。微風動塵車蓋合，白苧作衣團扇閒。風流一去如
秋草，我思古人令人老。茂林修竹何處多，雨洗青山青更好。（虞集《道園遺稿》、卷二）


## 陳可玉

　小傳：不見畫史記載。身世不詳。


〈玉壺歌又贈陳生可玉亦善畫〉　　　　　　　　　　　　　元・劉　詵

　君不是費長房跳入壺中窺三光，手攬八極一粟藏，日食天帝玉女之玄漿。又不是寶侍
御袖貯清冰三百柱，掛之萬仞迎風之寒露。秋風吹上蓬萊顛，地下空驚灑瓊雨。玲玲瓏
瓏琢自太古前，混混浩浩隨天圓，中有素素液之萬斛。元氣之千年，化為天酒浩蕩直與
黃河懸。左醉處妃右偓佺，戲作山林萬化奔。羽毛花萼雪落紛清妍，玉壺子，壺中相去
碧壺幾萬里。可憐君家好兄弟，妙筆俱奪天機秘。安得畫我壺之中，日夕吹簫，飲酒追
逐兩壺公。（劉詵《桂隱詩集》、卷三）


## 陳可珍

　小傳：不見畫史記載。身世不詳。


〈碧壺歌贈陳生可珍善畫〉　　　　　　　　　　　　　　　元・劉　詵

　碧壺之山何處是，直隔瀛海三萬里之驚涔。琪花瑤草春晻曖，雲階月地秋玲瓏。九節
之蒲可作杖，千歲之鹿時相逢。但見安期子晋吹笙來往驂蒼龍，亦有子房跨鶴從赤松。

碧壺子君是仙家第幾宗，戲翻墨汁寫山水。一點半點飄落成魚蟲，請君試作碧壺之高峰。使我指點崑崙方丈東，盡以世間萬事一問壺中公。（劉詵《桂隱詩集》、卷三）

## 陳可復

小傳：不見畫史記載。身世不詳。

〈贈陳可復寫真〉　　　　　　　　　　　　　　　　　　元・吳 澄

其人事佛、早辦曹劉伎，視之如父兄。青年雖晚出，玄思殆天成。離相非求色，棲神不待精。誠能參佛解，筆下妙花生。（吳澄《吳文正集》、卷九十五）

〈陳可復為予寫戴笠圖賦詩四首〉　　　　　　　　　　　元・虞 集

浮雲滿空無所依，高岡獨步來者稀。仙人冉冉遺松老，鳴鹿呦呦生草肥。伐木遠聞何處谷，頃筐近得故時薇。山中雨來霧先合，此日先生戴笠歸。

南園多竹暑氣微，始來結屋相因依。掛巾石壁畫霧濕，沐髮池水朝陽晞。頻年車馬殘霜雪，六月裳衣無紵綌。鄰翁問舊坐來久，此日先生戴笠歸。

老去懸車百慮灰，西風獨愛菊花開。田家酒熟邀皆去，茅屋詩成懶更裁。欲及天清餐沆瀣，要觀日出上蓬萊。赤松有約應相待，此日先生戴笠來。

捨却鄉人駟馬車，老身全不要人扶。雲霄一羽山頭杜，風雨孤村海上蘇。薄命長鑱隨積雪，多情破帽落輕烏。莫圍玉帶垂朱紱，此是先生戴笠圖。（虞集《道園學古錄》、卷二十九）

〈自贊題白雲，求陳可復所寫像〉　　　　　　　　　　　元・虞 集

歸來江上一身輕，野服初成拄杖行。祇好白雲相伴在，天台廬阜聽松聲。（虞集《道園學古錄》、卷二十九）

〈跋劉郎中所藏邵菴先生戴笠圖詩卷後〉　　　　　　　　元・趙 汸

右邵菴先生戴笠圖，畫者陳可復，乃宋邕管安撫陳公元晉裔孫，先生表姪也。所題詩四章，後既改第二章。好事者復請先生小字別書，以刻諸石，流傳頗多。而行字韻一章，則傳者未之見也。第四章結句云此是先生戴笠圖，是字闕下半體，由懸手書，筆不著紙，病目後作字若此者多矣。先生家素貧，仕雖顯而食指眾，俸入初不自給。所居臨川之崇仁，負郭有田一頃，餘乃夫人趙氏存時蠶績奩具所置者。懸車後，歲收僅支數月，鷩服犀帶金帶各一，時入隣里質庫中。四方來見之士，道路相望，座上常滿有餗。亭館植花木，作重屋，以規邸舍之利者，其來修乘壺之入，羔雁之贄，與夫碑皮之義，取還以為賓客費，雖空乏弗恤也。每風日清好，則領賓客，從以門生子弟山僧野，徜徉山水間，

或尋梅放鶴，觸詠而歸。一日，出遊遇雨，借笠田家，戴之乃得還，戴笠有圖以此。先生平居，口未嘗言貧，而詩中薇字絺字二韻，頗紀其實，蓋有無入而不自得之意。石本自跋云，人間之境如雲渡水，如花隨風，不足記也，讀者更以此意觀之，則一時高致可想見矣。江夏劉公明善，既得此圖，常寶玩之，公方顯用於時，而於前輩流風遺韻，不忘敬慕如是，則其趣向可知。詩後名公題者已眾，非先生昔所間拔，則頌其詩讀其書而知其人者。汸登門最晚，劉公亦已見示，故述當時事於卷尾，以明圖與詩所由作云。（趙汸《東山存稿》、卷五）

## 陳亦所

小傳：佚名，為南宋陳容四世孫，善畫龍，得其筆法。（見《中國畫家人名大辭典》、四三○頁）

〈贈畫龍陳亦所〉　　　　　　　　　　　　　　　　　　　元·岑安卿

飛龍在天不可識，葉公千載餘墨迹。洞微復寫牝牡姿，壁破點睛猶莫測。老所三山海上仙，貝闕珠宮慣遊歷。歸家援筆寫飛騰，變化風雲走胸臆。但憂真贋不可知，空使時人寶燕石。我來幸逢四世孫，筆勢翩翩尤逼真。解衣半載梅山住，持練扣戶人紛紛。畫成不用書亦所，便作所翁何所分。出門罈津正秋水，一笑雙龍忽飛起。（岑安卿《栲栳山人詩集》、卷中）

〈為變理普化題陳立所作龍眠山莊〉　　　　　　　　　　　元·虞　集

變侯起高科，得邑舒水上。民淳事稀簡，田野甚夷曠。戰爭遺跡泯，山水良足賞。幽棲南昌尉，英爽赤壁將。古仙家白雲，美人化黃壤。岌岌龍眠山，一士獨可尚。高懷托千載，妙畫極群口。向來讀書處，春雨草木長。夷遊昔賢遠，瑤席共來享。彈琴坐終日，微泉散清響。來者安可期，徘徊以怊悵。畫圖記彷彿，聊以慰遐想。（虞集《道園學古錄》、卷二十七）

## 陳汝言

小傳：字惟允，號秋水，汝秩弟，與兄齊名，有大髯小髯之稱。工詩畫。說者謂其山水宗趙魏公，清潤可愛，兼工人物。（見《中國畫家人名大辭典》、四三○頁）

〈陳惟允山泉清勝圖軸〉　　　　　　　　　　　　　　　　自　題

至正庚子正月二日廬山陳汝言寫。（清龐元濟《虛齋名畫續錄》、卷一）

〈題陳惟允畫〉　　　　　　　　　　　　　　　　　　　　元·鄧文原

罨畫溪頭笠渡，銅官山下尋僧。水樹汀橋曲曲，風林雲磴層層。（明朱存理《珊瑚木

難》、卷六）

〈陳惟允荊溪圖〉　　　　　　　　　　　　　　　　　　　　元・張　監

　斬蛟橋下王樞府，高榭連雲第一家。欲向新圖問何處，客窻風雨對梨花。張監。（清
吳升《大觀錄》、卷十八）

〈陳惟允荊溪圖〉　　　　　　　　　　　　　　　　　　　　元・鄭元祐

　荊溪溪上首重廻，豈意人間化刧灰。只有斬蛟橋下水，可曾寫入畫圖來。遂昌鄭元祐。
（清吳升《大觀錄》、卷十八）

〈陳惟允荊溪圖〉　　　　　　　　　　　　　　　　　　　　元・陳　植

　荊南山水照清暉，客裏時時夢見之。風塵澒洞歸未得，每展新圖慰我思。陳植。（清
吳升《大觀錄》、卷十八）

〈陳惟允荊溪圖〉　　　　　　　　　　　　　　　　　　　　元・張　經

　邵家樓子百花明，袁令祠堂一水平。俯仰經行春夢破，披圖能不一關情。張經。（清
吳升《大觀錄》、卷十八）

〈陳惟允荊溪圖〉　　　　　　　　　　　　　　　　　　　　元・周　砥

　荊溪山水昔曾遊，離墨桐棺嵐翠浮。任昉亭臺好垂釣，張公洞口不容舟。綠蘿搖雨花
飛急，白鳥衝烟浪未休。今日披圖一惆悵，王君住處憶風流。句曲周砥。（清吳升《大
觀錄》、卷十八）

〈題陳惟允畫〉　　　　　　　　　　　　　　　　　　　　　元・倪　瓚

　韓公曾聽穎師琴，山水蕭條太古音。不作王門操瑟立，溪山高隱竟何心。（倪瓚《倪
雲林先生詩集》）

〈陳惟允荊溪圖〉　　　　　　　　　　　　　　　　　　　　元・倪　瓚

　東坡先生嘗曰：「一入荊溪，便覺意思豁然。欲買田其間，種橘作小亭，名以楚頌。」
卒不遂其志。杜樊川作水榭，正當荊溪之上，其遺址僧結庵以居，至今歷歷可考見。
蓋荊溪山水之勝，善權、離墨、桐棺諸山，岡隴之起伏，雲霞之吞吐，具區匯于其左，
苕霅引於其間，凡仙佛之所宮，高人逸流之所宅，殆不可計數也。覺軒王先生，韞真潛
德於其間，修天爵以恒貴，去人欲以求仁，垂子若孫皆循循雅飭，弗違先生志也。其曾
孫允同，靜而有智，簡而能文，與予為姻契，故予知義方之訓有自來矣。河之始達也，

才濫觴焉，梗楠松栢千尺之材，出于萌蘗之微，由其源長而本深耳。允同命予友陳君惟允繪為荊溪圖，以示不忘鄉都之意。他日指圖而嘆曰，某樹也吾祖之所封植也，某丘也吾父之所游登也，豈無惕然有感于中乎？若允同一舉足話言，而不敢忘其祖若父者，非教之有素而能然哉？吾固知其中多隱君子，既樂善於一世，又能使其將來之未艾，蓋亦山川之鍾秀粹美而致然乎？歲己亥五月十三日，東海倪瓚漫書。（清吳升《大觀錄》、卷十八）

〈陳惟允山泉清勝圖軸〉　　　　　　　　　　　　　　　　　元·周　南

千尺流泉幾屈盤，何人卓錫口巑岏。鑿開靈寶雲根冷，分出天池玉乳寒。接竹引流來屋角，隨風飛瀑下林端。清甘未許輕品題，暇日重來裹鳳團。已亥春仲，留海雲，三月，登山觀百丈泉，嘗賦此詩，公餘，每追想山泉清勝，遂徵能畫者圖其髣髴，并寫詩于上，奉寄允元禪師，以寓景仰云。庚子正月望日，周南頓首。（近代龐元濟《虛齋名畫續錄》、卷一）

〈陳惟允山泉清勝圖軸〉　　　　　　　　　　　　　　　　　元·德祥

不見神僧卓錫時，化人龍送亦無疑。玉虹真下雲千尺，山骨中間髓一支。在險重輕誰可較，發蒙沾溉我深思。麝香塢口秋如海，洗耳來登一賦詩。錢唐德祥題。（清龐元濟《虛齋名畫續錄》、卷一）

〈陳惟允山泉清勝圖軸〉　　　　　　　　　　　　　　　　　元·趙　質

泉流千尺到禪關，勢極高源自下還。百穴氣鍾成玉乳，一支鉛迸落青山。明珠亂洒松杉外，甘澤遙分畎畝間。許我移居清磵曲，枕書時得聽潺湲。趙質。（清龐元濟《虛齋名畫續錄》、卷一）

〈陳惟允山泉清勝圖軸〉　　　　　　　　　　　　　　　　　元·張　經

虢虢雲腴漱石根，故人圖寫寄殷勤。去年憶共源頭看，晴雪曾濡白練裙。張經。（清龐元濟《虛齋名畫續錄》、卷一）

〈陳惟允荊溪圖〉　　　　　　　　　　　　　　　　　　　　元·王光大

環慶遺家三百年，書林喜得子孫賢。惟餘圖畫仍依舊，一壑風烟思惘然。王光大。（清吳升《大觀錄》、卷十八）

〈陳惟允作荊溪圖〉　　　　　　　　　　　　　　　　　　　元·荊南樵人

殺虎祠前雲欲黑，斬蛟橋下水猶腥。十年湖海為覉旅，夜夜相思入枕屏。荊南樵人。

（明朱存理《鐵網珊瑚・書品》、卷四）

〈陳惟允荊溪圖〉　　　　　　　　　　　　　　　　　　　　元・陸大本

　　王家宅上荊溪上，回首風埃一惘然。怕說當年行樂事，臥遊圖裡見山川。陸大本。（清
吳升《大觀錄》、卷十八）

〈陳惟允畫〉　　　　　　　　　　　　　　　　　　　　　　　元・陳　基

　　遠別匡廬雲，雅宜事耕耘。農隙坐樹底，讀書疑似君。（陳基《夷白齋藁補遺》、一三
頁）

〈陳惟允荊溪圖〉　　　　　　　　　　　　　　　　　　　　　元・王　蒙

　　太湖西畔樹離離，故國溪山入夢思。遼鶴未歸人世換，歲時誰祭斬蛟祠。吳興王蒙。
（清吳升《大觀錄》、卷十八）

〈陳惟允山泉清勝圖軸〉　　　　　　　　　　　　　　　　　　元・趙　質

　　泉流千尺到禪關，勢極高源自下還。百穴氣鍾成玉乳，一支鉛迸落青山。明珠亂洒松
杉外，甘澤遙分畎畝間。許我移居清碉曲，枕書時得聽潺湲。趙質。（近代龐元濟《虛
齋名畫續錄》、卷一）

〈陳惟允荊溪圖〉　　　　　　　　　　　　　　　　　　　　　明・虞　堪

　　好山都在太湖西，滿路風烟棘刺迷。華屋燕飛今在不，市橋官柳不勝題。虞堪。（清
吳升《大觀錄》、卷十八）

〈陳惟允荊溪圖〉　　　　　　　　　　　　　　　　　　　　　明・張　田

　　人家綠樹繞孤城，溪上風波落日明。三害祠存人已去，只今豺虎却縱橫。張田。（清
吳升《大觀錄》、卷十八）

〈（陳汝言）溪山秋霽圖跋〉　　　　　　　　　　　　　　　　明・文徵明

　　右溪山秋霽圖，故鄉先生陳汝言所畫。汝言字惟允，號秋水，本臨江人。父天倪先生
明善，得吳草廬之傳，流寓吳中，二子汝秩汝言，並有文學，汝言尤倜儻知兵。至正末，
張士誠既受招安，辟為太尉參謀，貴寵用事。國初，為濟南幕官，坐事迮，妻金氏守節
教其子，繼以文學名於時，仁廟召為五經博士，終翰林檢討，所謂嗣初先生也。此畫惟
允未仕時作，一時題識者二十有三人，皆知名之士，今可考見者二十人：鄭元祐，字明
德，遂昌人，寓吳，少脫骱；任左手，號尚左生，元末老儒，嘗仕為不陳汝言（陳汝言）

溪山秋霽圖跋江路學教諭，終江浙儒學提舉，所著有僑吳集、遂昌雜錄；朱德潤，字澤民，宋睢陽五老朱貫之後，博學能文，尤工畫，趙文敏公薦入翰林，終征東儒學提舉，所著有存復齋稿，今尚書玉峯先生五世祖也；倪瓚，字元鎮，元季高士，清真絕俗，所謂雲林先生也；張監，字天民，丹陽人，寓吳中，二子經緯，皆仕張氏有名；陳植，字叔方，寧極先生子微之子，性孝有文，亦能書畫，元季不受徵辟，以隱約終；饒介，字介之，番陽人，號華蓋山樵，自翰林應奉出僉江浙廉訪司事張氏承制以為淮南行省參政，工詩，尤以行學擅名；蔣堂，字子中，泰定鄉試舉人，元季不仕，國初為嘉定州學教授；周砥，字履道，號菊溜生，吳人，寓居無錫，後與馬孝常避兵宜興，有荊南倡和集；陳秀民，字庶子，號寄亭，又時稱四明山道士，博學善書，仕張氏為學士院學士；秦約，字文仲，其先淮人，後徙崇明，洪武初，應召試慎獨賦，拜禮部侍郎，改溧陽教諭，所著有海樵集；王蒙，字叔明，號黃鶴山樵，趙文敏外孫，善書畫，洪武中，官泰安知州，坐事卒；陸仁，字友仁，崑山人；張憲，字思廉，號玉笥山人，有玉笥集；岳榆，字季堅，宜興人；顧阿瑛，字仲瑛，號玉山樵者，崑山人，有文學，家富好客，時稱豪士，元季，削髮讀佛書，以避張氏，國初，徙鳳陽卒；陳汝秩，字惟寅，即惟允兄，不仕張氏，倪元鎮所謂外混光塵，中分涇渭者，蓋獨行之士也；王行，字止仲，博學知兵，洪武中，為郡學訓導，後遊京師，坐藍玉黨卒，先是惟允貴顯時，行為門下客，惟允卒後，其子繼從行學，故其辭稍踞，惟允壻劉政見之，罵曰：此吾外父食客，那得稱吾友，以筆抹之，今抹筆隱然猶存；劉政，字用理，建文己卯解元，方正學門人，嘗草平燕策，病未及上，聞壬午之變，嘔血死，無子，祭酒劉文恭，其嗣子也；俞貞木，本名禎，後以字行，別字有立，石澗先生玉吾之子，元季不仕，國初，知樂昌都昌知縣，清苦篤學，敦行古道，建文中，坐事卒；袁華，字子英，崑山人，能詩，尤長於樂府，洪武中，郡學訓導，以子被罪，坐累卒，所著有耕學稿。此卷世藏陳氏，今歸吾友江西參議王君直夫，蓋陳氏壻也。其畫嘗為妄人裂其半，直夫以余嘗見元本，俾為補之，而題其後，并疏諸人事行如此。（文徵明《甫田集》、卷二十三）

## 陳伯玉

小傳：不見畫史記載。身世不詳。

〈自贊并贈寫真陳伯玉〉　　　　　　　　　　　　　　　　　元・黃玠

有形本皆幻，聊與影相從。於茲未能忘，更欲求其同。我神夫豈遠，故在阿堵中。靈景合內外，逍遙方未終。（黃玠《弁山小隱吟錄》、卷一）

## 陳伯將

小傳：不見畫史記載。身世不詳。

〈陳伯將作北山梓公嶽居圖，余題其上〉　　　　　　　　　元・張　翥

　　高僧業何許，雲夢澤南洲。樓閣諸天上，江湖萬里流。禪心無住著，世事若浮休。寂寞京塵裏，披圖時臥游。（張翥《蛻菴集》、卷二）

## 陳肖堂

　　小傳：不見畫史記載。身世不詳。

〈贈寫照陳肖堂〉　　　　　　　　　　　　　　　　　　　明・王冕

　　君不見鑑貌但鑑影，寫貌難寫心。霍光鄧禹在台閣，嚴陵魏野居山林。功名道德照千古，不特肖貌傳至今。固知寫貌易寫心難，狀之妍醜筆可得。至理不在顏色間，陳君筆力異眾史。相貌既同心亦似，昨日忘機入城市。草衣著我丹青裏，氣爽神清誰比擬。雪齋梅花映秋水，黃童白叟指照看。此者不是儒生酸，陳君陳君容我閑，莫教添上貂蟬口。（王冕《竹齋詩集》、一三頁）

## 陳芝田

　　小傳：陳鑑如之子，能世父業，善寫貌。（見《中國畫家人名大辭典》、四二九頁）

〈陳芝田寫余真，對之小酌，戲成四韻〉　　　　　　　　元・許有壬

　　今日我與汝，相看各華顛。亟呼尊酒至，我飲汝茫然。它年我長往，酒但酹汝前。悟此一大笑，沽酒休論錢。（許有壬《圭塘小藁》、卷二）

〈贈寫真陳芝田序〉　　　　　　　　　　　　　　　　　元・許有壬

　　翰林揭待制曼碩序寫真者，稱錢塘陳鑑如父子，獨臻其妙。余不識鑑如，識其子芝。丙寅歲，嘗寫余真，小兒始學語，乳者携而過，即指且呼。兒日見惟便服，像乃朝服，而瞥見識之，於是知其得余之深也。始余未相識，人人稱其藝，又作余像，始知其能。雖知其能，而未敢許其至，蓋余見識素淺，且慮天下之大，將無蹴其右者求，卒不獲。又得曼碩之言，始挈余信以被之，為之說，曰：“志於道，游於藝，藝固後道，君子取焉者。蓋有好道而盡於藝者也，繪事亦藝也。其天機之深，物理之妙，有非淺近之所能窺者。”就繪事中，人物最炫目近習，工之尤難。人知芝田之工，而不知其得於筆墨之外者，且似者形也，似之者非形也，神也。形外而神內也，外而最著者面也，形至焉，內而最微者心也。神出焉，使心而見於面，內而襮於外，其為道不既淵乎？故有得其形矣，而識者不以為似，得其神，則雖眉目之有參差，容色之有淺深，望而知其為某也。芝田好論人賢愚壽夭貴錢，有人倫之鑑，故其所造不例人之難。蓋相之與畫，名雖異而理則一，得於相而不能畫者有之矣，未有不得於相而能深於畫者也。不得於相而畫者，

不過為肥紅瘠黑庸史之筆爾。以韓幹之能，僅得趙縱之形，昔人列吳晉而下名手，才三十餘人，卓然可傳又不過數人，則寫照為藝，豈易言哉。若芝田者，蓋卓然可傳者已，京師三十年，富貴人不知幾輩，得金帛積之可大富，而散若土苴，受知延祐至順兩朝，才被一命，世知其藝而不知其偶儻人也，故併及之。（許有壬《至正集》、卷三十一）

## 陳叔起

小傳：不見畫史記載。身世不詳。

〈酬鮑節判見贈陳叔起所畫青山白雲圖十二韻〉　　　　　　　　明・宋　訥

浙東陳叔起，揮洒異塵寰。思入煙霞窟，功移造化關。芳名唐棣並，逸駕董元攀。遠勢橫千里，分流轉幾灣。亭台青嶂外，村落白雲間。綠合高低樹，嵐分遠近山。石危芳徑穩，浪靜小橋開。草木藏盤谷，峯巒簇黛鬟。境幽人迹少，林暗鳥聲慳。隱約箇中趣，從容物外顏。郡侯遺粉繪，野老樂痴頑。欲覓山中路，相期日往還。（宋訥《西隱集》、卷二）

〈題陳叔起為枯林上人作海口送別圖〉　　　　　　　　　　　明・劉　嵩

五月乘風離海州，魚龍吹浪海門秋。分明一片袈裟影，飛在三山頂上遊。（劉嵩《槎翁詩集》、卷七）

〈陳叔起松石圖，為峨嵋山人張原題，陳用飛白草書法，故及之〉　　明・凌雲翰

誰將青李來禽帖，寫作蒼松怪石圖。大廈他年要梁棟，長竿此日拂珊瑚。體存飛白看來好，直計兼金買得無。何處曾經照顏色，峨嵋山館月輪孤。（凌雲翰《柘軒集》、卷二）

〈題陳叔起畫〉　　　　　　　　　　　　　　　　　　　　　明・楊士奇

青山帶長林，虛亭夐蕭爽。溪水流玉虹，天光涵滉瀁。頹潔淹澹遊，塞芳愜幽賞。邈爾高世懷，脫略浮雲上。惟有同心人，扁舟日來往。（楊士奇《東里詩集》、卷一）

## 陳長司

小傳：不見畫史記載。身世不詳。

〈謝陳山人贈其故弟長司所畫山水〉　　　　　　　　　　　　明・高　啟

大髯袖中有廬霍，嵐氣噴人寒色薄。出贈生綃一幅圖，云是小髯之所作。我嘗游君伯仲間，仲今已沒空見山。畫中無限盤礴意，使我坐見愁滿顏。重厓複澗迷樵路，煙蘿冥冥晝如暮。溪閣風生醉客眠，野橋月出歸僧度。欂林蒙密楓林高，深處似有猩鼯號。滿

空雲凍動秋思，飛泉落日何蕭騷。揮毫若此難再得，白鶴何時返鄉國。良工自古多苦心，留賞人間賴遺墨。南宮北苑皆已仙，此圖與之當并傳。坐嗟存歿意難報，作歌愧匪瓊瑤篇。（高啟《高太史大全集》、卷八）

### 陳松巢

小傳：不見畫史記載。身世不詳。

〈題陳松巢畫〉　　　　　　　　　　　　　　　　　　　　明‧虞　堪

秋山殊可愛，畫此似匡廬。九疊青厓峻，萬株紅樹疎。笋輿陶令入，蓮社遠公居。何日風塵靜，松巢好讀書。（虞堪《希澹園詩集》、卷二）

### 陳貞

小傳：字履元，錢塘人。善山水（見《中國畫家人名大辭典》、四三○頁）

〈陳履元畫玉山草堂圖〉　　　　　　　　　　　　　　　　元‧鄭元祐

故人陳孟公，辭如春風氣如虹。畫法師海岳，山如騫鵬樹如龍。騎箕上天二十載，有子髯鼻畫極工。驚蛟噓雲海浪白，離鸞照水巖花紅。皺鱗聳鬱碅底松，一有一畝幽人宮。石牀支頤睨飛瀑，意遠欲托冥飛鴻。我欲從之不可得，青山萬疊金芙蓉。（顧瑛《草堂雅集》、卷三）

〈題履元陳君萬松圖〉　　　　　　　　　　　　　　　　　元‧楊維楨

紫芝道人天思精，南來新畫青松障。東家畫水西家山，積棄陳縑忽如忘。突然槎牙生肺肝，元氣淋漓迫神王。嘔呼圓瓦倒墨汁，盡寫髯官立成仗。群爭十丈百丈身，氣敵千人萬人將。交柯玉鎖混鱗甲，屈鐵金繩殊骨相。石門雷霆白日傾，雨走飛龍青天上。前身要是僧擇仁，五百蜿蜒見情狀。天台老林亦畫松，三株五株成冗長。我家東越大松岡，五鬣蒼蒼鬱相望。門前兩箇赤婆娑，上有玄禽語相向。雕龍梓客朝取材，伏虎將軍夜偷餉。安得射洪好絹百尺強，令渲陰森移疊嶂。鼓以軒轅之琴五十絃，共寫江聲入悲壯。（清高宗《御定歷代題畫詩類》、卷七十二）

### 陳彥德

小傳：括蒼人。善山水（見《中國畫家人名大辭典》、四三○頁）

〈陳彥德以畫見贈歌以酬之〉　　　　　　　　　　　　　　明‧劉　基

君不見昔者米南宮，又不見今時趙學士。能將翰墨爭鬼工，天下流傳名父子。括蒼處士身姓陳，小郎英俊尤可人。欲收大地入掌握，筆意所到如有神。曉携小幅來贈我，紅日滿腮花婀娜。開軒展視心眼寬，如在岳陽樓上坐。湖波吹烟入遠山，君山乃在湖中間。蒼梧九疑隔湘浦，孤雲目斷幽篁斑。漁舟一葉來何處，巫峽雨昏啼鳩暮。澤畔行人久不歸，沙上輕鷗自飛去。陳公子，聽我歌，深林大谷龍蛇多。蓬萊三島可避世，欲往其奈風濤何。（劉基《誠意伯劉文成公文集》、卷十一）

### 陳海珠

小傳：不見畫史記載。身世不詳。

〈（陳海珠）畫龍〉　　　　　　　　　　　　　　　　元・虞　集

所翁畫龍妙當世，神思已遠誰能繼。陳家復見海珠君，也向毫端分久似。越藤一幅瑩且完，噓雲駕雨淩春湍。不知何歲因轟掣，破卷飛上青雲端。（虞集《道園遺稿》、卷二）

### 陳常庵

小傳：不見畫史記載。身世不詳。

〈題危見心所藏陳常庵水月障及松鶴蘆雁各一首〉　　　　元・艾性夫

陳郎筆勢并州剪，十幅生綃秋綠遠。老蟾欲作騎鯨遊，推墮玉盤波底轉。謫仙濡袍窺采石，東坡醉客歌赤壁。兩翁已矣愛者誰，我欲扁舟撅長笛。

墨池幻出虯龍蟠，徂徠山頭烟雨寒。胎禽獨立衣縞縞，骨瘦西風拾瑤草。靈根琥珀三千年，紫皇勅賜青城仙，乘軒竊祿正自惡，何似歸來一丘壑。

風吹黃沙石磧冷，霜葦無聲弄寒影。兵塵隔斷衡陽雲，溪藤捲送瀟湘景。蘆花雪老菰米秋，芙蓉露下天悠悠。阿奴呼起字不斷，寫出萬斛江南愁。（艾性夫《剩語》、卷上）

### 陳　琳

小傳：字仲美，陳珏之子，錢塘人。畫世其學，善山水，花鳥，人物。說者謂其畫工臨模，咄咄逼真又得趣。（見《中國畫家人名大辭典》、四二九頁）

〈陳仲美薔薇圖卷〉　　　　　　　　　　　　　　　　自　題

至大元年戊申初夏，對花寫照，陳琳仲美父。（清李佐賢《書畫鑑影》、卷五）

〈趙子昂陳仲美合作水鳧小景〉　　　　　　　　　　　　元・仇　遠

大德五年辛丑秋仲，仲美訪子昂學士於餘英松雪齋，霜清溪碧，作此如活，使崔、艾復生，當讓出一頭。修飾潤色子昂有焉。昔人有以千金換能言鴨者，此雖不能言，亦非千金而輕與。

是年，除夕，題於躬行齋。南陽仇遠跋。

良工苦思可心降，底事文禽不解隻。欲采芳華波浪闊，芙蓉朵朵隔秋江。（*清卞永譽《式古堂書畫彙考‧畫考》、卷之四*）

〈題應中父所藏陳仲美山水小景〉　　　　　　　　　　　　　元‧楊　載

層巒疊嶂倚晴空，松檜相連秀色同。下有幽人茅屋在，浩歌宜屬紫芝翁。（*楊載《翰林楊仲弘詩集》、卷八*）

〈陳仲美薔薇圖卷〉　　　　　　　　　　　　　　　　　　　元‧高巽志

紅刺青莖巧樣粧，（闕）‧‧‧‧‧，譜入新圖逸興長。仲美公雅以丹青見稱宇內，每為趙吳興所賞，此卷乃其為薔薇寫照，想其吮毫落筆時，優游閑雅，心曠神怡。故能點染如意，描寫逼真乃爾也。因為賦詩卷尾，聊索名花一笑。河南高巽志識。（*清李佐賢《書畫鑑影》、卷五*）

〈題陳仲美畫次張貞居韻〉　　　　　　　　　　　　　　　元‧倪　瓚

杜老茅堂倚石根，往來西讓與東屯。一庭秋雨青苔色，自起鉤簾盡綠尊。斜日西風吹鬢絲，披圖弄翰學兒嬉。釣竿拂著珊瑚樹，張祐題詩我所師。（*倪瓚《倪雲林先生詩集》*）

〈陳仲美薔薇圖卷〉　　　　　　　　　　　　　　　　　　　元‧楊　政

仲美繪事妙絕當世，論者謂宋南渡，二百年後無此畫手，誠非虛語。此卷傳染鮮妍，韻致動人，非美名筆弗克到此。藏者祕之。文江楊政。（*清李佐賢《書畫鑑影》、卷五*）

〈陳仲美薔薇圖卷〉　　　　　　　　　　　　　　　　　　　明‧楊　政

仲美繪事妙絕當世，論者謂宋南渡，二百年後無此畫手，誠非虛語。此卷傳染鮮妍，韻致動人，非美名筆弗克到此。藏者祕之。文江楊政。（*清李佐賢《書畫鑑影》、卷五*）

〈陳仲美薔薇圖卷〉　　　　　　　　　　　　　　　　　　　清‧李佐賢

畫史會要稱，仲美山水、人物、花鳥，無不臻妙，蓋得趙魏公講明，多所資益，故其畫不俗。蔣南沙相國題仲美畫，有"以畫作詩詩細膩，以詩作畫畫入神"之句。蔣固善花卉者，乃推重如此。此卷薔薇，交柯接葉，五色爛漫，而點染雅靜，筆無纖塵，宜乎諸名公之贊賞也。李佐賢題。（*清李佐賢《書畫鑑影》、卷五*）

## 陳　植

小傳：字叔方，號慎獨癡叟，吳縣人。為人純行篤孝，刻苦積學，工詩善畫。說者謂其山林

泉石，幽篁怪木各盡其態，頗有子久之氣韻云。（見《中國畫家人名大辭典》、四三〇頁）

〈陳慎獨雲山圖軸〉　　　　　　　　　　　　　　　　　　　　　　　自　題

　雲來雨不止，雲去山仍濕。潑墨寫雲山，巒影猶可挹。水聲瀉潺湲，此境靜中得。慎獨叟陳植。（近代龐元濟《虛齋名畫續錄》、卷一）

〈陳（植）先生寧極圖〉　　　　　　　　　　　　　　　　　　　　　元・朱德潤

　人心之靈，理則太極。物交欲蔽，已乃罔克。一口之參，變通在蓄。陽剝為陰，至靜乃復。寧為復中，養在慎獨。惟陳先生，眉壽有康。安處弗貳，居極之常。用作斯圖，山高水長。（朱德潤《存復齋續集》、四三頁）

〈陳慎獨雲山圖軸〉　　　　　　　　　　　　　　　　　　　　　　　元・陳汝秩

　吾家叔方先生，純行篤孝，能力學，固不僅以繢事見長。然所製無弗與古人抗衡者，讀其詩可以知其人矣。洪武丁巳脩禊日。汝秩。（清龐元濟《虛齋名畫續錄》、卷一）

〈題陳慎獨竹樹圖〉　　　　　　　　　　　　　　　　　　　　　　　明・虞堪

　不是高年慎獨翁，謾憑圖畫看幽叢。石邊竹樹生寒碧，好在蕭條破墨中。（虞堪《希澹園詩集》、卷三）

〈陳慎獨畫〉　　　　　　　　　　　　　　　　　　　　　　　　　　明・虞堪

　萦竹在坡陁，蒹葭隔洲渚。咫尺雨中秋，披圖謾愁予。（虞堪《希澹園詩集》、卷二）

〈陳慎獨雲山圖軸〉　　　　　　　　　　　　　　　　　　　　　　　明・方寧

　今日霞光淡，軒除熱稍輕。銷閑期奕友，取厭到蟬聲。日晚天將雨，涼生風有情。人能知解脫，幸勿慕高名。忽忽有秋意，涼風過樹林。連朝看杜集，始解做詩心。山色含窗近，江光入幕深。比來城郭事，耳畔未曾侵。慎獨先生集中所作若干篇，余深愛者若干集。每遇遊山時，朗吟一二首，宛在先生畫中行也。今維寅陳君持此圖索句，展之，乃先生筆力雄拔，氣勢渾厚，非造董巨之室焉能至此。余見先生畫多矣，未有如此圖之奇絕者。對卷終日，竟無一字，不能空歸陳君，即以先生詩稿中，錄二首于上，不特重先生之畫，并重先生之文也。先生自能鑑余之誠矣。洪武十三年春孟同郡方寧記。（清龐元濟《虛齋名畫續錄》、卷一）

## 陳舜卿

小傳：不見畫史記載。身世不詳。

〈題陳舜卿龍頭〉　　　　　　　　　　　　　　　　　　　　元‧吳　澄

龍有真有畫，畫無真無假。畫好即為真，題字從渠寫。(吳澄《吳文正集》、卷九十一)

〈題陳舜卿龍卷〉　　　　　　　　　　　　　　　　　　　　元‧何　中

妙舞當年色藝精，吳宮晏罷夢雞醒。早知畫得龍千卷，留與閒人記草亭。(何中《知非堂稿》、卷六)

## 陳蒼山

小傳：不見畫史記載。身世不詳。

〈題陳蒼山太極對觀圖〉　　　　　　　　　　　　　　　　　元‧張伯淳

天地間對待之理，蓋有不期然而然者。錢塘陳君，理學融買，取太極圖參以人事，作圖曰對觀，所以自警，則在敬肆之幾，先儒有言，敬者一心之主宰，萬事之本根，敬與肆對，修之悖之，所由待也，可不懼哉。(張伯淳《養蒙文集》)

## 陳　遠

小傳：字中復，一字中孚，陳遇弟，晚居四明。自少力學，通易經，工書，得晉人風度，善寫貌，得其兄法，兼工人物，時比李龍眠。(見《中國畫家人名大辭典》、四三〇頁)

〈陳中復先生所畫馬，轉贈吳生好德〉　　　　　　　　　　　明‧烏斯道

曹將軍能寫真，南薰殿上數承恩。千載有遺跡，畫馬尤絕倫。陳先生最儒雅，亦能寫真兼畫馬。筆法妙入神，諒不在曹下。近歲奉詔寫御容，金門玉殿春融融。適值房精降沙苑，佛郎所進當爭雄。就敕丹青記祥瑞，御前颯爽來天風。從此人間不易得，得之勝得真花驄。昔年遺我一紫燕，正是蕃人遠來獻。我藏篋底餘廿年，王真君夫豈曾見。吳生讀書有遠志，比似名駒復何異。轉將此畫持贈生，要助天衢激昂氣。吳生吳生意何如，贈汝錦段不足多。生年正壯吾老矣，他日乘肥莫忘此。(烏斯道《春草齋集》、卷二)

## 陳德顏

小傳：不見畫史記載。身世不詳。

〈贈傳神陳德顏序〉　　　　　　　　　　　　　　　　　　　明‧宋　濂

余方退朝，忽起曹員外郎劉君宗文同一儒生見過，指曰："此吾學子松陽陳德顏也，

德顏善猊真，小與大咸宜，請為先生試之。”余所遇畫神者，亡慮數十，有絕不得形似者，有僅得髣髴而弗能全者，形雖肖矣，又有不得其風神如道家所繪仙靈者，竟無以稱吾心，不欲咈宗文之意，姑諾之，德顏反覆睥睨之而去。越明日，德顏持一小像來，余不能自見，揭諸壁間，僕隸見之，歡曰：“此吾主翁也。”俄門弟子至，又爭曰：“此吾家先生也。”自時厥後，僚友好我者聚而觀之，僉曰：“此龍門子宋君也。”予亦自笑，因叩之，一云是舍杖而趨觀水潛溪時歟，一云非也。是破顏微笑肆口論文時歟，一云亦非也。是冥心合道與造化游時歟，余曰：“有是哉，脫如三客言，非惟其形逼真，抑且并性情而傳之矣。”曾未幾何，宗文又再至，余因與道客語，宗文曰：“京都之間，天下藝能之所萃，止如德顏者，十百之中僅一見焉，先生既愛之矣，盍為文以張之乎。”余自近歲以來，為求文者肩摩袂接而至一切謝絕已久，聞宗文言，欣然揮毫為之。藩府宰輔之賢，詞林冑監之英，台閣清流之選，以余延譽之故，亦競賦詩畀之。德顏何以得此於人哉，蓋君子所業，但憂心弗純。不患藝不精，但患藝弗精。不憂名不揚，理之常也。古之人以畫鬼神為易狗馬為難，狗馬人皆之，不類則非之。鬼神不與人接，奇形佹狀，可怖可愕，任其意為之。況人為物靈，其變態千萬，一毫不類則他人矣。不其尤難哉，非德顏之藝精者，不能與為斯也，余於德顏竊有所感焉。史氏之法，不溢美，不隱惡，必務求其人之似焉，一毫不類亦他人矣。奈何世道不古，揚之則升青霄，抑之則入黃壚。問其氏名則是矣，其行事則非也。嗚呼，一藝且然，而操直筆者乃不能然，豈不有愧於德顏哉。余論激矣，宗文以為如何。（**宋濂《宋學士文集》、卷三十七**）

## 陳　貞

小傳：字履元，錢塘人。善山水。（見《中國畫家人名大辭典》、四三○頁）

〈題履元陳君萬松圖〉　　　　　　　　　　　　　　　　　　元・楊維禎

紫芝道人天思精，南來新畫青松障。東家畫水西家山，積棄陳縑忽如忘。突然槎牙生肺肝，元氣淋漓迫神王。亟呼圓瓦倒墨汁，盡寫髯官立成仗。群爭十丈百丈身，氣敵千人萬人將。交柯玉鎖混鱗甲，屈鐵金繩殊骨相。石門雷霆白日傾，雨走飛龍青天上。前身要是僧擇仁，五百蜿蜒見情狀。天台老林亦畫松，三株五株成冗長。我家東越大松岡，五鬣蒼蒼鬱相望。門前兩箇赤婆娑，上有玄禽語相向。雕龍梓客朝取材，伏虎將軍夜偷餉。安得射洪好絹百尺強，令渲陰森移疊嶂。鼓以軒轅之琴五十絃，共寫江聲入悲壯。（**清高宗《御定歷代題畫詩類》、卷七十二**）

## 陳擧善

小傳：身世不詳，工畫山水。（見《中國畫家人名大辭典》、四三○頁）

〈題陳舉善第華隱者圖〉　　　　　　　　　　　　　　　　　元・王 沂

　陳舉善第華隱者圖，貳令陳君舉善為鵬舉而作，余與子高自立同推隱者之意而賦詩焉。

　原上春風語鶂鶃，溪南新結第華亭。堆床書卷聞鐘起，破的詩歌按節聽。幽潤自多流水操，好山長送入簾青。知君已熟淮王趣，招隱何人敢扣扃。（王沂《王徵士詩集》、卷六）

〈題泰和縣丞陳舉善所畫山水圖〉　　　　　　　　　　　　　明・劉 嵩

　少日東南事壯遊，憑高弔古思悠悠。山中樓觀神仙府，江上雲霞帝子洲。別塢松風琴入奏，平湖花雨棹聞謳。只今投跡山房裏，坐看新圖嘆白頭。（劉嵩《槎翁詩集》、卷六）

〈題陳舉善山水圖小景四首為蔣志明賦〉　　　　　　　　　　明・劉 嵩

　其一　窈窈松林暮，蕭蕭桂樹秋。清江三百里，一髮見歸舟。
　其二　雲連回雁嶂，潮落釣魚磯。共說江南好，青山待客歸。
　其三　日落三江水，天晴五老峰。潮來初過雨，坐久欲聞鐘。
　其四　山暝啼猿外，江平落雁中。幾時將小艇，來問釣魚翁。（劉嵩《槎翁詩集》、卷七）

〈題舉善陳縣丞渭川清曉圖〉　　　　　　　　　　　　　　　明・劉 嵩

　陳丞寫竹小尤精，比似湖州太瘦生。何處月明江上白，千枝萬葉送秋聲。（劉嵩《槎翁詩集》、卷七）

〈題東禪老僧所藏陳舉善小景，并序〉　　　　　　　　　　　明・楊士奇

　東禪雲所上人，道行俱高。其年踰八望九，與絕聽聞公同輩行，叢林大老也。此畫洪武三年吾泰和丞會稽陳能舉善作，極蕭散之趣。超然絕俗也，其人品亦高。題詩六人，惟于閱余不及識。其第一首，名經字中常，陳丞之父，巋然前輩矩度，於作中州樂府尤精，張小山高弟也。第二，羅楚材先生，初名晉用，後易為進德，異人授岐黃術，孝友端介之行追配古人。第三，海桑陳先生，邑大儒，江右學者皆崇山斗之仰。羅先生官至德安府同知，鄧先生官至四川塩運經歷，二先生皆皦乎冰玉之操之。五、六君子者，當時所謂千人亦見萬人亦見者。非雲所何足以得之，而謝世遠者七十年，近亦五、六十年。今見而知之者寡矣，雲所之玄孫寶歲此卷。重裝潢以求余題，既為具諸老大略。而係之詩，罪曰續貂。亦以識慕仰之意云。

　雲所道人飛錫遠，白雲猶護舊禪房。向來聚得昆岡玉，長向林中起夜光。（楊士奇《東里詩集》、卷六十）

## 陳 儼

小傳：不見畫史記載。身世不詳。

〈題（陳儼）葛洪移家圖〉　　　　　　　　　　　　　　　　　　明・劉 嵩

　　前行白羊四角贏，誰騎驅者鬍鬑兒。猙獰一犬嘷而馳，舉鞭護羊呵止之。背有囊琴結墨綻，嫗後負畫策以追。少婦馳牛牛步遲，兩兒共載兀不敬。大者坐擁斑文狸，小者索乳方孩嬉。母笑不嗔還呀咿，復有鬍者肩童羈。引手向翁如反傲，蹇驢嘷地行欲疲。兩耳逆豎愁風吹，老翁龐眉方頷頤。顧瞻妻子色孔怡，似語前行路向夷。爾兄在前爾勿癡，汝母正念爾弟饑。高幘鬍奚荷且持，藥瓢囊襆何垂垂。有捄者柄相參差，傍有二卷一解披。趁行苦忙奚不知，我觀此畫喜復疑。問翁為誰莫可推，或云葛令之官時。移家勾漏乃若茲，人生多累在侈靡。如此行李胡不宜，骨肉在眼無餘貲。非有道者焉能為，陳儼作圖真畫師。筆跡縹緲如飛絲，中有妙意世莫窺。我吟將為仕者規，如不見畫當求詩。
（劉嵩《槎翁詩集》、卷四）

## 張小峰

小傳：不見畫史記載。身世不詳。

〈贈寫真張小峰二首〉　　　　　　　　　　　　　　　　　　　　元・葉 顒

　　飽歷風霜骨格粗，老來漸覺髮毛枯。形容妍醜從君畫，畫得平生執拗無。
　　古貌清如雪後松，吟肩瘦似雨餘峰。莫將山上眒雲叟，錯擬巖前板築翁。（葉顒《樵雲獨唱》、卷四）

## 張子紘

小傳：閩人，身世不詳，工畫梅。（見《中國畫家人名大辭典》、四六六頁）

〈張子紘畫梅歌〉　　　　　　　　　　　　　　　　　　　　　　明・林 鴻

　　人間百卉競春曄，獨有梅花窮晚節。嚴冬雪霰白皚皚，此花凌寒今始開。繁英澹蕊乍疎密，群仙佩玉紛瑤台。最憐橫月出修竹，不分隨風委綠苔。三星處士乘槎客，毫素天機寫生色。興來揮灑與時人，貴宦持錢求不得。千枝萬朵宮苑脄，枯梢冷萼山澤癯。風流閒雅韻自別，照水橫庢體總殊。妙墨移來茅屋裏，半幅溪藤露春意。入戶幽禽訝影斜，開門野衲疑香至。古來畫者亦紛紛，今日閩南獨數君。不用雪窗花滿樹，對茲亦可玩羲墳。（林鴻《鳴盛集》、卷三）

## 張子敬

小傳：不見畫史記載。身世不詳。

〈張子敬墨竹圖〉　　　　　　　　　　　　　　　　　　　　　元・周　權

　翠琳琳兮楚楚，風蕭蕭兮在戶。運滴水於毫端兮，散淇澳之烟雨。（清高宗《御定歷代題畫詩類》、卷八十一）

## 張子璿

　小傳：不見畫史記載。身世不詳。

〈張子玄畫梅詩〉　　　　　　　　　　　　　　　　　　　　　元・胡　布

　清河之子鐵石腸，寒玉為操冰為裳。湘簾風靜小窗夜，月澹梨雲飛夢長。夢中彷彿孤山下，西湖處士知我者。弱水茫茫玉笛寒，翠鳥聲起鞦韆架。碎玉和墨幻璚真，桃腮杏臉慚豐神。一片江南秋水白，天香亂撲羅浮春。有時半折胭脂顆，酒暈衝寒晚香破。有時斜抹縞衣籠，絕似黃昏澹煙浣。補之寫手近代奇，清河獨師王會稽。平生自得冰玉骨，脫略毫素回天機。閩南十九徵揮翰，萬幅瑤花蒼鐵榦。更須蓓蕾待和羹，千古圖酸表雄觀。（胡布《元音遺響》、卷三）

〈題張子璿畫林泉幽趣圖〉　　　　　　　　　　　　　　　　　明・宋　濂

　翩翩公子實仙才尺師之子，筆下雲泉潑翠開。若是人間逢此景，定應呼作小蓬萊。（宋濂《宋學士文集》、卷七十）

## 張士衡

　小傳：不見畫史記載。身世不詳。

〈題張士衡畫竹〉　　　　　　　　　　　　　　　　　　　　　明・釋宗泐

　誰寫琅玕近石㟁，半叢春雨半秋霜。雲門山客豈無意，老幹不如新笋長。（釋宗泐《全室外集》、續編）

## 張　中

　小傳：字子正，善山水，師黃一峰，亦能墨戲。（見《中國畫家人名大辭典》、四六四頁）

〈張子正桃花春鳥圖〉　　　　　　　　　　　　　　　　　　　自　題

　海上張守中為景生畫。（清吳升《大觀錄》、卷十八）

〈張子正雨鳩圖〉　　　　　　　　　　　　　　　　　　　　　自　題

　子正為而敏作春雨鳩鳴圖。（清吳升《大觀錄》、卷十八）

〈張子正林亭秋曉圖軸〉　　　　　　　　　　　　　　　　　自　題

　　林亭秋曉。張子正，學井西道人筆。（清吳升《大觀錄》、卷十八）

〈小鬟以墨海棠為名，友人張子正為之畫，以求題〉　　　　　元・邵亨貞

　　嬌枝小小出簾櫳，賜浴華清淨洗紅。一自金鑾供奉後，夢魂長在研池中。（邵亨貞《蟻術詩選》、卷七）

〈張子正策蹇山行圖〉　　　　　　　　　　　　　　　　　　元・王　蒙

　　拾遺流落錦官城，故人作尹眼為青。碧雞坊西結茅屋，百花潭水濯冠纓。舊衣未補新衣綻。空蟠胸中書萬卷，論道欲過羲皇前。談詩未覺國風遠，干戈崢嶸暗宇懸。杜陵韋曲無雞犬，老妻稚子在眼前。弟妹飄零不相見，此翁樂易真可人。園翁谿友胥卜鄰，鄰家有酒邀皆去。得意魚鳥來相親，浣花酒船散車騎。野牆無主看桃李，宗文守家宗武扶。落日蹇驢馱醉起，願聞解鞍脫□□。老身不用萬戶侯，中原未得平安報。醉裡眉攢萬國愁，生絹舖牆粉墨落。平生忠義今寂寞，兒呼不蘇驢失腳。猶恐醒來有新作，長使詩人拜圖畫。煎膠續絃千古無。黃鶴山樵書。（清卞永譽《仁古堂書畫彙考・畫場》、卷之四）

〈張子正桃花春鳥圖〉　　　　　　　　　　　　　　　　　　元・楊維楨

　　幾年不見張公子，忽見玄都觀裏春。却憶雲間同作客，杏花吟笛喚真真。老鐵醉筆。（清吳升《大觀錄》、卷十八）

〈張子正桃花春鳥圖〉　　　　　　　　　　　　　　　　　　元・顧　祿

　　畫中題品淺堪憐，只愛風流老鐵仙。可惜貞魂呼不起，鳥啼花落自年年。吳郡顧謹中。（清吳升《大觀錄》、卷十八）

〈張子正桃花春鳥圖〉　　　　　　　　　　　　　　　　　　明・見　泰

　　葉底小紅肥，春禽語夕暉。養成毛羽好，去向上林飛。見泰。（清吳升《大觀錄》、卷十八）

〈張子正桃花春鳥圖〉　　　　　　　　　　　　　　　　　　明・林　右

　　閑窗綠樹夏陰陰，看畫焚香寓賞心。宛似江南寒食候，桃花春雨喚春禽。天台林右題。（清吳升《大觀錄》、卷十八）

〈張子正桃花春鳥圖〉　　　　　　　　　　　　　　　　　　明・余季約

　　東風堤紅雨，春滿桃源洞。山禽啼一聲，喚醒劉郎夢。東吳余季約。（清吳升《大觀

錄》、卷十八）

〈張子正桃花春鳥圖〉　　　　　　　　　　　　　　　　　　　明‧顧文昭

　張公落筆最風流，憶向梨花寫鶒鳩。十載都門重見畫，忽聽鄰笛使人愁。雲間顧文昭。
（清吳升《大觀錄》、卷十八）

〈張子正桃花春鳥圖〉　　　　　　　　　　　　　　　　　　　明‧杜宗一

　春光堂上午熏微，清簟疎簾映晚暉。憶得臨軒寫幽趣，野花山鳥總依依。崑山杜宗一。
（清吳升《大觀錄》、卷十八）

〈張子正桃花春鳥圖〉　　　　　　　　　　　　　　　　　　　明‧范公亮

　老仙遺墨健如龍，笑破朱唇幾點紅。留取桃花與幽鳥，不教人恨五更風。胡生同文新
購此圖，求題為書其上。范公亮。（清吳升《大觀錄》、卷十八）

〈張子正桃花春鳥圖〉　　　　　　　　　　　　　　　　　　　明‧花　倫

　畫師筆力挽天成，坐使韶光眼底生。仿出一塲春境界，花無顏色鳥無聲。花倫。（清
吳升《大觀錄》、卷十八）

〈張子正桃花春鳥圖〉　　　　　　　　　　　　　　　　　　　明‧伯　誠

　鐵仙詩題張公畫，二老風流最擅名。一自樽前歌板歇，春風花鳥總合情。伯誠。（清
吳升《大觀錄》、卷十八）

〈張子正桃花春鳥圖〉　　　　　　　　　　　　　　　　　　　明‧袁　凱

　不見張公子，于今又幾年。春風與春鳥，相對共淒然。海叟凱。（清吳升《大觀錄》、
卷十八）

〈陶與權宅觀張子正山水圖〉　　　　　　　　　　　　　　　　明‧袁　凱

　陶翁畫圖眼見稀，自言愛之重珠璣。清晨掛向草堂上，已覺几案生烟霏。蒼梧雲深眾
鬼泣，笠澤雨重群龍歸。崖深谷黝望不極，獨有黃鵠摩空飛。飛來潭上啄丹實，牽動百
尺藤蘿衣。藤蘿飄蕭露石角，林西更見幽人扉。幽人長年不出戶，薇蕨短小身常飢。嗟
嗟此是誰氏筆，張君吾友精天機。君家祖父盡卿相，門戶貴顯中衰微。讀書學古有至行，
粉墨特用相娛嬉。憶昔東城飲春酒，汪家林木含春暉。當時揮灑每見及，破屋往往增光
輝。自從喪亂盡失去，至今夢寐猶依依。偶來此處見此本，欲去不忍徒歔欷。行當買酒
秋浦上，請君同作釣魚磯。（袁凱《海叟集》、卷二）

〈題張子正雪山圖〉 明・袁 凱

西嶺千秋凍不消，人家牕戶總瓊瑤。不知海上張公子，曾過成都萬里橋。（袁凱《海叟集》、卷四）

〈張子正桃花春鳥圖〉 明・樗散生

斂翮花間鳥，依栖且暫時。上林羅綺樹，待汝發高枝。樗散生。（清吳升《大觀錄》、卷十八）

〈張子正桃花春鳥圖〉 明・迂 生

霜桃新雨開紅錦，繡羽飛來依玉柯。禁城春色年年好，相對其如十里何。匡山迂生。（清吳升《大觀錄》、卷十八）

〈張子正桃花春鳥圖〉 明・丁子木

鵲聲初報碧桃春，洞口驚傳有晉人。自啟幌窗吹鐵笛，一聲清唱為誰新。丁子木。（清吳升《大觀錄》、卷十八）

〈張子正桃花春鳥圖〉 明・管時敏

十年不見故園春，畫裏題詩半古人。老去風流渾減盡，東風花鳥易傷神。華亭管時敏。（清吳升《大觀錄》、卷十八）

〈張子正桃花春鳥圖〉 明・雲 霄

記得桃花破暖紅，山禽飛下語春風。而今見畫生惆悵，忽憶家園似夢中。雲霄。（清吳升《大觀錄》、卷十八）

〈張子正桃花春鳥圖〉 明・朱 京

上日迎春早，晴窗帶碧紗。忽傳青鳥信，開徧小桃花。廬陵朱京。（清吳升《大觀錄》、卷十八）

〈張子正桃花春鳥圖〉 明・貝 翔

山禽飛上碧桃枝，獨立東風喜報誰。翠幌日高人未起，分明池館記當時。貝翔。（清吳升《大觀錄》、卷十八）

〈張子正桃花春鳥圖〉 明・公 祐

東風未放碧桃殘，山鵲南來息羽翰。雲路乍飛終萬里，暫時聊借一枝安。公祐。（清

吳升《大觀錄》、卷十八）

〈張子正雨鳩圖〉　　　　　　　　　　　　　　　　　　　明・釣鰲生

　梨花枝上雨斑斑，春雨西園十二欄。何事錦鳩聲不絕，陰雲連日護溪山。釣鰲。（清吳升《大觀錄》、卷十八）

〈張子正雨鳩圖〉　　　　　　　　　　　　　　　　　　　明・王俊華

　穀雨晴時鳩亂鳴，梨花枝上雨三聲。春風處處催畊急，不似尋常百囀鶯。天台王俊華。（清吳升《大觀錄》、卷十八）

〈張子正雨鳩圖〉　　　　　　　　　　　　　　　　　　　明・丹山樵

　一枝湘玉翠烟輕，數點梨花雪色明。上有鳴鳩正呼雨，江南江北動春耕。丹山樵。（清吳升《大觀錄》、卷十八）

〈張子正雨鳩圖〉　　　　　　　　　　　　　　　　　　　明・鎦翼南

　一樹梨花春帶雨，闌干淚瀉玉容驚。夫君也感當時恨，應向東風叫不平。沛郡鎦翼南。（清吳升《大觀錄》、卷十八）

〈張子正雨鳩圖〉　　　　　　　　　　　　　　　　　　　明・王伯輝

　風散蒼雲漾翠光，枝浮白雪濕新香。數聲催得如酥雨，只為幽姿一洗妝。四明王伯輝。（清吳升《大觀錄》、卷十八）

〈張子正雨鳩圖〉　　　　　　　　　　　　　　　　　　　明・朱武

　東風簾捲小紅樓，二月梨花叫錦鳩。會記玉人將鳳管，隔花低按小梁州。朱武。（清吳升《大觀錄》、卷十八）

〈張子正雨鳩圖〉　　　　　　　　　　　　　　　　　　　明・梁用行

　自解呼君綉領齊，梨雲竹雨暗雲溪。東風却憶江南北，桑柘春深處處啼。吳郡梁用行。（清吳升《大觀錄》、卷十八）

〈張子正雨鳩圖〉　　　　　　　　　　　　　　　　　　　明・孫奕

　故園烟樹隔重重，夢斷梨雲小院空。自是鳴鳩心獨苦，一聲聲似怨春風。吳興孫奕。（清吳升《大觀錄》、卷十八）

〈張子正林亭秋曉圖軸〉　　　　　　　　　　　　　　　　　　明・果育老人

　山空禽鳥樂，地僻松竹秀。茅屋是誰家，柴門掩永晝。果育老人題。（清吳升《大觀錄》、卷十八）

〈張子正林亭秋曉圖軸〉　　　　　　　　　　　　　　　　　　明・陳允明

　遠山有飛雲，近山見飛鳥。秋風滿空庭，日落人來少。永嘉陳允明。（清吳升《大觀錄》、卷十八）

〈張子正林亭秋曉圖軸〉　　　　　　　　　　　　　　　　　　明・如一道人

　草堂只在南湖上，山色水光相與清。鷗鳥不來魚不起，落花風颺讀書聲。如一道人題。（清吳升《大觀錄》、卷十八）

〈張子正林亭秋曉圖軸〉　　　　　　　　　　　　　　　　　　明・全思誠

　小橋橫水口，矮屋露林梢。想見中山客，詩成擬絕交。全思誠。（清吳升《大觀錄》、卷十八）

〈張子正林亭秋曉圖軸〉　　　　　　　　　　　　　　　　　　明・曾烜

　故山何處最關心，亭外遙岑入望深。却憶浪游江海上，漫教猿鶴守空林。曾烜。（清吳升《大觀錄》、卷十八）

〈張子正林亭秋曉圖軸〉　　　　　　　　　　　　　　　　　　明・仲孚

　烟濕空林翠欲飄，渚花汀草共蕭蕭。仙家應在雲深處，祇許人行到石橋。仲孚。（清吳升《大觀錄》、卷十八）

〈張子正林亭秋曉圖軸〉　　　　　　　　　　　　　　　　　　明・卞固

　雲開見山高，木落知風勁。亭下不逢斜，人陽澹秋影。卞固。（清吳升《大觀錄》、卷十八）

〈元張子正鶺鴒圖卷〉　　　　　　　　　　　　　　　　　　　清・陳德大

　元張子正鶺鴒圖。明初題詠七家。卞令之名畫大觀大推蓬冊第七葉。安麓村、蔣恒軒舊藏。海鹽陳德大子有甫曾鼎山房至寶。乙卯夏四月。（清龐元濟《虛齋名畫錄》、卷二）

〈元張子正鶺鴒圖卷〉　　　　　　　　　　　　　　　　　　　清・周子冶

　物色晚蕭森，岩崖秋水深。鶺鴒在原意，兄弟友於心。看畫思邊景，懷歸動越吟。行

看逐輕翼，飛棹適江陰。安成周子冶。（清龐元濟《虛齋名畫錄》、卷二）

〈元張子正鶺鴒圖卷〉　　　　　　　　　　　　　　　　　　　清・端木智

桃李紛華鶯亂蹄，予如原上鶺鴒飛。日長一曲塤□樂，橘刺藤梢半掩扉。金陵端木智。

（清龐元濟《虛齋名畫錄》、卷二）

〈元張子正鶺鴒圖卷〉　　　　　　　　　　　　　　　　　　　清・吳　勤

秋風原上鶺鴒鳴，碧草寒華夕露清。寫入畫圖看更好，古今不盡弟兄情。史官吳勤。

（清龐元濟《虛齋名畫錄》、卷二）

〈元張子正鶺鴒圖卷〉　　　　　　　　　　　　　　　　　　　清・高　讓

雙飛來去即相呼，不是尋常燕雀徒。人世弟兄忘孝義，試看原上鶺鴒圖。錢唐高讓。

（清龐元濟《虛齋名畫錄》、卷二）

〈元張子正鶺鴒圖卷〉　　　　　　　　　　　　　　　　　　　清・錢仲益

西風沙際脊令鳴，一步相呼掉尾行。惆悵鬩牆燃豆者，可能無愧在原情。博士錢仲益。

（清龐元濟《虛齋名畫錄》、卷二）

〈元張子正鶺鴒圖卷〉　　　　　　　　　　　　　　　　　　　清・李　顯

雨晴原草碧萋萋，二鳥相隨不暫離。急難相從思阿弟，披圖三復不勝思。憲僉李顯。

（清龐元濟《虛齋名畫錄》、卷二）

〈元張子正鶺鴒圖卷〉　　　　　　　　　　　　　　　　　　　清・□　茂

落落平原兩鶺鴒，行時掉尾復飛鳴。物情尚有急難意，何況人間好弟兄。越人茂題。

（清龐元濟《虛齋名畫錄》、卷二）

〈元張子正鶺鴒圖卷〉　　　　　　　　　　　　　　　　　　　清・蔣　溥

濁清本涇渭，高下如徑畦。鶺鴒鳴於原，終夜悲淒淒。一樹桃花開，好風吹靡靡。一片落泥滓，一片隨清水。造物詎有私，亦其自取耳。相鼠尚有皮，何為乃速死。本自開一面，胡為自網羅。黃鳥賦伐木，況自出一窩。庭前紫荊樹，難令影婆娑。對此三嘆息，徘徊喚如何。呼天如可挽，血淚願一揮。搶地如可回，肝膽願一披。爾誠自作孽，負罪莫可追。或託先世澤，望恩如一絲。乾隆丁丑十月廿四日題，蔣溥。

朝聞鶺鴒鳴，暮為鶺鴒歌。鶺鴒飛不歸，已矣可奈何。擇木胡不慎，焚巢諒非它。徘徊原上情，淚下如懸河。

流水何瀰瀰，白石亦鑿鑿。雖為同窩主，無奈一天各。當年重恩義，豈不兩鳥若。一朝所向岐，原隰悲飄落。

仁風被光宇，飛走皆生成。抗翮遊四海，棲止終未寧。果然失中路，投羅自相攖。忘爾明發懷，倉卒呼友生。

昊天昭無私，恩威原自一。先民厲忠慎，家世傳清白。一朝背明訓，一死難塞責。淒淒棠棣詩，三復有餘惻。丁丑十一月十一日再題，溥。

庭前枯樹花，春風吹出之。人生歸泉壤，一往無還期。去年憶弟時，爛漫畫折枝去歲畫海棠鶺鴒，係以二詩勗之。折枝零落盡，涕淚紛漣洏。今辰城南園，紅蕚覯絳蕤。杜陵傷面草，虔州夢思歸。尚有三十口，吏拘東魯陲。仕途偶失足，作孽嬰此罹。昨者已釋還，眾雛無有知。索耶誤呼伯，垢膩來牽衣。婦女掩面泣，形狀慘若癡。旅櫬滯山右，風雨應淒而。寂寞引素旐，方將反靈輀。虞山營淺土，淺土安汝尸。亡者長已矣，存者悲天涯。我誠失諄誨，抱疚今曷追。支撐畢後圖，那計心力疲。尚望汝之孤，善承吾祖貽。戊寅三月初六日，過城南憶園有感，再題此卷，恒軒溥。（清龐元濟《虛齋名畫錄》、卷二）

〈元張子正鶺鴒圖卷〉　　　　　　　　　　　　　　　　清・陳子有

乘風好去掃地，從他鸚鵒舞，搔首良朋，山鳥山花好弟兄。　行穿窈窕斜日，綠陰枝上噪，芳草淒淒，白石岡頭曲岸西。

右調減字木蘭花，集辛稼軒詞，題張子正鶺鴒圖。癸酉仲夏，艮庵。（清龐元濟《虛齋名畫錄》、卷二）

## 張介夫

小傳：不見畫史記載。身世不詳。

〈張介夫畫山水〉　　　　　　　　　　　　　　　　　　元・宋禧

袞袞雲連叠叠峯，孤舟泊近水邊松。遊人橋畔看飛瀑，樓閣桃花隔幾重。（宋禧《庸庵集》、卷九）

## 張文鼎

小傳：不見畫史記載。身世不詳。

〈走筆戲贈張文鼎墨梅〉　　　　　　　　　　　　　　　明・唐桂芳

梅花不是人間白，畫工休污瓊粉色。淡墨疎疎淺著烟，一枝蘸出臨溪月。張君好畫本詩人，吟魂寫影俱逼真。從此玉妃歸不得，滿紙占斷羅浮雲。（唐桂芳《白雲集》、卷二）

## 張仁卿

　　小傳：不見畫史記載。身世不詳。

〈秋澗著書圖歌贈畫工張仁卿〉　　　　　　　　　　　　　元・王　惲

　　張生寫出秋澗圖，先生胡為此遊居。知余讀書樂幽寂，況復野麋之性，宜與水石俱。西風蕭條秋氣餘，浮雲身世將如如。江蘺託詠太哀怨，老松臥壑甘扶踈。逢時不作棟樑用，且須著論希潛夫。盤盤澗曲深幾許，長吞遠況知攸徂。百川橫障使東往，細大不擇羞潢洿。考槃有歌誰與伍，山鳥山花吾友于。張畫師，王宰徒，雲煙落紙何舒徐。吾今屏居日已久，為我作此真良謨。平生未常學學焉，於此初古人，尚友無老莊。要欲靜泊，志可明而遠可逾，駸駸晚景幾桑榆。不知此去澹泊得似畫中無，目明神王骨相曜。一丘一壑著幼輿，畢此一事為成書。此外何有於余乎，此外何有於余乎。（王惲《秋澗先生大全文集》）

## 張孔孫

　　小傳：字夢符，出身遼之烏落部，金時家隆安，長於文學，工畫山水，竹石。（見《中國畫家人名大辭典》、四六三頁）

〈謝答張夢符畫梅竹扇〉　　　　　　　　　　　　　　　　元・胡祗遹

　　十載無從謁下風，偶因便面挹清雄。橫斜籬落經過熟，與可溪湖興寄同，清影故人來萬里，熱中無夢拜三公。惡塵揮斥元規遠，歲晚當為鄰舍翁。（胡祗遹《紫山大全集》、卷六）

〈題張夢符廉訪臨澹游三友圖，應劉清叔之索詩也〉　　　元・胡祗遹

　　清叔抱高節，歲寒梅竹松。何人解幽意，蕭然寓軒翁。汗簡索評題，意謂臭味同。適當雨雪天，姑射挾兩龍。清艷入神畫，定非桃李容。何時逢二妙，醉歌松雪中。作詩弔林逋，字字梅花風。（胡祗遹《紫山大全集》、卷一）

〈（張夢符）理成隱居圖後序〉　　　　　　　　　　　　　元・柳　貫

　　吾鄉朱叔晦先生，在咸淳間為名進士矣。中涉憂患，要自比管寧陶潛，而有志不遂。乃復挾其耿耿者北來京師，又自視如機雲二氏入洛，時通侯貴卿，見輒慰薦。先生曾不肯少降氣抑辭，久之，得試江東一縣而歸。雖身裹章服，而心遊澹泊，則故畸人靜者也。其居理成，林崿蔽虧，墟井參錯，間嘗以理成小隱自命。東平張公夢符為以意圖之。御史中丞劉公，中書左丞馬公而下，咸以意詩之。或曰："先生非充隱者歟？"則俛而笑，曰："吾未嘗隱，而亦未嘗不隱，然謂我充隱則誣。"其後，去越，之上虞令，徑歸理

成，嘯詠山水間十餘年，以壽終，圖則是而人則非矣。昔予未成童，先子方謁故國子博士施公，歸忽抵其几。愾然曰：「吾鄉綜名核實之學，自源徂流，大抵猶一日也。公且老，下是則朱叔晦伯季庶其似之。」予時未知言，已竊識于懷，稍長，獲一再見先生，聆其論議，騰踔今古，鉤貫繩聯，如張樂廣庭，商飄羽揚，律宣呂旅，徐而按之，莫不泠然赴節，然後知其本之在是。今先生伯季與先子俱下地，而予以庸虛偶茲昌運，躡登儒館，仰前徽之沫遠，慨鄉學之寂寥。輒因披圖，為誌其末，九京士會，予安得而起之，蓋予亦將隱矣。至治三年夏六月十日，東陽柳貫序。（柳貫《柳待制文集》、卷十六）

## 張元清

小傳：道士，即趙元靖，身世不詳，以善畫墨竹名于時。（見《中國畫家人名大辭典》、四六四、六一五頁）

〈張道士蜀山圖〉　　　　　　　　　　　　　　　　　　　　元・虞　集

碧玉參天是蜀山，舊曾飛度歷屏顏。松風上接空歌外，蘿月長懸合景間。試劍丹崖秋隼疾，濯纓清潤夜龍閒。君家虛靖歸來日，冉冉蓬壺為憶還。（清高宗《御定歷代題畫詩類》、卷四）

## 張公詡

小傳：不見畫史記載。身世不詳。

〈追和杜牧之弄水亭詩韻題（張公詡）清溪圖〉　　　　　　　　元・吳師道

池陽瀕大江，群山勢騫舞。高甍出麗譙，萬屋駢民伍。泱濟清溪流，光照城南戶。飛梁壓水天，荒亭仆風雨。載酒客誰來，弄水人已去。蒼烟帶林薄，綠野分畦圃。賈檣攢比節，漁舍低殘堵。秋色激生綃，夕雲閑映渚。蕭蕭蒲柳脫，槭槭葭蘆語。游鱗數儵尾，沉影窺雁羽。泚毛寒未減，珠光時自吐。隨流長堤盡，當道奔石怒。十里青瑤堆，谽谺爭刻露。僧居草棘翳，仙洞霞霏貯。却還望翠微，絕冷侵秋浦。太白與樊川，千載不可遇。搖筆想吟時，携壺記遊處。何當占民籍，便欲棲村塢。磯釣具竿綸，欸耕供杵臼。暫遊竟返棹，微官謾紓組。中情託謠詠，萬象恣嘲侮。九華興未已，剗水期空負。忽見張公圖，如得千金略。沉微正爭席，榮誇無負弩。悠悠山水思，冉冉年歲暮。展卷倘頻來，猶堪浣塵土。

天曆己巳，予過池陽。與友人自清溪遊齊山，賦詩紀其事，而溪上之勝未之及。今觀靈源草堂所藏張公詡清溪圖，及渚巨公名章妙朝，為之悅然自失。因和杜紫微詩韻一首，追述所懷，非敢儕附前人。弟以晚來獲見此圖，用志喜幸云尔。（吳師道《吳正傳先生文集》、卷三）

〈謝張稅官（公詡）惠山水圖〉　　　　　　　　　　　　　　　　元‧吳師道

　　昔經九華遡清溪，還向齊山登翠微。歸來却睹公詡畫，夢境恍惚心神飛。一官復忝府
下邑，心勞政拙遭年饑。清遊高詠事遂息，遙看數舍徒依依。長身張公江海客，相逢墮
此荒山圍。手揮東絹兩巨幅，親自送持扣我扉。寒林枯木帶雪色，春江遠浪搖烟霏。掛
之空壁澹相對，想見盤礴深天機。頗聞輕舟數來往，應識弄水亭前磯。援豪乘興為一寫，
重與此郡增光輝。商征奇贏籌筭急，白頭落落知音稀。胸中磊呵故未減，局促肯受塵埃
羈。金華幽人亦念我，嘆息歲宴何當歸。（吳師道《吳正傳先生文集》、卷五）

## 張以中

　　小傳：不見畫史記載。身世不詳。

〈題張以中畫〉　　　　　　　　　　　　　　　　　　　　　　　元‧倪　瓚

　　密雪初晴僧舍深，地爐活火酒時斟。張家公子清狂甚，冐冷看山意不禁。今日披圖感
慨深，與君對酒若為斟。重居寺裏松杉合，刧火兵灰已不禁。（倪瓚《倪雲林先生詩集》）

## 張以文

　　小傳：松江人，善山水。與曹雲西、張子正齊名。（見《中國畫家人名大辭典》、四六四頁）

〈張以文夏山欲雨圖〉　　　　　　　　　　　　　　　　　　　元‧張　憲

　　董元夏山今罕覿，名家所藏皆可數。海上張郎法度雄，胸次嶙峋獨追古。山腰孛孛雲
氣吐，石頭流汗日當午。殷殷雷聲黑太陽，盛暑鬱蒸天欲雨。木葉颭颭風滿浦，收港小
舟催進櫓。塢裏農庄八九家，政望甘霖沃焦土。山川高厚自有神，肯使膏腴成瘠鹵。我
方憫雨面高堂，坐閱斯圖心獨苦。豈無手板對西山，瘦頰憂來不堪拄。（張憲《玉笥集》、
卷六）

## 張正卿

　　小傳：不見畫史記載。身世不詳。

〈張正卿（惟中）芷石圖〉　　　　　　　　　　　　　　　　　元‧張仲深

　　蓀蘭蕙茝元同譜，零落湘纍褏煙雨。香聯老樹冰霜姿，靜倚雲根鬭清苦。紺葩同幹晴
縣縣，嶄嶄玄壁大比拳。根通九畹自彷彿，翠結五岳同連蜷。四明張君好事老，求得仙
毫一揮寫。至今清思滿沅湘，夢拾驪珠月中把。芳聲從此如芷香，貞心從此如石剛。願
挹高標脫凡俗，儗結金蘭共徜徉。（張仲深《子淵詩集》、卷二）

## 張玉田

小傳：不見畫史記載。身世不詳。

〈集句題張玉田畫水仙〉　　　　　　　　　　　　　　　　　　元・馬　臻

　賞月吟風不要論，曳裾何處覓王門。誰人得似張公子，粉蝶如知合斷魂。（馬臻《霞外詩集》、卷八）

## 張　羽

小傳：字來儀，一名附鳳，號靜居，潯陽人。生平好著述，工詩文，善書畫，詩與高啟、徐賁、楊基稱四傑。楷法右軍，隸法韓擇木，畫山水法米氏父子及高房山，筆力蒼秀。品在方方壺之上，而不為世所共知云。（見《中國畫家人名大辭典》、四六五頁）

〈（張羽）畫雲山歌〉　　　　　　　　　　　　　　　　　　　　　　自　題

　我昔曾遊廬嶽頂，欲上青天凌倒景。山中白雲如白衣，片片飛落春風影。雲晶晶兮花冥冥，萬壑盡送洪濤聲。恍然坐我滄海上，金銀樓觀空中明。上清真人笑迎客，夜然桂枝煮白石。手持鳳管叫雲開，虎咆龍吟山月白。明發邀我升東峰，導以絳節双青童。天雞先鳴海日出，赤氣照耀金芙蓉。屏風九疊花茸茸，霧閣雲牕千萬重。胡不置我丘壑中，一朝垂翅投樊籠。空留萬片雲挂在，清溪千丈之寒松。愁來弄翰北窗裏，貌得雲山偶相似。遂令殘夢逐秋風，一夜孤飛渡江水。夢亦不可到，圖亦不可傳。不如早賦歸來篇，仙之人兮待我還。安能齷齪塵土間，坐令白雲摧絕無所歸，青山笑我凋朱顏。（清高宗《御定歷代題畫詩類》、卷九）

〈題張來儀楚江清曉圖〉　　　　　　　　　　　　　　　　　　　元・張　昱

　右楚江清曉圖，潯陽張羽來儀為予作也。予別瀟湘五年，每一念至，雲山煙水，瞭然心目間。因念結髮，讀經書、志聖賢學，其能不遺忘者鮮矣。　展玩之餘，書以自警。（張昱《可閒老人集》、卷四）

〈題張靜居畫〉　　　　　　　　　　　　　　　　　　　　　　　　明・高　啟

　楚客寫荊岑，秋雲隔浦陰。人家連橘塢，水廟映楓林。亂後清遊歇，愁邊遠色深。相看休向晚，怕有峽猿吟。（高啟《高太史大全集》、卷十二）

〈題張來儀畫贈張伯醇〉　　　　　　　　　　　　　　　　　　　　明・高　啟

　風起澗聲亂，景寒雲氣深。山人歸臥晚，詩意滿秋林。（高啟《高太史大全集》、卷十

六）

〈題張校理畫〉　　　　　　　　　　　　　　　　　　　明・高　啟

寒色初凝野，秋聲忽在林。遙山不能見，祇為晚烟深。（高啟《高太史大全集》、卷十
六）

〈題張來儀畫，次韻高季迪〉　　　　　　　　　　　　　明・徐　賁

萬水更千岑，朝晴又暮陰。猿聲風出樹，虎跡雪團林。酒具遊曾遍，詩材思更深。相
看畫中客，不異共行吟。（徐賁《北郭集》、卷五）

〈題張來儀青山白雲圖〉　　　　　　　　　　　　　　　明・童　冀

天下幾人畫董元，近代獨數高房山。房山不獨妙形似，輔以丹碧增其妍。往年未識盧
山面，曾向房山畫中見。高堂白日生雲煙，分明坐我南康縣。大山嵯峨倚天立，倒捲銀
河瀉空碧。山山起伏爭坡陀，海濤出沒晴雲多。醉酣老眼重摩挲，此身便欲栖煙蘿。十
年一夢隔雲海，卻向長江聞棹歌。青山於人如舊識，滿眼黃塵非故國。羞將白髮照滄浪，
咫尺家山歸未得。先生舊業廬山前，丹青早得房山傳。還能作畫遠相寄，白頭共賦歸來
篇。（童冀《尚絅齋集》、卷四）

〈題張來儀楚江清曉圖〉　　　　　　　　　　　　　　　明・童　冀

右楚江清曉圖，尋陽張羽來儀為予作也。予別瀟湘五年，每一念至，雲山煙山瞭焉心
目間。因念結髮讀經書，志聖賢學，其能不遺忘者鮮矣。展玩之餘，書以自警。（童冀
《尚絅齋集》、卷四、四珍二）

〈張太常雲山圖〉　　　　　　　　　　　　　　　　　　明・都　穆

靜居先生，洪武初，任太常司丞，與高太史季迪、楊憲使孟載、徐方伯幼文，為文字
友，而皆產於其世，□高、楊、張、徐以方唐之王、楊、盧、駱。四先生惟太史不善畫，
憲使、方伯予嘗見其畫筆一二。先生此卷，蓋飾來敷文而入其室者，世之人第知先生之
妙，倣之，而不知其畫之妙乃若此，上可以見昔賢之能，而今豈易得哉？申戌□月，獲
觀於崔鴻臚靜伯。蓋靜伯吳人，宜其尤寶愛也。（明都穆《鐵網珊瑚》、卷四）

## 張羽材

小傳：字國樑，號薇山，法號廣微子，沛國人，一作徐州豐人，居信州龍虎山。嗣三十八代
　　　天師，襲掌道教正一教主。工書，善寫竹，畫龍尤妙。（見《中國畫家人名大辭典》、
　　　四六四頁）

〈嗣天師墨竹〉　　　　　　　　　　　　　　　　　　　元・袁　桷

　玄雲空飛著無跡，濃淡晴溪護寒碧。碌碌玉石圓且奇，古潤因依養顏色。仙人紫宮朝未移，平安日報春熙熙。生綃陳情寫初意，為問白鶴來何遲。（袁桷《清容居士集》、卷六）

〈嗣天師墨戲四絕〉　　　　　　　　　　　　　　　　　元・袁　桷

　橫塘野色深，聳身對秋水。守猶匪自夸，感彼蜻蛉子。　　枯蓮孤鴛
　守雌氣之母，見一道之宗。配合貴有得，丹光結芙蓉。　　束蓮鴛鴦
　二禽詎無知，秋聲起天外。蘆枝為我旌，蓮葉為我蓋。　　蘆荷水禽
　萬籟日惻惻，水花澹無蹤。孤鴻招不來，泛泛以自容。　　蘆荷孤鳧。（袁桷《清容居士集》、卷十六）

〈（廣微）天師真人畫小景卷〉　　　　　　　　　　　　元・馬　臻

　溪煙蒙青林，秋色洒天地。歸舟何人斯，傑閣吐茫昧。洩雲展白練，絕巘立蒼翠。真人心虛無，發穎抉元氣。淋漓一尺楮，回薄萬里意。嘗聞郭忠恕，刻畫破精粹。豈若法自然，淡乎似無味。六丁慎呵護，恐有風雷至。（馬臻《霞外詩集》、卷四）

〈廣微天師墨竹〉　　　　　　　　　　　　　　　　　　元・馬　臻

　天人體道天機深，書畫時傳道之迹。葛陂龍去秋荒荒，留得煙梢凝寒碧。（馬臻《霞外詩集》、卷八）

〈題廣微天師昇龍圖〉　　　　　　　　　　　　　　　　元・錢惟善

　噓氣成雲薄太清，墨卿靈怪研池腥。波濤光彩失隻劍，風雨晦冥驅六丁。朱火騰空超碧落，翠鱗垂水捲滄溟。真人上挾飛仙去，安得攀髯過洞庭。（錢惟善《江月松風集》、卷三）

## 張宇初

　小傳：字信甫，號無為子。四十三代天師，能寫墨竹，自成一家，亦精蘭蕙兼擅平遠山水。（見《中國畫家人名大辭典》、四六五頁）

〈題錢同知藏張天師畫〉　　　　　　　　　　　　　　　明・鄭　真

　老榦連蜷似蟄龍，夜來風雨欲騰空。玉堂學士今何在。誰賦當年十八公。（鄭真《榮陽外史集》、卷九）

〈題張天師畫〉　　　　　　　　　　　　　　　　　　　明・鄭　真

　飛流千尺瀉銀河，松屋深深碧澗阿。雨霽長橋泥尚滑，携琴歸去意如何。(鄭真《榮陽外史集》、卷九十）

〈題無為天師畫渭川秋雨圖〉　　　　　　　　　　　　　明・王　洪

　朝天初自玉清還，鶴氅生涼鳳管閑。想見上方揮灑處，雨餘星月滿仙壇。（王洪《毅齋詩文集》、卷四）

〈題天師竹〉　　　　　　　　　　　　　　　　　　　　明・王　璲

　上清仙子晉風流，愛竹還同王子猷。寫得一枝清似玉，湘濱露冷夜來秋。(清高宗《御定歷代題畫詩類》、卷八十）

〈題張天師墨竹〉　　　　　　　　　　　　　　　　　　明・陳　全

　道人醉墨洒淋漓，金錯交橫碧玉枝。好是夜深仙鶴去，一天涼月影參差。(清高宗《御定歷代題畫詩類》、卷八十）

## 張君正

　小傳：不見畫史記載。身世不詳。

〈題張君正松雲圖〉　　　　　　　　　　　　　　　　　元・許　恕

　浙西道院江城東，群山朵朵青芙蓉。上有出岫之浮雲，下有拏空之長松。風前亭亭似車蓋，千崟萬壑聞笙鏞。十年可望不可到，每因歸夢時相通。忽見此圖慰離抱，況乃畫師非俗工。摹寫物象不足貴，更為孝子圖深衷。披圖宛見二親面，寸心似可回幽宮。嗟予久作雲東客，此身雖在如漂蓬。長歌鄙語為君媿，束書早晚歸春農。（許恕《北郭集》補遺）

## 張伯英

　小傳：不見畫史記載。身世不詳。

〈題張伯英畫〉　　　　　　　　　　　　　　　　　　　明・董　紀

　江山如畫只依然，陳迹分明在眼前。茉莉花開還滿路，荔枝樹老又增年。巖中有客攜家隱，馬上何人衣錦還。信是閩鄉文物盛，長歌短句錦連篇。（董紀《西郊笑端集》、卷一）

## 張明德

小傳：身世不詳，善畫松石。（見《中國畫家人名大辭典》、四六三頁）

〈題赤壁圖後〉　　　　　　　　　　　　　　　　　　　　　　　元・吳 澄

　坡公以卓犖之才，瑰偉之器，一時為群小所擠，幾陷死地，賴人主保其生，謫處荒僻。公嘗痛恨曹孟德害孔文舉，謂文舉不死，必能誅操。其胸中志氣為何如哉？身之所經，苟有阿瞞遺迹，則因之以發其感憤，此壬戌泛江之遊，所以睠睠為託意於赤壁而不能忘也。不然，夫豈不知黃州之非赤壁哉。一世之雄而今安在？託客之言，公不自言也。月也，道士也，神化奇詭，超超乎遠遊鵬賦之上，長卿之人何可髣髴其萬一。公之所造如此，而猶不能不有所託以泄其感憤者，何耶？殆亦示吾善者機爾。公視操如鬼，鬼猶可也，當時害公者，沙蟲糞蛆而已矣。人間升沈興仆，不過夢幻斯須之頃，公豈以是芥蒂於衷也哉。魯人范仲寬繪赤壁二賦，而齊人張明德效之。明德儒而通，蓋慕公之文而起者。卷首有東平王間堂承旨敘語。予既因明德之畫而追憶前事，又慨間堂之不可復見也，泚筆而識其左方。（吳澄《吳文正集》、卷五十九）

〈張明德經歷松石圖〉　　　　　　　　　　　　　　　　　　　　元・范 梈

　張君畫手天下奇，往者京城曾見之。濟南參議最博雅，每為送酒題長詩。深山大澤生喬松，緘封寄我章江湄。問君安得致此本，吏牘政類麒麟覊。又費臨川百日假，不爾能事何能施。澗阿元人白石爛，飛泉但見下漣漪。老夫對此神慘惻，況近歲寒霜霰垂。高齋展玩意未已，便欲共赴青雲期。搔首弘歌白駒操，悠悠四海將誰知。（范梈《范德機詩集》、卷五）

## 張 雨

小傳：道士，一名天雨，字伯雨，號句曲外史，道號貞居子，錢塘人。博聞多識，詩文書畫
　　　皆為道品第一。說者謂其善畫木石，用筆古雅，點綴人物亦有逸韻。（見《中國畫家人
　　　名大辭典》、四六四頁）

〈畫水仙花〉　　　　　　　　　　　　　　　　　　　　　　　　自 題

　取石為友，得水能仙。金相玉質，林下蕭然。（張雨《句曲外史貞居先生詩集》、卷一）

〈（自作）墨寫四花〉　　　　　　　　　　　　　　　　　　　　自 題

　梅　墨池初月上，雪嶺又春歸。翻笑花光老，鐙前指影肥。
　蕙　一幹香無奈，何須百畝繁。光風稍披拂，書帶共翻翻。
　水仙　月珮聲都寂，風鬟影更長。龍香能幾許，熏徹水仙王。

　　瑞香　佛帳收餘馥，廬山社裏來。睡中香不歇，消得錦成堆。（張雨《句曲外史貞居先生詩集》、卷四）

〈題（自作）雙峯含翠圖寄陳惟寅〉　　　　　　　　　　　　　　　　自　題

　　黃篾樓中惟飲酒，白雲郎下且題詩。閒情描得隻峰寄，變幻青山是我師。（張雨《貞居集補遺》、卷上）

〈張伯雨寒林圖〉　　　　　　　　　　　　　　　　　　　　　　　　自　題

　　至正戊寅九月一日，為太玄道友擬趙榮祿筆意。天雨。（清吳升《大觀錄》、卷十八）

〈張伯雨靈石軒圖〉　　　　　　　　　　　　　　　　　　　　　　　自　題

　　谷翁真人，當至元之初，與趙榮祿素交，多得其書畫，往往散軼，其存者不多十之一也。我友養玄道人，盡以出示，稱歎竟日。戲寫此圖于靈石軒中。至正戊子九月廿又三日。張雨。（清吳升《大觀錄》、卷十八）

〈醉墨戲寫張洞奇石〉　　　　　　　　　　　　　　　　　　　元・倪　瓚

　　張外史素不善畫，醉墨戲寫張洞奇石，頗一種逸韻，德明裝潢成卷，走筆為賦。

　　書畫不論工與拙，顏公米帖豈圖傳。君看外史寫奇石，醉墨依稀似米顛。（倪瓚《倪雲林先生詩集》）

〈張伯雨靈石軒圖〉　　　　　　　　　　　　　　　　　　　　明・王　瑞

　　張貞居，高逸振世，文絕詩清，韜光山水間，默契神會，點染不羣。然懶于應酬，遺墨甚少。余曩在梁溪周子仲處，曾見霧峰山寺圖，則逸而簡；吾郡徐君美家，見擬蘇長公竹石，則秀而奇，餘未嘗見也。今觀此圖，筆力圓潤，高古驚人，其山頹突，其樹縱橫，大得董北苑之意，即同時黃、王亦不能措手，其氣韻蒼兀，豈遜趙榮祿耶？宜乎飄飄然若羽化而登仙也。錦川老人王瑞，書于芝溪草堂。（清吳升《大觀錄》、卷十八）

〈張伯雨靈石軒圖〉　　　　　　　　　　　　　　　　　　　明・古松道人

　　昔張伯雨，寄陳惟寅雙峰含翠圖，高拱辰畫錄所載之詩，「黃篾樓中唯飲酒，白雲樓下且題詩。閒時描得雙峰寄，變幻青山是我師」，世稱伯雨善畫，予未嘗見，今窺此圖，令我駭目。用筆古雅，深得六朝氣韻，使北苑復生，不能為也。古松道人題於鶴趐舟中。（清吳升《大觀錄》、卷十八）

## 張彥道

小傳：不見畫史記載。身世不詳。

〈題丁子堅所藏張彥道畫唐官進馬圖〉　　　　　　　　　　　明·鄧　雅

　張君上疏歸來早，畫筆猶為當世寶。向來得意寫龍媒，雲霧晦冥雷電掃。青絲絡轡御
者誰，卻憶唐官初進時。萬里來從沙漠道，九衢翻動雪霜蹄。當時天子惜良馬，亦命韓
生作圖畫。只今閒卻兩青驄，春草春風在原野。（鄧雅《玉笥集》、卷二）

## 張彥輔

小傳：道士，居燕京，號六一，善畫。說者謂其山水嘗用商琦家法，兼工畫馬。（見《中國畫
　　　家人名大辭典》、四六四頁）

〈題天台桃源圖〉　　　　　　　　　　　　　　　　　　　　元·陳　旅

　天台一溪綠周遭，溪南溪北都種桃。東風吹花開復落，遊人不來春水高。錢塘道士張
彥輔，畫圖送得劉郎去。昨夜神鵲海上來，洞裏胡麻欲成樹。（陳旅《安雅堂集》、卷三）

〈題張彥輔雲林隱居圖〉　　　　　　　　　　　　　　　　　元·張　雨

　怪底朝寒雲氣濃，卷簾金翠出芙蓉。似傾三峽龍門雪，為洗明星玉女峰。玄豹藏來深
霧雨，綠陰缺處小房櫳。擬求許郭仙人宅，卻隔瓊林第幾重。（張雨《貞居集補遺》、卷
上）

〈江南秋思圖〉　　　　　　　　　　　　　　　　　　　　　元·虞　集

　太一道士張彥輔，族本國人，從玄德真人學道，妙齡逸趣，特精繪事。為其友天台徐中字，
　用商集賢家法作江南秋思圖，東觀大隱，蜀虞翁生為賦此詩。

　三年別卻釣魚磯，畫看新圖夜夢歸。只壁蒼松含爽氣，江沙翠竹弄晴暉。西瞻雪嶺家
何在，東入天台路轉微。賀監若蒙湖曲賜，遍翔千仞振塵衣。（虞集《道園學古錄》、卷
三）

〈題畫（張彥輔小景）〉　　　　　　　　　　　　　　　　　元·虞　集

　山下吳王避暑宮，宮前浪起白蘋風。抱琴响屟廊頭去，多是扁舟笠澤翁。（虞集《道
園學古錄》、卷四）

〈跋張彥輔畫拂郎馬圖〉　　　　　　　　　　　　　　　　　元·陳　基

　至正壬午，予客京師，而拂郎之馬適至。其龍鬃鳳臆磊落而神駿者，既入天廄備法駕。
而其繪以為圖傳諸好事者，則永嘉周冰壺，道士張彥輔，並以待詔尚方，名重一時。然

冰壺所作，識者固自有定論。至於彥輔以其解衣盤礴之餘，自出新意不受羈紲，故其超逸之勢見於毫楮間者，往往尤為人所愛重。而四方萬里亦識九重之天馬矣，此卷其最得意者。俯仰八九年，復於顧仲瑛氏處見之。追懷疇昔，重為增慨。韓文公有云，千里馬常有伯樂不常有。吁！世豈惟無伯樂哉，雖欲求如彥輔之圖寫俊骨，亦不可復得，仲瑛其可不寶而玩之乎。（陳基《夷白齋藁外集》、四十三頁）

〈（張彥輔）山菴圖序〉　　　　　　　　　　　　　　　　　　明・危　素

　　聖井山，在信之上清宮東南。上為神龍所居，歲旱，禱則雨，蓋人迹罕至之處。延祐中，永嘉金蓬頭先生修其學於先天觀。風月良夜，乃遊聖井山，捫蘿而上，樂其深邃高遠也。徘徊久之，其門徒頗為構室廬，以待先生之來。予家雖鄰境，距其地不數十里，朝發而夕可至，且余性嗜佳山水，而先生矢心所敬慕者，然僅能相從於先天，所謂聖井山者未能一遊，徒見其積翠千仞，高入雲漢，則其幽夐可知矣。方外之友曰方壺子者，早棄塵事，深求性命之學，從先生最久。先生既去人世，方壺子稍出而遊觀天下名山，至於京師，曾未旬日，即思南還，與之交遊之素者，爭挽留之。張君彥輔知其志之所在，乃取高句驪生紙，作聖井圖以慰之。彥輔君，國人，隱老子法中，而善寫山水。鄉者侍臣有進其畫於廷閣，上覽而說之。余數從講官入直，嘗與古畫並觀，幾莫可辨矣。然其畫人罕得，雖遊從之久者，亦不能求也。初，魯國大長公主好名畫，以自娛玩，欲得其畫，而張君終不肯與，他人可知已。今獨嘉方壺子之高藝而為是圖。方壺子謂：「余本山人，戀祿於朝，去其田里甚久，故特以相示，使不忘乎樵牧之事，亦反招隱之道也。」方壺子結庵於金先生故隱之東偏，約予為投老之計，其古之交誼然耶？歐陽子思穎之詩，曰「及身強健可為樂，莫待衰老須扶攜」，則余之非才，乞身而返其初服有日矣，方壺子其候我於仙巖之上游哉。書其後以要之云耳。（危素《說學齋稿》、卷二）

〈題張彥輔枯木坡岸畫軸〉　　　　　　　　　　　　　　　　　明・劉　嵩

　　秋宇道人畫枯木，縱筆所至皆天成。瘦蛟出石雲氣潤，獨鶴橫江霜影清。荊門送客愁欲暮，澧浦懷人傷遠情。望中秋意入慘淡，何處青楓聞雁聲。（劉嵩《槎翁詩集》、卷六）

## 張　侯

　　小傳：不見畫史記載。身世不詳。

〈張令鹿門圖〉　　　　　　　　　　　　　　　　　　　　　　元・虞　集

　　張侯襄陽人，深知襄陽樂。十年宦學懷，襄陽故托豪。縑寫山郭老，我不樂思蜀。都人言嵩陽好隱居，三十六峯常對面。水竹田舍還可圖，欲往不能心懆懆。忽見新圖被山惱，沙禽浦樹俱可人。金潤石床為誰好，向來耆舊皆英雄。駕言從之道焉從，弄珠月冷識遊女。沈劍潭深知臥龍，八月霜晴水清淺。聞道扁舟足迴轉，何時古寺傍檀溪。幾處殘碑在江峴，呼鷹台高秋草多。養魚池中蓮芡波，蜀嵩未必不如此。我今不遊奈老何，張侯張侯蚤結屋。莫待史詹為君卜，要看壠上課兒耕。好在魚梁白沙曲。（虞集《道園學古錄》、卷二）

## 張秋蟾

小傳：不見畫史記載。身世不詳。

〈朽庵為張秋蟾賦，斯人善畫龍〉　　　　　　　　　　　　　　元・張 庸

　南山一槩廬，閱歷幾寒暑。上覆三層茅，黃葉積成土。道人宴坐百慮忘，四壁不立中無藏。神物年來為訶護，豺狼夜過空跳梁。有時畫龍奪天造，頃刻風雷挾穹昊。海欲倒立山欲催，梁不傾兮棟不撓。道人坐指驪山宮，荒址只留狐鬼縱。誰知槩廬無固蒂，能與乾坤為始終。（張庸《張處士全歸集》、卷二）

〈題張秋蟾畫龍〉　　　　　　　　　　　　　　　　　　　　　明・袁忠徹

　張公畫龍人不識，筆法遠自僧繇得。挂向高堂神鬼驚，恍忽電光飛霹靂。想當渤澥開筆力，元氣霖謠浸無極。吐吞霧雨川澤昏，摩盪雲雷太陰黑。江翻石轉窈莫測，雪濤卷空銅柱仄。洞庭抉桑非爾誰，顛倒滄溟為窟宅。乃知茲圖只數尺，坐令萬里起古色。何當置我君山湖上之高峰，聽此老翁吹鐵笛。（清高宗《御定歷代題畫詩類》、卷一 〇八）

## 張羲上

小傳：字師夔，浙江人，善山水。（見《中國畫家人名大辭典》、四六四頁）

〈招張師夔畫古柏〉　　　　　　　　　　　　　　　　　　　　元・貢 奎

　張君善畫古松柏，為我拂壁成孤株。更研墨外放奇榦，忽然跨馬不受呼。昂藏獨立孰與俱，蒼髯紫甲何蕭疎。儼如猛士怒髮衝冠起，又如神蛟挐雨獨傲風雷驅。安得蒼皮黛色三千丈，氣勢兩高霄漢上。脆蘀薄篠何足觀，歲晚江空屹相向。張君張君來不來，綺疏寶幄休徘徊。青浮天日雲雨晴，樂意豈復誇陽臺。山靈戒勿勒駕迴，我當為君掃莓苔。（貢奎《雲林集》）

〈寄張師夔求畫〉　　　　　　　　　　　　　　　　　　　　　元・吳師道

　我於山水宿好敦，早年畫亦窺其藩。却觀作者還自愧，一朝棄去無留痕。張君妙悟有天趣，不待師授知根源。宦游往往得佳勝，目力所至氣已吞。烟雲莽蒼瀟湘浦，樹石慘淡江南村。漁梁茅屋帶林薄，點綴清妍難具論。宛陵城中數相過，雜遝縑素方填門。謂

予稚愛不見索，豈有強售持璈璠。君不見燕公一筆靳豪貴，王宰不受促迫煩。古來奇士每異俗，所以千載名常存。吾言如斯亦非激，君諾已定應無諼。（吳師道《吳正傳先生文集》、卷五）

〈為延平吳守實齋題張師夔畫西樓酌別圖〉　　　　　　　　　　元・黃鎮成

樗翁平生丘壑徒，筆力妙與元造俱。延陵公子遠相訪，為寫酌別西樓圖，近山嵯峨石磊磈。遠水蕩漾烟糢糊，垂楊先霜葉盡脫。老樹欲雪寒梢枯，飛樓縹緲出天外，下瞰萬頃平流鋪。若非潯陽浸月之江渚，即是洞庭落木之重湖。有美人兮涉遠道，念王孫兮怨瑤草。思臨水兮送將行，更登樓兮慰情抱。巍巍上國黃金台，迢迢一曲陽杯。酒酣拔劍更起舞，志氣上薄浮雲開。人生何用傷離別，海岳神交盡豪傑。潯洞風塵不可留，千里依然共明月。還君此圖歌我詩，安得與子同襟期。君不見平生鮑叔能知我，車笠鮮有相逢時。（黃鎮成《秋聲集》、卷一）

〈張師夔玉華樓觀圖〉　　　　　　　　　　　　　　　　　　元・黃鎮成

碧嶂層層玉洞秋，雲烟縹緲似丹丘。祇應與子携琴去，共住仙人十二樓。（黃鎮成《秋聲集》、卷四）

〈題張師夔春江聽雨圖〉　　　　　　　　　　　　　　　　　元・貢師泰

雲擁亂山山擁屋，天浮野水水浮天。江頭見說多風雨，篷底高人自在眠。（貢師泰《玩齋集》）

〈題吳子和（張師夔畫）山水〉　　　　　　　　　　　　　　明・張以寧

今代高人張師夔，繭紙畫出紫陽詩。青山娟娟洗宿霧，綠樹粲粲含朝曦。孤篷高卷在沙腳，一隻獨坐閒支頤。返思前夜風雨惡，滿襄白雨飛淋漓。牛渚天昏神鬼出，龍門雷動黿鼉移。明朝起視天宇淨，金盤高掛扶桑枝。雲收浪息非昨夢，樹色山光如舊時。乃知穹壤間神明，有如斯高天日月。常昭朗平陸，風濤自險巇。紫陽之仙去我久，茲理明明知者希。秦川吳子和，讀書見天機。喜得此畫邀我題，嗟我倦遊材力衰。大江長誰動千里，似此幾迴親見之。行年五十未聞道，徑欲從此棲武夷。（張以寧《翠屏集》、卷一）

〈（張師夔）秋野圖序〉　　　　　　　　　　　　　　　　　明・張以寧

畫與詩同一妙也。昔之善詩者必善畫，自唐王摩詰諸名人皆然，不寧惟是，凡知詩者必知畫。蓋其人品之超邁，天機之至到，脫略於形似之粗，領略於韻趣之勝，其悠然有會於心者，固不異而同也。秋官貳卿東原呂君伯益之適吾閩也，臨安張君師夔圖山水以贈，題曰秋野，君甚珍而愛之。夫臨安山水清絕妙天下，昔稱傭人販子皆如冰玉，師夔號名士，且善詩，其畫品之造詣固宜，東原山水既佳，呂君筮仕于閩，游歷東南山水又最佳。是圖以秋野名，夫氣之至清者莫如秋，境之至曠者莫如野，至清且曠，君於是宜必有會於心矣，不然，何能甚愛若是耶。蓋君文献故家，以政事文學躋通顯，而尤善詩，其人品，其天機，予知其以善詩固知畫也。君徵予詩且序之，予也魯，雖非知畫而頗知詩，不自知其有會於心如君與師夔否也。抑吾閩武夷之清視臨安未多讓，予先世家於是固久，君與師夔亦久留，樂其山水，今君方丈用于朝，未獲遂登臨之樂，若予之迂不堪用世，方將乞身告歸，與師夔為二老，往來澗谷，吟弄雲月，以既其妙，然亦未之能也，慨然為序其卷而繫之詩云。（張以寧《翠屏集》、卷三）

〈題張櫟里畫〉　　　　　　　　　　　　　　　　　　　明・林　弼

　屋前春水綠如醅，屋後春山翠作堆。有客抱琴門外立，何人坐馬樹中來。西齋酒盡猶留月，東郭詩成欲放梅。三絕廣文誰賞識，為君海上望蓬萊。（林弼《林登州集》、卷四）

〈題櫟里畫〉　　　　　　　　　　　　　　　　　　　　明・林　弼

　雲中樓觀疑盧阜，水外亭台似剡溪。寒瀑落崖珠點亂，晴嵐隔樹翠光迷。舊遊空向真圖見，清景應須好句題。安得同携琴鶴去，青林白石寄幽棲。（林弼《林登州集》、卷四）

〈題江山萬里圖〉　　　　　　　　　　　　　　　　　　明・林　弼

　我愛錢塘輒醉翁，江山萬里在胸中。應憐遠道頭先白，卻寫新圖思不窮。鸚鵡洲前春草暗，鳳凰台上暮雲空。登樓莫遣悲王粲，天外鄉關咫尺同。（林弼《林登州集》、卷六）

〈題張櫟里為曹景溫畫雲山圖〉　　　　　　　　　　　　明・林　弼

　十年蹤跡在塵埃，每見雲山笑口開。萬壑晴陰連竹樹，一天秋色入樓台。畫圖此日勤持贈，茅屋何時隱去來。惆悵無因尋舊侶，桃花流水似天台。（林弼《林登州集》、卷六）

〈題張師夔樹石圖〉　　　　　　　　　　　　　　　　　明・林　弼

　師夔令尹作樹石圖，以寄其友黃君復，紀別時之景也，閱而有賦二絕。

　楊柳江頭送客歸，暮潮初落見漁磯。畫圖無限懷人意，雲樹依依又夕暉。

　畫圖詩句兩清新，遠向郵筒寄故人。惆悵宿雲雙墨檜，碧紗零落滿埃塵。（林弼《林登州集》、卷七）

〈書張師夔枯木圖〉　　　　　　　　　　　　　　　　　明・林　弼

　"我如枯木久無春，故寫枯槎寄上人。濩落不為天外夢，光明與佛鏡中塵"。乃餘杭張師夔詩書董寄封崇堂頭，時至正癸巳三月也。右輒醉翁作枯木圖，寄泉封崇上人而識其上也。翁以三絕名世，晚歲作畫多自題，此幅蓋兵餘非封崇所能有，故雪其題字，似恐非主者所物色。方君師凱偶購得之，出示余，余視其字蹟，故存也。噫！自古名書妙畫，考其所傳，或遠在千百載之上，豈必專寶一家而以他人為嫌哉？慨先輩之不作，感鄙人之無見，幸是圖之不終於不遇知也，誦其詩而書此於左。（林弼《林登州集》、卷二十三）

〈張師夔詩意圖〉　　　　　　　　　　　　　　　　　　明・凌雲翰

　　花木禪房常建詩，吳興曾為寫幽姿。龍溪漁子天機熟，見畫令人憶舊時。（凌雲翰《柘軒集》、卷一）

〈為李淵之題張師夔所作二圖〉　　　　　　　　　　　　明・凌雲翰

　　石好竹亦好，營邱到薊邱。無端閒草木，相與鬥清幽。

　　修竹比君子，好山如故人。先生歸栗里，無復見清新。（凌雲翰《柘軒集》、卷一）

〈題張夔畫閩山曉行障子〉　　　　　　　　　　　　　　明・王　彝

　　男兒少年遊泰華，蹩躠遊閩殊未暇。千峰闞醜七州偏，荷爾移將挂吳下。惡風埋嵐蟠蛟舞，熱水出雲龍即化。就中虛落頗姿妍，榕葉深春荔枝夏。莆田張夔老畫手，豐鑠燕都驢獨跨。白首南歸作冷官，爛醉何曾官長罵。酒醒拈筆掃束絹，障裡林巒風起麝。行人渡口雜疏星，車馬營營鳥啞啞。憶昨巒村太平日，外戶俱開天自夜。俯仰兵塵十載前，聊假丹青繪官舍。陳郎慷慨夔所知，持此還傾橐金謝。遂令千載想同時，彝也題詩夔也畫。（王彝《王常宗集》、卷四）

〈題張師夔小景〉　　　　　　　　　　　　　　　　　　明・藍　仁

　　空山禿木兩株長，屈幹樛枝半欲僵。下有敷榮三五樹，自緣低處少風霜。（藍仁《藍山集》、卷六）

〈題張師夔木石〉　　　　　　　　　　　　　　　　　　明・王　恭

　　荒村怪石連樹根，古苔蒙茸野棘繁。蛟龍騰空虎豹蹲，寒霜落月啼清猿。石門窈窕通仙源，我欲飄飄絕世喧。櫟山老人無復存，往往人間驚墨痕。夢著銀簫只斷魂，垂蘿飛鳥如可捫。石泉冷冷洗心言，白雲飛來誰與論。（王恭《白雲樵唱集》、卷一）

〈周伯溫題鄭仁可藏張師夔斗泉圖〉　　　　　　　　　　明・鄭　潛

　　居庸秀色連西山，五雲樓閣空濛間。玉泉飛練散冰雪，昔我走馬聽潺湲。南閩回首天萬里，歷遍好山并好水。張公此畫海上來，積翠浮嵐照清純。觀風使者骨已仙，玉堂學士詩可傳。披圖懷舊三歎息，使我長憶歸林泉。林泉茆屋青松下，俯視白雲手堪把。山中正好話漁樵，江干何用勞車馬。況子策勳初試官，焉能伴我窮躋攀。明年花縣公事簡，看畫吟詩春倚欄。（鄭潛《樗菴類稿》、卷一）

〈題趙伯雅所藏張師夔柯石圖〉　　　　　　　　　　　　　　　明・鄭　潛

　蒼烟黯黯蛟龍窟，古鐵稜稜發猊骨。空林無人山鬼愁，趙君何從得此物。枯梢怒號天雨霜，苔花滿地雪衣涼。題詩坐憶江海客，醉墨一洒秋淋浪。（鄭潛《樗菴類稿》、卷一）

〈題柯允中所藏張師夔雲山檜石〉　　　　　　　　　　　　　　明・鄭　潛

　天風吹山雲滿地，絕壑層巒結蒼翠。倚空雙檜蒼龍蟠，迸石流泉群玉碎。櫟山張公筆力遒，文采復見柯丹丘。登樓看畫歲將暮，藤蘿繞樹風颼颼。建州別駕稱人傑，風骨稜稜如檜石。長材豈肯混荊榛，為君題詩三歎息。（鄭潛《樗菴類稿》、卷一）

〈張師夔關山行旅圖〉　　　　　　　　　　　　　　　　　　　明・袁　華

　青山盤盤樹簇簇，岡巒縈紆路詰曲。長橋如虹橫絕谷，崩崖中斷欹雪瀑。客子出門霜滿屋，石磴犖确驢觳觫。谿頭待渡人立鵠，烟水微茫漾初旭。東窮滄海西岷峨，梯杠鳥道航鯨波。重樓複閣巖之阿，安得稅駕同婆娑。夔翁八十隻髮皤，飲少輒醉醉輒歌。泉南漫仕廿載過，不歸奈此谿山何。（袁華《耕學齋詩集》、卷六）

### 張書巢

　小傳：不見畫史記載。身世不詳。

〈張書巢畫圖〉　　　　　　　　　　　　　　　　　　　　　　元・陳　旅

　萬里青城叟，歸尋江上山。瀑喧春雨過，汀暗暮雲還。駐馬白沙曲，懷人綠樹間。薊門有巢父，幽興最相關。（《乾坤清氣》、卷十二）

### 張真人

　小傳：不見畫史記載。身世不詳。

〈（張真人）會稽雲壑圖歌〉　　　　　　　　　　　　　　　　明・謝　肅

　吾友薛文舉，既仕太常，而張真人為作會稽雲壑圖，周孟啟先生題之以歌，兼簡密菴謝肅。謝肅和之以寄文舉，則真人孟啟亦當同發一笑也。

　會稽山，何峻極，雄鎮揚州從古者，句連盤帶三百五十里。千巖萬壑，雲氣霞光變朝夕，太常博士河東生，巖壑佳處棲雲蘿。朝回也復懷舊隱，真人為畫才士歌。歌辭清暢畫奇絕，咫尺山川論大越。越中茅宇日蒼涼，想見慈闈雙髩雪。向來耕讀良勤苦，乘興登臨還訪古。石邊磨鏡候軒轅，穴底探書待神禹。忽經勾踐所棲岩，草木長風猶吼怒。報讎復國伯中原，畫策鷗夷亦雄武。秦君奚為渡浙來，拍手笑之非仙才。正須平地生羽翰，何必隔海求蓬萊。蓬萊却在重城裏，積翠崢嶸半天紫。右窺天目數拳石，左傾滄浪一盃水。丹光萬丈出金罍，仙人魏公長不死。授以參同契中訣，翳鳳騎麟可颷起。河東生，刀圭未入口。飄然乘雲至帝鄉，昔為小隱今大隱。故山回首寧無情，還憶我與爾振策相隨行耶溪。沿水去玉笥看雲生，超金華兮度赤城。轉天姥兮攀四明，跨劉綱之一虎。叱初平之羣羊，開謫仙之石洞。剝興公之翠屏，飛楊宿留皆仙賞。月榭風台極蕭爽，口壺石髓食未終。倏忽天書爾西上，青龍雲氣護天都。曲台議禮多鴻儒，黼黻皇猷在今日。不應便返東山廬，伊余百年將半過。胡蝶莊周夢俱破，滿船載月鏡湖遊。一榻披口口門臥，幸逢聖主跨六龍。搜羅賢俊裨天工，尊主庇民付諸公。我得侍母丘園中，毋使會稽雲壑空。嗚呼，毋使會稽雲壑空。（謝肅《密菴藳》、卷乙）

〈題上清張真人畫陰厓長嘯圖〉　　　　　　　　　　　　　　明・王　翰

穹厓壁立三千尺，萬梃蒼官並厓立。半空垂瀑似飛龍，怪石秋陰護苔色。水邊鵠立是神仙，意欲飛空陵紫烟。白雲不隔華陽洞，綠波遠入桃花源。羽衣翩翩無覺處，萬壑千巖鎖烟霧。龍吟鳳嗷下青冥，天風振落三花樹。上清宮中仙子家，興來繞筆飛烟霞。蘇門一嘯聞千古，但恨不得隨仙槎。（王翰《梁園寓稿》、卷二）

## 張真人

小傳：不見畫史記載。身世不詳。

〈題張真人畫竹〉　　　　　　　　　　　　　　　　　　　　明・王　洪

雙成醉後鼓雲璈，一夜涼生翠羽毛。長空萬里口口口，歷歷白榆秋影高。（王洪《毅齋詩文集》、卷四）

〈題張真人墨竹三首〉　　　　　　　　　　　　　　　　　　明・王　洪

河漢凝雲淡不流，玉簫聲斷鳳凰樓。天風吹下瑤台露，散作人間五月秋。
翠竹簫簫粉署陰，疏簾高捲畫堂深。朝回日日焚香坐，愛爾凌雲一片心。
翠節香根帶雨移，蕭蕭偏與靜相宜。春花零落秋霜後，獨立青雲君始知。（王洪《毅齋詩文集》、卷四）

## 張起宗

小傳：不見畫史記載。身世不詳。

〈題張起宗畫馬〉 元・王沂

洛士張起宗，緱山陳公之甥也，善畫馬，過余求詩，書此以贈。

遠遊翩翩何所適，老鷹叫霜伊水白。滿衣黃葉驢背客，袖有龍眠天馬筆。君家汲直天下奇，渥洼原本麒麟兒。歸掃緱山讀書舍，九原韓幹非吾師。（王沂《伊濱集》、卷四）

## 張 翁

小傳：佚名，居燕京，善寫真。（見《中國畫家人名大辭典》、四六四頁）

〈贈寫真張翁〉 元・柳 貫

翁居京城南，年八十一，神清眼碧，蓋進於其技而無求於世以自是焉者也。

傳巖審象形何形，麒麟設色非丹青。肖圖如以燭取影，豈謂炬火無晶熒。腰間插箭氣自倍，頰上加毛神則寧。古人藝聖不兩至，心動手應夫誰令。不誇筆墨工點點，欲與河嶽開英靈。京華冠蓋萃山藪，風鬟萬騎雲千軒。前行衛霍後褒鄂，佩服憲憲登明廷。俗工寫似不寫韻，却詫早贏非螟蛉。或攀有若擬玄聖，僅頒蠟紙模蘭亭。我雖臆見頗自可，豈因賤耳疑群聰。張翁八十貞靜者，城南巷居畫掩扃。客來拂絹出心鑑，能事逸發無留停。一毛一髮生意足，造次參倚象儀刑。由其天機勝嗜慾，愈覺眼焰如流星。承明待詔綬若若，晨朝索米儕優伶。徒誇世有青紫楦，豈恨我屋無芳馨。吾聞畫者多善幻，倏忽變化開玄冥。安知神完意自定，伸筆已似行春霆。草間陋質不須寫，二十八宿羅天經。得閑携酒就翁飲，傾倒沙頭双玉瓶。（柳貫《柳待制文集》、卷一）

## 張 紳

小傳：字士行，又字仲紳，號雲門山樵，亦稱龍門遺老，濟南人。負才略，談辯縱橫，詩文不經意而自成一家。精鑒法，能作大小篆，善寫墨竹。（見《中國畫家人名大辭典》、四六五頁）

〈張雲門雨竹〉 元・唐 肅

龍駕飛來帝子雙，春雲漠漠暗湘江。江神啟路霏靈雨，濕透前頭翡翠幢。（清高宗《御定歷代題畫詩類》、卷七十七）

〈送張雲門畫竹〉 明・高 啟

臨池畫罷換鵝文，餘墨猶堪寫此君。一段湘娥廟前意，淋漓秋雨共秋雲。（高啟《高太史大全集》、卷十八）

## 張 商

小傳：不見畫史記載。身世不詳。

〈張商畫竹歌〉　　　　　　　　　　　　　　　　　　　　明・虞　堪

　洞庭張商愛修竹，放筆從衡寫千幅。世上今無玉局翁，胸中自有篔簹谷。黃金易成金錯刀，石室洒洒生秋毫。鳳凰飛去空寥寥，張商落墨何其高。（虞堪《希澹園詩集》、卷一）

## 張惟中

小傳：不見畫史記載。身世不詳。

〈張正卿芷石圖〉　　　　　　　　　　　　　　　　　　　元・張仲深

　蓀蘭蕙茝元同譜，零落湘纍襟煙雨。香聯老樹冰霜姿，靜倚雲根鬪清苦。紺葩同幹晴縣縣，嶄嶄玄壁大比拳。根通九畹自彷彿，翠結五岳同連蜷。四明張君好事者，求得仙毫一揮寫。至今清思滿沅湘，夢拾驪珠月中把。芳聲從此如芷香，貞心從此如石剛。願挹高標脫凡俗，儗結金蘭共徜徉。（張仲深《子淵詩集》、卷二）

〈題張惟中翠微圖贈嚴侯〉　　　　　　　　　　　　　　　元・張仲深

　將軍間生東魯質，半生雅有愛山癖。自從一登泰山上，下眎群峰如幾蝨。邇來築室鏡水湄，萬壑千岩走空碧。躋扳不假山行樏，興來每著登臨屐。一自佩符東海上，屢有此癖橫胸臆。四明張君好事者，為寫新圖慰疇昔。寸毫自解藏萬機，跬步應須論千尺。將軍獵歸臥窗几，數覽斯圖興太息。翻思往事如夢中，不覺心神愈滋疾。未容北窗臥淵明，政擬東山起安石。他時談笑安黎元，好住翠微姿盤逸。方今事業當激昂，願策崇勳紀新蹟。（張仲深《子淵詩集》、卷二）

## 張 渥

小傳：字叔厚，號真閒生，杭州人。工寫人物，時用李龍眠法作白描尤妙。（見《中國畫家人名大辭典》、四六四頁）

〈張叔厚淵明像圖〉　　　　　　　　　　　　　　　　　　元・黃公望

　千古淵明避俗翁，後人貌得將無同。杖黎醉態渾如此，困來那得此窗風。大癡道人題時年七十八。
　王生持叔厚白描淵明小像，來求贊。時僕被酒，信筆寫四句，而句曲外史即刻而成。詞意深遠，尚有餘紙。嘗記張西巖有一篇甚好議論，遂寫其上云。
　留候晚節遊赤松，武候早歲稱臥龍。仇秦復漢身始終，淵明初非避俗翁。兩候大節將無同，陽秋甲子法王正。直筆宛有南山雄，易地霸上祁山功。王弘何幸奉吾足，督部能介平生胸。歸來種豆南山中，斜川只許桃源通。門前五柳春濛濛，落絮不與江波東。環堵蕭然吾未窮，此窗儘有羲皇風。畫圖不盡千古意，作詩一笑浮雲空。（清吳升《大觀錄》、卷十八）

〈題張叔厚描壽陽公主梅妝圖〉　　　　　　　　　　　　元・張天英

正月七日含章殿，落梅吹花香撲面。玉人睡起猶未知，重理新妝鏡中見。花如玉貌多嬋娟，三十六宮都學徧。城中醜婦不解羞，采花自點雙眉頭。（元顧瑛《草堂雅集》、卷三）

〈題張叔厚白描麻姑像〉　　　　　　　　　　　　　　　元・張天英

狡獪仙人來自東，海波清淺日輪紅。易遷宮裏飛霞佩，只在鸞笙一曲中。（清高宗《御定歷代題畫詩類》、卷六十一）

〈題張渥白描乘鸞月仙〉　　　　　　　　　　　　　　　元・張天英

素女乘鸞月下飛，飄飄環珮語相依。帝家曾識乘槎客，笑倚天孫錦字機。（顧瑛《草堂雅集》、卷三）

〈題張叔厚描琵琶仕女〉　　　　　　　　　　　　　　　元・熊夢祥

剪燭填詞明皓齒，是非恩愛從茲姤。莫將貶竄立人倫，世上伊誰魯男子。（元顧瑛《草堂雅集》、卷六）

〈張叔厚白描乘鸞仙〉　　　　　　　　　　　　　　　　元・柯九思

秦台縹緲近天涯，紅露霏霏隔絳紗。蕭史不歸春欲老，吹簫祇在碧桃花。（柯九思《丹邱集・錄自元詩選》、五八頁）

〈（張渥畫）楊竹西草亭圖〉　　　　　　　　　　　　　元・楊瑀

翠玉蕭蕭在屋東，主人號作竹西翁。品題莫說楊州夢，好寫雲烟入卷中。山居道人。（清吳升《大觀錄》、卷十八）

〈張叔厚寫淵明小像〉　　　　　　　　　　　　　　　　元・張雨

歸來三徑一年秋，自是羞看爾督郵。王弘斗酒何為者，不見南山不舉頭。方外張雨。淵明詩曰“但恐多謬誤，君當恕醉人”，東坡謂此淵明未醉時語。一峯老師書此篇，亦在未被酒前所作，正得古人佳趣。雨云：“前詩盧疎翁所作，今以為西巖，則又似乎被

酒之餘也。”（明朱存理《鐵網珊瑚·書品》、卷四）

〈（張渥畫）楊竹西草亭圖〉　　　　　　　　　　　　　　　元·張　雨

　問詢楊雄宅，深居在竹西。風林宜月影，春日聽鶯啼。東老應同樂，南鄰憶舊題。東風又草相，與及幽棲棲。方外張雨。（清吳升《大觀錄》、卷十八）

〈題張叔厚白描麻姑像〉　　　　　　　　　　　　　　　　　元·鄭元祐

　狡獪仙人來自東，海波清淺日輪紅。易遷宮裏飛霞佩，只在鸞笙一曲中。（顧瑛《草堂雅集》、卷三）

〈（張渥畫）楊竹西草亭圖〉　　　　　　　　　　　　　　　元·錢惟善

　為竹移家亦苦辛，我如東道竹如賓。石頭路滑機風峻，峴首碑沉感慨新。淡月半窗金弄影，清風一經玉傳神。明當拄杖敲門去，愛汝草玄亭上人。至正十五年歲在乙未臘月廿八日，曲江錢惟善在胥浦義塾題，峴首借喻廣陵今昔之不同耳。（清吳升《大觀錄》、卷十八）

〈三教圖贊張渥叔厚畫題於味蕈軒中〉　　　　　　　　　　　元·王　逢

　東魯一貫，西方不二。老氏得一，教分道異。忠恕而已，竊聞諸師。厥它未遑，莫既贊辭。（王逢《梧溪集》、卷六）

〈張叔厚九歌圖卷〉　　　　　　　　　　　　　　　　　　　元·吳　叡

　至正六年歲次丙戌冬十月，淮南張渥叔厚臨李龍眠九歌圖，為言思齊作。吳叡孟思以隸古書其辭于左。（清吳升《大觀錄》、卷十八）

〈張叔厚九歌圖卷〉　　　　　　　　　　　　　　　　　　　元·倪　瓚

　張叔厚畫法，吳孟思八分，俱有古人風流，今又何可得哉？壬子六月廿九日，觀于思齊西齋，倪瓚。（清吳升《大觀錄》、卷十八）

〈上元夫人，為玉山題張渥畫〉　　　　　　　　　　　　　　元·楊維禎

　仙人在世間，招之還可來。何用三韓外，樓船訪蓬萊。颯然精爽合，偕入東華台。怖我以迤虎，令我心死灰。叔鄉忽見鄙，瑤池仍復回。已遺鎬池璧，尚獻新垣盃。金棺不煉骨，空令後人猜。君不見易招天上三天母，難脫人間五性胎。（楊維禎《鐵厓先生古樂府》、卷二）

〈（張渥畫）楊竹西草亭圖〉 元・楊維楨

　竹西志有騷壹章，章十二句客有二三子，持竹西楊公子卷，來見鐵崖道人者。一辨曰：大夏之西，有嶰谷之竹，斷兩節而吹之，協夫鳳凰，此吾公子之所取號也。一辨曰：首陽之西，孤竹之二子居焉，清風可以師表百世，此吾公子之所取號也。一辨曰：江都之境，有竹西之歌吹，騷人醉客之所歌咏，此吾公子之所以取號也。道人莞爾，笑曰："求竹西者，何其遠也哉。伶人協律於嶰谷，未既竹之用也。孤竹二子餓終于首陽，亦未適乎中庸道也。廣陵歌吹淫哇之靡，又竹之所嫌也。地無往而無竹，不必在淇、在渭、在少室、在長石，蘿浮、慈姥文竹之所也。公子居雲之隩，篠簜之所敷，菌籜若之所蕞，結亭一所，在竹之右，即吾竹西也，奚求諸遠哉？雖然東家之西，即西家之東也，竹又何分于東西界哉？吾想夕陽下春，新月在庚，閶闔從兌至公子鼓琴，亭之所歌，商聲若出。金石不知協律之有嶰谷，餓隱之有西山，騷人醉客之有平山堂也。推其亭于兔園，莫非吾植，推其西于東南，莫非吾美，二三子何求西之隘哉？"二子者瞿然失容，懾然下意，逡巡而退。道人復為之歌。明日，公子來請，曰："先生之言善，言與竹西者，乞書諸亭為志。"歌曰："望嬋娟兮雲之篁，結氤氳兮共成堂。百草荟而易櫋兮，孰與玩斯遺芳。曰美人之好修兮，辟氛垢而清涼。豈大東之無所兮，若稽首乎西皇。虛中以象道兮，體員以用方。又烏知吾之所兮，為西為東。"鐵遂道人為李黼膀第二甲進士會稽楊維禎也。（**清吳升《大觀錄》、卷十八**）

〈睊張叔厚畫三首〉 元・宋　禧
　白頭勳業正關心，短褐長竿倚石林。已有風雲生渭水，豈愁夕照接秋陰。（原註太公望）
　清流在眼未啣杯，且賦新詩坐綠苔。頭髮滿巾渾未白，如何彭澤得歸來。（原註陶淵明）
　騎驢恰似杜陵翁，歸向南山路不同。惟有詩人最憐汝，解吟疎雨滴梧桐。（原註孟浩然）
（**宋禧《庸菴集》、卷九**）

〈題張叔厚所畫投竿圖〉 元・張　昱
　大魚不可得，小魚釣何益。不如投竿生，臨流以終日。（**張昱《可閒老人集》、卷一**）

〈（張渥畫）楊竹西草亭圖〉 元・趙　雍
　籬外涓涓澗水流，竹西花草弄春柔。茅檐相對坐終日，一鳥不鳴山更幽。仲穆。（**清吳升《大觀錄》、卷十八**）

〈題張叔厚畫琵琶士女〉 元・鄭　東
　蝦蟇陵下春風夢，潯陽江頭秋月愁。莫怪青衫容易濕，多情司馬雪盈頭。（**元顧瑛《草**

堂雅集》、卷七）

〈（張渥畫）楊竹西草亭圖〉　　　　　　　　　　　　　　　元・馬琬

　楊子宅前好修竹，應看萬個碧交加。薰風滿簟吹風雪，春雨充庖盡玉芽。茶臼或聞來北牖，籜龍未許過東家。時時仿象揚州去，挂杖尋君又日斜。扶風馬琬。（**清吳升《大觀錄》、卷十八**）

〈（張渥畫）楊竹西草亭圖〉　　　　　　　　　　　　　　　元・趙橚

　竹之清，自淇澳詩作，知所貴重。晉唐以來，愛竹若子猷元卿輩，不知其幾矣。其為人，類皆如瑤林玉樹，灑然風塵之表，所謂凟汨迂疎，應胸垢面者，弗愛也。至正乙未春，余來浦東張溪，楊君平山愛之，植竹數百竿于西林，結亭蒼翠間，扁曰竹西，因以為號焉。一日，出示手軸，展觀友人楊廉夫，作三辨以誌之，奇甚。索予詩，偕賦長句，愧不工也。

　紅紫紛紛眩凡目，子獨深居嗜修竹。西林培植造化巧，閱歲亭亭立蒼玉。稜稜老節霜雪餘，灑灑數竿烟雨足。高標勁節君子貞，孤堅雅韻幽人獨。炎氛一點飛不到，滿地濃陰清蕭蕭。平生不侔千戶侯，直欲遠繼王子猷。元卿三徑亦蕭散，七賢六逸真天游。結亭松下臨清玩，竹西名篇志所求。春波蕩漾曳文縠，山風戛擊鳴蒼球。朱檐亂拂翡翠羽，湘簾半捲珊瑚鈎。平山家住張溪側，仿彿當時草玄宅。貞期寫作畫圖看，氣象崢嶸掃空碧。舊栽雨露今滿林，惟此琅玕過百尺。歲寒尚有雙髯松，枝幹相依如鐵石。綠窻沉沉几席潤，日對此君成莫逆。松江水滑清漣漪，漣漪瀉入青玻璃。玻璃竹色光陸離，醉呼美人歌竹枝。辭古知音稀音稀，廣陵鼓吹作者誰。廉夫三辨尤崛奇，中函妙趣吾不知。竹西竹西細論之，臨風朗誦淇澳詩。月樓趙橚。（**清吳升《大觀錄》、卷十八**）

〈（張渥畫）楊竹西草亭圖〉　　　　　　　　　　　　　　　元・邵衷

　竹西詩文，前之諸君子賦之備矣。金華邵衷效白樂天歌，以贈翟君彥林一笑，歌曰：

　君不見古來愛竹知幾人，幾人愛之能逼真。請君為我側耳聽，我今作歌歌具陳。唐人愛竹誰第一，精妙獨數王摩詰。竹亭在東嫻竹法，却對篔簹咏蕭瑟。後來復出蕭協律，瘦莖疎節稱絕筆。香山居士欣得之，當作長歌更飄逸。蕭後愛者絕不聞，賴有湖州文使君。使君相與數百載，繼與此竹傳其神。自言平生少知者，惟有蘇子嗟云云。東坡得意下筆親，筆底葉葉皆凌雲。當時好事刻諸石，雪堂之墨今猶存。其餘諸子不暇論，載之畫譜何紛紛。元朝亦豈無作者，國初以來誰復寫。尚書高公坐右燕，風致不在蘇文下。吳興復出松雪翁，飛白之石猶瀟灑。息齋父子俱解畫，籍籍聲名在朝野。丹丘先生典秘閣，閱盡古跡天所假。嗚呼數子各枯槁，我欲從之生不蚤。清風散落天地間，遺墨蕭條已如寶。楊君愛竹隱竹西，竹西之名人共知。卷中題咏豈易得，價重不減珊瑚枝。翟君彥林今得之，座中篋笥生風漪。昨朝邀我觀此卷，清風滿地歌竹詞。感君此意何以報，索紙為作長歌詩，報以雙南金，南金非我有。報以錦繡緞，繡緞不可久。贈君相交期白首，此卷此詩傳不朽。（清吳升《大觀錄》、卷十八）

〈書九歌圖後〉　　　　　　　　　　　　　　　　　　　　　　　　明・貝　瓊

　右九歌圖，淮南張叔厚所作。以贈番易周克復者，越二十年而神氣益新。其一冠服手皮見三素雲中，二史左右掖之，而從以玉女，一舉旄，一執口，東皇太乙也。其次，冠服如太乙，有牛首人身者，執大鑱，飛揚晻曖，自空而降，旁一姬執杖者，雲中君也。美而后飾飄颻，若驚源欲翔而衝波相蕩，石上江竹斑斑者湘君。其後，風裳月珮，貌甚閒雅，儼乎若思者，湘夫人也。一叟鬒而杖，左執卷，二從者俱稚而異飾，大司命也。秀而豐，下冠服甚偉，執蓋者猛士，擁劍者處子，一翁舒卷旁趨，少司命也。裹甲執弓矢，眥裂鬒張，欲仰射者，東君也。一乘白黿水中者，河伯。而山石如積鐵，大松偃蹇，皮皆皴裂成鱗甲，一袒裸騎虎行者，山鬼也。甲而執刀者一，甲而執矛者一，先後出亂山林木間，慘無人色者，國殤也。叔厚博學而多藝，尤工寫人物，咸稱李龍眠後一人而已。巨家右族以厚直購之，是圖凡二十一人，有貴而尊嚴者，有魁梧奇偉者，有枯槁憔悴者，有綽約如神仙者，有詭怪可怖者，有創而墨者，旁見側出，各極其妙。予在三吳時，所見凡二，此蓋其晚年筆也。克復既寶之不趦金玉，而先左丞玉雪坡翁又以大篆書九歌之辭於各圖之後，可謂二絕。已間持以過予，志其左方。按荊楚在中國南，其俗好鬼，自東皇太乙而下，則皆所事之神，莫詳厥始，然太乙為天之貴神，司命為上台與北斗第四星文，禮有不可褻者，而東君為朝日之義，亦豈閭巷所得而潛乎。雲中君者，恐以其澤名雲，故指澤中之神為君，謂之雲神。以附漢志，未知是否。而河伯又非在楚之封內，如湘君湘夫人也。蠻夷荒遠之域，民神雜糅，私創其號以罔上下者，亦或有之，而歲時祀之，必用巫作樂，其來尚矣。屈原九歌，因其舊而定之，比興之間致意深矣。又豈感於荒唐如人人之徼福哉。其見之山鬼者，辭雖甚迫，至大司命一篇，卒曰：固人命兮有當，孰離合兮可為，信所謂順受其正者，君子深取焉。顧說者未之察，朱子為辯之千載之下，志亦白矣。余之寓於九峰三泖也，壹鬱無勞命酒獨酌，輒歌以泄其憤。今叔厚又即其辭以求其象，使玩其象以求其心，豈徒效馬和之輩之於詩哉，且懼不能不朽腐磨滅於既久，而文則傳之。天下後世得考其彷彿也，故書以志之。觀者又可并其象而忘之云。洪武九年歲在丙辰夏五月，橋李貝瓊序，繫之以歌，曰：（歌文略）。（貝瓊《清江貝先生集》、卷二十三）

〈題張渥湘妃鼓瑟圖〉　　　　　　　　　　　　　　　　　　　　　明・陶宗儀

　朱絃促柱鼓湘靈，霧鬢雲鬟下紫冥。萬頃碧波明月裏，曲終惟見數峯青。（清高宗《御定歷代題畫詩類》、卷六十一）

〈（張渥畫）楊竹西草亭圖〉　　　　　　　　　　　　　　明・陶宗儀

　　溪上人家多種竹，林雨清意屬詩翁。湘靈鼓瑟風來巽，鳳鳥啣圖月在東。一室蕭然淇澳似，此君貞節歲寒同。何當逕造談玄處，靜日敲茶試小童。涿郡陶宗儀。（**清吳升《大觀錄》、卷十八**）

〈題張貞期西旅獻獒圖〉　　　　　　　　　　　　　　　　明・董　紀

　　武王克商，蠻夷通道，西旅底貢厥獒，太保以為非所當受，作書用訓于王。夫以武王之德，遠人向化，畢獻方物，宜也，召公何以不然而諄諄訓之，特慮其寶遠物而不寶賢，則所以為王慮者，亦可謂深且遠矣。史記載穆王不聽祭公謀父之諫，而逞意犬戎，得白狼白鹿以歸，自是荒服者不至召，太保之言，其不驗乎？張貞期學龍眠筆法，迺為此圖，學之似與不似，且勿論。但不知當時繪此，將使後世按圖而索之耶，將使為之鑒而求訓戒也。恨不能起貞期輩而扣其故，後之覽者又豈可以尋常圖書而例玩之哉。（**董紀《西郊笑端集》、卷一**）

〈題張叔厚所畫嬴女吹簫圖〉　　　　　　　　　　　　　　明・虞　堪

　　吹動簫聲萬籟希，飄飄風露濕仙衣。彩雲飛斷秦樓月，卻跨青天五鳳歸。（**虞堪《希澹園詩集》、卷三**）

〈（張渥畫）楊竹西草亭圖〉　　　　　　　　　　　　　　明・楊循吉

　　鐵崖平生，以文章為遊戲，如竹西題最古。觀其筆層層叠叠，乃能發許多議論，亦可謂宏且肆矣。余嘗評應酬未嘗為文之病，此良驗也。楊公子得諸公品題，今日姓名賴以歸然不亡，固天地間最壽之物，孰謂儒生終日弄筆為不急事哉？宏治七年六月望日，前進士吳郡楊循吉觀于袁君養正樓居題。（**清吳升《大觀錄》、卷十八**）

〈張叔厚謝安、淵明圖二首〉　　　　　　　　　　　　　　明・張　寧

　　度量本知識，器局先文藝。款笑息群嗔，冷汲止餘沸。優游別墅碁，閒逸東山妓。時方競名達，出處有餘地。

　　翩翩晉徵士，夙志山與澤。心遠趣自高，松菊亦何物。斗酒不深致，況此名利役。冥鴻在萬里，豈為督郵迫。（**張寧《方洲集》、卷四**）

〈張渥白描維摩居士像〉　　　　　　　　　　　　　　　　明・釋寶印

　　贊云："彼上人，難近傍。三萬眾，容方丈。病則病，饒伎倆"。

　　右紙小幅，居士披維摩巾，手持麈尾，乃天界葉航珵公貽予者，傳為泐師遺物。予昨棲心象教時，往來萬松精舍，珵公以此像高額聳顱，有似於余，故以相贈。余曾有偈，

云：「今朝已作龐居士，昨日空慚盛仲文。寄語傍人高著眼，從前不是舊皮毛」；又云：
「飢來飽食三餐飯，寒到光營一領裘。此外世塵都不管，任他車馬自春秋」。蓋固對此
而發也。（明都穆《鐵網珊瑚》、卷六）

〈（張渥畫）楊竹西草亭圖〉　　　　　　　　　　　　　　　　　明・黃雲元
　　楊氏竹西之號，為之品題者，皆有元一代名家，彼後人既魯玉之失而養正，復璧之得
可以永傳矣。崑山黃雲元。（清吳升《大觀錄》、卷十八）

〈（張渥畫）楊竹西草亭圖〉　　　　　　　　　　　　　　　　　明・項元汴
　　楊竹西草堂景、趙雍竹枝，墨林山人項元汴清玩，用價二十金購于吳中。（清吳升《大
觀錄》、卷十八）

〈張叔厚雪夜刻溪圖軸〉　　　　　　　　　　　　　　　　　　　清・高　宗
　　雪夜覺來乘興行，刻溪沿溯一舟輕。傳神恰是斯時好，較勝門前著語情。辛巳春杪，
御題。（近代龐元濟《虛齋名畫續錄》、卷一）

### 張景純

　　小傳：不見畫史記載。身世不詳。

〈酒邊呈張景純能畫山水〉　　　　　　　　　　　　　　　　　　元・張觀光
　　蓬萊閣上笑談餘，別後思君看畫圖。萍水相逢俱老矣，家山自好盍歸乎。清風一榻莊
周蝶，明月扁舟范蠡湖。此是達人真樂事，客中何必歎窮途。（張觀光《屏巖小稿》、四
四頁）

### 張嗣成（太玄子）

　　小傳：天師，羽材子，號太玄。亦工書畫，並能畫龍。（見《中國畫家人名大辭典》、四六四頁）

〈題天師畫梅〉　　　　　　　　　　　　　　　　　　　　　　　元・劉將孫
　　當年夜泛刻曲船，三更酒醒心茫然。推蓬雪壓不勝重，半露一抹洲明煙。船舷戞岸露
地白，枯梢老幹橫中堅。上者不見空濛玄，下者不見根盤旋。腰支正對婉孌處，笑靨適
映鬢眉邊。美人背面猶可憐，況此明媚停嬋娟。鬖此移棹回前川，已見安道不復前。此
畫此筆通靈仙，寫來妙相無與傳。祇今王戴已相識，但玩此圖非雪非月長千年。（劉將
孫《養吾齋集》、卷四）

〈題張太玄為陳升海畫廬山圖〉　　　　　　　　　　　元・虞　集

　　誰向匡廬成舊隱，畫中一似夢中看。千株松樹參天起，一個茅亭傍水安。清風空谷傳吟嘯，白日高岭生羽翰。寄語山中陸修靜，葛巾不畏過溪寒。（**虞集《道園學古錄》、卷三**）

〈次韻題（天師太元）墨竹〉　　　　　　　　　　　　元・朱思本
　　黃景高所蓄墨竹凡四軸，其一子昂趙公所作，伯生虞公題之；其一息齋李公所作，復初元公題之；其一員嶠李公所作，本心周公題之；其一嗣天師太元所作，思本題之。俱用伯生韻。　我屋琵琶東，清溪轉山曲。天風度林梢，泠泠韻蒼玉。金鋪颺庭戶，絕勝簧篔谷。失腳京華塵，慰眼見疎竹。天人有天趣，寫作淇園綠。誰夸千畝多，意足寧半幅。故山春雨深，濕翠峯六六。對此意茫然，南飛愧黃鵠。（**朱思本《貞一斋詩》、二一頁下**）

〈天師月梅圖〉　　　　　　　　　　　　　　　　　　元・歐陽玄
　　隴頭誰寄一枝來，多謝天公巧剪裁。猶自壽陽粧額後，到今玉蕊忍全開。（**歐陽玄《圭斋文集》、卷三**）

〈題太玄天師畫升龍圖〉　　　　　　　　　　　　　　元・柳　貫
　　博火真人衡氣機，硯池傾倒墨龍飛。風風雨雨成功後，却蛻升形上袞衣。（**柳貫《柳待制文集》、卷六**）

〈天師墨竹木石〉　　　　　　　　　　　　　　　　　元・胡　助
　　清心無塵雜，仙意獨已妙。娟娟歲寒姿，兀兀貞靜貌。不負山中期，永諧世外好。靈禽何處來，日有佳音報。（**胡助《純白斋類稿》、卷三**）

〈題天師畫〉　　　　　　　　　　　　　　　　　　　元・張仲深
　　空青千似玉嵯峨，點染何曾費墨多。不是分雲來華岳，也應洗筆到銀河。斜陽屋後深深巷，積雪林間小小坡。飛溜一枝蒼潤側，令人翻憶考槃阿。（**張仲深《子淵詩集》、卷四**）

〈題天師畫二幅〉　　　　　　　　　　　　　　　　　元・張仲深
　　江上群峰類九華，雲中樓閣是誰家。幽人怕有看山者，自起開門掃落花。雨洗枇杷奈翠何，白雲如海寫通波。小橋分路春煙裏，定有人家住澗阿。（**張仲深《子淵詩集》、卷六**）

〈太玄天師畫大松，命題左方〉　　　　　　　　　　　　　元・張　雨

　　龍身百圍冠玄鐵，垂胡帶劍衣文鬣。欻然遇之如泰山，隱入雲娬玉女罧。畢宏走觀履折齒，禿筆韋偃不敢睨。壁張木怪攝山精，一竅辟歷風火生。非枯樹賦神異經。（張雨《句曲外史貞居先生詩集》、卷三）

〈張道玄天師畫降龍圖〉　　　　　　　　　　　　　　　　明・王　淮

　　老龍不識天有數，剛要為霜觸天怒。天呼六丁驅下來，不容駐腳天街路。雷神伐鼓雲揚旗，火鞭亂打列缺馳。海波起立一千丈，陽侯叫噪馮夷嘻。泥鰍土蟮妖鬼技，側睨坳窪務得志。那知龍抱九土憂，弭角摧鱗潛出涕。哀哉九土毛骨焦，蝦蟆蜥蜴擔工勞。爾龍穩穩臥海窟，再莫多事生驚濤。海中雖無五花樹，海中綽有寬閒地。朝吐扶桑白日光，暮吞細柳頹霞氣。我聞北周是太荒，一團陰氣餘無陽。何不銜取玉燭上天去，曬破黿足八極俱輝光。（清高宗《御定歷代題畫詩類》、卷六十二）

### 張煉師
　　小傳：不見畫史記載。身世不詳。

〈題張煉師枯木竹石圖〉　　　　　　　　　　　　　　　　元・胡　助

　　洞府仙居森竹木，山陰之陽剡溪曲。千年老樹不知春，霹靂夜半龍起腹。冷風吹雨入叢篠，道人正抱黃庭讀。黃庭讀罷風雨定，石根梳水清如玉。平明騎鶴上青天，但見白雲滿空谷。（胡助《純白齋類稿》、卷六）

### 張道士
　　小傳：不見畫史記載。身世不詳。

〈張道士蜀山圖〉　　　　　　　　　　　　　　　　　　　元・虞　集

　　碧玉參天是蜀山，舊曾飛度歷孱顏。松風上接空歌外，蘿月長懸合景間。試劍丹崖秋隼疾，濯纓清澗夜龍閒。君家虛靜歸來日，冉冉蓬壺為憶還。（清高宗《御定歷代題畫詩類》、卷四）

### 張道玄
　　小傳：不見畫史記載。身世不詳。

〈張道玄天師畫降龍圖〉　　　　　　　　　　　　　　　　明・王　淮

　　老龍不識天有數，剛要為霜觸天怒。天呼六丁驅下來，不容駐腳天街路。雷神伐鼓雲

揚旗，火鞭亂打列缺馳。海波起立一千丈，陽侯叫噪馮夷嘻。泥鰍土蟹妖鬼技，側睨坳窪務得志。那知龍抱九土憂，弭角摧鱗潛出涕。哀哉九土毛骨焦，蝦蟆蜥蜴擔工勞。爾龍穩穩臥海窟，再莫多事生驚濤。海中雖無五花樹，海中綽有寬閒地。朝吐扶桑白日光，暮吞細柳頹霞氣。我聞北周是太荒，一團陰氣餘無陽。何不銜取玉燭上天去，曬破鼇足八極俱輝光。（清高宗《御定歷代題畫詩類》、卷六十二）

## 張雷所

小傳：不見畫史記載。身世不詳。

〈張雷所道錄仙山圖〉　　　　　　　　　　　　　　　　　　元・朱德潤

岱輿員嶠勃海東，仙台鶴觀金重重。山根連絡不得峙，出沒屢逐洪濤風。帝命策彊鞭巨鼇，力峙始作蓬萊宮。翠樹丹崖徹天關，星經宿緯手可攀。上有仙人邀我同，盤桓便當從君服還丹，側身跨鶴青雲間。（朱德潤《存復齋文集》、卷十）

## 張　遜

小傳：字仲敏，號溪雲，吳人。善畫竹，兼工山水，學僧巨然。說者謂其初與李息齋同畫墨
　　　竹，一旦自以為不及息齋，即棄墨竹而用鈎勒，遂妙絕當世，時稱其雙鈎竹。（見《中
　　　國畫家人名大辭典》、四六三頁）

〈張遜畫雙鈎竹卷〉　　　　　　　　　　　　　　　　　　　　　自　題

伯時相從讀書者三四年，其昆弟特與諸生異，予固知其將有成立也。前年冬，要予于家，時天寒大雪，觀雪于池閣上，出此卷求作竹樹，時以凍不可。去年春，館于梁溪，遂携此留齋舍，凡閱兩寒暑而後成。雖若有未盡善，然而坡陀之門，扶疎之意，予為吾伯時用心亦勞矣。伯時亦好畫，故樂為之而不辭。至正九年四月卅日，吳郡張遜題于吳氏館舍。（明朱存理《鐵網珊瑚・書品》、卷四）

〈張遜畫雙鈎竹卷〉　　　　　　　　　　　　　　　　　　　　元・蔡　佽

太湖山石玉巑岏，偃蹇長松百尺寒。明月滿天環珮響，夜深風露聽飛鸞。海東樵者蔡佽。（明朱存理《鐵網珊瑚・書品》、卷四）

〈張仲敏鈎勒風竹〉　　　　　　　　　　　　　　　　　　　　元・張　雨

墨君神駿出洋州，形似無如老薊丘。可惜風林半膧月，試憑老眼為双鈎。（清高宗《御定歷代題畫詩類》、卷八十）

〈張遜畫雙鉤竹卷〉　　　　　　　　　　　　　　　　　　　　元・倪　瓚

　　霜松雪竹當時見，筆底猶存歲晏姿。文采百年成異物，西風吹淚鬢絲絲。鬢張用意鐵
勾鎖，書法不凡詩亦工。清若何憂貧到骨，筆端時有古人風。倪瓚。歲次壬寅九月廿六
日，笠澤道館東齋。（明朱存理《鐵網珊瑚・書品》、卷四）

〈張遜畫雙鉤竹卷〉　　　　　　　　　　　　　　　　　　　　元・陸　廣
　　王君伯時，早歲從學於張溪雲先生，故其能事皆有師法。今觀所藏張先生松竹圖，益
信伯時所學之有成，後之學先生非伯時其誰與歸。伯時兄仲和持卷索僕畫，辭不獲已，
為作竹梢，深愧美玉左右而置珉珧也。凡觀張先生雙鉤竹，當與古人並列，故不復綴言。
天游生陸廣季弘。（明朱存理《鐵網珊瑚・書品》、卷四）

〈張仲敏鉤勒竹〉　　　　　　　　　　　　　　　　　　　　　明・楊　基
　　解珮歸來月影孤，秋風鸞鶴自相呼。先生晚種參差玉，招得林間兩鳳雛。（楊基《眉
菴集》、卷十一）

〈張遜畫雙鉤竹卷〉　　　　　　　　　　　　　　　　　　　　明・張　紳
　　自唐王摩詰雙鉤竹法傳於江南。而世之畫者多宗蜀主，故黃筌父子擅名當代。國朝黃
華老人而下，如澹游、房山、薊丘二李、吳興趙魏公諸人，皆工墨竹，勾勒之法殆若絕
響。予來吳中，始見張仲敏雙鉤，往往得摩詰遺意。此卷乃為其友王君伯時所作，其松
石、坡地向背前後，又有董北苑法，誠可愛也。雲門山樵張紳識。（明朱存理《鐵網珊
瑚・書品》、卷四）

〈張遜畫雙鉤竹卷〉　　　　　　　　　　　　　　　　　　　　明・滕用亨
　　予官翰林幾六年，每與院中群公商榷其鄉里之好事者，予必以吾沛郡朱永年氏為稱
首。因出同郡張溪雲先生為予內人從叔父王伯時父所畫竹觀之，而座中嘖嘖聲不絕諸
口，乃名品當不逃乎鑒賞也。予在童草時，則嘗聞先生善畫竹矣，然未知有此精絕耳。
此蓋深得江南鐵鉤鎖三昧，近代則未之有也。噫！故家文獻凋謝散失，子孫不能守其所
藏之物者多矣。今此卷獲歸永年，獨何幸耶？是日，同觀者侍講鄒仲熙、右贊善王汝玉、
檢討蘇伯厚、宗人府經歷孟升、待詔滕用亨，予則典籍梁用行也。時永樂六年六月二十
八日，書于玉堂之齋室云。（明朱存理《鐵網珊瑚・書品》、卷四）

〈張谿雲耕讀圖〉　　　　　　　　　　　　　　　　　　　　　明・袁　華
　　雨過青山麓，谿流漲新綠。麥熟雉將雛，桑老蠶上繭。荷插朝出耕，釋耕還讀書。行
行負薪誦，咄咄帶經鋤。門無石豪吏，戶有畢卓甕。客至輒傾嘗，嬉笑雜嘲諷。此非桃

花源，乃是朱陳村。兒女畢婚嫁，含飴弄諸孫。于戲髯張非畫史，才比郎中亦無子。空留遺墨在人間，竹屋荒涼月如水。（袁華《耕學齋詩集》、卷六）

〈題張溪雲畫竹〉　　　　　　　　　　　　　　　　　　　　明·王 璲

唐人畫竹推絕倫，輞川真為竹寫神。筆端描出勾鎖法，片片剪落湘雲春。澄清亦得此君意，金錯刀成世爭貴。數葉蕭疎玉一枝，鳳毛龍角誇雄麗。張君畫竹何人傳，落墨往往宗輞川。佳人天寒翠袖薄，滿堂颯颯生風烟。平生跌宕不羈迹，遊徧空山與荒澤。長松古石總相親，尤與此君情莫逆。大孃劍器張顛書，奇妙自與常人殊。興來大叫數紙盡，赤手探得驪龍珠。君今騎鯨躡雲衢，百年真蹟絕代無。爾從何處得此圖，重價自合傾名都。我來與爾賦長句，詩成總是江南趣。醉揮如意按節歌，不知擊折珊瑚樹。（王璲《青城山人集》、卷三）

〈張遜畫雙鉤竹卷〉　　　　　　　　　　　　　　　　　　明·張 肯

晉人畫竹咸勾勒，若王輞川、黃筌父子輩，尤臻其妙，山谷云，墨竹起于近代，不知所師，後人遂不事勾勒矣。溪雲張仲敏與李息齋同時畫墨竹，一旦自以為不及息齋，即棄墨竹而用勾勒，此卷畫與王雨伯時者，今歸朱氏永年矣。觀其松石堅確不渝之姿，此君貞節後凋之操，有似其人，或云溪雲嘗從黃冠，故清雅若此，永年保諸。浚儀張肯識。（明朱存理《鐵網珊瑚書品》、卷四）

### 張 遠

小傳：字梅巖，華亭人。山水、人物學馬遠、夏珪。至於全補古畫，無出其右，臨摹亦能亂真。（見《中國畫家人名大辭典》、四六三頁）

〈書篔谷小像後〉　　　　　　　　　　　　　　　　　　　明·貝 瓊

右卻君篔谷小像一，雲間張梅岩之所作也。君體豐而氣清，好服古人衣冠，蓋有西晉之風流焉。此尤得其似，雖工之善如顧長唐者，不復能過也。余初識君於璜溪倪菊存氏座，鬢髮白晳，甚口固，非一時綺紈之士所能吸。遂結友而時，時其曾大父翠巖先生，卷卷訓飭諸孫以通經為務，故君不遠數百里從蔣君子中於吳門者四三年。繼從沈君東岡於金陵者二年，歲大比，同誠於錢唐，操紙風簷之下。一揮成章，不啻王良之騁於九達之衢，而和鸞之音鏘然中節，予知其冠四道士而荐於春宮必矣。既而為有司所黜，又皆惜之，君獨無怨色，乃歸而益治其業，予遂與二三子溝學西湖之上，不相知者十五年。後予分教松江，獲相與握手道故舊，而皆非昔時之狀，惡得不慨然於中邪。即其像而反復觀之，少之時若朝日之出，慶雲之交，芙蓉之始花也。十年之久則既壯而貌已改於前，又十年之久則既老而貌且改於中矣，惟心之所存則未始有老少之異焉。夫以其貌之改於十年之後，則不能不感其時之速，若雷電之驚而激也。以其心之不易於十年之前，則知其學之進，若流水之盈而達也。凡予與君交踰三十年，亦求其心而已。而貌之改不改非所論者，又孰知壯之異乎少而老之異乎壯歟。蓋人壽百年，而氣之盛衰猶旦之與暮，此必然之理。有不足感者，而進學之功由乎歲月之積，智益明而道益崇，所謂金之成於砥礪而木之堅於霜雪者乎。視余之齒髮已變而索居無聞，竊自愧焉，故余書其後云。（貝瓊《清江貝先生集》、卷三）

### 張尊師
小傳：不見畫史記載。身世不詳。

〈題張尊師畫〉　　　　　　　　　　　　　　　　　　　　　　元・揭傒斯

晨登翠微，天氣穆清。白雲覆谷，飛露垂纓。孤猿遠响，眾鳥嚶鳴。牽蘿涉潤，穿石度逕。半巖莘氣，萬壑松聲。神宮漠漠，靈戶熒熒。投陰迹影，叩寂求聲。素髮老人，笑而相迎。弗問弗承，悟彼長生。玄玉流液，瑤草結英。浩浩犇泉，出與川平。宛彼下人，望我巖扃。（揭傒斯《揭文安公全集》、卷二）

### 張潤之
小傳：不見畫史記載。身世不詳。

〈贈畫師張潤之〉　　　　　　　　　　　　　　　　　　　　　元・胡祇遹

造物生異人，妙處不自知。畫師奪天巧，徑欲形似之。以神貫彼人，滿紙見丰姿。朱粉一融化，如以印印泥。我心適有在，示汝橫氣機。勿作真實相，此理誰窮推。必欲得吾真，刮目深窺窺。（胡祇遹《紫山大全集》、卷三）

### 張橫塘
小傳：不見畫史記載。身世不詳。

〈張橫塘畫竹枝萱草〉　　　　　　　　　　　　　　　　　　　元・張　昱

幾宵明月竹枝好，一夜東風萱草長。悵望美人烟水濶，不勝清思繞橫塘。（張昱《張光弼詩集》、卷三）

### 張藻仲
小傳：不見畫史記載。身世不詳。

〈題張子仁壁上張藻仲畫〉　　　　　　　　　　　　　　　　元・許 恕

　　高樹涼風似水流，絕憐江漢此亭幽。何當淨掃溪南石，借我高眠六月秋。（許恕《北郭集》、卷五）

〈題張藻仲竹石〉　　　　　　　　　　　　　　　　　　　　元・許 恕
　　張生有地不種竹，却寫瀟湘一兩竿。六月冰霜盈掌握，蒼苔白石鳳毛寒。（許恕《北郭集》、補遺）

〈題張藻仲竹木〉　　　　　　　　　　　　　　　　　　　　元・戴 良
　　不見張生已六春，筆頭何事轉清新。鳳毛染得龍池雨，寫寄寒林獨立人。（戴九靈《九靈山房集》、卷十七）


### 張顯良

　　小傳：不見畫史記載。身世不詳。


〈張顯良畫鳳闕春朝圖贊〉　　　　　　　　　　　　　　　　元・吳 善
　　特進上卿吳公，立朝五十餘年，歷事列聖，過龍樓朝鳳闕者，不知其幾矣。時逢昌運，念切暮年，聖恩儻賜於鑑湖，圖畫更留於翰墨，獲處山林之勝，儼觀天日之臨。於是，命弟子張顯良作鳳闕春朝圖并象，姪善為之贊。
　　於赫世祖，憲天立極。乃都於燕，卜世萬億。爰有教父，應運而興。維清維靜，主乎誠明。釐祝閟宮，大弘其教。輯寧邦家，綽綽厥效。道啟世祖，繼昌成宗。武皇仁皇，恩莫比隆。英君明孝，保我清靜。文廟無為，玄風益競。今皇臨御，炳煥天書。言懷列聖，丹青是模。貝闕珠宮，金碧焜燿。天門洞開，龍騰虎跳。心游道德，學際天人。動容周旋，與物為春。老乎山林，思我王室。展圖肅容，如覿天日。（明朱存理《鐵網珊瑚・書品》、卷四）


〈張顯良畫龍川曉扈圖贊〉　　　　　　　　　　　　　　　　元・吳 善
　　至元五年後乙卯，特進上卿玄教大宗師吳公，年踰七秩，歲從兩京會慶，風雲獺燕，屢陪於前席。光依日月，朝恩特異於外臣。報效國家，靡遑寢息。命弟子張顯良作龍川曉扈圖并象，且曰：「異時聖君憐老，賜歸山林，揭之高堂，庶幾乎身江湖而心魏闕也。」姪善為之贊，曰：
　　度居庸之積翠，目有矚乎龍川。挹春陽之澤澤，地乃湧乎醴泉。綠樹葱蘢兮團蓋，碧草陂陁兮擁韉。卿雲命囷兮五色，協氣沖融乎八埏。望乘輿之旖旎，陳羽衛之鉤連。屬車在後，鸞旂在前。儼幄殿之中峙，仰天容之粹然。千官列從兮百辟周旋，真人入觀兮羽服蹁躚。敷道德兮言五千，物不疵兮登大年。玄風暢兮教以宣，真人之道兮靜以專。
握樞機兮轉坤乾，皇情悅兮錫賚駢，於萬年兮贊我元神。無在而不在兮猶日星之麗天，
騰光輝之涳瀁兮玩神珠於九淵。方雲龍之上下兮繄廣成與軒轅，慶明良之千載兮又奚羨
乎凌烟。（明朱存理《鐵網珊瑚・書品》、卷四）

### 雲心子
小傳：不見畫史記載。身世不詳。

〈（雲心子）墨竹行〉　　　　　　　　　　　　　　　　　　　　　　　明・釋宗泐

　平生不識雲心子，墨妙通神有如此。眼中何處修竹林，湘水邊頭烟雨裏。長林蔽虧天
為陰，鵁鶄啼斷江沉沉。六月南風晝不熱，人家住在叢篁深。九疑山帶蒼梧野，翩翩帝
子雲中下。鳳鷥飛舞虬龍驤，羽葆鬖髻翠堪把。我昔曾行賞溪曲，兩岸波光漾寒綠。萬
玉森森一逶遙，溪口清陰到山麓。今朝看圖政自憐，畫圖身世俱茫然。雲心骨化丹陽土，
吁嗟墨妙何人傳。（釋宗泐《全室外集》、卷四）

### 雲林散人
小傳：不見畫史記載。身世不詳。

〈雙龍圖〉　　　　　　　　　　　　　　　　　　　　　　　　　　　　元・張　憲

　雲谷道人手持一片東溪繿，雲林散人為作雙龍出入清朝圖。硯池濃磨五斗墨，手塗脚
踏頃刻雲糢糊。既不為爬山引九子，亦不作挈電雙吞珠。但見一龍盤空偃蹇飛下尾閭穴，
一龍靚海奮迅直上青天衢。雄者筋脉緊，雌者腹肚奓。雙衝交挺白玉柱，兩角對樹青銅
株。宛宛修尾捲蹴浪花白，聶聶鉅甲挾拍口風烏。性馴肯入孔甲駕，氣惡欲踢豐隆車。
張吻唊阿香，舞爪拏天吳。轟霆時或取旱魃，飛雨自足蘇焦枯。寸池尺泊雖云不能一日
處，十年未用猶可高臥南陽廬。雲谷子，七寶缽盂深袖手。雲林子，光環金錫且載室。
吾將倒三江傾五湖，洗餘百戰玄黃血，盡率凡鱗朝帝都。（張憲《玉笥集》、卷七）

### 雲翁
小傳：不見畫史記載。身世不詳。

〈題雲翁龍〉　　　　　　　　　　　　　　　　　　　　　　　　　　　明・藍　仁

　畫龍近代數雲翁，下筆斯須變化同。漠漠天陰連海水，紛紛雲氣逐谿風。偶看全體驚
垂老，安得真形走畫工。紈素蕭條懸壁堵，不為霖雨夢高宗。（藍仁《藍山集》、卷三）

## 雲　巢

小傳：不見畫史記載。身世不詳。

〈（雲巢）長江萬里圖為同年汪華玉賦〉　　　　　　　　　　　　明・張以寧

　　鄆州太守吾同年，香凝畫戟春風前。談詩虛悵坐白晝，忽見浩蕩萬里之江天。天開地闢鴻濛外，風迴日動神靈會。蓉旍翠節下葳蕤，陰火明珠出光怪。西山雪水青霄來，豁然峽斷長川開。洞庭浪潤秋蕩漾，漢陽樹遠雲徘徊。盧阜迢遙到牛渚，複渚重洲散平楚。布帆漠漠瓜步煙，紅葉離離石城雨。山庵似聽疏鐘鳴，野橋疑有行人行。村墟微茫灌木暗，絕境毫末俱分暗。旅榜前頭更漁艇，萬鶩千鴉動寒影。水窮霞盡已欲無，猶是海門秋萬頃。野人興發滄洲間，欲呼艇子吾東還。熟看乃是雲巢畫，巧奪神力迴天慳。太守邀我題小草，上有仙人虞閣老。開圖歡喜悲忽來，今我有心不能道。仙人昔欲三神遊，我居三神海上頭。成連攜我鼓琴處，白浪如山龍出遊。夜夢從之看浴日，十洲青小洪波赤。仙人教讀新宮銘，酒醒扶桑露華白。小山桂樹誰之洲，雁影幾度空江秋。嗚呼仙人不可見，太守與我心悠悠。（張以寧《翠屏集》、卷一）

## 壺　天

小傳：不見畫史記載。身世不詳。

〈壺天所作蘭石手卷〉　　　　　　　　　　　　　　　　　　　元・釋善住

　　靜依蒼石底，幽夢繞瀟湘。故畹歸何日，飄蕭瘦影長。（釋善住《谷響集》）

## 虛　碧

小傳：不見畫史記載。身世不詳。

〈（虛碧繪）瑞竹圖卷序〉　　　　　　　　　　　　　　　　　元・楊維禎

　　竹見於易於書於詩於周禮，易言卦象，書言地宜。詩比德君子，禮述器於樂也，而未聞以瑞言者。然竹心虛，虛故靈，故與人心往往有感應之機，娥皇女英器舜於三湘之野，而湘江為之斑然。漢文帝孝於母，而子母筍生白虎殿。唐隴西地饑，而竹為結粳米如實，民賴以活者百萬數。蓋湘野之文，義所感。白虎之萌，義所感。隴西之實，仁所感，竹之靈若此，謂非瑞應可乎。雲間心海上人，種竹於庭，而有產雙莖並榦者，雙莖並榦不常得於有竹之所，則歸之海瑞應亦可也，或曰：「心海為沙門之民，不染於物者，烏有所謂仁義孝節之所感乎。」予曰：「人情物狀，世容有偽，惟天出之物不可以偽。參也則不可以為動物，於天出者其必有以也夫。」其徒虛碧氏為繪竹形，來求予言，以記不朽，上人高德余未知，而信其動物者，故為志之。且使其徒之物，我之相感應於理者，

不可以離而去也。至正十年十二月朔旦序。（楊維禎《東維子文集》、卷十）

## 無心道人

小傳：不見畫史記載。身世不詳。

〈題無心畫山水圖〉　　　　　　　　　　　　　　　　　元・侯克中

白石蒼藤枕碧流，風濤洶湧弄扁舟。可人一寸無心筆，寫出江山萬里秋。（侯克中《艮齋詩集》、卷十）

〈題無心道人墨竹〉　　　　　　　　　　　　　　　　　明・唐文鳳

一江疎雨翠烟迷，愁結寒雲楚甸低。猶憶泊舟蒼石岸，黃陵廟下鷓鴣啼。鐵網何年出海波，玉根此日迸江莎。重華不返蒼梧遠，愁絕天寒雙翠娥。（唐文鳳《梧岡集》、卷四）

## 無 外（釋）

小傳：不見畫史記載。身世不詳。

〈題無外墨蘭〉　　　　　　　　　　　　　　　　　　　元・張 雨

藂蘭生深林，眾草連根株。國香不可掩，政爾山澤癯。如彼上人者，隱居東海隅。清風洒六合，燕坐祇如如。（張雨《句曲外史貞居先生詩集》、卷一）

## 無 詰（釋）

小傳：僧人，身世不詳，善畫蘭竹。（見《中國畫家人名大辭典》、四九八頁）

〈題無詰沅湘蘭竹圖〉　　　　　　　　　　　　　　　　元・劉 躍

兩竿翠竹拂雲長，幾葉幽蘭帶露香。好手移來牎戶裏，不須千里望沅湘。（清高宗《御定歷代題畫詩類》、卷七十五）

〈題無詰蘭石〉　　　　　　　　　　　　　　　　　　　元・李 祁

昔年曾向吳門住，每日僧房看露叢。今日卻逢無詰畫，町畦全似雪牎翁。（清高宗《御定歷代題畫詩類》、卷七十五）

〈題無詰沅蘭湘竹圖〉　　　　　　　　　　　　　　　　元・王 禮

得翠公一幅如此，懸之高閣，如行沅湘，滿目幽致，翛然意足，復何用隙地丈尺藝蘭種竹哉？（王禮《麟原前集》、卷十）

## 普明（釋）

小傳：僧人，俗姓曹氏，號雪窗，松江人。住吳中承天寺，善畫蘭，與柏子庭齊名。（見《中國畫家人名大辭典》、五〇一頁）

〈雪窗蘭〉　　　　　　　　　　　　　　　　　　　　　　元・釋大訢

誰把幽芳寄所思，山林久已負歸期。蘿龕臘著雲千頃，蕙帳空留月一規。作賦何人捐洛珮，招魂有恨弔湘纍。因知老衲夢揮洒，杖錫敲冰上劍池。（釋大訢《蒲室集》、卷五）

〈雪窗蘭〉　　　　　　　　　　　　　　　　　　　　　　元・釋大訢

百畝無香失舊叢，若為膏沐轉光風。趙家三昧吳僧得，未覺山人鶴帳空。（釋大訢《蒲室集》、卷六）

〈雪窗上人蘭蕙圖〉　　　　　　　　　　　　　　　　　　明・童 軒

西川上人號雪窗，丹青好手誰能隻。時時泚筆寫蘭蕙，古厓陰澗如懸憧。何年貌此清無比，怪石疎篁映流水。翠帶新翻凫渚烟，紅芽亂吐鷗汀雨。我昔舟行湘水頭，碧雲兩岸麋蕪秋。滿林烏鵲自相語，不見王孫來此遊。此時欲把江籬薦，彷彿靈均曾識面。西風帆急去如飛，歌斷離騷并九辯。偶從滇南披此閣，萋然叢棘相紛敷。援琴欲寫意難盡，宛對江潯明月孤。滇南都闒好事者，臭味相看頗同價。高堂晝永篆烟輕，如坐光風與俱化。吁嗟蘭為王者香，深林寂寞猶芬芳。采之我欲獻天闕，肯使鵜鴂鳴秋霜。（童軒《清風亭稿》、卷四）

〈題黃思謙所藏雪窗蘭二首〉　　　　　　　　　　　　　元・虞 集

澧浦多芳草，微風翠葉長。墨雲開劍戟，香澤近衣裳。書帶垂青簡，怱珩委玉肪。同心誰可並，芝本產齋房。

手攬華鬘結，化為樓閣雲。幽人移近坐，天女散餘芬。九畹春光動，三湘曉色分。凌波送羅襪，誰是鳳毛群。（虞集《道園遺稿》、卷二）

〈題明公畫蘭〉　　　　　　　　　　　　　　　　　　　元・黃 溍

猗蘭如幽蘭，不受塵俗拘。墨卿亦何為，挽之來座隅。（黃溍《金華黃先生文集》、卷六）

〈題明公畫蘭〉　　　　　　　　　　　　　　　　　　　元・黃 溍

吳僧戲筆點生綃，嫋嫋幽花欲動搖。夢斷楚江烟雨外，秋風瀫水暮瀟瀟。（黃溍《金華黃先生文集》、卷六）

〈雪窗水墨蕙，為秉彝賦〉　　　　　　　　　　　　　元・許有壬

　　一幹勻排五七荂，紫檀心緒碧雲襦。世間不具涪翁眼，誰識山林士大夫。（許有壬《至
正集》、卷二十六）

〈雪窗蘭石圖〉　　　　　　　　　　　　　　　　　　元・黃鎮成

　　空谷幽人紫綺裘，洞簫聲遠碧山秋。月明忽憶同游客，已在君峯十二樓。（黃鎮成《秋
聲集》、卷四）

〈題明雪窗畫蘭〉　　　　　　　　　　　　　　　　　元・柯九思

　　清事相過日應酬，山僧信筆動新秋。王孫遺法風流在，解使平台石點頭。（柯九思《丹
邱集錄自元詩選、四七頁）

〈雪窗墨蘭〉　　　　　　　　　　　　　　　　　　　元・胡　助

　　空山窈窕泣湘靈，回首芳洲杜若青。禪老揮毫真善幻，光風吹得楚魂醒。（胡助《純
白齋類稿》、卷十六）

〈題明雪窗蘭〉　　　　　　　　　　　　　　　　　　元・張　渥

　　援琴誰歡生空谷，結佩應憐感逐臣。九畹斷魂招不得，墨花夜泣楚江春。（顧瑛《草
堂雅集》、卷七）

〈明雪窗蘭〉　　　　　　　　　　　　　　　　　　　元・鄭元祐

　　結跏向雙峩，濡毫成九畹。襲佩芳馨多，懷人江浦遠。（鄭元祐《僑吳集》、卷六）

〈題明雪窗蘭〉　　　　　　　　　　　　　　　　　　元・鄭元祐

　　生公台石比雙峨，兩不為稀萬不多。蘭蕙香銷荊棘裏，光風流轉奈君何。（鄭元祐《僑
吳集》、卷六）

〈寄開元寺光雪窗長老〉　　　　　　　　　　　　　　元・華幼武

　　城南寺裏綠陰堂，修竹千竿夏日涼。佳句每從韋老賦，妙香卻在贊公房。娑羅樹落天
花碧，般若經繙見黃葉。得意故忘歸路遠，一壺春酒對斜陽。（華幼武《黃楊集》、卷中）

〈題僧雪窗畫蘭卷〉　　　　　　　　　　　　　　　　元・李　祁

　　予留姑蘇時，雪窗翁住承天寺，日與予相往來。當時達官要人，往往求翁為寫蘭石，
翁恒苦之，而予所得於翁者凡數幅。或時相過從，焚香煮茶，輒取雪色紙為予作摘奇掇

芳，小幅尤極瀟洒可愛。予常置齋閣中，亂來蕩失俱盡，恒眷眷於懷。近乃於吳君書室中見此幅，位置蕭遠，真此老得意筆也，感念之餘，就題其後。（李祁《雲陽集》、卷九）

〈題明雪牕蘭〉　　　　　　　　　　　　　　　　　　　　　　　元・陳　基

　曾從北渚過君山，更向黃陵廟下還。帝子不歸芳草碧，鷓鴣啼處雨斑斑。（顧瑛《草堂雅集》、卷一）

〈雪窓畫蘭〉　　　　　　　　　　　　　　　　　　　　　　　　元・宋　禧

　憶昔館娃蘭葉紅，為誰泣露怨春風。千年月照虎丘寺，影落山僧圖畫中。（宋禧《庸菴集》、卷十）

〈題雪窓墨蘭為湖廣都事李則文作〉　　　　　　　　　　　　　　明・張以寧

　君家詩好錦袍仙，蘭雪清風故洒然。金地禪僧留妙墨，木天學士寫新篇。香來筆底吳雲動，思入琴邊楚月懸。聖代即今深雨露，流芳千載逮君傳。（張以寧《翠屏集》、卷二）

〈題雪窓蘭蕙同芳圖〉　　　　　　　　　　　　　　　　　　　　明・張以寧

　春來騷意滿江千，轉蕙風光更泛蘭。睡起老禪閑一笑，月明香雪竹窓寒。（張以寧《翠屏集》、卷二）

〈為陳石田題雪窓懸崖雙清圖〉　　　　　　　　　　　　　　　　明・王　恭

　叢竹香深蕙草寒，孤高遙在翠微間。上林何限看春客，未借金梯此再扳。（王恭《白雲樵唱集》、卷四）

〈明上人畫蘭圖〉　　　　　　　　　　　　　　　　　　　　　　明・王　冕

　吳興二趙俱已矣，雪窓因以專其美。不須百畝樹芳菲，霜毫掃重光風起。大花哆唇如笑人，小花斂媚如羞春。翠影飄飄舞輕浪，正色不染湘江塵。湘江雨冷莫烟寂，欲問三閭杳無迹。惆悵不忍讀離騷，目極飛雲楚天碧。（王冕《竹齋詩集》、二七頁）

〈題雪窓蘭〉　　　　　　　　　　　　　　　　　　　　　　　　明・楊士奇

　粲粲幽蘭，在彼巖阿。春陽流輝，惠風布和。粲粲幽蘭，在巖之下。懿彼白石，靜言偕處。蘭生幽深，孰知其芳。自我貞素，不知奚傷。予懷芳馨，遠莫致之。援琴彈絲，薄寫我私。（楊士奇《東里詩集》、卷一）

〈題雪窓蘭為濟潤上人〉　　　　　　　　　　　　　　　　　　　明・李昌祺

雪窓前元住虎丘，清致彷彿支遠流。解將翰墨作遊戲，寫成蘭石人爭求。露花風葉含生色，楚畹移來屏几側。乍見頻看若可刻，初開半吐疑堪摘。潤師戒行如秋霜，蒲團趺坐十笏房。根塵識想已云泯，色香聲味都宜忘。茲圖謾爾時時對，外物豈能為己累。畢竟閻浮世界空，直須悟逗直三昧。寒灰心地槁木形，妄緣幻質難纏縈。無蘭無石亦無畫，此是菩提最上乘。（李昌祺《運甓漫稿》、卷二）

〈雪窓上人蘭蕙圖〉　　　　　　　　　　　　　　　　　　　　　明・童　軒

西川上人號雪窓，丹青好手誰能雙。時時泚筆寫蘭蕙，古厓陰澗如懸幢。何年貌此清無比，怪石疎篁映流水。翠帶新翻鳧渚烟，紅芽亂吐鷗汀雨。我昔舟行湘水頭，碧雲兩岸麋蕪秋。滿林烏鵲自相語，不見王孫來此遊。此時欲把江蘺薦，彷彿靈均曾識面。西風帆急去如飛，歌斷離騷并九辯。偶從滇南披此圖，萋然叢棘相紛敷。援琴欲寫意難盡，宛對江潭明月孤。滇南都闍好事者，臭味相看頗同價。高堂晝永篆烟輕，如坐光風與俱化。吁嗟蘭為王者香，深林寂寞猶芬芳。采之我欲獻天闕，肯使鶗鴂鳴秋霜。（童軒《清風亭稿》、卷四）

〈雪窗畫蘭四絕〉　　　　　　　　　　　　　　　　　　　　　　明・李夢陽

雪窓學蘭如學禪，墨君生意自天然。百年紙上看圖畫，彷彿幽香起麝烟。

蒼苔白石蔽芳叢，湛露幽香濕翠蓬。自古佳人老空谷，不須零落怨春風。

一從尼父罷絃琴，寂寞哀音直至今。留得杏花壇上譜，後人傳指不傳心。

白雲黃葉滿山家，又見光風轉蕙花。不用薰鑪爇沈水，一簾香靄讀楞伽。（朱樸《西村詩集》、卷上）

## 費松年

小傳：身世不詳，為人善畫。（見《中國畫家人名大辭典》、五〇八頁）

〈題雁門秋意圖〉　　　　　　　　　　　　　　　　　　　　　　元・王　逢

雁門秋意圖，為大同郝雲表題。雲表偕其弟驥，久僑京口，命費松年寫此，以寓鄉里之思云。

代州嶺頭開北扉，地形倍高風斛威。張遼爪牙將名在，沙陀獨眼龍潛輝。晉汾水落趙日微，楚萍實大吳菰肥。雲中羽儀伯仲氏，南來雨雪序不違。北辰煌煌天旋機，伯仲行遂春源歸。春源歸，冰蛆美。拓拔舞進葡萄紫，人生無如樂鄉里。（王逢《梧溪集》、卷六）

## 逯彥常

小傳：不見畫史記載。身世不詳。

〈蘭蕙同芳圖為逯彥常賦〉　　　　　　　　　　　　　　　　　　元・釋大訢

　生子當如陳仲弓，元方季方古無同。後來蘇氏亦聯璧，皆以二子奉一翁。二難繼美復繼世，爰有衛墟之逯氏。王孫揮洒寄清標，同芳媲德宜蘭蕙。前登佩玉舞斕班，後者巧笑生眉彎。置之台閣伯仲間，況復齊名大小山。休論九畹與百畝，優劣較香華可數。離騷三復對靈均，再鼓朱絃慰尼父。（釋大訢《蒲室集》、卷二）

## 喬　達

　小傳：字達之，燕人。善丹青，說者謂其山水學李成，墨竹學王庭筠，後更學文湖州。（見《中國畫家人名大辭典》、五〇七頁）

〈喬達之畫江山秋晚圖三首〉　　　　　　　　　　　　　　　　　元・程鉅夫

　遮日西來正暮秋，買魚沽酒醉船頭。如今見畫渾疑夢，知是南湖風幾洲。
　千山木落雁飛初，樵屋漁梁路有無。京國貴人真巨力，盡移生計入新圖。
　別來事事可名家，獨我空添雨鬢華。天際有山歸未得，遠峯休著淡雲遮。（程鉅夫《雪樓集》、卷二十八）

## 善　權（釋）

　小傳：不見畫史記載。身世不詳。

〈題僧善權畫〉　　　　　　　　　　　　　　　　　　　　　　　元・史　鑑

　倪迂死後猶存畫，權衲圖成更有詩。頭白雲卿重題品，董元曾是巨然師。（史鑑《西村集》、卷四）

## 超　然（釋）

　小傳：僧人，身世不詳，善畫山水。（見《中國畫家人名大辭典》、五〇三頁）

〈題僧超然林石水灘畫〉　　　　　　　　　　　　　　　　　　　元・張　昱

　公事賦詩記行役，超然著筆良苦心。匡廬哀湍走大壑，洞庭橘葉辭空林。品題六印文章在，流落三朝歲月深。博雅不煩為鑒定，人間過目盡知音。（張昱《張光弼詩集》、卷七）

〈題超上人墨菊〉　　　　　　　　　　　　　　　　　　　　　　明・劉　嵩

　露香秋色淺深中，青蕊黃花自一叢。最憶南國園雨過，短籬扶杖看西風。（劉嵩《槎翁詩集》、卷七）

## 絕照長老

小傳：不見畫史記載。身世不詳。

〈贈絕照長老畫龍〉　　　　　　　　　　　　　　　　　　元・李 存

　祝融峰下三年住，萬斛海氣一口吞。故能噓揮作神物，懸之高堂白晝昏。（李存《俟菴集》、卷十）

## 焦元尚

小傳：不見畫史記載。身世不詳。

〈題焦元尚山水〉　　　　　　　　　　　　　　　　　　　明・釋妙聲

　淮陽先生愛畫山，下筆萬里須臾間。既開金剎倚寥廓，亦有綠樹臨潺湲。竹間鳥啼春雨歇，洞口花落晴雲閒。知君高志在邱壑，著我溪橋相往還。（釋妙聲《東皐錄》、卷上）

## 焦 白

小傳：淮人，長於吳興，張士誠時避泖變名德乙郎，浮寄僧舍，才志不羈，詩畫不凡。（見《中
　　　國畫家人名大辭典》、五 〇四頁）

〈題焦白所畫其父奉禮府君夜直詩意圖 有引〉　　　　　　　元・王 逢

　"憶昨停驂便殿西，柳溝風軟絮沾泥。一彎月子梨花上，冷浸香雲伴鳥栖。"右社稷署奉禮郎焦君追念先朝眷遇之隆而作也。君諱文炯，字仲明，淮揚人，少通敏，由文皇東宮時說書為前職而卒。白，君之次子也，日誦其詩，尤拳拳孝思不忘於心，乃手寫詩意圖，屬予和其上，詩曰：

　露濕金莖月轉西，披香太液淨無泥。朵雲散盡千官影，獨見桐花小鳳栖。（王逢《梧溪集》、卷二）

## 焦味道

小傳：不見畫史記載。身世不詳。

〈題焦味道枯木〉　　　　　　　　　　　　　　　　　　　元・釋克新

　水晶宮裏弁山前，同載薇郎書畫船。一枕黃粱春夢覺，碧崖蒼樹照晴川。（釋克新《雪廬稿》、四頁上）

## 焦善父

小傳：燕人，工雜畫，花，竹，人物，尤善寫貌。（見《中國畫家人名大辭典》、五○四頁）

〈贈寫真焦善父二首〉　　　　　　　　　　　　　　　　　　元・張伯淳

儒科芳潤到孫枝，立本丹青非畫師。寫遍時賢爭快覩，後來不特論妍媸。

因形取像成三耳，應手關心得九容。老我豈堪珠玉側，與君惜不早相逢。（張伯淳《養蒙文集》）

## 焦　粲

小傳：順帝時人，妙丹青。（見《中國畫家人名大辭典》、五○四頁）

〈（焦粲寫）虞克用山居圖〉　　　　　　　　　　　　　　　元・陳　基

玉堂仙人虞學士，家住青城洞天裏。一隨雲霧起從龍，遂掌絲綸佐天子。五色製成雲錦章，黼黻玉度口虞唐。自騎黃鵠歸帝鄉，蛻旌羽蓋參翱翔。空留舊宅青城下，草木猶含雨露香。諸孫久作東吳客，每憶青城歸未得。故人焦粲妙丹青，為寫山居張素壁。學士今陪石與丁，往來多在芙蓉城。五嶽丈時送迓，他年或復遊人世。應與諸孫宴幔亭。（陳基《夷白齋藁補遺》、七頁）

## 項可立

小傳：不見畫史記載。身世不詳。

〈題項可立雙松圖〉　　　　　　　　　　　　　　　　　　元・柳　貫

我家亭下有双松，絡石攙雲與此同。閉戶時時聞落雪，援琴往往寫清風。神全省識蛟龍狀，墨守誰爭篆籀工。乘藥天台能事在，故應添箸員苓翁。（柳貫《柳待制文集》、卷五）

## 賀中立

小傳：不見畫史記載。身世不詳。

〈茅屋秋風圖序〉　　　　　　　　　　　　　　　　　　　元・李　祁

世每好舉杜少陵王錄事事以為美談，謂少陵真求資於錄事，錄事真以資遺少陵。余觀少陵以橫騖八極之才，振蕩千古之氣，間關險阻，憂苦百端，而反覆流涕，未嘗不念王室之靡寧，憂皇綱之未正，感生民之塗炭，哀世路之荊棘，此其忠誠狠悃，夫豈若是小丈夫然哉。茅屋秋風之歌，窮愁已極，而其志終在於大庇天下，至其為詩以嗔王錄事，乃怒而責之之詞，非真以是求之者也，少陵豈真於求人哉？彼王錄事者，我不知其何如人也，使錄事而果賢，則於少陵也必將禮而待之尊而事之，周其困乏而完其室廬，使之無飢寒之憂，無風雨之虞，無栖遲牢落之嘆，夫然後足以自附於古之好賢者；今不能然，乃待其嗔怒責己而後有以遺之，則其好賢也亦未矣，況當時錄事之遺少陵，其有無多少皆不可知，則其為人恐亦未足深美也。禾川賀中立，平生篤慕少陵，往往讀少陵諸詩，悲歌慷慨，有顛為執鞭之意，遭世亂離，又歷歷若親操几杖而隨其後者。故嘗為茅屋秋風圖，以自見其意，且若有望於今世之為王錄事者。余謂今之能振拔人有勢力如王錄事何限，而州里鄉黨之士如中立者能幾人，夫以有勢力者之多，而士之如中立者少，則中立之志，果何患其無成哉？余特患夫世之論者，往往遇響王錄事而不得其實，故為序以明之，且以告夫今之有勢力者，使無待於士之求己也。（李祁《雲陽集》、卷三）

## 傅濟民

小傳：不見畫史記載。身世不詳。

〈題傅濟民畫〉　　　　　　　　　　　　　　　　　　　　明・鄭 真

千巖萬壑翠重重，海島蓬萊有路通。古樹林深人不見，煙波曳網載孤蓬。（鄭真《滎陽外史集》、卷九十）

## 曾玉龍

小傳：道士，佚其名，並其里居。玉龍為其號也，善畫龍。（見《中國畫家人名大辭典》、五一四頁）

〈贈玉龍曾道士畫龍頭〉　　　　　　　　　　　　　　　　元・釋圓至

走，急落西山陬。縮入畫仙筆，雷公不能搜。畫仙有墨池，尺水涵十洲。俗龍作玄骨，騎入塵寰遊。我求寫龍真，畫仙許我不。形全恐飛去，為君且畫頭。（清高宗《御定歷代題畫詩類》、卷一〇八）

## 曾 沂

小傳：里居未詳，一作圻，善畫水。（見《中國畫家人名大辭典》、五一四頁）

〈贈曾沂畫山水詩有序〉　　　　　　　　　　　　　　　　明・劉 嵩

曾沂，字以文，廬陵人，自少攻畫，尤篤意於王輞川、董北苑、米南宮家法。僦居東湖，淨掃一室，娛弄翰墨而已。故其落墨深穩，敷色明潤，規臨古作，時出新意，位置情態，高深平遠，咸臻其極。故有山巔水涯之遐思，有金閨瓊館之逸興，有青雲白雪之雅懷，觀者得之，烏可掩哉？錢塘王君若水，上元周禎伯寧，皆以翰墨名，品重當世。生咸及門而受益焉，宜其學益進趣日高，而聲光之日大也。方束髮時，嘗執經從伯達游，已時時點墨作山石林木人物狀，好之不能禁也。今所就果若此，豈非天性然歟？至正丁酉夏，余游豫章，將赴春官不果，思歸珠林以畔牧焉，林下有求志亭，生為余圖之，頗合余意，因作詩以贈生，而引其事如上。

山水有雅趣，絕藝固難名。翩翩沂水生，皦皦高世情。觀其筆墨間，穎悟契天成。況復師名哲，揮洒欲縱橫。我有林壑興，迴車謝遐征。悵言事求志，結好在柴荊。戀戀返桑梓，依依尋耦耕。驅牛涉晚澗，坐石聞春鶯。茅簷有濁酒，思就野老傾。風塵正蕭瑟，念此心頻驚。感君作圖意，忍我南征程。卷之懷袖間，離思浩方盈。贈言匪諛溢，願子垂休聲。（劉嵩《槎翁詩集》、卷二）

## 曾同可

小傳：不見畫史記載。身世不詳。

〈題蕭曙所藏曾同可畫水四首〉　　　　　　　　　　　明・劉　嵩

　千疊潮頭捲海來，海門月上正雲開。秋風吹起三山雪，直過錢王射弩台。
　三月平湖舟楫通，水光雲氣混涵中。白頭浪起無人渡，箇箇江豚吹北風。
　輕濤暗浪互奔驅，極浦蒼烟澹有無。欲采白蘋愁日暮，一帆秋雨過南湖。
　楊子江頭秋意深，金山下蟄雨雲陰。可憐赴海東流水，不及歸人萬里心。（劉嵩《槎翁詩集》、卷七）

## 曾畫史

小傳：不見畫史記載。身世不詳。

〈曾畫史〉　　　　　　　　　　　　　　　　　　　　元・同　恕

　朗澈神襟萬斛冰，筆端造化賦群形。幾時摹我廬山本，六子風流仰日星。（同恕《榘菴集》、卷十五）

## 曾雲巢

小傳：佚名，號雲峯，有云名雲巢，善畫草蟲。（見《中國畫家人名大辭典》、五一四頁）

〈題曾雲巢春郊放牧圖〉　　　　　　　　　　　　　　元・吳澄

　春盎郊原，十牛在牧。或奔，或馴，或行，或息，或前，或隨，或飲，或食，或鼻浮水，或背負人，各適其適，牛不自知也，牧者亦何心哉。噫！善牧民者亦若是而已矣。（吳澄《吳文正集》、卷五十八）

## 曾達臣

小傳：號歸愚居士，江西人。工畫草蟲。（見《中國畫家人名大辭典》、五一四頁）

〈題曾達臣草蟲〉　　　　　　　　　　　　　　　　　　　　元‧艾性夫

　蝘蜓走昂頭，螳螂怒張臂。走欲捕生怒欲制，筆活能融兩蟲意。無人飯汝金砂，糜肌粉肉牢守宮。草間敢爾誇豪雄，捕蟬幸脫黃雀舌。輕鬥懸知腰股折，力微謹勿當車轍。（艾性夫《剩語》、卷上）

## 曾　瑞

小傳：字瑞卿，號褐夫，大興人，居錢塘。工畫山水，學范寬。（見《中國畫家人名大辭典》、五一四頁）

〈題曹裕之所藏曾瑞卿神龍臥沙圖〉　　　　　　　　　　　　元‧劉詵

　老龍胸有天下雨，養道潛身臥沙渚。脊鱗十丈黃金橫，鬐沙萬斛玄珠舉。意酣太古陰風寒，氣接洞庭秋浪怒。黑如海宮仙人燭，滅撒華宴水晶蝦。鬚之簾橫墮雲階，寒不捲明如虯髯。帝子戰勝朝歸馳，朝暾下照曳地鏃甲三百片，山焦石沸赤煒萬里焚。帝下墨勅搜抉江海爾不聞，吾聞葛陂之竹投水奔。雷澤之梭夜逐風雨騰上天，彼非龍身託形似。一日乘化竊氣高飛騫，嗟爾胡為失其所。胸有霖雨禁不吐，坐令時人寸墨寫爾歸囊楮。大呼老龍賤天公，前驅飛廉後虆靂，一為人間作年豐。（劉詵《桂隱詩集》、卷二）

〈曾瑞卿所作山水〉　　　　　　　　　　　　　　　　　　　明‧凌雲翰

　山關迢遞野橋斜，策杖幽尋豈憚賒。路轉峯回連佛寺，雞鳴犬吠隔人家。白雲作雨多如絮，紅葉驚風少似花。不是褐夫能貌得，空令泉石老煙霞。（凌雲翰《柘軒集》、卷二）

## 華晞顏

小傳：一作希賢，字以愚，號東吳老人，無錫人，居湖東，因號東湖叟。說者謂其山水祖法巨然，而奄有雲西、幼文之趣，蓋一時能手也。（見《中國畫家人名大辭典》、五一八頁）

〈和華以愚韻兼題所畫春山高士圖〉　　　　　　　　　　　　元‧倪瓚

　扁舟溪上數來過，白髮殘春奈我何。柳絮如烟迷曉浦，杏花飛雪點春波。林扉有客圖丘壑，石室何人帶女蘿。欲和華山高隱曲，羇愁悽斷不成歌。（倪瓚《倪雲林先生詩集》）

〈題華東湖畫〉　　　　　　　　　　　　　　　　　　　　　明‧王璲

白髮東湖一老仙，已乘黃鶴上雲烟。至今遺墨留人世，清興橫飛太華巔。（王璲《青城山人集》、卷八）

## 華　岳

小傳：能詩，善書，山水疏放。（見《中國畫家人名大辭典》、五一八頁）

〈題華嶽江城圖〉　　　　　　　　　　　　　　　　　　　元‧楊　載

華嶽能詩世有名，學畫丹青亦豪放。此圖似寫安慶城，雉堞樓台儼相向。北風將至江面黑，千艘萬艘爭避匿。滄溟涌溢水倒流，南嶽動搖天柱側。蛟龍戲落秋潭底，素練平鋪八千里。時清好作釣魚翁，閒弄輕舟烟霧裏。（楊載《翰林楊仲弘詩集》、卷五）

〈華岳江城秋晚圖〉　　　　　　　　　　　　　　　　　　元‧張　翥

巉然壁立邊江城，黃州鄂州勢相爭。石根半插沙水底，蒸土晬昵鐵作成。江上風起波浪湧，江頭日落鼓角動。吳艎蜀艑慘不發，氣逼蛟黿寒更重。汉前汉後攢千桅，遠帆側歌搶岸來。亂山截斷暮色緊，飛鳥去盡秋聲哀。州中監門老落魄，今無行人門尚開。隔江漁材亦斷渡，落木墨入荒烟堆。上流形勝有如此，今日蕭條空城壘。想當乘興盤礴時，半在經營詩句裏。田家始識華子崒，老我對此精靈通。鄉來漂泊古城下，一柁秋濤曾阻風。（元顧瑛《草堂雅集》、卷四）

## 華松溪

小傳：不見畫史記載。身世不詳。

〈贈（寫真）華松溪〉　　　　　　　　　　　　　　　　　元‧宋　禧

往歲，廬陵龍君子高常為予談，浙水東有工畫時人像者，下筆點染輒逼真，未常起草，一時同事者，鮮出其右，華君松溪其人也。松溪，吾邑世家，與予同黨而生，常游江海間，子高稱之甚確，予則未之識焉。今年正月八日，遇諸邑郭鮑氏藥肆，即欣然出楮筆為予寫衰陋之相，睥睨立就，神骨顏色，一市人見之，無不撫掌發笑，以為予也，予無以答其勤，乃贈詩一首。

龍侯長說華山人，世上寫真真絕倫。下筆縑緗辭起草，驚人童穉巧傳神。花前為洒烏巾雪，兵後猶看白苧塵。十載相聞能一笑，豈知邂逅在新春。（宋禧《庸菴集》、卷四）

## 彭子惟

小傳：不見畫史記載。身世不詳。

〈寄畫者彭子惟求作松下煮蒲小景〉　　　　　　　　　　　　　明・鄧　雅

　高情似不維，妙畫固無匹。絕島與寒汀，揮禿千兔筆。飄然江海蹤，佇立懷高風。為作老松樹，下著煮蒲公。（鄧雅《玉笥集》、卷一）

### 彭玄明

　小傳：道士，居華陽，善畫山水。（見《中國畫家人名大辭典》、五二一頁）

〈題華陽彭玄明所畫秋山圖〉　　　　　　　　　　　　　　　　明・劉　嵩

　我不識華陽彭煉師，見畫雲山想句曲。數峰暝色入遙浦，六月泉聲動虛谷。紫霞觀樓當落日，似有幡幢出林木。海邊鼇首戴雲紅，天際峨眉拂秋綠。昔聞天台雁蕩相鉤連，雲氣來往駕飛仙。斷橋溪澗路如棘，嗟爾策蹇歸何年。秋風湖曲波如烟，我思東泛吳江船。買魚沽酒綠荷渚，吹笛夜下松門前。便尋煉師覓玄鶴，却訪華陽窺洞天。（劉嵩《槎翁詩集》、卷四）

### 彭希善

　小傳：不見畫史記載。身世不詳。

〈題濠梁喬木圖後〉　　　　　　　　　　　　　　　　　　　　明・陳謨

　右濠梁喬木圖，盧陵彭希善，為襄陽守禦千戶侯竹軒陶君作也。侯故家濠梁，天資毅勇，謀畧英明，當主主渡江時，侯識運數之歸，奮翊衛之智，佐興王業，蔚為藎臣。及天下已定，侯任股肱心膂之寄，出鎮襄陽，實能廣德心奠民社，使桴鼓不驚，鴻雁安居，厥功懋焉。然濠梁興王之地也，城郭之盛麗，邑居之繁庶，山河改觀於古今，陵廟增輝於日月，侯蓋夢寐以之。於是，希善寫以為圖，蓋不獨桑梓之念重，墳墓之悲深也。或曰："侯有大志，不尚抵掌而馳於伊吾之北乎？而奚止於襄樊。侯立大功，不尚鳴鏑而奮於平壤之東乎？而何有於濠濮。圖喬木者，姑以寓侯角巾歸第之意，今豈然耶？"是不知侯之心與上所以待臣之禮也。昔者文王之遣將帥，固曰："曰歸曰歸，歲亦莫止。"其遣戍役，亦曰："豈不懷歸，畏此簡書。"夫出征臨遣之際，尚以歸期勉之，況侯居平世臨治邦，安得不思其鄉哉？然侯所以志存乎四方者，固不為懷土而有間也。謹書其後如此，亦自謂庶幾侯之心云。（陳謨《海桑集》、卷九）

### 彭南溟

　小傳：佚名，未詳爵里，善傳神。（見《中國畫家人名大辭典》、五二〇頁）

〈跋彭南溟行卷〉　　　　　　　　　　　　　　　　　　　　　元・李　存

繪人之形似者，世謂之傳神。吾嘗笑曰：“神無方，果可得而傳乎？天地萬物皆傳吾神者也，何事於丹青。或曰寫真。”又笑曰：“真果可得而寫乎？苟以此為真，則所謂偽者安在？”南溟彭君業是伎，遊江湖名勝間蓋有年。他日過余，又笑曰：“苟如吾云，則子之伎將不售矣。”古今天下之間，有功業於一時，有道德於其躬，有惠利於無窮，而聲光使人不能忘者，則人思之，思之則願見之，願見而不可得，得其肖如親薰於其生。若然，則丹青形似是亦不可無者也。至正丁亥十二月作。（李存《俟菴集》、卷二十）

## 彭　郎

小傳：不見畫史記載。身世不詳。

〈題（彭郎）龍湖小影圖贈劉文周〉　　　　　　　　　　　元・郭　鈺

龍湖春水浮翠烟，柳絲千尺繫漁船。漁歌唱得歸來篇，龍湖秋月浸寒玉。桂花香壓樽中綠，琴聲彈作高山曲。斯人何似似飛仙，是誰妙手分清妍。人間今日畫圖傳，薛荔分陰網茆屋。露瀉空青沐松菊，白鶴歸來晨自沐。蒼龍玩珠湖水寒，虹光飛逗霜毫端。賦詩寫徧青琅玕，世上功名舞豪傑。白髮青衫腰屢折，誰肯山中採薇蕨。君心直與古人期，朱顏綠鬢人莫窺。如何畫史能相知，彭郎意匠自奇絕。使我一見神飛越，小山招隱歌三疊。我家更在深山深，彭郎何日能相尋。畫我高秋桂樹林，桂林近接龍湖上。與君杖屨共往返，何須更看青松障。（郭鈺《靜思集》、卷三）

## 彭道士

小傳：道士，佚名，居茅山，善繪。（見《中國畫家人名大辭典》、五二〇頁）

〈題茅山彭道士畫梅花仙子〉　　　　　　　　　　　　　元・丁　復

綠燕棲寒夜不飛，洞天霜淨月流輝。夜深彷彿梅邊臥，起撥青霞染素衣。（丁復《檜亭集》）

## 馮子振

小傳：字海粟，攸州人。憲宗至泰定帝間，仕官至集賢待制，善文、工詩，能畫。（見《中國文學家大辭典》、八八三頁）

〈題馮子振橫幅荷花圖〉　　　　　　　　　　　　　　　元・柯九思

水殿風生酒力微，三千宮女綠荷衣。美人應妬華隨去，月色瑤階未肯歸。（柯九思《丹邱集・錄自元詩選》、六十頁）

## 馮文仲

小傳：身世不詳，善畫。（見《中國畫家人名大辭典》、五二九頁）

〈題馮文仲畫秋亭野望〉 元·姚文奐

黃葉蕭蕭聲似雨，西風夜作離人語。秋亭野色滿江南，誰搗玄霜千萬杵。（元顧瑛《草堂雅集》、卷十）

〈題馮文仲畫山水〉 元·鄭　東

六月涼風吹板扉，蒼苔生滿釣魚磯。人生抵死貪微祿，如此溪山不肯歸。（顧瑛《草堂雅集》、卷七）

〈文仲小幅山水〉 明·沈　周

矗雲古樹鬱蒼蒼，墮碧危巒落手傍。記得西湖樓上立，好山多在贊公房。（清高宗《御定歷代題畫詩類》、卷十三）

〈馮文仲畫〉 明·陳繼儒

雲宜看遍水宜聽，除卻圖中苦未寧。好使京塵昏夢覺，且教長對隔窗屏。（清高宗《御定歷代題畫詩類》、卷十三）

## 馮太守

小傳：不見畫史記載。身世不詳。

〈題玄妙觀主程南溟所藏馮太守蓮花圖〉 明·張以寧

往時毗陵二千石，能作馮荷世無匹。揚州真館驚見之，江水江雲動高壁。紫台日出群仙朝，露洗榑桑太霞赤。翠蕤絳節光陸離，漢女湘妃失顏色。就中一箇異姿格，彤霞酒銷雪色白。道人一笑三千齡，太華秋風語疇昔。憶予濯足江上遊，浩歌小海無人識。荷葉荷花夢裏香，倦遊見畫三太息。君當取此葉為舟，凌厲南溟觀八極。莫年賀老乞身歸，分取鑑湖千頃碧。（張以寧《翠屏集》、卷一）

## 馮仁夫

小傳：不見畫史記載。身世不詳。

〈馮仁夫木石圖〉 元·張仲深

老樹搏風泣瘦螭，石稜霜剝玉差差。歲寒雖倚空山底，自是巖廊柱石姿。（張仲深《子

淵詩集》、卷六）

## 程用之

小傳：不見畫史記載。身世不詳。

〈道士程用之為余傳神，因題〉　　　　　　　　　　　　明・高　啟

　貌古神踈畫本難，因師心妙發毫端。無功可上凌烟閣，留取雲山靜處看。（清高宗《御定歷代題畫詩類》、卷五十四）

## 程均敬

小傳：不見畫史記載。身世不詳。

〈題五城程均敬畫〉　　　　　　　　　　　　　　　　明・朱　同

　雲散山連晴碧，江空樹倚高秋。天外歸舟何處，山中十二層樓。（朱同《覆瓿集》、卷三）

## 程雲山

小傳：不見畫史記載。身世不詳。

〈書程與京祖雲山翁所竹風月二竹卷後〉　　　　　　　元・陳　櫟

　墨君妙處，余不能知，老筆蒼古，於故紙一枝一節間，想見其玉戞擊金瑣碎全勢，則亦頗知之。與京示其祖雲山翁風月墨竹二幅，謂翁游戲於此，落人間者不少，而家無一筆藏焉。乃今質蕭聞孫割所愛還以畀，和璧歸趙、青氊復王，不足言矣。予謂文與可、蘇長公竹非不高，然寶之不如寶此。何也，此尊先祖遺筆也。為人聞孫欲見其祖不可得，見其祖筆墨之一二，玉立長身，宛如見其祖然。嗟夫，與京其永寶之哉。（陳櫟《定宇集》、卷三）

## 黃士一

小傳：不見畫史記載。身世不詳。

〈題何勛所藏黃士一墨梅〉　　　　　　　　　　　　元・劉永之

　清冷池上雪千枝，蘭玉坡前月一圓。忽憶西湖畫船夜，暗香浮動襲荷衣。（劉永之《劉仲修先生詩集》、卷三）

# 黃 山

小傳：不見畫史記載。身世不詳。

〈題黃山墨竹便面〉 元・耶律楚才

黃山落筆露全機，底箇團團太崛奇。點破本來真面目，何妨節外更生枝。（耶律楚才《湛然居士文集》、卷七）

# 黃子正

小傳：不見畫史記載。身世不詳。

〈題黃侯子正盤松畫壁〉 明・袁 華

高景山中十八公，輪困傴僂何龍種。蒼冉貞操凜冰雪，偃臥丘壑辭秦封。穀城之老黃石翁，左右馳突兩石弓。短衣匹馬射猛虎，解后一見傾深衷。別來相思形夢寐，素壁幻出支離客。不材匠石雖見棄，擇藝麋鹿還相從。社櫟固能齊上壽，漢柳徒解暝東風。昔遇剡源為作傳，今託妙墨垂無窮。方當文軌四海同，草木猶露雨露濃。他年奉詔寫王會，圖形共進蓬萊宮。（袁華《耕學齋詩集》、卷七）

# 黃子雅

小傳：不見畫史記載。身世不詳。

〈題春江憶別圖有序〉 明・劉 嵩

往，渝川黃子雅，與豫章范實夫相別於青原。後子雅歸渝川，追作春江憶別圖以寄范，而范則尚留青原未歸也。今年將東歸，臨別以圖示予，恨然賦此題其左右。

渝川故人黃子雅，天機深沉好揮灑。往與范君別螺川，寫圖遠寄螺川下。螺川東徧呀石矼，呼吸萬里之長江。江流不返客行遠，何以使我愁心降。是時春風散楊柳，十里鶯啼勸人酒。腸斷逢君復送君，買船夜下渝川口。雙鳧俱飛今獨還，為子一賦河梁篇。向來照見惜別恨，惟有明月留青天。斷磯側島秋毫杪，肯信離愁是中少。水生浦漵萬舸集，日落天涯數峯小。故人別來今幾秋，落葉夜滿城南樓。至今展卷憶舊別，對之如見春江流。嗟君久別何能返，霜雪驚心歲年晚。一春塵土暗沾衣，千里松楸終在眼。功名富貴復幾時，林下閒人相見稀。飛鴻遠征碧海外，春至亦復思南歸。人生離別豈云暫，我亦臨圖傷梗汎。便將高誼謝陳雷，從此深情見黃范。（劉嵩《槎翁詩集》、卷三）

# 黃太初

小傳：不見畫史記載。身世不詳。

〈贈黃太初畫魚〉　　　　　　　　　　　　　　　　　　　　元・吳　澄

　　南華老仙真畫史，有魚橫廣三千里。一點化之上青冥，借問何時海風起。（元・吳澄
吳文正集、卷九十二、四珍二）


## 黃公望

　　小傳：一名堅，字子久，號一峯，又號大癡道人，晚號井西道人，平江人，居常熟。善山水，
　　　　師董源、僧巨然，能變其法自成一家。畫格有二，一種作淺絳色者，山頭多礬石，筆
　　　　勢雄偉；一種作水墨者，皴紋極少，筆尤為簡遠。元季四大家，以黃公望為冠，而王
　　　　蒙、倪瓚、吳鎮與之對壘，嘗作富春山居圖最妙。（見《中國畫家人名大辭典》、五四
　　　　一頁）


〈黃子久山水〉　　　　　　　　　　　　　　　　　　　　　　　自　題

　　至正改元秋七月既望，大癡道人畫於杭之青蓮方丈，以遺故交王若水也。併書此，以
誌歲月。（明都穆《鐵網珊瑚》、卷六）


〈黃子久夏山圖〉　　　　　　　　　　　　　　　　　　　　　自　題

　　董北苑夏山圖，曩在文敏公所，時時見之，入目著心。後為好事者取去，不可復見。
然而極力追憶，至形夢寐，他日遊姑蘇，與友人作此，追想模範，盡意為之。但可覩其
意思而想像其根源耳。然而，今老甚，目力昏花，又不復能作矣。時至正壬千首夏望日，
大癡道人書。（明都穆《鐵網珊瑚》、卷七）


〈黃大癡畫〉　　　　　　　　　　　　　　　　　　　　　　　自　題

　　茂林石磴小亭邊，遙望雲山隔淡烟。卻憶舊游何處似，翠蛟亭下看流泉。大癡畫并題。
（明朱存理《鐵網珊瑚・書品》、卷四）


〈溪山雨意圖〉　　　　　　　　　　　　　　　　　　　　　　自　題

　　此是僕數年前寓平江孝光時，陸明本將佳紙二幅，用大陀石硯、郭忠厚墨，一時信手
作之。此紙未畢，已為好事者取去。今復為世長所得。至正四年十月，來溪上足其意，
時年七十有六，是歲十一月哉生明，識。（明朱存理《鐵網珊瑚・書品》、卷四）


〈臨李思訓員嶠秋雲圖〉　　　　　　　　　　　　　　　　　　自　題

　　蓬山半為白雲遮，瓊樹都成綺樹花。聞說至人求道遠，丹砂原不在天涯。《御定歷代
題畫詩類》、卷十八）

〈黃子久雲壑幽居圖〉　　　　　　　　　　　　　　　自　題

　至正四年春日，黃公望送伯雨鍊師歸句曲山。（清卞永譽《式古堂書畫彙考‧畫考》卷之四）

〈一峰道人九峯雪霽圖〉　　　　　　　　　　　　　　自　題

　至正九年春三月，為彥功作雪山。次春，雪大作，凡兩三次，直至畢工方止，亦奇事也。大痴道人，時年八十有一，書此以記歲月云。（清吳升《大觀錄》、卷十七）

〈一峯道人桂隱圖〉　　　　　　　　　　　　　　　　自　題

　至正九年歲在巳丑秋孟，大痴道人為孫元璘作。時年八十。（清吳升《大觀錄》、卷十七）

〈黃子久天池石壁圖〉（一）　　　　　　　　　　　　自　題

　至正改元辛己，為義兄文敏作，時七十有三，大癡。（清吳升《大觀錄》、卷十七）

〈黃子久天池石壁圖〉（二）　　　　　　　　　　　　自　題

　至正九年四月一日。大癡。（清吳升《大觀錄》、卷十七）

〈黃子久春山遠岫圖〉　　　　　　　　　　　　　　　自　題

　至正九年春三月，大痴作時年八十又一。（清吳升《大觀錄》、卷十七）

〈黃公望夏山圖〉　　　　　　　　　　　　　　　　　自　題

　一峯道人仿北苑夏山圖。（清吳升《大觀錄》、卷十七）

〈黃公望夏山圖〉　　　　　　　　　　　　　　　　　自　題

　董北苑夏山圖，曩在文敏公所，時時見之，入目著心。後為好事者取去，不可復見，然而極力追憶，至形夢寐。他日，遊姑蘇，與友人作此，追想模範，盡意為之，略得彷彿，挂一漏萬。今歸之明叔，獲在收藏之列，但可觀其意思而想像其根源耳。然而今老甚，目力昏花，又不復能作矣。時至正壬午首夏望日。大癡道人書。（清吳升《大觀錄》、卷十七）

〈黃公望浮嵐暖翠圖〉　　　　　　　　　　　　　　　自　題

　時年八十有二，大痴道人黃公望作。（清吳升《大觀錄》、卷十七）

〈黃大痴富春山居圖卷〉（無用師本）　　　　　　　　　　　　　自　題

　至正七年，僕歸富春山居，與無用師偕往。暇日於南樓，援筆寫成此卷。興之所至，不覺纍纍布置如許，逐旋填箚，閱三四載，未得完備。蓋因留在山中，而雲遊在外，故而今取回行李中，早晚得暇當為著筆。無用故慮有巧取豪敓者，得俾先識卷末，幾知其成就之難也。十年青龍在庚寅，歜節前一日，大痴學人書於雲間夏氏之知止堂。（清吳升《大觀錄》、卷十七）

〈黃徵士鐵崖圖〉　　　　　　　　　　　　　　　　　　　　　自　題

　鐵崖圖，大癡為廉夫畫。（清吳升《大觀錄》、卷十七）

〈黃大癡江山勝覽圖卷〉　　　　　　　　　　　　　　　　　　自　題

　余生平嗜嬾成痴，寄心於山水，然得畫家三昧為游戲而已。今為好事者徵畫甚迫，此債償之不勝其累也。余友雲林亦能繪事，伸此紙索畫，久滯篋中，余每遇閒窗興至，輒為點染，迄今十年餘，以成長卷為江山勝覽，頗有佳趣，惟雲林能賞其處為知己，嗟夫，若此百世之後，有能具隻眼者以為何如耶。至正戊子十月，大痴學人黃公望。（清李佐賢《書畫鑑影》、卷五）

〈黃大癡天池石壁圖〉　　　　　　　　　　　　　　　　　　　自　題

　至正元年十月，大癡道人為性之仁天池石壁圖，時年七十有三。（清李佐賢《書畫鑑影》、卷二十）

〈黃大癡山水〉　　　　　　　　　　　　　　　　　　　　　　自　題

　至正辛卯八月，大癡為叔敬賢親畫於西湖之東，是月十八日識。（清李佐賢《書畫鑑影》、卷二十）

〈元黃子久秋林煙靄圖卷〉　　　　　　　　　　　　　　　　　自　題

　至正二年七月既望，大癡道人作。（近代龐元濟《虛齋名畫錄》、卷二）

〈黃子久山村暮靄圖軸〉　　　　　　　　　　　　　　　　　　自　題

　至正三年十月廿又六日，寫于梁谿華氏之水雲閣，大癡道人公望。（清龐元濟《虛齋名畫續錄》、卷一）

〈趙文敏書快雪時晴四大字，黃子久徐幼文補圖合卷〉　　　　　自　題

　文敏公大書右軍帖字，余以遺景行，當與真蹟並行也。黃公望敬題。（清龐元濟《虛

齋名畫續錄》、卷一）

〈黃大痴畫〉 元·錢 鼐

　十年不見青山面，一見青山青潑靛。青山堆裏白雲堆，白雲堆裏青山見。白雲秋遠山萬重，青山日高雲一片。素濤無聲湧翠微，晴雪飛光來絕巘。月明樹頂鎖浮玉，烟斷峯腰橫匹練。道人醉舞青山邊，雲破山光走青電。璚樓玉笛按七星，滄海桑田幾迴變。洞捫鍾乳滑流脂，路入蒼穹細如線。嶺上群羊叱不起，松間野鶴飛還倦。夜守神丹煉八璚，日課黃庭了千卷。山青雲白兩忘機，鐵遂老仙應作傳。橫雲山樵者錢鼐德鉉。（**明朱存理《鐵網珊瑚書品》、卷四**）

〈黃子久天池石壁圖〉（二） 元·吳全節

　鳥啄殘花污草菴，一春未到兩三探。忽觀癡老圖中道，南峯翠帶北峯嵐。閒閒。（**清吳升《大觀錄》、卷十七**）

〈黃公望畫鐵崖圖〉 元·唐 棣

　一峯道人晚年學畫山水，便自精到。數年來，筆力又覺超絕，與眾史不侔矣。今鐵崖先生出示此圖，披玩不已，當為之歛袵也。至正□□十月十五日，吳興唐棣子華題。（**明朱存理《鐵網珊瑚·書品》、卷四**）

〈趙文敏書快雪時晴四大字，黃子久徐幼文補圖合卷〉 元·黃 溍

　趙公展"快雪時晴"為大書，與昔人促蘭亭為小本，□□機□如畫龍者，胸中先有全龍，則或小或大隨時變化在我矣。此四字公為黃君子久作，子久以遺莫君景行，而景行遂以名其齋云。至正五年九月二十日，黃溍觀。（**清龐元濟《虛齋名畫續錄》、卷一**）

〈為姑蘇陳子平題山居圖，黃公望作〉 元·薩都剌

　塵途宦遊廿年餘，每逢花月懷幽居。烟蘿崒硉走麋鹿，雪壑窈窕通樵漁。那如隱君不出戶，讀盡萬卷人間書。有生穹壤貴自擅，布韋軒冕奚錙銖。便當買山賦歸歟，石田老我扶犂鉏。（**薩都剌《雁門集》、六六頁**）

〈黃大痴縹緲仙居圖〉 元·柯九思

　玉觀仙台紫霧高，背騎丹鳳恣遊遨。隻成不喚吹簫侶，閬苑春深醉碧桃。（**柯九思《丹邱集·錄自元詩選》、一〇二頁**）

〈題黃子久為徐元度卷〉 元·柯九思

一峰老人嗜泉石，八尺素縑寫秋色。頓使窗頭開翠微，復令篋裏流丹碧。翩翩逸興殊未已，更撥苔文青可指。擺脫驪黃見神駿，洗盡鉛華出西子。徐君那得不破顏，此身如坐清冷間。未損嘉賓一日彙，買盡沃州千萬山。吳中好事家相屬，得隴何人堪望蜀。斷無明月映連城，或可崑岡矜片玉。君不見開元王右丞，南唐董北苑。丹青一片流至今，前輩風神更超遠。一峰固是餐霞侶，知音未敢輕舒卷。（柯九思《丹邱集・錄自元詩選》、一一五頁）

〈題黃子久吳門秋色圖〉　　　　　　　　　　　　　　　元・柯九思

幽人來往吳中道，獨棹秋風海上仙。何處歸颿頻倚岸，幾家茆屋傍流泉。水禽欵欵集深渚，夕照霏霏媚遠天。點筆忽驚埃盍外，恍疑身在輞川邊。（柯九思《丹邱集・錄自元詩選》、一一五頁）

〈題黃子久海嶽菴圖〉　　　　　　　　　　　　　　　元・柯九思

元章翰墨世稱良，近代痴翁更擅長。海嶽尚餘清勝在，一江秋色兩微茫。（柯九思《丹邱集・錄自元詩選》、一一八頁）

〈題黃子久虞峰秋晚圖為太樸先生〉　　　　　　　　　元・柯九思

左樹盡歸秋色裏，人家常在水聲中。數行旅雁入雲去，一簇招提倚碧空。（柯九思《丹邱集・錄自元詩選》、一一九頁）

〈一峯老人谿山雨意圖〉　　　　　　　　　　　　　　元・王國器

青山不趁江流去，數點翠收林際雨。漁屋遠模糊，煙邨半有無。大癡飛醉墨，秋與天爭碧。淨洗綺羅塵，一巢棲亂雲。調寄菩薩蠻。筠菴王國器題。（清吳升《大觀錄》、卷十七）

〈趙文敏書快雪時晴四大字，黃子久徐幼文補圖合卷〉　　元・張　翥

右軍張侯帖，唐人硬黃所臨，米南宮定為神品，并敘其傳者本末，而字多朽闕。趙文敏公為書於後。帖中“快雪時晴”一語，最為佳絕，文敏復展書之，筆勢結密，呫呫逼真，使南宮復起，見當斂衽。二者俱藏莫景行氏。嗟夫，徑寸之珠，盈尺之璧，小大或殊，皆至寶也，得而合之，是豈偶然也耶？河東張翥敬題於武林史局。（清龐元濟《虛齋名畫續錄》、卷一）

〈題黃一峯畫扇〉　　　　　　　　　　　　　　　　　元・邵亨貞

南州丘壑無今古，東晉衣冠久陵沈。便欲相從二三子，滿船載酒劇論心。（邵亨貞《蟻

術詩選》、卷七）

〈一峯道人畫九山雪霽〉　　　　　　　　　　　　　　　元・邵亨貞

　大雪漫空暗九山，晉人遺跡杳難攀。老仙只在扶桑外，借得瑤京鶴駕還。（邵亨貞《蟻
術詩選》、卷七）

〈黃公望畫鐵崖圖〉　　　　　　　　　　　　　　　　　元・潘　純

　老子風流似米顛，戲拈筆墨亦蕭然。高情不逐時人好，何處常令識者傳。潘純。（明
朱存理《鐵網珊瑚・書品》、卷四）

〈趙文敏書快雪時晴四大字，黃子久徐幼文補圖合卷〉　　元・段天祐

　晉尚清談，雖片言隻字亦清，快雪帖首尾廿四字耳，字字非後人所能道。右軍□高風
雅致，豈專於書邪？趙文敏公以松雪名齋，特表章之四言而大書之，亦豈無謂歟？此幅
可與帖並傳天地間，散落異處，何幸而合於莫君，寶之，寶之。汴段天祐。（清龐元濟
《虛齋名畫續錄》、卷一）

〈子久萬里長江圖〉　　　　　　　　　　　　　　　　　元・吳　鎮

　一峰胸次多礧礧，興寄江山尺素間。南北橫分疑作限，西東倒注未曾還。山圍故國人
非舊，水繞重城樹自閒。尤羨箇中時序換，昔年禹玉豈容攀。（清高宗《御定歷代題畫
詩類》、卷六）

〈子久為危太僕畫〉　　　　　　　　　　　　　　　　　元・吳　鎮

　子久丹青好，新圖更擅場。浮空煙水闊，倚岸樹陰涼。咫尺分濃淡，高深見渺茫。知
君珍重意，愈久豈能忘。（清高宗《御定歷代題畫詩類》、卷十二）

〈子久為徐元度畫〉　　　　　　　　　　　　　　　　　元・吳　鎮

　木落空山秋氣高，一聲疏磬出林皋。歸帆點點知何處，滿目蒼煙尚未消。（清高宗《御
定歷代題畫詩類》、卷十二）

〈子久春山仙隱〉　　　　　　　　　　　　　　　　　　元・吳　鎮

　山家處處面芙蓉，一曲溪歌錦浪中。隔岸游人何處去，數聲雞犬夕陽紅。（清高宗《御
定歷代題畫詩類》、卷四十五）

〈吳仲圭畫折枝竹〉　　　　　　　　　　　　　　　　　元・姚文奐

鳳去梁王宅，苔荒習氏池。阿誰春雨裏，見得翠蛾眉。（顧瑛《草堂雅集》、卷十）

〈馬瞿睿夫題張伯雨外史評黃子久畫仙山樓觀圖〉　　　　　　元・成廷珪

　陵谷東南幾變遷，瓊臺仍在白雲邊。閻浮世上今何日，句曲山前第八天。說法久要狂外史，揮毫曾識大癡仙。人間俯仰三千歲，撫卷題詩一惘然。（成廷珪《居竹軒詩集》）

〈黃子久小幅山水〉　　　　　　　　　　　　　　　　　　　元・張　雨

　一丘桓桓，曲折餘地。石瀨濺濺，林薄翳翳。待仙有樓，忘歸有台。雞犬相聞，不相往來。游神其間，歛形如豆。邈不可追，隱入岩岫。（張雨《句曲外史貞居先生詩集》、卷一）

〈題黃子久畫〉　　　　　　　　　　　　　　　　　　　　　元・張　雨

　大山坳兮矗立，浮雲靡兮上征。幽人居兮泉縈澗絡，玉趾傷兮木縱石橫。（張雨《句曲外史貞居先生詩集》、卷一）

〈黃子久畫〉　　　　　　　　　　　　　　　　　　　　　　元・張　雨

　中峰大面削鐵如，巖岫綺錯非一途。上連閣道傍屋廬，尋窗數戶愁崎嶇。米顛所製三尺圖，筆力視此微麤疎。閬苑立台遲子久，不歸正為松江鱸。（張雨《句曲外史貞居先生詩集》、卷三）

〈黃子久深山亭子圖〉　　　　　　　　　　　　　　　　　　元・張　雨

　深山亭子曙光遲，蘿蔦蕭森蔽四垂。大木百圍陰滲瀝，青豀千仞碧淋漓。政須潤色煙嵐語，為洗蒼頑林壑姿。祗憶莆田陳應奉，爭墩會有寄來詩。張天雨。（清卞永譽《式古堂書畫彙考・畫考》、卷之三）

〈黃子久山水二首〉　　　　　　　　　　　　　　　　　　　元・鄭元祐

　小點大癡誰復然，畫山畫水只隨緣。懸厓絕谷噴流泉，此中即是安樂地，九品蓮華光燭天。

　眾人皆點我獨癡，頭蓬面皺絲鬢垂。勇投南山刺白額，飢緣東嶺采青芝。仲雍山趾歸休日，尚餘年生五色筆。畫山畫水畫樓台，萬態春雲研坳出。只今年己八十餘，無復再投光範書。留得讀書眼如月，萬古清光滿太虛。（鄭元祐《僑吳集》、卷二）

〈黃公望畫〉　　　　　　　　　　　　　　　　　　　　　　元・鄭元祐

　姬虞山，黃大癡。鶉衣垢面白髮垂，憤投南山或鼓祖，揚勇飢驅東閣肯為兒女資。不憚壯遊行萬里，歸來畫山復畫水。荊關復生亦退避，獨有北苑董營丘李，放出頭地差可耳。顏仙種术茅公山，喜得此卷開心顏。句曲千巖萬壑縱深秀，何似卷舒只在咫尺間。（鄭元祐《僑吳集》、卷三）

〈黃大癡畫〉　　　　　　　　　　　　　　　　　　　　　　　　　　元・錢　鼎

　　十年不見青山面，一見青山青潑靛。青山堆裏白雲堆，白雲堆裏青山見。白雲秋遠山萬重，青山日高雲一片。素濤無聲湧翠微，晴雪飛光來絕巘。月明樹頂鎖浮玉，烟斷峯腰橫匹練。道人醉舞青山邊，雲破山光走青電。璚樓玉笛按七星，滄海桑田幾迴變。洞押鍾乳滑流脂，路入蒼穹細如線。嶺上群羊叱不起，松間野鶴飛還倦。夜守神丹煉八璚，日課黃庭了千卷。山青雲白兩忘機，鐵笛老仙應作傳。橫雲山樵者錢鼎德鉉。（明朱存理《鐵網珊瑚・書品》、卷四）

〈黃大痴畫〉　　　　　　　　　　　　　　　　　　　　　　　　　　元・張　憲

　　樹裡人家似輞川，塢中草木類平泉。下方官府自徵稅，何處漁郎來繫船。百折澄溪東走海，萬尋直壁上摩天。筆端點點皆清氣，誰道痴翁不解仙。（張憲《玉笥集》、卷九）

〈黃子久天池石壁圖〉（二）　　　　　　　　　　　　　　　　　　　元・錢惟善

　　曲曲溪流響夕暉，杜鵑啼老落花稀。為問連朝何處去，篝箕泉下得圖歸。風月福人。（清吳升《大觀錄》、卷十七）

〈題黃大痴山水〉　　　　　　　　　　　　　　　　　　　　　　　　元・王　逢

　　大痴名公望，字子久，杭人，嘗掾中台察院，會張閭平章被誣，累之，得不死，遂入道云。

　　十年不見黃大痴，筆鋒墨瀋元氣垂。絕壁双巘萬古鐵，長松離立五丈旗。蜀江巫峽動溟涬，陰嵐夜束魚龍吟。峨眉更插空青間，差似胸中之耿耿。大痴與我忘年交，高視河嶽同兒曹。天寒歲晚鴻鵠遠，風雨草樹餘蕭騷。風雨草樹餘蕭騷，大痴真是人中豪。（王逢《梧溪集》、卷四）

〈一峰道人桂隱圖〉　　　　　　　　　　　　　　　　　　　　　　　元・王　逢

　　大癡筆力破滄瀟，為寫巫陽十二屏。丹灶夜寒霞氣赤，石床春雨土華青。不辭千日中山酒，新注虛皇大洞經。近得老楊長鐵篴，天壇惟許小龍聽。席帽山人王逢。（清吳升《大觀錄》、卷十七）

〈題黃子久畫〉　　　　　　　　　　　　　　　　　　　　　　　　　元・貢性之

　　此老風流世所知，詩中有畫畫中詩。晴窗笑看淋漓墨，贏得人呼作大痴。（貢性之《南

湖集》、卷下）

〈次韻題黃子久畫〉　　　　　　　　　　　　　　元·倪　瓚

　白鷗飛處碧山明，思入雲松弟幾層。能畫大痴黃老子，與人無愛亦無憎。（倪瓚《倪雲林先生詩集》）

〈黃大痴畫〉　　　　　　　　　　　　　　　　　元·倪　瓚

　山水蒼蒼飛瀑流，白雲深處臥青牛。大痴胸次多丘壑，貌得松亭一片秋。雲林散人。（明朱存理《鐵網珊瑚·書品》、卷四）

〈溪山雨意圖〉　　　　　　　　　　　　　　　　元·倪　瓚

　黃翁子久，雖不能夢見房山、鷗波，要亦非近世畫手可及，此卷尤為得意者。甲寅春。倪瓚題（明朱存理《鐵網珊瑚·書品》、卷四）

〈黃大痴江山勝覽圖卷〉　　　　　　　　　　　　元·倪　瓚

　依微沙際路，飄飄江上舟。名山少文畫，壯歲子長遊。揮杯自酬適，清詠以消憂。且盡茲晨樂，明朝非所求。子久契友，雅志林壑，潛心於繪事，此卷為予十載而就，自名江山勝覽，生平得意之作。岷山萬里，翠黛巍巍，浮屠野店，曲徑崎嶇，今人復有楚游之想。其用筆高古，渾厚天真，大似晉唐規格，清閟閣中足供老眼耳，因賦五言並識其後，己丑春三月五日，懶瓚。（清李佐賢《書畫鑑影》、卷五）

〈一峯道人桂隱圖〉　　　　　　　　　　　　　　元·楊維楨

　大痴道人有山癖，寫似劉元入畫屏。鼎湖龍去芝房紫，巫峽猿啼楓樹青。猩猩過橋時脫屐，燕燕落紙曾汙經。海上嘷龍須有約，鎮耶笛子許君聽。

　　辛巳冬十一月廿有二日，鐵笛道人在吳氏桂隱堂，試劉士先經頁墨書。（明朱存理《鐵網珊瑚·書品》、卷四）

〈題蘇昌齡西澗詩意圖，圖乃黃子久所畫〉　　　　元·陳　基

　子久自識云華陽遁客作。

　逍遙西澗翁，汗漫華陽客。渴飲杖頭瓢，醉臥溪畔石。澄觀無聲趣，默聽寧有跡。舉目雲鳥飛，側耳川流激。人籟靜逾聞，天機動彌寂。冥揷屬意匠，繪寫遺刻畫。此客不可作，斯翁老無敵。窅寐西澗圖，令人心莫逆。（陳基《夷白齋藁》、卷四）

〈題黃子久天池石壁圖〉　　　　　　　　　　　　元·呂　敏

鳥啄殘花污草菴，一春未到兩山探。忽觀痴老圖中道，南峰翠帶北峰嵐。（清高宗《御定歷代題畫詩類》、卷二十八）

〈黃子久山水〉　　　　　　　　　　　　　　　　　　　　　　元・馬　治

聞說黃公望，嘗從魏國遊。衣冠同羽士，筆研一漁舟。水濶雲山晚，林深石樹秋。老年歸獨步，隨意寫滄洲。（明都穆《鐵網珊瑚》、卷六）

〈黃公望畫鐵崖圖〉　　　　　　　　　　　　　　　　　　　　元・趙　奕

大癡為廉夫畫。鐵崖道人吹鐵笛，一聲吹破雲烟色。卻將寫入畫圖中，雲散青天明月白。

右汴趙奕至正十年歲庚寅十月廿日，書於清勝軒。（明朱存理《鐵網珊瑚・書品》、卷四）

〈黃徵士鐵崖圖〉　　　　　　　　　　　　　　　　　　　　　元・孟惟誠

井西道人誇絕筆，愛寫雲煙出沒間。玉女峰前落奇句，老夫親見武夷山。嶧山漫游翁孟惟誠。（清吳升《大觀錄》、卷十七）

〈黃公望畫鐵崖圖〉　　　　　　　　　　　　　　　　　　　　元・林世賢

鐵龍聲吼干將笛，毫端寫出蒼寒色。老墨糊天古意多，萬壑千巖雲影白。林世賢。（明朱存理《鐵網珊瑚・書品》、卷四）

〈黃大癡畫〉　　　　　　　　　　　　　　　　　　　　　　　元・周　傳

最愛仙居養性靈，空山為几翠為屏。亂峯雨過雲猶合，小洞春深草更青。對月謾思招鶴詠，臨池長寫換鵝經。興來還解吹簫管，有約高人夜半聽。

鐵厓楊先生，詞林巨擘也。仙去既久，詞翰猶存。一日，吳宗道氏持此見示，瞻誦之際，令人遐想。敬用次韻，觀者寧無效顰之誚云。壬午十月三日，吳郡周傳書。（明朱存理《鐵網珊瑚・書品》、卷四）

〈黃子久雲壑幽居圖〉　　　　　　　　　　　　　　　　　　　明・張　肯

玄州別駕鬱巃嵷，滿谷閒雲護萬松。癡老留圖瓊笈祕，隱居懸誥玉函封。張肯。（清卞永譽《式古堂書畫彙考・畫考》、卷之三）

〈黃子久山水〉　　　　　　　　　　　　　　　　　　　　　　元・遂　初

喜怒何煩遂四三，燕喃拂袖下江南。富春山水終嘉遯，豈是尤生七不堪。知公畫到錢塘悟，坐向樓頭臥向船。鸂鶒苕花一湖水，樓台鐘鼓萬峯烟。

黃先生由壯沐官，自北南歸，余晚得從游錢塘西湖山水之間，時公耄年康健，善談物理，尤長於畫與詩。吾友莊彥良所藏此畫甚佳，於是，遂初為題其上，既人才之已往，嗟名畫之難得，甲子夏六月。（明都穆《鐵網珊瑚》、卷六）

〈黃子久山水〉　　　　　　　　　　　　　　　　　　　　　　元・蒼崖生

島嶼齊雲積翠微，山房重叠聚芳菲。孤峯不讓蓬萊地，避暑高歡逸醉迷。（明都穆《鐵網珊瑚》、卷六）

〈黃大癡畫〉　　　　　　　　　　　　　　　　　　　　　　　元・趙　鎮

井西道人開畫卷，匡廬九叠錦為屏。陰匡老樹長人立，絕磴懸蘿雨腳青。古洞雲深龍正臥，野亭春晚客曾經。馮誰喚醒游仙夢，子晉巢笙帶月聽。寄軒趙鎮元鼎。（明朱存理《鐵網珊瑚・書品》、卷四）

〈題吳教授所藏黃大癡畫松江送別圖〉　　　　　　　　　　　　明・劉　嵩

是何山莽莽以橫雲，水浩浩而生風。天低江迴日欲落，別意乃在蒼茫中。問君此圖作者誰，浙東老人黃大癡。松江先生舊知己，眼明為寫秋江姿。重坡敧岸東南遠，木末參差見層巘。蒼浦遙連楚澤深，石林盡帶吳堤轉。是時先生從此歸，把釣欲拂雲中磯。長風過雨蒲葦淨，水色淡淹沾人衣。只今又作筠州客，惆悵松江渺雲隔。離思猶迷雁蕩烟，歸心已歷洪崖石。我思大癡焉得從，筆墨往往遺奇蹤。草衣騎牛髮如雪，吹笛憶過天台峰。平生一筆不輕許，傲睨王侯笑塵土。展圖坐對鳳山青，却想高情動千古。君不聞功名利達能幾何，長安離別日日多。灞陵亭前春草碧，灞陵亭下春風波。（劉嵩《槎翁詩集》、卷四）

〈題黃子久山水〉　　　　　　　　　　　　　　　　　　　　　明・釋妙聲

黃公東海客，能畫逼荊關。意盡崎嶇外，情深溟涬間。猿啼明月峽，木落浩亹山。谷口蘿烟暝，騎鱺獨未還。（釋妙聲《東皋錄》、卷上）

〈為潘士賢題黃子久畫〉　　　　　　　　　　　　　　　　　　明・錢子義

雲山千叠萬叠，茅屋三家兩家。莫遣問津漁父，等閒來見桃花。（錢子義《三華集》、卷十）

〈題黃大痴天池石壁圖〉　　　　　　　　　　　　　　　　　　明・高　啟

黃大痴，滑稽玩世人不知，疑似阿母傍再謫偷桃兒。平生好飲復好畫，醉後洒墨秋淋漓，嘗為弟子李少翁，貌得華山絕頂之天池。乃知別有縮地術，坐移勝景來書帷。身騎

黃鵠去來遠，縞素飄落流塵緇。穎川公子欣得之，手持示我請賦詩。我聞此中可度難，
玉枕秘記傳自青牛師。池生碧蓮花，千葉光陸離。服食可騰化，遊空駕雲螭。奈何靈跡。
閟藏，荒竹滿野啼猩猩。尋真羽客不肯一相顧，却借釋子蒼茅茨。我昔來遊早春時，雪
殘眾壑銷寒姿。磴滑不敢騎馬上，青鞋自策桱筇枝。上有煙蘿披拂之，翠壁下有沙石蕩
漾之清漪。晴天倒影落明鏡，正似玉女曉沐高鬟垂。飲猿忽下藤裊裊，浴鶴乍立風漸漸。
匡成有地我未到，未省與此誰當奇。掃石坐其涯，公洄引流卮。醉來自照影，俯笑知為
誰。落梅撲香滿接籬，暮出東澗鍾鳴遲。歸來城部中，復受塵土欺。十年勝賞難再得，
恍若清夢一斷無由追。朝來觀此圖，惻愴使我悲。當時同遊已少在，我今未老形先疲。
人生擾擾嗟何為，不達但為高人嗤。漢南已老司馬樹，峴首已仆羊公碑。惟應學道悟真
訣，不與陵谷同遷移。仙岩洞府孰最好，東有地腑西峨嵋。高崖鐵鎖不可攀援以逕上，
仰望白雲樓觀空峨巍。此山易上何乃遺，便與猿鶴秋相期。欲借太乙舟夜臥，浩蕩隨風
吹洞簫。呼起千古月，照我白髮涼絲絲。傾玉醪，薦瑤芝。招君來遊慎勿辭，無為漫對
圖畫日夕遙相思。（高啟《高太史大全集》、卷十一）

〈大痴小畫〉　　　　　　　　　　　　　　　　　　　　　　　　　明・高　啟

溪水雖多曲，舟行不憚賒。山山秋樹赤，猶復似桃花。（高啟《高太史大全集》、卷十
六）

〈題（黃公望）天池圖小引〉　　　　　　　　　　　　　　　　　明・高　啟

吳華山，有天池石壁，老子枕中記云其地可度難，蓋古靈壤也。元泰定間，大痴黃先
生遊而愛之，為圖四三本，而池之名益著，此為其弟子李可道所畫，尤得意者也。溫陵
陳彥廉得之，求余賦詩其上。或云此廬山天池景也，余未有以辯，然舊見別本，張貞居
題之，首句云“嘗讀枕中記”，則亦以為華山池矣。前輩言貞居與大痴數同遊於此，則
其言信可徵，初不必舍此而取彼也。因為賦長歌，欲張吾鄉之山水，使與香鑪九老爭高
矣。（高啟《高太史鳧藻集》、卷四）

〈題張子政黃大痴松亭高士圖〉　　　　　　　　　　　　　　　　明・袁　華

大痴老人天下士，結客俠遊非畫史。酒酣潑墨寫荊關，咫尺微茫數千里。箅箕泉頭鶴
上仙，空遺寶繪人間傳。弟子顛張早入室，重岡疊嶂開雲烟。太山斗絕何由緣，下有島
道丹梯懸。此中疑是避秦處，仰見茅屋巖崖邊。松亭蒿目者誰子，耳譜流泉橫綠綺。不
知捷徑在終南，每逢佳處輒留止。我生亦有山水癖，吳楚燕齊徧遊歷。風塵滇洞難再往，
坐對此圖三太息。（袁華《耕學齋集》、卷七）

〈黃大痴雲山圖〉　　　　　　　　　　　　　　　　　　　　　　明・袁　華

荊浩關仝喜山水，大痴繼作非俗史。技藝畢給世稱賢，圖畫乃其餘事耳。筲箕泉頭月蒼蒼，蟬蛻穢濁凌風翔。斯人九原不可作，泚筆題詩增慨慷。（袁華《耕學齋集》、卷七）

〈題黃子久畫〉　　　　　　　　　　　　　　　　　　　　　　　明・胡　奎

黃公學畫如學仙，老兔夜浴箕筲泉。直欲移山超北海，不勞鍊石補青天。（胡奎《斗南老人集》、卷五）

〈題大痴道人黃子久畫關山疊嶂圖〉　　　　　　　　　　　　　　明・虞　堪

老痴作畫便痴絕，畫山畫樹畫若鐵。想從憶昔少年遊，飽在燕山度霜雪。重關複道壓層巒，萬水千山咫尺看。只今無復黃知命，脫去人間行路難。（虞堪《希澹園詩集》、卷一）

〈題黃大痴畫卷〉　　　　　　　　　　　　　　　　　　　　　　明・杜　瓊

閩藩大參徐公，以先君所藏黃先生畫卷示予，且俾題志其後。予惟卷中名筆發揮其妙，殆亦盡矣，予言奚足贅乎，然先生之出處，大略亦頗聞之，因補諸公所未道者。先生名公望，字子久，宋季陸神童之次第也。家蘇之常熟子游巷。齠齔時，螟蛉與溫州黃氏，遂姓其姓，其父年已九十，始得先生為嗣，喜而謂曰：「黃公望子久矣。」因而名字焉。性聰敏，博極群書，世之技能無不通曉。初補湖西憲掾，以迕權豪，棄去，黃冠野服，往來三吳間。三教堂於蘇城之西文德橋，許三教中人問難。作畫師董叔達，僧巨然，坡石皴皷極稀，而韻亦殊勝，所謂自成一家者也。右江山圖，為雲間曹知白所作，知白亦善繪事，故是圖尤異平生。宜其為後世之珍玩也，若夫大參之保有先世故物，而復張大之者，又豈特珍玩圖畫而已焉。（杜瓊《杜東原集》、一二六頁）

〈題黃子久畫〉　　　　　　　　　　　　　　　　　　　　　　　明・胡　儼

我昔趣召上北京，巨山五老遙相迎。太守邀我開先行，籃輿十里松風清。溪流涓涓石齒齒，採得靈蒲雜芳芷。讀書堂前空翠寒，漱玉亭邊古苔紫。高高瀑布落懸崖，千仞玉梁何壯哉。飛流響徹碧潭底，雙澗分奔萬壑哀。山人石上展瑤席，坐對雲屏倚空碧。浩蕩長吟李白謠，登臨不用謝公屐。此時正值秋七月，短髮蕭蕭愛林樾。輕雷送雨過前山，一襟爽氣飄寒雪。同行佳人晚相呼，月明歸路聞啼烏。揚帆直度九江去，回看山色青糢糊。每憶茲遊清興發，夢入仙家白銀闕。仙人邀我宴瑤臺，枕上覺來猶恍惚。大癡老人絕俗塵，畫圖最得匡廬真。青天削出芙蓉秀，香爐可望不可親。看圖那知歲月老，山中木落秋風早。昨日人來問舊遊，白雪滿地生瑤草。（胡儼《頤庵文選》、卷下）

〈元黃子久秋林煙靄圖卷〉　　　　　　　　　　　　　　　　　　明・胡　儼

　　子久寫此滄浪景，墨雲忽散青天影。葉飛片片舞霜紅，風捲浪花飛萬頃。迴首青山黃鶴磯，無由展眺臨清暉。鴻飛冥冥煙霧白，一棹滄茫何處歸。予昔江陵弄明月，肥鱸作膾堆紅雪。俄然風雨作龍吟，篷底笛聲吹石裂。今覽斯圖遊帝京，扶桑閑霽曉揚舲。漁翁有約歸來好，清嘯垂虹江上亭。永樂十五年歲在丁酉七月，豫章胡儼題子久秋林圖。（清龐元濟《虛齋名畫錄》、卷二）

〈元黃子久秋林煙靄圖卷〉　　　　　　　　　　　　　　　　　　　明・□希賢

　　霜葉輕寒色正紅，白雲如海畫冥濛。山中雞犬無塵到，谷口漁樵有路通。雙屐行踪留蘚徑，五絃靈籟響松風。浩歌招隱披圖看，目斷冥飛漂渺鴻。升齋道人題。（清龐元濟《虛齋名畫錄》、卷二）

〈元黃子久秋林煙靄圖卷〉　　　　　　　　　　　　　　　　　　　明・楊士奇

　　青林小雨過，金羽鳴嚶嚶。鳥聲尚求友，何人無友生。於焉得勝侶，拂榛躡微行。囊琴欲奚適，雲壑訪幽貞。高彈別鶴操，細寫秋風聲。靈籟應響谷，飛泉噴琮琤。我知若人儔，芳香握荃衡。妙得山水趣，襟袍有餘清。白駒在空谷，何由致深情。霽景所展畫，庭綠草抽萌。焦桐且掛壁，東皋思耦耕。春山忽在眼，眉黛花前橫。楊士奇題。（清龐元濟《虛齋名畫錄》、卷二）

〈黃子久江村漁樂圖〉　　　　　　　　　　　　　　　　　　　　　明・呂　常

　　漁船相問欵中流，細語風吹上遠樓。不為江頭蝦菜事，星辰昨夜應羊裘。為魏塘徐舜舉題。秀水呂常。（清卞永譽《式古堂書畫彙考・畫考》、卷之三）

〈黃大癡富春山居圖卷〉（無用師本）　　　　　　　　　　　　　　明・沈　周

　　大癡黃翁，在勝國時，以山水馳聲東南，其博學惜為畫所掩。所至，三教之人雜然問難，翁論辨其間，風神竦逸，口若懸河。今觀其畫，想見其標致，筆法墨法深得巨然之妙。此卷全在巨然風韻中來，後尚有一時名筆題跋，歲久脫去，獨此卷無恙，豈翁在仙之靈而有所護持耶？舊在予所，既失之。今節推樊公重購而得，又豈翁擇人而陰授之耶？節推滋吾蘇，文章政事著，為名流雅好，翁筆特因其人品可尚，不然，時豈無塗朱抹綠者，其水墨淡淡，安足致節推之重如此。初翁之畫，亦未必期後世之識，後世自不無揚子雲也。噫，此畫名家者，亦須看人品何如耳，人品高則畫品高，古人論書法亦然。弘治新元立夏日，長洲沈周題。（清吳升《大觀錄》、卷十七）

〈黃大癡畫一〉　　　　　　　　　　　　　　　　　　　　　　　　明・邵　寶

　　上有王梧溪、楊鐵篴二詩。先曾祖存一府君藏篋中。天順壬午，棄諸孫時失之，吾母太淑人言常及焉。正德戊寅，蠡溪鄒光戀氏訪以歸我，贊曰：

有帛一方，山木蒼蒼。畫者痴黃，我篋以藏。而逸於荒，六十七年。還於我堂，於乎先澤，其何敢忘。（邵寶《容春堂後集》、卷一）

〈黃大痴富春山居圖卷〉（無用師本）　　　　　　　　　　明・董其昌

大痴畫卷，予所見若檇李項氏家藏砂磧圖，長不及三尺，婁江王氏江山萬里圖，可盈丈，筆意頹然，不似真蹟。惟此卷規摹董、巨，天真爛熳，復極精能，展之得三丈許，應接不暇，是生平最得意筆。憶在長安，每朝參之隙，徵逐周台幕，請此卷一觀，如詣寶所，虛往實歸，自謂一日清福，心脾俱暢。頃奉使三湘，取道涇里，友人華中翰為予和會，獲購此圖，藏之畫禪室中，與摩詰雪江共相映發。吾師乎，吾師乎，一丘五嶽，都具是矣。丙申十月七日，書於龍華浦舟中，董其昌。（清吳升《大觀錄》、卷十六）

〈黃子久天池石壁圖〉（一）　　　　　　　　　　　　　明・董其昌

江以南，黃子久畫，所見不止四五十幀，半落予手，最後見此圖。與予所藏晴山曉色相似，秀潤有采，設色尤得艷中之淡。然予不能收，窘於連城之價耳。越石珍之重之，勿輕界多財翁。玄宰、眉公同觀於晚香堂。（清吳升《大觀錄》、卷十七）

〈黃子久天池石壁圖〉（二）　　　　　　　　　　　　　明・董其昌

畫家初以古人為師，後以造物為師。向見黃子久天池圖，為贗本。昨年，遊吳中山，策筇石壁下，快心洞目，狂呼曰：“黃石公，黃石公。”同遊不測，余曰：“今日遇吾師耳。”觀此，因追憶書之。其昌。（清吳升《大觀錄》、卷十七）

〈黃大痴江山勝覽圖卷〉　　　　　　　　　　　　　　　明・邢侗

此黃大痴卷，清閟閣中物，厥名甚重，其樹石則意類五代人畫。東園載酒西園醉，摘盡枇杷一樹金。雲腴叟邢侗。（清李佐賢《書畫鑑影》、卷五）

〈黃大痴江山勝覽圖卷〉　　　　　　　　　　　　　　　明・程嘉燧

此卷秋山無盡，乃黃子久生平最豪縱淋漓爛漫之作。經山僧無生持海上，乞董宗伯題品過，虞山錢宮詹遂以二十千收之，後從余易洛中耆英圖。圖中記文詩篇會約，皆司馬君實一手墨蹟，而畫像設色特生動簡要，蓋神品也。癸未夏，山居展玩，因附記卷尾，偈庵嘉燧。（清李佐賢《書畫鑑影》、卷五）

〈黃大痴江山勝覽圖卷〉　　　　　　　　　　　　　　　清・程正揆

一峰橫卷行世者最少，所稱富春山與江山勝覽，予得見之，且有摹本。勝覽已不可復存，而富春入泰興季氏，亦非全玩矣。此圖筆意與勝覽相彷彿，淋漓得意，非老手不能，可寶也。青溪道人搩題。（清李佐賢《書畫鑑影》、卷五）

〈黃大癡江山勝覽圖卷〉　　　　　　　　　　　　　　　　　　　　清・沈宗敬

余家有趙文度溪山無盡圖卷，高不盈尺，長二丈許，題云仿一峰道人筆，筆意蒼秀，巖壑深遠，對之足以忘倦。今從壇長先生獲觀一峰真蹟，乃知文度生平得力在此。康熙甲午中秋，獅峰沈宗敬識。（清李佐賢《書畫鑑影》、卷五）

〈黃大癡江山勝覽圖卷〉　　　　　　　　　　　　　　　　　　　　清・錢維城

余生平服膺者子久，所見真蹟甚多，而此為傑作。其用筆則疏密相稱也，其用墨則躁濕相和也，其氣韻則淋漓渾厚，而天真爛漫之趣，流溢紙外也。內府有子久江山勝覽長卷，余每見流連有觀止之歎。是卷足與頡頏。端伯跋洵為知言，藏之者可弗珍若拱璧哉？乾隆辛卯八月望後二日，茶山外史維城跋。（清李佐賢《書畫鑑影》、卷五）

〈黃大癡秋山無盡圖卷〉　　　　　　　　　　　　　　　　　　　　清・王 宸

先太常、司農皆得力於一峰，家法相承，妙有神契，余畫頹唐不足仰追先軌，而目擊道存時或領會萬一。此卷為毗陵張玉川先生所購藏，玩其用筆，於生硬處見純熟，細密處見渾淪，縱橫夭矯，無不如志，一峰晚年得意之作無疑，自非玉川不能喻其妙，非余亦不能喻玉川之所喻。然則此卷之歸玉川，余之得觀於玉川也，人耶！天耶！乾隆辛卯正月人日，蓬心王宸識。（清李佐賢《書畫鑑影》、卷五）

〈黃大癡天池石壁圖〉　　　　　　　　　　　　　　　　　　　　清・永 瑆

此畫是子久真蹟，張伯雨稱其「峰巒渾厚，草木華滋」，信然。乾隆戊申十月，皇十一子識。（清李佐賢《書畫鑑影》、卷二十）

〈黃大癡天池石壁圖〉　　　　　　　　　　　　　　　　　　　　清・李佐賢

劉完庵仿大癡畫，上有楊龍友題云，黃大癡喜作天池石壁圖，一在吳門，一在雲間，一在鑾江，而鑾江者為最。余與友人同觀者累日，是龍友所見已有三本，而董文敏容臺集，以為所見子久天池石壁皆贗本，何也？豈此三本皆未得見耶？此幅未識即屬三本內之一與否。要其筆力清剛，氣韻深厚，固非子久不辦。李佐賢識。（清李佐賢《書畫鑑影》、卷二十）

## 黃仲文

小傳：不見畫史記載。身世不詳。

〈題黃仲文為孔方作松林樵者圖〉　　　　　　　　　　明・藍　仁

　伐木幽人入翠微，松間久坐澹忘機。百年霜雪高柯在，一曲天風古調稀。放筆擬將韋偃敵，携書懶逐買臣歸。圖成寄示寧無意，伴我山中老採薇。（藍仁《藍山集》、卷三）

〈催黃仲文寄南山別墅圖〉　　　　　　　　　　　　　明・藍　仁

　一段南山畫不成，王維天趣與經營。水清盤石思垂釣，花落荒村見偶耕。青嶂白雲仙掌迥，淡烟疏雨輞川明。欲催下筆留真跡，先許題詩照有聲。（藍仁《藍山集》、卷五）

〈黃仲文寄墨竹〉　　　　　　　　　　　　　　　　　明・藍　仁

　一幅鵝谿寫輞川，高情相許已三年。春風傳得平安報，剪與淇園半畝煙。（藍仁《藍山集》、卷六）

〈題黃仲文扇面小景〉　　　　　　　　　　　　　　　明・藍　仁

　鵠白新裁月一團，濛濛烟樹著前巒。野人不慣藏紈扇，片紙留傳久遠看。

　紙扇相遺意未輕，好風還似故人情。林中李白休相笑，拾得長江片月明。

　山中隱者似王維，胸次丘園下筆時。何日南窗兮一幅，輞川烟雨費題詩。（藍仁《藍山集》、卷六）

〈題黃仲文小景〉　　　　　　　　　　　　　　　　　明・藍　仁

　雨過春山草木稠，懸崖千尺掛飛流。幽人倚杖遙觀處，似在盧山五老遊。（春日觀泉）

　綠樹垂帷石作台，龍唇拂拭自徘徊。黃埃赤石人間世，正想南風解慍來。（清晝鼓琴）

　晴空萬里片雲收，山木蕭蕭虎豹秋。對酒願留天上月，清光長照少年頭。（涼宵對月）

　旭日初升雪滿山，水邊林外覓花看。南枝先得陽和信，竹杖芒鞋不避寒。（雪霽尋梅）
（藍仁《藍山集》、卷六）

## 黃尚英

　小傳：不見畫史記載。身世不詳。

〈題黃尚英墨竹〉　　　　　　　　　　　　　　　　　明・林　弼

　竹山萬箇碧琅玕，喜向仙家畫裏看。午夜鳳台吹玉管，不知風露逼人寒。（林弼《林登州集》、卷七）

〈墨竹歌為竹山黃尚英題〉　　　　　　　　　　　　　元・胡行簡

　墨竹相傳肇何世，師承疑出有吳氏。湖州彭城相接武，筆精墨妙照四裔。黃君結屋依竹山，萬竿如玉森迴環。平居只與竹為友，琴書俎豆娛其間。頻年挾策清江涘，慨想故山勞夢寐。手拈生紙寫叢篁，落筆雲煙藹蒼翠。圖成銜袖每自携，時時舒卷忍遐思。永言瞻萊修厥德，臨風長咏淇澳詩。（胡行簡《樗隱集》、卷一）

## 黃 珂

小傳：不見畫史記載。身世不詳。

〈（黃珂）七逸畫記〉　　　　　　　　　　　　　　　　　元・趙 文

　　集賢侍讀學士河東李公，出守清江，政事之暇，日與方外友無心段道怪，石田李允一，石崖黃介然，海印竺世發，三會劉師復，青山趙某游，時時行江路，過瑞筠山觀竹，或訪百花洲高平橋看柳，賦詩而歸，清江人謂之七逸，豫章黃珂為之圖，有問於某者，曰：「六君則逸矣，集賢公功名事業，方將磊落軒天地，亦可謂之逸乎？」余曰：「古之所謂逸民者，不必皆隱逸一士也，柳下惠以官則士師以采，柳下而夫子以逸民稱之，以其超然世俗之外也。」集賢公以是邦守相而能忘其富貴之身，與山林之士友，此集賢公所以為員嶠真逸也。晉竹林亦七賢也，而顏延年止詠五君，以山、王貴盛，不得與於斯，今集賢公能使六人者不知其為貴盛之人也，而與之時，則必集賢公有以得此於六人也，汲黯曰：「使大將軍有揖客不愈重乎？大將軍未重也，大將軍有揖客，乃足為大將軍重耳。」後之觀此閣者，指而曰：「天下功名之士，出李公門者豈少哉，而有是六人焉，乃足為集賢重也。」既以對客，復書其語記七逸畫後，且用桃花源記例，為詩以繫之，云：

　　清江佳山水，勝日得邀遊。為客安且閑，意行倦即休。使君豈無事，行散如我儔。麥熟雨及時，暫釋民饑憂。父老亦欣喜，使君得夷猶。古來山水樂，貴者不自由。旁扶與前儐，吏卒遮道周。魚鳥見我藏，亦有樂意不。使君得天趣，拄杖却從騶。六客喜相語，使巨真我流。詩成亦偶然，或似韋蘇州。全勝山襄陽，醉倒習池頭。（趙文《青山集》、卷四）

## 黃庸之

小傳：不見畫史記載。身世不詳。

〈贈黃庸之傳神〉　　　　　　　　　　　　　　　　　　元・劉將孫

　　人心不同如其面，人面千百日所見。可能一目阿堵中，古怪清奇隨電轉。世間人物不可知，是邪非邪任渠疑。眼前眾裏面對面，頗似不似安可欺。山川草木晴復晦，古貌前賢無定在。難將活脫戲虛空，却向人前施五采。坡公顴骨真復真，至今想像謫仙人。形容似否亦閑事，描寫政恐群兒嗔。人生好惡何足數，不似丹青留畫堵。時花美人有人玩，擲瓦盈車誰要汝。庸之庸之汝誠能，縱橫筆墨皆巧心。短圖大幅姿簸舞，寸田尺宅存古

今。如何模寫亦到我，壁上童兒驚似頗。酒醋醯贈作長歌，我可定無渠不可。（劉將孫《養吾齋集》、卷二十六）

〈黃庸之如心畫室記〉　　　　　　　　　　　　　　　　　　　元・劉將孫

　黃庸之，濬發天巧，自得成趣，不由師傳，丹青水墨，花木、竹石、禽鳥、人物、神鬼、仙佛圖障、山水，目過手就，無不滿意。又工傳神，老少妍醜，雖童兒不問知為誰，何以如心名其畫室而清記焉。予曰：道與藝一也，未有得之於心，而由師傳者非其至者也，傳之於人者無非效人者也，於吾心何有哉，傚人者極於其人則無以加矣，心不可極，藝亦不可極也，故善教人者，必旁喻遠引，待其因而忽悟，然後驗其然否。徵其淺深，然藝成而下所自出者，必不能以大異何，則所以傳者不過是物也。書畫一也，自晉以書擅稱者，未有蹈襲者也。章草興而至逸少若無以加矣，而素旭之倫，以及滄浪山谷化未有已也。即畫言之，顧虎頭之筆，謝安石以為蒼生以來未之有。然不聞虎頭誰歟師者，周昉後來兼能移人神氣情性笑言之姿。同時韓幹僅得狀貌，至昉不必師虎頭而精入神品。傳神畫之一耳，其高出且爾，況畫之理何可既哉。莫神者心也，莫巧者心也。心之所向，必求所以如吾心。何事之不能，而何能之不妙哉。矧畫物求其似而已，粲乎吾目者，棋斜高下，皆吾畫本也。參乎吾前者，精神談笑，皆吾畫意也。得之心，應之乎，心欲其似而手如吾心。以吾之心為彼之面，吾既如吾心，而彼面豈有不似者耶。人心之不同如其面，然吾之心則一而已。吾心之一必欲其如，不變於貴賤，不改於清濁。眉目此眉目也，顴頰此顴頰也。一體有一體之動，一面有一面之韻。吾神遇其趣而道攬其英，吾所欲如寧患其不如吾心。而見者亦以為甚如彼，以之寫奸嫵者，此心也。以之點阿堵者，此心也。以之經營慘淡者，此心也。以之臨摹點染者，此心也。貌萬不同，而吾一欲肖之心。境異而物殊，而吾一必類之心。若此者，固非師友講之所及，形迹踐之所進也。是以吳道子學書不成而攻畫，或謂僧繇之後身盧稜伽。一旦筆力忽似其師，知其精爽之己畫，豈非心通而解捷者。與造化同其倏忽，師承而積學者，雖超詣不過極似，而才力俱竭矣。以此言之，畫之生意不可盡者，心之生道不可得而測也。昔東坡作畫說，載子由之言，以為鬼魅易工而狗馬難好，固以為至言。而韓非子已云然矣，虎頭嘗云人物最難。其生動可狀，須神韻而後全。此又非坡語大略，止石為庸之記如心，取其所自得者，甚言心之師勝人之師，而古今名手之所自出者，皆具是焉。予嘗於名畫記喜其一言，曰書畫皆須意氣而成，亦非懦夫所能作，此心說也。夫為如心言，推之於學問，則大有說矣。獨為庸之精藝，歷舉予之所得於畫之說者，以表庸之之心。當徐熙畫盛行，黃筌遂作脫骨，氣韻迴出熙上，夫固非黃氏家法耶。庸之盧陵城南人，年方盛，進固未已。（劉將孫《養吾齋集》、卷二十六）

〈贈畫史黃庸之〉　　　　　　　　　　　　　　　　　　　　　元・吳 澄

混溟誰是老畫師，幻出形相萬不齊。如梧如竹如桃李，如冰如雪如虹霓。堂堂人中廊廟器，淡淡物外江湖姿。獨予醜惡類蒙俱，執拗頗亦見頄頤。古來伊周匪易為，老不用世免誚譏。黃工筆意神更奇，寫徧麟鳳到鹿麋。付與鄧林嘉客去，歸挂壁角儕鍾馗。豈能夜深吐怪犯牛斗，或者歲久化象乘尾箕。（吳澄《吳文正集》、卷九十八）

## 黃道人
小傳：不見畫史記載。身世不詳。

〈題黃道人畫〉　　　　　　　　　　　　　　　　　　　　明・虞堪
垢面野人頭似雪，畫山應復畫衡茆。幾株五丈峰前樹，箇箇如雲可結巢。（虞堪《希澹園詩集》、卷三）

## 黃鑑堂
小傳：不見畫史記載。身世不詳。

〈薦寫神黃鑑堂〉　　　　　　　　　　　　　　　　　　　宋・謝枋
某聞諸吳履齋，其父吳正肅公題門榜。曰："寬著胸襟行好事，大開庭戶納春風。"履齋強為善，有大庇天下寒士心。固無愧家學出正肅之門，如徐意一者。好賢樂善慈惠，恢廓之風猶有傳也。恃此有禱，黃鑑堂丹青，不減顧愷之閻立本，達官貴人多收之。其人淳朴有古意，不善干謁，藝愈精而愈窮。十三年來，中國之衣冠盡變，鑑堂鬻技不售，是亦宋人資章甫而適越也。寒餓之不恤，時時袖先朝知名士詩卷示僕。靳一辭，湔濯尾鬣，或可增價於唐肆。嗟乎，東門種瓜，南山射虎。塗人皆得以躪躒，豈能為鑑堂先客哉。士窮易為德，斗升亦可活涸轍，惟仁賢念之。（謝枋《疊山集》、卷五）

## 買道寧
小傳：不見畫史記載。身世不詳。

〈買道寧山水圖贊〉　　　　　　　　　　　　　　　　　　元・朱德潤
易，奇耦也。禮，敬也。春秋，王法也。書，訓誥也。詩，風化也。五經，一理也。六藝，一教也，道之寄也。寧者，安之謂也。乾行艮止，岳崎川流，尤為道寧之至善。言不盡意，記之畫圖。（朱德潤《存復齋文集》、卷七）

## 買從道
小傳：不見畫史記載。身世不詳。

〈題買從道枯木石圖〉　　　　　　　　　　　　　　　　　　元・陳 鎰

寂歷何年樹，槎牙傍水村。霜風吹葉盡，秋色落雲根。（陳鎰《午溪集》、卷四）

## 嗣天師

小傳：不見畫史記載。身世不詳。

〈嗣天師墨戲四絕〉　　　　　　　　　　　　　　　　　　　元・袁 桷

橫塘野色深，聳身對秋水。守獨匪自夸，感彼蜻蛉子。枯蓮孤鴛。

守雌氣之母，見一道之宗。配合貴有得，丹光結芙蓉。枯蓮鴛鴦。

二禽詎無知，秋聲起天外。蘆枝為我旌，蓮葉為我蓋。芦荷水禽。

萬籟日惻惻，水花澹無蹤。孤鴻招不來，泛泛以自容。芦荷孫孤鳧。（袁桷《清容居士集》、卷十六）

## 楚思義

小傳：不見畫史記載。身世不詳。

〈題前歙令楚君雪梅圖〉　　　　　　　　　　　　　　　　元・方 回

洛雪一丈凍獨舒，誰其排闥驚袁安。千載神交兩賢令，寄意愛此英姿寒。馬縮龍埋萬木折，胸次陽和骨立鐵。紈袴兒曹東風花，不耐春寒能耐雪。（方回《桐江續集》、卷七九）

## 褚冰壑

小傳：身世不詳，善畫牛。（見《中國畫家人名大辭典》、六 〇一頁）

〈贈畫牛褚冰壑〉　　　　　　　　　　　　　　　　　　　元・周 權

魁形碩骨高嶒嶒，弭角垂耳行凌兢。蹇余已向田間老，一見此圖知畫好。春郊雨後烟草肥，吳犍十角相追隨。前行過浦一回顧，後行觳觫不敢渡。牧童笑怒急掉鞭，繭栗劣點衝爭先。簑衣一脫春烟煖，一笛斜陽牛背穩。雖然此畫全於天，安能為我畊硯田。我今身似扶犁者，此景此牛何必寫。好從天廄圖驊騮，氣厲八極凌高秋。（周權《此山詩集》、卷三）

## 褚 君

小傳：不見畫史記載。身世不詳。

〈題朱知事雲樵圖〉　　　　　　　　　　　　　　　　　　　明・劉　嵩

　　使君曾隱灄川曲，慣逐山樵伐雲木。一從去作憲幕賓，長憶灄川好林谷。灄川之東山插天，中有峭壁何嶄然。寒光夜接九華雪，秀色日射峨眉烟。褚君妙筆世稀有，為寫茲圖傳不朽。山氣清含五粒松，江光綠浸三春柳。長裾曳杖為何人，從以樵斧方逡巡。層峰正隔秋浦水，仙境似與柯山鄰。山迴峰轉愁欲暮，斸藥携琴更深去。林路時衝虎豹過，湍崖暗激蛟龍怒。此圖此景何清奇，疑是當年親見之。採芝南嶺去已遠，濯足東澗來何遲。只今卻上青霄立，斬伐芟夷乃其職。卷曲宜刊惡木枝，喬修要簡良材植。人生窮達焉可期，雲中樵者非君誰。會稽太守自結馴，王屋山人方看棋。功名時來信所遇，伐木丁丁為君賦。他年持斧繡衣行，還憶灄川臥雲處。（劉嵩《槎翁詩集》、卷三）

## 達彥修

　　小傳：不見畫史記載。身世不詳。

〈達彥修秘監號雲松隱者又自作圖，邀予賦之〉　　　　　　　元・吳　當

　　香爐雲氣半空赤，千尺長松倚青碧。謫仙去矣秀色留，誰與孤雲共棲息。蓬萊高人業嗜古，身在逆山天咫尺。為君先約彭澤翁，五老峯前候飛瀉。（吳當《學言稿》）

## 賈　策

　　小傳：字治安，中州人。善花竹禽鳥。（見《中國畫家人名大辭典》、五六三頁）

〈題賈治安同知秋林平遠圖〉　　　　　　　　　　　　　　　元・錢惟善

　　軒蓋昂昂五大夫，傲然下睨石烏櫸。扁舟人似青山瘦，折簡從來不可呼。（錢惟善《江月松風集》、卷二）

## 詹明德

　　小傳：不見畫史記載。身世不詳。

〈畫竹歌為道士詹明德賦〉　　　　　　　　　　　　　　　　明・劉　基

　　我所思兮在瀟湘，蒼梧九疑渺無際。但見綠竹參天長，上有寒烟凝不飛。下有流水聲琅琅，中有萬古不盡離別淚，化作五色丹霞漿。穿崖貫石出厚地，風吹露滌霄有光。我欲因之邀鳳凰，天路侑阻川無梁。孰知畫史解人意，能以造化歸毫芒。虛堂無人白日靜，使我顧盼增慨慷。玄霜慘烈歲將宴，鼯啼鼪叫天悲涼。我所思兮杳茫茫，山中紫昏春可茹，歸來無使遙相望。（劉基《誠意伯劉文成公文集》、卷十一）

## 詹　潤

小傳：不見畫史記載。身世不詳。

〈題詹潤草蟲〉　　　　　　　　　　　　　　　　　　　　　　元·吳　澄

夏躍難語冰，秋吟豈知春。生不一年計，百年影如新。潤翁今何之，見此不見人。諸孫視予笑，伸紙一拂塵。(吳澄《吳文正集》、卷九十七)

## 溫日觀

小傳：僧人，武林瑪瑙寺僧，即僧子溫也。善畫葡萄。(見《中國畫家人名大辭典》、五六一頁)

〈溫日觀葡萄圖并題卷〉　　　　　　　　　　　　　　　　　　　　自　題

舉世只知嗟流水，無人微解悟空花，此一聯乃大唐貫休禪師之佳句。皇宋溫日觀為書之，為後人策勵之端，仍為寫龍鬚於後。癸巳年三月三十日，扁舟至天佛院，晴窗晚興，有見副堂寶之。

紙長宜以好詩書之，為後之名勝笑覽，詩云：

明月清風宗炳社，夕陽秋色庾公樓。修心未到無心地，萬種千般逐水流。日觀。(清卞永譽《式古堂書畫彙考·畫考》、卷之十五)

〈釋子溫折枝葡萄并題卷〉　　　　　　　　　　　　　　　　　　　自　題

大唐時詩人贈高僧居深山谷。

饑拾松花渴飲泉，偶從山後到山前。陽坡軟草厚如織，因與麋鹿相伴眠。日觀書并畫。己酉年九月初，旦。(清卞永譽《式古堂書畫彙考·畫考》、卷之十五)

〈溫日觀墨葡萄圖〉　　　　　　　　　　　　　　　　　　　　　　自　題

松江府是我鄉州，有媿平生久一遊。子去扁舟泊烟渚，相煩致意舊沙鷗。

華亭友人歸故里以訪舊識，日觀奉送，仍有今日之乍相識。曾公有元云，旦晚有燕京之行矣。因書。(清吳升《大觀錄》、卷十四)

〈溫日觀葡萄圖并題卷〉　　　　　　　　　　　　　　　　　　元·曾寅孫

吳綃蜀繭筆底墨，雲飛一片，點點秋腴，收得驪龍頷下珠。興來一掃惜處有，時慳似寶，露葉煙條，幾度西風吹不凋。山陽曾寅孫奉題。(清卞永譽《式古堂書畫彙考·畫考》、卷之十五)

〈溫日觀葡萄圖并題卷〉　　　　　　　　　　　　　　　　　　元·葉　衡

昔年添竹延秋蔓，露葉披馬乳寒離。今日天涯忽開卷，還如架底夜涼看。一片秋光江上影，老禪收拾入葡萄。小窗剩有詩為伴，不博涼州意自高。鄱陽仲興葉衡題。（清卞永譽《式古堂書畫彙考‧畫考》、卷之十五）

〈溫日觀葡萄圖并題卷〉　　　　　　　　　　　　　　　　　　元‧程鳳飛

就借日觀韻奉題，上饒程鳳飛。老僧妙墨遍中州，好事攜將萬里游。要識色空同不朽，龍鬚馬乳等浮漚。（清卞永譽《式古堂書畫彙考‧畫考》、卷之十五）

〈溫日觀葡萄圖并題卷〉　　　　　　　　　　　　　　　　　　元‧張夢應

日觀墨葡萄。

濃淡纍纍半幅披，卻疑月架影參差。憑君問取乘槎使，還似宛西舊折枝。蜀益川張夢應敬題，至元壬辰維夏，書于雲間寓舍。（清卞永譽《式古堂書畫彙考‧畫考》、卷之十五）

〈溫日觀葡萄圖并題卷〉　　　　　　　　　　　　　　　　　　元‧明　瑞

敬題日觀手卷後，明瑞頓首。

墨浪黏天潑一枝，纍纍數顆綴雲衣。南風吹到燕山外，帶得幽薌巢底歸。辛卯。（清卞永譽《式古堂書畫彙考‧畫考》、卷之十五）

〈溫日觀墨葡萄圖〉　　　　　　　　　　　　　　　　　　　　元‧周　密

百八摩尼顆，移將萬里游。歸來應自笑，何不博涼州。齊人周密。（清吳升《大觀錄》、卷十四）

〈溫日觀葡萄圖并題卷〉　　　　　　　　　　　　　　　　　　元‧鄧文原

題溫日觀葡萄。

滿筐圓實驪珠滑，入口甘香冰玉寒。若使文園知此渴，露華應不乞金盤。鄧文原。（清卞永譽《式古堂書畫彙考‧畫考》、卷之十五）

〈溫日觀墨葡萄圖〉　　　　　　　　　　　　　　　　　　　　元‧趙立連

相期持此取涼州，一紙清風贈遠游。華寶分明知是幻，虛名識破一浮漚。謙山趙立連，借日觀韻戲題。（清吳升《大觀錄》、卷十四）

〈溫日觀墨葡萄圖〉　　　　　　　　　　　　　　　　　　　　元‧趙孟頫

日觀老師作墨葡萄，初若不經意，而枝葉肯汝。細玩之，纖細皆具，殆非學所能至。

俗人懇懇求之，靳不與一筆。遇佳士雖不求，輒索紙筆，揮灑無吝色，豈可謂道人胸中無涇渭耶。吾與師僅一再面，去冬，曾君自吳來燕，辱以一紙見寄，相望數千里，不遐遺乃爾，展轉把玩，因想勝風欲相面湖山水間，何可得也。因曾君出示此卷，敬書其後而歸之。辛卯歲二月廿二日，吳興趙孟頫。（清吳升《大觀錄》、卷十四）

〈溫日觀墨葡萄圖〉　　　　　　　　　　　　　　　　　　　　元・曾　遇

　　至元庚寅，以寫徑之役。自杭起驛入京，濱行之際，先一日過靈隱。別虎巖長老出，至廊廡，一老僧素昧平生，聞余華亭鄉音，迤揖而笑，握手歸房，叱其使令於方丈索酒茗歡洽，執縑素者填咽於其門，皆拒而不納。門之，甫知其為日觀溫也。以遇將有役，引墨作葡萄二紙，行一寄子昂學士，一以見贈。且以茶茗相期，此意原甚。別後，留燕書經，訖事，將得官，而轟薦福之雷。此紙偶留集賢翰林諸老處，多蒙著語，大為歸裝之光。今遂裒集成軸。南還未及數載，不獨溫口口去。卷中名勝半歸鬼伯之阡，撫卷感歎，系之以詩，曰：

　　我初不識溫玉山，偶然邂逅湖山間。戲寫蒲萄贈行色，呼酒酌別期茶還。人言此僧性絕物，法書名畫求不得。一時青眼信有緣，鄉物鄉人當寶惜。淋漓醉墨蛟螭蟠，磊落國珠星斗寒。疎略之中自精絕，工與造化爭毫端。殷勤携上金台去，袖惹天香襟烟霧。價輕不敢博涼州，但費玉堂題品句。萬里歸來口四壁，沙鷗笑人空役役。口惟餘翰墨爛生光，十年俯仰口陳跡。曾遇自叙，大德改元，書於學古家塾。（清吳升《大觀錄》、卷十四）

〈題僧日溫妙明畫〉　　　　　　　　　　　　　　　　　　　　元・袁　桷

　　近有善書僧日溫妙明。溫華亭人，明眉山人也。余嘗識明於玉几山，其年未四十。溫老矣，余識於靈隱，視其書之高下亦類夫年也。閏十月，有僧攜明書見示余，遂各為一章美之，且記二子之出處焉。

　　老溫作書誰授訣，少年潘郎繞城帖。興來握筆弄春妍，靄靄芳叢鬧飛蜨。平生大字顏魯公，晚復顛放少露鋒。論功古法雖未至，瀟灑要是僧中雄。醉裏葡萄墨為骨，秋葉東西雲鬱勃。裹繪急點數玄珠，不識公卿是何物。只今書畫名已傳，華亭鶴唳悲流年。西方金仙在何天，寄聲為了塵中緣。（袁桷《清容居士集》、卷六）

〈題日觀蒲萄卷〉　　　　　　　　　　　　　　　　　　　　　元・馬　臻

　　老衲捕空無，混沌為之闢。拔得天地根，不假雨露力。寒藤挂鬼眼，纍纍冷光碧。驪龍亦驚猜，夜半風霆急。（馬臻《霞外詩集》、卷一）

〈溫日觀葡萄圖并題卷〉　　　　　　　　　　　　　　　　　　元・虞　集

　　金谷風露涼綠珠，酒初醒，錦帳不成眠，月明墮清影。虞集。（清卞永譽《式古堂書

畫彙考‧畫考》、卷之十五）

〈溫日觀墨葡萄圖〉 元‧□堯逆

　心傳索詞屢矣，以結金字之冗，未暇填綴，玉田人迺歌白雪之章，汴沈欽就用其韻曰：有吳僧，醉倒墨池邊，西風暗吹芳，對蒼髯。冷挂龍珠萬顆，清映經總。却似仙人黃鶴，笛裏換時光。靜處觀生意，竹老梅花。猶記當年，分種是枯槎。遠駕萬里途長，信留真何許，葉燁燁楮毫。香前度離宮，別館正金舖，深掩綠苔床。休問一番展卷，清晝生涼。秋江□堯逆。（清吳升《大觀錄》、卷十四）

〈溫日觀墨葡萄圖〉 元‧張　炎

　想不勞，添竹引龍鬚，斷梗忽傳芳。記珠懸，潤碧飄搖秋影。曾印禪總，詩外片雲落莫。錯認是花光，無色空塵眼，霧老烟荒。一剪靜中，生意任相看，冷淡真味深長。有清風如許，吹斷萬紅香。且休教夜深，人見怕誤他。看月上銀床，凝眸久却愁捲去，難博西涼。元貞丁酉季春甘州張炎。（清吳升《大觀錄》、卷十四）

〈題溫日觀墨葡萄〉 元‧楊　載

　日觀作蒲萄，電掃無踪迹。誰於故紙上，點綴辨墨筆。西天十萬里，來往僅瞬息。敗關固不小，遺下履一隻。（楊載《翰林楊仲弘詩集》、卷一）

〈題溫日觀墨葡萄〉 元‧楊　載

　老禪嗜酒醉不醒，強坐虛欄寫清影。興來擲筆意茫然，落葉滿庭秋月冷。醉中捉筆兩眼花，倚簷架子攲復斜。翠藤盤屈那可辨，但見滿紙生龍蛇。（楊載《翰林楊仲弘詩集》、卷八）

〈僧日觀畫葡萄〉 元‧宋　旡

　玉山道人蒼壁立，胸潴萬斛松煤汁。吐作千年古怪藤，猶帶西湖烟雨濕。元氣淋漓草木活，太陰菌蠹虫蛇蟄。鬚縈翠霧瘦蛟走，睛抉玄珠黑龍泣。神剜鬼刻字崛奇，水精火齊光陸離。天魔擎來帝青寶，鯨波湧出珊瑚枝。墨花酣春馬乳漲，醉夢渴想西涼姿。風腮秋疑螽葉語，露架夜憶虬柯垂。須臾掩卷何所見，月落庭空無影時。（宋旡《翠寒集》、三八頁下）

〈同喻國輔題人溫日觀蒲萄〉 元‧吳　萊

　佛者本西域，蒲萄亦來西。奈何此善畫，無或渠所携。我曾考其故，初與漢使偕。上林乃有館，葱嶺何須梯。天時自不同，地氣忽以迷。結子且磊磊，懸藤更高低。先幾日已露，薄德不及稽。終今白氎像，遠從双猰猊。從茲故國木，伴爾禪家栖。幽心恍有得，爛墨研為泥。宜哉一揮洒，遽若無町畦。依稀可少辨，變化天投蛻。萬古空朔色，南山竟朝躋。畫工尚逸品，游戲徒筌蹄。豈伊吾無人，何往非髦倪。豈伊吾無物，桃李總成蹊。此皆外所產，敢與中州齊。為爾撫此卷，長歌欲驚嘶。（吳萊《淵穎吳先生文集》、卷四）

〈溫日觀墨葡萄圖〉　　　　　　　　　　　　　　　　　　　　元·太初子

濡宣毫，拂楮生興到，不復勞經營。芬陀剎，花一掃成壯溟，浩漫亂流急，玄烟漠漠眾星濕。大風欲捲海水乾，鮫人競掩輕綃泣。細看乃是垂摩尼，葉如破衲東西吹。枝浮力弱不自持，却似溫師狂醉時。此翁珍悉不易致，君以何緣得此紙。定是江南一片雲，卷以送君行萬里。昔聞博望使西域，初取靈根來漢國。今君驅馳出塞關，却携墨本上燕山。一還一往愁遠道，葡萄如故人先老。不見當年運筆人，篋中三嘆空遺寶。我生酷愛霜液寒，想像磊落堆水盤。他時酒渴月明夜，拄杖敲門來借看。

僕與心傳交最後，而最後題於葡萄，不能無媿。而卷中故人半隔生死，畫罷，不覺為之浩嘆。

大德七年癸卯夏五八日燈下，太初子審古頓首。（清吳升《大觀錄》、卷十四）

〈題溫上人墨戲二首〉　　　　　　　　　　　　　　　　　　　元·黃溍

日觀作此畫後四十六年，自題其卷尾云，恰如一夢又四十六年，而道士葉君出以示予。於是，日觀之夢覺久矣。今之視昔已如彼，未知後之視今何如也。

溫師戲墨妙絕當代，而好畫可喜可愕之語附見其旁，故觀者無不駭歎以為奇，予所見數十本莫不皆然，殆近乎有意為之也。（黃溍《金華黃先生文集》、卷二十二）

〈題日觀畫蒲萄〉　　　　　　　　　　　　　　　　　　　　　元·柳貫

昔有狂僧字仲言，醉嬉坐證法華門。探淵恰值乖龍睡，摘得驪珠一口吞。（柳貫《柳待制文集》、卷六）

〈題林盤所學民家藏溫日觀蒲萄〉　　　　　　　　　　　　　　元·許伯旅

張顛草書天下雄，醉筆往往驚群公。溫所作畫亦若是，我知畫與書法通。葡萄何來自西極，枝蔓連雲引千尺。世間畫者誰最高，溫師自有葡萄癖。當時豪貴爭邀迓，掉頭輒走呼不應。酒酣耳熟清興發，揮洒始覺通神靈。東家雪練西家帛，布地待師師不惜。芒鞋踏墨雲海翻，滿把驪珠輕一擲。百年畫意誰見之，破幅蕭條今尚遺。心垢都除入清淨，不爾妙悟何能為。憶我携書客淮右，大官都送葡萄酒。寒香壓露春甕深，風味江南未曾有。林君對此心忉忉，謂余亦種葡萄苗。何當釀酒二千斛，愁來一飲三百瓢。（清高宗《御定歷代題畫詩類》、卷九十二）

〈溫日觀墨葡萄圖〉　　　　　　　　　　　　　　　　　　　元・董思學

　玉山曾醉涼州夢，圓芳蔓無今古。露顆虬藤，風扶蠹葉。遺墨何人收取，當時贈別，記輕別西湖，笑離南浦，萬翠奚囊，豈知隨處助笑苦，歸來情寄謾遠近。情猶在望，荒亭荒圃。紺蕾攢陰弄月休說，堆盤馬乳，雲梯尚阻，袖一幅秋烟。掃空塵土靜，想山熜半乘寒架雨。齊天樂。老君山人董思學。（清吳升《大觀錄》、卷十四）

〈溫日觀墨葡萄圖〉　　　　　　　　　　　　　　　　　　　元・劉　沆

　余客燕山，心傳曾君携日觀葡萄見示，輒倚玉田甘州韻，形容墨妙之萬一云。

　愛纍纍，萬顆貫驪珠，特地寫幽芳。想黃昏，雲淡夜深人靜。清影橫熜，冷淡一枝兩葉。筆下老秋光，參透圓明相，日觀開荒。最是柔髮，修梗映風姿。霜質雅趣悠長，更淋漓草聖，披玩墨猶香，珍重好卷藏。歸去枕屏間，偏稱道人床。江南路後回重見，同話凄涼。鄜□劉沆。（清吳升《大觀錄》、卷十四）

〈溫日觀墨葡萄圖〉　　　　　　　　　　　　　　　　　　　元・劉則海

　老溫自有維摩臂，禿穎便成玄水珠。白髮歸來大宛使，十年愧此黑髯鬚。黃金台上萬里客，書畫光搖夜雪舟。辦取蒲萄酒千斛，拍浮更作醉鄉遊。盧山人劉則海題。（清吳升《大觀錄》、卷十四）

〈溫日觀墨葡萄圖〉　　　　　　　　　　　　　　　　　　　元・劉　蒙

　心傳曾君出示日觀蒲萄手卷，而名章俊語已成牛腰，豈堪更著蛇足。心傳強之書，吾不能辭，效顰自覺醜爾。

　向時一瓣香，人為南豐持。葡萄一紙墨，君今重赤髮。赤髮非君侶，得此將安之。君挾遠道去，戀戀若有資。名公富題品，入手生光暉。唵窗靜游目，冷淡無妍姿。中原飽風露，詰曲猶一枝。蒼髯既不長，葉底何纍纍。却疑老僧念誦水晶珠，腕前崖下不拾遺。否則僧繇前身老畫師，飛植變化同真機。下筆已造極，其妙人莫窺。相隨賦歸來，舒卷心自知。彼我莫青紫，不解應自嗤。曾君天機深，一斗足百詩。當時開懷縱飲酒，此心可博涼州歸。四明劉蒙敬書於雲間郡學讀書樓。（清吳升《大觀錄》、卷十四）

〈溫日觀墨葡萄圖〉　　　　　　　　　　　　　　　　　　　元・釋正印

　溫師三絕天下奇，能書能畫兼能詩。筆端造化人不知，寶璫碌碌珠纍纍。心傳亦是乘槎客，天竺山中等閒得。玉堂題品價連城，上林紅紫無顏色。修藤點綴甘露團，開卷凜凜生清寒。我疑書罷金經日，一枝御賜推金盤。溫師種子真大宛，眼底紛紛皆贋本。錦囊什襲要珍藏，莫教雷電下取將。

　心傳學士疇昔赴書經之召，日觀作戲墨贈行。余是時在冷泉，恨不及見。後廿有三年，獲覿於

雲間南山勝地。漫成長句，綴於卷末云。時皇慶改元，燈夕後十日，無諸道人正印稽首敬題。（清吳升《大觀錄》、卷十四）

〈溫日觀墨葡萄圖〉　　　　　　　　　　　　　　　　　　　　　　　元・釋照菴

禪餘觀物偶相投，落筆縱橫竟自由。萬里空隨寒士去，一枝未許俗人收。纍纍月下驪珠影，剪剪風前翠羽愁。却憶提攜因漢使，那知翰墨亦風流。照菴覺蟾子晞遠。（清吳升《大觀錄》、卷十四）

〈溫日觀墨葡萄圖〉　　　　　　　　　　　　　　　　　　　　　　　元・陸居仁

黃金台北帝王州，我亦曾為汗漫遊。不入鳳池鵷鷺序，稀依天地一沙鷗。用日觀師韻，鄉弟陸居仁。（清吳升《大觀錄》、卷十四）

〈題溫日觀葡萄四首〉　　　　　　　　　　　　　　　　　　　　　　元・張天英

天末驪珠灑翠虬，向人飛舞入瓊樓。西風吹醒瑤池夢，笑指青山似貝丘。
右風
月宮仙子下瑤壇，帝遣山中采木難。夜半龍來作人語，蜿蜒影上碧窗寒。
右月
古根蟠結大宛西，魚目搖光亞玉題。無劍醉留今雨客，龍髯顛倒碧蛙啼。
右雨
馬乳離離竹尾斜，日西簷影落龍蛇。醉中長記乘槎老，教與仙人釀紫霞。
右霽。（顧瑛《草堂雅集》、卷三）

〈題溫日觀畫蒲萄〉　　　　　　　　　　　　　　　　　　　　　　　元・柯九思

學士同趨青瑣闥，中人捧出赤瑛盤。丹墀拜賜天顏喜，翠袖攜歸月色寒。（柯九思《丹邱集・錄自元詩選》、五九頁）

〈題日觀畫葡萄〉　　　　　　　　　　　　　　　　　　　　　　　　元・釋大圭

短衣狂走至元僧，醉唾驪珠十斛冰。定起山樓寒月上，一牎風影寫秋藤。（清高宗《御定歷代題畫詩類》、卷九十二）

〈題溫日觀葡萄〉　　　　　　　　　　　　　　　　　　　　　　　　元・釋大圭

龍扃失鑰十三重，驪珠迸落鮫人宮。并刀剪斷紫瓔珞，纍纍馬乳垂金風。樹根吹火照殘墨，冷雨松棚秋鬼哭。蔗丸嚼碎流沙冰，鴨酒呼來漢江綠。鐵削虯藤劍三尺，雷梭怒穴陶家壁。曇胡醉起面秋巖，一索摩尼挂空碧。（清高宗《御定歷代題畫詩類卷九十

二）

〈題溫日觀畫葡萄〉　　　　　　　　　　　　　　　　　　　　元・劉仁本

　　日觀山頭有老僧，葡萄幻出墨稜層。維摩不坐真珠帳，引得狐禪語葛藤。（劉仁本《羽庭集》、卷四）

〈溫日觀畫蒲萄〉　　　　　　　　　　　　　　　　　　　　　元・鄭元祐

　　伊昔錢唐溫日觀，醉兀竹輿殊傲岸。却將書法畫蒲萄，張顛草聖何零亂。枝枝葉葉點畫間，醉睜白眼看青天。狂呼大盜楊總統，天不汝誅吾厚顏。楊加垂死曾不畏，故老言之淚尚潛。畫成蒲萄誰賞識，惟有鮮于恆嘖嘖。醉叩齋室支離疏，拊摩悲歌淚填臆。鮮于設浴師浣之，為師滌垢曾弗辭。人言結襪張廷尉，千載風流寧異茲。蔓如龍須實馬乳，問師揮毫奚獨取。只因漢使遠持來，野老詩成淚如雨。（鄭元祐《僑吳集》、卷二）

〈重題溫日觀蒲萄〉　　　　　　　　　　　　　　　　　　　　元・鄭元祐

　　故宋狂僧溫日觀，醉憑竹輿稱是漢。以頭濡墨寫蒲萄，葉葉枝枝自零亂。隴酋時有連真珈，每欲邀師飲其家。路逢其人輒大罵，欲泄憤怒寧辭撾。鮮于愛師工字畫，北面從師學波磔。寫出葡萄皆書法，二王楷範從師得。困學齋前支離疏，師來或哭或笑呼。醒塗醉抹不可測，其言皆足警懦夫。先生弊廬耿家步，阿家舊日行經路。月落山空喚不應，尚想秋棚溥白露。（鄭元祐《僑吳集》、卷二）

〈溫日觀葡萄〉　　　　　　　　　　　　　　　　　　　　　　元・張　憲

　　銀甕懸紫駝，驛騎曉來急。西風吹竹窗，一夜鮫人泣。（張憲《玉笥集》、卷十）

〈題溫日觀蒲桃圖〉　　　　　　　　　　　　　　　　　　　　明・宋　濂

　　人知中言師以善畫名世，而不知其結字清逸有晉人之風。知其字之佳者，縱有其人而又不知其超悟心宗，而有翛然出塵之趣。是以趙魏公、鮮于奉常雖服其用筆精絕，而師之忘去翰墨町畦玩弄於人間世者要未必能察之也。今觀此卷，或書雜詩詞，或畫蒲桃三數枝。意到即成，略無礙滯。而蛟龍奮迅之勢自不可掩，豈所謂天機全者自有異人人邪。（宋濂《宋學士文集》、卷十）

〈題日觀墨蒲萄為東山泰上人賦〉　　　　　　　　　　　　　　明・劉　嵩

　　巨然山水校毫毛，靈徹詩歌費煉陶。何似老禪三昧手，雲飛風卷幻蒲萄。（劉嵩《槎翁詩集》、卷八）

〈題溫日觀蒲萄〉　　　　　　　　　　　　　　　　　　　明・劉　嵩

老人醉墨走蛇虯，風露瀟瀟數葉秋。無復馳囊盛馬乳，却教圖畫憶涼州。(劉嵩《槎翁詩集》、卷八)

〈溫日觀墨葡萄〉　　　　　　　　　　　　　　　　　　　明・淩雲翰

風飄露灑一棚秋，路人滄江憶舊遊。憑仗金壺翻墨汁，老禪胸次有涼州。天風動地拂蒼髯，搖落驪龍頷下珠。一斗竟須澆渴吻，道人從此厭醍醐。(淩雲翰《柘軒集》、卷一)

〈題溫日觀葡萄〉　　　　　　　　　　　　　　　　　　　明・錢　宰

葡萄壓架水晶寒，枝坐山僧出定看。露下空庭涼月墮，斷雲星斗夜闌干。卻看仙佩萃霞裙，又似青鸞下碧虛。夜半蕊宮秋月白，小龍和露養玄珠。(錢宰《臨安集》、卷二)

〈題璋上人所藏溫日觀墨蒲萄〉　　　　　　　　　　　　　明・藍　智

鮫人織綃翡翠宮，驪珠滴露垂玲瓏。老禪定起寫秋影，空山月轉雙梧桐。憶昔初移大宛種，苜蓿榴花俱入貢。蓬萊別舘綠雲深，太液晴波水晶重。貝南之國曇所居，生紙顛倒長藤枯。墨池禿盡白兔穎，天風吹角青龍鬚。祇園馬孔秋初熟，點綴鵝湖雲一幅。醉草猶疑懷素狂，寒梅頓覺華光俗。野棠千尺手所栽，兵戈蕪沒同蒿萊。日斜對畫獨回首，詩成誰置西涼酒。(藍智《藍澗集》、卷二)

〈題溫日觀蒲萄〉　　　　　　　　　　　　　　　　　　　明・藍　智

數藤馬乳秋風晚，一架驪珠夜月明。憶作草堂看畫日，連連詩句獨先成。開士名流溫日觀，最能潑墨作蒲萄。君家此本何年物，彷彿前人筆格高。(藍智《藍澗集》、卷六)

〈題溫日觀葡萄卷後〉　　　　　　　　　　　　　　　　　明・王　行

日觀，宋亡後，雖居葛嶺之馬腦寺，而借地於酒。楊璉不得近，冀以名酒啗之。見輒罵曰：「吾用此盜冢物耶？」時袖瓜至鮮于伯機家飼其龜，抱庭間松號支離叟者，或歌，或哭，每需浴，伯機必躬進澡豆。余聞之故老如此，今觀此卷，可以徵其人矣。(王行《半軒集》、補遺)

〈題溫日觀蒲萄〉　　　　　　　　　　　　　　　　　　　明・岳　正

功力延年本草收，忍將輕易換涼州。我家家後林塘晚，誰惜西風一架秋(岳正《類博稿》、卷二)

〈題林盤所學民家藏溫日觀蒲萄〉　　　　　　　　　　　　明・許伯旅

　　張顛草書天下雄，醉筆往往驚群公。溫所作畫亦若是，我知畫與書法通。葡萄何來自西極，枝蔓連雲引千尺。世間畫者誰最高，溫師自有葡萄癖。當時豪貴爭邀迎，掉頭輒走呼不應。酒酣耳熟清興發，揮灑始覺通神靈。東家雪練西家帛，布地待師師不惜。芒鞋踏墨雲海翻，滿把驪珠輕一擲。百年畫意誰見之，破幅蕭條今尚遺。心垢都除入清淨，不爾妙悟何能為。憶我携書客淮右，大官都送葡萄酒。寒香壓露春甕深，風味江南未曾有。林君對此心切切，謂余亦種葡萄苗。何當釀酒二千斛，愁來一飲三百瓢。（清高宗《御定歷代題畫詩類》、卷九十二）

〈題溫日觀葡萄〉　　　　　　　　　　　　　　　　　　　　明・朱誠詠
　　鉢龍吞墨上雲煙，幻出驪珠顆顆圓。今日空庭留色相，一枝涼影月當天。（朱誠詠《小鳴集》、卷七）

〈題趙松雪、溫日觀畫〉　　　　　　　　　　　　　　　　　　明・陸粲
　　趙松雪畫馬，溫日觀畫蒲萄，聯為一卷，提學侍御石盤先生所藏也。先生以粲為門下士，俾識一言。松雪繪事之妙，夫人知之固不俟論，若日觀一僧耳。然南村野史，稱其憤楊髡之發陵，見輒詈之，此其志節豈真緇流中所不易得哉？彼膚敏裸將之士宜有深愧之者矣。先生寶此，其意蓋不特在乎區區楮墨間而已也。（陸粲《陸子餘集》、卷七）

〈溫日觀葡萄圖并題卷〉　　　　　　　　　　　　　　　　　明・陳繼儒
　　溫日觀，華亭人，寓西湖瑪瑙寺，寫葡萄如破裂袋，松雪極重之。其書法師楊凝式，晚年專修淨土，道行高卓。不獨書畫勝也。崇禎王申五月十六日，題於佘山頑仙廬。同觀者王景暉、眉道人。陳繼儒。（清卞永譽《式古堂書畫彙考・畫考》、卷之十五）

## 瑞上人
　　小傳：不見畫史記載。身世不詳。

〈題瑞上人山水圖〉　　　　　　　　　　　　　　　　　　　明・劉 基
　　上人性僻躭山水，應是王維第二身。蘭渚流觴新到越，藍田別業舊通秦。驅馳翰墨迴龍虎，簸弄風雷感鬼神。羈旅相逢聊自慰，莫思天地有煙塵。（劉基《誠意伯劉文成公文集》、卷十六）

## 道上人
　　小傳：僧人，順帝時人，善畫山水。（見《中國畫家人名大辭典》、五五六頁）

〈題道上人墨梅〉　　　　　　　　　　　　　　　　　　　明・高　啟

　笛裏寒梢蕊自開，幾年風雨不生苔。山窓夜半禪初定，應喜無香觸鼻來。（高啟《高太史大全集》、卷十八）

## 誠道源

　小傳：不見畫史記載。僧人，字覺隱，隱居芝阜，身世不詳。

〈三石圖〉短卷　　　　　　　　　　　　　　　　　　　　　　　自　題

　十日畫一石，觀者嫌少，又作二小石，高高低低，俱有三石豐年之織也。又題一詩，客中九日。

　小橋流水繞廻郎，獨對西風憶故鄉。山崦人家秋色晚，客中無菊過重陽。（清吳升《大觀錄》、卷十八）

〈鸐鴒圖〉短卷　　　　　　　　　　　　　　　　　　　元・凝始子

　時圬公能詩善畫，不知何許人，或隱或顯，當是避世之士。與覺隱同心同德，覺隱到處此公亦到。覺隱本不能畫，畫皆圬公之筆。然有覺隱題，圬仙方肯著筆。却有一件奇特處，覺隱喫飯，此公不舉箸，只靜坐。及乎飯畢起身，圬仙亦飽，鼓腹而歌。若圬仙吃飯，覺隱亦飽。時人皆莫測其旨。因書以誌之。大同山翁凝始子題。（清吳升《大觀錄》、卷十八）

〈誠上人道元樹石〉　　　　　　　　　　　　　　　　　元・黃玠

　江風吹樹葉盡脫，交枝相纏亂如結。筋節刻露虁一足，霜雪幾年凍不折。昨夜沙頭秋水生，怒湍觸石與根爭。恐為浮槎逐海客，不見土羊成木精。（黃玠《弁山小隱吟錄》、卷二）

〈誠道源溪山晚霽圖，道源隱於芝阜〉　　　　　　　　　元・栢子庭

　微雨過溪上，青山草閣前。牛羊知返逕，童稚喜歸船。煙樹村村鳥，春泉處處田。披圖憶芝阜，頭白尚安眠。（顧瑛《草堂雅集》、卷十三）

〈題誠道原瀟湘八景〉　　　　　　　　　　　　　　　　明・貝　瓊

　瀟湘夜雨　　江空夜如何，急雨千里洒。水生黃陵廟，雲暗蒼梧野。皷瑟來湘靈，移舟近漁者。重華不可見，竹上淚如寫。

　洞庭秋月　　軒轅已上天，弓劍人間留。唯餘萬古月，長照洞庭秋。君山雲氣滅，水合天光流。忽遣金蝦蟆，脫歸千丈湫。

　　漁村夕照　　羲和忽西匿，阡陌散餘輝。澄江度隻翼，遙岑明半規。孤烟野店起，歸人一何遲。遺榮羨父老，衰白無所悲。

　　江天暮雪　　曾雲起北渚，萬象入鴻濛。散漫飛輕雪，低回逐勁風。思群無牧馬，失侶有征鴻。泛泛獨垂釣，扁舟黃髮翁。

　　平沙落雁　　群雁來衡陽，亦如萬里客。日暮空徘徊，欲去飢無食。兼葭暗汀洲，驚飆吹倦翼。上林須春歸，寧為羅網得。

　　山市晴嵐　　山光洗新黛，好雨不崇朝。日遲蒙薄霧，近靄微霄。茅茨猶隱約，金翠鬱岩嶤。前峰恐無路，有客度危橋。

　　遠浦歸帆　　楚客發天際，揚帆入三湘。回首青山遠，忽已過潯陽。晚樹何歷歷，歸思浩茫茫。永愧波上鷗，漁父共相忘。

　　煙寺晚鐘　　清鐘象蒲牢，夜觸海底鯨。海鯨豈有意，蒲牢本無聲。二物偶相值，坐使百里驚。高僧定初起，月上空山明。（貝瓊《清江貝先生集》、卷一）

## 虞 仿

　　小傳：不見畫史記載。身世不詳。

〈題舍弟仿墨竹〉　　　　　　　　　　　　　　　　　　　　　明・虞 堪

　　吾弟頗洒落，鳳梢兼寫秋。看渠矜老可，憐我憶陵州。（虞堪《鼓枻藁》、三三頁）

## 虞 集

　　小傳：字伯生，臨州崇仁人，文宗時，仕官至奎章閣侍書學士。為人善文，工書，能畫。（見《中國文學家大辭典》、八九八頁）

〈蜀人曲江之官贈以墨竹〉　　　　　　　　　　　　　　　　　　自 題

　　拈筆寫琅玕，清風入室寒。蜀山空偃蹇，海郡更盤桓。雲霧瓊簫遠，冰霜玉節完。莫忘鄉里意，持向曲江看。（虞集《道園學古錄》、卷三）

〈題虞邵菴送別圖〉　　　　　　　　　　　　　　　　　　　　元・余 闕

　　南州山水麗，中田歲事豐。時貞文物粲，道合朋輩同。濟濟眾君子，班坐蔭青松。迴洲環偃月，丹林結絳虹。翔鷗方矯矯，鳴雁亦噰噰。即趣情已展，染翰思彌工。予亦幽棲者，纓冠朝北宮。披圖誦佳詠，邈爾想高風。（余闕《青陽先生文集》、卷上）

## 虞 堪

　　小傳：字克用，一字勝伯，居江蘇長洲，為虞集之子。元末隱居，不樂仕進，藏書甚富，好吟

詠，善山水。（見《中國畫家人名大辭典》、五六二頁）

〈自畫萬壑松風圖歌贈天台朱秉中梅花〉　　　　　　　　　　　自　題

　天台萬八千丈山，桃花久不留人間。上當牛斗開天關，仙人幾度招我窮幽攀。瓊台玉
闕迥寂寞，石橋且滑空潺湲。曾識高人姓朱者，讀書縛屋蓮峰下。一從畫得龍馬神龜文，
走獻天子登天閭。天子莫可官，歸來老田野。最喜兩兒郎，綠髮更蕭洒。大者賦遠遊，
不肯卑微休。仲也誰與儔，愛我畫滄洲。聊將水墨趣，寫此空巖秋。雁蕩雲連赤城暮，
瀟湘雨裏蒼梧愁。我愛仲也琴，傾耳大賞音。南風散五弦，為我開煩襟。棲鳥夜啼秋月
墮，黃鸝曉囀春花深。君不見畫中絕是琴中趣，萬壑秋風滿松樹。應有梅花可結巢，隨
意青山看雲去。（虞堪《希澹園詩集》、卷一）

〈自畫山居圖歌贈宜春朱隱君〉　　　　　　　　　　　　　　自　題

　朱侯有隱居，迺在宜春間。東遊久未已，浩蕩忘其還。山川神氣具在眼，窮幽賾隱知
何限。黃河之源出崑崙，千里萬里盤旋屈折支。天根自從開闢分九州，大噫嘑嗡生氣浮。
綿延亙接無盡頭，奔澎不息入海流。海門限水迴蛟蜃，碣石排風駐馬牛。從此山川極甌
越，秦王之石禹王穴。朱侯朝覽赤城霞，暮看山陰雪。山陰溪中釣魚者，舊廬亦在青城
下。胸中丘壑渾天成，手握風雲自揮洒，窅靄外源濛。前來龍起伏，頃刻真宛然。長松
古檜亦偃蹇，不似草草生風煙。朱候長相見，談笑共刮目。脫屨白石上，滄浪歌濯足。
愛山之癖奈侯酷，聊以尋幽畫茆屋。青山隔溪轉，越來溪傍花正飛。春山蕨長薺菜肥，
何待滿樹風雨鈎。輖啼朱侯朱侯此別勿歎惜，一飯勸君當努力。但將雞犬深入雲，莫管
桃花盡狼藉。此畫掛向草屋壁，讀書萬卷守勿失。從教門前泥潦三尺深，深掩柴門莫輕
出。（虞堪《希澹園詩集》、卷一）

〈自畫關山行旅圖因製畫山曲〉　　　　　　　　　　　　　　自　題

　三年不作畫，一畫旅愁生。家山萬里隔，蜀道正難行。蜀高山且遠，瞿唐水復險。別
來記得春水深，此日欲去風塵滿。風塵滿如何，成都西南愁翠娥。蛾眉愁損人未歸，杜
鵑啼血朝朝飛。杜鵑飛向何處，江南三月春，十日九風雨。每同謝眺看青山，安得草堂
留杜甫。君不見杜甫悲歌一世豪，南奔北走何其勞。南奔北走何其勞，許身稷契愚且高。
（虞堪《希澹園詩集》、卷一）

〈為規侍者畫天台圖〉　　　　　　　　　　　　　　　　　　自　題

　風雨祇園夜寂寥，對僧燃燭畫山椒。眼明認得天台路，有箇行人到石橋。（虞堪《希
澹園詩集》、卷三）

〈題（自畫）吳江春曉圖贈張伯奇南歸〉　　　　　　　　　　　自　題

　吳淞叮上春初曉，煙水微茫帶淺蕪。政是玄真歸去日，釣船從此落鴛湖。（虞堪《鼓
枻稿》、二二頁）


〈為弘行者畫萱草〉　　　　　　　　　　　　　　　　　　　　自　題

　弘兄身在空華空，夢幻無邊苦憶親。要認東風真面，宜教重見北堂春。（虞堪《鼓枻
藁》、四〇頁）


〈虞勝伯江山風雨圖〉　　　　　　　　　　　　　　　　　元・鄭元祐

　雍公之孫勝伯父，落筆驚人意獨苦。篆籀從衡寫風雨，平休遠岸舟橫浦。想從出蜀看
山多，筆鋒森然如斲戈。春秋著成可奈何，酒酣拔劍須君歌。（鄭元祐《僑吳集》、卷二）


〈虞勝伯畫雨竹〉　　　　　　　　　　　　　　　　　　　元・鄭元祐

　渭川烟雨綠漪漪，公子飛雲出硯池。萬箇青琅秋一抹，高梢得聳鳳皇枝。（鄭元祐《僑
吳集》、卷六）


〈（虞）勝伯仙台高士圖〉　　　　　　　　　　　　　　　元・倪　瓚

　仙台有高士，聞在最高峰。濯足五湖水，結巢千歲松。霞靡雲扁不可到，落花如雪絲
吹濛。醉顏生酡日瞳瞳，飛花蹴踏金芙蓉。絳紗為裳玉鍊容，往來倏忽其猶龍。伊誰貌
此世外蹤，青城山人仙中翁。運筆直與天同功，倪生作詩以詠歎。凌跨倒景他日期相從。
倪瓚。（明朱存理《鐵網珊瑚書品》、卷五）


## 虞瑞巖

　小傳：爵里俟考，善畫水仙。（見《中國畫家人名大辭典》、五六二頁）


〈題虞瑞巖白描水仙〉　　　　　　　　　　　　　　　　　元・于　立

　瀛洲之君號中黃，珥冠翠帔懸明璫。通明宮中拜帝觴，帝遣換骨生天香。醉後橫斜踏
明月，月明零亂如冰雪。為傳清影落人間，化作幽芳更愁絕。官車曉通西陵渡，貝闕珠
宮鎖烟霧。君王十二玉闌干，玉盤倒瀉金莖露。江風吹斷舊繁華，年年十月自春花。寫
成幽思無人省，持獻瑤池阿母家。（顧瑛《草堂雅集》、卷十一）


〈題虞瑞巖白描水仙花〉　　　　　　　　　　　　　　　　元・姚文奐

　離思如雲賦洛神，花容婀娜玉生春。凌波襪冷香魂遠，環珮珊珊月色新。（顧瑛《草
堂雅集》、卷十）

〈虞瑞巖畫〉　　　　　　　　　　　　　　　　　　　　　　　　　元・吳　源

　嘗考夫六朝五代，南渡迄今，善畫者不可勝計，然而各專其一，未盡善也。瑞巖虞公以畫為業，聞之既久，未嘗得一紙筆，觀沐間會於永新寓舍，出示數紙。山水人物則有貌狀，花木竹石則有幽妍。禽鳥則有飛翔，魚龍則有變化。其餘所施，無不可趣。蓋瑞巖遍歷山水，窮搜物理，而得其妙也。察夫百家眾技之流，能業其先世者蓋鮮，非惟百家眾技之流不能業其先世，儒道一而已矣。愚雅業儒，若子若孫，未審異日有能業否。瑞巖有嗣，想夫能繼其業，又冀勉渚。至至戊戌良月二十一日，吳源書於永新寓舍。（明朱存理《珊瑚木難》、卷三）

## 虞魯瞻

　小傳：洪武時人，身世不詳，善畫山水。（見《中國畫家人名大辭典》、五六二頁）

〈題虞魯瞻山水〉　　　　　　　　　　　　　　　　　　　　　　明・貝　瓊

　御史新來水石工，數峰依約米南宮。試添茅屋秋林下，著我江南鶴髮翁。（貝瓊《清江詩集》、卷九）

## 萬初上人

　小傳：不見畫史記載。身世不詳。

〈題萬初上人枯木蘭竹圖〉　　　　　　　　　　　　　　　　　　明・劉　嵩

　蒼龍躍海鱗鬣古，翡翠出林毛羽鮮。即色已非身外相，生香應悟定中禪。（劉嵩《槎翁詩集》、卷七）

## 萬德才

　小傳：不見畫史記載。身世不詳。

〈為彭聲之題萬德才墨竹〉　　　　　　　　　　　　　　　　　　元・劉永之

　蕙邊夜酌鸕鶿勺，花嶼春遺翡翠竿。忽憶故人江海別，歚題錦字壽青鸞。（劉永之《劉仲修先生詩集》、卷三）

## 鄒汝舟

　小傳：不見畫史記載。身世不詳。

〈鄒汝舟畫〉　　　　　　　　　　　　　　　　　　　　　　　　明・凌雲翰

童子言師去未還，採芝多在白雲間。誰知流水桃花外，更有高人臥碧山。（凌雲翰《柘軒集》、卷一）

## 鄒時昌

小傳：常州人，善畫。（見《中國畫家人名大辭典》、五六七頁）

〈題鄒旅雲青山老隱圖〉 　　　　　　　　　　　　　　　　　　　　　元·王　逢

青山老隱圖，予友鄒君時昌，追慕其先道鄉先生而作也。先生有墓有祠在毗陵青山門外，中書左丞呂公思誠為浙憲時，嘗拜祠下，命有司禁樵採。後毗陵失守，時昌避地海上，欲歸省不可得，乃繪是圖，復自號曰青山老隱，以示不忘首邱之義。予敬題以詩。

青山郭外道鄉祠，宰木溪毛幾歲時。繡史罷伸芻牧禁，畫圖深寓釣遊思。疎星皓月飛鳥鵲，細雨東風過子規。更有張翰首邱賦，倩予盥露寫烏絲。（王逢《梧溪集》、卷二）

## 鄒復雷

小傳：道士，復元弟，亦能詩畫。說者謂其齋居蓬蓽，琴書餘興，寫梅得華光老人不傳之妙云。（見《中國畫家人名大辭典》、五六七頁）

〈鄒復雷春消息〉 　　　　　　　　　　　　　　　　　　　　　　　　　自　題

蓬居何處索春回，分付寒蟾伴老梅。半縷烟消虛室冷，墨痕留影上窗來。庚子仲秋。復雷。（明朱存理《鐵網珊瑚·書品》、卷四）

〈鄒復雷春消息　〉 　　　　　　　　　　　　　　　　　　　　　　　元·顧　晏

陰陽之氣，有清有濁。人之生，得其氣之清者，則所好亦清，而濁者莫干焉。得其氣之濁者，則所好亦濁，而清者莫混焉。夫清之不能以濁，濁之不能以清者，固自然之理也。雲東鄒君復雷，齋居蓬蓽，琴書餘興，又以寫梅是樂。於是久之，深得花光老不傳之妙，殊名怪狀，風枝雪蕊，莫不曲盡其妙。且梅者至清之物也，瀟灑無一毫塵俗氣耳。若發越於吟霜詠月之間，其可尚者不獨清而已，蓋有歲寒之心也哉。若復雷者，真可比德於梅之清無愧矣。於是乎，書此以為序。至正十年歲青龍集庚寅季春既望，天台委羽洞天山人時顯顧晏書於蓬蓽居。（明朱存理《鐵網珊瑚·書品》、卷四）

〈鄒復雷春消息〉 　　　　　　　　　　　　　　　　　　　　　　　元·楊維楨

鸛東鍊師有兩復，神仙中人殊不俗。小復解畫花光梅，大復解畫文同竹。文同龍去劈破壁，花光留得春消息。大樹仙人夢正酣，翠禽叫夢東方白。

予抵鸛沙泊洞玄丹房，主者為復雷鍊師，設茗供後，連出清江楮三番，求東來翰墨。師與其兄復元，皆能詩畫，既見元竹復見雷梅。卷中有山居老仙品題春消息字，遂為賦詩卷之端。時至正辛丑秋七月廿有七日，老鐵貞在蓬蓽居，試陳有墨，尚恨乏筆。楊維禎。（**明朱存理《鐵網珊瑚・書品》、卷四**）

## 蒙古御史

小傳：不見畫史記載。身世不詳。

〈次茂禪師寬字韻為鑑上人題蒙古御史墨竹〉　　　　　　　　元・李孝光

借問誰家庭院寬，春風喚起玉千竿。客來看竹無人識，獨自吹笙跨鳳鸞。（**李孝光《五峰集》、卷四**）

## 董 旭

小傳：字泰初，居天台，身世不詳，善畫山水。（**見《中國畫家人名大辭典》、五七一頁**）

〈題董太初畫，時太初客死天台〉　　　　　　　　　　　　　明・錢 宰

有客泊舟滄水灣，臥吹鐵笛非人寰。小溪白石亂如齒，平地雙松高似山。丹丘赤城久為客，沃州天姥何曾還。嗟哉董生不復見，安得致身圖畫間。（**錢宰《臨安集》、卷一**）

## 董 公

小傳：不見畫史記載。身世不詳。

〈（董公畫）野莊圖三首，有序〉　　　　　　　　　　　　　元・朱德潤

承旨董公繪野莊為圖，求諸賢題詠，中齋草序。以同人致亨，晦叔撰銘，以儗倫溢美，死未盡公臆之所在。若夫士君子出處，固皆有命，不可以遲速工拙為言。然當得時行道，靜退之心，何嘗食頃而不在懷也。以艱於自云，必託物以表其志。唯未能挂冠，神武欻裳宵逝，較之鐘鳴漏盡不已於行者，猶賢乎已，喜為賦詩。初弗計其不自量也，其辭曰：

午橋吟醉平誰後，商嶺鴻冥定漢餘。正恐野莊歸未遂，九重思治望新書。老筆鍊餘詩律細，事機諳久宦情疎。輞川圖上王摩詰，靜退為心是本初。寶珠換卻杖頭鳩，空見秋瓜憶故丘。白首相看宦舍底，晚年心事轉優游。（**清高宗《御定歷代題畫詩類》、卷一一五**）

## 董 生

小傳：不見畫史記載。身世不詳。

〈題董生畫〉　　　　　　　　　　　　　　　　　　　　　　元・虞 集

　李公昔守清江上，翰墨交游有稚川。每從遠海風雨至，共對小山松桂眠。撥燈何處得古法，臨池忽欲無千年。嗟哉李氏孫尚幼，川翁家學子能傳。（虞集《道園遺稿》、卷三）

### 董 卿

　小傳：不見畫史記載。身世不詳。

〈題董卿畫〉　　　　　　　　　　　　　　　　　　　　　　明・高 啟

　花落吳王故苑西，客亭風雨聽鶯啼。今年又負行春約，畫裏看山不忍題。（高啟《高太史大全集》、卷十八）

### 葉仲輿

　小傳：爵里俟考，善畫墨竹。（見《中國畫家人名大辭典》、五七五頁）

〈求葉仲輿寫墨竹扇面〉　　　　　　　　　　　　　　　　　元・岑安卿

　此君一日不可無，子猷篤愛心歡愉。延平官舍斬伐餘，稽山倦客心煩紆。先生拋官南海來，胸中邱壑爭崔嵬。筆端造化奮天巧，攫龍一夜驚春雷。素絹團團剪秋月，願染玄霜寫幽絕。蕭然便覺風雨生，頃刻清寒屏炎熱。昔時與可稱絕倫，息齋近世尤逼真。我持此扇出門去，要使襪材咸萃君。（岑安卿《栲栳山人詩集》、卷中）

### 葉洞春

　小傳：不見畫史記載。身世不詳。

〈以詩就葉洞春求畫蒲萄〉　　　　　　　　　　　　　　　　元・陳 普

　洞春豪傑士，妙筆出怪奇。寫就大宛根，可怪不可棄。此手豈易得，此手難再携。敢將有聲畫，博君無聲詩。（陳普《石堂先生遺集》、卷十六、2 ○/b）

〈贈葉洞春畫蒲萄〉　　　　　　　　　　　　　　　　　　　元・陳 普

　引蔓牽藤寸管頭，扶驪剔蚌出風流。三千龍女拋珠佩，一個儒生擁碧油。莫是前生封即墨，便堪作酒博青州。齊奴倘會清妍意，免得紅裙逐翠樓。（陳普《石堂先生遺集》、卷十七）

### 葉梓素

　小傳：字楚材，身世不詳，善山水。（見《中國畫家人名大辭典》、五七五頁）

〈題亡友葉梓素所作山水〉　　　　　　　　　　　　　明・徐賁

任昉台前記別離，闔閭城外哭君時。今朝孤館看圖畫，萬水千山不盡思。（徐賁《北郭集》、卷九）

## 葉清友

小傳：天台人，葉可觀之子，善寫真，能紹父傳。（見《中國畫家人名大辭典》、五七五頁）

〈送寫神葉清友序〉　　　　　　　　　　　　　　　元・楊維禎

古今稱傳神者，晉之顧長康氏。長康寫照非徒得人之形似，而併以其情性精爽得之，此古今之妙稱也。其寫裴叔則頰上蓋以三毛，而裴之神明見；寫謝幼輿置之岩石之裏，而謝之情性知，傳神而不得其精爽情性，徒求規口之形似，其去土木之偶奚遠哉。天台葉清友昏，其父可觀觀京師，嘗寫天顏，被命為提舉梵像監。清友紹其家傳，嘗為予寫鹿冠吹笛之象於五湖之間，淡者謂非徒得予形骨，而又得予神明，不在長康氏之下也。予嘗論傳神如長康氏，可謂絕古今之妙矣。抑律之在古殷之畫工，則長康氏又有所不能也。高宗夢賢於野，俾畫工於象求之，得諸傳說，惟肖說以夢交於畫工也。吾不知畫工何以而得肖於君之象也，畫工之神蓋有陰歎造化之妙者矣。聖天子方寤寐求賢版築之下，亦有其人或俾圖像乎，試以畫工之神於商者神於今也，長康氏之稱妙者又何足為清友道哉。（楊維禎《東維子文集》、卷十一）

## 葉蘭坡

小傳：不見畫史記載。身世不詳。

〈題葉蘭坡居士蘭〉　　　　　　　　　　　　　　　元・方回

楚詞之蘭，惟湘中有之，今之零陵香是也，故韻書春曰蘭，秋曰蕙。山谷之所謂蘭，一幹一花，蕙一幹數花，同開於春，非也，然今人從之久矣。蘭坡葉居士善寫蘭，間以竹石，殊古雅脫洒。平陽吳州判宗松巖，以一紙見示，為賦之。

一花一幹秀春風，此論黃家太史公。若問靈均舊紉佩，零陵香出古湘中。（方回《桐江續集》、卷二十八）

## 楊大鑑

小傳：不見畫史記載。身世不詳。

〈楊大鑑為幕府繪搏法百趣圖〉　　　　　　　　　　元・朱升

題相台畫史楊大鑑，眼光如鑑鬢如鈘。搏法千年已失傳，貌出百圖非泛泛。劍一人敵學不難，豈知徒搏無傷殘。強梁俠兒里中橫，顛倒掀翻掌股間。幕府晝長風拂拂，窗前卷舒此何物。擔夫當道草書精，軍人起距火牛出。我欲摧惡却厭兵，欻然見此心眼明。垂老寧知才思盡，等閑為寫丹青引。（朱升《朱楓林集集》、卷五）

## 楊子輔
小傳：不見畫史記載。身世不詳。

〈楊子輔竹樹小景〉　　　　　　　　　　　　　　　　　　　元·黃鎮成

　　發竹磯頭晚泊舟，雨篁烟樹隔滄洲。美人無限瀟湘意，分得江南一片秋。（黃鎮成《秋聲集》、卷四）

## 楊天鑑
小傳：不見畫史記載。身世不詳。

〈岑溪清隱圖記〉　　　　　　　　　　　　　　　　　　　　明·唐桂芳

　　夫水中可居為洲，未聞水中可居為山也。陽外主剛為山，則艮之象也；陰外主柔為水，則坎之象也。坎下艮上，豈非山下出泉而蒙之象乎？予行天下，見京口之金山，番暘之落星，洞庭之君山，昌國之補陀，烟波萬頃，汪洋浩漾。而金山、落星、君山、補陀，雖大小不倫，其形峭拔，其勢禿兀，若浮水面。然新安山水雄江左，東西山環擁。束而為溪，淺狹粼粼，怪石森劍戟，不堪輸載。南則淳潚深靚，商賈往來，舟尾相銜，諺謂東西九堨漑灌，不如南港之利涉，潛通兩浙之貨殖也。岑山距城可十餘，山當休、歙二水要衝，屹乎中流，不跂倚，不側弁，昔浮屠締構於其巔。署曰周流，屋毀不存。至正中，隱士鄭師山釣而邀焉，左丞余公庭心書曰鄭公釣磯。二公秉莭凜凜，殆與山俱高。方士良世居溪瀕，吾兒文虎未仕江安時，講授厥家，未始不道士良之為人恂恂嚮善，劬書不輟，鄉郡推擇為府史。予每遇士良，道旁磬折執弟子禮甚，邇來盲廢，杜門却軌將二禩矣。一旦，袖示楊天鑑所作岑溪清隱圖暨汪仲魯氏敘文，願邀予言。士良既從文虎游，耳目荐熟，吾意必來請也。士良省侍朝夕在親膝下，其調饍溫清，油油翼翼，雖無畫可也。第慮婉畫喬遷，或異境，或鄰封，展而玩之，使吾釋故園之思者，畫其可少乎哉？蓋為他日計也。漢方仙翁子孫散處歙、睦間，縱譜系失傳，皆其苗裔也。倘有登釣台，則望白雲村而知方干所居，豈無登釣磯而望潔林，茲非士良之所居者乎？士良勤以勵己，廉以養心，庶幾無忝清隱之號矣，士良勉旃。（唐桂芳《白雲集》、卷六）

## 楊少監
小傳：不見畫史記載。身世不詳。

〈題楊少監畫卷二首〉　　　　　　　　　　　　　　　　　　　　元・侯克中

　王導佚游圖　風流江左管夷吾，黃鉞旌旄照簡書。畫裏徒行緣底事，更忙須駕短轅車。

　謝安東山圖　中年長苦別離多，絲竹聲酣擁翠蛾。此樂就令兒輩覺，東山不起奈卿何。

（侯克中《艮齋詩集》、卷十、四珍二）


## 楊文昭

　小傳：身世不詳，善畫。（見《中國畫家人名大辭典》、五八四頁）


〈題楊文昭為劉敬思畫〉　　　　　　　　　　　　　　　　　　　元・貢性之

　我家茅屋滄海邊，屋頭高樹雲相連。秋聲六月常在座，彷彿兩耳聞鈞天。謁來城市住未久，已覺塵埃滿衣袖。高堂素壁忽見畫，風雨如聞龍怒吼。憶昔劉郎多好奇，七尺長身玉雪姿。眼中為惜棟梁具，笑倩楊昭圖畫之。楊生好畫亦成癖，醉墨淋漓不停筆。遠山近水漫塗抹，鐵幹虬枝儼行立。一時清致俱寂然，惟餘此畫人間傳。精神恍惚奪造化，意象慘淡含雲煙。吁嗟二公不復見，把玩令人竟忘倦。老夫白髮已如此，往事悠悠淚如霰。（貢性之《南湖集》、卷上）


## 楊光祖

　小傳：不見畫史記載。身世不詳。


〈（楊光祖）東亭圖序（代趙承旨作）〉　　　　　　　　　　　　元・柳　貫

　東亭圖，圖東亭之景也。凡亭之景十數，而不以名焉，亭最勝也。蓋東南出古邢城三十里許，有村曰寶村，是為魏國張忠宣公家別墅。而東亭以方名，則今大司農彥清父之為之也。墅最於村，亭最於墅。墅有村，有畦，有堂，有廬，有百泉之流，有蓬鵲之山。浮嵐動靄，朝姿夕狀，頃刻萬變，亭蓋一舉自盡得之。亭猶圖也，圖猶亭也。始張氏之上世，歷宋金，隱約於是村者百有餘年，迨忠宣公以宏材偉略。事世祖皇帝，出入省寺，為時名臣，而今司農公尤以文學被遇四朝，秩躋第一，班亞疑丞，直詞讜論，實簡上知。村之蚩稚莫不誇艷公父子，以為村榮。而公亦以謂此水此丘吾先人所嘗釣遊，水原木本吾無須臾忘也。故自忠宣公去治第于城，而猶即村為墅。其後，公以魏國太夫人服，舍官歸墅居，遂築斯亭，端憂讀禮外。睇瞻白雲，行撫嘉樹，岵屺之思，終焉如新。厥今身在朝廷，乃心罔不在林野間。嘗指圖而諗余，曰：「吾有是圖，猶其有是亭也。圖在手即亭在心，雖然見圖而不見亭，則圖為實而亭為幻也，見亭而不見圖，則亭為實圖為幻也。子能以莊語序吾圖，實固為幻而約亦為實也。」余復之，曰：「可圖者亭，而不可圖者非亭也。圖者其幻，而不圖者其實也。方公年盛氣壯，又得遭值聖明，藻火鴻業，鋪張大猷，是皆有責於公之身。凡天地間肖翹之品，動植之類，直公圖繪之一物。則夫託一亭一墅於粉墨之微，以幻以實，而尚欲余言系之，抑又何也。”公之家，其先德之隆，世澤之滋。則固千載一時之勝，而其實宜非圖所能盡。若余之耄言乃其所以為幻也。畫者為誰，薊丘楊光祖也，序者為余，余吳興趙孟頫也。（柳貫《柳待制文集》、卷十七）

### 楊見心

小傳：不見畫史記載。身世不詳。

〈題楊見心山水橫披〉　　　　　　　　　　　　　　　　元・許有壬

季主不見長安市，子誰置之巖壑裏。一朝袖得白雲來，不使青山去吾几。清風襲人嵐濕衣，山林朝市同一機。白頭利達復何問，但欲此山從此歸。（許有壬《至正集》、卷八）

### 楊依竹

小傳：不見畫史記載。身世不詳。

〈野趣居士楊公遠令其子依竹似孫為予寫真，贈以長句〉　　　元・方　回

爾來畫工工畫花，俗眼所識惟紛華。牡丹百卉閱蜂蝶，芙蓉鴛鴦相交加。大為屏帳小卷軸，堆紅積綠供口奢。高人瞥見付一笑，婦女小兒爭驚誇。我愛楊君畫山水，要自胸中有妙理。巴東巫峽猿夜鳴，洞庭瀟湘雁秋起。皓月明河萬里天，淡墨掃成頃刻耳。舊與結交三十年，今老而歸識其子。是父是子皆詩人，每一相逢佳句新。西風蕭寺父謂子，寫此前朝朝士真。自言畫是作詩法，狀貌之外觀精神。忽似老夫對明鏡，脩然雪鬢烏紗巾。野態愁容本難畫，問言何得此奇怪。得諸苦心熟在手，郢人斤斧由基射。腰圍不用黃金帶，象笏紫袍貧已賣。只消結束作樵翁，看山獨立長松下。大楊居士醉曰然，小楊居士呼來前。眉間更著口毫一，縹緲詩仙仍酒仙。汝不逢我作郡年，此直當酬百萬錢。今既無此無可言，聊復贈之歌一篇。（方回《桐江續集》、卷十九）

### 楊周卿

小傳：身世不詳，善畫。（見《中國畫家人名大辭典》、五八四頁）

〈金谷園圖，楊周卿畫〉　　　　　　　　　　　　　　　元・胡　布

列棟煥金碧，鱗甍擬天居。層樓何巍巍，覆此萬斛珠。伊晉厄陽九，哲人遭危塗。豪奢稱敵國，冰解理無渝。萬金增買死，寸土不掩膚。何必一榻安，千椽為人娛。楊君懲世者，告誡以為圖。（胡布《元音遺響》、卷一）

## 楊彥正

小傳：不見畫史記載。身世不詳。

〈畫山水歌贈楊彥正〉　　　　　　　　　　　　　　　　　　元・郭　鈺

憶我往歲山中居，山水娛人忘讀書。釣魚獨坐溪石久，看竹每過鄰人居。蒼松鶴帶白雲下，紫蘿猿抱晴煙虛。而我扶醉騎蹇驢，誰人不道似是浣花之畫圖。自從喪亂走南北，甚欲畫之不可得。楊君揮翰頗風流，雲山為作秋三叠。寒鴉隔浦淡微茫，老樹懸崖交屈鐵。門前芝草澗中石，稚子松根採殘葉。知君所畫非青原，今我展轉思故園。山橋野逕宛相似，桂樹正對梅花村。清秋毫末瘦蛟舞，白日座上銀河翻。問君何得最奇古，十載苦心思董元。董元舊住浙江上，門對吳山聳千丈。有時登高望海潮，老懷揮霍增雄壯。遺跡百年今漸亡，戰塵千里吾安往。但將此畫挂高堂，清秋臥聽松風響。（郭鈺《靜思集》、卷一）

## 楊昭度

小傳：不見畫史記載。身世不詳。

〈四月廿九日，為楊生士立題其先父昭度畫竹〉　　　　　　　元・宋　禧

昔日曾憐虎豹姿，今年忽見鳳凰枝。可憐對雨思君子，正近梅天五月時。（宋禧《庸菴集》、卷九）

〈楊昭度壁畫墨竹〉　　　　　　　　　　　　　　　　　　　元・宋　禧

八月廿二日，過徐氏書舍，觀楊昭度所作壁上墨竹，為之泫然，因題詩一首。

可人今已矣，塵壁見琅玕。老淚為渠落，西窗秋雨寒。（宋禧《庸庵集》、卷八）

〈辛亥歲，十一月二十日夜，觀楊昭度所作墨竹有感，遂題其上〉　元・宋　禧

後清漁舍近嚴灘，歲晚江空竹影寒。留得畫圖成絕筆，燈前空憶釣魚竿。（宋禧《庸庵集》、卷十）

## 楊邦基

小傳：字德懋，號息軒，華陰人。善畫馬及人物，尤善山水。說者謂其山水師李成，人馬可比李公麟。（見《中國畫家人名大辭典》、五八三頁）

〈息軒畫馬圖　息軒高妙人〉　　　　　　　　　　　　　　　元・胡祇遹

寫馬入神駿。世豈無畫師，下筆落駑鈍。始知人品凡，百業不易進。前後三青驄，連錢玉花潤。卓然見天骨，千里煩一瞬。行行二奚官，丰姿脫塵坌。清曉出天廄，人馬兩

閒順。息軒名士夫，早歲馳令聞。清時了功名，游戲發奇蘊。嗣孫今復賢，群處見清峻。風流慕前修，英氣能自振。愛畫豈徒為，洗眼看飛奮。（ 胡祇遹《紫山大全集》卷一）

〈裴晉公綠野探梅圖（息軒筆）〉　　　　　　　　　　　　　　　　　元·王 惲
　淮西平一兩河清，綠野梅花照眼明。霜鬢未容閒裏老，南枝消息要和羹。當年韓白兩辭人，吟賞天教在相門。邂逅有詩窮勝事，最怜疎影月黃昏。（王惲《秋澗先生大全文集》）

〈題楊息軒盤谷圖〉　　　　　　　　　　　　　　　　　　　　　　元·王 惲
　石峪盤盤百畝蒿，野煙秋色淡林皋。雄文一出潮陽筆，頓覺山人索價高。（王惲《秋澗先生大全文集》）

〈跋楊息軒江灣漁樂圖〉　　　　　　　　　　　　　　　　　　　　元·王 惲
　予初不解畫，工拙非所知。但開卷瀟洒見漁家風味，令人渺然有江湖塵外之想。不知何時得帶笭箸以駕舡，獨聲牙而揮車去作口溪漫叟，為畫家所傳寫以亦不虛負此生矣。（王惲《秋澗先生大全文集》）

## 楊 基
　小傳：字孟載，號眉庵，蜀人，居平江。善書畫，尤長墨竹，兼擅山水，工詩。與高啟、張羽、徐賁齊名，號吳中四傑。（見《中國畫家人名大辭典》、五八四頁）

〈楊孟載畫竹〉　　　　　　　　　　　　　　　　　　　　　　　　明·徐 賁
　江南看竹不為罕，水郭山村常種滿。東里千竿繞佛亭，西隣萬木連書館。密葉分陰小閣深，斜枝度影虛簾短。蕭疎夜月翠羽涼，搖颭南風鳥聲暖。嗟余好竹處處遊，徑造豈減王猷誕。湘江淇水無不到，嶰谷柯亭亦嘗欵。人間音律性所好，收作鸞笙與鳳管。或裁文籜製小冠，時尋新笋供清饌。朝行林下暮仍往，自謂竹緣終不斷。褐來并州苦寒地，沙土撲面心煩懣。寧無塞草共山花，惟覺龕疎俗吾眼。胸中塵氣久已積，對此汾河詎能澣。君心飽有渭川思，揮洒風煙意閒散。封圖遠送邀我題，措語苦澀顏何報。（徐賁《北郭集》、卷四）

## 楊清溪
　小傳：佚名，身世不詳，善畫竹。（見《中國畫家人名大辭典》、五八四頁）

〈題楊清溪畫雪竹〉　　　　　　　　　　　　　　　　　　　　　　元·李 祁

竹以節名，雪以潔稱，非潔不足以表君子之操，非節不足以表君子之貞，誰其為此，清溪之清。（李祁《雲陽集》、卷十）

〈題楊清溪種菊圖〉　　　　　　　　　　　　　　　　　　　　　明・劉　嵩

　　往時楊清溪，為鄉先達菊存陳公作種菊圖，工妙逼真。去之六十餘年，其五世孫繼先，乃得
　　之於其仲父有實家，蓋其家故物也。出以示余，因題其後，以致景仰之意。

　　先生風致已丘墟，海上還傳種菊圖。五世諸孫方學殖，肯教三徑只荒蕪。（劉嵩《槎
翁詩集》、卷七）

## 楊雲林

　　小傳：不見畫史記載。身世不詳。

〈楊雲林畫雁〉　　　　　　　　　　　　　　　　　　　　　　　元・唐　肅

　　蘋葉無蹤葦葉低，湖波撼碎白玻瓈。雁行不奈秋風逆，一半參差一半齊。（清高宗《御
定歷代題畫詩類》、卷九十五）

## 楊懋臣

　　小傳：不見畫史記載。身世不詳。

〈楊懋臣以紅墨梅二幅贈彥真，命題其上〉　　　　　　　　　　明・凌雲翰

　　珊瑚擊碎冷無聲，散作疏花點點明。遠寄餘音溪上去，春風百里故人情。

　　人到英溪識浚儀，寒窗索句重相思。江空歲晚無芳草，聊折瓊瑤贈一枝。（凌雲翰《柘
軒集》、卷一）

## 楊懋臨

　　小傳：不見畫史記載。身世不詳。

〈題楊懋臨所畫平遠圖，有左煉師題詩其上，因賦此繼之〉　　明・劉　嵩

　　花島茅亭帶寂寥，松門石逕轉苔巉。何年流水出山口，長日白雲橫樹腰。楊子池前曾
洗墨，左師樓上憶吹簫。偶從鄰屋看題畫，獨對春天悵望遙。（劉嵩《槎翁詩集》、卷六）

## 楊繩之

　　小傳：不見畫史記載。身世不詳。

〈題（楊繩之）柳坡圖歌〉　　　　　　　　　　　　　　　　　　　　　　明・劉　嵩

　　楊君軀幹長九尺，力挽長弓過三石。櫻桃園裏舊名家，楊栁坡前新列戟。往從開府大將軍，北定燕薊收奇勛。鐵衣夜度居庸雪，虎旗晝掩盧溝雲。歸來殿前拜天子，寶帶金符耀秋水。寵承恩命五色誥，分控邊庭九千里。今年我從南京來，幕府忽逢心眼開。清筵雅吟狎文士，號令倉卒生風雷。昨朝視我圖一握，云是楊繩之所作。江堤窈窕出翠室，亭榭參差帶丘壑。中有騎者從一童，錦衣挾彈行春風。向非自寓行樂意，安得景趣超然同。君今拓邊方報國，卻望江鄉歸未得。黃鸝啼處綠陰多，時展畫圖看春色。我歌此曲聲嗚嗚，願君逐虜成長驅。欲知此去功多少，栽遍沙場栁萬株。（劉嵩《槎翁詩集》、卷三）

## 楊鑑泉

　　小傳：不見畫史記載。身世不詳。

〈紫陽讀書圖序〉　　　　　　　　　　　　　　　　　　　　　　　　　　明・唐桂芳

　　紫陽山距城可里許，其高不踰數百仞，溪水澎湃即其下，又有石梁截崒焉。吏部朱公尉尤溪而家建上，於桑梓未嘗不拳拳寄意。扁曰紫陽書堂，文公先生贅婿劉公屏山之門，在崇安五夫里構樓，用紫陽為題。是山因人而重，喧赫傳天下，殆與魯旁繹相垺，豈偶然哉？同里朱全智，字士良，其太祖亨叔暨其太伯祖可大、太叔祖君實，皆齒德為先輩行。考其譜牒放逸，殆同出於吏部之源委也。一日，詣予，請曰：「全智幼失所天，累世業儒，偃蹇萬狀，不能讀父之書。長而外家姚氏活人之術，咀參苓之味久矣。相台楊君鑑泉繪紫陽讀書圖，將遊四方以干名文辭者，子締交祖父間，頗知顛末，幸勿恡一語。」予曰：「孔子道統之傳，未始不本於三皇，後世醫家者流，例祀三皇。儒者不與，豈設教之本然哉。儒者易書詩記春秋，謂之經；醫者難經素問，亦謂之經，玩其詞旨類先秦文章。然儒醫雖殊科，仁慈惻怛俱欲濟世。難經素問士良究之詳矣，五經往古已驗之良方，士良其益求之哉？文公於五經群書靡不研精，下至參同契尚，托鄒忻以發其秘，獨於醫闕焉不講，何歟？」偶寓京，見異國使購戎王子，方知杜詩中萬里戎王子乃藥也，藥未易識也如此耶。士良欲遊四方，儒林之秀彬彬脫穎，必為士良刮目，行哉，行哉。（唐桂芳《白雲集》、卷五）

## 夢　良

　　小傳：不見畫史記載。身世不詳。

〈題夢良梅（并序）〉　　　　　　　　　　　　　　　　　　　　　　　　元・虞　集

　　夢良墨妙近仿清江，時出晴昊之繁，稍以充潤其清苦。此卷乃又澹泊相遭之極者也，把玩久之。夢良自稱錦屏山人，蓋與予皆蜀人也。歲月相望雖久，寧無故鄉之思，故為賦此。

汀烟冉冉竹重重，老樹疎花吹曉風。壯游燕薊今白髮，憶踏江船如夢中。茆簷暴日歸來晚，野水荒雲誰是伴。一枝已見故人心，三尺未愁橫幅短。（虞集《道園遺稿》、卷五）

## 遜　菴

小傳：不見畫史記載。身世不詳。

〈題遜菴墨菊〉　　　　　　　　　　　　　　　　　　　明・高　啟

獨留鐵面傲霜遲，秋蝶來尋莫自疑。須信陶翁醉歸後，西風塵土滿東籬。（高啟《高太史大全集》、卷十八）

## 碧楚英

小傳：不見畫史記載。身世不詳。

〈畫董頁臣素壁豐梵嶂〉　　　　　　　　　　　　　　元・呂不用

石橋僧，碧楚英，畫董頁臣素壁豐梵嶂，又號季泉，住天台寶花寺，老矣，為東堂天封舟里，能詩文畫。

人間畫手昔無數，天機心手安在哉。學士商公不復見，尚書高公寧復來。天台胡僧好山水，平生愛畫入骨髓。在山長寓亂雲堆，出山來尋听秋子心相知。草堂素壁光陸離，近來貌得太古奇，古人束寫今寫之。太極初分兩儀氣，連峰叠嶂猶淋漓。匡廬嵩華忽破碎，崑崙蓬萊自東西。巨鰲簪影海中至，林木枯槎天上歸。琪花珠樹千林在，金銀樓台五雲蓋。雲巢仙子簫吹閉，瑤池王母來旌旆。胡僧號楚英，五百人中第幾名。騎龍不肯歸寥廓，翰墨千載圖芳馨。龐眉皓首露雙腳，寂滅然後稱長生。（呂不用《得月稿》、卷六）

## 臧　良

小傳：字祥卿，錢塘人，善畫花、竹、翎毛，師王淵。（見《中國畫家人名大辭典》、五九六頁）

〈臧祥卿畫竹枝白頭禽扇面〉　　　　　　　　　　　　元・張　昱

片月出幽林，閑情欲不禁。天寒憐翠袖，為賦白頭吟。（張昱《張光弼詩集》、卷四）

〈題臧祥卿畫〉　　　　　　　　　　　　　　　　　　元・張　昱

露桃風柳兩依依，畫在丹青亦自奇。若在牆頭并驛畔，過春都是折殘枝。（張昱《可閒老人集》、卷二）

## 榮朝瑞

小傳：不見畫史記載。身世不詳。

〈榮朝瑞正面龍〉　　　　　　　　　　　　　　　　　　元・歐陽玄

天光烜赫五雲間，千仞丹梯不可攀。鰲禁侍臣今白首，幾回正面見龍顏。（歐陽玄《圭齋文集》、卷三）

## 榮碧潭

小傳：不見畫史記載。身世不詳。

〈榮碧潭全身龍〉　　　　　　　　　　　　　　　　　　元・歐陽玄

匡壑深溪萬水淰，四時濃黛浸千峰。天衢邂逅全身露，還信碧潭盤老龍。（歐陽玄《圭齋文集》、卷三）

## 齊伯玉

小傳：不見畫史記載。身世不詳。

〈贈寫竹齊伯玉〉　　　　　　　　　　　　　　　　　　元・陳鎰

少微躔下有佳客，紫髯漆髮雙瞳碧。前年騎鶴遊廣陵，傲睨江濤弄明月。雄才犖犖天馬駒，清標炯炯冰玉壺。滿襟英氣歛不住，卻與竹君傳畫圖。酒酣肝膽露妾角，雪壁淋漓翻墨汁。興豪一掃數百竿，立玉排空森列戟。蒼烟漠漠橫高秋，虛堂晝靜聞蕭颸。知君用心亦良苦，落筆玅覷文洋州。我漸飄泊大江北，歲晚交情冷如鐵。欲留此畫共結三盟友，只恐一夕通靈化梭壁。（陳鎰《午溪集》、卷五）

## 齊伯高

小傳：不見畫史記載。身世不詳。

〈題齊伯高為予寫真〉　　　　　　　　　　　　　　　　明・劉嵩

余自北平赴京，十二月五日，道出濟寧，會伯高齊君於公館。君本唐縣人，素擅顧吳之妙，草草為予點真，觀者咸以為肖，而余獨覺其老醜也。臨別賦絕句三首奉答，併柬趙晉卿、夏時左、曹伯仁三先生。

其一　慶都山人齊伯高，袖有五色之仙毫。李白樓前忽相遇，便呼銀甕出蒲萄。
其二　我本山林麋鹿姿，多居點染出清奇。不知老去愁多少，但覺秋霜滿鬢絲。
其三　昨夜南開對月時，客心如水向南馳。京城此去猶千里，歲晏還家未有期。（劉嵩《槎翁詩集》、卷八）

## 翠峰上人

小傳：不見畫史記載。身世不詳。

〈贈翠峰上人〉　　　　　　　　　　　　　　　　　　　明・童　冀

方壺仙人古詞伯，千里聞風未曾識。奇書名畫數相遺，兵塵不一見顏色。雲山望斷今已仙，他生相見應千年。翠峰上人遠相過，下筆似得壺公傳。高齋反關無俗客，日對雲林寫蕭瑟。丹青脫略兒女姿，篆籀橫陳古人蹟。古來草聖曾幾人，近代獨數張藏真。藏真一往不可得，吾師醉來下筆親。高堂雲壁照人目，運肘揮毫風雨速。青天雲霧在晦冥，白日龍蛇起平陸。枯藤老樹懸蒼煙，珊瑚玉玦相鉤連。郟鄏九鼎出泗水，支祁鐵鎖淪重淵。世人貴耳恒賤目，奇寶往往弄道側。虞公未信百里奚，燕市自售千金骨。半生湖海西復東，春如社燕秋如鴻。地肺山前踏蘿月，天目嶺上眠松風。十年鄉國不相見，白首他鄉初會面。形容未識聞語音，知是山人共鄉縣。握手訪舊心為驚，舊交落落如晨星。相知少年盡頭白，卻話故山雙眼青。老我思歸歸未得，咫尺江濤隔吳越。憑君為我圖家山，早歸東歸看山色。(童冀《尚絅齋集》、卷四)

## 演上人

小傳：不見畫史記載。身世不詳。

〈題演上人畫蘭〉　　　　　　　　　　　　　　　　　　元・邵亨貞

空山楚雨夜淙淙，一硯春雲起碧璁。卻憶扁舟載離思，暖風容與渡湘江。(邵亨貞《蟻術詩選》、卷七)

## 裴日英

小傳：字文璧，台州人，居杭州。工著色花鳥，臻妙入神。(見《中國畫家人名大辭典》、六〇一頁)

〈裴日英寫紅梅翠竹〉　　　　　　　　　　　　　　　　明・淩雲翰

空谷佳人翠袖單，紅顏長是怯天寒。河東邂逅緋衣子，寫作疏花竹裏看。(淩雲翰《柘軒集》、卷一)

〈題李淵之所藏裴日英翠竹黃花圖〉　　　　　　　　　　明・淩雲翰

翠竹閒旌節，黃花老珮環。玉關秋夢斷，紙上看南山。(淩雲翰《柘軒集》、卷一)

〈裴日英水墨蓮塘四禽圖〉

　香銷太液錦雲空，長使詩人憶漢宮。青鳥不來仙仗遠，露盤無力倚秋風。（凌雲翰《柘軒集》、卷一）

〈裴日英墨菊〉　　　　　　　　　　　　　　　　　　　　　　　　　　明・凌雲翰

　披圖便欲醉秋光，映竹幽花似有香。昨日山中新酒熟，先生閉戶作重陽。（凌雲翰《柘軒集》、卷一）

〈裴日英墨菊〉　　　　　　　　　　　　　　　　　　　　　　　　　　明・凌雲翰

　濃墨淋漓寫折枝，便從紙上見東籬。玉蟾分得南陽水，一夜秋香滿硯池。（凌雲翰《柘軒集》、卷一）

### 裴道可

　小傳：不見畫史記載。身世不詳。

〈寫真裴道可〉　　　　　　　　　　　　　　　　　　　　　　　　　　元・譚景星

　達生在畏影，非在身外身。豈無韓與鄭，畫物不畫人。九疑忽對面，誰云畫無心。伊渠小家子，亦欲呼真真。（譚景星《村西集》、卷二）

### 熊大樂

　小傳：不見畫史記載。身世不詳。

〈跋子昂書東坡王晉卿山水圖詩於熊大樂畫卷後〉　　　　　　　　　　元・吳　澄

　袁用和得此於鄧少初，甚珍之。然此畫之景，非此詩之所言也。此詩之工，非此字之所增重也。珍之者以其畫與？以其字與？以其詩與？（吳澄《吳文正集》、卷六十一）

### 熊太古

　小傳：豫章人，善畫。（見《中國畫家人名大辭典》、六〇二頁）

〈題熊太古畫〉　　　　　　　　　　　　　　　　　　　　　　　　　　元・虞　集

　亭上長松三百丈，何人可以此經過。窮冬藜杖出同谷，清夏籃輿還曲阿。栖鶻每來從島嶼，老猿時復下藤蘿。王維韋偃久不見，病目摩挲愁奈何。（虞集《道園學古錄》、卷三）

〈題熊太古畫〉　　　　　　　　　　　　　　　　　　　　元・虞　集

　　路過秦時檜，家留蜀道山。長安都看遍，回首入柴關。海內此亭古，幽村春事多。扁
舟歸未得，江水已生波。(虞集《道園學古錄》、卷三)

## 熊自成

　　小傳：不見畫史記載。身世不詳。

〈題熊自成雙鶴圖〉　　　　　　　　　　　　　　　　　　明・林　弼

　　海上歸來歲月遲，懶隨青鳥度瑤池。一隻清淚秋霄月，莫遣雲中仙子知。(林弼《林
登州集》、卷七)

〈題熊自成紅梅〉　　　　　　　　　　　　　　　　　　　明・林　弼

　　飄殘額粉見朱唇，杏艷桃嬌謾妬人。解得花神留戀意，枝南枝北一般春。(林弼《林
登州集》卷七)

## 熊月池

　　小傳：不見畫史記載。身世不詳。

〈贈寫神熊月池序〉　　　　　　　　　　　　　　　　　　元・蔣　易

　　寫神之妙，妙在阿睹中。蓋人之一身，精神在目，其瞭皪盻睟者，其人必明睿，必端
方，必仁厚，必福壽；其眹眲瓜眹者，其人必昏愚，必姦邪，必兇頑，必夭札。孟子曰：
「聽其言也，觀其眸子，人焉瘦哉。」故寫神莫難於眼目，眼目似，則他皆易之矣。若
顧愷之之為人寫照而不點睛，人問其故，曰：「妙處正在阿睹中。」豈欺我哉。鰲峰熊
月池，故詩書宦族，世變風移，君子之澤斬矣，乃畫心繪事，而得寫神之妙。清江楊生
嘗寫草廬吳公、松雪趙公、邵庵虞公、清江范公、清碧杜公，五先生像為一卷。予俾月
池臨模，與初本無毫髮異藝至此，亦精矣。五先生予識三人焉，而二人不及識，觀識者
之之似，則不識者之亦似從可知矣。五先生往矣，其遺像傳于世者，精神所在，烱如秋
月之當空；德容所著，穆如春風之被物，其睟面盎背，積中而發外者，後學瞻仰，儼乎
若摳衣而親炙也。雖然，五先生之見丹青者，有七分之容，見於遺書者，有七分之心，
七分之容固不可益，七分之心猶或可推，未嘗不三復尹氏言而思自勵也。月池求序為行
卷，書以貽之。(蔣易《鶴田集》、三二頁)

## 熊雲巢

　　小傳：不見畫史記載。身世不詳。

〈題熊雲巢竹石圖〉　　　　　　　　　　　　　　　　　　　元・陳　旅

　道人種竹三十个，定有新巢宿鳳凰。石上幽香飄露粉，簷前新綠裊風篁。天台月白瑤
笙近，水國春寒翠袖長。見說故人東海上，釣竿日暮倚扶桑。（陳旅《安雅堂集》、卷二）

## 熊夢祥

　小傳：字自得，號松雲道人，江西人，居婁江。通群書，曉音律，能作數體書，善山水，頗
　　　　清古無庸俗狀（見《中國畫家人名大辭典》、六〇二頁）

〈題熊自得叢竹便面〉　　　　　　　　　　　　　　　　　　　元・鄭元祐

　漪漪綠捲鏡中天，元子何須苦惡圓。萬葉千枝繁不亂，化工消息儘無邊。（顧瑛《草
堂雅集》、卷三）

〈題熊自得畫丹巖圖〉　　　　　　　　　　　　　　　　　　　元・于　立

　混沌夜死元氣裂，煉石穿絲補天缺。誰將餘轟鼓八風，一點元精鑄明月。顧兔飛上天，
清光缺復圓。嫦娥抱影空嬋娟，一朝影落松風顛。古佛龐眉兩癯肩，築室勘道來何年。
摩尼寶光照濁水，天花散落香爐煙。溪上青山不知數，日日春風長蘭杜。褰衣便欲問真
源，斷猨疏雨青林暮。松雲仙人披錦袍，爽致寫入猩猩毛。一川晴靄動空碧，萬壑翠氣
翻雲濤。手携綠綺琴，為子彈鳴臯。金樽瀉酒對山月，仙之人兮如可招。仙之人兮如可
昭，汗漫與子同遊邀。（顧瑛《草堂雅集》、卷十一）

〈熊自得畫雙松，為石潭周逸人題〉　　　　　　　　　　　　　元・梁　寅

　八十六翁熊監丞，畫出雙松老更精。宛然兩龍入雲去，石潭秋水照分明。（梁寅《石
門集》、卷上）

〈題熊松雲畫秋林詩意圖〉　　　　　　　　　　　　　　　　　元・成廷珪

　熊松雲畫秋林詩意圖，送蔡伯雨道士歸上清。松雪在淮陰，今其來，因見題以贈之，就以束送
方壺隱者。

　松雪先生江海客，淮陰市中人不識。驚風吹沙眼倦開，枕上青山歸未得。上清蔡君仙
之徒，邂逅同覓黃公壚。飲酣脫帽忽大叫，乘興為寫秋林圖。蔡君見之一撫掌，筆法擬
我方方壺。我家山中舊遊處，如此長松幾千樹。仙巖隱者抱琴來，鬼谷高人喫茶去。先
生有意肯相從，分與東頭一間茆屋住。（成廷珪《居竹軒詩集》）

〈題熊松雲畫茅山秋色圖〉　　　　　　　　　　　　　　　　　元・姚文奐

　□□先生傳茅仙，□□□□□何年。山青雲白秋如畫，此□□□第八天。

（顧瑛《草堂雅集》、卷十）

〈題熊自得山水四景〉　　　　　　　　　　　　　　　　　明・劉　嵩

　　　赤壁
　赤壁重遊賦，清風萬古傳。遙憐山月古，曾照火樓船。
　武昌
　黃鶴磯頭望，青山落日分。至今漢陽樹，飛度隔江雲。
　洞庭
　幾日樓船發，洞庭湖水東。如何當別日，常是鯉魚風。
　東林
　萬木東林下，蕭條晏歲情。何時紅綠動，啼殺早春鶯。（劉嵩《槎翁詩集》、卷七）

## 管道昇
　小傳：女，字仲姬，趙孟頫室，吳興人，封魏國夫人。工書，善畫，梅蘭竹石，筆意清絕。
　　　說者謂晴竹新篁，是其始剏，夫人亦能山水及佛像。（見《中國畫家人名大辭典》、六〇
　　　三頁）

〈管仲姬竹林泉繞〉短卷　　　　　　　　　　　　　　　　自　題
　至大元年春三月廿又五日，為楚國夫人作于碧浪湖舟中。吳與管道昇。（清吳升《大
觀錄》、卷十八）

〈管仲姬紫竹庵圖〉　　　　　　　　　　　　　　　　　　自　題
　紫竹庵圖。元貞二年歲在丙申浴佛日作，仲姬管道昇。
　色即空之對，秋深竹數層。年來浴吾佛，捉筆為口口。（清李佐賢《書畫鑑影》、卷二
十）

〈元管仲姬修竹美人圖卷〉　　　　　　　　　　　　　　　自　題
　□人□□□□□室無事，偶閱杜少陵日暮依修竹之句，漫為圖此□□□□道昇。（清
龐元濟《虛齋名畫錄》、卷二）

〈題管夫人竹窩圖〉　　　　　　　　　　　　　　　　　　元・高克恭
　雲梢露葉秋聲古，萬玉叢深翠蛟舞。此君擬結歲寒盟，拄笏相看立烟雨。過雨山膭斜
映日，帶烟霜莭摠宜秋。凍雷迸出千崖翠，勒此高歌傲素侯。（清高宗《御定歷代題畫
詩類》、卷八十）

〈管仲姬梅竹卷〉　　　　　　　　　　　　　　　　　　　　　元・趙孟頫

　　握筆知伊奪化工，消閒游戲墨池中。寒梅綴雪香生月，疎竹凝烟葉倚風。小徑幽然臨石砌，斜蹊清雅護苔封。鑪香裊裊茶烟外，逸興飄然豈俗同。道昇素愛笛墨，每見余尺幅小卷，專意仿摹。落筆秀媚，超軼絕塵，此卷雖係小景，深得暗香疎影之致，故倩予品題，聊綴小詩以記一時之興云。大德二年九月既望，吳興趙孟頫書。（清李佐賢《書畫鑑影》、卷五）


〈管夫人畫竹石〉　　　　　　　　　　　　　　　　　　　　　元・釋中峯

　　竹兮修石兮，貞木之茂草之清。魏國作此贈以中，了無一點塵世情。風高露冷禪入骨，何如刊利口，口似老摩耶也教直下雙瞳明。

　　魏國夫人管氏，深入禪定，于富貴中書經之暇，尤精于竹石。夫人長往又日，而以中亦為之入寂，偶見此軸，讀著語，故不能忘言，幻住明本題。（明朱存理《鐵網珊瑚・書品》、卷二）


〈管夫人竹窩圖〉　　　　　　　　　　　　　　　　　　　　　元・黃公望

　　歊之山兮鬱巃嵸，突出欲墜剩青空。千枝萬蔓行蒼龍，嶔崟銳氣欲敵崑崙峰。扶疎樸樕不足媲其靈秀兮，蒼篔簹籜檀櫟蕭蟲疎疎生其中。翠蛟翔舞劃烟霧，霜戟礫格敲天風。山空人寂孤坐而側耳兮，珊珊環珮響璚宇。復疑金簧玉磬交奏蓬萊宮，飛仙遙聞駐鶴馭。威鳳傾聽來蒼穹，雖云神領而意會。未若誅茅結屋箟簹谷，內沒齒，寧吾躬，君家相距匪數舍。繭袍鳩杖高步時得進文同，居旁萬竹固已具胸次，落落付渚繪素。祇欲此意傳無窮，元卿子猷長往不復返。此君千古誇奇逢，披之三復重太息。雙眸炯炯開昏矒，會當盛暑樓輵卉服造竹下，脫巾露髮一洗煩熱除惺憁。（清高宗《御定歷代題畫詩類》、卷八十）


〈題管夫人竹，與玉山同賦〉　　　　　　　　　　　　　　　　元・于立

　　烟空湘月明，露下湘波冷。翛然林下風，吹折琅玕影。

　　顧瑛詩曰：鳳毛輕染碧池春，寫作琅玕紙上真。試看腕中百斛力，前身應是李夫人。（顧瑛《草堂雅集》、卷十一）


〈管夫人畫竹石〉　　　　　　　　　　　　　　　　　　　　　元・趙奕

　　至正廿六年歲丙午九月廿七日，因避難至浯溪安鄉契友處，得拜觀先魏國所畫竹石。手澤如新，為增愴情。趙奕謹識。（明朱存理《鐵網珊瑚・書品》、卷二）


〈題管夫人竹〉　　　　　　　　　　　　　　　　　　　　　　元・熊夢祥

夫人寫竹何縱橫，錯刀離離光怪生。安得月明招白鳳，玉闌西畔聽秋聲。（顧瑛《草堂雅集》、卷六）

〈題魏國夫人墨竹〉　　　　　　　　　　　　　　　　　元・張　翥

　　題玉山所藏魏國夫人趙管墨竹，夫人手寫坡詩竹後，自京師寄子仲光。）

　　龍香煖脫青螺靨，麝劑光凝生漆黑。玉台迎曉畫眉殘，紫硯新磨玄兔染。一枝戲寫碧嬋娟，冷雨欲飛粘濕烟。雲窓霧閣春窈窕，恍如移置苕溪邊。苕溪綿綿秋水隔，滿眼京塵渺相憶。微綃一點冰雪生，弱蕙幽蘭少顏色。書中曾有衛夫人，畫裏何如崇德君。林下風神元散朗，尚從墨妙見天真。（元顧瑛《草堂雅集》、卷四）

〈題管夫竹窩圖〉　　　　　　　　　　　　　　　　　　元・張　雨

　　離離鳳食幹，綿綿亘修弈。君子懷靜儀，虛貞媚蒼寒。幽居發潛隱，崇葩貢幽盤。筮鄰從蔣詡，永結求羊歡。（張雨《貞居集補遺》、卷上）

〈題管夫人懸崖朱竹〉　　　　　　　　　　　　　　　　元・鄭元祐

　　亦是檀欒池上枝，却緣硃色借胭脂。清陰忽訝繁紅藉，勁節難從染絳移。結實定為朱鳳食，騰空堪作赤龍騎。多應血淚湘妃盡，客賦梁園揔未知。（鄭元祐《僑吳集》補遺）

〈題管夫人畫蘭〉　　　　　　　　　　　　　　　　　　元・王　逢

　　趙管才高栁絮風，水晶宮裏寫幽叢。秋來紉作夫君佩，笑殺迴文漫自工。（王逢《梧溪集》、卷七）

〈管夫人畫竹〉　　　　　　　　　　　　　　　　　　　元・倪　瓚

　　夫人香骨為黃土，紙上蕭蕭墨色新。悽斷鷗波亭子上，鏡台鸞影暗凝塵。（倪瓚《倪雲林先生詩集》）

〈題管夫人竹，與玉山同賦〉　　　　　　　　　　　　　元・丁　立

　　烟空湘月明，露下湘波冷。翛然林下風，吹折琅玕影。（清高宗《御定歷代題畫詩類》、卷八十）

〈管夫人畫竹石〉　　　　　　　　　　　　　　　　　　元・沈　用

　　魏國春雷動，淇園雨露饒。遠模當世質，來植再生苗。鰲石清如口，鸞梢翠不消。百年遺墨在，光采照青苔。浙河沈用。（明朱存理《鐵網珊瑚書品》、卷二）

〈管夫人畫竹石〉 元·趙 麟

此卷乃大母魏國夫人所畫墨竹。麟因避難浯溪，拜觀於寓舍。時丙午歲九月廿七日也。麟。（明朱存理《鐵網珊瑚·書品》、卷二）

〈題管仲姬山樓繡圖〉 元·釋智舷

須知相好身，不獨鍼鋒現。松風即佛聲，山月即佛面。當時管仲姬，高窻作此觀。（元《古今禪藻集》、卷十九）

〈管仲姬紫竹庵圖〉 元·柯貞白

我來學道臥龍宮，碧浪湖頭夜半鐘。煙月蒼蒼風瑟瑟，篝燈題畫興偏濃。柯氏貞白。（清李佐賢《書畫鑑影》、卷二十）

〈管夫人長明菴圖〉 元·比丘尼妙湛

松樹陰陰落翠巖，一燈千古破幽關。也知諸法皆如幻，□老煙霞水石間。比丘尼妙湛。（清卞永譽《式古堂書畫彙考·畫考》、卷之四）

〈題管仲姬著色竹圖〉 元·鄭 東

賜讌曾陪玉座旁，琅玕光彩映椒房。秋風此日愁無限，恰與苕溪秋水長。（顧瑛《草堂雅集》、卷七）

〈管夫人畫竹石〉 元·釋蒲菴

魏國夫人雲錦裳，銅盤磨露寫篔簹。蒙恩曾上黃金殿，詔賜乘鸞出未央。豫章蒲菴。（明朱存理《鐵網珊瑚·書品》、卷二）

〈管夫人畫竹石〉 元·釋道聯

介然有守而不可轉者，石也。勁然有節而不可屈者，竹也。古人以竹石比君子，其有旨哉。今觀魏國夫人管氏所畫竹石，甚得文敏公之筆法，可謂夫婦皆得君子之道。詩云"惟其有之，是以似之"。

德成王生，實之如夜。光明月意，必有所取焉。淨慈住山釋道聯祖芳。（明朱存理《鐵網珊瑚·書品》、卷二）

〈管夫人畫竹石〉 元·沈 用

魏國春雷動，淇園雨露饒。遠模當世質，來植再生苗。礐石清如□，鸞梢翠不消。百年遺墨在，光采照青苔。浙河沈用。（明朱存理《鐵網珊瑚·書品》、卷二）

〈管夫人畫竹石〉　　　　　　　　　　　　　　　　　　　　　元・釋自恢

　古木修篁石似雲，縱橫八法自成文。何當截作韶華琯，吹落春天紫鳳群。豫章自恢復初。（明朱存理《鐵網珊瑚・書品》、卷二）

〈管道昇竹石圖〉　　　　　　　　　　　　　　　　　　　　　元・玉水子

　魏夫人又再當年，疏綺風情苔石煙。濃淡墨痕眉嫵樣，身依修竹總嬋娟。方流玉水子。（清卞永譽《式古堂書畫彙考・畫考》、卷之三）

〈管夫人墨竹〉　　　　　　　　　　　　　　　　　　　　　　明・高　啟

　晨開粧鏡有青鸞，寫得當年舞影看。零落彩雲何處夢，鷗波亭上正春寒。（高啟《高太史大全集》、卷十八）

〈管夫人墨竹〉　　　　　　　　　　　　　　　　　　　　　　明・楊　基

　霧鬟雲鬢洛浦神，冰肌玉骨衛夫人。都將松雪齋中意，偏寫滿湘雨外真。（楊基《眉菴集》、卷十一）

〈徐瑞卿給事所藏仲姬墨竹引〉　　　　　　　　　　　　　　　明・鄭善夫

　田郎掉臂登我壇，手持一軸青琅玕。云是仲姬真蹟留世間，徐卿得之歲應寒。煙波淋漓灑不乾，蝌腹蛇跗古所難。風梢露葉僅尺許，遠勢翻在青雲端。燕山六月雨不止，暑氣如焚汗如洗。那知此君入我側，便有秋聲落吾耳。偪側未枕洞庭流，虛無更憶瀟湘水。君不見洋州文學士，渭川千畝不盈尺。筆鋒取自心眼底，但見鷹鸇隨兔起。又不見前時蕭恊律，能工水墨古無匹。疎寒不作筠粉態，瘦勁獨得簫韶質。蕭郎丹青久絕筆，洋州轍材誰祖述。勝國諸賢各擅場，只數仲姬入其室。至大由來二百春，墨痕縑素看猶新。得非尤物自有鬼神護，無乃好事者模擬希其倫。於乎，貌物非物人非人，天地亦到么麼津。徐卿畫本且莫論，眼前萬事誰偽真。（鄭善夫《少谷集》、卷三）

〈管夫人竹石〉　　　　　　　　　　　　　　　　　　　　　　明・朱應辰

　夫人寫竹如寫字，不墮畫家蹊徑中。料得山房明月夜，翛然葉葉動秋風。（清高宗《御定歷代題畫詩類》、卷八十二）

〈管夫人竹石〉　　　　　　　　　　　　　　　　　　　　　　明・丁　明

　能書獨數衛夫人，墨沼春香教右軍。近代苕溪惟魏國，卻將八法寫湘君。（清高宗《御定歷代題畫詩類》、卷八十二）

〈管夫人竹石〉　　　　　　　　　　　　　　　　　　　　　　明・朱　楨

　魏國夫人翰墨香，愛拈湘管寫幽篁。不如凍成五色練，繡出朝天補袞裳。（清高宗《御
定歷代題畫詩類》、卷八十二）


〈管夫人墨竹〉　　　　　　　　　　　　　　　　　　　　　　明・施閏章

　在吳興天聖寺東壁其西為松雪畫，今剝盡翠篠疏枝帶雨新，墨痕傳自管夫人。江山南
渡留殘壁，此物風流五百春。（施閏章《學餘堂詩集》、卷四十八）


〈管夫人墨竹〉　　　　　　　　　　　　　　　　　　　　　　明・施潤章

　彈篠疏枝帶雨新，墨痕傳自管夫人。江山南渡留殘壁，此物風流五百春。（施潤章《學
餘堂詩集》卷四十八）


〈管夫人竹石〉　　　　　　　　　　　　　　　　　　　　　　明・鄭　元

　誰裁弄玉碧雲筆，吹過瓊台月影遙。白鳳一雙何處下，水晶宮裏赤闌橋。（清高宗《御
定歷代題畫詩類》、卷八十二）


〈管夫人竹〉　　　　　　　　　　　　　　　　　　　　　　　明・都　穆

　魏國夫人墨竹，世所罕見，而況待制之筆聯為一為，豈不尤可寶哉。（明都穆《鐵網
珊瑚》、卷四）


〈管道昇畫竹卷〉　　　　　　　　　　　　　　　　　　　　　明・都　穆

　管仲姬畫竹卷，前書竹賦，字清勁瀟灑。後書至大□年四月二日，余奉松雪於鷗波亭
觀雨，頗有清興。松雪謂余，曰：“不可無紀。”遂作此卷。舊是商文毅□□□□歸金
粟齋中。（明都穆《鐵網珊瑚》、卷八）


〈題管夫人山樓繡佛圖〉　　　　　　　　　　　　　　　　　　明・邢　侗

　竹繞層樓罥網蛛，絲絲縷縷貌曇瞿。倦來素面流輕粉，尚憶羊肝半臂無。（清高宗《御
定歷代題畫詩類》、卷五十一）


〈元管仲姬修竹美人圖卷〉　　　　　　　　　　　　　　　　　清・徐　倬

　管仲姬為趙文敏公配，家吾鄉德清之茅山。今管氏子孫猶有存者。世傳畫一幀，云是
管夫人自寫小像。守之幾三百年，時人競欲之而不可得。後歸於邑中沈給諫，寶之如拱
璧。嘗出示余，曰：“是非夫人照也，乃寫杜詩日暮倚修竹之句，所題跋猶隱隱可讀，
惜未得好手裝潢，蓋其意亦擬後人永保之耳朵！”忽忽三十年，此畫又落骨董人手，余

識其吃苦頭舊物，力購始得。每一展卷，恍如給諫之言在耳也。給諫名應旦，字方平，前庚辰進士，其畫亦最工云。康熙甲子重九日，蘋村徐倬方虎氏識。

讀松雪與中峰和尚札，知其伉儷之情極重，中有云"伺東衡房屋修整"，又云"求和尚一到東衡"，則東衡為松雪故居無疑。沈方平黃門乃東衡人，倬之墓田丙舍亦在東衡，時時往來其間，搜討遺蹟，厪得此畫，心甚寶之，不敢自私，上供鄒老夫子清玩，蒙不棄遺，重為裝潢。殘縑斷素，久埋沒於煙炤塵蠹之中，一旦縹緗玉軸，煥焉改觀。且倬舊有跋語，亦不刷洗，仍置幀尾。村野姓名得入清閟閣中，固已深幸，即天水夫婦有不感知己之遇於九泉乎？此亦畫苑中一段佳話也。門下老弟子徐倬拜手再記，時戊寅嘉平月。（清龐元濟《虛齋名畫錄》、卷二）

〈元管仲姬修竹美人圖卷〉　　　　　　　　　　　　　　清・宋犖

管夫人工書、善畫墨竹，不以人物名，故人物之傳於世者頗少。此卷相傳為夫人小照，雖未敢定，而翠袖天寒，翛然有林下風味，可貴也。蘋村自言此卷得之同鄉前輩，不敢自秘，以贈其師戒葊先生，戒葊重加裝潢，手書屬余，曰："欲得數行，為後人世寶。"余乃題其後而還之。他日一展卷，而兩家世講淵源，猶可想見云。康熙戊寅臘月望後一日，商丘宋犖。（清龐元濟《虛齋名畫錄》、卷二）

〈元管仲姬修竹美人圖卷〉　　　　　　　　　　　　　　清・楊雍建

仲姬畫竹舊傳名，瞥見扶疏立幾莖。翠袖薄寒人倦倚，浣溪好句為開生。蠅頭小字蹟糢糊，斷續蛛絲半有無。道是懷人瞻望切，強將韻事托新圖。故家自昔保南琛，賞編名流好古心。束筍忽過明聖水，清風彷彿襲衣襟。海昌楊雍建題。（清龐元濟《虛齋名畫》、卷二）

〈元管仲姬修竹美人圖卷〉　　　　　　　　　　　　　　清・毛奇齡

畫評稱仲姬好畫竹，故每畫必有竹，此直取杜甫句畫之，好在故也，特竹有二種。往在真定相公許，觀姬竹二頁，一是墨竹，一是鉤勒竹。其題有云：「仿協律郎蕭悅竹，鉤勒白竹而填之以青，即此圖畫法也。」前此董叔達、夏禹玉輩，皆鉤勒花葉而不及竹，要是仲姬獨擅耳。康熙己卯長至後廿日，七十七翁奇齡觀。（近代龐元濟《虛齋名畫錄》、卷二）

〈元管仲姬修竹美人圖卷〉　　　　　　　　　　　　　　清・吳家駒

不將離緒譜新詞，間展生綃繪杜詩。修竹亭亭風欲晚，毫端寫盡黯然明。風流學士自王孫，一笑登朝賦遠征。奩閣更藏幽意切，出山爭似在山清。　吳興墨竹久荒蕪，斷素零紈膡有無。珍重琅函歸玉局，仲姬千載快知吾。松陵吳家駒拜題。（近代龐元濟《虛

齋名畫錄》、卷二）

〈元管仲姬修竹美人圖卷〉 清・彭會淇

　　閨閣風流說仲姬，王孫你我鎮相隨。懸知此際懷人處，正是天寒日暮時。行間題識尚依稀，極目蒼梧雁影微。記得少陵詩句好，何須攬鏡學崔徽。小立臨風竹徑幽，當年承旨得知不。相傳幾輩珍藏久，片璧還應學士收。尺綃寸楮重吳興，才美雙高各擅能。若向畫圖相比並，宥將修幹易驕騰　子昂工畫馬，故云。瀨江彭會淇題。（近代龐元濟《虛齋名畫錄》、卷二）

〈元管仲姬修竹美人圖卷〉 清・龔翔麟

　　管夫人不獨書畫精妙，於詩詞無弗工。是圖乃松雪翁出使在外，而作者節取少陵詩句以寫照，不自衒其長，而望遠懷人之思纏綿如見，有卷耳草蟲之遺風焉。宜其流傳三百餘載，苕中士大夫寶之勿失也。蘋村宗伯既購得之，不敢自秘，以奉其師宮詹先生，愛惜裝潢，復屬蘋村再三題識而藏之。畫雖藝事，於此見松雪夫婦敦伉儷之倫，宮詹師弟子篤淵源之誼，風雅中名教存焉，吾知其傳之益當久遠矣。同里後學龔翔麟因觀并題。（近代龐元濟《虛齋名畫錄》、卷二）

〈元管仲姬修竹美人圖卷〉 清・章藻功

　　塑成你我久周旋，得似丹青不記年。修竹無心隨日暮，蒼梧極目去天邊。纔盈尺寸冰綃古，莫鬪尋常彩筆妍。徒倚傳神應一笑，風簾搖曳燭花偏。姪章藻功題，正戒翁老年伯。（清龐元濟《虛齋名畫錄》、卷二）

〈元管仲姬修竹美人圖卷〉 清・何太青

　　是卷為徐蘋村宗伯家藏，其為夫人自繪小像未可知，斷絹糢糊，墨香猶在，真五百年物也。松雪夫婦敦伉儷之倫，，以書畫擅名元代。然讀孝思道院記，惓惓先人之敝廬，則夫人有不忍於其親，王孫豈有忍於故君也者。玩其書少陵句意，美人天末寄托遙深，藹然忠孝之思，髣髴幀素之外。爰題長句，用誌表微。

　　蓮花落盡鷗波冷，舊宅淒涼一銀杏。斷縑幾筆寫琅玕，亭亭獨立風前影。煙鬟霧髻儼神仙，零落人間五百年。我來拂拭開生面，文采風流總可憐。杜鵑蹄上冬青樹，良人何事蒼梧去。一行小款認香名，簪花美人傷遲暮。塑來你我共溫柔，惆悵王孫不自由。白雁橫飛天欲暮，夢痕回繞管公樓。棲賢山下數弓地，行吟無限瀟湘意。年年芳草問歸期，為寫孝思道院記。竹粉糢糊淚未乾，餘不溪水鑑清寒。幽懷訴與鴻詞客，莫把催徽寫照看。嘉慶乙亥九秋，順德何太青拜觀於清溪之梅花書屋並題。（清龐元濟《虛齋名畫錄》、卷二）

## 趙子玉

小傳：不見畫史記載。身世不詳。

〈西溪趙君畫隱小序〉　　　　　　　　　　　　　　　　　　　元·王 惲

　予既冠，受館於漕使周侯，因與門下士趙君子玉游。久之，熟其為人資清雅而有幹局，心機巧而善繪事。其初家藏營邱（李成）遺墨，朝夕愛玩不去其手，遂有所得。繼遇東丘畫工沈氏指授筆法，又嘗西遊太行，窮巖岫之深峻，觀雲煙之變化，當其情得意會，留連忘歸動經旬月，由是於仁智妙趣得其動靜之理。及操觚染翰，覺心手洒洒無留思。嘗為廉右相董承旨及僕作廉泉、野莊、秋潤等圖。景氣瀟爽，雲煙清潤，筆簡而意足，其寄興雲霞放情林壑，有淡墨寫出無聲詩之譽。或譏懷材抱不沽價以求售，曰：＂人物者，天地之幻化；圖畫者，又人物之幻影。彼功名煊赫，富貴薰天者，攸忽之頃已歸磨滅。況韋布之士欲取聲華於虛幻之餘，不幾於惑歟。所以孜孜於此者，特遣興適懷，寫吾胸中之丘壑爾。＂聞者為知言。大德辛丑夏，邂逅都城，為予臨楊息軒綠野探梅圖，髣髴三昧不傳之妙，復懇於予曰：＂僕老矣，技進止此，幸惠顧序述平生，傳遺子孫。＂乃語之，曰：＂昔曹霸樂藝而忘貧窮，郭熙頭白餘筆力，少陵山谷為賦丹青引、秋山歌，攀附驥尾，名垂不朽，顧僕何人，敢望於二公哉，趙君趙君，其奈爾何。＂子玉曰：＂不然，前賢後賢，其揆一也，古往今來各有時也，顧在中朝，問望，老於文學者，孰出公右，言念夙昔能無情乎？＂既不獲已，乃援毫而識之，趙氏系出柳城宦族，當天兵南下，父通福以義勇附太師國王帳下。從定河朔，屢立戰功，壽終定武漕使，周侯以葭莩故表其勞績。蒙先朝收錄二子，仍復其家，仲列名侍從，後歷蔚、完、利等州州尹；次曰澄，即子玉也，受中山三司使，晦跡管庫餘三十年，無毫髮點污，蓋其胸次脫洒，不為物欲所累故也，五子秉仁秉溫，緣父好尚亦馳譽丹青云。是歲秋七月上旬二日秋潤翁謹述。

（王惲《秋潤先生大全文集》）

## 趙子深

小傳：清江人，工畫山水。（見《中國畫家人名大辭典》、六一六頁）

〈題趙子深秋山風雨圖〉　　　　　　　　　　　　　　　　　　明·劉 嵩

　趙君太醉始作畫，昔在清江常見之。此圖爛漫倒墨汁，木石滿眼何瑰奇。高堂蒼茫風雨集，虎穴龍湫恍深入。目斷東南生遠愁，雁鴻塌翼行雲濕。（劉嵩《槎翁詩集》、卷四）

〈題趙子深山水畫軸〉　　　　　　　　　　　　　　　　　　　明·劉 嵩

　我觀畫圖之青山，百叠巉岩那可攀。長松更出危石上，飛瀑政在隻崖間。草堂流水鉤簾迥，野艇橫江收釣閒。安得手招王子晉，共乘笙鶴望遙關。（劉嵩《槎翁詩集》、卷六）

〈題趙子深雪溪圖〉　　　　　　　　　　　　　　　　　明・劉　嵩

　清江趙子酒中仙，醉畫雪溪今幾年。雲垂極浦歲莫矣。路入高岸風凜然，茆亭對雨者誰子。沙淑獨歸帷釣船，還憶橋南聽鶯去。春衫輕騎嫩晴天。（劉嵩《槎翁詩集》、卷六）

〈題趙子深折牡丹圖〉　　　　　　　　　　　　　　　　　明・劉　嵩

　華清野鹿不曾來，孔雀屏深扇影開。九奏樂停春日午，綠衣初進紫霞杯。（劉嵩《槎翁詩集》、卷七）

## 趙　生

　小傳：不見畫史記載。身世不詳。

〈題胡府判趙生山水卷〉　　　　　　　　　　　　　　　　元・曹伯啟

　畫名無言詩，所貴存天和。包含物之理，方外手可摩。趙君圖畫手，前輩誠無多。吳縑二三尺，意馬揮干戈。畫水有清意，涼風皺微波。畫山無著色，岱宗夫如何。浮圖寺之表，舴艋巖之阿。披圖一回首，逸興高嵯峨。紛紛名利人，塵土隻鬐蟠。我亦在其間，歲月空蹉跎。林泉有餘興，從此歸漁蓑。（曹伯啟《曹文貞公詩集》、卷一）

## 趙仲容

　小傳：身世不詳，會稽人，善繪事。（見《中國畫家人名大辭典》、六一六頁）

〈送趙仲容東遊〉　　　　　　　　　　　　　　　　　　　元・宋　禧

　會稽趙仲容先生，近以一病幾不救，多難之餘，不得坐以俟命，將以繪事游山海間。予念其艱難之際，所向皆然，姑以救一時之急焉，耳間語及此，為之帳然，遂以詩送之。先生見吾諸故人煩務，其門有觀詩觀畫如疇昔者乎，聊以先生之行卜之也。

　漂泊風塵嘆此公，早年習畫畫堂中。風流尚在時非舊，急難何多老更窮。市駿莫憐曹霸馬，作歌未遇杜陵翁。逢人不必論前日，好與君平賣卜同。（宋禧《庸庵集》、卷四）

〈送趙仲容還會稽〉　　　　　　　　　　　　　　　　　　元・宋　禧

　江郭往來三十年，黑頭相見甲兵前。生平畫馬不能走，垂老瞻烏真可憐。客舍茶甌龍井下，故鄉書鏡湖邊。携家八口始歸去，春水為浮天上船。（宋禧《庸庵集》、卷六）

## 趙仲庸

　小傳：不見畫史記載。身世不詳。

〈題趙仲庸所畫滾塵馬〉　　　　　　　　　　　　　　　　　元・唐　肅

　　匹馬滾塵誰所寫，天水王孫最文雅。王孫系宋不系唐，那識唐人與唐馬。左輔白沙白於雪，四十萬頭名各別。廄中此馬帝常騎，一色紫霞名叱撥。馬官似隸王毛仲，左手執刷右持鞚。沙平草暖不被鞍，芻豆飽來筋力縱。翻身倒豎踏鐵蹄，霧尾風鬣亂不齊。元是滇池赤龍種，猶思躍浪湧春泥。太平無事征戰少，青絲絡頭可終老。不似交河赴敵時，夜蹴層冰僵欲倒。（清高宗《御定歷代題畫詩類》、卷一　〇六）

〈題趙仲庸鏡湖圖為洽上人作〉　　　　　　　　　　　　　　　明・錢　宰

　　趙侯胸中有泉石，白髮垂顛人不識。丹青不寫四十年，一見洽師隻眼碧。當年王宰浪得名，十日五日勞經營。天機到時一揮灑，白雲顛倒秋波明。秋波在屋下，白雲在屋上。香爐秦望天東南，蒼巒翠巘森相向。三山落日烟水睇，秋風舊宅今荷花。斷垣蒼石無路入，至今人說放翁家。放翁家，渺何處，阿師出家不歸去。不惜千金買畫圖，笑倚清江看雲樹。（錢宰《臨安集》、卷一）

## 趙伯顯

　　小傳：善畫山水，嘗為馬祖常畫家山圖。（見《中國畫家人名大辭典》、六一五頁）

〈求趙伯顯畫家山圖，用唐李中韻〉　　　　　　　　　　　　　元・馬祖常

　　春雁南來後，家書一紙無。山花應向日，陂水計通湖。羸犎衣資絮，生蠶薄藉蘆。久宜拂白石，強此伏青薄。琴客分抄譜，仙翁許借壺。園紅榴火煉，沼綠茭盤鋪。嵐氣飄簾隙，烟光鬱座隅。呼雲棋蟛蜞，問月看蟾蜍。倚杖心何逸，觀魚興不辜。新開竹林逕，併乞寫成圖。（馬祖常《石田文集》、卷二）

## 趙孟頫

　　小傳：字子昂，號松雪道人，封魏國公，諡文敏，涿郡人，居湖州，宋太祖十一世孫。人謂文敏作畫，初不經意，對客取紙墨，遊戲點染，欲樹即樹，欲石即石，故多入逸品，高者詣神云。文敏尤善馬，自謂頗盡物之性。張雨云：魏公書名天下，其真行篆籀皆達古人地位。復能以飛白作石，金錯刀作墨竹，則又古人所鮮能者，畫蘭亦稱逸品云。
　　　　　　（見《中國畫家人名大辭典》、六一五頁）

〈題所（自）畫梅竹贈石民瞻〉　　　　　　　　　　　　　　　　自　題

　　故人贈我江南句，飛盡梅花我未歸。欲寄相思無別語，一枝寒玉澹春暉。江南翠竹動成林，誰折寒枝寄賞音。說與雙清堂上客，蕭然應見此君心。（趙孟頫《松雪齋文集》）

〈題所畫梅竹幽蘭水仙贈鶴皋〉　　　　　　　　　　　　　自　題

　千樹瑤芳壓水湄，西湖風月鬢成絲。江南春色今何似，賴有高人把一枝。

　蕭蕭葉帶雨聲寒，裊裊枝搖月影殘。欲引九苞威鳳宿，晴窗試寫翠琅玕。

　百草千花日夜新，此君林下始知春。雖無令色如嬌女，自有幽香似德人。

　翠袖盈盈不受扶，天風縹緲降麻姑。便應從此東吳去，幾見蓬萊弱水枯。（趙孟頫《松
雪齋文集》）


〈趙子昂清流濯足圖〉　　　　　　　　　　　　　　　　　自　題

　空山過雨後，鬱嘉上林綠。綠光動漣漪，幽泉咽鳴玉。解衣坐苔石，聊以濯吾足。嗟
哉城市人，黃塵政奔逐。（明都穆《鐵網珊瑚》、卷六）


〈趙孟頫枯木竹石圖〉　　　　　　　　　　　　　　　　　自　題

　石如飛白木如籀，寫法還與八法通。若也有人能會此，方知書畫本來同。（明朱存理
《珊瑚木難》、卷三）


〈松雪畫竹石圖〉　　　　　　　　　　　　　　　　　　　自　題

　怪石太古色，叢篁蒼玉枝。相看兩不厭，自有歲寒期。子昂畫併詩。（明朱存理《鐵
網珊瑚・書品》、卷二）


〈趙孟頫高士圖（臥雪圖）〉　　　　　　　　　　　　　　自　題

　袁安，字邵公，汝南汝陽人，嚴重有威，見敬于州里。時大雪，洛陽令自出按行，見人家皆
除雪，有乞食者，至安門，無有行路，謂安已死，令人除雪入戶，見安僵臥，問何以不出，
安曰大雪人口餓，不宜于人。令以為賢，舉安孝廉也。大德癸卯二月廿五日，姑蘇寓舍製，
孟頫。

　余為通甫作此圖，正以通甫好修之士，使之景慕其高節耳。然予自謂頗盡其能事，此
難與不知者道也。明年四月七日，子昂重題。吾十數年前作此圖，今日觀之，便如一夢。
通甫歿又已七八年，尤使人悵然耳。子昂。（明朱存理《鐵網珊瑚・書品》、卷二）


〈趙孟頫水村圖〉　　　　　　　　　　　　　　　　　　　自　題

　大德六年十一月望日，為錢德鈞作，子昂。

　後一月，德鈞持此圖見示，則已裝成軸矣。一時信手塗抹乃過，辱珍重如此，極令人
慚愧。子昂題。（明朱存理《鐵網珊瑚・書品》、卷二）


〈趙魏公幼輿丘壑圖〉　　　　　　　　　　　　　　　　　自　題

　予自少小愛畫，得寸縑尺楮，未嘗不命筆模寫，此圖是初傳色時所作，雖筆力未至，而粗有古意。邇來鬢髮盡白，畫乃加進，然百事皆懶，欲如昔者作一二圖，亦不可得。右之要予再跋，故重書以識之。孟頫。

　右之邇來，苦心學道，不畜長物，故此卷亦復棄置姑蘇，實之收而藏之，誠好事哉。子昂。（明朱存理《鐵網珊瑚‧書品》、卷二）

〈趙子昂猗蘭圖并題〉　　　　　　　　　　　　　　　　　　自　題

　子昂戲作。

　猗蘭在深谷，綠葉何青青。春風長新苗，葳蕤三四莖。涪州黃太史，終焉愛嘉名。紉佩香益揚，樂彼幽人貞。松雪道人。（清卞永譽《式古堂書畫彙考‧畫考》、卷之三）

〈趙子昂天馬圖并題〉　　　　　　　　　　　　　　　　　　自　題

　吾聞天子之馬走千里，今之畫圖無乃是。是何意態雄且傑，駿尾蕭梢朔風起。毛為綠縹雙耳黃，眼有紫焱兩瞳方。矯矯龍性合變化，卓立天骨森開張。伊昔大僕張景順，監牧攻駒閱清峻。遂令大奴守天育，別養驥子憐神俊。當時四十萬匹馬，張公嘆其材盡下。故獨寫真傳世人，見之座右久更新。年多物化空形影，嗚呼健步無由騁。如今豈無腰裹與驊騮，時無王良伯樂死即休。

　比歲，為容齋學士畫天馬圖，忽已數年矣。復索余寫杜拾遺天育驃騎歌于後。予因奉使開平，日久不能應命。茲偶於舟中檢出，為篆書之，惜不能工也。延祐四年九月既望，吳興趙孟頫識。（清卞永譽《式古堂書畫彙考‧畫考》、卷之四）

〈趙承旨玄真觀圖并題〉　　　　　　　　　　　　　　　　　自　題

　對此山水詠，使人塵慮銷。況茲構真館，燕坐遠煩囂。青林蔭石牖，素雲冠山椒。松風和澗泉，雜佩笙瓊瑤。焚香玉女降，長齋百靈朝。仙道本不遠，清都亦非遙。自嘆衰□年，頗費猿鶴招。安得生羽翰，從子以逍遙。子昂。（清卞永譽《式古堂書畫彙考‧畫考》、卷之十六）

〈趙魏國雙馬圖并題卷〉　　　　　　　　　　　　　　　　　自　題

　飛騰自是真龍種，健筆何年貌得來。照室神光欲飛去，祕圖不敢向人開。至治二年四月廿二日。子昂。（清卞永譽《式古堂書畫彙考‧畫考》、卷之十六）

〈松雪二墨羊逸筆并題卷〉　　　　　　　　　　　　　　　　自　題

　余嘗畫馬，未嘗畫羊，因仲信求畫，余故戲為寫生，雖不能逼近古人，頗於氣韻有得。（清卞永譽《式古堂書畫彙考‧畫考》、卷之十六）

〈趙榮祿杏花鸂鶒圖并題〉　　　　　　　　　　　　　　　　自　題

　余嘗泛舟溪上，因過下箬，時值杏花盛開。溪邊鸂鶒黃色可愛，恍如徐熙畫中行也。乘興作此此，以記歲月云。至大二年二月九日。子昂。（清卞永譽《式古堂書畫彙考‧畫考》、卷之十六）

〈趙魏公落花滿魚圖并題卷〉　　　　　　　　　　　　　　　　自　題

　溶溶綠水濃如染，風送落花春幾多。頭白歸來舊池館，閒看魚泳白漚波。

　延祐三年三月六日，春雨初霽，溪光可人，乘興作落花游魚圖就，賦詩其上，殊有清思耳。

　進之在坐，以為何如？吳興趙孟頫。（清卞永譽《式古堂書畫彙考‧畫考》、卷之十六）

〈水晶道人竹石圖并題〉　　　　　　　　　　　　　　　　　　自　題

　近水秋山兩岸青，明朝歸去獨揚鈴。平生是箇知音客，纔過柯亭子細聽。子昂。（清卞永譽《式古堂書畫彙考‧畫考》、卷之十六）

〈子昂贈鮮于伯幾西谿圖并題〉　　　　　　　　　　　　　　　自　題

　山林忽然在我眼，攬袂欲遊嗟已遠。長松□□含蒼煙，平川茫茫際層巘。大梁繁華天下稀，走馬鬥雞夜忘歸。君獨何為甘寂寞，坐對山水娛清暉。西谿先生奇崛士，正可著之巖石裏。數間茅屋破不修，中有神光發奇字。綠蘋齊葉白芷生，送君江南空復情。相思萬里不可見，時對此圖雙眼明。（清卞永譽《式古堂書畫彙考‧畫考》、卷之十六）

〈趙子昂蒼林疊嶂圖并題〉　　　　　　　　　　　　　　　　　自　題

　桑苧未成鴻漸隱，丹青聊作虎頭癡。久知圖畫非兒戲，到處雲山是我師。溪上先人之敝廬，南山秀色照庭除。何時共買扁舟去，看釣寒波縮項魚。（清卞永譽《式古堂書畫彙考‧畫考》、卷之十六）

〈趙漚波寄高仁卿畫并題〉　　　　　　　　　　　　　　　　　自　題

　碧山清曉護晴嵐，綠樹經秋醉色酣。誰是丹青三昧手，為君滿意畫江南。（清卞永譽《式古堂書畫彙考‧畫考》、卷之十六）

〈子昂畫并跋卷〉　　　　　　　　　　　　　　　　　　　　　自　題

　作畫貴有古意，若無古意，雖工無益。今人但知用筆纖細，傅色穠艷，便自為能手，殊不知古意既虧，百病橫生，豈可觀也。吾所作畫，似乎簡率，然識者知其近古，故以為佳。此可為知者道，不為不知者說也。大德五年三月十日，趙孟頫跋。（清卞永譽《式古堂書畫彙考‧畫考》、卷之十六）

〈水晶宮道人甕牖圖并題卷〉　　　　　　　　　　　　　　自　題

　右子貢見原憲圖，要見貧無諂、富無驕之意，乃為畫其能事耳。然二子同出夫子之門，以道德為悅，豈以貧富為嫌哉？子昂。（清卞永譽《式古堂書畫彙考・畫考》、卷之十六）

〈中峰禪師像〉　　　　　　　　　　　　　　　　　　　　自　題

　身如天目山，寂然不動尊。茲雲灑法雨，徧滿十方界。化身千百億，非紉亦非真。覓讚不可得，為師作讚竟。

　至大二年正月人日，弟子吳興趙孟頫焚香謹讚。（清吳升《大觀錄》、卷十六）

〈秋林圖〉　　　　　　　　　　　　　　　　　　　　　　自　題

　至大三年秋九月，子昂為民瞻老弟。（清吳升《大觀錄》、卷十六）

〈紅衣羅漢樹石卷〉　　　　　　　　　　　　　　　　　　自　題

　大德八年暮春之初，吳興趙孟頫子昂畫。

　余嘗見盧楞伽羅漢像，最得西域人情態，故優入西域。蓋唐時京師多西域人，耳目所接，言語相通，故也。至五代，王齊翰輩雖畫，要與羅漢僧何異。余往京師久，頗嘗與天竺僧遊，故於羅漢像自謂有得。此卷余十七年前所作，粗有古意，未知觀者以為何如也。庚申歲四月一日，孟頫書。（清吳升《大觀錄》、卷十六）

〈趙子昂春遊圖〉　　　　　　　　　　　　　　　　　　　自　題

　至大庚戌春日，子昂為心之作。（清吳升《大觀錄》、卷十六）

〈趙文敏墨蘭竹石圖卷〉　　　　　　　　　　　　　　　　自　題

　墨芳。大德六年八月十八日，子昂作。（清吳升《大觀錄》、卷十六）

〈趙孟頫洪範圖卷〉　　　　　　　　　　　　　　　　　　自　題

　洪範圖像。惟十有三祀，一曰離短折，二曰疾，三曰憂，四曰貧，五曰惡，六曰弱。吳興趙孟頫畫并書。（清吳升《大觀錄》、卷十六）

〈趙孟頫秋山圖〉　　　　　　　　　　　　　　　　　　　自　題

　秋山圖。大德五年秋八月既望，為伯圭高士畫，子昂。（清吳升《大觀錄》、卷十六）

〈趙孟頫淵明像并書辭卷〉　　　　　　　　　　　　　　　自　題

　大德四年春二月，吳興趙孟頫畫。既書歸來，餘興未盡，仍作竹石，淵明亦當愛此耶。

（清吳升《大觀錄》、卷十六）

〈趙榮祿秋江待渡圖〉　　　　　　　　　　　　　　　　　自　題

　　大德十一年正月望，集賢學士朝列大夫趙孟頫，為叔固摹秋江待渡圖。（清吳升《大觀錄》、卷十六）

〈趙文敏秋林平遠圖〉　　　　　　　　　　　　　　　　　自　題

　　大德五年秋八月既望。子昂為房山道人畫。（清吳升《大觀錄》、卷十六）

〈設色高逸圖〉　　　　　　　　　　　　　　　　　　　　自　題

　　大德五年秋八月，吳興趙孟頫作高逸圖。（清吳升《大觀錄》、卷十六）

〈趙孟頫雙松平遠圖〉　　　　　　　　　　　　　　　　　自　題

　　子昂戲作雙松平遠。僕自幼小，學書之餘，時時戲弄小墨，然於山林獨不能工。蓋自唐以來，如王右丞、李將軍、鄭廣文諸公，奇絕之迹，不能一二見。至五代荊、關、董、巨出，皆與近世筆意遼絕。僕所作者，雖未敢與古人比，然視近世畫手，則自謂少異耳。因野雲求畫，故書其末。（清吳升《大觀錄》、卷十六）

〈古木散馬圖卷〉　　　　　　　　　　　　　　　　　　　自　題

　　大德四年十二月廿八日，為彥遠作古木散馬圖，子昂。（清吳升《大觀錄》、卷十六）

〈趙孟頫洗馬圖卷〉　　　　　　　　　　　　　　　　　　自　題

　　洗馬圖。齧雪泛駕誰能馭，駕蹇紛紛何足顧。青絲駱首錦障泥，鞭箠空勇怨長路。明窗戲寫摩黃羍，洗刷歸來氣如怒。不須對此空歎嗟，男兒自昔多徒步。至元廿八年，在家道人書。（清吳升《大觀錄》、卷十六）

〈秋郊飲馬圖卷〉　　　　　　　　　　　　　　　　　　　自　題

　　秋郊飲馬圖。皇慶元年十一月，子昂。（清吳升《大觀錄》、卷十六）

〈趙孟頫鵲華秋色圖卷〉　　　　　　　　　　　　　　　　自　題

　　公謹父，齊人也。余通守齊州，罷官來歸，為公謹說齊之山川，獨華不注最知名，見于左氏，而其狀最峻峭特立，有足奇者，乃為作此圖。其東則鵲山也。名曰鵲華秋色云。元貞元年十有二月。吳興趙孟頫畫并題。（清吳升《大觀錄》、卷十六）

〈趙文敏蘭竹拳石圖〉　　　　　　　　　　　　　　　　　　自　題

　至大四年九月八日，與行道人從維揚迴越，作此紙與之。子昂。（清李佐賢《書畫鑑影》、卷四）

〈趙文敏雙柏圖軸〉　　　　　　　　　　　　　　　　　　　自　題

　戰國方忿爭，險絕悉開去。斯樹逃空谷，苟生偶成趣。山中無木客，千載復何慮。當茲太平世，努力樂高舉。大德元年秋八月。子昂。（清李佐賢《書畫鑑影》、卷二十）

〈趙文敏鷗波亭圖〉　　　　　　　　　　　　　　　　　　　自　題

　至大三年六月，吳興趙孟頫為吳彥良畫。
　岸靜樹陰合，江清雲氣流。可憐無限景，詩思落扁舟。子昂又題。（清李佐賢《書畫鑑影》、卷二十）

〈趙文敏桐陰高士圖軸〉　　　　　　　　　　　　　　　　　自　題

　大德三年六月廿七日，為楊安甫作，子昂。（近代龐元濟《虛齋名畫續錄》、卷七）

〈趙文敏墨君圖軸〉　　　　　　　　　　　　　　　　　　　自　題

　子昂為伯庸試　兒墨，作此。（清龐元濟《虛齋名畫錄》、卷七）

〈趙孟頫高士圖（臥雪圖）〉　　　　　　　　　　　　　　元‧龔　開

　雪氣侵人臥欲僵，苦勞明府到藜床。主賓問答皆情話，何用間名入薦章。楚龔開。（明朱存理《鐵網珊瑚‧書品》、卷二）

〈松雪墨梅〉　　　　　　　　　　　　　　　　　　　　　元‧錢　選

　子昂郎中墨梅，非僕所能及也。敬服，敬服。吳興錢選舜舉。（明朱存理《鐵網珊瑚‧書品》、卷二）

〈趙孟頫高士圖（臥雪圖）〉　　　　　　　　　　　　　　元‧牟　巘

　大雪塞門，袁公高臥不出，不宜干人之語，非直一時高致而已。想其面目嚴冷，意氣凜烈，與雪同其孤高，此豈肯為汝南郡從事持私書致邑令者哉？宜其痛遭拒也。觀大節者于細事，他日爭楚獄于人主盛怒之時，折竇憲于朋黨怙權之日，毅然不少屈，直可畏而仰也。陵陽牟巘。（明朱存理《鐵網珊瑚‧書品》、卷二）

〈趙孟頫水村圖〉　　　　　　　　　　　　　　　　　　　元‧牟　巘

山色濃還淡，孤村水遠之。俗塵飛不到，野老住偏宜。碕岸踈踈柳，茅簷短短籬。小舟歌側過，便是少陵詩。陵陽牟巘。（明朱存理《鐵網珊瑚・書品》、卷二）

〈趙文敏雙馬圖卷〉　　　　　　　　　　　　　　　　　　　　　元・牟　巘

霜蹄炯炯映白顛，鳳頭宛宛驃一偏。黃沙慘澹聳隔目，所向萬里無風煙。青絲絡頭未受牽，一團紫雲凝不前。此馬所見世上少，神氣德力無不全。子昂學士到渥洼，眼親視之手敢傳。只愁奮迅裂卷去，四座錯愕心茫然。陵陽牟巘題。（清李佐賢《書畫鑑影》、卷四）

〈趙孟頫水村圖〉　　　　　　　　　　　　　　　　　　　　　　元・孟　淳

茅屋竹籬山掩映，兼葭楊柳水縈紆。漁人定指扁舟語，野老應尋隱者徒。漢東孟淳。（明朱存理《鐵網珊瑚・書品》、卷二）

〈趙孟頫水村圖〉　　　　　　　　　　　　　　　　　　　　　元・湯彌昌

翰林妙寫溪村趣，茅屋知何處。溪翁想像住溪灣，一笑如今家在畫圖間。西風門掩蘆花淑，聊與漁家伍。人間不信有張翰，剪取吳淞空向卷中看。　延祐丁巳中秋日，德鈞攜此卷，俾書小詞，為題虞美人一闋。湯彌昌師言。（明朱存理《鐵網珊瑚・書品》、卷二）

〈趙孟頫水村圖〉　　　　　　　　　　　　　　　　　　　　　元・湯彌昌

染秋雲，圖澤國，野趣入游戲，能何須五日畫一水重重柳，楊陂塘，茅茨口落蘆鄉外，西風漁計晚烟霽。有客乘扁舟，延緣度踈葦，欲訪幽居宛在碧溪尾，浩然送飛鴻，醉歌欸乃溪光裡，亂山橫翠。湯彌昌敬題。（明朱存理《鐵網珊瑚・書品》、卷二）

〈題仇仁近白駒詩圖，趙子昂畫及書〉　　　　　　　　　　　元・方　回

至潔不見取，此責自有人。繫維幸不及，邂野醉自珍。上下不相求，於中歌者頻。歌者誠愛賢，賢者亦愛身。（方回《桐江續集》、卷十四）

〈為徐企題趙子昂所畫二馬〉　　　　　　　　　　　　　　　元・方　回

相馬有伯樂，畫馬有伯時。伯樂永已矣，伯時猶見之。長林之下無茂草，此馬得無半飽饑。一疋背樹似揩痒，一疋齕枯首羸垂。趙子作此必有意，志士失職心傷悲。我思肥馬不可騙，不如瘦馬劣易騎。焉得生致此二疋，馬亦如我老且衰。破鞍茭韉骨硨砆，狂豪敢學幽并兒。無世塵處天地潤，我後子先緩轡看山時賦詩。（方回《桐江續集》、卷二十）

〈題趙子昂摹唐人二戲馬駒〉　　　　　　　　　　　　　　　元・方 回

　我嘗遠過燕山北，樹木已無草一色。騏驥驊騮動萬匹，互齧交啼戲跳擲。誰歟畫此雙名駒，似鬥非鬥相嬉娛。唐人遺迹趙子摹，善書善畫今代無。善書突過元章米，善畫追還伯時李。先畫後書此一紙，咫尺之間兼二美。元章伯時兩人合一人，媿我一詩難寫兩人真。（方回《桐江續集》、卷二十五）

〈題東坡先生惠州定惠院海棠詩後，趙子昂畫像并書〉　　　元・方 回

　五季乾坤混為一，艱難得之容易失。一拳槌碎四百州，新法宰相王安石。二蘇中尤惡大蘇，周二程張俱不識。紹聖姦臣講紹述，元祐諸賢紛竄斥。東坡飽喫惠州飯，心知惇卞乃國賊。恍惚他鄉見似人，海棠一株困荊棘。海內文章蜀黨魁，蜀第一花世無匹。邂逅相逢心相憐，瘴雨巒烟污玉質。憶昔蒟醬筇竹枝，適與張騫遇西域。彼徒生事勞遠人，此感與國同休戚。屈原放廢郢都喪，箕子囚奴殷錄訖。惠州未已更儋州，必欲殺之至此極。立黨籍碑封舒王，竟使大梁無社稷。此詩此畫繫興亡，可忍細看淚棋臆。東坡先生惠州海棠詩十四韻，趙君子昂所書。仍畫東坡像於後，以歸竹軒盛君，紫陽方回獲觀，題詩十四韻識之。（方回《桐江續集》、卷二十四）

〈為孫同簽瓚題趙子昂馬〉　　　　　　　　　　　　　　　元・方 回

　畫馬當年李伯時，長懷魯直子瞻詩。朝廷□□□才盛，元祐風流再見之。（方回《桐江續集》、卷二十六五）

〈子昂秋林行客圖〉　　　　　　　　　　　　　　　　　　元・戴表元

　石稜稜而白出，樹悄悄以紅披。嗟縞衣之嘉客，方策蹇以何之。（戴表元《剡源文集》）

〈題子昂照夜白〉　　　　　　　　　　　　　　　　　　　元・戴表元

　風前新解錦鞍韉，雪色糢糊霧色寒。此物人間無處著，千金只得畫圖看。（戴表元《剡源文集》）

〈題趙子昂摹龍眠飛騎習射圖〉　　　　　　　　　　　　　元・戴表元

　右趙子昂摹李龍眠飛騎習射圖一卷。子昂故諸王孫，家無畫種，其藝之至此，蓋天機所激，一學便似，非如他人疲精竭力而能者。每畫成，子昂亦自愛重。張景亮是其外甥，人欲得之者，多從景亮索覓，故亮雖朝暮見畫，而未嘗得留。此卷初本龍眠元豐間試院所作，子昂摹時，猶未涉世，故學問之氣可掬，開玩數四，令人灑然。（戴表元《剡源文集》）

〈題趙子昂畫馬〉　　　　　　　　　　　　　　　　　　　　元・戴表元

　　趙子奇才似天馬，頃刻飛龍生筆下。畫成撫卷復長歌，坐客喧嘩不停寫。蹄勢經鞭秋跌蕩，鬃毛出跳風蕭洒。似嫌文綉減天真，盡脫鞍韉彎輕把。青袍洗足巧眉睫，馱坐奚官亦閑雅。我來一見驚欲拜，曾識驊和趨廟社。千金朽骨古猶惜，況此難兮毛色假。瑤池路斷伯樂盡，日暮嘶鳴氣暗啞。為君昂首一慰意，猶勝無逢老岩野。（戴表元《剡源文集》）

〈題趙子昂疊岫圖〉　　　　　　　　　　　　　　　　　　　元・戴表元

　　百折雲顛路儘通，無名怪木淡書空。相逢無問秋江客，不是巴中是剡中。（戴表元《剡源文集》）

〈五雲山圖（子昂為戚氏作）〉　　　　　　　　　　　　　　元・戴表元

　　林廬深插紫屏顏，一點漁舟帶暝還。但得身閒無俯仰，人間處處五雲山。（戴表元《剡源文集》）

〈跋（趙孟頫）梁中砥畫卷〉　　　　　　　　　　　　　　　元・張伯淳

　　觀子昂所畫梁中砥茅山送客詩景，如行靈鷲道中，商榷月中桂子一段情事。又如楓落吳江得句時，此意超然塵外，固將物我兩忘，道耶？釋耶？吾不得而知也；詩耶？畫耶？吾亦不得而知也。子昂余所親，中砥又新知之，可敬者，是宜書。（張伯淳《養蒙文集》）

〈題子昂學士小景〉　　　　　　　　　　　　　　　　　　　元・陸文圭

　　蕭蕭落木壞無枝，冉冉細竹愛風傲。疑非松雪齋中畫，似是唐人野望詩。（陸文圭《牆東類稿》、卷二十）

〈趙孟頫高士圖（臥雪圖）〉　　　　　　　　　　　　　　　元・陸文圭

　　曉看嵩少玉嶙峋，枉駕應憐處士貧。令尹若能為保障，長衾盡覆洛陽人。牆東老叟陸文圭。（明朱存理《鐵網珊瑚・書品》、卷二）

〈水晶宮道人甕牖圖并題卷〉　　　　　　　　　　　　　　　元・湯炳龍

　　一從辭宰粟，饑餓隱空山。貨殖門前客，先生不啟關。北村老民湯炳龍題。（清卞永譽《式古堂書畫彙考・畫考》、卷之十六）

〈趙孟頫水村圖〉　　　　　　　　　　　　　　　　　　　　元・鄧文原

　　芳草孤舟度，幽居一徑通。江湖春雨外，墟里暮烟中。機息鷗先下，花飛水自東。臨

流無限意，畫史若為工。巴西鄧文原。（明朱存理《鐵網珊瑚・書品》、卷二）

〈松雪墨梅〉　　　　　　　　　　　　　　　　　　　　　　元・鄧文原

　憶昔衝寒踏雪時，百花零落願開遲。如今收拾橫書卷，一任無情塞管吹。鄧文原。（明朱存理《鐵網珊瑚・書品》、卷二）

〈松雪臨郭熙溪山漁樂軸〉　　　　　　　　　　　　　　　　元・鄧文原

　峭石浮嵐俯翠微，瀑流飛雨散林霏。漁舟來往清溪曲，悵望行人古道稀。鄧文原。（明朱存理《鐵網珊瑚・書品》、卷二）

〈題子昂馬〉　　　　　　　　　　　　　　　　　　　　　　元・鄧文原

　奔騰駿骨雲路長，蕭灑神鬃風露涼。沙場春牧草肥雨，野櫪秋嘶楓隕霜。三山戰士黃金甲，五陵俠客紅絲韁。朝羈暮絡只腸斷，華山煙樹遙蒼蒼。（明朱存理《珊瑚木難》、卷六）

〈趙孟頫高士圖（臥雪圖）〉　　　　　　　　　　　　　　　元・鄧文原

　門外雪深泥没膝，幽人懷抱自春風。可怜令尹無高致，乘興何須見此公。文原。（明朱存理《鐵網珊瑚・書品》、卷二）

〈松雪怡樂堂圖，贈善夫副使〉　　　　　　　　　　　　　　元・鄧文原

　一榻悠然樂事多，四時風景復如何。遶溪水色清流玉，排闥山光翠擁螺。靜裏研朱將點易，醉中邀月鼓琴歌。知君所好無塵趣，肯許吾儕見訪過。（清高宗《御定歷代題畫詩類》、卷一一五）

〈松雪翁桐陰高士圖〉　　　　　　　　　　　　　　　　　　元・鄧文原

　玉立桐陰十畝蒼，托根何必在朝陽。迎風簌簌秋聲早，灑雨陰陰月色涼。勝事只消琴在膝，野情聊倚石為牀。高人自得坡頭趣，不為花開引鳳凰。古浯鄧文原題。（清吳升《大觀錄》、卷十六）

〈趙孟頫水村圖〉　　　　　　　　　　　　　　　　　　　　元・高克恭

　大德八年夏五，還自江西，過虎丘，舟中，子敬（龔璛）携此卷見示。俗客以惡相撓情況，
　構詩不成，遂書途中所作，少答雅意。房山高克恭。
　古木陰中生白煙，忽從石上見流泉。間隨委曲尋源去，直到人家竹塢邊。（明朱存理《鐵網珊瑚・書品》、卷二）

〈松雪翁所作躑躅花畫眉手卷〉　　　　　　　　　　　　　　　元・釋善住

　春禽弄幽囀，躑躅亞枝紅。想愛風光好，爭知桃李空。（釋善住《谷響集》）


〈松雪道人畫水村山崦圖〉　　　　　　　　　　　　　　　　　元・釋善住

　西崦東村景象幽，菰蒲深處有漁舟。道人不惜毫端力，畫我滄江伴白鷗。（釋善住《谷
響集》）


〈題趙子昂畫石林叢篠〉　　　　　　　　　　　　　　　　　　元・胡祗遹

　不踵王右丞，不參文湖州。幽深寫新意，木老荒山秋。江皐接河瀕，新梢已拂雲。石
田不敏樹，瑣屑雜荊榛。巨幅厭豪放，片紙發纖巧。寸餘歲寒姿，生意自妍好。東坡寫
竹石，游戲亦幽閒。落筆得全竹，敢作畫工看。竹影不難寫，要與竹同神。所知桃李妍，
安能比此君。（胡祗遹《紫山大全集》、卷七）


〈松雪墨梅〉　　　　　　　　　　　　　　　　　　　　　　　元・任月山

　江南初見一枝春，朧月霜鐘亦可人。不管玉堂岑寂夜，悞隨驛使馬蹄塵。任月山。（明
朱存理《鐵網珊瑚・書品》、卷二）


〈題子昂仁智圖〉　　　　　　　　　　　　　　　　　　　　　元・吳澄

　仁者樂山，智者樂水，先儒謂非體仁智之深者，不能如此。雖然，仁者見之謂之仁，
智者見之謂之智，各隨所見，均是仁智，豈必與尼山泗水同哉？子昂所圖，子昂所見爾，
以遺太乙劉師，別有見玉笥仁智堂道士，從劉得之，又玉笥仁智堂之仁智也，師劉者羅
環中，特以示予者羅之徒孫周常清，周而羅，羅而劉，劉而趙，曰仁，曰智，其見同乎？
異乎？予弗及知也，方將循其支，探其本，遡其流，尋其原，以上達尼山泗水。周今往
上清，上清之山水奇矣，其中高人仁智何若，予亦顛參焉。（吳澄《吳文正集》、卷六十
三）


〈題子昂竹石〉　　　　　　　　　　　　　　　　　　　　　　元・吳澄

　匪竹匪石，伊松伊雪。作如是觀，奇絕奇絕。（吳澄《吳文正集》、卷一百一）


〈題趙松雪迷禽竹石圖〉　　　　　　　　　　　　　　　　　　元・仇遠

　錦石傾敧玉樹荒，雪兒無言恋斜陽。百年花鳥春風寒，不是錢塘是汴梁。（仇遠《山
村遺集》、三一頁上）


〈趙子昂陳仲美合作水梟小景〉　　　　　　　　　　　　　　　元・仇遠

良工苦思可心降，底事文禽不解隻。欲采芳華波浪闊，芙蓉朵朵隔秋江。（仇遠《山村遺集》、三一頁下）

〈題松雪臨郭河陽溪山漁樂圖〉　　　　　　　　　　　　　　　元・白　珽

遠山近山何歷歷，下有長溪橫一碧。溪中亦有釣鰲手，此手不遮長安日。野橋煙樹接草廬，飛流如練懸空虛。截山白雲凝不去，要人寫作巖居圖。泰定丙寅春，湛淵白珽題子昂所作上。（清卞永譽《式古堂書畫彙考・畫考》、卷十六）

〈趙子昂山莊雅集圖序〉　　　　　　　　　　　　　　　　　　元・楊宏道

古今一天地也，人物一元氣也，元氣一古今，不可以二。故山陰蘭亭之集，春夜桃園之宴，竹林七逸，洛下九老，雖鉅細不同，其託物興懷自得天地之妙者，豈以古今有二哉。至元丙戌，馬卿德昌拉諸賢出錢塘門，或舟，或騎，要以陳氏山莊此君亭為約。既至，亭在萬竹中，軒戶足清，杯盤足古，酒數行，談議蜂起，笑謔間作，觸猛於陣，詩嚴於律，薰陶浹洽，其氣象有大不凡者。明日，諸公咸有樂府，以歌詠其事，又令子昂趙君圖之，且囑余序所以意。余謂湖山拱秀，花竹呈麗，此不必論第，我輩所以自立者，其一於古，其不一於古，余於是有懼焉，敢序因以例，和樂府附之。（楊宏道《小亨集》、卷五）

〈趙孟頫重江疊嶂圖〉　　　　　　　　　　　　　　　　　　　元・石　巖

藝事推三絕，交情到八哀。衣冠太平出，筆硯好懷開。虹月徒延佇，鷗波眇去回。同為帝都客，揮灑得看來。　石巖次韻。（明朱存理《鐵網珊瑚・畫品》、卷二）

〈趙孟頫水村圖〉　　　　　　　　　　　　　　　　　　　　　元・錢重鼎

水村隱居記。予游淮水，來吳會，客于季道陸翰林之宇下近十年，知其別墅在松江之南，分湖之東，欲往來未能。每思寬閒寂寞之濱，得與鱸鄉蟹舍鄰接，庶塵市委巷偪仄之懷，有所托以紓焉。季道悉予志，為卜築于其別墅之傍，至其聚書其中以自怡悅。屋前流水清澈鑒毛髮，居人類汲以飲，時有鷗鳥舞而下，若相忘于江湖，可取以玩也。異時子昂趙集賢為作水村圖，林樾蔭乎茆屋，略約棋乎荒灣，秋風鴻雁，夕陽網罟，短棹延緣葦間，不聞拏音，述其意象，圖寫於大德壬寅。迄延祐甲寅，十有四年，景物處所宛然，不異於今所居，事固有不相期而相符若是然者。季道泛舟往來吾廬，手叢書一編，筆床茶灶之風流胡在，明月之夜，共載以游，撫清絕之區，得詠歌之趣，或能追皮陸清事可乎？噫！予老矣，方將卷書學釣，容與于烟波之上，而為之歌，曰：「舟搖搖兮，風嫋嫋兮。波鱗鱗兮，鷗翩翩兮。扣舷漁歌兮，孰知其他兮。」歌已，遂書為水村隱居記。延祐乙卯季夏望日，通川錢重鼎記。（明朱存理《鐵網珊瑚・書品》、卷二）

〈趙孟頫水村圖〉　　　　　　　　　　　　　　　　　　元・錢重鼎

　孤村何所，厥土若浮。宛然虛舟，渺乎中流。秋雲兮漠漠，流水兮悠悠。老雁兮肅肅，折葦兮颼颼。爾其眾篁懸乎夕陽，茅屋枕乎灣畸。略約通乎往來，林薄鬱乎散戲。盻絕境兮寥闃，恨凡塵兮喧卑。我之懷矣，一葦杭之，忘鈎意釣，與物委蛇。鄙詹父兮施芒針，哂任公兮垂巨緇。固非釣濕兮疑蝦蛭，蓋將劈水兮看蛟螭。滄浪兮舒嘯，漣漪兮賦詩。蒼茫兮獨立，逸豫兮無期。亦有岡巒峙兮嵯峨，薜荔深兮婆娑。縹緲兮雲霞，映帶兮烟波。玄真兮漁蓑，幼輿兮山阿。思夫人兮奈何，悲予生兮蹉跎。孰若求吾性兮，自得勝外景兮。實信動靜兮有徵，希仁智兮靡他。庶幾適此性之天兮，惘然忘其為畫圖也。大德七年六月一日，錢重鼎書。（明朱存理《鐵網珊瑚・書品》、卷二）

〈趙孟頫高士圖（臥雪圖）〉　　　　　　　　　　　　　　　　元・錢重鼎

　在普洛陽，雪深丈餘。士也高臥，來令尹車。今年吳淞，雪復何如。積素一色，鷗鷺有無。之子江皋，修亭是居。有琴有書，有酒有魚。賞靜獨眺，聊以自娛。挹茲清風，凜凜起予。此景此圖，再卷再舒。通川錢重鼎。（明朱存理《鐵網珊瑚・書品》、卷二）

〈趙孟頫高士圖（臥雪圖）〉　　　　　　　　　　　　　　　　元・龔璛

　閭巷風雪中僵臥，何限洛陽令，政為一士來，爾乃其昨辟舉類如此，而史失令名，亦可惜。舊圖雪中有芭蕉，若子昂更畫之廩廩通甫身世。谷陽龔璛題。

　東郭先生履下穿，更圖臥雪詠袁安。就令餓死亦細事，門外春泥何日乾。璛再題。（明朱存理《鐵網珊瑚・書品》、卷二）

〈趙孟頫水村圖〉　　　　　　　　　　　　　　　　　　元・龔璛

　澤國漁無定，秋霜柳不凋。幽人言惋晚，此日畫蕭條。高沙龔璛。（明朱存理《鐵網珊瑚・書品》、卷二）

〈趙文敏飲馬圖卷〉　　　　　　　　　　　　　　　　　元・韓性

　松雪公作飲馬圖，贈元泰以遺別峰，而余為之作歌。

　五花雲散紫電光，縶維未許飛龍驤。垂頭欲就圉人飲，渴烏作勢吞銀潢。集賢學士擅筆力，萬里猛氣收毫芒。羽人乘風倦鞍勒，一笑收拾藏中箱。世人不識真驪騮，顧影尚爾兮驪黃。放鶴峰前有遺意，神駿正可誇支郎。韓性。（清吳升《大觀錄》、卷十六）

〈淵明漉洒圖（趙子昂筆）〉　　　　　　　　　　　　　　元・王惲

　牀頭釀香奚待壓，脫巾漉飲良愜人。興來酣適無不可，過論揝非公所貴。（王惲《秋潤先生大全文集》）

〈松雪墨梅〉　　　　　　　　　　　　　　　　　　　　　　元・陳康祖

　歔工僻藤瑩如水，北枝橫出霜毫裡。口如絕潤月徘徊，影落空光辨花蕊。謫仙去久羅浮村，何人楚招魂。王孫獨寫無聲意，猶帶奾烟蜑兩痕。陳康祖。（**明朱存理《鐵網珊瑚・書品》、卷二**）

〈松雪墨梅〉　　　　　　　　　　　　　　　　　　　　　　元・陳　慤

　踈枝橫尺素，玉雪長精神。古人隔烟水，好贈江南春。陳慤。（**明朱存理《鐵網珊瑚・書品》、卷二**）

〈松雪墨梅〉　　　　　　　　　　　　　　　　　　　　　　元・蕭　和

　江邊春色歸何處，長憶年年花發時。愛殺南枝如許瘦，却愁羗管不勝吹。蕭和。（**明朱存理《鐵網珊瑚・書品》、卷二**）

〈松雪墨梅〉　　　　　　　　　　　　　　　　　　　　　　元・張復亨

　皎皎姑射姿，寒香淡孤月。歲落耿幽貞，江空照奇絕。何處碧參差，吹落南枝雪。因之託豪素，夜半清輝發。一洗京洛塵，芳菲不堪折。踟躕坐消憂，何待清尊竭。張復亨。（**明朱存理《鐵網珊瑚・書品》、卷二**）

〈水晶宮道人甕牖圖并題卷〉　　　　　　　　　　　　　　　元・貫雲石

　處以道，雖得天下，不足為富也，何必但以貧為羨耶？雲石。（**清卞永譽《式古堂書畫彙考・畫考》、卷之十六**）

〈趙孟頫水村圖〉　　　　　　　　　　　　　　　　　　　　元・郭麟孫

　草草三間屋，愛竹旋添栽。碧紗窗戶眼前，都是翠雲圖。一月山翁不出，連雪水村清冷。木落遠山開，唯有平安信。留得伴寒梅，口喚家童開門。看有誰來，客來一笑清話，煮茗更傳杯。有客只愁無酒，有酒又愁無客。酒熟且徘徊，明日人間事，天自有安排。分湖新卜築，適與此詞同，如今不是畫，真在水村中。延祐丙辰十一月十有一日，郭麟孫題。（**明朱存理《鐵網珊瑚・書品》、卷二**）

〈趙孟頫水村圖〉　　　　　　　　　　　　　　　　　　　　元・郭麟孫

　澤國淨秋色，遠山橫夕烟。水田群雁起，蘆渚一罾懸。林樹幾間屋，君家若個邊。扁舟何日去，相伴白鷗眠。郭麟孫。（**明朱存理《鐵網珊瑚・書品》、卷二**）

〈趙孟頫高士圖（臥雪圖）〉　　　　　　　　　　　　　　　元・姚　式

袁氏四世五公，跡其富貴煊赫，豈淺渺哉？千載之下，使人彷彿圖寫思見其人者，乃在臥雪時耳。姚式書。（明朱存理《鐵網珊瑚・書品》、卷二）

〈松雪墨梅〉 元・姚 式

夜月參差秀影，天風浮動繁香。彷彿釵橫鬢亂，惱人不減紅粧。姚式。（明朱存理《鐵網珊瑚・書品》、卷二）

〈趙孟頫水村圖〉 元・姚 式

息齋居士舊嘗為德鈞作水村圖，予題云：問君何許水村邊，亦有扁舟乘興人。無限好山茅屋外，他年倘許我為鄰。既還吳興，復來見子昂此圖，意像融會，使人應接不暇，又何暇詩，非德鈞誰能領會耶？姚式書於姑蘇寓館。（明朱存理《鐵網珊瑚・書品》、卷二）

〈趙孟頫水村圖〉 元・姚 式

有宅一區兮之鄉，前可漁兮後可畊。絕輿馬之憧憧兮，魚蝦集而鳧雁翔。伊昔寄之圖寫兮，猶彷彿而賦高唐。暨歲晏遂初服兮，遇夫人之慷慨。維安宅之攸居兮，何羨乎堂皇。爰不畊而獲兮，維道之昌。我還湖山以逞望兮，懷若人兮不可忘。眉壽兮未艾，維水兮泱泱。讀水村隱居記，輒歌以系其後，吳興姚式。（明朱存理《鐵網珊瑚・書品》、卷二）

〈子昂為閒閒畫竹石作別〉 元・程鉅夫

仙舟發御河，別楮洒蒼波。隻樹尊前出，叢篁石上多。月明行亂影，風靜倚柔柯。還似看棊處，尋雲入薜蘿。（程鉅夫《雪樓集》、卷二十九）

〈題李宗師所藏李仲賓、李雪菴、趙子昂墨竹〉 元・程鉅夫

李侯游戲竹三昧，葉葉枝枝分向背。却憶王猷徑造時，一點清風驚百代。雪庵筆力老且堅，神藏氣密如枯禪。繁霜彫林雪積野，虛堂宴坐方寂然。最後數竿更森竦，高節猶含老龍種。一枝欲費百金求，松雪道人世所重。羨君一朝得三絕，五月對之若冰雪。我但從君覓竹栽，滿植中庭貯秋月。（程鉅夫《雪樓集》、卷三十）

〈題趙子昂畫羅司徒家雙頭牡丹並蔕芍藥〉 元・程鉅夫

並蔕連枝花亂開，沖和元自主人培。集賢學士春風筆，更寫天香入卷來。（程鉅夫《雪樓集》、卷三十）

〈趙孟頫洗馬圖卷〉　　　　　　　　　　　　　　　　　元‧鮮于樞

　憶昔秋風從翠華，騰驤萬騎獵龍沙。而今踽踽篷窗底，坐對此圖空嘆嗟。是年十一月四日，自廣陵還，始償此債，養晦當發一笑，鮮于樞題。（清吳升《大觀錄》、卷十六）

〈趙孟頫高士圖（臥雪圖）〉　　　　　　　　　　　　　　元‧趙孟籲

　袁氏自司徒安後，世為上公，猗歟盛哉。斯其積德累行有以致也，而傳者又以得葬地之故，豈其然乎。予兄為通甫作臥雪，特寫先曾之清高，以貽其子孫而傳無窮也。通甫宜保之。後一年二月廿五日，吳興趙孟籲。

〈趙孟頫高士圖（臥雪圖）〉、　　　　　　　　　　　　　元‧趙孟籲

　向吾友姚子敬持是圖索題，回首十六年，通甫、子敬皆為古人，展卷為嘆息。子俊。（明朱存理《鐵網珊瑚‧書品》、卷二）

〈趙孟頫水村圖〉　　　　　　　　　　　　　　　　　　元‧趙孟籲

　曖曖水邊村，蕭條絕塵滓。錢君智者徒，而後能樂此。平生丘壑情，所尚政在是。問誰為此圖，吾兄固能爾。趙孟籲子俊。（明朱存理《鐵網珊瑚‧書品》、卷二）

〈子昂墨竹〉　　　　　　　　　　　　　　　　　　　　元‧袁桷

　高風法清聖，直筆師素王。湛湛玄雲姿，靈籟生幽房。解珮白玉京，誓將泛滄浪。所懷歲寒友，臨分贈琳琅。（袁桷《清容居士集》、卷四）

〈子昂雙木竹石圖〉　　　　　　　　　　　　　　　　　元‧袁桷

　朔雲盪空輪，群芳亦搖落。老木競且嚴，化此雙鹿角。絮彼江南枝，歲晚彌卓犖。或言石五采，服之混沌鑿。威鳳招不來，虛聲起阿閣。（袁桷《清容居士集》、卷四）

〈子昂人馬圖〉　　　　　　　　　　　　　　　　　　　元‧袁桷

　飄騰天山霧，盪摩玉京雲。耿耿萬里姿，矯首空其群。逌翁愛神俊，沘筆五采分。翁歸侍帝所，乘化觀芸芸。彼亦與之俱，追風超九垠。（袁桷《清容居士集》、卷五）

〈子昂風枝牧馬圖〉　　　　　　　　　　　　　　　　　元‧袁桷

　馴馬不受人間齕，春入川原草如髮。老髯背面心已知，眼底玄黃總凡骨。相親柳下那作疎，泯默此意今為圖。竹林之賢固奇士，晚歲絕交真可吁。（袁桷《清容居士集》、卷六）

〈子昂寒篠枯槎圖〉　　　　　　　　　　　　　　　　　　　元‧袁　桷

　　靈柯連蜷排石角，海風吹秋折繁蕚。亭亭明玕左右從，呼吸玄雲起陰壑。猛思誓欲窺河源，從者亦返清泠淵。河源露重星嵯峨，清泠之淵多蛟黿。上天下天意沈惻，化作蒼龍張素壁。玉堂之仙墨成沼，穎脫淋漓翻浩漾。鐵幹飛光明月流，翠節參差飄窈窕。昂身突兀太古春，崢嶸赤立驚絕人。支頤觀象洞玄化，芳朽成崴非吾真。（袁桷《清容居士集》、卷六）

〈題子昂浴馬圖〉　　　　　　　　　　　　　　　　　　　　元‧袁　桷

　　苜蓿原空雪新積，群馬飢鳴渡江食。大梁公子心未平，一匹宛駒萬夫敵。圉人初浴意氣增，跨轡已晚知無成。雲窗徘徊悄無語，掩卷索索猶風生。（袁桷《清容居士集》、卷六）

〈子昂控馬圖〉　　　　　　　　　　　　　　　　　　　　　元‧袁　桷

　　雪積流沙冰歇巖，天池飛舞入穀函。奚官可是相拘檢，笑領春風白玉銜。（袁桷《清容居士集》、卷十三）

〈子昂逸馬圖〉　　　　　　　　　　　　　　　　　　　　　元‧袁　桷

　　神駿飄飄得自閒，天池飛躍下塵寰。青絲絡首誰收得，留與春風十二暴閑。（袁桷《清容居士集》、卷十三）

〈子昂蘭竹墨戲〉　　　　　　　　　　　　　　　　　　　　元‧袁　桷

　　玄霜落銀繭，飄飄湘江佩。服媚疑褻之，碧窗靜相對。迸地麟角精，摩空鳳毛聳。寒泓散晴煤，桃李爭色動。（袁桷《清容居士集》、卷十四）

〈子昂枯木竹石〉　　　　　　　　　　　　　　　　　　　　元‧袁　桷

　　亭亭木上坐，楚楚湘夫人。因依太古石，融液無邊春。（袁桷《清容居士集》、卷十四）

〈子昂墨萱扇，為湖南楊晉母作〉　　　　　　　　　　　　　元‧袁　桷

　　墨蝶巧分釵股，玄蟬高綴冠梁。莫厭南州炎溽，為添北戶清涼。（袁桷《清容居士集》、卷十四）

〈題伯庸所藏子昂竹石〉　　　　　　　　　　　　　　　　　元‧袁　桷

　　伯夷清宜典學，子路勇誠冠軍。日落虎驚沒羽，潭幽龍走凌雲。胸中丘壑玩世，眼底煙雲凜秋。岸幘欲澆磊塊，解衣深聽颭颭。（袁桷《清容居士集》、卷十四）

〈題子昂擊磬圖〉　　　　　　　　　　　　　　　　　　　元・袁　桷

君子聽磬聲，則思死封疆之臣。蒯瞶父子之亂於斯時也，聖人得無所感染也。其來由也，其死事果有至於此。名畫記有擊磬圖不存，子昂創意作此本，其亦有所感也夫。（袁桷《清容居士集》、卷四十七）

〈題彥敬、子昂蘭蕙梅菊畫卷〉　　　　　　　　　　　　　　元・袁　桷

余嘗見彥敬、子昂親作繪事，生香疎影，光透紙墨，觀者莫不歙衽。二公既下也，摹傳益多，優孟之叔敖，幾不可辨。觀此生意，猶侍仗屨時也。（袁桷《清容居士集》、卷四十七）

〈松雪臨郭熙溪山漁樂軸〉　　　　　　　　　　　　　　　　元・馬　臻

松雪仙翁筆有神，溪山溪屋共秋雲。千年不獨王摩詰，三絕今看鄭廣文。錢塘馬臻。（明朱存理《鐵網珊瑚・書品》、卷二）

〈題趙學士子昂照夜白馬圖〉　　　　　　　　　　　　　　　元・劉岳申

曹將軍橫槊遺餘風流文采，丹青在衛夫人王右軍外，天馬玉花又在凌煙功臣外，然不能自道，賴子美能以斯垂之萬古，不然良工心苦，誰其知之。松雪公兼有曹杜之長，能自致不朽，猶區口同寺一二知者，以記微意。向微曼碩道傳，安知斯人為博古君子哉，于是松雪苦心愈益可悲矣。東野王君得此卷於天上人間之後，寶而藏之。嗚呼，必有能為子美者。（劉岳申《申齋劉先生文集》、卷十四）

〈題趙子昂竹〉　　　　　　　　　　　　　　　　　　　　　元・劉岳申

其翛然也，有儒者之意；其溫然也，有王孫之貴；其頹然也，有茅檐之味；其儼然也，有玉堂之氣。清而不寒；高而不畏，古之人與今之人瑞也。嗚呼，以嗜者尚其致。（劉岳申《申齋劉先生文集》、卷十四）

〈趙學士子昂畫選詩「湛湛長江水、上有楓樹林」扇頭見貺〉　　元・張之翰

子昂作選體，嘗愛阮嗣宗。阮詩清絕處，江水上有楓。參透句中禪，詩工畫尤工。歙收萬里江，都付尺許中。青青幾楓樹，天遠思不窮。炎熇忽相贈，瀟灑孰與同。汗則涼我心，塵則障我容。恨無雙南金，酬此一握功。何以揚盛意，永言發清風。（張之翰《西巖集》、卷二）

〈子昂竹石〉　　　　　　　　　　　　　　　　　　　　　　元・釋大訢

石丈吾畏友，此君義不薄。寧知是圖畫，清風滿丘壑。（釋大訢《蒲室集》、卷一）

〈趙魏公松石梵僧圖〉　　　　　　　　　　　　　　　　　元‧釋大訴

　　趙公說法如淨名，自言前身元是僧。惟師粲可樂禪寂，譯經不讓什與澄。如來三昧驚幻目，遊戲三生餘習熟。天子置之白玉堂，富貴苦人如桎梏。不受一塵虛自照，萬物芸芸觀眾妙。揮毫不假意經營，我知顧陸非同調。當時西域多象龍，獨畫栖禪了真妄。巖石寧須著幼輿，凌烟不必求諸將。誰呼胡僧從定起，向人不語惟彈指。顴頰深眸貫雙耳，歸渡流沙三萬里。我獨何人甘陸沈，著腳紅塵十丈深。長松有約從公去，南嶽天台無處尋。（**釋大訴《蒲室集》、卷二**）

〈子昂竹石〉　　　　　　　　　　　　　　　　　　　　　元‧釋大訴

　　竹君石丈舊相忘，直奉王孫直玉堂。碧映眔蕙雲氣合，潤侵宮硯露華涼。平泉回首班樵牧，艮嶽隨時化犬羊。猶想胸中丘壑在，龜谿拱木雨浪浪。（**釋大訴《蒲室集》、卷五**）

〈松雪翁墨蘭〉　　　　　　　　　　　　　　　　　　　　元‧釋大訴

　　風佩參差倚，秋香暗襲予。愁來禁不得，誰弔楚三閭。（**釋大訴《蒲室集》、卷六**）

〈韓伯清所藏子昂隻松便面〉　　　　　　　　　　　　　　元‧黃玠

　　并刀剪水一尺餘，照見亭亭兩松影。玉堂學士自寫真，令我淒然發深省。聳壑昂霄五十年，健筆如錐有鋒穎。蒼髯磔怒知誰嗔，老節猶將見奇挺。直榦斜分水墨痕，樛枝亂結風霜頂。龍鸞已化毛骨殘，雷雨欲來崖谷暝。兔絲懸蔓待茯苓，迴首餘光惜俄頃。會稽公子多苦心，收拾新詩題小景。（**黃玠《弁山小隱吟錄》、卷二**）

〈趙文敏墨君圖軸〉　　　　　　　　　　　　　　　　　　元‧李倜

　　晴梢初放葉可數，新粉纔消露未乾。大似美人無俗韻，清風徐洒碧琅玕。河東李倜。
（**清龐元濟《虛齋名畫錄》、卷七**）

〈趙孟頫高士圖（臥雪圖）〉　　　　　　　　　　　　　　元‧馮子振

　　洛陽雪深凍闌干，高士僵臥飢袁安。忍貧束腹一榻寒，不忍持鉢鄰里干。令君曉鞭望門看，賢哉此公此操難。誰能為口須片肝，五公四世清節完。吳興松雪峻筆端，□縑粉白□漫漫。儼君古意幅面攤，好事把玩應長歎。人間飽飯煩邯鄲，功名回首□靠俴。何如小忍聊盤桓，門前嵩少青巑岏。

　　唐人得意袁安臥雪圖，宋真宗出諸內府，以餞相國丁謂之。守昇州，其被召也，留之賞心亭而去。後有饞太守者竊而易之，莫知流落何許。尤物之嗟惜如此，松雪作此幅，極有思致，非能烹陶家凍茗者，安能味之，此可與識者道。海粟。（**明朱存理《鐵網珊瑚‧書品》、卷二**）

〈趙承旨蕃馬圖〉　　　　　　　　　　　　　　　　　　元・馮子振

　一馬形軀百法全，生時靈氣取山川。英雄正用同生死，那忍無聲立仗前。海粟。（清卞永譽《式古堂書畫彙考・畫考》、卷十六）

〈趙文敏墨蘭竹石圖卷〉　　　　　　　　　　　　　　　　元・馮子振

　子昂作蘭石圖，雖一時戲劇，而其瀟灑清韻之態，亦粗發於筆墨之間，此可與知者言耳。子固畹花大概濃葉攢除，子昂尚是疏散，然筆力各自不凡。鼻端一嗅，良慰清事。馮子振。（清吳升《大觀錄》、卷十六）

〈趙孟頫高士圖（臥雪圖）〉　　　　　　　　　　　　　　元・蔡景傳

　陰風響枯梢，凍雪埋老屋。深徑斷行踪，除道乏童僕。閉門事高枕，政爾清寐熟。誰與排戶入，停馬駐車軸。問知是令君，冷語無欵曲。卿去我欲眠，毋煩賁空谷。升車首重回，欲飼不敢瀆。移書舉孝廉，庶以激頹俗。後來立朝端，諤諤爭楚獄。方其高臥時，何意萬鍾祿。令君非素交，此舉真具目。范史良包羞，如名忘紀錄。邵公有裔孫，眉宇清可掬。苕仙贈此圖，筆駛意自足。老氣近古作，冷光淡朝旭。當以淨眼觀，那許汙手觸。平生冰雪心，展玩亦三沐。嘉興蔡景傳。（明朱存理《鐵網珊瑚・書品》、卷二）

〈趙孟頫高士圖（臥雪圖）〉　　　　　　　　　　　　　　元・呂克勤

　此圖天真爛熳，無一毫筆墨畦徑。寒氣廩廩逼人，疑此身與令相後先于邵公門□也。孟子曰：「人有不為也，而後可以有為。」公為漢名臣，立于朝，自天子至大臣，皆倚賴之，方僵臥時，蓋有所不為耳。東萊呂克勤。（明朱存理《鐵網珊瑚・書品》、卷二）

〈題趙子昂所畫牧馬圖〉　　　　　　　　　　　　　　　　元・貢　奎

　霧鬣雲鬃出帝閑，誰將圖畫落人間。奚官飽牧無餘事，獨立春風憶華山。（貢奎《貢文清公雲林詩集》、卷六）

〈趙子昂仿陸探微筆意〉　　　　　　　　　　　　　　　　元・黃公望

　千山雨過瓊琚濕，萬木風生翠幄稠。行遍曲闌人影亂，半江浮綠點輕鷗。（清高宗《御定歷代題畫詩類》、卷十二）

〈趙松雪山居圖二首〉　　　　　　　　　　　　　　　　　元・黃公望

　春夏山中日正長，竹梢脫粉午愡涼。幽情只許同麋鹿，自愛詩書靜裏忙。

　豐草茸茸軟似茵，長松鬱鬱淨無塵。相逢盡道年華好，不數桃源洞裏人。《御定歷代題畫詩類》、卷四十六）

〈趙孟頫古木幽禽圖〉　　　　　　　　　　　　　　　　　元・黃公望

　嘗記囊時，松雪翁為王元章作幽禽竹石，甚為合作，屈指三十年。今復見之，恍如夢覺。上有山村題詠，尤是佳句，使人三嘆。至正五年十月望日，大痴道人識。（清吳升《大觀錄》、卷十六）

〈趙孟頫古木幽禽圖〉　　　　　　　　　　　　　　　　　元・午　翁

　錢塘江上過山村，古木幽禽記墨痕。聞是故宮禾黍意，聽人鑒定趙王孫。玉樹凋傷眾草黃，女媧殘日竟荒涼。蒼龍已化蕭蕭竹，猶認幽禽作鳳凰。午翁。（清吳升《大觀錄》、卷十六）

〈跋趙子昂畫馬圖〉　　　　　　　　　　　　　　　　　　元・劉敏中

　凡畫，神為本，形似其末也，本勝而末不足，猶不失為畫。苟善其末而遺其本，非畫矣，二者必兼得而後可以盡其妙。觀子昂之畫馬，信其為兼得者歟。延祐丁巳之春三月中旬八日。（劉敏中《中庸集》卷十）

〈題錢德鈞水邨圖，子昂仲賓二公作竹石于後〉　　　　　　元・袁　易

　無多茅屋滄波遶，一半青山竹樹遮。宛似吾鄉荒寂地，真疑割我白鷗沙。枝葉翛然長帶雨，坡陀幽處欲飄雲。故將竹石期貞士，二子風流最絕群。（袁易《靜春堂詩集》、卷二）

〈題趙承旨枯木竹石圖〉　　　　　　　　　　　　　　　　元・馬祖常

　猗歟太史諸王孫，生絹畫出崑崙根。枯槎菌蠢厄野火，淇園秋雨琅玕繁。天寒歲暑碣石館，囊書日見玄雲翻。持向故山茅屋底，倚看屈曲大江奔。（馬祖常《石田文集》、卷二）

〈題子昂承旨墨竹〉　　　　　　　　　　　　　　　　　　元・馬祖常

　汲澗思連筒，發船思長篙。春雨簀籜孫，會長拂雲梢。（馬祖常《石田文集》、卷四）

〈趙氏宗室畫水石〉　　　　　　　　　　　　　　　　　　元・馬祖常

　生平已識趙王孫，竹素何年畫石根。萬里南雲秋似水，直容艇子到柴門。（馬祖常《石田文集》、卷四）

〈題趙子昂畫梅鶴〉　　　　　　　　　　　　　　　　　　元・同　恕

　歲晚惛惛一至幽，玉壺冰雪洗窮愁。故應老鶴如人意，也為清香盡日留。（同　恕《榘

菴集》、卷十五）

〈趙孟頫高士圖（臥雪圖）〉　　　　　　　　　　　　　元・周　馳

　　僵臥空齋儘耐寒，門前行路雪漫漫。投炎附熟非吾事，一任人將冷眼看。門巷蕭條雪
已深，空齋展轉泥重衾。就令僵死亦閒事，可見世間君子心。（明朱存理《鐵網珊瑚・
畫品》、卷二）

〈記子昂畫〉　　　　　　　　　　　　　　　　　　　　元・虞　集

　　春風動蘭葉，庭戶光陸離。言收竹上露，石角掛練衣。車行不擇路，茉苡何楚楚。遊
子憺忘歸，徘徊歲云莫。（虞集《道園學古錄》、卷一）

〈趙子昂畫馬圖〉　　　　　　　　　　　　　　　　　　元・虞　集

　　憶昔從公侍書殿，天閑過目如飛電。池邊儘有吮毫人，神駿誰能誇獨擅。公今騎鯨隘
九州，人間空復看驊騮。惟應馭氣可相逐，黃竹雪深千萬秋。（虞集《道園遺稿》、卷二）

〈子昂畫竹〉　　　　　　　　　　　　　　　　　　　　元・虞　集

　　吳興畫竹不欲工，腕指所至生秋風。古來篆籀法已絕，止有木葉雕蟊蟲。黃金錯刀交
屈鐵，大陰作雨山石裂。蛟龍起陸真宰愁，雲暗蒼梧泣湘血。吳興之竹乃非竹，吳興昔
年面如玉。波濤浩蕩江海空，落月年年照秋屋。（虞集《道園遺稿》、卷二）

〈題子昂長江疊嶂圖〉　　　　　　　　　　　　　　　　元・虞　集

　　昔者長江險，能生白髮哀。百年經濟盡，一日畫圖開。僧寺依稀在，漁舟浩蕩回。蕭
條數根樹，時有海潮來。（虞集《道園遺稿》、卷二）

〈題高彥敬尚書趙子昂承旨共畫一軸為戶部楊侍郎作〉　　元・虞　集

　　不見湖州三百年，高公尚書生古燕。西湖醉歸寫古木，吳興為補幽篁妍。國朝名筆誰
第一，尚書醉後妙無敵。老蛟欲起風雨來，星墮天河化為石。趙公自是真天人，獨與尚
書情最親。高懷古誼兩相得，慘澹酬酢皆天真。侍郎得此自京國，使我觀之三歎息。今
人何必非古人，淪落文章付陳迹。（虞集《道園遺稿》、卷二）

〈子昂畫〉　　　　　　　　　　　　　　　　　　　　　元・虞　集

　　拂石聚竹間，采蘭幽林下。遊子憶忘歸，何以遺遠者。松上一枝雪，竹間千本蘭。江
濤嗟遠道，風雨憶春寒。（虞集《道園遺稿》、卷三）

〈子昂人馬圖〉　　　　　　　　　　　　　　　　　　　　元・虞　集

　綠衣奴子十七八，面如紅玉牽馬過。繡簾美人時共看，堦前青草落花多。（虞集《道園遺稿》、卷四）

〈子昂幽蘭修竹〉　　　　　　　　　　　　　　　　　　　元・虞　集

　舊時長見揮毫處，修竹幽蘭取次分。欲把一竿苔水上，漚波千頃看秋雲。（虞集《道園遺稿》、卷四）

〈天曆改元十月題子昂馬〉　　　　　　　　　　　　　　　元・虞　集

　朝廷無事日從容，太僕承恩出九重。前代王孫今閣老，只畫天閑八尺龍。（虞集《道園遺稿》、卷四）

〈題子昂春江聽雨圖〉　　　　　　　　　　　　　　　　　元・虞　集

　憶昔江湖聽雨眠，翩翩歸雁度春前。數株古木依茅舍，老去何年踏釣船。（虞集《道園遺稿》、卷四）

〈子昂古木〉　　　　　　　　　　　　　　　　　　　　　元・虞　集

　洞庭古落楚天長，澤畔行吟最斷腸。可是曲終人不見，丹楓離立照滄浪。（虞集《道園遺稿》、卷五）

〈趙承旨躑躅畫眉〉　　　　　　　　　　　　　　　　　　元・虞　集

　山鳥春深不自由，曉聲併作杜鵑愁。東風絳筆多題編，不到離鸞桂影秋。（虞集《道園遺稿》、卷五）

〈吳興趙子昂十馬圖〉　　　　　　　　　　　　　　　　　元・虞　集

　昔在秘閣見十馬，云是韋偃之所畫。此圖位置略相似，心神偶同豈臨寫。馬種本自渥洼來，灌渥清泉更瀟洒。常恐一旦風雨至，蹩踏波濤遂神化。豪雄意氣今豈無，未見深沈如此者。君看最後臨岸驄，自是真龍無世價。（虞集《道園遺稿》、卷二十八）

〈子昂竹〉　　　　　　　　　　　　　　　　　　　　　　元・虞　集

　憶昔吳興寫竹枝，滿堂賓客動秋思。諸公老去風流盡，相對茶煙颭鬢絲。（虞集《道園遺稿》、卷三十）

〈子昂蘭石〉　　　　　　　　　　　　　　　　　　　　　元・虞　集

汀草離離石老蒼，行吟向處樂清狂。江中遺佩相思久，莫待明年春蕨長。（虞集《道園遺稿》、卷三十）

〈子昂秋山圖〉　　　　　　　　　　　　　　　　　　　元・虞　集

翁昔少年初畫山，丹楓黃竹雜潺湲。直疑積雨得深潤，不假浮雲相往還。世外空青秋一色，胸中遠黛曉千鬟。瀛洲雞犬同人境，尚想翁歸向此間。（虞集《道園學古錄》、卷三）

〈子昂墨竹〉　　　　　　　　　　　　　　　　　　　　元・虞　集

高崖數竹凌風雨，老可當年每畫之。修影自憐流水遠，虛心如待出雲時。縱橫鴻爪留沙磧，宛轉鵝群向墨池。百世湖州仍見此，故知王子善參差。（虞集《道園學古錄》、卷三）

〈子昂竹石〉　　　　　　　　　　　　　　　　　　　　元・虞　集

數尺琅玕近玉階，連昌宮苑少人來。庚庚礬石如人立，恐有題名上紫苔。（虞集《道園學古錄》、卷四）

〈子昂畫〉　　　　　　　　　　　　　　　　　　　　　元・虞　集

棠朵枝上白頭翁，墨色如新最惱公。直似故園花石外，銅盤和露寫東風。（虞集《道園學古錄》、卷四）

〈為歐陽學士題子昂墨竹〉　　　　　　　　　　　　　　元・虞　集

蒼崖倚木雲千尺，新筍穿林玉一双。若到瀟湘聽夜雨，定知剪燭向西窗。先生歸到歸鴻閣，閣下應生此竹枝。定有鳳凰來共宿，可怜翡翠立多時。（虞集《道園學古錄》、卷四）

〈子昂墨竹跋〉　　　　　　　　　　　　　　　　　　　元・虞　集

黃山谷云文湖州寫竹，不用筆甚妙，而作書乃不逮。以畫法作書則孰能禦之，吳興乃以書法寫竹，故望而知其非他人所能及者云。（虞集《道園學古錄》、卷十）

〈題汪華玉子昂蘭石〉　　　　　　　　　　　　　　　　元・虞　集

海內出珊瑚，枝撐碧月孤。鮫人拾翠羽，泣露得明珠。參差不可吹，紉佩寄遠道。遂令如石心，歲晚永相好。抱玉下天河，繞叢秋露多。天寒翠袖薄，日暮欲何如。翠袂倚岩巔，來尋碧玉簫。拂衣成歷刦，遺迹映寒潮。（虞集《道園學古錄》、卷二十九）

〈跋子昂所畫淵明像〉 元・虞 集

陶淵明集傳於世且千年矣，臨川吳幼清先生以為其詩泊然沖澹，而甘無為者，安命分也；慨然感發而欲有為者，表志願也。蓋以儗諸屈大夫之辭云，然楚辭得朱子發明之。而陶之志，悟者蓋鮮。又因二子而推言張子房、諸葛孔明，區區之心欲明君臣之大義於天下，則同也。留侯武侯事業可見，而屈陶記諸空言而其心之明白，天下萬世信之，何其偉歟。予嘗以斯言也，想見四君子於千載之上，恨不得為之執御焉。幼嘗游楚，見屈大夫像於山澤之荒祠，稱其所謂憔悴枯槁者，留侯像世或傳之。而畫者以太史公言其狀貌，乃若婦人女子不勝其志氣，乃以意而彷彿之，似否求可知也。歸蜀見武侯像，衣冠良是，而年代深遠，傳倣疑未必盡然。江鄉之間傳寫陶公像最多，往往翰墨纖弱不足以得其高風之萬一。必也，誦其詩，讀其書，迹其遺事，以求之雲漢昭回，庶或在是云耳。臨川郡貳幕大梁邵宏父，得吳興趙公子昂所寫淵明像，蓋公之胸次知乎淵明者既深且遠，而筆力又足以達其精蘊。是以使人見之，可敬可慕，可感可嘆。而不忍忘若此，乃為之述，贊曰：

田園歸來，涼風吹衣。窈窕崎嶇，遐蹤遠微。帝鄉莫期，乘化以歸。哲人之思，千載不違。（虞集《道園學古錄》、卷三十）

〈趙承旨蘭石，溫日觀葡萄〉 元・虞 集

天人漱凍芳潤，野老沉吟屈蟠。南國煙生玉燰，西涼酒熟霜寒。（元《乾坤清氣》、卷十四）

〈趙承旨蕃馬圖〉 元・虞 集

神駒初墮地，雷電飛海水。三歲不敢騎，萬里獻天子。翰林直學士虞集題。（清卞永譽《仁古堂書畫彙考・畫考》、卷十六）

〈趙承旨畫松〉 元・虞 集

灑霏煙之餘馨，見蒼龍之一體。森紫髯之如戟，激清風而直指。（元《乾坤清氣》、卷十四）

〈趙文敏秋林平遠圖〉 元・虞 集

不見湖州三十年，高公尚書生古燕。西湖醉歸寫古木，吳興為補幽皇妍。國朝名筆推第一，尚書醉後妙無敵。老蛟欲起風雨來，星墮天河化為石。趙公自是真天人，獨與尚書情最親。高懷古誼兩相得，慘淡酬酢皆天真。侍郎得此自京國，使我觀之三歎息。今人何必非古人，淪落文章付陳迹。至正五年秋七月望，虞集奉題。（清吳升《大觀錄》、卷十六）

〈題子昂畫馬圖〉　　　　　　　　　　　　　　　　　　元・汪澤民

　千里龍媒瑞世間，拳毛如雪汗溝殷。飛騰不待韓生畫，自是當年十二閑。（元《宛陵群英集》、卷十二）

〈趙松雪畫蘭竹石〉　　　　　　　　　　　　　　　　　　元・楊　載

　石上蘭苕已蔚然，竹枝相間復娟娟。正如王謝佳公子，文采風流並世傳。（楊載《翰林楊仲弘詩集》、卷三）

〈趙浚儀公竹石〉　　　　　　　　　　　　　　　　　　　元・楊　載

　老竹倚危石，比德猶弟兄。凌競度霜雪，然後大節明。（楊載《翰林楊仲弘詩集》、卷八）

〈題松雪翁墨竹〉　　　　　　　　　　　　　　　　　　　元・楊　載

　薇蘭倚修竹，寂寞生幽谷。比德如夷齊，於此愛命獨。側石狀奇峭，橫竹枝扶踈。猗蘭復參立，信哉德不孤。（楊載《翰林楊仲弘詩集》、卷八）

〈趙孟頫鵲華秋色圖卷〉　　　　　　　　　　　　　　　　元・楊　載

　羲之、摩詰，千載書畫之絕，獨蘭亭敘、輞川圖，尤得意之筆。吳興趙承旨以書畫名當代，評者謂能兼美乎二公。茲觀鵲華秋色一圖，自識其上，種種臻妙，清思可人，一洗工氣，謂非得意之筆可乎？誠羲之之蘭亭，摩詰之輞川也。君錫寶之哉，他□必有識者，謂語□□□也。大德丁酉孟春望後三日。浦城楊載題於君錫之崇古齋。（清吳升《大觀錄》、卷十六）

〈趙孟頫雙松平遠圖〉　　　　　　　　　　　　　　　　　元・楊　載

　扁舟欲沂江流上，山水隆隆俄振響。忽聞風雨晚來多，波浪拍天難蕩槳。我家茅屋大江邊，遠客京師今幾年。此日釣竿方入手，先披圖畫亦欣然。

　松雪翁為野雲憲掾董君作山水畫卷。浦城楊載賦。（清吳升《大觀錄》、卷十六）

〈趙文敏墨蘭竹石圖卷〉　　　　　　　　　　　　　　　　元・楊　載

　瓏瓏寒露漬古石，猗蘭此時散秋香。白珩冪方自侈□，臨風三嗅心為傷。浦城楊載。（清吳升《大觀錄》、卷十六）

〈趙文敏墨蘭竹石圖卷〉　　　　　　　　　　　　　　　　元・胡之謙

　無人亦自芳，深林分矔雜。王孫偉其人，寫出瀟散意。胡之謙。（清吳升《大觀錄》、

卷十六）

〈趙文敏墨蘭竹石圖卷〉　　　　　　　　　　　　　　　　　元‧羅志仁

　蘭不願紉為佩，石不必冠裳以。見拜淡與泊，相遭有美人兮，當索馬於驪黃牝牡之外。壺子羅志仁題。（清吳升《大觀錄》、卷十六）

〈趙孟頫鵲華秋色圖卷〉　　　　　　　　　　　　　　　　　元‧范 杼

　趙公子昂，書法晉，畫師唐，為一代之冠，榮際於五朝，人得其片楮，亦誇以為榮者，非貴其名而以其實也。今觀此卷，殊勝於別作，仲弘所謂公之得意者，信矣！致和二年四月一日，臨江范杼德機題。（清吳升《大觀錄》、卷十六）

〈張月梅子昂竹石圖歌〉　　　　　　　　　　　　　　　　　元‧范 杼

　近來海內寫竹石，集賢學士有李衎。吳興翰林公更神，大抵不令石作板。半幅蕭蕭烟霧枝，如卷中有千尺寄。洞穴常起鬼神疑，嵩華衡岱狎童兒。金溪處士清似鶴，携此隨秋訪幽壑。我憶為公故寮吏，細撫遺書双淚落。吁嗟翰林今世無，一筆猶可重江湖。鳴鳳之下出瑾瑜，高風況足勵頑夫。（范杼《范德機詩集》、卷四）

〈題趙松雪墨蘭〉　　　　　　　　　　　　　　　　　　　　元‧釋宗衍

　湘江春日靜輝輝，蘭雪初消翡翠飛。拂石似鳴蒼玉珮，御風還著六銖衣。夜寒燕姞空多夢，歲晚王孫尚不歸。千載畫圖勞點綴，所思何處寄芳菲。（清高宗《御定歷代題畫詩類》、卷七十五）

〈題趙子昂寒翠圖〉　　　　　　　　　　　　　　　　　　　元‧揭傒斯

　石潤欲生雲，山寒疑有雨。高林葉盡脫，低篁綠堪數。因知靜者要，更覺王孫苦。小草枯樹根，茸茸欲莘予。（揭傒斯《揭文安公全集》、卷四）

〈寶林丈室所藏子昂飲馬圖〉　　　　　　　　　　　　　　　元‧丁 復

　奚官小臣職奚為，馬飢則秣渴飲之。龍媒八尺千里姿，雪花披衣雲陸離。往往異種來天池，乘輿重惜閑驅馳。河清海晏無盤嬉，壯志老死不得騎。御柳春深白日遲，寒甃淨汲水花漪。目光注電吻沫脂，振迅欲掣青絡絲。奚官小臣謹厥司，猶恐若後訶譴施。不必前身作馬通，馬語人心物性在。善推嗚乎奚官小，臣身賤卑馬不如。人愚亦知奈何為人牧，重爵厚祿不恤民渴飢，剡刮膏血刻肉肥。坐令溝壑轉老羸，今之龔黃卓魯誰。雲椒聚社時所師，為出馬圖陳馬詩。（丁復《檜亭集》）

〈題子昂竹石圖為趙叔敬作〉　　　　　　　　　　　　　　元・丁　復

　大雅堂前第一峯，廉纖小雨養新濃。前年醉把湖州酒，坐對蕭蕭日下春。（丁復《檜亭集》）

〈趙文敏飲馬圖卷〉　　　　　　　　　　　　　　　　　　元・唐　珙

　將軍西征過崑崙，戰馬渴死心□焚。策勳脫鞬瀉汗血，一飲瑤池三尺雪。身如飛龍首渴烏，晶光照瞳流月梭。長城凍合霜草乾，駿骨削立天風寒。木牛沉江絕糧道，中軍餓守函谷關。太平此馬惜遺棄，往往駕駘歸天閒。區區芻粟豈足豢，忠節所盡人尤難。摩挲畫圖不忍看，萬古志士空長嘆。雷門唐珙。（清吳升《大觀錄》、卷十六）

〈趙文敏飲馬圖卷〉　　　　　　　　　　　　　　　　　　元・釋祖瑛

　龍性難馴萬里姿，駸駸只欲望風馳。奚官毋惜斗升水，要載君王問具茨。松陵釋祖瑛。（清吳升《大觀錄》、卷十六）

〈趙文敏飲馬圖卷〉　　　　　　　　　　　　　　　　　　元・釋守仁

　漢家天馬來西域，項若啼雞身八尺。秋風嘶雨入昭陵，舊苑空餘煙草碧。當年逐虜向沙場，千里萬里行水霜。百戰歸來汗流血，斗水安足充枯腸。食君之祿為君死，背義偷生真可恥。臨川老家獨傷心，把卷看詩淚如雨。長干沙門守仁。（清吳升《大觀錄》、卷十六）

〈趙文敏飲馬圖卷〉　　　　　　　　　　　　　　　　　　元・張大可

　掉尾王驄金絡頭，驕嘶騰踏吸寒流。莫教重過長城窟，水月先中漾體髏。張大可。（清吳升《大觀錄》、卷十六）

〈趙文敏飲馬圖卷〉　　　　　　　　　　　　　　　　　　元・胡一中

　子昂作字如作畫，畫中有字字有筆。眼明見此飲馬圖，乃知榘度不可軼。定嫌昔日徐浩體，渴驥奔泉超法律。韓公畫馬稱神筆，驕首昂藏山鬼泣。騏驥驊騮志千里，屹立天閑甘伏櫪。氣勢相宜適操縱，肉骨兼勻稱肥瘠。世人但以驪黃求，翠駮玉花煩剪剔。若論右軍愛鵝趣，知公愛馬應成癖。山陰道士換經已，□悟黃庭養生術。時將此卷參馬祖，待須一口西江吸。稽陽胡一中。（清吳升《大觀錄》、卷十六）

〈趙文敏飲馬圖卷〉　　　　　　　　　　　　　　　　　　元・佛陀恩

　渴鹿逐陽焰，其渴何由止。不如遮吒邊，斯須未忘水。驥雖兀無語，圉人心自知。文園促四壁，蹙斷文君眉。佛陀恩。（清吳升《大觀錄》、卷十六）

〈趙文敏飲馬圖卷〉　　　　　　　　　　　　　　　　　元・凌　說

　龍媒神飛影在紙，雙瞳墨濕電光紫。烏首昂昂渴奔水，青鬃迎風拂不起。逸氣難拘皁
櫪底。勢欲陪龍走千里，月支真馬有如此。落筆一與韓生似，云是吾州趙學士。吳興凌
說。（清吳升《大觀錄》、卷十六）

〈趙文敏飲馬圖卷〉　　　　　　　　　　　　　　　　　元・姚安道

　何年玉堂仙，寫此真乘黃。矯矯天骨起，爛爛隔日光。豈無萬里姿，御者非王良。青
山老奚官，肉眼空俍俍。飲秣不以時，羈靮無絲韁。昂首思渥汪，浩蕩充虛腸。何來斗
斛水，似是出上方。雖沾金井恩，夫效和鸞鏘。蹭蹬十二閑，何異古道旁。迴首萬駕駘，
飽食馳康莊。朝飲華清流，暮垂紫遊韁。此馬獨棄捐，物理良可傷。君王倘惠養，請試
苜蓿長。四明姚安道。（清吳升《大觀錄》、卷十六）

〈題趙子昂畫馬〉　　　　　　　　　　　　　　　　　　元・王　沂

　龍媒來自月窟西，誰其牽者虬髯奚。雙瞳紫焰竹批耳，一團黑雲錐卓蹄。吳興學士畫
無比，筆迹遠過龍眼李。雄姿不受絡頭絲，滿紙蕭蕭朔風起。公今騎鯨去滅沒，世上有
誰憐駿骨。安得幽并豪俠相往還，短衣射獵藍田山。（王沂《伊濱集》、卷五、四珍二）

〈題趙松雪楚江清曉〉　　　　　　　　　　　　　　　　元・于　立

　曾從江上繫孤舟，渺渺清江萬里流。兩岸青山春正曉，一聲鳴櫓下楊州。（顧瑛《草
堂雅集》、卷十一）

〈題子昂蘭石〉　　　　　　　　　　　　　　　　　　　元・于　立

　閒向江邊結佩蒤，楚宮花草露離離。王孫去後春風晚，拾得幽芳欲遺誰。（顧瑛《草
堂雅集》、卷十一）

〈題趙子昂桃花馬〉　　　　　　　　　　　　　　　　　元・于　立

　學士當年侍武皇，詔騎天馬入明光。上林三月花如雨，吹落金鞍片片香。（顧瑛《草
堂雅集》、卷十一）

〈趙承旨玄真觀圖并題〉　　　　　　　　　　　　　　　元・宇文公諒

　天慶重歸白髮年，儒冠便脫卷吟氊。蒼龍復佩遊三島，玄鶴還騎朝九天。靈運誰云先
作佛，稚川自信後來仙。逍遙今出塵寰外，應笑揚雄尚草堂。京兆宇文公諒。（清卞永
譽《式古堂書畫彙考・畫考》、卷之十六）

〈趙魏公幼輿丘壑圖〉　　　　　　　　　　　　　　　元・宇文公諒

　濁世公子何翩翩，風流丘壑妙當年。無端却被鄰娃惱，不廢嘯歌猶自賢。小齋松雪對青山，波上閒鷗自往還。文采風流今不見，空餘粉墨落人間。京兆宇文公諒。（明朱存理《鐵網珊瑚・書品》、卷二）

〈趙承旨玄真觀圖并題〉　　　　　　　　　　　　　　元・釋彝簡

　玉堂圖就幾經年，祕錄清修不臥氈。心想遠期三島客，夢魂不到九重天。逍遙風月山中事，放浪形骸物外仙。誰信長生真有訣，豈知林下可通玄。南屏山人彝簡。（清卞永譽《式古堂書畫彙考・畫考》、卷之十六）

〈趙承旨玄真觀圖并題〉　　　　　　　　　　　　　　元・關　繡

　華髮驚心慕引年，久捐燈火伴吟氈。迂疏願棄人間事，放浪難拘甕裡天。丹濟有時飛姹女，酒酣長日夢游仙。從今已謝吞腥客，祇就洪崖訪太玄。關繡。（清卞永譽《式古堂書畫彙考・畫考》、卷之十六）

〈趙承旨玄真觀圖并題〉　　　　　　　　　　　　　　元・盛　昌

　樂道幽人已有年，蒲團應勝紫茸氈。階前影轉花當檻，松外聲高鶴在天。杯酒久疏名利客，經書惟考古今仙。居廛亦棄林泉趣，何日相依論玄。碧虛道人盛昌。（清卞永譽《式古堂書畫彙考・畫考》、卷之十六）

〈趙子昂人馬圖〉　　　　　　　　　　　　　　　　　元・郭　畀

　平生我亦有馬癖，曾向畫圖求象龍。曹韓已化伯時遠，昂翁筆底寫追風。（郭畀《快雪齋集》、五頁上）

〈題趙公畫蘭竹〉　　　　　　　　　　　　　　　　　元・黃　溍

　猗蘭幽人操，綠竹君子德。夭夭彼棘心，胡為久吾側。（黃溍《金華黃先生文集》、卷六）

〈題（子昂）群芳圖〉　　　　　　　　　　　　　　　元・黃　溍

　宋諸王孫，前有子固，後有子昂。人品皆為當世第一，翰墨之妙，直寫其胸中之趣耳。譬如明月在空，不假浮雲相點綴也，題識奚以多為哉。（黃溍《金華黃先生文集》、卷二十二）

〈子昂春郊挾彈圖〉　　　　　　　　　　　　　　　　元・黃　溍

趙松雪，宋宗室。畫唐馬，稱第一。至今筆跡儼若生，張弓彈雀意氣橫。曾將文墨動元主，拜官翰林貴無比。詩辭婉麗字風流，千金未許易片紙。金蓮醉送玉堂仙，父子歸來共被眠。錦纜牙檣非昨夢，豈無十畝種瓜田。李潭州，文丞相，口血糢糊尸鐵強。一瓣香，為有此，何人慷慨崖山死。董狐有筆直如絃，元朱分明兩青史。

至正十年十月一日，余過金華訪隱，值雪，坐草堂上。有客自青城來，亦同居客邸，夜坐閒談，出此挾彈圖命題。雪寒筆凍，書不成字，見者掩口。黃溍題。（清卞永譽《式古堂書畫彙考·畫考》、卷之十六）

〈趙孟頫水村圖〉　　　　　　　　　　　　　　　　　　　元·干文傳

桑梓未能忘楚甸，琴書久己住吳門。悠悠江海風烟隔，知是夕陽何處村。千文傳題。（明朱存理《鐵網珊瑚·書品》、卷二）

〈趙孟頫水村圖〉　　　　　　　　　　　　　　　　　　　元·哲理野台

四野漫漫水接天，孤村林木似凝烟。莫言此地無車馬，自是高人遠市塵。學生哲理野台謹書。（明朱存理《鐵網珊瑚·書品》、卷二）

〈題（趙孟頫）仁智山水圖〉　　　　　　　　　　　　　　元·朱思本

子昂內翰，至元間為夏官郎中時，作仁智山水圖。以昪真人劉君，玉笥道士羅環中從劉學道，乃得之。距作圖之歲殆及二紀，仁智乃羅故隱堂名，珍藏又二十年矣。余遊玉笥，主羅君出以示余徵詩，賦十韻以歸之。　人心每好靜，靜久動亦隨。動靜有常道，道合仁智基。宣尼喻仁智，謂與山水宜。趙公遊聖門，仁智固自知。居官繪為圖，寫此胸中奇。羅仙家玉梁，清輝肆娛嬉。高堂扁仁智，動靜人所思。此圖一入手，把玩頗恨遲。願子最貞操，勿為聲利移。達德先智仁，宣尼不吾欺。（朱思本《貞一齋詩》、六一頁上）

〈子昂雪鵲〉　　　　　　　　　　　　　　　　　　　　　元·歐陽玄

水晶宮裏文章伯，當世誰知翰墨名。賴有瀛洲光價在，不曾承詔寫鵾鵷。（歐陽玄《圭齋文集》、卷三）

〈題分宜趙尹所藏子昂竹石圖〉　　　　　　　　　　　　元·歐陽玄

有客有客白其馬，汶篁移植燕山下。歲寒心事木石知，雨露恩深詎能寫。（歐陽玄《圭齋文集》、卷三）

〈題松雪翁畫杜陵小像〉　　　　　　　　　　　　　　　元·柳 貫

一代詩材飯顆山，國風雅頌可追還。秦州行色湖州畫，四海新愁儼在顏。（柳貫《柳待制文集》、卷六）

〈松雪老人臨王晉卿煙江疊嶂圖歌〉　　　　　　　　　　　　　　　元・柳　貫

君不見帝婿王家寶繪堂，山川發墨開洪荒。重江疊嶂詩作畫，東坡留題雲錦光。又不見後身松雪齋中叟，伸紙臨摹筆鋒走。樓臺縹緲出林坳，蘆葦蕭騷藏澤藪。白雲飛不盡青冥，百丈牽江入樊口。墨光照几射我眸，我為搴芳歌遠游。是物胸中有元氣，世上何所無滄洲。我疑此叟猶未化，瞬息御風行九州。五山四溟一觴豆，瑣細弗遺囊褚收。故能援毫發天藻，不與俗工爭醜好。楚山雲歸楚水流，萬里秋光如電掃。拈來關董散花禪，別出曹劉斲輪巧。披圖我作如是觀，毛穎陶泓共聞道。嗚呼，相馬猶相人，駑駘豈得同翔麟。舍夫毛骨論形似，如此鑒賞焉能真。後來有問延祐腳，意索舉似吾力歟。　至順四年覆四月廿四日東陽柳貫道傳鑒定并題。（明朱存理《鐵網珊瑚・書品》、卷二）

〈題松雪翁重畫陵陽牟公所作脫華返棹二圖〉　　　　　　　　　　　元・柳　貫

宋自端平初，士氣漸已萎薾，董盧一二閹寺實為之兆。或者懲其既弊而深扼之，不知覆車之道猶一迹也。原始要終之論，君子蓋弗少貸焉。故端明殿學士陵陽牟公，時在西掖，棘棘有言，未幾，以姑熟太守章去國承望風旨，以媒蘖公短者方如蜂蠆，公審知之，作高力士為太白脫華，黃太史罷郡返棹二圖，且自為贊，當是時公之氣固已高，揖李黃而與之肩，視一二熏腐直蛇蜮耳。就使沈香亭樂府，承天院塔記，足以為吾話詬病，雖朝夜郎夕棘道，曾何傷哉。至德，紹聖而後為何如，公之先見不可及矣，悲夫，後端平八十五年倉龍庚申冬十月四日，東陽柳貫書松雪翁重畫二圖後。（柳貫《柳待制文集》、卷十八）

〈題趙子昂畫馬歌〉　　　　　　　　　　　　　　　　　　　　　　元・陳　泰

九原駿骨埋地中，一夕盡化霜皮松。畫史刓松作神墨，掃出麒麟帶松骨。烟沙漠漠披風鬃，精氣炯炯房星同。天山無人草木白，兩極日沒黃河東。時平使汝困轅軛，不得變化騰為龍。黃金擲送燕台下，當日君王惜高價。自從汗血去人間，老死英雄空見畫。千年只說魏將軍，弟子韓幹終無聞。今之畫者趙翰林，嗚呼三晉賢子孫。（元《乾坤清氣》、卷六）

〈題龍處厚所藏子昂畫馬并書杜工部詩〉　　　　　　　　　　　　　元・許有壬

書具畫原柢，畫寓書象形。詩於二者間，神功毒而亭。工詩豈暇畫，能畫書或拙。獨有鄭伏虔，當時號三絕。湖州松雪翁，清風玉堂仙。三事各臻紗，前身是伏虔。世知公書畫，不知詩更雅。時還寫杜詩，千金莫酬價。（許有壬《至正集》、卷三）

〈子昂馬圖〉　　　　　　　　　　　　　　　　　　　　　　　元・許有壬

　良馬可喻賢，百駑不一驥。銅式未易索，紙上時目至。涓人骨千金，生者遂坐致。世情好厚誣，無馬談何易。鴛黃別皦皦，求色不求意。垂耳兮塩車，幾與孫陽值。趙公法曹韓，拈筆出遊戲。家法無不知，喟然心有寄。（許有壬《至正集》、卷四）

〈子昂竹石老樹圖〉　　　　　　　　　　　　　　　　　　　　元・許有壬

　嫩篁烟潤翠扶踈，老樹枝殘影似無。下有石兄都不問，四時堅坐看榮枯。（許有壬《至正集》、卷二十三）

〈題子昂竹石〉　　　　　　　　　　　　　　　　　　　　　　元・許有壬

　坡仙戲墨是信手，松雪晚年深得之。兩竿瘦竹一片石，中有古今無盡詩。（許有壬《至正集》、卷二十九）

〈題趙子昂為吳德良所作蘭竹圖〉　　　　　　　　　　　　　　元・吳師道

　幽蘭何猗猗，踈篁亦蕭蕭。石間澹相倚，會合不待招。吾宗昔妙年，依光近乘軺。清芬散春風，直氣凌烟霄。美人松雪居，逸思共飄飄。欣然染毫素，寫之配高標。寶藏三十載，不啻英瓊瑤。相携湖江上，未覺山林遙。勗哉君子心，自保同不凋。（吳師道《吳正傳先生文集》、卷三）

〈子昂模韓幹牧馬圖〉　　　　　　　　　　　　　　　　　　　元・吳師道

　開元內廄多名馬，畫手無隻數曹霸。弟子韓幹筆意新，承恩亦向天墀畫。含毫拂練五雲動，旋關轉軸群龍化。圉人臨閑振金索，御鞍初卸收黃帊。豐草聯槽畫不嘶，飛花倦仗春停駕。西風回首征塵生，蜀棧青驟愁猧跨。趙公何從得此本，步武曹韓相上下。驪黃掃空四海眼，丹青妙續千年話。誰云此馬不得存，看取匣中光照夜。（吳師道《吳正傳先生文集》、卷四）

〈子昂蘭竹圖〉　　　　　　　　　　　　　　　　　　　　　　元・吳師道

　湘娥清淚未曾消，楚客芳魂不可招。公子離愁無處寫，露花風葉共蕭蕭。（吳師道《吳正傳先生文集》、卷九）

〈子昂風竹橫披〉　　　　　　　　　　　　　　　　　　　　　元・袁裒

　筆意出天機，翛然仰復低。稍須風勢定，應有鳳來棲。（袁裒《燕石集》、卷五）

〈題辛庸之所藏子昂畫淵明漉酒圖并書歸去來辭〉　　　　　　　元・黃鎮成

先生歸來三徑荒，宅邊五柳森成行。野田流水春欲莫，種秫未屬南山陽。曲稀草盛收已薄，畢歲未可供壺觴。前年彭澤纏一稔，已具盈勺開糟牀。鄉里小兒不解事，使我掉臂歸柴桑。偶然得米釀為酒，籬下又報秋花黃。呼童染指驗熟否，甕面盎盎浮雲漿。祇將頭上葛巾漉，下注瓦缶流泉香。科頭席地竟一醉，白日嘯傲登羲皇。元嘉甲子不足數，陶然醉境真吾鄉。栗里先生百世士，吳興學士遙相望。畫圖入妙書更美，翰墨一代傳文章。辛君得之能寶藏，我亦長歌歌慨慷。（黃鎮成《秋聲集》、卷一）

〈題趙翰林畫立仗馬〉　　　　　　　　　　　　　　　　　　元‧張天英

瓊桂花雲繡勒春，霜蹄新刷紫霄塵。月明曾弄瑤池影，天廄傳呼五色麟。（顧瑛《草堂雅集》、卷三）

〈題趙翰林畫蘭〉　　　　　　　　　　　　　　　　　　　　元‧張天英

吳雲楚樹碧離離，手折瑤花半醉時。秋佩影搖湘浦月，鳳皇翅冷玉參差。（顧瑛《草堂雅集》、卷三）

〈題趙翰林畫蘭水仙瑞香〉　　　　　　　　　　　　　　　　元‧張天英

盧山仙人駿飛鸞，翠雲之裘紫霞冠。馮夷如花玉為骨，龍綃抽卷清波寒。湘客冷然水蒼翠，紉以瑤舟雜珠琲。月明携手燕霜都，當歌醉擊珊瑚碎。帝將清氣結花山，人自乘風夢鯨背。徒勞王子晉，老淚濕瓊簫。年流物化人可招，影落水花天星搖。君不見銅駝道，五陵桃李門如掃。又不見龍芻草馬俠，氣蹴崑崙倒。我知雨露元不私，蒲柳生來易衰槁。願君採幽芳，托根鳳麟島。　蔭彼三素雲，瑤草琪花不知老。（顧瑛《草堂雅集》、卷三）

〈題趙子昂蘭石〉　　　　　　　　　　　　　　　　　　　　元‧熊夢祥

汎晴湉兮潺潺，乘芳馨兮嬋娟。望九嶷兮眇眇，思公子兮未敢言。（顧瑛《草堂雅集》、卷六）

〈趙翰林桃花馬圖〉　　　　　　　　　　　　　　　　　　　元‧熊夢祥

風翻細雨入天閑，貌得權奇電影寒。鳳閣春深人已遠，空餘精彩匹曹韓。（顧瑛《草堂雅集》、卷六）

〈子昂畫臥雪圖〉　　　　　　　　　　　　　　　　　　　　元‧薩都剌

洛陽城裏三尺雪，閉戶登床亦偶然。若使當時不相過，千年誰識二公賢。（薩都剌《雁門集》、一七四頁）

〈題趙子昂墨蘭〉　　　　　　　　　　　　　　　　　　　元・屠　性

　王孫宴罷碧瀾堂，翠羽瓊蕤結佩裳。欲寄靈均無處所，至今遺恨滿瀟湘。（顧瑛《草堂雅集》、卷十三）

〈趙文敏雙馬圖卷〉　　　　　　　　　　　　　　　　　　元・陳　方

　王孫能畫齰雲姿，素霧為鬐雪滿蹄。逐虎秋郊烟草碧，天寒風急一聲嘶。谷陽陳方。（清李佐賢《書畫鑑影》、卷四）

〈題子昂畫〉　　　　　　　　　　　　　　　　　　　　　元・陳　旅

　汀洲木葉下，斜日倚湘娥。我欲采芳草，洞庭秋水多。（陳旅《安雅堂集》、卷一）

〈為吳德良題（子昂）承旨所贈蘭竹圖〉　　　　　　　　　元・陳　旅

　細竹生石間，幽蘭與之俱。愛彼有員節，而此芳不渝。空谷塵躅遠，公子為停車。懷人重移植，臨風寫為圖。君子實似之，歲晏聊與娛。（陳旅《安雅堂集》、卷三）

〈題趙吳興墨蘭〉　　　　　　　　　　　　　　　　　　　元・陳　旅

　江南三月多芳草，綠葉連娟映紫莖。憶昔艤舟苕霅上，一汀香雨入琴清。（陳旅《安雅堂集》、卷一）

〈題趙氏人馬圖〉　　　　　　　　　　　　　　　　　　　元・陳　旅

　葡萄宮前白面馬，春日賜與近臣歸。主人愛馬不換妾，更與小奴裁綠衣。（陳旅《安雅堂集》、卷一）

〈題子昂江天釣艇圖〉　　　　　　　　　　　　　　　　　元・陳　旅

　雨餘秋水滿山前，正是江南落雁天。何處故人魚艇小，斷蟬踈樹夕陽邊。（陳旅《安雅堂集》、卷一）

〈題趙子昂畫馬〉　　　　　　　　　　　　　　　　　　　元・李　存

　世人相馬只相強，筋翻骨跳塵沙黃。誰知毛鬣風不動，一日試之千里長。吳興妙手天所借，白帽奚官亦閒暇。試令伯樂再相逢，不識畫圖唯識馬。（李存《俟菴集》、卷四）

〈題趙松雪江山萬里圖〉　　　　　　　　　　　　　　　　元・朱德潤

　平蕪烟水碧連天，南渡旍旗一葦先。澤國始知燕士馬，江山重識漢樓船。舉頭日近三千里，屈指書同六十年。文敏不忘前史意，毫端留得畫圖傳。（朱德潤《存復齋文集》、

卷九）

〈題松雪齋寫中峰和尚蓮花吟〉　　　　　　　　　　　　元・朱德潤

　五彩畫中峰，中峯面目同。有形俱是妄，無相即為空。蕉葉侵階綠，蓮花映水紅。好詩吟不盡，又入小圖中。（**朱德潤《存復齋續集》、六五頁**）

〈題趙學士畫牧馬圖〉　　　　　　　　　　　　　　　　　元・朱德潤

　紫烟凝沙日色薄，奚官挽繮行躞蹀。五馬追風振鬣高，逸態飛騰珠汗落。方瞳紫焰耳卓錐，昂頭顧前行且嘶。驊騮真種忽殿後，獨立棹尾猶清奇。君不聞路州別駕征西河，于闐曉貢拳毛騧。曹韓畫圖李杜贊，神物久去空文華。吳興學士非畫師，剡藤繪出真龍姿。金鞍遊安爭快覩，千金博取求新詩。（**朱德潤《存復齋文集》、卷十**）

〈題趙魏公畫〉　　　　　　　　　　　　　　　　　　　　元・郯　韶

　漢家宮闕盡蒿萊，烟雨蒼茫護石苔。惟有金河舊時雁，年年秋色過江來。（**顧瑛《草堂雅集》、卷十**）

〈題趙魏公竹〉　　　　　　　　　　　　　　　　　　　　元・郯　韶

　鳳閣春雲細，瑤堦碧霧深。輕風來委佩，旭日上朝簪。歷歷衷賢思，依依戀闕心。竹枝同古調，千載有遺音。（**顧瑛《草堂雅集》、卷十**）

〈題趙文敏公竹〉　　　　　　　　　　　　　　　　　　　元・郯　韶

　不見王孫三十秋，白頭遺恨思悠悠。似將一掬皇英淚，夢逐湘江春水流。（**顧瑛《草堂雅集》、卷十**）

〈子昂秋岸牧牛圖〉　　　　　　　　　　　　　　　　　　元・胡　助

　野岸秋風木葉稀，兩三觳觫度荒陂。玉堂學士歸田興，寫出山溪放牧時。（**胡助《純白齋類稿》、卷十四**）

〈子昂枝木竹石〉　　　　　　　　　　　　　　　　　　　元・胡　助

　幽篁微有韻，枯木寒無枝。石生方傲兀，歲晏以為奇。（**胡助《純白齋類稿》、卷十二**）

〈子昂畫馬〉　　　　　　　　　　　　　　　　　　　　　元・胡　助

　松雪高人手自摸，百金市骨更收圖，秖愁伯樂不常有，天下何時良馬無。（**胡助《純白齋類稿》、卷十七**）

〈子昂竹石〉　　　　　　　　　　　　　　　　　　　　　　元‧劉永之

　古研麝煤香，書傳雨漏墻。高齋對松雪，隨意寫瀟湘。（劉永之《劉仲修先生詩集》、卷三）

〈趙松雪重江叠嶂圖〉　　　　　　　　　　　　　　　　　　元‧柯九思

　松雪翁此卷，雖發興於王晉卿，而畫格則師王摩詰，翁跋語中所云四圖，予皆及見之。今觀此卷，無不脗合，翁殆非塵寰中人也？善夫副使出示索書，遂錄坡仙長句於後。翁畫已入唐人室，而予書未能追倣坡仙，續貂之誚所不免矣，涂愧，深愧。至治任戌十一月朔日，柯九思敬仲甫并記。（柯九思《丹邱集錄自寶繪錄》、二五頁）

〈題趙松雪畫馬〉　　　　　　　　　　　　　　　　　　　　元‧柯九思

　沙場萬里貳師還，天馬如雲入漢關。當日丹青誰第一，為傳神駿落人間。（柯九思《丹邱集‧錄自元詩選》、四五頁）

〈題趙松雪春山圖〉　　　　　　　　　　　　　　　　　　　元‧柯九思

　落花飛絮春日間，散策深林獨往還。口成應對口人語，好似西湖西畔山。（柯九思《丹邱集》錄自元詩選、五〇頁）

〈題趙承旨墨竹〉　　　　　　　　　　　　　　　　　　　　元‧柯九思

　閶闔風來玉珮珊，洞庭秋入淚痕斑。至元朝士今誰在，翰墨風流滿世間。（柯九思《丹邱集》錄自元詩選、六九頁）

〈題趙松雪畫挾彈圖〉　　　　　　　　　　　　　　　　　　元‧柯九思

　夜合花間晝漏遲，王孫遊騎出平堤。玉鞭緩策青林下，回首風前聽子規。（柯九思《丹邱集‧錄自元詩選》、五〇頁）

〈趙子昂畫夏景倣王摩詰，次韻為袁清容學士〉　　　　　　　元‧柯九思

　山樓開處映晴霞，消夏虛明水閣斜。雲影倒窓思泳藻，松風吹落鳥銜花。（柯九思《丹邱集》錄自元詩選、一一八頁）

〈題趙子昂倣張僧繇筆意〉　　　　　　　　　　　　　　　　元‧柯九思

　寒雲淰淰碧峰攢，木葉驚風下急湍。何處山人殘照裏，罷琴猶向隔江看。（柯九思《丹邱集‧錄自元詩選》、一一八頁）

〈趙松雪蘭亭圖為善夫副使題〉　　　　　　　　　　　　　元·柯九思

　　修禊山陰迹己陳，神工妙筆歷千春。王孫自得天孫巧，晉代風流更逼真。（柯九思《丹邱集》錄自元詩選、一二五頁）

〈趙子昂倣顧愷之〉　　　　　　　　　　　　　　　　　　　元·柯九思

　　青山互合若為群，綠樹江樓與世兮。幽人只向清溪隱，名姓從來未許聞。（柯九思《丹邱集·錄自元詩選》、一二六頁）

〈趙孟頫枯木竹石圖〉　　　　　　　　　　　　　　　　　　元·柯九思

　　水晶宮裏人如玉，窗瞰鷗波可釣魚。秀石疏林秋色滿，時看健筆試行書。（明朱存理《珊瑚木難》、卷三）

〈題趙文敏秋郊飲馬圖〉　　　　　　　　　　　　　　　　　元·柯九思

　　右趙文敏公秋郊飲馬圖真蹟，予嘗見韋偃暮江五馬圖，裴寬小馬圖，與此氣韻相望，豈公心摹手追有不期而得者耶？至其林木活動，筆意飛舞，設色無一點俗氣，高風雅韻，沾被後人多矣。奎章閣學士院鑒書博士柯九思跋。（清卞永譽《式古堂畫考·畫考》、卷之十六）

〈趙文敏飲馬圖卷〉　　　　　　　　　　　　　　　　　　　元·柯九思

　　圉人扈從溫泉宮，曉汲清波浮落紅。驊騮解語意相得，肉鬃振動斷春風。天子臨軒催羯鼓，繡裀檀板登床舞。美人盼睞相輝光，那復臨邊思報至。潼關夜半烽火明，錦繃兒來坐大廷。此馬棄捐何足道，顧影長城壓腥。丹丘柯九思。（清吳升《大觀錄》、卷十六）

〈趙文敏蘭、管夫人竹合作卷〉　　　　　　　　　　　　　　元·柯九思

　　趙文敏公以書畫擅當世之譽，魏國夫人習於見聞，亦一時遊戲翰墨。延祐間，上命中使取夫人書進入，上覽之稱善，仍命與文敏書並藏秘府，固一時之盛也。今觀王成之取藏文敏夫婦所作二圖，令人起慕，因及當時盛事云。鑒書博士柯九思書於？訓堂。（清吳升《大觀錄》、卷十六）

〈題子昂竹石〉　　　　　　　　　　　　　　　　　　　　　元·杜　本

　　紈素精明照耀人，此公已往筆如神。能知八法仍知韻，始識吳興善寫真。（杜本《清江碧嶂集》、八頁下）

〈題趙文敏公畫馬〉　　　　　　　　　　　　　　　　　　　元·張　翥

　　君不見漢家將軍求善馬，戰骨縱橫血流野。歸來作歌薦宗廟，寧悲鬼哭宛城下。何如
聖代德所懷，入獻磊落皆龍媒。右牽者誰鬈者偲，萬里知自宛沙來。眼光鏡懸蹄腕促，
老奚識性仍善牧。時巡之外游者稀，飽秣原頭春苜蓿。吳興學士藝絕倒，妙處直似曹將
軍。只今有馬無此筆，誰與寫之傳世人，為君甘老駑駘群。（張翥《蛻菴集》、卷一）

〈松雪齋墨芷花〉　　　　　　　　　　　　　　　　　　　　元・張　翥
　　使節來書大士碑，滿岩芳草正花時。移將怪石山僧供，寫入幽蘭醉客題。香斷海雲人
渺渺，葉稀秋露墨離離。玉堂名筆今尤絕，留取緗囊慰所思。（顧瑛《草堂雅集》、卷四）

〈文敏公畫馬〉　　　　　　　　　　　　　　　　　　　　　元・張　翥
　　未放龍媒十二閑，塵沙吹滿汗溝間。奚官牽向天池浴，應是長楊校獵還。（顧瑛《草
堂雅集》、卷四）

〈子昂蘭梅，為玉山題〉　　　　　　　　　　　　　　　　　元・張　翥
　　佩纕零落墨香存，瑤瑟空彈夜月魂。一自江南芳草歇，風流誰繼楚王孫。（顧瑛《草
堂雅集》、卷四）

〈子昂墨竹，為玉山題〉　　　　　　　　　　　　　　　　　元・張　翥
　　竹裏疏花的皪開，凍香和雪凝蒼苔。天寒日暮無人見，只有雙蜂特地來。（顧瑛《草
堂雅集》、卷四）

〈松雪竹石〉　　　　　　　　　　　　　　　　　　　　　　元・李孝光
　　幽篁碧悄悄，白石白粼粼。帝子吹簫罷，月明愁殺人。（李孝光《五峰集》、卷四）

〈呂子敬所藏趙子昂墨蓀〉　　　　　　　　　　　　　　　　元・李孝光
　　彼美幽人姿，妙此造化寄。秋風日夜來，孤香動天地。（李孝光《五峰集》、卷四）

〈趙文敏飲馬圖卷〉　　　　　　　　　　　　　　　　　　　元・李孝光
　　渴烏項領紫駝峯，跑地求泉鼉上衝。不敢牽來向江水，預防踴躍學蛟龍。永嘉李孝光。
（清吳升《大觀錄》、卷十六）

〈趙文敏墨蘭竹石圖卷〉　　　　　　　　　　　　　　　　　元・邵亨貞
　　趙文敏公翰墨，通貫上古，能以經史融會書法，故特備眾美，而追配古人。蘭石墨戲，
乃翰墨餘事。公筆力遒勁，有蒼老氣韻，且不失窈窕態度，要非宋末今代諸家可到，蓋

從學問中來。故也藝無大小，盡善乃可傳遠，非作者為難，而賞識絕，世不易得也。嚴陵邵亨貞謹題。（清吳升《大觀錄》、卷十六）

〈題趙翰林墨蘭〉　　　　　　　　　　　　　　　　　　　元・張　渥
　　白鷗波點研池清，楚畹香風筆底生。記得弁峰春雨後，撥雲移種向南榮。（元顧瑛《草堂雅集》、卷七）

〈題趙子昂畫馬〉　　　　　　　　　　　　　　　　　　　元・陸　友
　　石民瞻作縣彭澤，集賢趙子昂畫馬贈別，後為他人持去，二十年後復得之，題詩以識之。
　　朝踏長安塵，暮傾渭城酒。風流趙集賢，畫馬當折柳。晚涼池上洗馬歸，圉人控鞍不受羈。此馬自是玉龍種，想見明窗貌得時。題詩人物不可作，北雁南雲總離索。舊游回首二十年，今日重看宛如昨。春盡江頭生綠波，青山滿眼故人多。惟有當時陶令在，奈此蕭蕭白髮何。（元顧瑛《草堂雅集》、卷十）

〈趙文敏蘭、管夫人竹合作卷〉　　　　　　　　　　　　　元・陸　友
　　奉題魏國趙公魏國夫人蘭竹圖五言二首，吳郡陸友。
　　故國王孫夢，空餘書畫傳。江南鐵鈎鎖，吳許柳成懸。
　　自是閨中秀，蕭然有道風。能書如李衛，畫竹似文翁。（清吳升《大觀錄》、卷十六）

〈趙子昂折枝竹〉　　　　　　　　　　　　　　　　　　　元・陳　高
　　帝子啼痕濕，湘江暮雨寒。絕憐樵采後，留得一枝看。（陳高《不繫舟漁集》、卷八）

〈子昂圖〉　　　　　　　　　　　　　　　　　　　　　　元・陳　高
　　風動秋山日已晡，舊時林苑盡荒蕪。王孫去國猶無恙，解寫江南竹樹圖。（陳高《不繫舟漁集》、卷九）

〈趙承旨竹石〉　　　　　　　　　　　　　　　　　　　　元・成廷珪
　　石間生石筍，筍長又成林。林下纖纖草，王孫去國心。（成廷珪《居竹軒詩集》）

〈浚儀公（子昂）鳳頭驄圖〉　　　　　　　　　　　　　　元・張　雨
　　鳳頭之驄高八尺，天上龍種來西極。開元四十萬匹馬，此馬入貢初未識。回紇使者行且牽，織刻覆之如絳烟。王孫何從得此本，絕筆韓生五百年。（張雨《句曲外史貞居先生詩集》、卷三）

〈題趙文敏春游圖〉　　　　　　　　　　　　　　　　　　元・張　雨

　珍禽欲語避雕鞍，已勒青絲轉首看。日暮香堤游冶子，卻從芳草得金丸。（張雨《貞居集補遺》、卷上）

〈題吳興公歸來圖〉　　　　　　　　　　　　　　　　　　元・張　雨

　勇決端為士論怡，青松黃菊是歸時。心中惟有方寸赤，巾下可無隻髻椎。（張雨《貞居集補遺》、卷上）

〈子昂著色山水圖〉　　　　　　　　　　　　　　　　　　元・張　雨

　樵人旦辭郁水洞，謫仙暮醉郎官湖。老夫識遠知彌少，只識吳興清遠圖。（張雨《貞居集補遺》、卷上）

〈題松雪怡樂堂圖〉　　　　　　　　　　　　　　　　　　元・張　雨

　幽人結屋傍江千，怡樂名堂只數間。黃鳥隔簾詩夢醒，紫鱗供饌釣舟還。簷前景色春常在，柳外柴門晝不關。誰識箇中真樂處，陶然天地一身閒。（張雨《貞居集補遺》、卷上）

〈（趙孟頫）鵲華秋色圖〉　　　　　　　　　　　　　　　元・張　雨

　吳興公自序云，公謹父，齊人也。余通守齊州，罷官歸來，為公謹說齊之山川，獨華不注最知名，見於左氏，而其狀又峻峭特立有足奇者，乃為作此圖，其東則鵲山也，命之曰鵲華秋色云，張雨賦詩於左。

　弁陽老人公謹父，周之孫子猶懷土。南來寄食弁山陽，夢作齊東野人語。濟南別駕平原君，為貌家山入囊楮。鵲華秋色翠可食，耕稼陶漁在其下。吳儂白頭不歸去，不如掩卷聽春雨。（張雨《句曲外史貞居先生詩集》、卷三）

〈題松雪翁著色便面，為倪元鎮作〉　　　　　　　　　　元・張　雨

　誰寫面屏松石岡，斷煙平楚間微茫。障塵不借蒲葵影，弄翰同歸粉墨囊。駏背書生猶洛下，鷗波亭子只山陽。憑君更倩盧鴻乙，滿把清風畫草堂。（張雨《句曲外史貞居先生詩集》、卷三）

〈趙子昂達摩一幅〉　　　　　　　　　　　　　　　　　　元・張　雨

　誰識西來意，遠將心印傳。丁知住死事，囑付嶺梅顛。張雨。（明都穆《鐵網珊瑚》、卷七）

〈松雪畫秋江待渡軸〉　　　　　　　　　　　　　　　　　　　元‧張　雨

　郁本坑頭蕭侍郎，負薪歸去趁溪航。解包席地彼誰子，日暮途窮話尚長。樵人張雨。
（明朱存理《鐵網珊瑚‧書品》、卷二）

〈趙子昂採蓮圖〉　　　　　　　　　　　　　　　　　　　　　元‧張　雨

　誰道鵝兒黃似酒，對酒新鵝得似垂絲柳。松粉泥金初染就，年年春雪消時候。一縷柔
情能斷否，兩重輕煙無力縈窗牖。待看溪南陰十畝，落花都聚紅雲帶。張雨。（清卞永
譽《式古堂書畫彙考‧畫考》、卷之四）

〈趙孟頫長林絕壑圖〉　　　　　　　　　　　　　　　　　　　元‧張　雨

　長林巨壑帶奔湍，流得金壺墨未乾。昨夜漚波亭下宿，無人呼酒暖春寒。張雨。（清
吳升《大觀錄》、卷十六）

〈趙文敏蘭、管夫人竹合作卷〉　　　　　　　　　　　　　　　元‧張　雨

　南望吳興路四千，幾時歸到雪溪邊。沽美酒，釣溪鮮，閒把漁竿上畫船。此魏國仲姬
漁父詞也，墨君遊戲豈真未忘情於漁竿也耶？比自京師還，病卒臨清舟中，遂斷吳興之
夢，吁！亦異矣。夫人所畫絕少，予識其真，故併錄此詞，使世傳焉。文敏光風玉立，
蒼然在前，聞此當為長嘯於九垓之上。幻仙張雨謹記。（清吳升《大觀錄》、卷十六）

〈趙松雪畫〉　　　　　　　　　　　　　　　　　　　　　　　元‧鄭元祐

　鷗波亭前千叠山，縹緲峯巒烟靄間。既如春雲多態度，復似靜女工幽嫺。老槎霜寒露
刻削，崩湍雨霽聲潺湲。飛樓湧殿出林表，中有逸人相往還。風帆截谿馬載馬，兼有艇
子維滄灣。有時扣舷一清唱，有時談玄一破顏。吳興仙翁補天手，毫端五色春爛斒。畫
成未數董北苑，王維二李相躋攀。自翁騎鯨天上去，至今玉珮聲珊珊。空令下土寶遺墨，
真贗紛紛誰與刪。（鄭元祐《僑吳集》、卷二）

〈趙松雪人馬〉　　　　　　　　　　　　　　　　　　　　　　元‧鄭元祐

　王孫昔騎天廄驎，貌得名駒并圉人。羲台路寖風日微，繡勒錦韉花柳春。吾聞冀北之
野每以穀量馬。駿骨千金古來寡，世皇騎之一天下。鞭笞四海入裏蹄，億兆俯伏聽鳴嘶。
如何頻年頓失之，對畫令人双泪垂。（鄭元祐《僑吳集》、卷三）

〈趙松雪畫馬〉　　　　　　　　　　　　　　　　　　　　　　元‧鄭元祐

　地用莫如馬，壺頭竟何施。寒風善相不假式，何必郭家口齒謝家髦。神駒龍變如何按
式取譬之，圖畫八駿令人嗤。君不見房星精飛光夜流，拽練明漢家。都廄盡凡骨，異之

北土龍。方生兒能引弓射鳥鼠，便解騎過宛王城。玉堂學士親眼見，貌得風蹄霍流電。山人半世只步行，髀肉何嘗識鞍轡。每每作詩題馬圖，千金駿骨世所無。人間空費粉墨摹，玄黃牝牡真成誣。（鄭元祐《僑吳集》、卷三）

〈子昂蘭〉　　　　　　　　　　　　　　　　　　　　元・鄭元祐

　孤臣萬古愁，湘渚水東流。江芷汀籬滿，空令泣楚囚。（鄭元祐《僑吳集》、卷六）

〈題趙子昂蘭石〉　　　　　　　　　　　　　　　　　　元・鄭元祐

　捐玦孤臣萬古愁，思君日夜水東流。春風開遍間桃李，卻對青山泣楚囚。（顧瑛《草堂雅集》、卷三）

〈子昂臨東坡竹〉　　　　　　　　　　　　　　　　　　元・鄭元祐

　戲墨王孫似子瞻，雞栖石上著毿毿。汴京回首西風急，流落江南共海南。（鄭元祐《僑吳集》、卷六）

〈趙子昂馬圖〉　　　　　　　　　　　　　　　　　　　元・鄭元祐

　王孫曾騎天廏驥，每憶龍駒便寫真。曹霸祇今那復得，丹青剝落淚沾巾。（鄭元祐《僑吳集》、補遺）

〈題趙子昂蘭〉　　　　　　　　　　　　　　　　　　　元・鄭元祐

　鷗波亭下楚香銷，公子騎箕上沉寥。縱是死灰芬酷烈，巫陽誰下九重招。（顧瑛《草堂雅集》、卷三）

〈水晶宮道人甕牖圖并題卷〉　　　　　　　　　　　　　元・鄭元祐

　貧病無聊是老儂，蕭條門巷絕行蹤。畫圖不盡朋從意，凝望停雲檢宿舂。窮通由命不由人，結駟來窺甕牖春。富貴不淫貧賤樂，山青雲白水粼粼遂昌鄭元祐。（清卞永譽《式古堂書畫彙考・畫考》、卷之十六）

〈趙文敏墨蘭竹石圖卷〉　　　　　　　　　　　　　　　元・鄭元祐

　趙魏公蘭石，要是飛白法，雖與彝齋為弟兄，元是不相襲，此其所云卓絕也。此卷毗陵卞□□所藏，澄江張孟賔持以示余，故得觀於姑蘇城南破屋之下。遂昌鄭元祐。（清吳升《大觀錄》、卷十六）

〈趙文敏蘭、管夫人竹合作卷〉　　　　　　　　　　　　元・邊　武蟾蜍曉貯紫薇露，兔穎春栽翡翠毛。賴有宣和遺譜在，玉堂才力最為高。劍氣不須渾脫舞，法書必學衛夫人。却將京兆風流墨，輕拂蒼梧五葉雲。甬東邊武謹題。（清吳升《大觀錄》、卷十六）

〈趙文敏蘭、管夫人竹合作卷〉　　　　　　　　　　　　元‧汪　魯

山曙晴雪，梅花初月。竹秀蘭芳，天然奇絕。松雪道人，管氏仙真。含毫情愫，照耀千春。貞一病叟汪魯。（清吳升《大觀錄》、卷十六）

〈題趙松雪畫桑落洲望廬山圖〉　　　　　　　　　　　　元‧許　恕

放曠北郭生，好作雲水遊。憶昔渡彭蠡，一棹夷猶桑落洲。桑落之洲清且泚，水光搖搖山靡靡。湄前直與銀河通，日出風生見金鯉。東南五老之高峯，坐臥常對乎舟中。屏風九疊爛雲錦，金光照耀青芙蓉。縣厓瀑布瀉寒碧，玉龍倒掛三千尺。群仙鵠立紫霞裏，思欲從之漱瓊液。是時卸帆野陰暮，水氣空濛雜煙霧。乾坤多事逾十年，今之畫圖猶古步。此圖作者房山公，后來繼之松雪翁。經營慘淡千萬狀，點綴毫末無遺蹤。房山松雪捻蕭瑟，遠客無家空歎息。拔劍高歌行路難，落日寒雲慘無色。（許恕《北郭集》、補遺）

〈趙集賢枯木竹石〉　　　　　　　　　　　　　　　　　元‧張　憲

槎牙老樹響天風，寂歷幽篁泣露叢。惆悵玉堂舊公子，故家陵廟月明中。（張憲《玉笥集》、卷十）

〈趙文敏蘭管夫人竹合作卷〉　　　　　　　　　　　　　元‧張　緯

夫子朝廷望，佳人玉雪姿。眼青弦應指，頭白案齊眉。湘芷春風蕚，江筠夜月枝。芳貞堪比德，展卷重懷思。張緯。（清吳升《大觀錄》、卷十六）

〈松雪翁畫馬〉　　　　　　　　　　　　　　　　　　　元‧李繼本

西海之西天地翁，合敷靈氛。天產天骨超崑崙，月窟而東而北幾萬里。是馬乃能籋星辰，踰渤澥，掃空冀北凡馬群。曹將軍是開元以來善畫者，早以絕藝動紫宸。不問驪黃與牝牡，筆力到處春無垠。往時嘗見一二本，世之畫者徒紛紛。吳興學士昔在詞林館，畫人畫馬咄咄能逼真。玉堂朝日射碧丸，瑣窓晴雪吹青春。文章之暇奉詔寫龍種，冰綃萬幅清無塵。此圖神采更飄逸，妙處不減曹將軍。飛雲滿空散靈雨，五花凌亂曉濕蒼龍文。人言此是明皇御愛者，天香瀚鬱飄滿身。瑤池渴飲雪混漾，霜蹄逈踏雲嶙峋。黃鬚圉官似是太僕張景順，自幼調馬馬亦馴。想當牽來赤墀下，皎如飛龍下天門。山齋看畫白晝靜，丹粉如沐清心魂。龍媒一逝九霄隔，龍沙泱漭霜風昏。縱今有馬無善畫，誰與寫之傳世人。吳興自有古作者，高風遠韻不可聞。九原安得起公死，請公為我放筆電掃

層空雲。陳君愛畫不弱南金與西玉，百迴展玩當炉熏。南金西玉可力致，嗟此神物瓊然
獨立而無憐。嗚呼，神物為物固有神，直恐變化為龍飛上清都紫薇之帝闔。（李繼本《一
山文集》、卷一）

〈松雪竹石蘭〉　　　　　　　　　　　　　　　　　　　　　　　　元・錢惟善

　鳳皇栖老楚琅玕，白雪猗蘭一再彈。空憶玉堂聽雨夜，不知翠袖倚天寒。（錢惟善《江
月松風集》、卷十）

〈松雪竹〉　　　　　　　　　　　　　　　　　　　　　　　　　　　元・錢惟善

　松雪齋前見此君，白鷗波冷翠紛紛。蕭騷不是湘江雨，要眇還成楚峽雲。（錢惟善《江
月松風集》、卷十）

〈題松雪墨竹〉　　　　　　　　　　　　　　　　　　　　　　　　元・錢惟善

　小橋流水雪晴時，曾折幽芳寄所思。明月觀深春夢遠，玉堂仙客寫橫枝。（錢惟善《江
月松風集》、卷十二）

〈題子昂疎竹遠山圖〉　　　　　　　　　　　　　　　　　　　　　元・錢惟善

　玉立湘江潣，東風不自持。巫山何處是，春風掃蛾眉。（錢惟善《江月松風集》、卷九）

〈松雪畫竹石圖〉　　　　　　　　　　　　　　　　　　　　　　　元・謝應芳

　昔文敏公，初赴京，過毗陵，止宗人東皋先生家，人多求公翰墨，後仕于朝，往來雪
上時，先人數從之游，因得公所書并畫凡數幅，內石竹一紙，公題小詩，絕類此卷。吁！
公初以書名于時，其畫與詩本皆絕妙，今此卷脩焉，有區區未易贊述者，特以余家藏舊
物俱亡於兵，視前人又隔一宇宙矣，其手筆真希世之寶貝也。奉玩再三，重為嘆惜。洪
武六年三月之望，龜巢老人謝應芳敬題。（明朱存理《鐵網珊瑚書品》、卷二）

〈題趙文敏蘭〉　　　　　　　　　　　　　　　　　　　　　　　　元・王　逢

　邯鄲夢覺策嬴驂，蒯雪幽霜味飽諳。手寫蕙蘭天上滿，歸來春草暗江南。（王逢《梧
溪集》、卷一）

〈趙文敏公山水為董竹林山長題（有引）〉　　　　　　　　　　　元・王　逢

　公於畫左題云，至大三年六月望日為吳彥良畫并詩，有"岸靜樹陰合，溪晴雲氣流"之句，
　想在鷗波亭作也。彥良，嘉禾人。

　何山弁山秀可掬，上若下若薈苔綠。翰林學士偶歸來，亭倚鷗波送飛鵠。鵠飛盡沒滄

茫境，衣上青天倒搖影。鹿頭舫子湖州歌，想帶南風覺淒冷。冰盤瓜李進仲姬，生綃畫就復題詩。鄭虔三絕世無有，於乎何幸再見至大三年時。（王逢《梧溪集》、卷五一）

〈題趙文敏所畫唐人馬圖〉　　　　　　　　　　　　　　　　元・王　逢

　趙文敏所畫唐人馬，楊鐵崖魯道原二提學詩後，為樹浦王叔潤題。

　肉騣花驄真權奇，彷彿出浴西瑤池，細看元是勅賜太卿者。鄧公奪取少陵哀賦詩，黝雲湧身霜四啼。一目冀北空駃騠，全神勃王房駒暗。双耳尖卓昆侖低，奚官玉面如滿月。（下闕）。（王逢《梧溪集》、卷七一）

〈題趙文敏馬〉　　　　　　　　　　　　　　　　　　　　　元・王　逢

　蕭蕭苜蓿起秋風，隱隱黃雲沒塞鴻。可愛南朝趙公子，尚留先世玉花驄。（王逢《梧溪集》、卷三）

〈題三馬圖〉　　　　　　　　　　　　　　　　　　　　　　元・王　逢

　卷開三馬風雲起，誰其畫者趙學士。渥洼舊感驪龍精，禹門曾浴桃花水。並馳定是不契需，合與周王八駿俱。烏騅赤兔售非主，千金之骨成泥土。丈夫懷材莫愁佇。（王逢《梧溪集》、卷三）

〈趙文敏墨蘭竹石圖卷〉　　　　　　　　　　　　　　　　　元・王　逢

　魏國趙文敏公，故王孫也。其文章翰墨，率得三代禮樂流風遺韻，墨蘭又特遺事耳。兵後，卞出示斯卷，為之撫歎者久之。至正壬寅冬，江陰王逢題。（清吳升《大觀錄》、卷十六）

〈趙文敏鷗波亭圖〉　　　　　　　　　　　　　　　　　　　元・王　逢

　吳興名邦山水曲，上箬下笠蘭苕綠。翰林學士偶歸來，小立鷗波送吟目。亭前倒開天十頃，玻璃風動珊瑚影。鹿頭舫子漁家郎，想有蠻歌度深靜。故人徵畫復徵詩，真行妙墨臨羲之。嗚呼，鄭虔三絕世無有，何幸得見至大三年時。至正壬寅八月白露日，王逢題。（清李佐賢《書畫鑑景》、卷二十）

〈趙孟頫水村圖〉　　　　　　　　　　　　　　　　　　　　元・鄧　椿

　向來寓意思卜居，住處只今成畫圖。胸中本自渺江海，主人相浼寫分湖。鄧椿題。漚鳥難渝舊約，湖山不改清秋。人自與波上下，我其卒歲優游。題前詩竟，復得六言一首，併書其後，覺非叟鄧椿。（明朱存理《鐵網珊瑚・書品》、卷二）

〈趙孟頫水村圖〉　　　　　　　　　　　　　　　　　　　　元・吳延壽

　村南村北樹濛濛，秋水清幽野色空。道外俗塵飛不到，似移家住畫圖中。梅塘吳延壽
敬題。（明朱存理《鐵網珊瑚・書品》、卷二）

〈趙孟頫水村圖〉　　　　　　　　　　　　　　　　　　　　元・顧天祥

　踈柳平蕪落雁飛，斷橋斜日釣船歸。江天萬頃秋如畫，一笑人間醉墨非。顧天祥敬書。
（明朱存理《鐵網珊瑚・書品》、卷二）

〈趙孟頫水村圖〉　　　　　　　　　　　　　　　　　　　　元・錢資深

　屋後青山門外溪，踈踈蘆葦護漁磯。地緣清絕人堪愛，長是三春雁不歸。男資深原父。
（明朱存理《鐵網珊瑚・書品》、卷二）

〈趙孟頫水村圖〉　　　　　　　　　　　　　　　　　　　　元・陸祖先

　當年圖畫知何處，如今身向滄洲住。吾亦愛吾廬，芸窗幾卷書。青山天際小，目送飛
鴻杳。試問釣魚舡，蘆花淺水邊。學子陸祖先敬題。（明朱存理《鐵網珊瑚・書品》、卷
二）

〈趙孟頫水村圖〉　　　　　　　　　　　　　　　　　　　　元・陸祖先

　蒹葭蒼蒼，白露為霜。所謂伊人，在水一方。遡洄從之，道阻且長。遡游從之，宛在
水中央。蒹葭淒淒，白露未稀。所謂伊人，在水之湄。遡洄從之，道阻且躋。遡游從之，
宛在水中坻。蒹葭采采，白露未已。所謂伊人，在水之涘。遡洄從之，道阻且右。遡游
從之，宛在水中沚。

　是詩三章，賦兼葭于露已霜，想伊人于水一方。欲往從之道阻長，嘗三復之，紫陽夫子以為
不知其何所指，偶閱水村圖，其景物蕭瑟，烟波浩蕩，有乘扁舟往來其間，此圖此意，殆與
此詩若相符者，故書于其後云，延祐己未九月望日，學子陸祖先。（明朱存理《鐵網珊瑚・
書品》、卷二）

〈趙孟頫水村圖〉　　　　　　　　　　　　　　　　　　　　元・林　宏

　青山橫陳水縈浦，飢鴻高超漁設罛。中有幽人坐環堵，晚來吹斷蘆花舞。林宏。（明
朱存理《鐵網珊瑚・書品》、卷二）

〈趙孟頫水村圖〉　　　　　　　　　　　　　　　　　　　　元・葉齊賢

　坐窗不遨呻蠧竹，兀兀那知髀生肉。眼明見此水邊村，浣我胸中塵百斛。荒山寂歷蒼
烟斜，驚風颯颯鳴蒹葭。平沙暮寒群雁起，垂柳掩映幽人家。風流王孫摩詰手，妙處端

如神所授。等閒點綴皆精妍，怪底秋光生戶牖。我家本住松江濱，怳然一見融心神。他年卜築遂君志，留取青山容散人。松陵葉齊賢。（明朱存理《鐵網珊瑚・書品》、卷二）

〈趙孟頫水村圖〉　　　　　　　　　　　　　　　　　　　　　　　　　　元・陸　桂

牛馬百川獨渚，烏鳶郡木西村。天地四方黃鵠，先生秋雨柴門。忽有滄浪鳴笛，飛鴻黃葉雲深。相望美人秋水，卷簾隱几何心。吳郡陸桂。（明朱存理《鐵網珊瑚・書品》、卷二）

〈趙孟頫水村圖〉　　　　　　　　　　　　　　　　　　　　　　　　　　元・束從大

錢子守道殊自適，某山某水藏袖中。有時對客且舒卷，坐我絕境烟波空。參差老雁忽飛起，微風欲拂蘆葦叢。彎碕寂寞縣網罟，夕陽隱約歸漁翁。遠山近山雲漠漠，前村後村水重重。適從何來蕩兩槳，懸知浦漵遙相通。深林蔽虧八九家，竹籬茅戶無不同。青天白日機事息，樂此耕釣得古風。誰言見畫獨幻影，我欲振衣即往從。因思輞川著摩詰，復想嵩山栖盧鴻。只今好事空見畫，山川緬邈遺栖踪。從大題。（明朱存理《鐵網珊瑚・書品》、卷二）

〈趙孟頫水村圖〉　　　　　　　　　　　　　　　　　　　　　　　　　　元・黃肖翁

幽人心地本翛然，此境相諳七十年。茅屋數椽依約外，雲山一抹有無邊。眼前生意今林屋，筆底秋風古輞川。勝景有餘描不盡，歸鴻幾點落寒烟。聚山黃肖翁。（明朱存理《鐵網珊瑚・書品》、卷二）

〈趙孟頫水村圖〉　　　　　　　　　　　　　　　　　　　　　　　　　　元・束南仲

空林有影連山遠，流水無聲帶雁寒。自是漁樵真樂處，不知圖畫與誰看。束南仲題。（明朱存理《鐵網珊瑚・書品》、卷二）

〈趙孟頫水村圖〉　　　　　　　　　　　　　　　　　　　　　　　　　　元・羅志仁

長愛秦郎絕妙詞，荒寒暗合輞川詩。斜陽萬點寒鴉處，流水孤村又一奇。丙午清明，羅志仁題。（明朱存理《鐵網珊瑚・書品》、卷二）

〈趙孟頫水村圖〉　　　　　　　　　　　　　　　　　　　　　　　　　　元・王　鈞

寒烟漠漠鎖荒村，日暮帆歸浦漵昏。颯颯秋風鳴老樹，娟娟流水遶柴門。平沙雁起聲如寂，斷岸𧈪懸影若翻。要問先生得真趣，玩圖嘿欲復何言。真定門生王鈞謹題。（明朱存理《鐵網珊瑚・書品》、卷二）

〈趙孟頫水村圖〉　　　　　　　　　　　　　　　　　　元・曹　俊

　平生鷗鷺盟，結此茅一把。江湖散人傳，著我無不可。芳浦曹俊。（明朱存理《鐵網珊瑚・書品》、卷二）


〈趙孟頫水村圖〉　　　　　　　　　　　　　　　　　　元・孫　桂

　青山橫陳，流水如玉。蕭瑟寒蘆，扶踈雲木。匪耕伊漁，熙然自足。睠茲幽尚，伊誰之屋。有隱君子，好古耽書。扁舟何人，載酒來與。豈無知者，爰作是圖。輞川之勝，千載與俱。吳興孫桂。（明朱存理《鐵網珊瑚・書品》、卷二）


〈趙孟頫水村圖〉　　　　　　　　　　　　　　　　　　元・錢良右

　每憐北苑風流遠，筆底精神此日同。春水孤村無限意，題詩輸與杜陵翁。吳郡錢良右。（明朱存理《鐵網珊瑚・書品》、卷二）


〈趙孟頫水村圖〉　　　　　　　　　　　　　　　　　　元・俞日華

　雁行低拂水光寒，茅屋遙憐野趣寬。自是一經摩詰手，披圖真作輞川看。東淮俞日華。（明朱存理《鐵網珊瑚・書品》、卷二）


〈趙孟頫水村圖　　　　　　　　　　　　　　　　　　　元・黃介翁

　古木蕭踈散草廬，好山重叠水縈紆。先生自得漁樵趣，無限秋光入畫圖。建安黃介翁。（明朱存理《鐵網珊瑚・書品》、卷二）


〈趙孟頫水村圖〉　　　　　　　　　　　　　　　　　　元・趙由儁

　德鈞先生于中吳，久而同客於甫里陸氏之門。後十四年，先生始遂隱居之志，適與家叔子昂所畫水村圖相符，既自為之賦，又復記之。僕三讀其文，慨甚，且有卜鄰之興，遂擬賦之，以寫先生之懷，併致景仰之意云。吳興趙由儁仲時識。（明朱存理《鐵網珊瑚・書品》、卷二）


〈趙孟頫水村圖〉　　　　　　　　　　　　　　　　　　元・趙由儁

　清溪抱村流，茅屋蔭踈柳。天秋雁行遠，山翠當戶牖。罷釣者誰子，延緣來渡口。野情固超逸，圖畫傳不朽。何當從之游，扁舟落吾手。趙由儁。（明朱存理《鐵網珊瑚・書品》、卷二）


〈趙孟頫水村圖〉　　　　　　　　　　　　　　　　　　元・趙由祚

　遊塵飛不到柴關，名利無心夢亦閑。時有扁舟乘興去，高談終日對青山。不入山林不

入城，孤舟容我寄浮生。年來與世殊相遠，漸喜無人識姓名。青岩趙由祚。（明朱存理《鐵網珊瑚・書品》、卷二）

〈趙孟頫水村圖〉　　　　　　　　　　　　　　　　　　　元・陸行直

馬足黃塵三尺深，清風吹斷自難侵。乾坤老矣驚浮世，泉石瀟然動隱心。鷗鳥起沙春漠漠，漁舟係柳晝陰陰。他年欲訪幽栖處，莫似山源無路尋。甫里陸行直。（明朱存理《鐵網珊瑚・書品》、卷二）

〈趙孟頫水村圖〉　　　　　　　　　　　　　　　　　　　元・陸祖凱

一片寬閒景，波涵萬頃天。雁飛秋影外，樹倚夕陽邊。山色來窗牖，溪聲自管絃。何當明月夜，著我釣魚船。陸祖凱。（明朱存理《鐵網珊瑚・書品》、卷二）

〈趙孟頫水村圖〉　　　　　　　　　　　　　　　　　　　元・林　寬

矮窗曲几茶破睡，雲水烟村護元氣。政須側耳畫圖外，冥鴻聲中今古意。林寬。（明朱存理《鐵網珊瑚・書品》、卷二）

〈趙孟頫水村圖〉　　　　　　　　　　　　　　　　　　　元・趙駿聲

流水縈紆別浦，孤村掩映前山。開卷不知何處，高人隱約其間。趙駿聲。（明朱存理《鐵網珊瑚・書品》、卷二）

〈趙孟頫水村圖〉　　　　　　　　　　　　　　　　　　　元・趙承孫

誰識漁樵興趣閒，由來家計在江干。羨君圖畫能殊勝，愧我田園卒未安。浩蕩閒雲低樹影，蕭條野屋蔽天寒。秋深夜色猶堪愛，寫取嬋娟浸石灘。趙承孫敬題。（明朱存理《鐵網珊瑚・書品》、卷二）

〈趙孟頫水村圖〉　　　　　　　　　　　　　　　　　　　元・束從周

楊柳絲絲兩岸風，前村溪路遠。小橋通人家，依約水東西。舟一葉，移過葦花叢。清景迥涵空好，青山未了暮雲重。是誰驚起幾征鴻，天然趣却在畫圖中。合肥束從周。（明朱存理《鐵網珊瑚・書品》、卷二）

〈趙孟頫水村圖〉　　　　　　　　　　　　　　　　　　　元・束從虎

幾叠山連松竹，一行雁起汀沙。看他水村茅屋，試□處士誰家。從虎題。（明朱存理《鐵網珊瑚・書品》、卷二）

〈趙孟頫水村圖〉　　　　　　　　　　　　　　　　　　　元·束復之

　煙中山色濃還淡，柳外溪流直又斜。借問孤村錢處士，不知隣壁是誰家。束復之仁父。
（明朱存理《鐵網珊瑚·書品》、卷二）

〈趙孟頫水村圖〉　　　　　　　　　　　　　　　　　　　元·束同之

　一水復一村，開卷不忍罷。前有無聲詩，後有有聲畫。束同之。（明朱存理《鐵網珊
瑚·書品》、卷二）

〈趙孟頫水村圖〉　　　　　　　　　　　　　　　　　　　元·陸繼善

　青山迷遠近，蕭條古郊墟。側逕深且窈，中有幽人居。短籬門半掩，竹樹相扶踈。平
疇涵白波，淺渚漲綠蕪。何人泛扁舟，似欲相招呼。誰令破幽寂，驚鴻起寒蘆。此意胡
可言，會心寫成圖。撫卷空嘆息，悠悠水雲孤。陸繼善敬題。（明朱存理《鐵網珊瑚·
書品》、卷二）

〈趙孟頫水村圖〉　　　　　　　　　　　　　　　　　　　元·朱梓端

　家住吳淞江水西，短垣矮屋綠陰齊。朝雲研濕知山近，暮雨舟不覺岸低。騎犢看書閑
自遣，得魚沽酒醉相携。從游尚記髫年日，白首芹邊感舊題。承學朱梓端。（明朱存理
《鐵網珊瑚·書品》、卷二）

〈趙孟頫水村圖〉　　　　　　　　　　　　　　　　　　　元·徐　關

　水村先生家寓吳，文章翰墨悉範模。平生佳趣何處無，寄名播遠聊爾娛。子昂濡筆成
是圖，心與神會美且都。山溪繚繞秋色敷，籬落荊榛塵跡虛。我來拭目聲相呼，惜哉人
物不兩俱。借言子孫思勤渠，傳言繼志萬代儒。

　至正七年丁亥二月廿日，實之兄出示先大夫水村圖，思之不覺慷慨，漫書於卷末，徐關，日
軒。（明朱存理《鐵網珊瑚·書品》、卷二）

〈水晶宮道人甕牖圖并題卷〉　　　　　　　　　　　　　元·班惟志

　貨殖雖師名，退思客有辯。如何司馬遷，於憲卻無傳。恕齋班惟志。（清卞永譽《式
古堂書畫彙考·畫考》、卷之十六）

〈趙子昂達摩一幅〉　　　　　　　　　　　　　　　　　元·班惟志

　繞座花迸法雨開，石盤穩似五天台。掌中心印雖明見，却要低頭顧後來。惟志。（明
都穆《鐵網珊瑚》、卷七）

〈題趙松雪馬圖〉　　　　　　　　　　　　　　　　　　　　元・釋來復

　振鬣長鳴產月支，玉關風急貢來時。五花獅子真龍種，賜出黃門不敢騎。（元《古今禪藻集》、卷二十七）

〈趙文敏墨蘭竹石圖卷〉　　　　　　　　　　　　　　　　　元・蘇大年

　覽松雪翁墨迹，如見其人。卷中所題，又多舊識。追念疇昔，恍然如夢。至正癸卯閏月上巳，後學趙郡蘇大年謹識。（清吳升《大觀錄》、卷十六）

〈松雪畫竹石圖〉　　　　　　　　　　　　　　　　　　　　元・盧　熊

　緗箟生清風，蒼苔護幽石。夢想玉堂仙，臨池弄秋碧。范陽盧熊。（明朱存理《鐵網珊瑚畫品》、卷二）

〈水晶宮道人甕牖圖并題卷〉　　　　　　　　　　　　　　　元・賈　策

　處富無驕易，居貧樂道難。先賢不可作，撫卷一長嘆。賈策治安。（清卞永譽《式古堂書畫彙考・畫考》、卷之十六）

〈水晶宮道人甕牖圖并題卷〉　　　　　　　　　　　　　　　元・顧　瑛

　道之不行謂之病，財之不給謂之貧。賜也能言心未識，虛勞結駟踏青塵。金粟道人顧阿瑛。（清卞永譽《式古堂書畫彙考・畫考》、卷之十六）

〈松雪馬圖〉　　　　　　　　　　　　　　　　　　　　　　元・倪　瓚

　舊寫天閑八尺龍，鷗波濡墨水晶宮。紛紛世俗爭模倣，兒子門生亦禿翁。（倪瓚《倪雲林先生詩集》）

〈趙榮祿馬圖〉　　　　　　　　　　　　　　　　　　　　　元・倪　瓚

　嘗聞唐開元時，畫馬曹將軍，妙合變化神紛紜。少陵為作歌，其詞藹如雲。又聞宋元祐之中李龍眠，畫法奄出將軍前。蘇黃二子誇神駿，險語驚飛蛟蟄困。國朝天馬來西極，振鬣駑駘為辟易。玉堂學士寫真龍，筆陣長驅萬人敵。學士歌詩清且腴，當時作者數楊虞。畫成題咏兩奇絕，價比連城明月珠。吁嗟天馬天一隅，寶繪于今亡已失。學士多師內廄馬，得法豈在曹李下。俗工未解知神妙，此日罷駕遍逼夏。好事還傳亦苦心，誰為幽常伯牙琴。獨悲蘭亭繭紙隨零雨，轉覺臨寫紛紛費毫楮。（倪瓚《倪雲林先生詩集》）

〈正月八日宿禪悅僧舍，題趙榮祿馬圖〉　　　　　　　　　元・倪　瓚

　山僧院裏無塵事，夜雨灯前興不孤。寒寒說竟無生話，更覽王孫駿馬圖。（倪瓚《倪

《雲林先生詩集》）

〈題趙榮祿揩痒馬圖，次陳先生韻〉　　　　　　　　　　　元·倪　瓚

　韓幹真龍下筆肥，銀鞍羅帕絡青絲。春風碧野和煙放，誰見林間揩痒時。（倪瓚《倪
雲林先生詩集》）

〈松雪馬圖，為原道題〉　　　　　　　　　　　　　　　　元·倪　瓚

　渥洼龍種思翩翩，來自元貞大德年。今日鷗波遺墨在，展閣題咏一悽然。（倪瓚《倪
雲林先生詩集》）

〈題趙承旨墨竹用張外史韻〉　　　　　　　　　　　　　　元·倪　瓚

　籊籊生綃寫竹竿，愁看春雨滿空壇。風流誰識當時意，萬里鷗波烟景寒。（倪瓚《倪
雲林先生詩集》）

〈題趙榮祿墨竹〉　　　　　　　　　　　　　　　　　　　元·倪　瓚

　緣江修竹巧臨模，慘淡松烟忽若無。亂葉寫空分向背，寒流篆石共縈紆。春渚雲迷思
鼓瑟，青厓月落聽啼烏。誰憐文采風流意，謾賞丹青沒骨圖。（倪瓚《倪雲林先生詩集》）

〈趙魏公蘭〉　　　　　　　　　　　　　　　　　　　　　元·倪　瓚

　天上宣和落墨花，彝齋松雪擅名家。遙看苕雪山如玉，雪後春風自出芽。（倪瓚《倪
雲林先生詩集》）

〈趙孟頫高士圖（臥雪圖）〉　　　　　　　　　　　　　　元·倪　瓚

　僵臥雪塞戶，汝南袁邵公。冠蓋洛陽令，掃雪見高風。冷灶不生烟，虛牖久塵蒙。投
謁非吾事，舍君其誰從。東海倪瓚。（明朱存理《鐵網珊瑚·書品》、卷二）

〈水晶宮道人甕牖圖并題卷〉　　　　　　　　　　　　　　元·倪　瓚

　賜也貨殖憲也貧，憲貧非病衣已鶉。未若簞瓢顏氏子，陋巷所樂皆天真。倪瓚。（清
卞永譽《式古堂書畫彙考·畫考》、卷之十六）

〈趙孟頫長林絕壑圖〉　　　　　　　　　　　　　　　　　元·倪　瓚

　西風吹帽鬢絲絲，畫裏看詩記昔時。林壑共幽今就在，年光可念已如茲。前身定自盧
居士，後會還逢杜牧之。文彩玉翁踰七十，玉山談笑得無詩。瓚次韻，辛亥冬日。（清
吳升《大觀錄》、卷十六）

〈趙子昂春遊圖〉　　　　　　　　　　　　　　　　　　　元・倪　瓚

紫陌香塵沒繡鞍，青山立馬晚猶看。少年行樂不知老，日月東西似擲丸。倪瓚次韻。
（清吳升《大觀錄》、卷十六）

〈趙文敏雙馬圖卷〉　　　　　　　　　　　　　　　　　　元・倪　瓚

天廏神龍思翩翩，來自元貞大德年。今日鷗波遺墨在，展圖題詠一悽然。延陵倪瓚。
（清李佐賢《書畫鑑影》、卷四）

〈題趙子昂畫馬圖卷〉　　　　　　　　　　　　　　　　　元・呂　誠

靈物降精生倔奇，貢來自是千里駒。天閑瀟瀟風滿旗，立仗不受黃金羈。吳興寫生世
所稀，春雷挾之上天飛。（呂誠《來鶴亭集》、卷六）

〈題松雪翁畫馬圖〉　　　　　　　　　　　　　　　　　　元・呂　誠

宛駒萬里貢丹霄，穹鼻胡兒捫赤條。天廏自多千里駿，人間難得九方皋。（呂誠《來
鶴亭集》、卷八）

〈題趙松雪竹〉　　　　　　　　　　　　　　　　　　　　元・沈夢麟

吳門老親舊藏松雪竹一幅，翰林諸公題滿其上，唯虞道園先生為絕唱，因附贅鄙作。

學士歸來鬢已絲，醉揮縹鳳綠參差。湘靈鼓瑟風行水，嬴女吹簫日在眉。蒼雪未消摩
詰畫，黃鐘還叶道園詞。可應二老風流盡，今我重磨洗玉池。（沈夢麟《花谿集》、卷三）

〈題松雪竹〉　　　　　　　　　　　　　　　　　　　　　元・沈夢麟

吳興畫竹妙天機，每愛臨流解帶圍。翠袖涼生蒼雪下，墨池雲起紫鸞飛。曾聞神女遺
珠珮，漫說詩人詠綠衣。回首王孫芳草合，白鷗飛去水光微。（沈夢麟《花谿集》、卷三）

〈為閑石泉題松雪山景〉　　　　　　　　　　　　　　　　元・沈夢麟

圖畫袈裟共一船，老師訪我索詩篇。山川摠入西風裏，鴻雁群飛落木前。中允高情空
想像，大年小筆漫流傳。嗟哉遺墨成今古，一段風流付石泉。（沈夢麟《花谿集》、卷三）

〈松雪翁畫梅并賦一首題寫於上〉　　　　　　　　　　　　元・沈夢麟

魏公畫梅何所師，丰神遠邁楊補之。鐵心石腸廣平賦，疏枝冷蕊杜陵詞。白雲變化墨
數點，綠鳳飛來春一枝。老夫留題且別去，山城玉笛何人吹。（沈夢麟《花谿集》、卷三）

〈松雪竹禽圖〉　　　　　　　　　　　　　　　　　　　　元・沈夢麟

烟消淇澳綠霏霏，石上琅玕紫鳳飛。一段幽情誰寫得，山禽閒理翠毛衣。（沈夢麟《花谿集》、卷三）

〈題子昂五花馬圖〉　　　　　　　　　　　　　　　　　　元・楊維禎

趙公馬癖如鄧公，曾騎賜馬真龍驄。漚波亭上風日靜，想像天廄圖真龍。烏雲滿身雲滿足，紫焰珠光奪双目。九花風細虬欲飛，五色波清錦初裕。衹今買骨黃金台，圉家養牧皆駑材。將軍臨陣托生死，昭陵石馬空遺哀。此圖年深神只化，後來何人誇筆亞。不見真龍空見畫，猶得千金索高價。（楊維禎《東維子文集》、卷三）

〈趙魏公幼輿丘壑圖〉　　　　　　　　　　　　　　　　　元・楊維禎

伯常避難東徒，家貲如山，委棄不復顧戀，獨珍惜此畫，不忍使失去。客中時一展玩，輒欣然自慰，雅好異于流俗，深可敬也。併書二絕于後。

萬金家產不復惜，特為會稽山水來。行李只留松雪畫，時時展玩旅懷間。

知君雅志在丘壑，況復風流如謝鯤。此景人間何處有，便堪避世似桃源。

咸亨侯風流任達，其自謂“一丘一壑，□□庚亮”。今觀趙文敏公用六朝筆法作是圖，格力似弱，氣韻終勝。披圖之餘，令人遐想缺崙公，清歌鼓舞于千載之上，王阮之徒有不及者。至正辛丑三月廿有六日，會稽抱遺老人楊維禎在春夢軒試郭玘墨。（明朱存理《鐵網珊瑚・書品》、卷二）

〈趙孟頫長林絕壑圖〉　　　　　　　　　　　　　　　　　元・楊維禎

前峰後障相對高，芙蓉朵朵剎青霄。松風滿林如雨至，人在南陵第一橋。（清吳升《大觀錄》、卷十六）

〈趙文敏墨君圖軸〉　　　　　　　　　　　　　　　　　　元・楊維禎

冰輪西轉玉繩橫，何處紫鸞嘶玉笙。卻似官奴燒燭罷，石龍風雨作秋聲。（近代龐元濟《虛齋名畫錄》、卷七）

〈題趙翰林唐馬〉　　　　　　　　　　　　　　　　　　　元・陳　基

王孫昔侍金鑾殿，親見天街進馬來。貌得權奇大宛種，解教人世識龍媒。（元顧瑛《草堂雅集》、卷一）

〈題趙魏公墨竹〉　　　　　　　　　　　　　　　　　　　元・陳　基

魏公仙者徒，清風動千古。夢斷江南春，飄飄遊帝所。鈞天張樂如洞庭，十二參差鸞鳳鳴。歸來記得當時曲，寫作湘靈鼓瑟聲。高秋素壁含蕭颯，彷彿涼風起閶闔。滿天明

月浸鷗波，歲晏懷人霜露多。（元《乾坤清氣》、卷五）

〈趙文敏馬〉　　　　　　　　　　　　　　　　　　　元・宋　禧

　愛此天閑白鼻騧，不同老驥服塩車。也知冀北空群日，未見龍駒出渥洼。（宋禧《庸菴集》、卷九）

〈題趙文敏竹石圖〉　　　　　　　　　　　　　　　　元・宋　禧

　玉堂綵筆寫秋風，石色含雲竹影中。一代風流今已矣，何人聽雨水晶宮。（宋禧《庸菴集》、卷十）

〈題趙文敏寒風瘦馬圖〉　　　　　　　　　　　　　　元・宋　禧

　蕭梢尾鬛一身秋，還解追風似舊不。賴有奚奴憐駿骨，袖籠烏帽為回頭。（宋禧《庸庵集》、卷九）

〈趙松雪唐馬圖〉　　　　　　　　　　　　　　　　　元・宋　禧

　滿身雲氣五花明，執轡奚官似奉盈。應是龍顏思一顧，承恩牽向赤墀行。（宋禧《庸庵集》、卷九）

〈趙子昂畫花鳥〉　　　　　　　　　　　　　　　　　元・張　昱

　綺紈舊習信難移，得意青春正好時。直下玉廬無所事，試臨花鳥學徐熙。（張昱《可閒老人集》、卷二）

〈題趙子昂浴馬圖〉　　　　　　　　　　　　　　　　元・張　昱

　真是房星夜降精，雙瞳下照水波明。浴回有翼應飛去，萬里風雲是一程。（張昱《可閒老人集》、卷二）

〈趙松雪墨蘭〉　　　　　　　　　　　　　　　　　　元・張　昱

　玉廬墨妙世無同，九畹高情更所工。捐佩昔曾過澧上，浩歌今望在雲中。娟娟奕葉承家澤，淡淡幽香媚國風。莫把騷詞煩宋玉，賦成還到楚王宮。（張昱《可閒老人集》、卷四）

〈題趙子昂畫梨花畫眉圖〉　　　　　　　　　　　　　元・張　昱

　鳴春如有意，誰與畫眉長。若訴梨園事，開元夢一場。（張昱《張光弼詩集》、卷四）

〈趙松雪畫茗溪清道圖〉　　　　　　　　　　　　　　　元・張　昱

　　吳興原是水晶宮，樓閣溪上奄畫中。酒舫載歌寒食節，舞衫吹　鯉魚風。當時樂事誰
能見，此日王孫自不同。亭下鷗波如有感，行雲猶在玉尊空。（張昱《可閒老人集》、
卷四）

〈趙魏公幼輿丘壑圖〉　　　　　　　　　　　　　　　　元・趙　雍

　　右先平章初年所作幼輿丘壑圖。雍至正十四年冬，被召入京師待制集賢。十六年秋，
航海南還。十七年春，至錢塘，琴川鄒伯常復以見示，拜觀之餘，悲喜交集，展玩不能
去手。伯常宜寶藏之。三月廿五日，趙雍謹書。（明朱存理《鐵網珊瑚・書品》、卷二）

〈趙文敏墨君圖軸〉　　　　　　　　　　　　　　　　　元・呂　敏

　　挺挺琅玕玉潤邊，半含春雨半含煙。怪來筆底清如許，丈子胸中有渭川。敏。（清龐
元濟《虛齋名畫錄》、卷七）

〈子昂五清圖〉　　　　　　　　　　　　　　　　　　　元・釋克新

　　魏公三絕流傳久，歲晏東吳見五清。鸞羽鳳翎殊錯落，虎鬚龍鬣更縱橫。山川風物江
南夢，道路冰霜冀北情。官滿皈來苕水上，漚波春雨釣絲輕。（釋克新《雪廬稿》、一五
頁下）

〈子昂畫淵明像，并書歸去來辭〉　　　　　　　　　　　元・金哈刺

　　曾讀淵明傳，真為輔世才。文章若流水，襟度絕纖埃。對菊花簪帽，看山酒泛杯。寥
寥千載後，清節廩甫材。（金哈刺《南遊寓興詩集》、二十六頁）

〈子昂人馬圖〉　　　　　　　　　　　　　　　　　　　元・金哈刺

　　太僕慇懃控紫絲，渥洼龍骨異凡姿。畫圖彷彿驚曾見，興聖門西立仗時。（金哈刺《南
遊寓興詩集》、二十七頁）

〈趙文敏蘭、管夫人竹合作卷〉　　　　　　　　　　　　元・陶　振

　　水晶宮裏春晝長，紫蟾新浴墨花香。王孫應抱大夫恨，寫此楚國之幽芳。當時夫人更
清絕，亦寫叢篁見高節。六月飛來渭水秋，一枝尚帶湘江雪。夫人畫法既清真，學書兼
學衛夫人。蓬萊閣上曾引見，龍顏一見天回春。藏之內苑群玉府，所重不減連城珠。向
年好事為收拾，蕙竹聯芳並蕭瑟。天風曉夢繞黃陵，九點蒼梧暮天碧。五雲閣史爭品題，
茅山道人重歎息。我今看畫憑高台，斷雲零落自西來。鷗波回首渺苕霅，王孫夫人安在
哉。潯陽矓叟陶振拜手書於百花洲上。（清吳升《大觀錄》、卷十六）

〈趙文敏蘭、管夫人竹合作卷〉 元・汪敬庵

　玉堂學士盛時賢，楚澤光風妙墨傳。九畹荒涼誰復問，披圖三嘆重淒然。一枝和露寫清秋，鳳尾蕭疏翠羽柔。應念湘妃貞節苦，毫端猶帶九疑愁。苕溪清泚雪溪深，鸞鳳和鳴天上音。楚蕙湘筠俱妙筆，皇英節操大夫心。梅溪遁叟汪敬庵。（清吳升《大觀錄》、卷十六）

〈趙文敏蘭、管夫人竹合作卷〉 元・高　玉

　南望多春雨，江湖日夜深。不知空谷底，誰與共芳心。靄合光風轉，香生石雨浮。

　何當釖作珮，千載共清齒。帝子降北渚，洞庭飛白波。虛心愁欲結，翠薄曉寒多。玉節去翩翩，難招海上仙。青鸞三尺影，揩舞鏡台前。

　　至正己亥正月，僕過舞齋，值公子元同出此卷，漫為寫詩如右。前有雲林雅製，聞德常徵
　　君亦時相與，何獨無題也。勾吳生高玉頓首。（清吳升《大觀錄》、卷十六）

〈趙文敏蘭、管夫人竹合作卷〉 元・周　𤣥

　玉堂學士最風流，寫此幽芳九畹秋。夢斷鷗波人去遠，檀心和露尚含愁。

　水晶宮裏曉粧殘，翠袖娉婷怯薄寒。貌得一枝搖月影，時時臨鏡舞青鸞。荊南周𤣥。
（清吳升《大觀錄》、卷十六）

〈趙文敏蘭、管夫人竹合作卷〉 元・李子端

　國香夢冷久成塵，棲鳳枝空墨尚新。林下風姿淇澳操，是宜君子配佳人。桐江李子端。
（清吳升《大觀錄》、卷十六）

〈趙文敏蘭、管夫人竹合作卷〉 元・魏　奎

　江南二月蕙花香，延祐風光日正長。回首玉堂春夢斷，王孫遺墨自流芳。

　李姨寫竹竹媚媚，久托涪翁勾裏傳。描得一枝棲鳳影，管城風節倍清妍。蜀郡魏奎。
（清吳升《大觀錄》、卷十六）

〈趙文敏蘭、管夫人竹合作卷〉 元・錢原悌

　托根本只在湘皋，題咏多曾見楚騷。可奈吳興老松雪，都將九畹付揮毫。

　能詩能畫魏夫人，時為湘筠戲寫真。似愛皇英千載後，貞名那與骨沈淪。彭城錢原悌。
（清吳升《大觀錄》、卷十六）

〈題趙翰林桃花馬圖〉 元・鄭　東

　昔共將軍戰陣間，髑髏濺血土斑斑。昆明池上教人洗，選入天家十二閑。（顧瑛《草

堂雅集》、卷七）

〈松雪畫竹石圖〉　　　　　　　　　　　　　　　　　　　　元‧秦　約
　常時奉詔直金鑾，日轉鼇峰玉華寒。想得花間鈴索靜，自將賜墨寫琅玕。（清高宗《御
定歷代題畫詩類》、卷八十二）

〈松雪畫竹石圖〉　　　　　　　　　　　　　　　　　　　　元‧盧　熊
　緗若生清風，蒼苔護幽石。夢想玉堂仙，臨池弄秋碧。（清高宗《御定歷代題畫詩類》、
卷八十二）

〈松雪二墨羊逸筆并題卷〉　　　　　　　　　　　　　　　　元‧釋良琦
　余嘗讀杜工部畫馬讚，云“良工惆悵，落筆雄才”，未嘗不嘆世之善畫者鮮其人也。
晉唐而下，姑未暇論。至如近代趙文敏公，書畫俱造神妙。今觀此圖，後復題曰“雖未
能逼近古人，氣韻有得”，非公誇言，真妙品也。好事者其慎保諸。吳龍門山樵良琦，
寓玉峰遠綠軒題。時為洪武十有七年秋七月十九日也。（清卞永譽《式古堂書畫彙考‧
畫考》、卷之十六）

〈松雪二墨羊逸筆并題卷〉　　　　　　　　　　　　　　　　元‧張大本
　昔李佰時好畫馬，遇大比丘戒墮馬胎，乃畫一切佛得三昧。松雪翁亦善畫馬。今披此
圖，又善畫羊。觀龍門所題，想亦合此意。又惜其丹青之筆，不寫蘇武執節之容，青海
牧羝之景也，為之三嘆。東廓牧者張大本寓崑山客館，與琦龍門同觀書此。（清卞永譽
《式古堂書畫彙考‧畫考》、卷之十六）

〈松雪二墨羊逸筆并題卷〉　　　　　　　　　　　　　　　　元‧偶　桓
　王孫長憶使烏桓，因憶蘇卿牧雪寒。落盡節旄無復見，寫生傳得兩羝看。（清卞永譽
《式古堂書畫彙考‧畫考》、卷之十六）

〈趙魏公幼輿丘壑圖〉　　　　　　　　　　　　　　　　　　元‧趙　麟
　此圖乃先大父魏國公，早年所作真蹟無疑。至正丁酉四月甲子，拜觀於會稽之寓舍。
趙麟謹書。（明朱存理《鐵網珊瑚‧書品》、卷二）

〈趙孟頫高士圖（臥雪圖）〉　　　　　　　　　　　　　　　元‧王　蒙
　巷深雪沒脛，高臥不知寒。誰計千載下，流傳入畫看。黃山老樵。（明朱存理《鐵網
珊瑚‧書品》、卷二）

〈趙文敏雙馬圖卷〉　　　　　　　　　　　　　　　　　　　元・王　逵

　胡馬何翩翩，蕭灑秋風前。君王不好武，藜粟飽豐年。朝入閶闔門，暮秣十二閑。雄姿耀朝日，滅沒走飛烟。顧盼增意氣，群龍戲芝田。駿骨不得朽，託茲書畫傳。誇哉昭陵石，歲久尚頹然。至正六年夏六月十又一日，錫山王逵題于京都之官舍。（**清李佐賢《書畫鑑影》、卷四**）

〈趙孟頫高士圖（臥雪圖）〉　　　　　　　　　　　　　　　　明・王　賓

　公嘗冬時負日陽，稱快哉。大雪中不干人，飢寒不以累其心，是亦一快哉也。公之固所守，向火乞兒趨走無寒暑，誰何物耶？子邵子詩，半夜風寒，當門獨立，公真其人矣。洛陽令薦之，有識者乎？今以民苦雪，親巡問之，牧民君子矣。醉醲飽鮮，其下斃踣于凍餓之鄉，冰雪之場，恬不思問及，又誠何物耶？趙松雪寫公臥雪，後世若目覩其事，為士子觀之，能不思固守，可僕僕以于人乎居民，上者觀之能不思賢者，有餓飢于吾土地乎？陳孟敷愛此卷而購藏之，不與他卷同，是其重名筆而仰高風。思固守而凜凜于其躬，孟敷其有之乎？長樂王賓。（**明朱存理《鐵網珊瑚・書品》、卷二**）

〈古木散馬圖卷〉　　　　　　　　　　　　　　　　　　　　元・王　賓

　詩人有言，入為君王駕鼓車，出與將軍靜邊野，此馬之遭奇遇，馬之獲騰驤，馬之光輝也。趙文敏戲筆，乃馳馳數行於蕭疎古木之下，從平原而息力，就野草以自秣，鞭策之弗加，控勒之無施，文敏之意殆有所喻而然耶？士大夫鞅掌之餘，寧無休逸之思耶？錫鑾和鈴，輶軹鞅絆，充飫乎菽粟，而雍容於康莊之上，視此知物各有其時，又奚可齊耶？長樂王賓。（**清吳升《大觀錄》、卷十六**）

〈趙文敏雙馬圖卷〉　　　　　　　　　　　　　　　　　　　元・錢　逵

　隅目晶熒耳竹披，江南流落乘黃姿。千金千里無人識，笑看奚官買去騎。雪溪錢逵。
（**清李佐賢《書畫鑑影》、卷四**）

〈趙承旨玄真觀圖并題〉　　　　　　　　　　　　　　　　　元・盧充耘

　月林棲遯樂餘年，芳草綠苔為坐氈。擬駕雲軿遊碧落，還陪羽客聽鈞天。興隨緱氏山頭鶴，夢入邯鄲枕上仙。從此超然埃壒表，好尋真侶覆玄玄。（**清卞永譽《式古堂書畫彙考・畫考》、卷之十六**）

〈趙文敏秀石疏林圖卷〉　　　　　　　　　　　　　　　　　元・盧充耘

　信意揮豪趣自多，霜筠雨木帶煙蘿。玉堂人物今何在，留得風流似永和。武寧盧充耘。
（**清龐元濟《虛齋名畫續錄》、卷一**）

〈題趙子昂天馬圖〉　　　　　　　　　　　　　　　　　　　元・傅仲淵

　　曲江洗刷雲滿身，雄姿逸態何超群。眼中但覺肉勝骨，幹也合讓曹將軍。嗟哉今人畫唐馬，藝精亦出曹韓下。玉堂學士重名譽，一紙千金不當價。山窗擁雪觀畫圖，据鞍便欲擒於菟。天廄真龍有時有，杜老歌行絕代無。（傅仲淵《鼇海詩人集》、5/a）

〈浴馬圖卷〉　　　　　　　　　　　　　　　　　　　　　　　元・廣　益

　　將間消戰器，那復顧青驄。落日秋原上，長鳴向朔風。廣益。（清吳升《大觀錄》、卷十六）

〈題子昂自畫小像〉　　　　　　　　　　　　　　　　　　　　元・傅季生

　　天人風度過王孫，不見珠明玉潤溫。想得松牕看鏡影，月斜清霄瑩無痕。（清高宗《御定歷代題畫詩類》、卷五十四）

〈趙孟頫古木雙禽圖〉　　　　　　　　　　　　　　　　　　　元・歸　牧

　　清冷石上泉，槎枒澗邊木。自非君子心，誰能伴幽獨。武夷歸牧書。（清吳升《大觀錄》、卷十六）

〈趙子昂達摩一幅〉　　　　　　　　　　　　　　　　　　　　元・高　明

　　老石蒼苔現法身，阿僧祗刼淨無塵。空山面壁誰人識，笑看岩花幾度春。高明。（明都穆《鐵網珊瑚》、卷七）

〈趙魏國雙馬圖并題卷〉　　　　　　　　　　　　　　　　　　元・哲　馬

　　舊圖如璞玉，遺墨抵南金。莫向天閑老，猶懷萬里心。大食哲馬。（清卞永譽《式古堂書畫彙考・畫考》、卷之十六）

〈子昂馬圖〉　　　　　　　　　　　　　　　　　　　　　　　元・尚左生

　　王孫曾騎天廄驦，每憶龍駒便寫真。曹霸祗今那復得，丹青剝落淚沾巾。尚左生題。（清卞永譽《式古堂書畫彙考・畫考》、卷之四）

〈松雪二墨羊逸筆并題卷〉　　　　　　　　　　　　　　　　　元・戒得人

　　水晶宮裏松雪翁，玉堂歸來金蓋峰。樓船如屋載金繪，四壁展玩青芙蓉。江都之馬勝王蝶，彩筆臨摹最親切。如何此紙意更新，不寫驊騮寫羝羯。昔余遊宦灤河東，大群濈濈晴沙中。長髯巨尾悅人意，幾回立馬當春風。只今撫卷頭如雪，復為王孫畫愁絕。也知臨筆感先朝，不寫中郎持漢節。戒得人。（清卞永譽《式古堂書畫彙考・畫考》、卷之

十六）

〈松雪二墨羊逸筆并題卷〉　　　　　　　　　　　　　　　　　　元‧至　掖

　　吳興毫素妙如神，暫寫柔毛便逼真。沙漠已空人去遠，春風寒草幾回新。東竺山人至
掖。（清卞永譽《式古堂書畫彙考‧畫考》、卷之十六）

〈松雪二墨羊逸筆并題卷〉　　　　　　　　　　　　　　　　　　元‧昆丘遺老

　　居延歲晚朔風寒，荒草茫茫木葉乾。山羝自肥羖自老，也知曾屈子卿看。昆丘遺老。
（清卞永譽《式古堂書畫彙考‧畫考》、卷之十六）

〈趙孟頫古木雙禽圖〉　　　　　　　　　　　　　　　　　　　　元‧無名氏

　　玉堂清暇筆花開，畫法元從書法來。竹石疏篁本幽絕，化工移向日邊栽。（清吳升《大
觀錄》、卷十六）

〈題趙子昂馬圖後〉　　　　　　　　　　　　　　　　　　　　　明‧宋　濂

　　趙魏公自云幼好畫馬，每得片紙，必畫而後棄去。故公壯年筆意精絕，郭祐之作詩，
至以出曹韓上為言。公聞之，微笑不答，蓋亦自負也。此圖用篆法寫成，精神如生，誠
可寶玩也。（宋濂《宋學士文集》、卷十）

〈題（子昂）山房清思圖〉　　　　　　　　　　　　　　　　　　明‧宋　濂

　　趙魏公以藝文名天下，及用篆籀法施於繪事，凡山水、士女、花竹翎毛、木石、馬牛
之屬，亦入妙品。修道先生云，廣長三萬里，上下二百年，唯公一人爾。信然，保寧慧
禪師以山房清思圖相示，遂書而歸之。（宋濂《宋學士文集》、卷十八）

〈子昂春郊挾彈圖〉　　　　　　　　　　　　　　　　　　　　　明‧宋　濂

　　公子翩翩出大隄，玉驄踏碎落花泥。叮嚀莫打黃金彈，恐有慈烏樹上栖。金華宋濂。
（清卞永譽《式古堂書畫彙考‧畫考》、卷之十六）

〈題趙文敏公畫松〉　　　　　　　　　　　　　　　　　　　　　明‧劉　基

　　吳興昔王孫，能畫世莫及。觀其二松圖，矯若龍出蟄。蟠根破坤輿，拔萃瀚原隰。交
加各軒翥，剞劂相倚立。鼉鱗撐空青，豕鬣振颯飄。高藏日月氣，清滴雲霧汁。垂釣者
何人，短棹非妄集。五湖多風濤，蛟蜃頭角輯。不如洿澤間，取足鱗與輯。倦眠松影下，
百竅清涼入。慎勿驚松枝，天寒衣袂濕。（劉基《誠意伯劉文成公文集》、卷十三）

〈題趙學士松圖〉　　　　　　　　　　　　　　　　　　　　明・劉　基

　　趙公拈筆作古松，平地躍出三青龍。蜿蜒不上霄漢去，爽颯長留煙雨濃。前朝美人鬥草處，猶有當時數株樹。江亭六月涼如秋，應與此圖相對愁。（劉基《誠意伯劉文成公文集》、卷十四））

〈趙文敏飲馬圖卷〉　　　　　　　　　　　　　　　　　　　明・劉　基

　　天廄馬，神龍姿，目如明星耳如錐。拳花鬣毛雲陸離，楊者掉尾頳虹飛。天廄馬，閒且驕，繫以青絲勒以鑣。渴不得飲瑤池泉，饑不得食瓊田苗。豆粟不滿腸胃枵，口不能語足屢驕。天廄馬，壯且武，食天之食須報主。莝秣失時，罪在牧圉。無如宋祥，不得嚼咀。棄其國人，仇敵是與。天廄馬，爾不聞，趙時廉將口一飲，斗米肉十劤。被甲踞鞍走若雲，破斬粟腹殺劇辛。北距燕胡西却秦，亘百萬古稱良臣。又不聞漢季劉荊州，有牛千劤角曲觫。啖口十倍於常牛，負重不啻一牝麈。老瞞渡江俘楚囚，骨肉解割庖刃游。天廄馬，飽爾食，草間豺狼逭誅殛。威弧撥刺矢未直，嗟爾神駿須盡力。他年定過田子方，櫪上優游感恩德。括蒼劉基。（清吳升《大觀錄》、卷十六）

〈題趙學士色竹圖〉　　　　　　　　　　　　　　　　　　　明・劉　基

　　竹性本孤直，罄折良可憐。由來剛介有摧挫，歲寒然後知真堅。虛堂無人清氣，日滿高林風影碎。漆園胡蝶去茫茫，今落瀟湘蒼玉佩。我思美人淇水隈，路永莫致增悲懷。雪霜紛糅嘉實晚，不知鳳皇來不來。（劉基《誠意伯劉文成公文集》、卷十一）

〈題趙子昂竹石〉　　　　　　　　　　　　　　　　　　　　明・危　素

　　叢篁偏映寒雲色，古石猶凝碧蘚痕。曾是碧瀾堂上月，獨照苕水照王孫。（危素《雲林集》、卷下）

〈趙文敏飲馬圖卷〉　　　　　　　　　　　　　　　　　　　明・危　素

　　蕭君學道龍瑞宮，此圖特贈寶林翁。魏公畫馬得馬趣，落筆宛有韓曹風。質肥不見筋骨露，騰驤始知氣力雄。朝逢圉人汲秋水，精神尚尚方雙瞳。卷中題詩十四客，唯有括蒼留古色。卷舒雪涕憶前修，太息後來那可識。越城戰鬥白日昏，故紛物披橫道側。清涼衣缽與馬圖，似有神明常護惜。法師未老傾囊橐，古書名畫門徒將。道初持來慰愁寂，如造吳興大雅堂。前年沙漠射黃羊，我馬飛行雲雪岡。誰挽天河洗兵甲，但騎欵叚還家鄉。危素為道初上人題。（清吳升《大觀錄》、卷十六）

〈題子昂人馬圖〉　　　　　　　　　　　　　　　　　　　　明・林　弼

　　南風左柳生夏涼，神駿萬里思騰驤。圉人空爾奉芻秣，曷不為解青絲韁。（林弼《林

登州集》、卷七）

〈書趙子昂馬圖〉　　　　　　　　　　　　　　　　　　　　明・林　弼

　趙公松雪，文翰名天下，而畫亦並稱焉。蓋書畫筆法最近，而書之妙者其畫必精，然善馬者未必善於人。此卷馬既神駿，而奚官蒼髯側目，極臻其妙，蓋唐廄多以回紇習馬者為圉人也。於乎，士生於治世不得以勳業自見，所可見而傳者文章與翰墨耳。公以文翰名家，畫特其緒而與二事並稱者，蓋無所不詣其極也。史稱鄭虔三絕，公何讓焉。因書此於徐君天祥所藏馬圖後。（林弼《林登州集》、卷二十三）

〈孫太守伯剛送趙吳興墨竹圖，賦短歌以促之〉　　　　　　　明・劉　嵩

　孫侯高堂竹石圖，筆意迥與尋常殊。山城五月困炎暑，坐我如對寒冰壺。侯言此圖不易得，吳興趙公好風格。昔者親逢落墨時，蠒紙寒翻雪花色。竹叢隱石石作堆，海氣亂拂秋雲開。夫人當坐共歎息，松雪齋前風雨來。承平館閣日多暇，承制文章此其亞。往事蒼茫四十年，萬里江南見遺畫。當時亦有隴西公，直以健筆爭相雄。豈知書法自無敵，況爾勳閥誰能同。楚也懷賢心未已，束髮臨池費千紙。可憐生晚墮窮荒，不見中朝盛才美。昨朝會宴池南亭，臨圖慷慨思吳興。停杯憐我重真蹟，許以捲贈無難形。吁嗟吳興不可作，孫侯高誼猶堪托。便令清曉送瓊枝，即掃茅屋看金錯。（劉嵩《槎翁詩集》、卷三）

〈題趙子昂竹石圖〉　　　　　　　　　　　　　　　　　　　明・劉　嵩

　古石神鼇骨，幽篁錦鳳毛。才名隨世遠，意氣與秋高。（劉嵩《槎翁詩集》、卷七）

〈題子昂散馬圖〉　　　　　　　　　　　　　　　　　　　　明・劉　嵩

　曾蹴流沙出大宛，獨持風采照天門。歸來散澹春風裡，豐草長林總帝恩。（劉嵩《槎翁詩集》、卷七）

〈題子昂趙公竹石圖〉　　　　　　　　　　　　　　　　　　明・劉　嵩

　叢竹娟娟露葉翻，高情長是憶王孫。喜從石上看書法，不獨牆限見雨痕。（劉嵩《槎翁詩集》、卷八）

〈題趙承旨畫中峰蓮花吟圖〉　　　　　　　　　　　　　　　明・釋妙聲

　老禪宴坐紅氍毹，心如蓮花不著水。信口試作蓮花吟，聲落九州烟雨裏。吳興學士開新圖，集賢待制大字書。天生三老仍並世，邂逅一笑山如廬。清河先生好事者，題封遠寄草庵下。草庵老禪之子孫，白璧明珠喜盈把。嗚呼九原不可作，蓮花如今亦冥漠。踞

湖山頂望江南，青天飛來雙白鶴。（釋妙聲《東皋錄》、卷上）

〈松雪翁蘭蕙〉　　　　　　　　　　　　　　　　　　　　　明・淩雲翰

　幹密花疏更作叢，深林空谷自春風。王孫去後多芳草，零落餘香繭紙中。
　翠轉光風百里餘，吳興畫法宛如書。淒涼九辯無人誦，空憶中庭雪霽初。（淩雲翰《柘
軒集》、卷一）

〈為夏節題子昂畫白馬〉　　　　　　　　　　　　　　　　　　明・淩雲翰

　十二天閑爛錦雲，世人專美五花文。吳門匹練吳興筆，一出能空冀群。（淩雲翰《柘
軒集》、卷一）

〈題（趙孟頫）四馬圖〉　　　　　　　　　　　　　　　　　　明・謝　肅

　風吹細草沙場春，忽看東絹落騏驎。一匹前馳復回盼，二匹齊驅若飛電。最後一匹奚
官騎，意態深沈目光眩。太平天廄粟如山，此物飽食長年間。玉台閶闔遍游觀，五花滿
身雲錦翻。焉知汗血干戈底，北伐南征千萬里。惠養之恩終未酬，空負將軍託生死。此
圖乃是吳興寫，龍種權奇信無比。嗚呼安得真致此，萬歲千秋御天子。（謝肅《密庵集》、
卷二）

〈題朱元暉所藏趙魏公滾塵馬圖〉　　　　　　　　　　　　　　明・謝　肅

　吳興戲墨尤工馬，卷軸風沙滿天下。老壯駿羸皆入神，況乃長年病肥者。窄衣尖帽唐
奚官，牽來鐵牡從天閑。縱轡滾塵沙苑潤，落花青草隨身翻。既未得成戰功，又不令充
立仗。雄姿猛氣空逸群，飽食帶驪自多病。嗚呼，此馬多病尚可醫，此馬長命誰得知。
（謝肅《密庵集》、卷二）

〈題趙子昂八駿圖〉　　　　　　　　　　　　　　　　　　　　明・謝　肅

　秀麥香風滿舊都，王孫行處每踟躕。鸞旂一去無歸日，空寫瑤池八駿圖。（謝肅《密
庵集》、卷四）

〈題子昂松樹障子歌〉　　　　　　　　　　　　　　　　　　　明・貝　瓊

　子昂松樹障子歌，蓋王成之所藏者，紙尾云“大德八年正月廿八夜燈下書”。
　吳興筆法兼鍾王，不獨醉草過張旭。既無河朔少年之沓拖，又無深山羽人之退縮。故
人相遇今何夕，銀燭吐光如月白。手寫青松障子歌，百金一字無所惜。何物小兒憎嫵媚，
玉環飛燕皆傾國。嗟我平生禿千兔，夜寫蠅頭愧無益。王孫騎鶴去不還，日落太湖雲氣
赤。君家此本世希有，詞翰風流與之敵。紛紛真贗那足辯，砇玞敢厠連城璧。勿同玉枕

永和書，一闋昭陵永相失。（貝瓊《清江詩集》、卷二）

〈題子昂秋林早行圖〉　　　　　　　　　　　　　明・貝　瓊

　北上莫度河，龍門如天誰敢過。西遊莫趨蜀，瞿塘如馬誰敢觸。大星未落月掛樹，行人出門向何處。日日西東往復來，青山不斷天涯路。天涯路險更無窮，破裘羸馬怯秋風。日高茅屋猶未起，愧尔山中白髮翁。（貝瓊《清江詩集》、卷三）

〈題趙子昂秋江漁艇圖〉　　　　　　　　　　　　明・貝　瓊

　朝漁江之南，暮漁江之北。朝暮清江邊，公侯不相識。西塞山前秋日微，滄波浩蕩釣船歸。老髯何來一相就，鐵笛夜吹彭浪磯。（貝瓊《清江詩集》、卷三）

〈題趙子昂松石修篁圖〉　　　　　　　　　　　　明・貝　瓊

　白髮王孫老薊門，逢人只說山中趣。酒酣落筆有天機，寫作陰厓百年樹。一株偃蹇龍蛇影，繞屋風聲三伏冷。流脂入地成虎魄，死骨經雷縮人癭。森森竹石俱蒼然，一日坐我天姥前。王孫跨鶴歸何年，山空月明啼杜鵑。（貝瓊《清江詩集》、卷四））

〈題族姪公善所藏趙松雪唐馬〉　　　　　　　　　明・錢仲益

　紫玉青錢錦作堆，渥洼奇種盡龍媒。肯淹皁櫪甘芻豆，曾拜天墀献壽杯。（錢仲益《三華集》、卷十四）

〈趙指揮藏趙學士畫馬圖〉　　　　　　　　　　　明・錢仲益

　春郊雨晴莎草長，奚官放馬平沙場。曾駕鑾輿出巡幸，滿身猶帶宮袍香。玉堂學士多清暇，不獨工書復工畫。貌得天閑十六龍，筆底風雷驚變化。或嘶或立或飲泉，紫霞赤玉金連錢。雄姿逸態五色亂，雲錦爛然花滿川。天策將軍性英邁，寶匣深藏發光怪。勸君須覓九方皋，要求牝牡驪黃外。（錢仲益《三華集》、卷十八）

〈為僧題趙松雪畫馬圖〉　　　　　　　　　　　　明・錢仲益

　吳興學士多清暇，不獨工書復工畫。染毫寫得五花驄，筆法何能讓曹霸。冰團雪點青連錢，圉人牽過閑門前。雄姿逸態活欲動，後來流落知何年。阿師前身本支遁，平生愛馬誇神駿。千金購得日相看，牝牡驪黃何足論。我聞畫妙能通神，虹光夜貫房星文。師當保護加什襲，只恐化龍飛去騰天津。（錢仲益《三華集》、卷十八）

〈趙文敏飲馬圖卷〉　　　　　　　　　　　　　　明・錢　宰

　趙翰林畫馬如相馬，不在驪與黃。天機入神即揮洒，氣脫毫素先脊驤。昔年曾畫穆王遊八極，八龍之駿雲五色。越影超光脫丹碧，後來又寫漢武窮渥洼，復見神駒來漢家。
勢走滅沒開風沙，壯哉此馬健且雄。玉花遍身雲滿驄，首如渴烏眼如電。皎如疋練橫晴
空，使之陷陣當破敵。萬馬不敢先秋風，如何解鞍脫其羈。縱爾儵儻如游龍，君不見四
海罷征戰。九彝盡梯航，方將却爾宛水之西，歸爾華山之陽。幸逢曹將軍寫爾神，杜拾
遺歌爾良。贈爾支道林，愛爾神駿懸高堂。臨安錢宰。（清吳升《大觀錄》、卷十六）

〈題趙魏公馬圖〉　　　　　　　　　　　　　　　　　　　　　　明・高　啟
　校尉當年執策迎，千金遠購貳師城。一歸天廄嗟空老，立仗元來用不鳴。（高啟《高
太史大全集》、卷十八）

〈題松雪翁臨祐陵草蟲〉　　　　　　　　　　　　　　　　　　　明・高　啟
　宣和遺墨畫難工，唯有王孫筆意同。莫問吳宮與梁苑，一般草露覆秋蟲。（高啟《高
太史大全集》、卷十八）

〈題趙松雪臨宋徽宗水墨草蟲〉　　　　　　　　　　　　　　　　明・楊　基
　趙自題云「不暇丹青筆，何人寫遠愁。露濃時菊晚，風緊候蟲秋」。元末諸作者不知公意，
　反有所誚。遂不揣次韻，用以慰之云。
　王孫老去尚風流，盡裡新詩寫淡愁。莫道吳宮與梁苑，露蛩烟草一般秋。（楊基《眉
菴集》、卷十一）

〈題趙子昂畫臥雪圖〉　　　　　　　　　　　　　　　　　　　　明・王　行
　袁邵公雪中閉戶，將何所求，今之造之，固無加損於公，亦無加損於今也。而遂相傳
以為美事，美時之可尚耳，或者又惜今亡其名，亦不煩惜也。使公與今聞余言，當相顧
一笑，即畫之八十四年，澹如王行題於翠巖而下十有六人之後。（王 行《半軒集》、卷
八）

〈趙子昂古木竹石圖〉　　　　　　　　　　　　　　　　　　　　明・王　行
　玉署當年雅度，苕川晚日高居。每向詩中見畫，今於畫裏觀畫。姑蘇王行。（清吳升
《大觀錄》、卷十六）

〈松雪畫竹石圖〉　　　　　　　　　　　　　　　　　　　　　　明・張　紳
　魏公書真行篆籀，皆造古人地位。復能以飛白作石，金錯刀作墨竹，則又古人之所鮮
能者。嗚呼，書法至公，可謂備矣，俗工不知書，乃欲效其形似，真若楚優叔敖，令人
不覺發笑。此卷竹石皆佳，詩亦不苟，可為文房清玩，書此以見書畫同途，不可岐而二

也。雲門山樵張紳。（明朱存理《鐵網珊瑚·書品》、卷二）

〈趙孟頫長林絕壑圖〉　　　　　　　　　　　　　明·張　紳

　昔聞國家延祐日，政似唐朝大曆時。翰林圖畫元無比，岩壑風流猶在茲。大野縱橫山似已，深林盤析路如之。外史己仙鐵史死，却笑山心索我詩。張紳。（清吳升《大觀錄》、卷十六）

〈趙文敏公畫馬〉　　　　　　　　　　　　　　　明·董　紀

　君不見良馬出自余吾淵，體流赤汗口赭涎。目如華星走如煙，雞鳴鞴越夕稅燕。天地不足相周旋，親隨真龍飛上天。乃在元狩之二年，奚官鞚引丹墀前，錦韉玉勒黃金鞭。重價不售如山錢，玉山之禾新甫栢。為芻為皁聲籍籍，當時圖寫豈無人。神駿不傳空自惜，開元畫馬誰稱首。曹韓並駕真希有，欸見驊騮筆法親。孟頫王孫今絕手，看畫非難識畫難。此圖未許常人觀，眼中有畫始知畫。但恨世無楊契丹。（董紀《西郊笑端集》、卷一）

〈趙松雪承旨瘦馬圖〉　　　　　　　　　　　　　明·董　紀

　將軍老去已封侯，汗血功成百戰秋。得教華陽春草裏。黃金何必更籠頭。（董紀《西郊笑端集》、卷一）

〈趙魏公黃葵〉　　　　　　　　　　　　　　　　明·袁　華

　天上王孫白玉堂，曾瞻黼扆御袍黃。寸日傾日應多渴，露瀉金莖賜一觴。（袁華《耕學齋詩集》、卷十二）

〈松雪二墨羊逸筆并題卷〉　　　　　　　　　　　明·袁　華

　趙文敏公為仲信寫二羊，展卷間如行河、湟道中，與旃裘索帶之牧羝奴，逐水草而棲止。昔稱廊廟材器稽古入妙者，信矣。汝陽袁華書於鰲峰寓舍。（清卞永譽《式古堂書畫彙考·畫考》、卷之十六）

〈松雪畫竹石圖〉　　　　　　　　　　　　　　　明·張　適

　玉堂飛墨寫湖州，彷彿鷗波竹樹秋。珍重王孫歸未得，淡烟斜月不勝愁。句吳張適。（明朱存理《鐵網珊瑚·書品》、卷二）

〈趙文敏蘭、管夫人竹合作卷〉　　　　　　　　　明·王　冕

　春餘故國草連天，夢落湘江夜雨懸。不說王孫舊時事，玉堂揮翰亦凄然。　日暮風回

翠袖輕，筆花搖動不勝情。水晶宮裡春寒薄，却憶飛鸞在上京。

　　奉題趙文敏公魏國夫人蕙竹圖二首。會稽王冕。（清吳升《大觀錄》、卷十六）

〈趙孟頫古木幽禽圖〉　　　　　　　　　　　　　　　　　明・王　冕

　　漢唐池館已荒涼，野鳥忘機對夕陽。說與王孫徒感慨，近來青草沒人長。元章題。（清吳升《大觀錄》、卷十六）

〈趙魏公人馬圖為道上人賦〉　　　　　　　　　　　　　　明・韓　奕

　　前元趙魏公，書法稱第一。餘事及繪畫，山水并人物。今觀人馬圖，神妙更無敵。人能通馬語，前捧復顧立。馬能如人意，相向如恐失。氣靈真龍種，變化含不測。姿俊匪駑材，瀾步閒自適。宛然無限態，悉向毫端出。想當延祐間，正逢太平日。萬里息烽煙，八荒無轍迹。駃騠與驛駱，垌野恣超逸。公時侍仁皇，在朝親邀得。流傳到今世，百羣遺一匹。骨肉兩臻妙，豈止在顏色。意匠昔經營，猶疑見彷彿。好手數唐人，文雅豈公及。翰苑諸名賢，清辭閒精識。吾師支遁徒，亦有愛馬癖。神駿不易遇，得此丹青筆。千金未暇鑄，一紙且自惜。吾聞魯衛公，善頌播篇什。調良見性善，聖亦稱其德。當佑師所愛，匪但玩粉墨。（韓奕《韓山人詩集》）

〈題趙子昂畫西馬，為褚奉祠作〉　　　　　　　　　　　　明・胡　奎

　　前朝學士趙王孫，畫馬傳得曹將軍。此圖骨相何所致，萬里來自西崑崙。玄雲覆身蹄削玉，霧鬣風鬃電為目。珊瑚絡腦青綠繮，遠戎牽來字天育。雄姿矯矯當赤墀，神駿不許人間騎。玉堂揮灑歲月久，河南祠官今得之。吾皇仁化被八極，腰裹驊騮數盈億。日出日沒皆封疆，求駿何煩畫中索。老我衰年髮已蒼，惠養每思田子方。何幸生逢太平日，歸放華山春草長。祠官藏之慎勿褻，留取郢中歌白雪。（胡奎《斗南老人集》、卷四）

〈題趙松雪畫四首〉　　　　　　　　　　　　　　　　　　明・虞　堪

　　江上晴天錦繡紋，丹崖紅樹思紛絃。毫端染得秋無際，猶是蒼梧幾片雲。

　　王孫今代玉堂仙，自畫苕溪似輞川。如此青山紅樹底，那無十畝種瓜田。

　　玉簫吹斷幾黃昏，南國風流竟莫論，帝子不悲秋色晚，墨痕何以著啼痕。

　　竹色蕭蕭木葉齊，石邊芳草迥淒迷。斷猿落月愁何處，政在黃陵廟裏啼。（虞堪《希澹園詩集》、卷三）

〈題趙松雪出浴人馬圖〉　　　　　　　　　　　　　　　　明・虞　堪

　　澡浴霜寒帶月嘶，皎如飛雪度春泥。圉人不可輕調御，花蕚樓前曉仗齊。（明・虞堪《希澹園詩集》、卷三）

〈墨竹歌（趙子昂畫）〉　　　　　　　　　　　　　　　　　　　　　明・釋宗泐

　　魏公文章妙天下，世稱善書兼善畫。松雪高齋秋氣清，照眼琅玕入摹寫。一竿秀出何瀟洒，美人獨立疎而野。九疑雲老楚江寒，翠蓋臨風為誰把。（元・釋來復《古今禪藻集》、卷二十）

〈題趙魏蘭石歌〉　　　　　　　　　　　　　　　　　　　　　　　　明・張宇初

　　吳興妙年冰雪姿，鷗波水暖清漣漪。醉揮兔穎盡書法，密竹幽蘭蒼玉枝。湘濱楚畹烟霧濕，我欲佩之將何適。千載孤芳烈士風，一調朱絲對寒碧。（張宇初《峴泉集》、卷四）

〈書趙吳興書畫後〉　　　　　　　　　　　　　　　　　　　　　　　明・唐之淳

　　吳興公畫馬，神氣雄俊。書韓昌黎雜說於其左，筆意飛動，真奇品也。或疑公之意，寓畫者恒有，而識畫者不恒有，有如千里馬不遇伯樂，世之駢死者何限。使有善畫者，雖斷縑寸楮，閱百世猶一日，尚何患無賞識者哉。余恐公意未之然也。洪武二十一年歲在戊辰八月既望，會稽唐之淳謹識。（唐之淳《唐愚士詩》、卷四）

〈題趙文敏公墨竹，為宋學士作〉　　　　　　　　　　　　　　　　　明・唐之淳

　　坡翁老可俱已仙，誰寫石上青琅玕。淇園蕭條白日晚，渭水寂寞西風寒。歸來三徑無人共，翡翠蘭苔涼露重。瀛海終期釣六鰲，丹山自擬栖雙鳳。八月秋高夜向沉，長梢彷彿坐清陰。千尋楚水三閭操，萬里天山屬國心。洞庭冥冥波浪急，糢糊爪甲龍蛇跡。悵望天涯翠袖愁，一片淞雲貼空碧。（明朱存理《珊瑚木難》、卷四）

〈趙孟頫高士圖（臥雪圖）〉　　　　　　　　　　　　　　　　　　　明・高遜志

　　右東漢袁司徒臥雪圖，故元趙文敏公之筆，句吳陳孟敷所藏也。文敏公于此卷凡三題，而繼之者，有若前代遺老陵陽牟先生、兩龔先生暨聊城周公、巴西鄧公，皆儒林巨擘，去今纔半百年，修文地下不復可見矣。昔之君子一時登覽游詠之，適其遺跡之所存，往往傳以勿朽，若司徒臥雪事，亦無足深論，至於圖而傳之者，豈不以其人哉？蓋其立朝之大節，忠讜弗阿，而群險讋服，海內仰其清德，漢祚相為終始，所以後世圖而傳之者，良有此也。苟其人之大節無足稱者，則閉門高臥不宜干人之語，曾何足深論哉。茲圖乃文敏公為袁靜春而作，靜春物故已久，而今為孟敷所得。東海倪雲林、介休王淡如漫題于後，孟敷其寶蓄之。洪武二十三年十月廿有三日，河南後學高遜志書于姑蘇之山塘。（明朱存理《鐵網珊瑚・書品》、卷二）

〈趙文敏墨君圖軸〉　　　　　　　　　　　　　　　　　　　　　　　明・詹僖

　　湖州逸法共東坡，友石于今不可過。一段天機真假際，趙公妙手即文蘇。鐵冠道人詹

僖題。（近代龐元濟《虛齋名畫錄》、卷七）

〈趙松雪竹石〉　　　　　　　　　　　　　　　　　　　　明・龔詡

　舊宋王孫元學士，草堂心事玉堂身。筆端寫出江南意，落日西風為愴神。（龔詡《野古集》、卷下）

〈趙文敏飲馬圖卷〉　　　　　　　　　　　　　　　　　　明・釋弘

　龍眠畫馬入神妙，一見法雲心便降。何似吳興閒試筆，洗空蘇北世無雙。中吳釋弘。（清吳升《大觀錄》、卷十六）

〈趙文敏飲馬圖卷〉　　　　　　　　　　　　　　　　　　明・鄭嘉

　當時四十萬匹中，出群意氣偏毫雄。三鬃翦花蹄削玉，拳毛一團如旋風。飛騰射獵南山下，蹈雪歸來汗猶赭。奚官乍卸紫駞韉，解渴汲與華清泉。鳳頭青絲掣欲斷，一口擬吸天池乾。日奔千里如電走，飲秣翻落駕駘後。東家策驢鈍莫驅，熱浴冷水飢齕芻。賢愚否泰亦如此，撫膺嘆息良馬圖。會稽鄭嘉。（清吳升《大觀錄》、卷十六）

〈趙文敏飲馬圖卷〉　　　　　　　　　　　　　　　　　　明・王誼

　左輔周垣隱白沙，龍媒絕種進天家。驕嘶玉勒憐置草，渴飲水泉帶落花。西狩還經千里棧，東巡曾駕五雲車。權奇滅沒猶驚電，漫許拳毛世獨誇。山陰王誼。（清吳升《大觀錄》、卷十六）

〈趙文敏飲馬圖卷〉　　　　　　　　　　　　　　　　　　明・李勗

　宛國來廷日，滎河貢篚年。赤墀騰紫電，金埒護非烟。表自殊方進，恩從上國宣。雄姿韓幹識，神駿九皋憐。蜀錦新裁韂，秋金旋鑄鞭。歲應光八駿，群許壓三千。試處岐王躍，看時太僕牽。清泉求碧焚，瑤草獻瓊田。弄影春芳裡。驕嘶御柳邊。聽歌長踴躍，教舞每蹁躚。羯鼓聲逾壯，鑾輿勢欲遷。腥風搖太液，烽火偪溫泉。幸蜀謀非晚，殲酋計失先。潼關寧赴敵，渭水有遊畋。殺氣橫西苑，房星隱舊躔。王孫悲汗馬，仍以寫真傳。河南李勗。（清吳升《大觀錄》、卷十六）

〈趙文敏飲馬圖卷〉　　　　　　　　　　　　　　　　　　明・王懌

　王孫能畫復能書，寫得天閑八尺駒。曾為岐王天上賜，不隨都護雪中驅。霜蹄奮迅追飛電，鳳首昂藏似渴烏。春草青青華山曲，三邊今日已無虞。山陰王懌。（清吳升《大觀錄》、卷十六）

〈趙文敏飲馬圖卷〉　　　　　　　　　　　　　　　　　　明·周岐鳳

　予觀唐人畫馬。開元中，獨稱江都王緒，曹髦之父子，得骨肉勻停法，于戲筆處稱裴絳州。天寶間，雖陳閎擅名一時，而韓不肯師，謂其徒寫形似。唯曹家沈著，神彩生動，有自然風格，所謂奇也。宋宗室趙松雪，深得曹、韓之法，故於人馬花石魚鳥，悉造其微。識者謂其書法二王，畫故晉唐，然惜其才名頗為畫所掩，斯確論也。今觀此圖，蓋盡得唐人風格，其縱橫隨意，所如自然，神情生動，不直骨肉勻停戲筆而已，又當為諸畫之第一者。且題識盈卷，極一時名公鉅儒，珠玉錦繡，雲蒸霧藹，誠為世之所重也。蒼峽巡司山陰李彥政氏出以示予，遂書其覽觀歲月於上，永樂丁酉仲秋月朔，廬陵周岐鳳題。（清吳升《大觀錄》、卷十六）


〈趙孟頫重江疊嶂圖〉　　　　　　　　　　　　　　　　　　明·陳敬宗

　曠望不可極，江山圖畫中。晴空開浩蕩，元氣鬪鴻濛。遠樹崑崙外，扶桑滄海東。黃河來萬里，弱水出三峰。帆影秋波棹，潮音曉寺鐘。雨收龍入壑，煙暝鶴歸松。妙墨真名筆，神機奪化工。古來精絕者，誰似水晶宮。

　　右趙文敏公重江疊嶂圖，今為李昶啟明家藏。昶姑孰士文子也，士文以善醫鳴於時。昶先世其家業，且好讀書能吟詩，善楷法，言溫氣和，進退有度，可嘉也。以予嘗交其先子，因持是圖求余題之。所謂水晶宮者，文敏公號也。時宣德九年春三月既望。四明陳敬宗題。（**明朱存理《鐵網珊瑚·書品》、卷二**）


〈廬山觀瀑圖賦〉　　　　　　　　　　　　　　　　　　　　明·姚綬

　成化十有四年戊戌秋仲，姚子購得吳興趙孟頫所製李白廬山觀瀑圖。尺紙而匡廬五老宛如目擊，妙入神品。國朝鉅公珠玉輝映，誠古圖史中之奇品也，爰賦以為前驅。

　猗山高而澤下兮乃形勢之自然，不形以勢兮有脈理鈎連。一氣通乎高下兮曰澤曰山，高山而源兮下澤而泉。其為源泉兮隨山澤而潺潺，惟匡廬之山兮名著乎兩間。其泉瀉兮山之顛，曰為瀑兮匹素是縣，莫窮其幾千百仞兮而下走乎長川。洗五老之蒼顏，破香罏之紫烟。又將截飛鳥於半空，起潛龍於深淵。噴珠璣於翠壑，垂蟝蝀於瑤天。故其流也，差百里而裊延。蓋弗知何山之泉而可與之比肩，語其潔也。則如溫潤之玉，語其直也。則如矯棘之絃，若夫歊歊于迴風兮既飄林之颯颯，鏗鏘於挾雨兮復委潤之涓涓。又豈銀河踰石梁而倒掛，夫乃雲濤濺隈隩而駢闐地。固勝矣，匪人曷宣，地因人勝。匪辭曷傳，昔有奇才。是曰李白，號長庚之星，精誕耿光之赫奕，世或擬之以仙兮果自天而下謫。敁天孫之機杼兮於以工乎組織，濯濯乎不可得而掩兮絢文錦之五色。倬雲漢以為章兮煥倒景於東壁，掃人群之粃糠兮障狂瀾於湍激。傷建安以來之綺麗兮道或庶幾乎其有得，遙金鑾之召見兮增斯文之價直。於高將軍而奴視兮烈烈秋陽，胡清平之三章兮適足以自來。夫中傷鳳不留於阿閣兮燕獨飛於昭陽，出君門而即芇里兮遄播遷夫夜郎。肆得縱觀茲瀑兮洞襟宇於八荒，吐天葩於一時兮漱蘭茝之芬芳。茫乎其無津涯兮步驟匹休乎子長，咿嚶嚅嚅兮何者得闖乎夫子之門墻，遂令此水兮名天下而聞百世。洗夫子之酣醉無聊兮尚有以沾被乎來裔，彼荒唐於鯨月兮徒相因於茫昧。幾五百年而飛苕峨弁兮為山水之所萃，式鍾是秀於趙榮祿兮超胡元之士。類以文音緒餘而施之朱鉛兮發天機於藻繪，姑舉是圖，紙僅尺餘，促尋丈於方寸。宛山水之與俱，白掀髯而兀立。儼生氣之舒徐，若雪映目，若風飄裾，以騎從之相忘。以天地為邃廬，軼王維之逸駕，恍蘇軾之感虛，迨我朝群公之鑒賞兮抽秘思於石渠。一唱三嘆而有餘音兮來清瑟之于子，凛乎端人堅士兮博袖而克謹乎走趨。不玭珠之雜側兮以璠以璵，蓋靡止適情於玩物。抑亦可以醒心而起予亂曰：不有匡廬之瀑兮曷能來，白之偉觀不有白之題品兮孰壓廬阜之巑岏。不有榮祿之鍾靈冥會兮孰付妙理於毫端，不有好古者之什襲兮孰保是古璧之克完。惟予後人曰慎藏之，求之古人等而上之。夷考其行以尚友之，喪志之戒其無殆而。（姚綬《穀菴集選》、卷一）

〈（趙孟頫）二馬圖〉　　　　　　　　　　　　　　　　　明・姚　綬

　圉人牽來馬二種，黃白紫騮氣驍勇。一朝貢獻入天閑，呈之大廷沐天寵。玉河雨晴春水滿，卸鞍浴罷東風暖。牽還雙控尚不騎，金堤芳草青猶短。青青草短非田野，此馬非伏塩車者。世無伯樂價誰增，那似王孫畫中寫。曹韓已久何可作，古法相傳只如昨。化龍猶口乘長風，松雪齋前去揮霍。君不見房星光角渥洼水，絕世神駒定飛起。（姚綬《穀菴集選》、卷四）

〈趙魏國雙馬圖并題卷〉　　　　　　　　　　　　　　　　明・姚　綬

　羌□貢馬從西土，來識天家十二閑。駿骨不居千里後，黃金已在築臺間。雲東逸史。
（清卞永譽《式古堂書畫彙考・畫考》、卷之十六）

〈題趙文敏杜陵戴笠圖〉　　　　　　　　　　　　　　　　明・解　縉

　碧雞坊裏春風顛，浣花溪邊晴日暄。浩歌一曲花弄影，慷慨不及開元前。飯顆山頭憶相見，歷下新亭舊時面。吟詩未遣髭鬚愁，愁絕邊塵暗河縣。平生落筆五嶽搖，調笑不作兒女嬌。錦袍仙人伯仲耳，孰謂有作徒相嘲。詩卷長留兩不滅，玉顏癯骨俱清絕。萬古詩人照膽寒，松柏蒼然傲冰雪。吳興公子真天人，落影自與韓眾親。新圖古色照秋水，如此子美方逼真。槎翁老仙我所敬，十年寤寐遊珠林。新詩墨妙聚片紙，今我觀之諧夙心。嗟余豈是諸公徒，青天空行一字無。紛紛餘子風斯下，獨立惟見明星孤，吁嗟杜陵焉可呼。（解縉《文毅集》、卷四）

〈跋趙松雪墨梅〉　　　　　　　　　　　　　　　　　　　明・解　縉

趙松雪蚤歲喜畫墨梅，印以水晶宮圖書，因浙中有瑪瑙寺，或戲以為對，後遂不用此圖書，而梅亦少畫，聞之高竹闇云。季常近得此紙，有錢舜舉跋語，其為公早年畫無疑。及觀公所題二首，追懷惋惜，未嘗咎其少作之不工者。蓋其才情超逸，下筆過人，有自得之妙，亦必有自得之趣，固不足以盡識公之為人，然亦可想見公之為人矣。季常其永寶之。（解縉《文毅集》、卷十六）

〈春牧圖贊并序〉　　　　　　　　　　　　　　　　　　　　　　　明·梁　潛

　　右春牧圖，元趙文敏公所畫者。馬凡三十有九，其為態各異，又各臻其紗。平原沃衍，豐草蓐茂，玄黃聚散，雜然如雲霞之卷舒。而其騰驤超越，雄駿豪騁之狀，駊駊然，骯骯然，如在內廄。而釋抑羈如脫校於天，伏如歸放乎華山之陽者，亦何奇也。信非文敏公豪墨之精，他人不能至此。方聖主御極，萬方無虞，紫燕白犧來于遐徼絕域者，不可以數計。而今太僕卿晉城楊公實，典馬政於一時，得此圖，因寶愛之。吾知公進而縱觀夫神駿之群，退而玩此圖，交相臻美，不亦快哉！然則馬之牧，苟有不遂其育者，公固不能已於懷也。贊曰：

　　房星降兮孕至靈，紛容容兮瀰郊坰。雜驪黃兮何駧，鬣振風兮尾流星。踔飛電兮獵迅霆，或昂竦兮矯長鳴。或徘徊兮勢欲騰，或怒躍兮氣填膺。目鏡懸兮晶熒熒，聳顧盻兮態橫生。倏千里兮無留行，毫墨英兮神愈精。閶闔開兮黃道平，服容與兮駕雲軿。力且馴兮爾良能，噫駕駘兮誰其稱。偉翼翼兮太僕卿，寶茲圖兮弗怠輕，謹乃牧兮永有成。

　　（梁潛《泊菴集》、卷十三）

〈題子昂枯木竹石〉　　　　　　　　　　　　　　　　　　　　　　明·胡　儼

　　碧海珊瑚樹，晴窗彩鳳翎。紫苔封琬琰，翠袖倚娉婷。秋色淡華屋，涼風生畫屏。玉堂歸老日，松雪酒餘馨。（胡儼《頤庵文選》、卷下）

〈子昂春郊挾彈圖〉　　　　　　　　　　　　　　　　　　　　　　明·胡　儼

　　洛陽三月百花紅，金谷春闌步障空。匹馬閒行芳草地，金丸十二盡射空。胡儼若思。

　　（清卞永譽《式古堂書畫彙考·畫考》、卷之十六）

〈松雪道人蘭竹圖卷〉　　　　　　　　　　　　　　　　　　　　　明·胡　儼

　　幽蘭生石間，光風泛修竹。老樹亦含滋，新葉萋以綠。大化無偏私，君子抱貞獨。懷哉松雪翁，蕭散美如玉。妙思發天真，揮灑脫拘束。超然毫素外，誰能繼遐躅。胡儼。

　　（清卞永譽《式古堂書畫彙考·畫考》、卷之十六）

〈題趙松雪畫〉　　　　　　　　　　　　　　　　　　　　　　　　明·王　璲

　　自從玉馬去朝周，雲散花飛幾度秋。寶玦玉還零落後，吳興留得晉風流。（王璲《青

城山人集》、卷八）

〈子昂七賢圖後〉　　　　　　　　　　　　　　　　　　　　　明・楊士奇

　　右趙松雪七賢圖，先舅氏陳孔硬先生所藏。先生藏書畫甚富，謝世裁五十年。善和里故宅已隨，所藏無存。近獨得此卷於其子孟旦所，敬裝潢歸旦之子考。考當永寶手澤哉。（楊士奇《東里詩集》、卷二十二）

〈題楊學士藏子昂畫刺虎圖〉　　　　　　　　　　　　　　　　明・楊士奇

　　婦牽車，夫推轂。車中兒貌如玉，全家遠戍不辭苦。日暮途荒車下宿，山淒淒。林謖謖，颯然陰飆度。夫身罹虎毒，婦奮遂虎曳虎足。呼兒抽刀斲虎腹，倒虎肝腸夫來復。終然婦憤不可平，夫命無由百身贖。有司甌函上行義，華表輝煌旌白屋。千年異事太史錄，人生富貴鳥過目。誰有姓名光汗竹，吳興妙絕詩與畫。況復巴西詳委曲，昔賢汲汲翼名教。競為表彰勵民俗，建安學士古人心。珍襲此圖常韞匵，偶然出示嗤古道，援筆題詩愧貂續。（楊士奇《東里續集》、卷五十七）

〈題子昂畫嘉禾〉　　　　　　　　　　　　　　　　　　　　　明・楊士奇

　　宋代王孫元閣老，文章萬丈貫天河。胸中不有調元事，那解揮毫寫太和。（楊士奇《東里續集》、卷六十）

〈題子昂竹〉　　　　　　　　　　　　　　　　　　　　　　　明・楊士奇

　　吳興八法精，作玉如刻玉。蘭亭揮洒餘，見此瀟湘綠。（楊士奇《東里詩集》、卷六十）

〈題趙松雪畫馬〉　　　　　　　　　　　　　　　　　　　　　明・楊士奇

　　天閑第一渥洼姿，卓犖騰驤肯受羈。何不翻然絕牽控，躡雲追電看神奇。（楊士奇《東里續集》、卷六十二）

〈題唐臨絹本蘭亭，後有子昂畫〉　　　　　　　　　　　　　　明・楊士奇

　　祓禊蘭亭三月初，流傳翰墨世璠璵。吳興繪事真兼妙，恨不揮毫到舞雩。（楊士奇《東里詩集》、卷六十二）

〈題趙松雪畫竹〉　　　　　　　　　　　　　　　　　　　　　明・林廷模

　　瀟湘寫出一枝春，宋代王孫筆意新。見說清風更千畝，結茅還可避胡塵。（清高宗《御定歷代題畫詩類》、卷八十）

〈松雪畫竹石圖〉　　　　　　　　　　　　　　　　　　明・謝　林

　竹生盤石間，翠色相因依。爾節固已完，此心終不移。如何玉堂人，而有林壑姿。涼風雖未至，颯然動秋思。謝林。（明朱存理《鐵網珊瑚・書品》、卷二）

〈松雪畫竹石圖〉　　　　　　　　　　　　　　　　　　明・馬　麐

　魏國圖書天下無，當時聲價滿王都。萬篇文綉垂金薤，一段冰清置玉壺。碧海春深龍出蟄，丹山月白鳳生雛。看雲忽起苕溪夢，便欲乘舟訪五湖。淮海馬麐。（明朱存理《鐵網珊瑚・書品》、卷二）

〈子昂春郊挾彈圖〉　　　　　　　　　　　　　　　　　明・黃花老人

　手挽青絲跨玉驄，乘涼挾彈落花風。應知田野經行處，盡在咨詢一念中。黃花老人。（清卞永譽《式古堂書畫彙考・畫考》、卷之十六）

〈子昂春郊挾彈圖〉　　　　　　　　　　　　　　　　　明・虛白道人

　誰畫開元玉雪驄，黃門待駕□春風。南薰殿上承恩日，只有車書四海同。虛白道人。（清卞永譽《式古堂書畫彙考・畫考》、卷之十六）

〈子昂春郊挾彈圖〉　　　　　　　　　　　　　　　　　明・胡　廣

　草軟坡平午樹涼，玉驄挾彈過山陽。曾知亦有無閒者，馬上雞聲滿地霜。胡廣。（清卞永譽《式古堂書畫彙考・畫考》、卷之十六）

〈松雪畫竹石圖〉　　　　　　　　　　　　　　　　　　明・許　性

　燕閒天祿較書餘，墨汁金壺寫竹圖。長恐震雷風雨作，□龍飛去入雲衢。溪西樵者許性。（明朱存理《鐵網珊瑚・書品》、卷二）

〈松雪畫竹石圖〉　　　　　　　　　　　　　　　　　　明・楊　性

　錯刀光彩照琅玕，龍影常從石上看。六月酒醒開草閣，滿天風露作秋寒。諸生楊性。（明朱存理《鐵網珊瑚・書品》、卷二）

〈松雪畫竹石圖〉　　　　　　　　　　　　　　　　　　明・陸　釴

　王孫老去更風流，醉裏猶思竹石秋。翠佩明璫俱寂寞，洞庭閑却釣魚舟。陸釴。（明朱存理《鐵網珊瑚・書品》、卷二）

〈松雪畫竹石圖〉　　　　　　　　　　　　　　　　　　明・朱　煥

石上幽篁楚，月明飛下雙鷺。羨殺承平公子，臨池空翠生翠。朱煥。（明朱存理《鐵網珊瑚畫品》、卷二）

〈題子昂竹〉　　　　　　　　　　　　　　　　　　　　　　　明・楊　榮

自是吳興筆法奇，琅玕隨意墨淋漓。幾回猶憶吹簫處，正是秋山月落時。（楊榮《文敏集》、卷七）

〈子昂竹石〉　　　　　　　　　　　　　　　　　　　　　　　明・金幼孜

翡翠臨風好，珊瑚出海清。江南春事晚，暮雨鷓鴣聲。（金幼孜《金文靖》、卷五）

〈題子昂馬為趙君公復作〉　　　　　　　　　　　　　　　　　明・金幼孜

太液初晴雪正融，金羈新試渥洼驄。幾迴天上從鑾馭，牽度長楊立晚風。（金幼孜《金文靖集》、卷五）

〈子昂蘭石〉　　　　　　　　　　　　　　　　　　　　　　　明・金幼孜

深谷發幽姿，自與眾草別。蒼石動玄雲，清風灑晴雪。（金幼孜《金文靖集》、卷五）

〈題大理丞楊復所藏趙松雪畫像後〉　　　　　　　　　　　　　明・王　直

予嘗聞諸公長者言，趙松雪冰清玉潤，有超然拔俗之姿，心甚慕之。及觀其詞氣之渾厚，字畫之清潤，固已彷彿得之，然終以不及見為恨。今觀此像，神采偉然，非詩所謂顒顒卬卬。如圭如璋，令聞令望之君子與，然究公平生大節有過人者，如議獄事，謹災變，已苛政，抉奸邪，可以見之矣，此豈小丈夫所能哉。觀公者勿徒視乎其外也。（王直《抑菴文集》、卷十三）

〈題梅圖〉　　　　　　　　　　　　　　　　　　　　　　　　明・李昌祺

補之華光本同調，王冕專門獨臻妙。當時叔雅亦知名，瓌奇總讓吳興趙。吳興兄弟宋王孫，玉雪為骨冰為魂。只將翰墨自遊戲，持縑請者空紛紜。此圖先辨是誰畫，不寫霜晨寫寒夜。片月疑明又未明，殘英欲謝何曾謝。仙郎風度真獨雄，乾坤氣象蟠心胸。花開不用雪中探，坐對瓊姿幽興濃。（明・李昌祺《運甓漫稿》、卷二）

〈松雪趙公畫梅跋〉　　　　　　　　　　　　　　　　　　　　明・唐文鳳

三代以還，梅之實載於詩書禮而不言花。南朝以降，梅之花見於詞人之吟詠，而不言實。豈世之所尚異，宜而梅之所遇有時耶。不然屈子騷經，下至蘭茝蕭艾靡不采錄，而獨遺於梅何耶。林逋老仙隱居孤山，為梅出色，神交意會，暗香疎影。水邊籬落之句，非特得梅之標格，而并得其風韻。數十載不遇之幽憤，一旦發之無遺矣。今觀此圖，一枝斜出，猶可想像孤山吟餘之趣，後有趙魏公題名。嗚呼，自逋仙後，梅之知己幾何人哉。魏公以玉堂之清興，侶茅舍之幽姿，而特為寫生，未為不知己也。然公自號但有取於松雪，而未遑於梅雪，又何耶？梅如有神，當招老逋跨舊時雙鶴裴回於小橋流水間，長空月明，鐵笛三弄起魏公而詰之。（唐文鳳《梧岡集》、卷七）

〈趙孟頫鵲華秋色圖卷〉 　　　　　　　　　　　　　　　明·錢　溥

　　吳興公蚤歲戲墨，深得物外山水筆意，雖一木一石，種種異於人者，且風尚古俊，脫去凡近，政如王謝子弟，倒冠岸幘，與天下公子鬥舉止也，百年後可為一代規式，士大夫當其寶祕之。至正甲申十有二月朔。昔虞文靖公題松雪翁畫圖，簡略精妙，可謂兩絕。友人徐尚賓見而愛之，求余錄入鵲華秋色圖內，以足其美。噫！尚賓其好古君子乎？正統十一年丙寅八月望，翰林錢溥謹題。（清吳升《大觀錄》、卷十六）

〈題松雪枯木竹石圖，為張文璿〉 　　　　　　　　　　　　明·徐有貞

　　我愛吳興趙松雪，鳳毛龍骨天然別。平生游藝妙入神，片綃點墨皆奇絕。由來畫法通書法，精到天機盡毫髮。從知寫意不寫形，何假丹青細塗抹。怪石獰如怒猊抉，老樹樛柯猶屈鐵。竹枝歷落金錯刀，雨葉風梢清可悅。翁今仙去百餘年，人世空傳畫及書。後來摹者雖復眾，筆趣終然難與俱。張君好事人罕比，賞鑑還視常流殊。寄言什襲永珍祕，雖有拱璧將焉如。（徐有貞《武功集》、卷五）

〈跋趙松雪畫陶潛歸去圖〉 　　　　　　　　　　　　　　　明·韓　雍

　　江西按察僉事溧陽楊君宗毅，既得請致政還故鄉，詣予言別，因出其家藏松雪翁所畫陶潛歸去圖求題。潛昔為彭澤令，郡守遣督郵至縣，吏白當束帶見之。潛嘆曰：「吾安能為五斗米折腰，向田里小兒耶？」即日解印綬歸去，遂作詞以見其志。後屢徵不仕，卒諡靖節。嗚呼，名莭關係風教大矣，松雪一代偉人，畫此蓋有深意，安得復起斯人而與之示風世教哉？楊君歸林下，明窗永晝，焚香盥手，時一展閱，亦必超然大有所得矣。君昔為御史，時予取進士，觀政內台同道。後同官，官舍又比鄰，日相與，交契最深，於其請也誼不能辭，遂書此以歸，楊氏子若孫尚世寶之哉。（韓雍《襄毅文集》、卷十二）

〈題趙子昂林木〉 　　　　　　　　　　　　　　　　　　明·鄭善夫

　　元朝學士宋家子，手得丹青古莫比。筆端點染入精妙，心上經綸乃如此。唐之畢宏宋郭熙，林木山水那兼美。一匹縑素動數旬，工夫細膩世絕倫。未論意象補造化，已覺氣勢生風雲。眼中蛟龍相盤拏，風雲變態何詫嗟。草間莫看王孫足，王孫芳草今天涯。君不見馬遠區區念宋家，殘山剩水胡為耶？（鄭善夫《少谷集》、卷三）

〈張玉屏京兆藏趙子昂所畫唐馬歌有序〉　　　　　　　　　明・胡　直

　　張大夫藏趙子昂畫馬十六，索予題詠。予未知十六之數何取也，客曰：「杜子美寓韋錄事宅，詠曹將軍畫馬詩，云「其餘七匹亦殊絕，迥若寒空動煙雪」；又曰：「可憐九馬爭神駿，顧視清高氣深穩，以七合九，此非十六馬乎？」余未知果出是數否也，聊援其意為之題焉。

　　唐家櫪馬皆雄才，月精降作飛龍胎。鳳臆麟形赤岸開，不用余吾產，寧須崑閬來。自從太宗開創功絕世，除兇雪恥酬千祀。九夷賓天馬，至焉者赤電。三花明頡利，紫鸑錦繡麗。後來太僕馴養四十春，乳成十萬六千之飛驒。就中拳毛騧照夜白，縱有江都不敢畫。其餘七馬九馬總權奇，傳奇賴有將軍霸。將軍去後豈無人，祇能畫骨不畫魄。子昂丹青近代雄，身是龍孫異風格。畫出七馬若鷹揚，秦皇七騎百不易。次第九馬翹陸飛，漢家九逸那堪策。但看飲江嚙草相為娛，澤邊隱見群龍趨。雙雙瞳鏡懸萬里，淋淋汗血墮三珠。意態搖撼昆明水，勃若神蛟欲變波浪䰈。應知唐家全盛日，乘此可以西擊胡。子昂家有元德之的盧，時不可兮馬不徂。神物空令落畫圖，至今觀者生意氣。志在白狼黃沙青海隅，坐看一日乘風騰九區。朝蹀流沙暮越都，誰能羈絡同凡駒。吁嗟馬乎古今識者凡幾徒，前有九方聖，後有張大夫。張君好龍好真龍，一覩神駿恨晚逢。驪黃牝牡未暇閱，思欲荐之齊景公。當今海內昇平久，縱有追風縛馺歘。近聞鐵騎飲長城，域內求之千瓊玖。願君引上紫玉坡，金旗綵仗相經過。能使六飛平不頗，不然驤首矯足出交河。為君橫行萬里盡沙陀，歸來再圖凌煙績，畫出雲螭照玉河。（胡直《衡廬精舍藏稿》、卷四）

〈書子昂擊壤圖〉　　　　　　　　　　　　　　　　　明・胡　直

　　子昂畫擊壤圖，又自為跋語。出袁柳庄家藏，余得之句曲曹生。觀子昂跋語自謂有感，不知子昂當宋末運感而為之耶？抑元初為之耶？於乎，當今之時，堯舜在上，非宋元可幾萬一。然邊圉孔棘吏上計先催科，海內黔首窮麌，視二十年前加十七焉。民未嘗不耕鑿，然欲嬉遊擊壤不可得矣。或者咎諸法乃神祖聖宗法，未嘗不善也。今之君子尤喜言法，然而斯民若是懸絕，何也？儒者有言，誠心而王則王，假之而霸則霸，今曷繇使上下皆誠王為王耶，果誠心矣。又曷繇使邊圉不棘催科，政舒民得，嬉游以樂生耶。子昂衰世不足言，今如盛世何哉？或云前畫出子昂，其後跋字為贗，予不暇深辨，姑書而藏之。（胡直《衡廬精舍藏稿》、卷十八）

〈松雪翁畫馬〉　　　　　　　　　　　　　　　　　明・劉　溥

　　王孫畫馬世無敵，一畫一迴飛霹靂。千里長風入彩毫，平沙碧草春無跡。硯池想是通渥洼，突然走出白鼻騧。翻濤浴浪動光彩，雲影滿身堆玉花。玉花連錢汗流血，駿尾捎風蹄踏鐵。何時騎得似畫中，踏破陰山古時雪。（清高宗《御定歷代題畫詩類》、卷一〇五）

〈趙松雪寫東坡小像并書其山城杏花詩，內相錢公出視命題〉　　　　明‧童　軒

　　漚波漲碧蘭苕（苕溪吳興地名）春，王孫英標真可人。眉山老仙招不起，東風誰薦溪頭蘋。情興懷賢應淬發，一夜松窗歌白雪。曉來照筆為傳神，宛似臨皐步明月。杏花零落山城中，悠悠往事如雲空。何嘗共飲玉堂酒（坡詩共飲玉堂無事酒），半枝燭影搖殘紅。（童軒《清風亭稿》、卷四）

〈趙孟頫雙松平遠圖〉　　　　明‧童　軒

　　吳興趙文敏公所畫雙松平遠圖并跋語一卷，今內相素軒公得之，清玩不忍釋手。蓋公之人品門第甚類文敏，故愛其畫也。且文敏在前元時以文字承旨翰林，一時士大夫稱其過於人者，凡一十二事，固不止於書畫之妙而已。然文敏以故宋宗室之裔，委質元主，竊疑當時士大夫之諭，亦猶鄘風君子偕老之詩，不知班馬以為何如也？雲安按察司僉事番陽童軒跋。（清吳升《大觀錄》、卷十六）

〈會稽陳尹所藏五馬圖跋〉　　　　明‧張　寧

　　文敏公自謂畫馬能盡物性。此圖五馬行立，形象與控馭者，各有異度，知畫者必能鑒定也。（張寧《方洲集》、卷二十一）

〈文敏公書畫跋〉　　　　明‧張　寧

　　右畫馬并題詞，皆趙魏公真蹟。魏公書法妙絕古今，真造二王之奧，與其畫皆入優品。獨嘗自謂畫馬能盡物性。此乃書韓幹牧馬圖詞於後，蓋亦有意在焉，不然非一時之筆也。武略將軍張公廷鸞常以此卷屬題，病懶荒迷，久未及答。今公去世久，故物猶在，遺言不忘，間因撿帶，宿負敬題，歸其子用文、用弘，以謝予之不敏。嗚呼，此卷可歸矣，公可載歸哉？追念平生神魂欲斷，枯腸老淚，誰足與雪耶？（張寧《方洲集》、卷二十）

〈松雪道人蘭竹圖卷〉　　　　明‧鄒　緝

　　空山野谷稀樵斧，百年古木饒風雨。禿枝樛幹老槎枒，月明彷彿寒蛟舞，伊誰寫入毫素中。（清卞永譽《式古堂書畫彙考‧畫考》、卷之十六）

〈題子昂重江疊嶂卷〉　　　　明‧沈　周

　　王孫無運開英雄，聊寫江山藏畫中。還從慘淡見舊物，似有涕淚含孤忠。長篇禹貢與作稿，一圖萬里連提封。張韓劉岳果何功，入關蕭相將無同。王孫本號松雪翁，能事錯忍營丘公。丹青隱墨墨隱水，其妙貴淡不收濃。縈灘曲瀨導巴蜀，沓巘長岔連華嵩。空蒙野馬軋雲日，浩蕩碧穀吹秋風。王孫隔此不可從，水晶隻闕金芙蓉。招之千年或一出，黃鶴豈不思江東。（沈周《石田先生集》、三○二頁）

〈試晬歌題趙魏公畫〉　　　　　　　　　　　　　　　　　明・沈　周

　　楊花拋銀春滿盆，乳嬭擊湯蘭氣溫。沐珠澡壁試新晬，翠羽掩風敷顖門。氍毹燠坐麒麟玉，阿婆綺語高堂祝。綠弓彤管有探時，一掘笑聲愚智卜。君不見九齡九鶴夢先知，天自降生天自奇。（沈周《石田先生集》、三〇三頁）

〈題趙松雪畫馬〉　　　　　　　　　　　　　　　　　　　明・沈　周

　　隔日晶熒耳竹披，江南流落乘黃姿。千金千里無人識，笑看胡兒買去騎。（沈周《石田先生集》、七五五頁）

〈題趙子昂林山小隱圖卷〉　　　　　　　　　　　　　　　明・沈　周

　　蘇子愛奇石，雪浪號齋居。米氏寶晉墨，標榜亦復如。瞻茲小隱圖，按境結林廬。於焉寓祖述，雅致私契余。因名實豈戾，匪云賦子虛。溪山在屋上，流水走階渠。眾鳥鳴樹顛，亦可觀跳魚。耕釣托遠心，城市即村墟。知子日無事，垂簾惟讀書。長洲沈周。（清卞永譽《式古堂書畫彙考・畫考》、卷之十六）

〈趙孟頫淵明像并書辭卷〉　　　　　　　　　　　　　　　明・沈　周

　　典午山河已莫支，先生歸去自嫌遲。寄奴小草連天綠，剛剩黃花一兩枝。沈周。（清吳升《大觀錄》、卷十六）

〈趙文敏墨蘭竹石圖卷〉　　　　　　　　　　　　　　　　明・沈　周

　　毘陵卞退之，得其先世所藏趙承旨墨蘭一卷，蓋嘗落於他所而復歸者。其鄭遂昌、王蓆帽題識中，兩刮去姓字，惜乎遭此俗手之毒，所幸不及蘭也。百餘年，不為流俗終有而復還於退之者，物豈無神也哉？嘗聞芝蘭不以無人不芳，君子不以困窮改節，信矣。山谷所謂蘭似君子，君子之遇，有時而屈，有時而消，惟修身順命而已。蘭之臭味其有同乎？不然，何能自保之全，以伺退之之於今日，予當與退之觀是而相勉進矣。成化十五年九月一日，後學沈周志。（清吳升《大觀錄》、卷十六）

〈趙文敏墨蘭竹石圖卷〉　　　　　　　　　　　　　　　　明・卞　榮

　　明月不暗投，神物終當合。恍惚清醒人，靈爽日相接。卞榮。（清吳升《大觀錄》、卷十六）

〈趙文敏墨蘭竹石圖卷〉　　　　　　　　　　　　　　　　明・張　弼

　　有宋鄭所南，寫蘭不寫土，曰：「此片土皆非我有也。」推其志可去與夷齊抗衡，而肯辮髮搥髻以匍匐胡庭耶？松雪於此若不足，故翟氏永齡跋語中引而不發，亦未必無

意。退之攜此卷過予吳門寓所，遂書以歸之。成化乙巳三月廿六日，東海翁張弼書。（清吳升《大觀錄》、卷十六）

〈趙文敏墨蘭竹石圖卷〉　　　　　　　　　　　　　　　　　　　　明・邵　珪

趙魏公往來義興，於王氏有通家之好，公與彝齋並以書法為蘭，各臻妙品。彝鼎之孫則珪之大母氏也，然其遺墨得之絕少，而況魏公者哉？余退之家藏此圖，特異他本，珍重，珍重。乙己長至前三日，書於東樓，邵珪。（清吳升《大觀錄》、卷十六）

〈趙文敏墨蘭竹石圖卷〉　　　　　　　　　　　　　　　　　　　　明・孫　鏻

蘭，香草也，葉尖長而岐，花紅白而香，葉嗅如花而燥濕不變，有枝有莖而為草花者，世之說蘭者亦多矣。雖則辨之，若黃太史之記修水，不無花幹之訛；冠宗奭之衍本草，不無流俗之渾，似蘭非蘭，其易以炫人也久矣。而松雪獨能效之，而秋崖獨能擇之，其可嘉也蘭哉，其可嘉也蘭哉。弘治壬子春王正月，四明孫鏻允舫識。（清吳升《大觀錄》、卷十六）

〈趙文敏墨蘭竹石圖卷〉　　　　　　　　　　　　　　　　　　　　明・梅　磊

趙子昂蘭石一卷，乃卞退之舊物，今歸吾家淵公。筆意疎散，瀟然出塵，真藝林清玩也。張東海惜其不得與鄭所南抗論，固矣。有宋人士，如文正臥樓、君直賣卜者，幾人哉？苟藉是傳，是亦幸矣。但未與淵公從亡國之餘，展此不能不培增慨嘆。後之視今猶今之視昔也，修行立名可不勉夫。天生頑民梅磊，時在丙戌春季識。（清吳升《大觀錄》、卷十六）

〈題趙子昂林山小隱圖卷〉　　　　　　　　　　　　　　　　　　　明・呂　常

展圖忽有契，歎物留待人。金陵山水處，松雪與傳神。子非滑稽口，金門為弄臣。亦有南昌尉，忏世跡埋堙。但甘布衣老，供稅作齊民。白雲自怡悅，暇則琴尊親。雖遭孔璋筆移文空爾陳。嘉禾呂常。（清卞永譽《式古堂書畫彙考・畫考》、卷之十六）

〈趙孟頫淵明像并書辭卷〉　　　　　　　　　　　　　　　　　　　明・鄒松石

右元趙文敏公手摹晉處士陶靖節先生像，兼錄其歸去來辭。翰墨精妙，楮隙復補以竹石，且謂淵明亦當愛此，豈謂其辭中偶不及此耶？讀其辭想見其為人，文敏公之尚友，吾亦想見之矣。第靖節之孤松卓有定見，而文公之愛或傳而不專，非後學可輕議也。錫山鄒松石。（清吳升《大觀錄》、卷十六）

〈趙孟頫淵明像并書辭卷〉　　　　　　　　　　　　　　　　　　　明・錢　福

翁珍圖書其富，而於此尤珍之。吾亦想見其尚友矣，然獨出以示予，豈亦謂知辭中趣耶？書以質諸識者。弘治己未中秋後二日，華亭後學錢福誌。（清吳升《大觀錄》、卷十六）

〈趙吳興秋原牧馬圖〉　　　　　　　　　　　　　　　　　　　　　明・李東陽

健馬奔泉如渴虹，活馬浴水如游龍。竦身作勢蹴厚地，仰首噴沐生長風。倦思滾塵痒磨樹，似是馬身通馬語。莫將意態問丹青，天機正在忘言處。西涯。（清卞永譽《式古堂書畫彙考・畫考》、卷之十六）

〈題趙子昂射鹿圖〉　　　　　　　　　　　　　　　　　　　　　　明・李東陽

秋高出獵長城下，碧眼胡兒騎劃馬。弓如滿月箭星流，已向千山毛血灑。馬前逸兔或可脫，山下老麋身欲赭。彼貪但為口腹謀，不見巴西放麑者。吳興王孫燕薊客，酒酣興發時潑墨。極知納綺足風流，忘卻河山限南北。噫吁嚱，薛郎未挂天山弓，披圖仰面來天風。（清高宗《御定歷代題畫詩類》、卷五十七）

〈子昂畫馬卷〉　　　　　　　　　　　　　　　　　　　　　　　　明・李東陽

翰林學士真天人，平生書畫皆通神。自言少小嗜毫素，寸紙遍作雲烟痕。老來意態盡物理，畫馬欲過曹將軍。此圖似出西域種，骨法權奇氣軒聳。將身蹴地蹋不前，矯首見人驚欲踊。燕家死馬猶堪買，況此風神解飛動。在野須教一顧空，登臺未覺千金重。崔郎愛畫復好奇，向來得此信且疑。為渠指點是真跡，老我聰明非昔時。圖窮忽見銀鉤筆，復訝驪珠海中出。江南贋本今已多，入眼自須分甲乙。世人得者惟見一，至寶逢時故難匹。從此高堂展玩頻，明窗淨几無長日。（清高宗《御定歷代題畫詩類》、卷一〇五）

〈趙孟頫重江疊嶂圖〉　　　　　　　　　　　　　　　　　　　　　明・吳　寬

長江滔滔向東瀉，憶昔扁舟順流下。慈悲閣前浪花白，兩岸青山似奔馬。蒹葭楊柳風颼颼，江行六月疑深秋。歸來已是十年事，看畫偶然思舊游。水聲樹色非耶是，仍見山腰隱高寺。赤岸滄洲杳靄間，尺尺悠然起愁思。苕溪影落鷗波亭，三孫弄筆何曾停。北來戎馬暗江滸，千古遺恨歸東溟。延陵吳寬觀李兵曹所藏題。（明朱存理《鐵網珊瑚畫品》、卷二）

〈趙松雪蘭竹圖〉　　　　　　　　　　　　　　　　　　　　　　　明・吳　寬

鷗波亭上春風筆，秀色翛然共一丘。頭白江南真想見，幽蘭叢竹帶桑州。（清高宗《御定歷代題畫詩類》、卷七十五）

〈趙孟頫青綠沒骨山水〉　　　　　　　　　　　　　　　　　　　　明・吳　寬

　畫家沒骨法，創自張僧繇，繼其後者絕少，　趙承旨此圖規摹僧繇，氣韻瀟灑，是亦有神助與。（清李佐賢《書畫鑑影》、卷十）

〈趙孟頫洪範圖卷〉　　　　　　　　　　　　　　　　　　　　　　　明・王　鏊

　觀此圖，武王謙沖虛受之心，箕子諄復指授之意，宛然見於眉目顏面之間，可謂善寫聖賢授受之際之氣象矣。其字畫又精妙，蓋松雪平生得意筆也，鏊題。（清吳升《大觀錄》、卷十六）

〈子昂蘭〉　　　　　　　　　　　　　　　　　　　　　　　　　　　明・史　鑑

　國香零落珮纕空，芳草青青合故宮。誰道有人和淚寫，托根無地怨東風。（史鑑《西村集》、卷四）

〈趙吳興淵明像并書歸去來辭〉　　　　　　　　　　　　　　　　　　明・余堯臣

　虛館坐清曉，高秋零露時。佳菊秀可餐，墨葩含晚滋。芳馨發孤思，寫此歸來辭。餘興猶未已，寒玉生踈枝。孰謂公子懷，不與幽人期。撫卷三歎息，繫年非義熙。（清高宗《御定歷代題畫詩類》、卷五十三）

〈子昂萬竹圖歌〉　　　　　　　　　　　　　　　　　　　　　　　　明・劉　績

　鳳翮刷雲光矗矗，錯刀鈎鎖稜曾玉。誰觸湘君五十絃，殘蛾泣露團秋綠。海颷撼月聲玲瓏，石烟貼虛幽翠重。澄凝商素排九峰，古潭一夜吟雌龍。（清高宗《御定歷代題畫詩類》、卷八十）

〈子昂萬竿烟雨卷〉　　　　　　　　　　　　　　　　　　　　　　　明・朱誠詠

　風流學士宋公子，玉堂揮灑金壺水。渭川千畝貯胸中，烟雨都歸筆鋒裏。篔簹無數長琅玕，彩鳳飛來玉宇寒。籜龍蛻骨何太暮，孤梢還拂雲之端。隔世可人如對立，凄迷濃墨看猶濕。百年心事付南枝，疑共湘靈夜中泣。嗚呼此老神仙流，七絕爰啻此君遒。苕溪山水亦何意，令人獨說東陵侯。（朱誠詠《小鳴集》、卷三）

〈趙松雪明皇出遊圖〉　　　　　　　　　　　　　　　　　　　　　　明・朱誠詠

　畫品通神絕世無，龍姿鳳質照珊瑚。自緣國家關心事，不寫鑾輿幸蜀圖。（朱誠詠《小鳴集》、卷七）

〈趙松雪八駿圖〉　　　　　　　　　　　　　　　　　　　　　　　　明・王　懌

趙家王孫擅好書，更復畫馬如江都。嘗從玉堂罷春直，慣寫天馬隨監奴。馬來西苑龍八尺，勢或怒驚如鵲立。似疑初浴滎河波，身上龍紋五花濕。王孫寫駿不寫形，運思已入天機精。都將臨池古書法，落筆一掃千人驚。今逢此圖仍八匹，老我見之惟歎息。人間駑駘漫紛紜，天上龍紋誰購得。憶昨八駿登瑤池，崑崙萬里天西埵。風行電邁景恍惚，翠蕤不動天王旗。古來八駿雖已矣，房星在天還不死。雄姿伏櫪世豈無，胡乃惟稱穆天子。（清高宗《御定歷代題畫詩類》、卷一〇二）

〈趙子昂林山小隱圖卷〉　　　　　　　　　　　　　　　　　明・祝允明

苕水秋風動白蘋，青錢學士玉為人。山林物外別成趣，造化手中殊有神。寒具漫傳誰點染，京華高臥不埃塵。馮君韞匵長懷寶，莫負當時此寫真。

宗道得此圖，因以自號，其向歸可知矣。余賞之不足，附記一律，所幸亦同作卷中人耳。癸亥重九，吳郡祝允明志。（清卞永譽《式古堂書畫彙考・畫考》、卷之十六）

〈子昂小景五首〉　　　　　　　　　　　　　　　　　　　明・祝允明

春山雨新沐，掩靄結濃綠。一葉金芙蓉，粲粲迎朝旭。
漁舟何所至，兩兩鏡光中。沿洄泝春漲，更喜天無風。
江亭小於艇，松子落滿頂。盡日無人來，流水抱虛影。
晴陽破嵐暝，水色當春和。如何異人境，而有樵者歌。
隔塢有絕壁，蘿扉對小開。客子何為者，能入深山來。（祝允明《懷星堂集》、卷八）

〈趙文敏墨蘭竹石圖卷〉　　　　　　　　　　　　　　　　明・馬　愈

此圖松雪翁為毗陵卞氏作者，後皆名人所題。元末，兵燹失去之，為槎落姓氏。百年後，雲孫退之購得之，復還舊物，携以示余。觀松雪筆意，與諸公題款，稱之臻妙，如珊瑚木難，光彩炫耀，刺人眼目，真希世有也。因識其得失如此，俾還之，孫其永寶之。成化十五年四月佛誕之日，痴痴道人馬愈識。（清吳升《大觀錄》、卷十六）

〈趙子昂鱖魚〉　　　　　　　　　　　　　　　　　　　　明・何　瑭

曾聞魚藻頌皇都，見說杭城殿閣蕪。卻想王孫揮筆處，也應回首念西湖。（何瑭《栢齋集》、卷十一）

〈子昂畫馬歌〉　　　　　　　　　　　　　　　　　　　　明・何景明

學士宋王孫，畫馬皆龍姿。曾寫飛黃出天廄，尚留雲影落瑤池。池頭馬官錦靴袴，緩鞚長牽時拂顧。萬里精神開絹素，百年毛鬣生風霧。吁嗟內乘無人識，想見奔騰過都國。翠仗朱軒數往來，金羈玉勒增顏色。只今天子罷南征，又聞東巡遼海城。安得四馬忽然

生，登台一顧千金輕，天上常隨八駿行。（何景明《大復集》、卷十四）

〈趙孟頫淵明像并書辭卷〉　　　　　　　　　　　　　　　　明・陳　沂

　　松雪書歸去來辭，前作淵明像，後餘興未盡，又作竹石，其風流瀟灑可以想見。予曾見人得一墓石，乃東坡作銘自書，後亦作小竹以盡興。二公之文采情致，大略相類然也。此松雪卷首有王行題，王行元末人，沒於難，詩亦清雅，錫山鄒氏家藏。正德癸酉四月朔，鄞陳沂志。（清吳升《大觀錄》、卷十六）

〈趙孟頫淵明像并書辭卷〉　　　　　　　　　　　　　　　　明・叔　嗣

　　淵明曠世逸才，出處卷舒，匹之者鮮矣。然恥向官折腰，達人每恨其褊，豈先生託此以發歸來之興耶？撫故園而不歸，殉微官以自失，先生固亦齒冷也。此卷乃松雪真蹟，舊為錫山鄒氏珍藏，今歸之楊氏七檜山房。癸巳夏，蘇門山人叔嗣赴山西省，燈下醉題。（清吳升《大觀錄》、卷十六）

〈趙孟頫淵明像并書辭卷〉　　　　　　　　　　　　　　　　明・楊　儀

　　松雪翁作淵明像，予見者數幅矣，皆不若此卷為佳。所書歸去來辭，用筆尤精，不類他本。其紙亦松雪齋自製，箋粉中隱起有八分書子昂二字可證也。卷末復作小竹石，能令想見古人雅致，極為可愛。舊為錫山鄒炫家藏。嘉靖戊子夏，予寓蘇王氏水閣中，作溪光詩成，炫從弟煌偶見之，求書一通以去。更歲餘，煌忽來予家，自言攜此詩歸，得消其家門骨肉之禍，其事有出於意料之外者，因以此卷為贈。予辭之再四，委之而去。瓊瑤之報，甚可愧也，甚可笑也。癸卯歲十月廿日，五川居士楊儀書於萬卷樓中。（清吳升《大觀錄》、卷十六）

〈題趙松雪、溫日觀畫〉　　　　　　　　　　　　　　　　　明・陸　粲

　　趙松雪畫馬，溫日觀畫蒲萄，聯為一卷，提學侍御石盤先生所藏也。先生以粲為門下士，俾識一言。松雪繪事之妙，夫人知之固不俟論，若日觀一僧耳。然南村野史，稱其憤楊髡之發陵，見輒詈之，此其志節豈真緇流中所不易得哉？彼膚敏裸將之士宜有深愧之者矣。先生寶此，其意蓋不特在乎區區楮墨間而已也。（陸粲《陸子餘集》、卷七）

〈松雪花鳥圖〉　　　　　　　　　　　　　　　　　　　　　明・文徵明

　　踈篁顫葉風回枯，老枯點玉梅花初。韶華暗度人未識，幽鳥得氣鳴相呼。鳥叫花舞春舒舒，髣髴生意當庭除。青紅歷亂粉墨渝，坐久始覺開珍圖。印文依稀大雅字，知是王孫吮筆餘。王孫玉雪天人如，寫生不數江南徐。高齋日暮松雪暗，野亭何處鷗波虛。百年手跡誰與辨，一笑且看行閒書。（文徵明《甫田集》、卷二）

〈題趙松雪書洪範（并圖）〉　　　　　　　　　　　　　　　　　明・文徵明

　　右趙文敏公書尚書洪範，并畫箕子文王授受之意。為圖畫既古雅，而小楷精絕，殆無遺恨，但無歲月可考，嘗見公所書莊子馬蹄篇，乃初被召為兵部郎中時書。其筆法與此正同，疑此亦當時之作。維公以宋之公族，仕於維新之朝。議者每以為恨，然武王伐紂，箕子為至親，既受其封而復授之以道，千載之下不以為非。然則公獨不得引以自蓋乎，公素精尚書，嘗為之集註，今皆不書而獨書此篇，不可謂無意也。因崦西徐公出示，為著此語，以備折衷，不知公以為何如？（文徵明《甫田集》、卷二十三）

〈趙孟頫洪範圖卷〉　　　　　　　　　　　　　　　　　　　　　明・文徵明

　　右趙文敏書尚書洪範一篇，并畫武王箕子授受之意為圖，畫又古雅，而小楷精極，殆無遺恨，但無歲月可考。憶嘗見公所書莊子馬蹄篇，乃初被詔為兵部郎中時書，其筆意與此正同，疑此亦當是時之作。維宋已亡，公仕於維新之朝，識者無以為恨。然武王伐紂，箕子為紂至親，既受封而復授之以道，千載之下不以為非，然則公獨不得引以自蓋乎？公素精尚書，嘗為集註，今皆不書，而獨書此篇，不可謂無意也。崦西徐公舊藏此卷，以示余，著此以備折衷，公以為何如？嘉靖乙未八月，文徵明書。（清吳升《大觀錄》、卷十六）

〈題趙松雪三十九馬圖〉　　　　　　　　　　　　　　　　　　　明・曾棨

　　吾聞天馬生水中，房星夜墜波光紅。虎文鳳臆真異狀，一日千里能追風。平原草綠春波湧，雄姿逸態人皆竦。騰驤磊落如有神，三十九匹皆龍種。風駿霧鬣擺長雲，五花粼粼簇錦紋。就中一匹獨奇絕，驕嘶似欲超其群。前年從征破強虜，蹴碎陰山力如虎。尾絲窣地逐流星，汗血凝珠散紅雨。今年北去掃殘胡，駿骨驍騰絕世無。追奔已窮沙漠盡，渴飲能令瀚海枯。麒麟驦驪古所惜，況此驅馳樹勳績。君不見穆王八駿空爾奇，弄影瑤池竟何益。（清高宗《御定歷代題畫詩類》、卷一〇二）

〈趙文敏雙馬圖卷〉　　　　　　　　　　　　　　　　　　　　　明・錢穀

　　駿馬來西域，驕嘶逐電姿。縶維誰許得，萬里望風馳。隆慶四年秋九月，同百穀兄觀于慈雲山房，錢穀題并記。（清李佐賢《書畫鑑影》、卷四）

〈題松雪山水〉　　　　　　　　　　　　　　　　　　　　　　　明・釋古淵

　　雪後潮痕上釣磯，江南天水一絲微。萋萋芳草迷禾黍，何事王孫尚不歸。（清高宗《御定歷代題畫詩類》、卷十二）

〈（趙子昂）杜拾遺戴笠圖歌〉　　　　　　　　　　　　　　　　明・施閏章

杜老既往垂千祀，杜老軒然生在此。何不貌公簪紱時，短衣戴笠荒山裏。丹青巨手趙吳興，白描眉骨隱鋒稜。丈夫失路多慷慨，憂萬事悲填膺。西江槎翁題短句，錦袍仙客知相慕。驚呼復有解學士，縱筆揮毫不得住。其詩風雨發春葩，書工行草無歌斜。乃知前輩不鹵莽。俗傳解筆空如麻，是時四坐皆嘉容。聳肩咋舌稱三絕，周郎乞取摹粉本。謂與此老尤親切，嗟公自負比稷契。誰令公不久朝列，拾遺朝拜夕批鱗。依舊麻鞋甘百折，棄官拾梠走飢寒。長攙同谷歌幽咽，人間滿眼皆公鄉。高冠大帶誰寫生，飯顆山頭一野老。千秋遺像猶崢嶸，請看巴蜀山川百戰改，浣花草堂至今在。（施閏章《學餘堂詩集》、卷十五）

〈趙魏國雙馬圖并題卷〉　　　　　　　　　　　　　明・汴　榮

　如鹿如龍出宛西，竹批雙耳玉為蹄。□□遠貢天朝用，牽入君門不敢嘶。江陰汴榮。（清卞永譽《式古堂書畫彙考・畫考》、卷之十六）

〈題趙子昂蘇武牧羊圖〉　　　　　　　　　　　　　明・謝　復

　誰寫漢中郎，風流趙子昂。雪中持漢節，海上牧羝羊。氣與風霜勁，忠爭日月光。君為宋家子，揮翰亦堪傷。（清高宗《御定歷代題畫詩類》、卷三十五）

〈子昂畫羲獻像〉　　　　　　　　　　　　　　　　明・葉　砥

　晉代風流數二王，名家書法過中郎。吳興墨妙尤奇絕，貌得神游到醉鄉。（清高宗《御定歷代題畫詩類》、卷五三）

〈趙魏公畫馬〉　　　　　　　　　　　　　　　　　明・鎦師邵

　浚儀王孫善畫馬，神妙不在江都下。朝退從容白玉堂，意匠經營自揮灑。我觀此圖誠偉哉，清光夾鏡雙瞳開。古來騏驥不易得，此匹乃是真龍媒。尾如流星汗成血，萬里飛騰真電掣。長風颯颯生四蹄，百尺層冰蹴應裂。雄姿眼底苦不多，時無伯樂奈爾何。駑駘伏櫪飽菽豆，坐使神物成蹉跎。君不見才高徑往困泥滓，世上英雄亦如此。（清高宗《御定歷代題畫詩類》、卷一〇五）

〈子昂馬圖，題贈太梁李中丞〉　　　　　　　　　　明・嚴　嵩

　卷中此馬畫者誰，毛鬣欲動骨法奇。尺素能收上閑駿，意態便欲隨風馳。天閑十二紛相矗，想是郊晴初出牧。大宛雄姿宿應房，渥洼異種龍為族。金羈玉勒不須誇，且看連錢五色花。歘見麒麟出東櫪，還疑駃騠涉流沙。沙邊青草茸茸起，上有垂楊覆河水。圉人騎放綠陰中，參差騠牝成雲綺。我觀此馬皆能過都歷塊捷有神，安得蕃息日適河之濱。榆關已撤烽烟警，梁苑應同首蓿春。吳興妙手誰堪伍，遺墨流傳自今古。人間駑輩徒紛

紛，哲匠旁求心獨苦。擬將此幅比瓊瑤，寄贈佳人雲路迢。天闕昔曾窺立仗，霜台今復憶乘軺。親持黃紙臨中土，白日旌旗照開府。皋夔事業待經邦，韓范威名先震虜。氛祲潛消塞北揚，河山坐鎮汴封疆。戍卒歸來族戰馬，嵩陽令作華山陽。吁嗟乎，霄旰憂勤猶拊髀，殊勳早奏明光裏。願徵頗牧入禁中，坐令天下之馬休逸皆如此。（清高宗《御定歷代題畫詩類》、卷一〇五）

〈趙文敏雙馬圖卷〉　　　　　　　　　　　　　　　　　明・朱籛

　月支龍種新鑿蹄，羈金絡玉秋風隄。雙瞳射入電光急，心懷千里長欲嘶。雲間朱籛。（清李佐賢《書畫鑑影》、卷四）

〈趙文敏飲馬圖卷〉　　　　　　　　　　　　　　　　　明・潘嘉

　圉人唐衣冠，天閑畜神駿。雖非金日磾，不忝張景順。飽食無嫌身賤卑，時其渴燥能飲之。常年牧養瘠者肥，龍鬐鳳臆誇權奇。松雪仙翁揮翰手，毫端幻出渴烏首。氣不凋傷骨肉勻，藝精端繼曹韓後。遙想騰驤析木津，御勒難拘自在身。斗水底用求他人，綠波沄沄易水春。天姥山人潘嘉。（清吳升《大觀錄》、卷十六）

〈趙文敏飲馬圖卷〉　　　　　　　　　　　　　　　　　明・釋本無

　玉堂晝閒靜格物，若有龍種空天閑。渴且奔泉如此筆，士未霑祿紛兩間。南湖沙門本無。（清吳升《大觀錄》、卷十六）

〈浴馬圖卷〉　　　　　　　　　　　　　　　　　　　　明・鄧弘

　數匹青鬃馬，牽來不被鞍。太平無用處，閒殺老奚官。鄧弘。（清吳升《大觀錄》、卷十六）

〈浴馬圖卷〉　　　　　　　　　　　　　　　　　　　　明・承遠

　誰將韋侯筆，掃出神駿姿。何當脫羈縶，變化騰天池。承遠。（清吳升《大觀錄》、卷十六）

〈浴馬圖卷〉　　　　　　　　　　　　　　　　　　　　明・廣益

　將閒消戰器，那復顧青驄。落日秋原上，長鳴向朔風。廣益。（清吳升《大觀錄》、卷十六）

〈浴馬圖卷〉　　　　　　　　　　　　　　　　　　　明・東吳道人

　天閑惠養神駿，豪健自欲騰驤。悵望東郊瘦馬，日暮老烏喙瘡。少年曾進搏桑馬，駿

骨連錢不受羈，今日重於江上見，却疑何處使人啼。東吳道人。（清吳升《大觀錄》、卷十六）

〈趙子昂春遊圖〉　　　　　　　　　　　　　　　　　　　　　明・王穉登

　此趙文敏公春遊圖也。人物都冶，裘馬翩遷，宛有東風芳草。少年馳逐之態，而松株石磵，蕭閑野逸，又不為町畦所縛，信矣筆力能扛鼎乎？老鐵歌辭雄麗，杜公哀江頭之遺響哉，伯雨元鎮寄興不一，而各極其致，吾獨慨趙王孫者，畫成絕代而無黍離麥秀之感，何耶？太原王穉登謹題。（清吳升《大觀錄》、卷十六）

〈浴馬圖卷〉　　　　　　　　　　　　　　　　　　　　　　　明・王穉登

　李伯時好畫馬，秀長老勸其無作，不爾當墮馬身，後便不作，正作大士像耳。趙集賢少便有李習，其法亦不在李下，嘗處牀學馬滾塵狀，管夫人自牖中窺之，止見一匹滾塵馬。晚年遂罷此，彼要自專精致。然此卷凡十四騎，奚官九人，飲流囓草，解鞍倚樹，昂首跼地，長嘶小頓，厥狀不一，而駃騠千里之氣，溢出毫素之外。三生老矣，猶能把如意擊唾壺，歌烈士暮年，耳熟烏烏也。庚辰六月，雲棲館中漫題，王穉登。（清吳升《大觀錄》、卷十六）

〈陶靖節小像軸〉　　　　　　　　　　　　　　　　　　　　　明・唐　寅

　吳興此幀，以全力仿龍眠，神形俱得，平生所見無踰於此矣。後學唐寅識并藏。（清龐元濟《虛齋名畫錄》、卷七）

〈陶靖節小像軸〉　　　　　　　　　　　　　　　　　　　　　明・文仲義

　趙文敏畫此幅陶靖節像，簡潔淳古，蕭然畦町之外，不知於李龍眠□□，後來莫有彷彿其萬一，向所見贗本迥不相同，觀者可識廬山真面目矣。萬曆戊寅三月上浣，文仲義誌。（清龐元濟《虛齋名畫錄》、卷七）

〈陶靖節小像軸〉　　　　　　　　　　　　　　　　　　　　　明・朱之蕃

　古人善書者必能畫，今觀趙松雪五柳先生像，畫宗龍眠，故用筆古雅，天真爛漫，宜寶而玩之，異於常品也。戊寅立夏前二日，觀於夢墨亭，吳郡朱之蕃。（清龐元濟《虛齋名畫錄》、卷七）

〈趙文敏墨蘭竹石圖卷〉　　　　　　　　　　　　　　　　　　明・沈　暉

　片紙移來九畹春，王孫妙手敓天真。沈湘祇為憐宗國，曾憶當時結佩人。沈暉拜題。（清吳升《大觀錄》、卷十六）

〈趙孟頫鵲華秋色圖卷〉　　　　　　　　　　　　　　明‧吳景運

　　向見董宗伯臨文敏公鵲華秋色圖，已嘆賞不置。今穉觀此卷，更覺一辭莫贊。乃知書畫一致，知之而不能為之，為之而不能名之也。王寅秋八月，謹識於南山閣。荊溪吳景運。（清吳升《大觀錄》、卷十六）

〈趙文敏墨蘭竹石圖卷〉　　　　　　　　　　　　　　明‧吳　學

　　一卷之石數莖蘭，無限清風在筆端。骨相本非凡草木，畫圖敢作等閒看。吳學。（清吳升《大觀錄》、卷十六）

〈琦元璞所藏趙子昂馬圖〉　　　　　　　　　　　　　明‧周致堯

　　進御歸東日未西，落花芳草滿春泥。也知櫪上無凡馬，牽過天閑不肯嘶。（清高宗《御定歷代題畫詩類》、卷一〇五）

〈趙文敏墨蘭竹石圖卷〉　　　　　　　　　　　　　　明‧翟永齡

　　元魏公趙子昂，以畫法視書法，以書法寓畫法。雖庸孺皆知其名，而精賞鑒者所不能貶損也。此其所畫蘭石，神采飛越，脫去翰墨畦逕。惜其生晚，不及見鄭所南，倘得其心法而師之，又當妙絕千古。成化庚子清和月小滿日，翟永齡觀。（清吳升《大觀錄》、卷十六）

〈趙孟頫重江疊嶂圖〉　　　　　　　　　　　　　　　明‧魏　驥

　　重江疊嶂暮秋時，景物宜人段段奇。紅葉衡茅通窈窕，白雲蕭寺入透迤。風淒遠樹猿聲急，日暝遙空雁影遲。歷歷舊游今見畫，濡毫寧惜寄遐思。蕭山魏驥。（明朱存理《鐵網珊瑚書品》、卷二）

〈趙子昂如來雪山參道〉　　　　　　　　　　　　　　明‧都　穆

　　趙子昂如來雪山參道，絹畫，為吾鄉羅淵泉物。羅且死，囑其細君以是乞銘於家君。家君前夜夢一佛，白雲中下臨余家。晨起得此，適符之，佛坐古松下，以手按膝，宛然如生，故是神物。（明都穆《鐵網珊瑚》、卷八）

〈趙孟頫作甯戚飯牛圖〉　　　　　　　　　　　　　　明‧都　穆

　　松雪甯戚飯牛圖，系以十二月歌。趙書圓熟流便，此獨以遒勁勝，絕不類平日乎世傳吳興書法。數麥愈老愈工，觀此益信。末一七言律，筆勢飛動，神采煥發，佳品也。（明都穆《鐵網珊瑚》、卷八）

〈題（子昂畫）魏時苗返犢圖〉　　　　　　　　　　　明·皇甫汸

　君不見盜泉水不飲，長行寧渴死。夷齊共餓魯連恥，古來達節皆如此。漢室猶能重禮教，茫茫海內徵廉士。火德下哀風斯靡，昊穹垢氛蔽邐迤。魏亦有賢曰時子，激揚異伐仍興起。憶昔乘車令壽春，牝牛自足隨吾貧。車來既空去何有，迢迢不染民間塵。犢非爾駙育爾土，安用汗我車傍輪。褰裳扶杖走相送，提兒媚婦多苦辛。趙公本是清白者，睠此丹青為誰寫。應子收藏今幾年，拂拭素練生雲煙。操持豈羨鬱林石，慷慨不但山陰錢。賦魚毀象爾何者，常使冰壺照眼前。（皇甫汸《皇甫司勳集》、卷十一）

〈趙松雪畫士女，為薛廷貴題〉　　　　　　　　　　　明·周　鼎

　獨立自庭階，雲寒翡翠釵。春闈人上表，鳴佩必天街。（周鼎《土苴集》、卷下）

〈題趙子昂兩洞庭圖〉　　　　　　　　　　　　　　　明·董其昌

　畫洞庭不當繁於樹木，乃以老木綠岸，楂栟數株，居然搖落湖天，寥濶之勢從此畫出，是子昂章法迥絕宋元處，真搆凌雲台手。（董其昌《容台別集》、卷一）

〈趙魏國雙馬圖并題卷〉　　　　　　　　　　　　　　明·董其昌

　西極飛來八尺龍，方皋一見萬群空。太平時節無征戰，辜負華山汗血功。

　趙吳興畫馬，直與韓、曹抗衡。此卷尤為合作。後有雲東題詠，必江南好事家所藏，可寶也。其昌。（清卞永譽《式古堂書畫彙考·畫考》、卷之十六）

〈紅衣羅漢樹石卷〉　　　　　　　　　　　　　　　　明·董其昌

　趙文敏與中峰禪師為法，喜禪悅之遊，曾畫歷代祖師像，藏於吾郡北，然皆梵漢相雜，都不著色，不若此圖尤佳，觀其自題，知其為得意筆也。董其昌觀。（清吳升《大觀錄》、卷十六）

〈趙孟頫洗馬圖卷〉　　　　　　　　　　　　　　　　明·董其昌

　趙孟頫與鮮于太常同時敵手，吳興固遜，鮮于助其羽翅。觀此卷二詩，鮮于所謂見其善者機，故多姿態。子昂所謂見其壯德機故多骨力，鮮于猶有矜莊之色，子昂乃以氣吞之，故尚勝耳。畫馬純用李伯時三馬筆法，此題詩亦在松雪集中，董其昌觀因題。（清吳升《大觀錄》、卷十六）

〈趙孟頫長林絕壑圖〉　　　　　　　　　　　　　　　明·董其昌

　元趙文敏畫長林絕壑圖，張雨、張紳、倪瓚、楊維楨，董其昌題。

　初藏予家，己巳中秋，越石以設色倪迂畫易歸，元皆畫神品也，玄宰重題。（清吳升

《大觀錄》、卷十六）

〈趙孟頫鵲華秋色圖卷〉　　　　　　　　　　　　　　　明・董其昌

　　余二十年前，見此圖於嘉興項氏，以為文敏一生得意筆，不減伯時蓮社圖，每往來於懷。今年長至日，項晦伯以扁舟訪余，攜此卷示余，則蓮社圖已先在案上，互相展視，咄咄嘆賞。晦伯曰：「不可使延津之劍久判雌雄。」遂屬余藏之戲鴻閣。其昌記。壬寅除夕。

　　吳興此圖，兼右丞、北苑二家畫法，有唐人之緻去其纖，有北宋之雄去其獷，故曰師法捨短，亦如書家以肖似古人不能變體為書奴也。萬曆三十三年，煞畫武昌公廨題。其昌。

　　弇陽老人公謹父，周之子孫猶懷土。南來寄食弇山陽，夢作齊東野人語。濟南別駕平原君，為貌家山入囊楮。鵲華秋色翠可飧，耕稼陶漁在其下。吳儂白頭不歸去，不如掩卷聽春雨。右張伯雨詩集所載，惠生屬余再錄，以續楊、范二詩人之筆。歲在庚午夏五十三日。董其昌識。

　　弇陽老人，在晚宋時以博雅名，其煙雲過眼錄，皆在賈秋壑收藏諸珍圖名畫中鑒定。入勝國初，子昂從之，得見聞唐宋風流，與錢舜舉同稱耆舊，蓋書畫學必有師友淵源，湖州一派，真畫學所宗也。董其昌重識。（清吳升《大觀錄》、卷十六）

〈趙文敏古木竹石〉　　　　　　　　　　　　　　　　　明・董其昌

　　趙吳興畫山水、人物、樹石，皆入神品，說者以為逸品，在神品之上。不知吳興于六法之外，以書為畫，畫家不能為吳興書，既不能為吳興畫。如此圖，全用八分飛白，興寄蕭遠，蓋神逸兼之矣。己酉重陽日，觀於墨禪軒，因題。（清李佐賢《書畫鑑影》、卷二十）

〈中峰禪師像〉　　　　　　　　　　　　　　　　　　　明・董其昌

　　趙文敏師事中峰，因圖其像，携以自隨，到處供養。畫似吳道子，令人望而動悟。其昌。（清吳升《大觀錄》、卷十六）

〈紅衣羅漢樹石卷〉　　　　　　　　　　　　　　　　　明・陳繼儒

　　曾見羅漢像數卷，如楞嚴變相，則楞伽最古，松雪發脉于此，非梵隆輩能夢見也。陳繼儒題。（清吳升《大觀錄》、卷十六）

〈（趙孟頫）九馬圈人圖〉　　　　　　　　　　　　　　明・徐　渭

　　穆王八駿西馳去，造父把轡為之御。此時八駿誰傳形，太倉老王太僕卿。刻石嵌在卿之庭，馬瘦尾尖丁無肉。頸長筋綻抽蘭莖，儼如蠻蜓緣壁騰。謂之為龍特無鱗，此圖之馬乃九匹。却比八駿多其一，骨聳肉勻亦奇物。老眼寧知畫者誰，摩挲却是孟頫筆。牧夫九人二人醉，醒者扶之醉不墜。河南山東牧馬兒，汗酒胡蔥醉似泥。此時儻墮無扶持，馬且失矣太僕答。（徐渭《徐文長三集》、卷五）

〈題趙文敏畫兩馬行〉　　　　　　　　　　　　　　明・王世貞

　後馬斑黃前馬黑，兩馬八蹄如雪白。前人衫緋後人碧，後人上馬如上壁。前人回首頓其轡，後馬蹄驕欲前逝。一躍雙爭日月輪，齊驅競吐風雲氣。吳興筆底蟠權奇，前身伯樂真馬師。飲齕立臥皆天姿，我聞南人使船如使馬，胡不畫一小艇凌漣漪。吁嗟嗟，龍種骨立天西陲。（清高宗《御定歷代題畫詩類》、卷一〇二）

〈趙承旨天閑五馬圖歌〉　　　　　　　　　　　　　明・王世貞

　吾聞天子之乘有六馬，五馬無乃諸王侯。飛黃一骨立天仗，茲者廿足閒清秋。有金不敢將絡頭，奚官屏立氣致柔。玉毫如霜落勁刷，俶儻暫攝歸優游。銀槽苜蓿露不收，綠波溢吻芬錦韉。懸鬣齒戹快自酬，宛如隻虹籋雲浮。功成身貴人不知，奉車駙乘白玉墀。君王縱復日三顧，此足敢忘追咸池。吳興學士曹韓師，寫出蹀躞千金姿。得非飲至平南時，數百萬匹皆權奇。嗚呼，渥洼之種悲不悲，真龍却走陰山陲。（清高宗《御定歷代題畫詩類》、卷一一二）

〈趙孟頫重江疊嶂圖〉　　　　　　　　　　　　　　明・王世貞

　昔登江上山，頗愛江上句。天際識歸舟，雲中辨煙樹。長風不起漁歌間，大鵠小鳧爭往還。坐身突兀峭蒨表，著眼莽蒼熹微間。歸來舉頭觸四壁，但覺膏肓有泉石。誰洗丹青開絹素，令我蒼翠流祵席。摩婆舊游亦如此，彷彿煙霞指端起。山凹那當別有雲，天低不辨誰為水。吳興王孫妙自知，不諱前身為畫師。直將平遠苕霅趣，寫出滉瀁金焦奇。老夫手挈盧敖杖，更辨鷗夷五湖舫。欲作寰中汗漫游，即披此卷神先往。

　趙文敏公此圖，沖淡簡遠，意在筆外，不知於李營丘如何？駸駸欲度荊關前矣。吾歌所云“直將清遠苕霅趣，寫出滉瀁金焦奇”，公故吳興人，聊用為戲耳。其於海門吞揚子，浮天浴日，怒雷驚濤之狀，固少遜。至杳靄澹蕩，出有入無，潤氣在眉睫間，不至作公家大年朝京觀也。跋尾諸詩，虞伯生、柳道傳勝國名流；陳敬宗、吳原博先朝博士，精八分者；而啟南尤畫史中董狐矣，固足重也。吳郡王世貞。（明朱存理《鐵網珊瑚・書品》、卷二）

〈趙文敏杏花書屋圖〉　　　　　　　　　　　　　　明・玉水子

　書法二王，畫法顧、陸，自宋元名家得其法者有幾，而松雪翁乃兼之。今觀此圖，綠陰青樾，紅雪飄香，幽人兩兩，向書屋敲落且看杏花，種種入神境，更靚妝明媚，仍不失淡掃娥眉之致，有顧、陸不得姱嫩於前矣，固宜榮際五朝，名滿四海也歟。玉水子識。
（清卞永譽《式古堂書畫彙考‧畫考》、卷之十六）

〈趙文敏雙馬圖卷〉　　　　　　　　　　　　　　　　　　　　明‧張瑞圖

　連錢不動玉蹄健，太平日久無野戰。未應燕市專千金，經此吳門失匹練。旦霞染作雲
滿身，龍池浴罷桃花春。披圖為爾三歎息，世上伯樂今何人。瑞圖。（清李佐賢《書畫
鑑影》、卷四）

〈趙孟頫鵲華秋色圖卷〉　　　　　　　　　　　　　　　　　　清‧曹　溶

　世人解重元末四家，不解推尊松雪，絕不足怪，不過胸中無書也。余見松雪畫至夥，
絢爛天真，各極其致。此為公謹作圖，用筆尤遒古，殆以公謹精鑒別，有意分煙雲過眼
中一位耶？卷藏金沙舊家，今歸膠州張先三，鵲、華兩山有靈，故使主人涉江數年里，
攫取此卷還其鄉也。曹溶題於雙溪舟中。（清吳升《大觀錄》、卷十六）

〈趙文敏墨君圖軸〉　　　　　　　　　　　　　　　　　　　　清‧笪重光

　趙文敏墨君圖真蹟，為神品第一，近得於邗江張氏，與天球拱璧並寶，宜什襲藏之。
江上外史笪重光，辛未夏六月廿七日重裝記。（清龐元濟《虛齋名畫錄》、卷七）

〈趙文敏桐陰高士圖軸〉　　　　　　　　　　　　　　　　　　清‧高　宗

　不必七絃攪，琴音流水彈。傳神非阿堵，師意試臨看。

　梅雨初晴，桐陰清快，偶撫此景，即用前韻題句並書幀中。壬午閏夏月，御筆。（清龐元濟
　《虛齋名畫錄》、卷七）

〈趙文敏寫陶靖節小像軸〉　　　　　　　　　　　　　　　　　清‧陸紹曾

　生世各有時，出處非偶然。淵明賦歸來，佳處未易言。後人多慕之，效顰惑媸妍。終
然不能去，俛仰塵埃間。斯人真有道，名與日月縣。青松卓然操，黃華露中鮮。弃官亦
易耳，強忍北窗暝。撫卷常三歎，世久無此賢。

　月軒示觀趙文敏繪陶靖節像，真為逸品，仍錄松雪題歸去來圖原韻一首。陸紹曾　隸書。（近
　代龐元濟《虛齋名畫錄》、卷七）

〈趙文敏秀石疏林圖卷〉　　　　　　　　　　　　　　　　　　清‧羅天池

　許謙白雲遺藁云，子昂作畫初不經意，對客取紙墨遊戲。點染欲樹即樹，欲石即石。
又鐵網珊瑚，魏公能以飛白作石，金錯刀作墨竹，二說直為此卷作跋，且與松雪自題。
若合符契，雖董文敏王文安，不復能贊一詞。道光丙午十一月十六日，寶澄堂主人羅天

池，記時年四十有二。

　　清微淡遠，惟倪高士枯木竹石，可以並觀。丁未十月一日天池重題。（近代龐元濟《虛齋名畫錄》、卷一）

〈趙文敏秀石疏林圖卷〉　　　　　　　　　　　　　　　　　　　清・李在銑

　　此卷有柯敬仲，危太樸題詩，皆真蹟。敬仲詩字尤佳。王行字止仲，號半軒，更號楮園，吳縣人，洪武初，郡庠聘為經師，著有二王書法辯。是卷題詩，亦簡當名貴。盧氏充耗，不知何許人，俟考。右下角有敬仲印，左下角有松雪齋印，為庸工裁去其半，可恨。前後有何元朗，李君實，梁蕉林，葉東卿印，其餘各印亦俟考。最後有羅六湖跋，六湖亦知名士。跋有根據，字淡雅得味外味，可存。芝老病手識。（近代龐元濟《虛齋名畫錄》、卷一）

## 趙彥輔

　　小傳：不見畫史記載。身世不詳。

〈趙彥輔雪圖〉　　　　　　　　　　　　　　　　　　　　　　元・張　雨

　　清才絕似王摩詰，愛向高堂寫雪山。華蓋洞中如屋裏，赤闌干外是人間。瓊樓祇許飛仙住，珠樹應留織女扳。莫信寒泉傷玉趾，最宜清暑聽潺湲。（明朱存理《鐵網珊瑚畫品》、卷六）

## 趙彥榮

　　小傳：不見畫史記載。身世不詳。

〈題趙彥榮臨畫〉　　　　　　　　　　　　　　　　　　　　　元・郯　韶

　　北苑南宮奈老何，青山依舊洛中多。相思一夜鷗波夢，稚子船頭結綠蓑。（顧瑛《草堂雅集》、卷十）

## 趙　原

　　小傳：一作趙元，字善長，號丹林，吳人，山東人。工畫山水，師董北苑。說者謂其山水雄麗，可雁行王叔明，並善作龍角鳳毛，金錯刀竹，尤簡貴云。（見《中國畫家人名大辭典》、六一六頁）

〈趙丹林陸羽煎茶圖〉短卷　　　　　　　　　　　　　　　　　自　題

　　陸羽烹茶圖。睡起山齋渴思長，呼童煎茗滌枯腸。軟塵落碾龍團綠，活水翻鐺蟹眼黃。

耳底雷鳴輕著韻，鼻端風過細聞香。一甌洗得雙瞳豁，飽玩苕溪雲水鄉。山中茅屋是誰
家，兀坐閒吟到日斜。俗客不來山鳥散，呼童汲水煮新茶。趙丹林。（清吳升《大觀錄》、
卷十八）

〈趙善長臨北苑溪山行旅圖〉　　　　　　　　　　　　　　自　題

　苕城趙元臨董元溪山行旅圖。（清吳升《大觀錄》、卷十八）

〈趙元寫友竹圖〉　　　　　　　　　　　　　　　　　　　自　題

　至正辛丑秋日，寫友竹圖於存存齋，趙元。（清李佐賢《書畫鑑影》、卷十二）

〈趙善長合谿草堂圖軸〉　　　　　　　　　　　　　　　　自　題

　苕城趙元，為玉山主人作合谿艸堂圖。（清龐元濟《虛齋名畫續錄》、卷一）

〈趙善長枉顧玉山，遂以綢為予索畫并詩其上〉　　　　　元・鄭元祐

　顧家絹如雞子皮，趙生畫似絞人機。冰絲瑩滑始受彩，天藻絢爛方含輝。海波金芒鼇
日上，溪樹翠鎖春洲肥。漁師出港晴舉網，野老問渡寒賽衣。試訊何泛有此景，顧在筆
底縱橫揮。（鄭元祐《僑吳集》、卷二）

〈題趙原臨高彥敬青山白雲圖〉　　　　　　　　　　　　元・釋道衍

　前朝畫師那有數，眾中獨數房山高。房山氣勢凌八極，下筆每見胸中豪。白雲萬重山
萬疊，烟嵐拂翠如春濤。長松落子碍走瀑，掩耳不聽孤猨噪。小亭獨坐誰氏子，超然好
似歸田陶。人間何處得此境，錢塘門外多林皋。趙君愛畫亦無匹，縑楮積安寧辭勞。乃
知房山與神會，點綴不到無秋毫。吳中名家每見畫，惟有此幅宜加褒。為題長句付一笑，
春風兩鬢飛霜毛。（元《古今禪藻集》、卷二十）

〈趙善長合谿草堂圖軸〉　　　　　　　　　　　　　　　元・顧　瑛

　草堂卜築合溪潯，竹樹蕭森十畝陰。地勢北來分野色，水聲口去是潮音。門無胥吏催
租至，座有詩人對酒吟。往返還能具舟楫，按圖索景倍幽尋。余愛合溪水多野澗，非舟
楫不可到，實幽栖之地，故營別業以居焉。善長為作此圖，甚肖厥景，因題以識，湖中
一洲，乃澄性海所住潮音菴也。至正癸卯冬至日，金粟道人顧阿瑛試溫子敬筆，書于玉
山草堂。（近代龐元濟《虛齋名畫續錄》、卷一）

〈趙善長山水〉　　　　　　　　　　　　　　　　　　　元・王　逢

　畫師今趙原，東吳諒無雙。寸毫九鼎重，烏獲力靡扛。翠樹擁羽旄，深崦敞雲圖。參

差見罍斝，不無酒盈缸。老山石黃色，插腳琉璃江。隱若赤壁壘，勢壓曹魏邦。何當柔猛虎，蛟鱷遂我降。欠伸列仙厓，嚏咳漁蠻矼。（王逢《梧溪集》、卷五）

〈題趙善長為李原復所畫山水〉　　　　　　　　　　　　　元・王　逢

日光青寒殺氣白，山童林髡水縮脉。城春墮指株送餤，莽蒼坤輿大宵宅。齋東趙原吳下客，辭榮養母韓康伯。酒狂忽憶雍熙時，畫法荊關海岳窄。魁峰傑嶺大將顏，秀崖峭壁仙卿班。雲嵐瀙勃嵩華表，石棧犖碻嶤函間。翬飛樓閣深翠隱，獸群遠跡人煙近。一瀑天垂雪練紳，萬松花落黃金粉。森蘿翳槲杏莫盡，若聞行歌采芝菌。旁觀眾攘攘，妙灑獨心苦，神工精會合鬼物。毛竦豎桂蠻，扁舟露沙潊，磨輪新坊俯場圃。雌伏雞巢懸在梁，磬折田翁飼其牸。土膏不假酥雨潤，帘腳似逐東風順。貢聯包甌旅裹糧，驪驅馬馱力角奮。怛然閣筆淚滿腮，龍虎虛臥灤陽台。累朝德澤百年運，短褐老去江南哀。我詩題罷春潑眼，又見他鄉鴻雁回。（王逢《梧溪集》、卷五）

〈趙元寫友竹圖〉　　　　　　　　　　　　　　　　　　明・王　肄

錢郎友竹久相宜，竹友錢郎即舊知。高節總無塵俗界，虛心并有歲寒期。王猷逕造非今日，蔣詡論交是昔時。更愛此君何處好，清風吹我鬢成絲。太原王肄，時年七十有一矣。（清李佐賢《書畫鑑影》、卷十二）

〈趙元畫懸厓圖〉　　　　　　　　　　　　　　　　　　明・楊　基

懸崖無根谷無底，樓閣參差半空起。不信神工斧鑿成，人間至險無如此。我對畫圖猶拊膺，何況崎嶇險處登。槿樹籬邊堤似掌，藕花池上月如燈。（楊基《眉菴集》、卷二）

〈題趙元臨高房山鍾觀圖〉　　　　　　　　　　　　　　明・王　行

北苑貌山水，見墨不見筆。繼者惟巨然，筆從墨間出。南宮實遊戲，父子並超軼。豈曰董是師，賡歌偶同律。高侯生古燕，下筆脫凡骨。舂容米家氣，犖碻老僧質。沄沄水墨中，探破造化窟。嘗圖得鍾觀，景象昭雲日。長松更飛泉，霞彩互飄歘。今朝見茲畫，臨寫意無失。慘淡入窈冥，稜層隔岑蔚。乃知趙雲子，後欲復奇逸。高堂時一舒，六月氣蕭瑟。平生丘壑性，塵土欣已拂。因之興我懷，山中斸苓术。（王行《半軒集》、卷十）

〈題趙善長一家村〉　　　　　　　　　　　　　　　　　明・唐之淳

閒居不用鄰，草綠看家春。雞犬無煩接，鵝鴨免教嗔。砧許魚歌送，炊將獵火親。夜績非分燭，春樵或問津。認須腰百萬，去覓呂僧珍。（明朱存理《珊瑚木難》、卷五）

〈秋夜過王庫部定甫，觀元人趙原山水小幅，固題其後〉　　　明・黎民表荊關神妙世希有，莒國山人亦名手。意匠經營頗逼真，水石山林氣森秀。剡藤一幅讒盈尺，萬穴千巖俱點就。芙蓉開荳迤太清，星宿匯流欻崇岫。陂陀映帶粘箆莎，礴石繼橫走泉溜。日出初兮意色濃，秋高始脫烟霞瘦。吮粉含丹無此流，北苑營丘合回首。王君好事偶得之，輩几雲房頓覺奇。況當燕市風塵日，見此溪山罨畫姿。冷然便覺心神披，嚴霜撲人葉辭枝。翠眉更進金屈巵，白雲在天河漢移。醉來騎馬忘南北，桐葉兮題賦小詩。（黎民表《瑤石山人稿》、卷三）

〈趙善長合谿草堂圖軸〉　　　　　　　　　　　　　　　　　　清·高　宗

堂築碧溪中，幽棲樂莫窮。無塵到心境，有水合天空。杖策來佳友，烹茶付野僮。非舟不能到，原是許舟通。辛丑夏御題。（近代龐元濟《虛齋名畫續錄》、卷一）

〈趙善長臨董元溪山行旅圖〉　　　　　　　　　　　　　　　　清·李佐賢

此卷多耿氏鑒賞印，知曾經信公寶藏。墨林彙觀載趙原臨北苑溪山行旅圖，絹本，中挂軸，水墨山水，耿氏物，即此。考圖繪寶鑑，趙元，字善長，山東人，山水師董源。六研齋筆記，趙善長，山水雄麗，可雁行叔明。　畫人姓氏錄，按善長，字丹林，一名原。江南通志，元作原。觀此墨氣濃厚，筆力堅凝，可當雄麗二字。彙觀以元作原，亦非筆誤也。李佐賢題。（清李佐賢《書畫鑑影》、卷二十）

## 趙師舜

小傳：不見畫史記載。身世不詳。

〈題趙師舜謝安遊東山圖〉　　　　　　　　　　　　　　　　　元·虞　集

太傅東山杖屨行，搵將憂患托高情。獨尋窈窕開瑤席，双引娉婷韻玉笙。春雨松間殘奕冷，秋風江上莫塵生。三分籌策頻煩甚，惆悵雲霄一羽輕。（虞集《道園學古錄》、卷二十九）

〈題趙師舜光風轉蕙汎崇蘭圖〉　　　　　　　　　　　　　　元·虞　集

眾芳非不多，金石好兄弟。褋佩以間之，春風接襟袂。（虞集《道園學古錄》、卷二十九）

## 趙　淇

小傳：字元德，號平遠，又號太初道人，故合而曰平初，又號靜華翁，諡文惠，潭州人。為文辭圖畫以自樂，遂終身焉。善墨竹，長竿勁節風致甚佳。（見《中國畫家人名大辭典》、六一五頁）

〈題趙平遠畫石〉　　　　　　　　　　　　　　　　　　　　　元・劉將孫

　　自大、小坡竹石來，別有一等趣味，非畫手之謂也。元章以潑墨作山水，亦得於此。平遠相門雅尚，多能多藝。作此木石，淡而愈淡，而清潤自然。吾先子題此，亦得意語也。他題有贗。此晚年筆意清勁，鮮能得之。延祐乙卯三月丙寅，將孫鑒定如此。（劉將孫《養吾齋集》、卷二十六）

〈題趙平遠盧疎齋小像〉　　　　　　　　　　　　　　　　　　　元・貢　奎

　　烏紗白苧兩天人，我昔從遊意最親。江海文章千載，風流畫史為傳真。海天雲暗涿州山，湘水春寒玉樹殘。惆悵百年曾幾見，神交髣髴畫圖間。（貢奎《貢文清公雲林詩集》、卷六）

## 趙虛一

　　小傳：不見畫史記載。身世不詳。

〈題趙虛一山水圖〉　　　　　　　　　　　　　　　　　　　　　元・貢　奎

　　我愛青山欲歸去，偶見生綃喜還住。層巒疊嶂遠真濛，旭日東生光采注。簾陰微閃數枝丹，疑是岩前半開樹。晴嵐曉翠千萬重，一覽底須携杖屨。郭生十年不相見，筆意從口口天趣。青田道人如瘦鶴，能口生駒窮海嶽。何如挂此素壁間，終日焚香相對閒。政爾胸中有丘壑，烏帽黃塵漫飄泊。向來山中我醉眠，白雲孤飛興悠然。清幽到處畫不出，自遣數語人間傳。（貢奎《貢文清公雲林詩集》、卷三）

## 趙　雍

　　小傳：趙孟頫子，字仲穆。工書，善山水，師董源，尤精人馬及竹石。（見《中國畫家人名大辭典》、六一四頁）

〈趙仲穆臨李伯時鳳頭驄〉　　　　　　　　　　　　　　　　　　　自　題

　　李伯時五花馬圖，余最愛者，惟鳳頭驄耳。舍弟重光亦重之，今為重光臨此，殊覺快然，真所謂心合意會者也。至正三年八月望，趙仲穆并題。（明朱存理《鐵網珊瑚・書品》、卷二）

〈趙仲穆越山圖卷〉　　　　　　　　　　　　　　　　　　　　　　自　題

　　高尚書越山圖魏趙雍臨。（清吳升《大觀錄》、卷十八）

〈趙仲穆春山遊騎圖〉　　　　　　　　　　　　　　　　　　　　　自　題

　　至正二年八月仲穆畫。（清吳升《大觀錄》、卷十八）

〈趙仲穆竹石蘭草圖〉　　　　　　　　　　　　　　　　　　　　自　題

　　至正九年秋九月初吉，仲穆畫。（清吳升《大觀錄》、卷十八）

〈趙仲穆秋林圖〉　　　　　　　　　　　　　　　　　　　　　　自　題

　　我心漂泊似秋雲，閒步松陰到寺門。為問幻仙詩在否，墨花猶續舊書痕。右題靈峰寺
見句曲外史所戲詩，就此韻。趙雍。（清吳升《大觀錄》、卷十八）

〈趙仲穆寒山論詩書畫卷〉　　　　　　　　　　　　　　　　　　自　題

　　重巖我卜居，鳥道絕人跡。庭際何所有，白雲抱幽石。住茲凡幾年，屢見春冬易。寄
語鐘鼎家，虛名定何益。巖前獨靜坐，圓月當天耀。萬象影現中，一輪本無照。廓然神
自清，含虛洞玄妙。因指見其月，月是心樞要。登茲寒山道，寒山路不窮。谿長石磊磊，
澗闊草濛濛。苔滑非關雨，松鳴不假風。誰能超世累，共坐白雲中。白雲高嵯峨，綠水
蕩潭波。此處聞漁父，時時鼓棹歌。聲聲不可聽，令我愁思多。謂誰雀無角，其如穿屋
何。出生三十年，常遊千萬里。行江青草合，入塞紅塵起。鍊藥空求仙，讀書兼詠史。
今日歸寒山，枕流兼洗耳。昨夜夢還鄉，見婦機中織。駐□若有思，擎梭似無力。呼之
回面視，況復不相識。應是別多年，鬢毛非舊色。有鳥五色文，棲桐食竹實。徐動合和
儀，鳴中施禮律。昨來何以至，為君暫時出。儻聞絃歌聲，作舞欣今日。自在白雲間，
從來非買山。下危須策杖，上險捉藤攀。澗邊松常翠，谿邊石自斑。友朋雖阻絕，春至
鳥關關。水清澄澄瑩，徹底自然見。心中無一事，萬境不能轉。心既不妄起，永劫無改
變。若能如是知，是知無背面。常聞漢武帝，爰及秦始皇。俱好神仙術，延年竟不長。
金臺既摧折，沙石遂滅亡。茂陵與驪嶽，今日草茫茫。寒山唯白雲，寂寂絕塵埃。草座
山家有，孤燈明月輪。石床臨碧沼，虎鹿每為鄰。自羨幽居樂，長為象外人。花上黃鶯
子，關關聲可憐。美人顏似玉，對此弄鳴絃。翫之能不足，眷戀在齠年。花飛鳥亦散，
灑淚春風前。君看葉裏花，能得幾時好。今日畏人攀，明朝待誰掃。可憐嬌艷情，年多
轉成老。將世比於花，紅顏豈長保。田家避暑月，斗酒共誰歡。雜雜排仙果，疏疏圍酒
罇。蘆莛將代席，蕉葉且充盤。醉後擡頤坐，須彌小彈丸。有樂且須樂，時哉不可失。
雖云一百年，豈滿三萬日。寄世是須臾，論錢莫啾唧。孝經末後篇，委曲陳情畢。錄寒
山老禪師詩十五首。仲穆。（清李佐賢《書畫鑑影》、卷五）

〈題趙仲穆山水二首〉　　　　　　　　　　　　　　　　　　元・仇　遠

　　綠林紅樹石崢嶸，有客携琴訪友生。今夜西軒風月好，殷勤為我鼓商聲。王孫遺跡在
桐鄉，留意當年翰墨香。回首西風多感慨，不辭援筆賦嵇康。（仇遠《山村遺集》、三二

頁上）

〈題趙仲穆山水圖歌〉　　　　　　　　　　　　　　　元・黃　玠

　遠山如湧波，近山如積石。遠近千萬山，崢嶸起寒碧。赤甲白塩江影空，青天芙蓉五老峯。野橋村路獨歸客，耳邊彷彿東林鐘。滄浪老人唱歌處，日暮停篙倚江樹。倒挑笠子漁竿頭，隔水高樓訪誰去。（黃玠《弁山小隱吟錄》、卷二）

〈趙仲穆山水圖歌〉　　　　　　　　　　　　　　　元・黃　玠

　山有麓兮水有麋，石礧礧兮彼漁之磯。水有麋兮山有麓，樹翳翳兮彼樵之谷。波極目兮隻鼯暮飛，我懷伊人兮渺不知其所之。采采蘭若兮充爾佩褘，弁之陽莒之滸兮來吾與歸。（黃玠《弁山小隱吟錄》、卷二）

〈題趙仲穆看雲圖〉　　　　　　　　　　　　　　　元・釋祖栢

　舊游清苕上，愛看弁峰雲。稍將春雨度，始見遠林分。起滅悟真理，逍遙遺世紛。於焉自怡悅，永懷陶隱君。（顧瑛《草堂雅集》、卷十四）

〈題仲穆畫唐馬〉　　　　　　　　　　　　　　　　元・于　立

　大宛千里馬，朱汗翠連錢。夜秣玉關下，曉呈金殿前。橫門花似雨，韋曲柳如烟。虢國爭馳道，將軍避繡鞭。（顧瑛《草堂雅集》、卷十一）

〈趙仲穆臨李伯時鳳頭驄〉　　　　　　　　　　　　元・于　立

　房星夜入水，龍馬出渥洼。西來幾萬里，進入天王家。公子重毫素，慘淡生風沙。明時不好武，終然駕鼓車。匡廬于立。（明朱存理《鐵網珊瑚・書品》、卷二）

〈趙仲穆畫看雲圖〉　　　　　　　　　　　　　　　元・宇文公諒

　橫杖坐松下，看雲起遙岑。惟應陶靖節，會得此時心。（明朱存理《鐵網珊瑚・書品》、卷二）

〈趙仲穆畫看雲圖〉　　　　　　　　　　　　　　　元・迺　賢

　松溪春水落，白石粲可數。坐愛南山雲，溶溶不成雨。南陽迺賢。（明朱存理《鐵網珊瑚・書品》、卷二）

〈題趙仲穆二馬圖〉　　　　　　　　　　　　　　　元・許有壬

　曹韓遺跡已無多，松雪堂中見小坡。珍重隻龍莫飛去，人間銅式久消磨。房星淪彩渥

洼竭，神物誰令畫得成。幸自天閑異虞口，忍教立仗不教鳴。（許有壬《至正集》、卷二十九）

〈題趙仲穆揩癢馬圖〉　　　　　　　　　　　　　　　　　　　元・張天英

　啄瘡烏去夕陽西，磨癢枯株振鬣嘶。今日戰場春草綠，相看誰濯錦障泥。（清高宗《御定歷代題畫詩類》、卷一〇六）

〈趙仲穆臨李伯時鳳頭驄〉　　　　　　　　　　　　　　　　　元・張天英

　綠波新濕五花雲，駿馬初離塞北群。南國龍駒青入眼，髯奚那識故將軍。清河張天英。
（明朱存理《鐵網珊瑚・書品》、卷二）

〈桃源行題趙仲穆畫〉　　　　　　　　　　　　　　　　　　　元・薩都剌

　長城遠築阿房起，黔首驅除若螻蟻。誰知別有小乾坤，藏在桃花白雲裏。桃花重重開白雲，洞門鎖住千年春。男耕女織作生業，版籍不是秦家民。桑麻雞犬村村屋，流水門墻映花竹。無端漁父綠簑衣，帶得黃塵入幽谷。主人迎客坐茅堂，共話山中日月長。但見花開又花落，豈知世上誰興亡。明朝漁父歸城市，回首雲山若千里。再來何處覓仙踪，恨滿桃花一溪水。（薩都剌《雁門集》、三六頁）

〈趙仲穆臨李伯時鳳頭驄〉　　　　　　　　　　　　　　　　　元・吳克恭

　今代王孫紫花馬，分明貌得鳳頭驄。寄來適荷老支遁，神駿固應清賞同。延陵吳克恭。
（明朱存理《鐵網珊瑚・書品》、卷二）

〈題趙仲穆瀛海圖〉　　　　　　　　　　　　　　　　　　　　元・朱德潤

　玉觀仙台紫霧高，昔騎丹鳳姿遊邀。隻成不念吹笙侶，閬苑春深醉碧桃。（朱德潤《存復齋文集》、卷九）

〈題張參政所藏驄馬滾塵圖〉　　　　　　　　　　　　　　　　元・朱德潤

　盛唐太僕王毛仲，八坊分隊三花動。當時畫馬稱曹韓，尺素幻出真龍種。玉花照夜爭新妍，一馬滾塵鬣尾鮮。昂頭不受金絲絡，汗血輾沙生畫烟。翰林妙寫不減古，名駒染出青豪素。延祐君王賞駿材，金盤賜帛出當宁。時清處處出驪駬，何必漢朝稱渥洼。王良幸勿嗔踶齧，一躍天衢千里沙。（朱德潤《存復齋文集》、卷九）

〈趙仲穆揩癢馬圖〉　　　　　　　　　　　　　　　　　　　　元・朱德潤

　渥洼天馬骨如龍，散步春郊苜蓿中。揩徧至鬐塵未落，日斜宮樹影搖風。（清高宗《御

定歷代題畫詩類》、卷一　○六）

〈趙仲穆越山圖卷〉　　　　　　　　　　　　　　　　　　　　元・周伯琦

　浙江春水滿，東岸盡青山。旭日明旌旆，晴雲擁髻鬟。柯亭林倚塔，秦望石迷關。一曲何時遂，開圖漫破顏。

　趙仲穆作越山圖，玉雪老人鄱易周伯溫題。（清吳升《大觀錄》、卷十八）

〈題趙仲穆畫送鄭蒙泉之鄞〉　　　　　　　　　　　　　　　　元・郯　韶

　海寧太守歸來日，愛寫新圖入臥游。見說甬東風日好，春山如霧隔瀛洲。（顧瑛《草堂雅集》、卷十）

〈題趙仲穆畫〉　　　　　　　　　　　　　　　　　　　　　　元・郯　韶

　水晶宮裏佳公子，拄笏看山逸興多。昨夜溪南新水漲，釣絲晴拂白鷗波。（顧瑛《草堂雅集》、卷十）

〈趙仲穆臨李伯時鳳頭驄〉　　　　　　　　　　　　　　　　　元・郯　韶

　蓬萊宮中春晝遲，五馬曾閱李伯時。天閑一二盡龍種，獨愛鳳頭尤崛奇。王孫歸臥江南日，見之為爾生顏色。乃知神駿世所憐，彷彿明窗親貌得。黃頭圉官頎且髯，絳袍烏帶高帽尖。是日牽來赤墀下，黃門辟易爭觀瞻。紅絲絡頭尾窣地，玄雲滿身飛不起。長鳴知是戀九重，豈但一日行千里。君不見春風立仗何駉駉，龍文照地來房星。何當中道為剪拂，縱目平原春草青。吳興郯韶。（明朱存理《鐵網珊瑚・書品》、卷二）

〈題趙仲穆畫桃花馬〉　　　　　　　　　　　　　　　　　　　元・柯九思

　桃花出水映連錢，太液新醅綠樹煙。催賜金鞍調得穩，翠華明日幸溫泉。（柯九思《丹邱集》錄自元詩選、四六頁）

〈題趙仲穆畫桃花馬〉　　　　　　　　　　　　　　　　　　　元・柯九思

　山頭應是館娃宮，錦繡樓台洛可通。年年長見五湖水，萬斛舟行白浪中。（柯九思《丹邱集・錄自元詩選》、五一頁）

〈題所藏趙仲穆畫江山秋霽圖〉　　　　　　　　　　　　　　　元・柯九思

　國朝名畫誰第一，只數吳興趙翰林。高標雅韻化幽壤，斷縑遺楮輕黃金。憶昔京華陪勝集，郎君妙年才二十。江南春雨又相逢，筆底秋山那可及。便欲追蹤僧巨然，破墨爛熳還清妍。倚闌人待滄海月，懸崖樹拂瀟湘煙。老夫口愛扁舟趣，風靜波深疑可渡。顧

生痴絕忽大叫，指點前峰問歸路。（柯九思《丹邱集·錄自元詩選》、五八頁）

〈趙仲穆秋山訪友圖〉 元·柯九思

萬壑寒蕭森，千章樹蒼老。溪錦新織成，雲文初脫稿。茅屋倚幽叢，鹿麇臥深草。呼童掃綠苔，晏坐聽黃鳥。江山如有情，展卷舒懷抱。囊琴為尋幽，不辭涉深窅。疎林口紅葉，遠遠出山杪。烟靄互吐吞，恍若籠輕縞。從來趙王孫，胸次有三島。置之青玉几，雲霧時旋遶。變幻為虎踞，光怪凝龍矯。只此一洞天，愈探愈不了。山形雖混成，石貌實妍巧。宛然山陰遊，萬狀難分曉。骨力故清奇，因知得名早。（柯九思《丹邱集·錄自元詩選》、九八頁）

〈題趙仲穆畫〉 元·柯九思

草堂仍著薜蘿遮，地僻林深有此家。只道春風吹不到，門前依舊落松花。（柯九思《丹邱集·錄自元詩選》、一一八頁）

〈趙仲穆東山圖〉 元·柯九思

聞道梱山勝景多，風流安石臥烟蘿。休言携妓行游樂，天下蒼生奈若何。（柯九思《丹邱集·錄自元詩選》、一二六頁）

〈趙仲穆臨李伯時鳳頭驄〉 元·柯九思

高帽黃髯款塞胡，殿前引貢盡龍駒。伏移天步臨軒看，畫出韓生試馬圖。此予舊製宮詞也，仲光出示此圖，不覺興懷，因書于左。五雲閣吏柯九思敬仲賦。（明朱存理《鐵網珊瑚·書品》、卷二）

〈題趙仲穆江浦歸帆圖〉 元·張 翥

西施浦頭鴻雁聲，苧蘿山下於菟行。前村路暗愁未到，迴首海天秋月生。（顧瑛《草堂雅集》、卷四）

〈詩意圖〉 元·張 翥

滿叢鮮碧露團香，院落春紅過野芳。蛺蝶一生花裏活，飛來還戀竹風涼。
顧瑛詩，曰 “閣道春風度，湘簾晝景斜。初晴雙蛺蝶，也解逐羊車”。（顧瑛《草堂雅集》、卷四）

〈題趙仲穆怪石奇木〉 元·張 翥

君不見岳陽城南老樹能化人，又不見草中巨石如臥虎。樹逢仙客授還丹，石誤將軍箭

飛雨。海寧太守提健筆，與丹通靈箭角力。山精木魅寒睒暘，千年醜怪匿不得。銜瘤
半裂雷大出，隱入雲綃露奇跡。猝然一見心膽驚，氣盡畫工俱辟易。挂之高堂風動搖，
古色一片秋蕭蕭。待候硯池卷東梅，歸寫扶桑與沃焦。（張翥《蛻菴集》、卷一）

〈趙仲穆畫看雲圖〉　　　　　　　　　　　　　　　　　　　　元·劉儼
　松陰坐來穩，山色望中分。寄語東州客，歸來看白雲。彭城劉儼。（明朱存理《鐵網
珊瑚·書品》、卷二）

〈趙仲穆畫看雲圖〉　　　　　　　　　　　　　　　　　　　　元·韓友直
　結屋山中住，尋幽曳杖行。獨來松樹下，坐看白雲生。韓友直。（明朱存理《鐵網珊
瑚·書品》、卷二）

〈趙仲穆畫看雲圖〉　　　　　　　　　　　　　　　　　　　　元·潘純
　行憩蒼苔上，坐愛青松陰。白雲在天際，相對總無心。（明朱存理《鐵網珊瑚·書品》、
卷二）

〈趙仲穆東山圖〉　　　　　　　　　　　　　　　　　　　　　元·吳鎮
　東山為樂奈蒼生，望重須知亦累情。蠟屐春來行更好，桃花洞口笑相迎。（清高宗《御
定歷代題畫詩類》、卷三十六）

〈題仲穆山水〉　　　　　　　　　　　　　　　　　　　　　　元·貢師泰
　翡翠為崖金作坡，白雲重叠護曾阿。背琴童子松間坐，束帶仙人馬上過。高閣半天開
寶月，飛流千尺寫銀河。王孫已老丹青在，轉覺風流意氣多。（貢師泰《玩齋集》）

〈趙仲穆丹青界畫記〉　　　　　　　　　　　　　　　　　　　元·劉仁本
　客持繪軸來徵誌語者，曰：「此鎮南王子之花木園池亭台館樹在維揚者，吳興公子趙
仲穆氏所圖也。」展睇則丹青燦爛，金碧烱如，連甍矗棟，玉甃瑂欄，芰荷楊柳之婀娜。
雜以松篁佳卉之蒨蔥，曲徑拗塘，幽堤別塢，遠近參差，瑰奇異態，真若蓬萊三島，澤
國風烟，似非塵世所有。水波搖漾，闌干青瑣，玻璃翡翠，掩映交輝，筆端造化炫奪人
心目。況當時親即風景而遂其遊息衍樂乎？余思至正初元，天下無事，萬幾多暇，九重
穆清。嘗有旨召仲穆赴京，采繪新作便殿台閣，意者道徑維揚謁王子，見宮室苑囿之美，
悅而圖之，今為人間所得耳。嗚呼，園林台沼，富貴繁榮，維揚為最。若后土瓊花，竹
西歌吹，九曲迷樓，二十四橋之風月，怕天下奇絕也。自中原盜起，干戈四出，珠玉錦
繡之區，笙歌院宇之地，悉化為烽烟瓦礫。凡諸形勝，公子王孫所經營，僧坊仙跡之幽

雅，騷人墨客所遊覽品者，今不可得而復見矣。此軸也，何仲穆英華之發，點染之妙，毫端尺素，盡收其美，尚惟什襲以為他日隆平鑒誠，或按圖而索駿，非所敢知也。姑誌之。至正癸卯春二月，天台劉仁本書。（劉仁本《羽庭集》、卷六）

〈趙仲穆秋曉晴嵐圖〉　　　　　　　　　　　　　　　　元·張　雨

白雲不來秋向曙，寒旭未開陰似暮。曾巒疊岡如肺附，空翠烟霏莽迴互。深林懍冽還悽迷，沮洳略彴緣東西。丈人荷鉏仍佩犢，天姥過嶺猶聞雞。訪水尋山足力煩，暮年借畫醒心魂。董郎仙手不可作，只今惟數趙平原。（張雨《句曲外史貞居先生詩集》、卷三）

〈仲穆蕙花〉　　　　　　　　　　　　　　　　　　　　元·張　雨

空谷幽芳絕代姝，紛披翠袖不勝扶。金瓶芍藥三千朵，合讓光風轉蕙圖。（明朱存理《鐵網珊瑚畫品》、卷六

〈題趙仲穆竹西圖（為楊元誠）〉　　　　　　　　　　　元·張　雨

問訊揚雄宅，深居在竹西。風林宜月影，春日聽鶯啼。東老應同樂，南鄰憶舊題。東風又花草，相與及幽棲。（清高宗《御定歷代題畫詩類》、卷一一四）

〈趙仲穆畫〉　　　　　　　　　　　　　　　　　　　　元·鄭元祐

王孫畫思凌紫青，千峰削出秋冥冥。丹台疑通玉京路，飛瀑上濺銀河星。抱琴隨馬風泠泠，定知不是王門伶。山空水流木葉落，曲終正不求人聽。溪流明滅夕陽晚，似有樵唱來岩坰。王孫歸臥鷗波亭，釣天清都夢始醒。浮雲變滅不掛眼，盤石溪邊且濯纓。（鄭元祐《僑吳集》、卷二）

〈李龍眠唐馬，仲穆臨〉　　　　　　　　　　　　　　　元·鄭元祐

龍眠畫馬妙入神，邈得唐時馬與人。人通馬語默相契，馬知人意更相親。文皇昔御六龍出，天為聖主產麒麟。開元馬牧蕃盛日，雲駕嚙唊誰能馴。自昔龍駒有天骨，驌驦獨起秋輪囷。西巡不復觴王母，東歸政爾暫直臣。馬圖流傳至汴宋，玉驄紫燕聊前陳。守文之君保成業，不肯一日開邊塵。遂置驌驦鼓車下，猛蛟失水無完鱗。柏台退休親貌得，畫意逮逼曹韓真。畫史才知粉墨趣，學士乃通元化因。曹韓骨朽伯時死，餘下溪上苔花春。臨摹不得畫史意，掩卷愁眉誰與伸。（鄭元祐《僑吳集》、卷二）

〈題趙仲穆擦痒馬〉　　　　　　　　　　　　　　　　　元·鄭元祐

啄瘡鳥去夕陽西，磨痒枯株振鬣嘶。今日戰場春草綠，相看誰濯錦障泥。（顧瑛《草堂雅集》、卷三）

〈趙仲穆畫看雲圖〉　　　　　　　　　　　　　　　　　　　　　元‧吳　毅

　落日杖藜溪上行，溪流十里帶松聲。輞川詩意無人領，坐對南山雲氣生。富春吳毅。
（明朱存理《鐵網珊瑚‧書品》、卷二）

〈趙仲穆畫看雲圖〉　　　　　　　　　　　　　　　　　　　　　元‧永　彝

　靄靄晴雲擁碧巒，清分秋影落江干。何人宴坐長松下，蒼翠滿身生薄雲。雲門永彝。
（明朱存理《鐵網珊瑚‧書品》、卷二）

〈趙仲穆畫看雲圖〉　　　　　　　　　　　　　　　　　　　　　元‧張　憲

　松頭自與峰巒黑，雲景何如水意長。放下瘦筇成小憩，不妨坐對日啣山。會稽張憲。
（明朱存理《鐵網珊瑚‧書品》、卷二）

〈趙仲穆蘭竹〉　　　　　　　　　　　　　　　　　　　　　　　元‧張　憲

　羃羃楚雲，漠漠湘雨。懷人東皋，送別南浦。秦虜不歸，重華莫覯。二女凝佇，三閭
獨苦。惡棘蕩蕩，白石魯魯。撫卷潸然，淒其千古。（張憲《玉笥集》、卷五）

〈題趙彥徵畫〉　　　　　　　　　　　　　　　　　　　　　　　元‧錢惟善

　玉堂學士研猶存，三絕名家尚有孫。何處有山如此畫，便將歸計問田園。（錢惟善《江
月松風集》、卷十二）

〈趙待制畫為邵台揆題有序〉　　　　　　　　　　　　　　　　　元‧王　逢

　丁酉仲夏，予自梁鴻山復辟地青龍鎮。遇風恬月霽，或木脫水落，輒命童絜小舟，延緣黃浦、
淞泖間，無以形容身閒心樂也。嘗僛欋歌，曰：「月明濯足龍江口，木落題名鳳山首。三泖
天低一幅巾，五茸露瀉雙餅酒。道逢船子歌載過，季鷹拍手龜蒙和。澱湖慘澹神姑迎，魚波
鱗鱗鏡光破。」又曰：「靈胥潮落龍華步，少女風生蝦子渡。蒼葭兩岸船獨搖，紅葉千村塔
微露。前峰四五先我揖，龜魚踴躍蛟起立。銀河滄海氣同流，頭戴青天如篛笠。」及己亥秋，
遊杭。戶部賈公泰甫以予久屏城府之跡，夙狃泉石之好，乃一日邀集賢趙公仲穆，宴予湖山
真館。于時境延虛清，座挹勝賞，偶舉是歌。趙曰：「斯氣象殆非有聲畫而已，然畫當屬之
我也。」眾相顧大笑。未幾，圖成。予詩謝曰：「魏國佳公子，煙波小釣徒。偶同觴詠樂，
得寫欋歌圖。林木巢春燕，藜祠嘯火狐。終焉隨蹈海，不敢嘆乘桴。」自後有以蕭山令荐予
者。予還寓隱，既邊報急，聞趙亦歸雪上，以卒。今年甲辰，彥文邂逅吳江，示趙所畫綽有
欋歌景，予語以此彥文，俾歷敍詩左云。

　天目凝神外，由拳望眼中。霜清下木葉，得與醉垂虹。（王逢、卷三）

〈趙制待木石為張怡雲題〉　　　　　　　　　　　　　　元‧王　逢

　湖舫雪飛鷗，湖堂山（下殘闕）。（王逢《梧溪集》、卷三）

〈趙仲穆待制山水為余崑丘鍊師題〉　　　　　　　　　元‧王　逢

　大山小山生翠寒，石瀨峽束流風湍。魚梁黿臥兩厓口，鳥道蛇折層雲端。一人白駒先紫馬，從者衣冠亦儒雅。回睇星槎直上天，茅堂卻在松村下。吳中霅川稱絕境，趙宋王孫畫誰並。商家孫子多服周，禾黍離離見茗穎。我來題畫神仙都，城春草木稍稍蘇。懷哉王孫亦已無，懷哉王孫亦已無。（王逢《梧溪集》、卷四）

〈題院判石末公見惠趙仲穆雙馬圖〉　　　　　　　　　元‧陳　鎰

　使公惠我雙馬圖，雄姿逸態世所無。流傳韓幹舊墨蹟，湖州公子親臨摹。湖州自是名家駒，繪畫此馬與眾殊。鬃鬣蕭蕭朔風起，舉足萬里無長途。彎弓馬上者誰子，馳裘烏帽貂襜褕。游韁飛鞚柳陰外，射殺黃熊及於菟。只今世亂多戰伐，駑駘龍種同馳驅。邊城人馬半已死，空令撫卷成嗟吁。使君統領百萬夫，要平南楚并東吳。英雄事業佐玄德，願起此馬如的盧。（陳鎰《午溪集》、卷五）

〈趙仲穆臨李伯時鳳頭驄〉　　　　　　　　　　　　　元‧顧　瑛

　君王不愛碧御霞，獨愛真龍被紫花。珍重王孫親貌得，錦中袱送野人家。

　元朴師自吳興來，辱仲光兄見寄仲穆所作紫花馬圖，展玩之餘，敬題一絕為識。桃花源主者顧阿瑛。（明朱存理《鐵網珊瑚‧書品》、卷二）

〈趙仲穆畫看雲圖〉　　　　　　　　　　　　　　　　元‧顧　瑛

　青山與浮雲，終日淡相守。山為雲窟宅，雲為山戶牖。无心成白衣，有意變蒼狗。人情亦如雲，寄語看雲叟。玉山顧瑛。（明朱存理《鐵網珊瑚‧書品》、卷二）

〈仲穆馬圖〉　　　　　　　　　　　　　　　　　　　元‧倪　瓚

　花門舊進青驄馬，天水王孫見得真。溪上猶遺光祿宅，海寧何以久風塵。（倪瓚《倪雲林先生詩集》）

〈題趙仲穆畫遊騎挾彈圖〉　　　　　　　　　　　　　元‧呂　誠

　白馬王孫紅錦韉，平明按轡百花前。金丸迸入他人宅，却把蒼頭打玉鞭。（呂誠《來鶴亭集》、卷五）

〈趙仲穆畫馬〉　　　　　　　　　　　　　　　　　　元‧呂不用

可惜趙松雪，傳家畫馬郎。春風吹首蓿，不見華山陽。（呂不用《得月稿》、卷一）

〈趙仲穆畫看雲圖〉　　　　　　　　　　　　　　　　　元・迺　賢

松溪春水落，白石粲可數。坐愛南山雲，溶溶不成雨。南陽迺賢。（明朱存理《鐵網珊瑚畫品》、卷二）

〈題趙待制馬圖〉　　　　　　　　　　　　　　　　　　元・沈夢麟

雲氣成龍產渥洼，貢來天廄玉無瑕。春風三月長安道，曾勒金羈看杏花。（沈夢麟《花谿集》、卷三）

〈（趙雍）有竹人家記〉　　　　　　　　　　　　　　　元・楊維禎

安易韓君諤，築室於所居之浴鵝沱上。左右皆植竹，自顏其室曰有竹人家。一時名士大夫咸擇行輩友其人，至或載酒酒肴以抵其所。吳興趙雍為作小篆之書，又為作人家有竹之圖。余既賦詩圖之上，復遣書再四，以記請。宋蘇公軾曰：“不可居無竹，無竹令人俗。”至拄杖尋門，尋有竹人家。吾不知有竹之家，皆能真有其竹而免於俗者不也。嘻，公之得在竹耳，固不計人家之俗不俗，之能有不能有也。今韓君之家，自命曰有竹，吾知其能有竹矣一妄庸，夫曰有竹居而竹不為有有也。吾試詰其所有，則謔言曰：“吾擊竹而歌，不啻擊珊瑚也。披竹而笑，不啻坡琅玕也。簀筠而臥，不啻茵虎豹，煮萌而食，不啻庖羔豕也。”嘻！有竹如是夫人而能有也，吾觀韓君虛中抱道，有竹其心，貞標絕俗，有竹其性，善健不拔，有竹其本，離立不軋，有竹其朋，德音協鳳凰。或思沾霜霜，又有其應律之聲格瑞之靈也。韓君之有竹若此，其亦異乎人之有者乎，不然，韓君之家與妄庸人者同，曰有竹而竹不為其有也。雖謂川千畝之富，徒以等燕秦之栗林齊魯麻枲而已耳。竹有於家家而家又何有於竹哉，然則韓君之有竹，不徒在其家也，諗矣書諸室為記。至正十三年九月十二日。（楊維禎《東維子文集》、卷十六）

〈為王生思誠題趙待制圖畫〉　　　　　　　　　　　　元・宋　禧

雲山相對垂綸客，白石齊暉樹影疎。雨後誰嫌江水濁，早潮應有上灘魚。（宋禧《庸庵集》、卷十）

〈題趙仲穆人馬圖〉　　　　　　　　　　　　　　　　元・張　昱

廄吏牽呈御苑迴，開元求馬盡龍媒。趙家富有曹韓樣，摹出承平氣象來。（張昱《可閒老人集》、卷二）

〈挾彈遊騎圖趙仲穆畫〉　　　　　　　　　　　　　　元・張　昱

玉臂雙揎據綺鞍，渾身俊氣要人看。若知稼穡艱難事，肯把黃金鑄彈丸。（張昱《可閒老人集》、卷二）

〈趙仲穆畫看雲圖〉　　　　　　　　　　　　　　　　　　　　　　　　元・吳　毅

落日杖藜溪上行，溪流十里帶松聲。輞川詩意無人領，坐對南山雲氣生。富春吳毅。（明朱存理《鐵網珊瑚畫品》、卷二）

〈趙仲穆臨李伯時鳳頭驄〉　　　　　　　　　　　　　　　　　　　　　元・趙　奕

家兄知州，為奕臨李伯時鳳頭驄，今作紫花馬，此杜老所謂五花變作雲滿身者是也。真家藏之寶，可與知者道耳。弟奕謹題。（明朱存理《鐵網珊瑚・書品》、卷二）

〈趙仲穆春山曉思圖〉　　　　　　　　　　　　　　　　　　　　　　　元・釋來復

樹色蒼涼曉欲迷，石門初日鷓鴣啼。桃花不隔秦人路，流出紅雲水漲溪。（清高宗《御定歷代題畫詩類》、卷十七）

〈趙仲穆臨李伯時鳳頭驄〉　　　　　　　　　　　　　　　　　　　　　元・釋良琦

至正丁亥秋八月，予自苕溪還吳，仲光以海寧所臨李伯時鳳頭驄寄似仲瑛。予至玉山，適仲瑛方浴馬于桃溪，形神颯爽，屹然相向。殊與道林神駿同一佳賞，遂題長語于左。

王孫昨在水晶宮，貌得龍眠八尺驄。為言特寄玉山去，當與桃源五馬圖。吳龍門山釋良琦。（明朱存理《鐵網珊瑚・書品》、卷二）

〈趙仲穆畫看雲圖〉　　　　　　　　　　　　　　　　　　　　　　　　元・釋良琦

舊游青苕上，愛看弁峯雲。稍將春雨度，始見遠林分。起滅悟真理，逍遙遺世紛。于焉自怡悅，永懷陶隱君。龍門良琦。（明朱存理《鐵網珊瑚・書品》、卷二）

〈趙仲穆畫看雲圖〉　　　　　　　　　　　　　　　　　　　　　　　　元・馬　庸

雲擁秋台落鏡台，道人日日好懷開。山頭夜半風雨作，驚起雙龍出峽來。扶風馬庸。（明朱存理《鐵網珊瑚・書品》、卷二）

〈為張生題趙仲穆畫馬〉　　　　　　　　　　　　　　　　　　　　　　明・劉　基

天廄之馬高且肥，王孫貌出真絕奇。杜陵寒儒恒苦飢，枉使韓幹遭誚嗤。渥洼天馬龍象力，朝發太蒙暮西極。豆莢五石充一食，力由食生非外得。地黃首蓿美如飴，噉以甘泉清肺脾。神完氣定吼止時，素餐立仗馬恥之。高風吹雁酸棗紅，狼烟夜半通回中。為君長鳴起子公，斬取郅支歸獻明光宮。（劉基《誠意伯劉文成公文集》、卷十一）

〈題趙仲穆畫眉圖〉　　　　　　　　　　　　　　　　　　　　　明・劉　基

有美清揚婉且閑，橫雲吐月鬥彎環。平生不識張京兆，却對粧台寫遠山。含黃茹管細相和，語困春風意更多。驚起佳人應有恨，双蛾蹙損不成歌。（**劉基《誠意伯劉文成公文集》、卷十七**）

〈趙仲穆山水圖為郎中董君美賦〉　　　　　　　　　　　　　　　　明・汪廣洋

吳興山水稱奇絕，欲往見之不可得。山如游龍水如練，寤寐神交久相識。去年東征震澤歸，偶向吳興泛夕暉。浮玉山前酒初熟，碧浪湖中魚正肥。徑從買魚酌白酒，短蓬繫在滄洲柳。看山飲水無了期，雪花飛來大如手。山蒼蒼雲茫茫，別去懷思山水長。今年觸熱上齊魯，直駕天風辭豫章。江湖蛟鼉宅，淮蔡魚龍鄉。黃河下瀉神激揚，一息泰山青在望。比來宴坐觀清濟，却憶雄飛數千里。東掖郎官尤好奇，酌牛春風紫薇底。手提名畫山水圖，派出吳興松雪裏。求我試作山水歌，為我素知山水美。展圖累日怡心神，水綠山青太逼真。聯鑣二子漫馳騁，我亦況是丹青人。吳興書法妙天下，筆意尋常寓圖畫。一水一山蝌蚪文，裴迪來時絕驚訝。君不見司馬遷，生平足跡半山川。主經奴史走百氏，迥得山川一氣先。愧我長年事奔走，耿耿胸中復何有。雕虫刻楮殊未工，默對江山玩星斗。（**汪廣洋《鳳池吟稿》、卷二**）

〈趙仲穆畫馬〉　　　　　　　　　　　　　　　　　　　　　　　明・凌雲翰

吳興自得曹韓法，父子丹青更一家。神駿按圖猶不識，空令天馬涉流沙。（**凌雲翰《柘軒集》、卷一**）

〈題趙仲穆畫馬〉　　　　　　　　　　　　　　　　　　　　　　　明・貝　瓊

吾聞冀北之馬如雲照川谷，八尺飛龍在天育。灤河遠幸翠華遲，柳林大獵金鞍簇。是時四海為一家，東踰日本西流沙。拂郎近獻兩驌驦，不數郭家獅子花。公子前身豈曹霸，一馬真輕百金價。黃金台上倦為客，白髮江南隨意畫。亞騧駬駃各不同，飲泉齕草落筆工。君不見龍庭首蓿與天遠，何人更收青海驄。（**貝瓊《清江詩集》、卷三**）

〈題趙仲穆畫〉　　　　　　　　　　　　　　　　　　　　　　　明・錢仲益

王孫有遺墨，風景似苕溪。小艇垂綸叟，孤村唱晚雞。秋清紅葉瘦，日暮碧雲低。一段滄洲意，何由覓舊題。（**錢仲益《三華集》、卷十三**）

〈趙仲穆墨蘭二首〉　　　　　　　　　　　　　　　　　　　　　　明・楊　基

當年曾進福州蘭，小殿秋風翠珮寒。零落楚香收不得，且從魏國畫中看。繁露幽香泣翠娥，冷雲纖月淡秋河。沅湘一帶皆春色，誰道懷王廟裏多。（**楊基《眉菴集》、卷十一**）

〈題趙仲穆山水圖〉 明・王 恭

渭水寒流霜葉疎,桐江荒樹野台虛。何人更把秋風釣,興在滄浪不在魚。(王恭《白雲樵唱集》、卷四)

〈趙仲穆蘭〉 明・袁 華

窈窕楚臯女,委蛇佩陸離。凌風翳翠袖,乘月靡雲旗。含嚬嚜延佇,惆悵失佳期。涉江采璃芳,將以遺所思。高人養沖素,絕粒栖璃林。遊盼瑤華圃,珥節閬風岑。手持碧玉笛,幽香散煩襟。相思不可見,落日楚江陰。(袁華《耕學齋詩集》、卷三)

〈趙仲穆遊騎挾彈圖〉 明・袁 華

開元少年意氣雄,任俠不數陳孟公。文犀帶束鵠袍小,驕馬颯沓如游龍。側身仰望日麗,為有流鶯在高樹。兩騎聯扇未敢前,看送金丸落飛羽。白頭鳥啄延秋門,漁陽塵起天地昏。珊瑚寶玦散原野,空令野客哀王孫。平原公子五色筆,俗吏庸工俱辟易。寫成圖畫鑒興衰,未必奢溢不亡國。(袁華《耕學齋集》、卷五)

〈趙仲穆幽禽圖〉 明・袁 華

水精宮中春已深,雕鞍遊騎躡湖陰。金丸不打返哺鳥,彩筆自寫孤飛禽。明窗棐几光相映,吮墨含毫清晝靜。王孫不歸春華生,鷗波萬頃兼天淨。(袁華《耕學齋集》、卷七)

〈趙仲穆臨李伯時鳳頭驄〉 明・袁 華

昨夜房星墮渥洼,胡酋西貢涉流沙。平原公子親曾見,墨迹團雲簇五花。汝陽袁華。(明朱存理《鐵網珊瑚・書品》、卷二)

〈題趙仲穆人馬圖〉 明・虞 堪

驥子如龍勢欲飛,圉人猶著舊宮衣。霜蹄殘雪花無數,可是長安道上歸。(明・虞堪《希澹園詩集》、卷三、四珍初)

〈題趙仲穆馬上挾彈圖〉 明・鄭 真

宋李伯時畫馬,人謂其洞入馬腹。若吳興趙氏仲穆所畫,生動意態,尤為神品,伯時不專美於前矣。今觀馬上挾彈圖,偃仰步驟,殆寓畋遊之戒。觀者當於意外求之,毋徒以畫言也。後學滎陽生鄭某書。(鄭真《滎陽外史集》、卷三十九)

〈題趙仲穆馬上挾彈圖〉 明・鄭 真

王孫騎馬過林西,何事金鶯不住啼。高嶂重重雲不暗,春風吹送一丸泥。(鄭真《滎

陽外史集》、卷九十）

〈趙仲穆臨李伯時鳳頭驄〉 明‧俞 獻

華驄樓前漲曉塵，龍駒新刷五花文。銀鞍羅靶今寥落，嘶入沙場萬里群。會稽俞獻。
（明朱存理《鐵網珊瑚‧書品》、卷二）

〈趙仲穆臨伯時五花馬圖卷〉 明‧楊 忠

宛西來貢鳳頭驄，神氣飄飄欲化龍。牽入九天深處過，滿身雲彩紫重重。玉峰楊忠。
（清吳升《大觀錄》、卷十八）

〈趙仲穆臨伯時五花馬圖卷〉 明‧盧 儒

趙仲穆為弟仲光寫鳳頭驄，神凝骨立，晶熒颯爽，履步嚴重，而文采爛然。觀其挾一
日千里之才，而氣志欲超凡馬，直與古駿良白檓山紫驊騮騄駬者等也。九方歅宜相其能，
置之十二天閑。遇凡郊祀大禮，同古帝王省方觀民之事，駕殷輅、載旂常，節和鸞、服
繁纓，執靶于王良，拊輿于韓哀，則規行矩步於蕩蕩平平之大道，使乘者身不勞而體逸，
濟長途而經遠略矣，此馬之得展其用也。如九方歅之不遭，使羣凡馬駢槽櫪、潎氾濊，
牽制于奚官，窘辱于圉人，則亦自悲其不幸，而心憐之而已矣，其又能言哉？雖然以是
馬之所挾與，其氣志之所蘊蓄，猶足環偉屹立，自異於凡馬歟？永樂甲辰春正月朔。中
書舍人吳郡盧儒題。（清吳升《大觀錄》、卷十八）

〈追次山谷詠水仙題仲穆圖〉 明‧姚 綬

江上寒波不沾韈，仙珮泠泠搖夕月。步來何事竟忘歸，却與花神殿清絕。獨先凡卉壓
春城，苦被涪翁品弟兄。大庾嶺頭書到否，翠禽啁唶又參橫。（姚綬《穀菴集選》、卷四）

〈題趙仲穆小景〉 明‧王 俌

踈烟淡月大堤傍，遠樹連墻接水鄉。子夜吳歌驚宿鷺，風流宛似趙家莊。（王俌《虛
舟集》、卷五）

〈題趙仲穆畫〉 明‧王 璲

十二璚樓紫翠重，萬年琪樹落秋風。南朝無限傷心事，都在殘山剩水中。（王璲《青
城山人集》、卷八）

〈題趙仲穆畫蘭〉 明‧王 璲

吳興才子宋王孫，國步興亡不用論。北去歸來三十載，卻將幽興寫芳蓀。（王璲《青

城山人集》、卷八）

〈題趙仲穆畫馬二首〉　　　　　　　　　　　　　　　　　明・楊士奇

　紫霧團身白玉蹄，權奇倜儻渥洼姿。王孫慣見升平事，貌得當年入貢時。十二天閑摠駿才，追風躡景是龍媒。曾隨六御臨關塞，親過流沙萬里來。（楊士奇《東里詩集》、卷三）

〈題金侍講所藏趙仲穆畫馬三首〉　　　　　　　　　　　　　明・楊士奇

　粲爛五花驄，軒昂八尺龍。惟應天廄裏，得似畫圖中。曉日立彤墀，光輝玉仗齊。朝回長散誕，流水綠楊堤。養育天閑久，常懷萬里心。太平無用武，自愧主恩深。（楊士奇《東里詩集》、卷六十）

〈題楊宗勗所藏趙仲穆小畫二首〉　　　　　　　　　　　　　明・楊士奇

　茅屋溪山夐絕塵，青松長對老龍鱗。高情恐是王摩詰，騎馬橋南訪隱淪。林外青山山下溪，白雲翠浪晃荊扉。畫圖自是江南趣，身戀君恩獨未歸。（楊士奇《東里詩集》、卷六十二）

〈題趙仲穆馬〉　　　　　　　　　　　　　　　　　　　　　明・金幼孜

　房星夜墮渥洼中，一片玄雲覆玉驄。遠人知是真龍種，萬里牽來獻九重。（金幼孜《金文靖集》、卷五）

〈題趙仲穆畫馬〉　　　　　　　　　　　　　　　　　　　　明・俞貞木

　房星夜墮墨池中，飛出蒲捎八尺龍。想像開元張太僕，朝回騎過午門東。（清高宗《御定歷代題畫詩類》、卷一〇五）

〈天仙子題趙仲穆圖〉　　　　　　　　　　　　　　　　　　明・李昌祺

　憶昔維舟湘水曲，露浥芳蕤飄遠馥。賽裳徐步踏晴沙，東一簇，西一簇，盡日徘徊看不足。嘆息光陰如轉轂，老去觀圖揩病目。花絕俗，葉絕俗，想像王孫清似玉。公子才華偏蘊藉，九畹春光生筆下，幻成花葉恰如真。他看罷，咱看罷，不信根苗原是畫。醉眼摩挲驚復訝，端的人能移造化。風不謝，雨不謝，一任卷將堂上掛。（李昌祺《運甓漫稿》、卷七）

〈題彭延慶所藏趙仲穆畫馬卷〉　　　　　　　　　　　　　　明・岳　正

　松雪老自是經濟器，而當時處之文學。所以逸氣失御露於畫馬，道林養鷹法也。仲穆

亦好畫馬，豈父子同一道耶。今延慶以國老令子，尚在士列，輒復愛馬，其為俊物可知。（岳正《類博稿》、卷八）

〈趙仲穆越山圖卷〉　明・沈 周

江盡正分，吳山多遶，越都一望中，還見重湖，昔日伯圖，何在者空，雲樹烟蕪。遙指廢臺，孤論興亡，一軌迨如今，仍似姑蘇，剩與人後，傳與王孫，曾有傷無。右調糖多令。長洲沈周。（清吳升《大觀錄》、卷十八）

〈題趙仲穆挾彈圖〉　明・李東陽

東風挾彈小城春，遊騎飛韁不動塵。道上相逢休借問，衛家兄弟霍家親。（清高宗《御定歷代題畫詩類》、卷五十七）

〈題趙仲穆出獵圖〉　明・鄭文康

駿馬胡鷹萬里天，飛塵一道暗如煙。清平正好調弓馬，莫為從禽學少年。（鄭文康《平橋稿》、卷三）

〈題趙仲穆、彥徵畫馬〉　明・錢用壬

吳興畫馬名天下，文采風流美無價。子孫兩世皆絕奇，筆意經營亦相亞。分明雙馬如雙龍，玉花對立連錢驄。圉人緩轡不敢鞚，矯矯似欲鳴長風。卻想當年落筆時，省郎得采初來歸。深庭花落白晝靜，紅門草綠春風微。回首光陰既非昔，老者已逝難再得。中原武騎更馳奔，展卷令人三歎息。（清高宗《御定歷代題畫詩類》、卷一 〇五）

〈題王侍御敬止所藏仲穆馬圖〉　明・文徵明

犖犖才情與世疎，等閒零落傍江湖。不應泛駕終難用，閒看王孫駿馬圖。（文徵明《甫田集》、卷一）

〈趙仲穆越山圖卷〉　明・張 鈇

浙江東岸是，越王勾踐舊時封圖，嘗膽臥薪成底事，惟有荒苔凝碧，萬壑爭流，千峰競秀，宛宛無今昔，鬼葵燕麥，中間多少遺蹟。遙想東晉風流，蘭亭修禊，空自留殘墨何用，登臨傷往事，堪嘆衰毛垂白，且覓扁舟賀家湖上，載酒尋春色，季真歸後四明還有狂客，右調念奴嬌。慈谿張鈇。（清吳升《大觀錄》、卷十八）

〈趙仲穆寒山論詩書畫卷〉　清・李佐賢

寒山論詩圖，畫則工細而兼圓勁，書則流動而兼豐腴，款題趙雍，實與松雪筆墨無殊。

吾宗季雲兄，好古精鑒，曾見此卷，曰：「世傳松雪有愛子之癖，往往得意之作，反署其子之款。此確係代筆之書畫，非仲穆所能辦也。」余深以其言為然。利津李佐賢。（清李佐賢《書畫鑑影》、卷五）

## 趙鳴玉

小傳：不見畫史記載。身世不詳。

〈十二月廿五日送趙鳴玉，以其所畫游南山〉　　　　　　　　　元・宋　禧

雪滿空山二尺深，可人獨步費幽尋。政同沙漠食氊厄，豈有山陰返棹心。不惜衾裯換斗粟，誰言圖畫直千金。南山親舊知吾意，除夜歸來聽好音。（宋禧《庸菴集》、卷四）

〈題趙鳴玉效顧雲屋山水圖〉　　　　　　　　　　　　　　　元・宋　禧

雲屋風流續者誰，趙郎早被鄭翁知。山川王氣胸中發，誰道前身是畫師。（宋禧《庸菴集》、卷八）

〈趙鳴玉為小山陳隱君作小像于雙松之下〉　　　　　　　　　元・宋　禧

鳴玉既為丞江寧縣，隱居出此畫索予題詩。

趙郎赤縣之官去，得似崔丞對二松。松下丈人山谷裏，憶渠轔馬聽晨鍾。（宋禧《庸菴集》、卷ｊ）

〈趙江寧鳴玉為余寫武山雲氣圖，賦此奉酬〉　　　　　　　　明・劉　嵩

趙江寧，才且清，烱如白露凝金莖。鳴絃佐政重京邑，瀟灑獨懷遺世情。人言江寧好文彩，越土王孫著前代。乃翁舊圖八駿馬，電影風行破雲海。江寧好畫水與山，意比八駿尤高閒。近追高公遠董氏，神氣正在蒼茫間。伯兄侍郎我同事，邂逅兵曹見高致。偶攜雪楮問鄉山，便寫嵯峨出雲勢。朝懷武山景，暮看武山圖。披林指潤憶所歷，雲中似有人相呼。我昔游山時，秋風落松子。泉瀉洞門青，霞翻石屏紫。北巖千丈高且虛，騎虎曾到仙人居。菖蒲石上看殘奕，柿葉林中聞讀書。一從南京來奔走，愧塵鞅鍾山，只在城東北。日日見之未能往，都門楊柳青入雲。黃鶯亂啼終日聞，秦淮樓高花似錦。安得爛醉江寧君，江寧欲別當奈何，乘興更與揮雲蘿。他年載酒鑑湖上，却唱武山歸隱歌。（劉嵩《槎翁詩集》、卷三）

〈（趙鳴玉）行春圖序〉　　　　　　　　　　　　　　　　　明・謝　肅

上虞主簿史公周卿，以府檄董築海隄，工既訖，且還官舍署文書矣。而海鄉民庶不忘公之惠愛也，請于同郡趙鳴玉氏繪公行春圖，屬序其事於予。余聞之，公作隄捍海，役

夫以萬，實閱寒暑矣，乃獨圖公行春何耶？蓋公春時跨馬程督隄事，巡行海上，仰觀天宇，則風日和煦，俯察原野，則草木勾萌，與鳥飛魚泳於山水間者，固足以適公胸中之樂矣。然公不以為樂而以為憂，於是諭凡役夫，曰：「陽氣既蒸而土膏動矣，爾得無思舉趾而畊乎？」顧以海隄未完，不得遂私也，能無感於其中乎？亦孰知夫隄海正以衛桑田，桑田在，則爾之衣食可資焉可出也，其可怠若工乎？雖然衣食所資而弗獲及時以自力，則將迫爾以寒飢，斯吾憂也。今吾縱爾歸農，既乃服徭，慎毋役期為也。眾如公令而咸便之，是豈非公之行春能惠愛其民，民欲圖焉以昭其不忘者乎？抑余惟耕桑王政之本而典民社者，所當竭心以率效也。今公職在佐邑，且董隄役，乃能拳拳於茲，其真知民本哉。使公由此以陞為賢令，為良二千石，為名公卿以佐天子，益推其憂民之心而為政焉，則惠愛之及民者，藹然若春風之被萬物矣，公其勉之，遂書于行春圖上，洪武七年正月人日，會稽謝肅序。（謝肅《密庵集》、卷七）

## 趙鳴所

小傳：不見畫史記載。身世不詳。

〈題趙鳴所畫林下看雲圖〉　　　　　　　　　　　　　　　　　明・劉崧

何地好幽棲棲，青林帶碧溪。藤垂猿共挂，葉暗鳥頻啼。避俗還衣褐，看雲只杖藜。幾時真不負，歸問武山西。（劉崧《槎翁詩集》、卷四）

## 趙　麟

小傳：趙雍子，字彥徵，一說彥正。工書，善畫人物。（見《中國畫家人名大辭典》、六一五頁）

〈趙彥徵春景圖〉　　　　　　　　　　　　　　　　　　　　自　題

金勒馬嘶芳草地，玉樓人醉杏花天。至正二年春二月，吳興趙麟畫。（清李佐賢《書畫鑑影》、卷二十）

〈提趙彥徵畫〉　　　　　　　　　　　　　　　　　　　　元・釋大圭

吳興佳山水，遠近蓄清光。岧嶤金蓋峯，秀色獨蒼蒼。烟雲互出沒，草木生風香。長橋接迴溪，積石倚崇岡。樵漁識徑幽，于以樂深藏。擊鮮列魴鯉，啟翳理松篁。晨雨況可鉏，春泉亦堪湘。既已長子孫，所願安是鄉。嗟哉風塵中，何由得徜徉。趙君鍾神秀，揮灑發奇章。卷圖思舊游，掩抑不能忘。（清高宗《御定歷代題畫詩類》、卷十三）

〈題趙彥徵畫〉　　　　　　　　　　　　　　　　　　　　元・錢惟善

玉堂學士研猶存，三絕名家尚有孫。何處有山如此畫，便將歸計問田園。（錢惟善《江

月松風集》、卷十二）

〈趙彥徵畫〉　　　　　　　　　　　　　　　　　　　　　元・錢惟善

　茗花如雪晚風腥，見說漚波尚有亭。公子不歸溪上去，弁山雖好為誰青。玉堂學士硯
猶存，三絕名家尚有孫。何處有山如此畫，便將歸計問田園。曲江錢惟善。（明朱存理
《鐵網珊瑚・書品》、卷二）

〈趙彥徵畫〉　　　　　　　　　　　　　　　　　　　　　元・倪　瓚

　文敏公孫清且賢，陶泓楮穎過年年。子由命也成葅醢，坐對□漚一惘然。瓚。（明朱
存理《鐵網珊瑚・書品》、卷二）

〈趙彥徵畫〉　　　　　　　　　　　　　　　　　　　　　元・釋來復

　曾泛茗溪看晚霞，紅簾小艇穩如車。水通孤棹橋依竹，路入重林屋傍花。風外眠鷗驚
客笛，雲間犬吠隔仙家。秋波千頃芙蓉老，誰覓王孫舊釣槎。豫章蒲庵來復。（明朱存
理《鐵網珊瑚・書品》、卷二）

〈趙彥徵畫〉　　　　　　　　　　　　　　　　　　　　　元・吳　恒

　松道苔滋鶴徑，溪虛石隱漁舟。茗水千尋清遠，玉堂三世風流。（明朱存理《鐵網珊
瑚・書品》、卷二）

〈題趙麟春郊散牧圖〉　　　　　　　　　　　　　　　　　明・童　冀

　古人畫馬稱曹韓，近代獨數趙集賢。一往不可得筆法，付與諸生傳天閑。騋牝蹂萬乘
神定，揮毫覺天勝人間。羈靮不敢施散牧，春郊見真性一疋。膝坐雙足拳一疋，噴吐噓
青煙。就中一疋倚樹立，雄心已馳青海邊。雪峰上人今支遁，不惜千金愛神駿。客窗留
我展畫圖，復見開元閱清峻。祇今驊騮世豈無，虞坂往往逢鹽車。何如駑駘立仗下，日
飫太官三品芻。（童冀《尚絅齋集》、卷四）

〈趙彥徵畫〉　　　　　　　　　　　　　　　　　　　　　明・文　信

　吳興之山弁山好，碧嶂丹崖淨如掃。雲開影落水晶宮，妙處不傳休草木。玉堂學士文
敏孫，筆意慘淡深討論。大峯揚旗出天闕，小峯倒翅如鵬搏。清溪過雨泉聲壯，茅屋疎
林更蕭爽。他年此地巢雲松，一笑人間脫塵鞅。雪山文信，為本心德上人題。是日，山
雨初歇，新涼忽生，書于慈受堂東偏。洪武六年夏六月二十八日也。（明朱存理《鐵網
珊瑚・書品》、卷二）

〈趙彥徵畫〉　　　　　　　　　　　　　　　　　　　　明・楊　基

　江南水多丘壑少，間有峰巒復低小。曾向吳興看弁山，七十二峰青不了。山色林光湧翠螺，蘭苕春雨漲鷗波。風塵滿眼花零落，老矣王孫奈若何。嘉興楊基。（**明朱存理《鐵網珊瑚・書品》、卷二**）

〈趙彥徵畫〉　　　　　　　　　　　　　　　　　　　　明・張　羽

　濟濟清朝彥，亭亭瓊樹枝。世冑雖可保，零落遽如斯。朱門亦已仆，墨沼淡無滋。空餘圖畫迹，永絕人間期。虛名知何益，冥寞有餘悲。撫卷一長歎，息子平生詩。尋陽張羽。（**明朱存理《鐵網珊瑚・書品》、卷二**）

〈趙彥徵畫〉　　　　　　　　　　　　　　　　　　　　明・吳　恒

　弁峰何巍巍，太湖亦浩浩。風淡白鷗波，花明紫雲嶠。瞻彼水晶闕，清暉盪昏曉。中有公子居，皇皇照馳道。芳草美遺澤，于茲極幽討。墨池發華滋，詞林振嘉藻。遠遊今不歸，空亭散歸鳥。猗蘭豈不佳，晚節諒難保。國香一零落，天涯遍芳草。披圖想遺躅，悲風響林杪。洪武十有一年春正月上浣，書於松間紫芝山房，吳恒。（**明朱存理《鐵網珊瑚・書品》、卷二**）

〈趙彥徵畫〉　　　　　　　　　　　　　　　　　　　　明・鮑　恂

　昔在苕花溪上住，遶溪山色滿高樓。別來十載看圖畫，山自青青我白頭。吳興孫子多才俊，曾把文章動九關。歸到江南塵滿眼，忍將情思寫青山。季民鮑恂。（**明朱存理《鐵網珊瑚・書品》、卷二**）

〈題趙彥徵晴雙騎圖〉　　　　　　　　　　　　　　　　明・唐之淳

　得鞚金羈不動塵，新蒲細柳曲江春。瀛洲學士參差是，十八人中見兩人。（**唐之淳《唐愚士詩》、卷三**）

〈趙彥徵畫〉　　　　　　　　　　　　　　　　　　　　明・朱　斌

　玉堂學士之子孫，文雅風流世無比。漚波亭上客闌時，戲寫吳興好山水，疑是弁山青。近山金蓋與雲平，兩峯翠崿勢如削。中有混漾雙溪清，溪上村村桑柘綠。橋下修林覆茅屋，春風酒熟雞豚肥。野丈過從少拘束，邇來風塵十載餘。可憐樂土皆丘墟，只今獨有苕溪上。有水有山如此圖，吾生頗識山林趣。按擬問田園計，何時長嘯來山中，與君放曠人間世。吳邵朱斌。（**清李佐賢《書畫鑑影》、卷二**）

〈趙彥徵畫〉　　　　　　　　　　　　　　　　　　　　明・宋　杞

遠山入空青，老樹擎寸碧。近山接平坡，鑿鑿見白石。兩山盡處路岐平，松林漠漠煙如織。清溪疑是天目來，鷗鷺飛起無纖埃。有人曳杖過溪去，渡頭古屋誰為開。玉堂學士畫家趣，瀟灑文孫傳筆意。風塵滿眼何處避，安得向此山中住。錢塘宋杞。（明朱存理《鐵網珊瑚・書品》、卷二）

〈趙彥徵畫〉 明・釋無量

平生性癖耽山水，奧域靈墟探討來。獨有吳興為冠絕，王孫意匠奪天才。東山無量。（明朱存理《鐵網珊瑚・書品》、卷二）

〈趙彥徵畫〉 明・釋普震

零落苕花暮雨多，舊溪何處間漚波。披圖不盡懷賢意，誰為青山葺薜蘿。東吳普震。（明朱存理《鐵網珊瑚・書品》、卷二）

〈趙彥徵畫〉 明・魏俊民

長憶苕溪溪上山，溪流如玉翠花寒。十年不到經遊地，見畫還疑夢裡看。蜀魏俊民。（明朱存理《鐵網珊瑚・書品》、卷二）

〈趙彥徵畫〉 明・朱 斌

玉堂學士之子孫，文雅風流世無比。漚波亭上客闌時，戲寫吳興好山水。疑是弁山青，近山金蓋與雲平。兩峯翠崿勢如削，中有泓漾雙溪清。溪上村村桑柘綠，橋下修林覆茅屋。春風酒熟雞豚肥，野丈過從少拘束。邇來風塵十載餘，可憐樂土皆丘墟。只今獨有苕溪上，有水有山如此圖。吾生頗識山林趣，按擬問田園計。何時長嘯來山中，與君放曠人間世。吳邵朱斌。（明朱存理《鐵網珊瑚・書品》、卷二）

〈趙彥徵畫〉 明・釋可悅

吳興佳麗地，畫裡忽崔嵬。水到太湖去，山從天目來。人家清鏡合，僧寺翠屏開。千古漫成迹，王孫安在哉。塵外人可悅。（明朱存理《鐵網珊瑚・書品》、卷二）

〈趙彥徵畫〉 明・葉 昇

玉堂學士流芳盛，了悟蓬宮古澹情。冠冕文章銘大德，絕奇山水表雙清。供衣春仰桑麻熟，餔食秋期黍稷成。客到上方遊憩日，夢魂應擬問三生。四明樂耕生葉昇。（明朱存理《鐵網珊瑚・書品》、卷二）

〈題趙仲穆、彥徵畫馬〉 明・錢用壬

吳興畫馬名天下，文采風流美無價。子孫兩世皆絕奇，筆意經營亦相亞。分明雙馬如雙龍，玉花對立連錢驄。圉人緩轡不敢鞚，矯矯似欲鳴長風。卻想當年落筆時，省郎得采初來歸。深庭花落白晝靜，紅門草綠春風微。回首光陰既非昔，老者已逝難再得。中原武騎更馳奔，展卷令人三歎息。（清高宗《御定歷代題畫詩類》、卷一〇五）

## 鄞江漁者

小傳：不見畫史記載。身世不詳。

〈題鄞江漁者畫〉　　　　　　　　　　　　　　　　　　　明・謝　肅

鄞江西津連上虞，津頭萬山環我居。放船學把直鈎釣，此豈有心專在魚。昝風潮來拍江岸，桃花氣暖蒸人倦。強吹一笛臥中流，夢掣六鼇凌碧漢。自離故國竟飄蓬，愁見滄江落畫中。西伯文畛今寂寞，後車何處載非熊。（謝肅《密菴藁》、卷乙）

## 滕　遠

小傳：吳人，洪武時以善畫名。（見《中國畫家人名大辭典》、六二七頁）

〈安分軒圖〉　　　　　　　　　　　　　　　　　　　　　自　題

安分者何，全吾性之所固有，盡吾職之所當為耳。固有者，仁義禮智信也。當為者，則以五常施於父子、兄弟、夫婦、朋友、君臣也。故君子求在我而不求乎人，所謂安分也。吳人朱景春氏，名其所居之軒曰安分，其亦慕夫君子者歟？噫！性也，天之所以命乎？人也知性知天，則知修身以正命焉。富貴利達，固從外至，而不可以力致矣，景春勉乎哉。歲在辛酉九日，吳郡滕遠畫并題。（明朱存理《鐵網珊瑚・書品》、卷四）

## 徹上人（釋）

小傳：不見畫史記載。身世不詳。

〈贈寫真徹上人〉　　　　　　　　　　　　　　　　　　元・許有壬

禪師胸次玉壺冰，閱盡妍嫷寓典刑。正法眼供手昧手，長明燈取萬殊形。直教對面人忘畫，卻是無心筆有靈。老我莫為朝貴看，雲山宜著鬢星星。（許有壬《至正集》、卷十七）

## 蓮　公（釋）

小傳：不見畫史記載。身世不詳。

〈僧蓮松檜圖歌書遂昌山人鄭明德序後〉　　　　　　　　　　　元・王　逢

　　蓮公畫稱東吳精，草蔓花房未嘗寫。森張意象亭毒表，輒有神人助揮洒。常州貌得劍井松，劍氣曨溫相鬱葱。膏流節離禍幸免，至今顏色青於銅。孔廟之檜尤碑砆，地媼所守龍所窟。欒柯落蔭根走石，疑是忠臣舊埋骨。松兮檜兮豈偶然，凌霜鑠雪兵爕年。箭痕刀瘢盡鞁裂，用命欲拄將崩天。王（安節）姚（嘗）感城親被堅，身殲城破百代傳。無人上清配張許，日夜二物風雷纏。鄭君鄭君古君子，此文此畫良有以。我題短章非斲麚，用弔忠魂附遺史。吁嗟烈士長已矣。（王逢《梧溪集》、卷一）

## 歐陽仲元

　　小傳：不見畫史記載。身世不詳。

〈題歐陽仲元墨梅〉　　　　　　　　　　　　　　　　　　　　明・劉　嵩

　　記得南園路，垂垂一樹春。不知風雪裏，還有弄珠人。（劉嵩《槎翁詩集》、卷七）

〈題歐陽仲元所寫墨梅〉　　　　　　　　　　　　　　　　　　明・劉　嵩

　　最愛同年歐進士，寫梅筆意自成家。君看半幅橫枝景，猶是春前雪後花。（劉嵩《槎翁詩集》、卷八）

〈題歐陽氏仲元墨梅〉　　　　　　　　　　　　　　　　　　　明・劉　嵩

　　寫梅近說歐陽氏，中有蘭亭筆意存。昨日張家亭上見，令人忘却水東村。（劉嵩《槎翁詩集》、卷八）

## 歐陽雪友

　　小傳：道士，歐陽楚翁子。畫龍及雜畫亦臻其妙。（見《中國畫家人名大辭典》、六二七頁）

〈為雲壑題（歐陽）雪友墨梅〉　　　　　　　　　　　　　　　明・藍　仁

　　歐陽筆下開冰雪，竹外橫斜見一枝。庾嶺獨憐春色早，羅浮相憶月明時。山間自伴幽人隱，林下長歌處士詩。老我歲寒頻對此，白雲幽壑共心期。（藍仁《藍山集》、卷三）

## 歐陽雪舟

　　小傳：字無塵，不見畫史記載。身世不詳。

〈歐陽雪舟寫梅序〉　　　　　　　　　　　　　　　　　　　　元・蔣　易

　　余少時，誦簡齋梅墨詩，有“意足不求顏色似，前身相馬九方皋”，又“相逢京洛渾依舊，唯恨緇塵染素衣＂之句，先生長者稱賞不已，余為童子，濛不能通曉。後稍長，遊浙之東西，時從士大夫家得見揚補之、湯叔雅所作。楊發筆遒麗，多新梢嫩條，腹花豐蕊，如亭臺院落，風前月下，蕭然幽獨，標致自殊，比之於書，則虞少監之畫裏金生，行間玉潤者也。湯發筆蒼勁，多枯梢老榦，疎花冷蕊，如山崖水際衝風帶雪，迥然獨立，鐵心石腸，比之於書，則褚河南、薛少保之松形鶴骨鐵腳字形者也。二家筆法不同，姿格亦異，天機所到各極其妙，然於簡齋詩未見其合也。最後游三茅山，於毛真人丈室，見所藏華光一小方，可五六寸，不過三數花，大小五七蕊，墨光瑩然如剡玄玉，然後知與義所賦，正與此類。以予浪跡東南，好事家所藏法書名畫，多獲觀覽，然於華光僅一見，則畫可以易觀，詩可以易言哉。近時有歐陽無塵氏，亦精此藝，然人家稀有，宮墻寺壁時一見之。其所作老樹槎枒，氣條森聳，風煙雪月，腴瘠殊姿，殆合補之、叔雅之筆法，融為一。（蔣易《鶴田集》、二四頁）

〈題歐陽雪舟墨梅二首〉　　　　　　　　　　　　　　　　　　　　明・藍　仁

　橫梢倒幹春偏好，冷藥疎花晚自妍。我老正須詩興助，欲移茅屋住湖邊。

　最憶廬陵老煉師，酒酣揮筆寫南枝。春風開盡江頭樹，不見扁舟載月時。（藍仁《藍山集》、卷六）

## 歐陽楚翁

　小傳：道士，字無塵，江西人，龍虎山道士。善山水、窠木、竹石及水墨梅花四時之景，尤工畫龍。（見《中國畫家人名大辭典》、六二七頁）

〈題歐陽楚翁梅竹畫〉　　　　　　　　　　　　　　　　　　　　　明・藍　仁

　道人下筆天機熟，宋末元初寫梅竹。琅玕箇箇起中林，瓊樹娟娟在空谷。三花五蕊天然好，直節心虛肎相保。花光老可費經營，和靖子猷驚絕倒。丘戈流落存者稀，展玩茆屋生光輝。羅浮月色忽在手，渭川白雲隨我飛。此翁亦是英雄輩，事異時非聊自晦。百年翰墨可流傳，開圖靜與儀刑對。（藍仁《藍山集》、卷一）

〈題徐士振（歐陽）蜀路看梅卷〉　　　　　　　　　　　　　　　　明・藍　仁

　綵服曾遊錦水濱，見梅如見故鄉親。當時鼓棹難為別，此日揮毫欲寫真。萬里蜀山頻入夢，一枝春色遠隨人。歐陽翰墨名當代，贈爾寒梢數萼新。（藍仁《藍山集》、卷三）

## 樊宗亮

　小傳：不見畫史記載。身世不詳。

〈樊宗亮墨竹〉　　　　　　　　　　　　　　　　　　　　　明・王　翰

　　宗亮風神本瀟灑，胸中自有萬竿竹。蒼龍雨過影在壁，彩鳳月冷鳴空山。新詩數句細字寫，銀鉤挂在青琅玕。毫素醉揮烏帽脫，鵝綠淺醮端溪寒。當時真欲乘興寫，豈料今日垂涕看。（王翰《梁園寓稿》、卷二）

## 圖貼睦爾（文宗）

　　小傳：蒙古人，即元文宗，建號天歷，深愛漢文化藝術，即位後，建奎章閣，廣收古物書畫。
　　　　　（見《元史・本紀》文宗紀）

〈恭題文宗皇帝御畫萬歲山畫〉　　　　　　　　　　　　　　　元・釋大訢

　　今上居金陵潛邸時，嘗命臣房大年畫京都萬歲山子屏，大年辭以未嘗至其地。上索紙，為運筆布畫位置，令按稿圖上。大年得稿敬藏之。意匠經營，格法遒整，雖積學專工所莫能及，而天縱之才，豈以是為誇美哉。聖意若曰，世祖由南征平天下，定邦畿，作宮闕，以開萬世之基，是不可一日忘也。身為適曾孫，而自任以世祖之重，使登其山、居其宮，毋以逸豫為期，而思四海之廣，必人物咸若登春台、躋壽域，而後可同樂也，猗歟歟哉。自是而入繼大統，膏澤屢敷于九有，疇克以是圖再進聖覽，必感昔之作圖以寄其思，而今則居之，推廣當時之意，其祖宗生靈之念，又將油然動于宸衷而重增眷眷也。臣大訢比以方外蒙召，獲睹皇居之壯，辭闕踰年，因閱是圖，無任感戀，謹伏書其下云。
（釋大訢《蒲室集》、卷十三）

## 鄧覺非

　　小傳：身世不詳，善畫蘭。（見《中國畫家人名大辭典》、六二九頁）

〈題石民瞻蘭石鄧覺非畫蘭〉　　　　　　　　　　　　　　　　元・龔　璛

　　石子畫石，積墨如山。化為鄧林，蘭生竹間。我懷古人，見此蔡者。草木臭味，日月瀟洒。（龔肅《存悔齋稿》）

〈題鄧覺非觀蘭圖二首〉　　　　　　　　　　　　　　　　　　元・龔　璛

　　小橋流水曲闌西，悄悄寒鴉意欲迷。九畹滋香一國，茶煙禪榻是幽栖。
　　玉函橋下別君處，明月海邊生亂雲。獨自歸來坐無寐，長空雲盡月如君。（龔肅《存悔齋稿》）

〈朱自齋畫石、鄧覺非作蘭，呂蒙齋賦詩索和〉　　　　　　　　元・龔　璛

　　滋蘭彌前庭，自是山中英。昔年徵吉夢，今日寄幽情。千里何當遙，婉晚如石貞。勿

為童子佩，葯蔓取周名。援毫思楚南，嶷嶷被秋容。長歌植德詩，采采一襟盈。（**龔璛《存悔齋稿》**）

〈題鄧覺非雲山圖〉　　　　　　　　　　　　　　　　　　　元·龔　璛

　雲欲行兮時止，山將闇兮日章。渺太虛而觀化，載神氣以無方。（**龔璛《存悔齋稿》**）

## 蔡子敏

　　小傳：不見畫史記載。身世不詳。

〈題蔡子敏墨梅〉　　　　　　　　　　　　　　　　　　　　明·劉　嵩

　安撫諸孫子獨賢，閒將幽思寫梅仙。半生冰雪出林裏，十載風塵道路前。東閣題詩雲滿樹，高樹吹笛月當天。秪今冷蕊侵華髮，圖畫相看一憫然。（**劉嵩《槎翁詩集》、卷六**）

## 蔡忠伯

　　小傳：不見畫史記載。身世不詳。

〈番陽蔡忠伯為寫綠竹虬枝，題三韻〉　　　　　　　　　　　元·張　雨

　此君本孤直，托根泰山巔。偃為三冬臥，頹此千仞縣。咄哉老澗底，徒詠山曲篇。（**張雨《句曲外史貞居先生詩集》、卷一**）

## 蔡崑丘

　　小傳：不見畫史記載。身世不詳。

〈寄謝蔡道士惠山水障〉　　　　　　　　　　　　　　　　　明·袁　凱

　荊門道士蔡崑丘，筆底丹青似虎頭。寄我江南山水障，令人日夜憶滄洲。（**袁凱《海叟集》、卷四**）

## 蔡　鑰

　　小傳：不見畫史記載。身世不詳。

〈書十八學士登瀛洲圖〉　　　　　　　　　　　　　　　　　明·陳　謨

　右十八學士登瀛洲圖，遂江蔡鑰為天使朱序班立本作也。登瀛洲之榮寵於世久矣。事在唐武德末年，方玄武之事既往，神堯之心既安，天策上將之府初建。神堯固惟恐秦王之不為堯舜也，既為之開府置屬，又為之開館延學士，使相講論，其意深切。當時徒艷

其榮寵，而豈知學士憂世之心哉？是圖也，亦圖其迹而已耳。迹之可見者，或坐石彈琴，或倚樹長嘯，或角技於楸枰，或濡毫而行墨，或頹然自放於石根，或翛然獨往於竹下，或如禦寇之冷然御風，或如更生之校讎不倦，孰不曰學士之所樂在是，學士之神動天放在是，亦有識房、杜為稱首，其經綸天地裁制萬物者，果在是乎？果不在是乎？自餘諸賢如二蘇、二李、孔、陸、褚、薛，高下優劣各殊，然皆卓卓有立，果皆不存於事業乎？然則畫之所形，亦所以滌其憂世之心耳，其誠能副神堯之心，誠能為天策之輔，使貞觀之治至今無敵者，亦千古之盛致哉。（陳謨《海桑集》、卷九）

## 蔡 澤

小傳：不見畫史記載。身世不詳。

〈題劉彥質所藏聖賢圖像〉　　　　　　　　　　　　　　　　元・劉仁本

右伊尹而下聖賢肖像一十人，錢唐蔡澤筆也。三肅拜觀，恨不得身親見其道德光華，而徒仰慕於千百載之下。噫！然而舜重瞳，羽亦重瞳，孔子乃貌似陽虎，則又非余所敢論也。後學天台劉仁本敬題。（劉仁本《羽庭集》、卷六）

## 潘子華

小傳：不見畫史記載。身世不詳。

〈潘子華畫上京花鳥〉　　　　　　　　　　　　　　　　　　元・吳 當

灤陽三月雪正飛，隴樹四月青紅稀。白翎啄沙黃草薄，阿藍短翅寒相依。南薰吹水振群蟄，滿川花草濃雲濕。穹廬露冷牛馬肥，蒺藜沙上西風急。潘侯妙筆留神都，金蓮紫菊誰家無。江南鶯花春冉冉，誰寫當年蛺蝶圖。（吳當《學言稿》）

〈潘子華畫上都花鳥〉　　　　　　　　　　　　　　　　　　元・吳 當

冰泮東風鳥力微，暖雲將雨濕芳菲。不知天上寒多少，誰剪春羅作舞衣。（吳當《學言稿》）

〈贈潘子華序，丙戌〉　　　　　　　　　　　　　　　　　　明・危 素

開平昔在絕塞之外，其動植之物，若金蓮、紫菊、地椒、白翎爵、阿並藍之屬，皆居庸以南所未嘗有，當封疆阻越，非將與使弗至其地，至亦不暇求其物產而玩之矣。我國家受命自天，乃即龍岡之陽灤水之滋，以建都邑，且將百年，車駕歲一巡幸。於是四方萬國，罔不奔走聽命，雖曲藝之長，亦求自見於世而咸集輦下。錢塘潘君子華，工繪事，謂九州所產者，昔之人擇其可觀，莫不託諸毫素而是名家矣，顧幸生於混一之時，而獲

見走飛草木之異品，遂寫而傳之。故凡子華之所能者，皆自子華始，非有所蹈襲模倣也。皇上初即位，子華因從臣以所畫進，上賜酒勞問良久，自是好事者爭從子華取之，以為清賞之具，而子華之名固將與徐熙、趙昌同為不朽矣。初，子華之父，以善寫真，至元間見召，三被詔三進官。今子華年已七十，有司未有薦而用之者，然後知世之抱道德負才能，而卒隱約於山林之下者，夫豈少哉，其遇不遇，果懸於天與？子華羈旅四十年，陶然終日無所怨悔而一於其藝，莊子曰“用志不紛，乃凝於神”，宜乎子華之畫非眾工所能及也。余五至開平，數與子華相見，故序以贈之。（**危素《說學齋稿》、卷三**）

### 潘季通

　小傳：不見畫史記載。身世不詳。

〈題有之得潘季通畫寄墨梅卷後〉　　　　　　　　　　　元・程端禮

　故人在天末，相思江梅發。攀條遠持贈，貞心庶云託。猶恐歲寒姿，亦復有零落。寫此歸囊楮，用慰遙相憶。勿云粉墨假，百年不改色。（**程端禮《畏齋集》、卷一**）

### 潘易齋

　小傳：不見畫史記載。身世不詳。

〈潘易齋寫水墨梅〉　　　　　　　　　　　　　　　　　元・周　權

　胸中一卷畫前易，筆底萬斛江南春。莫向冰紈寫孤潔，從他水月自傳神。（**周權《此山詩集》、卷十**）

### 鄭子真

　小傳：不見畫史記載。身世不詳。

〈題鄭子真畫四季詩意〉　　　　　　　　　　　　　　元・白　珽

　紅杏綠楊永晝，野服柴門散仙。莫道無人知處，東風都在吟箋。蓮葉吹香澹澹，扁舟撐港斜斜。驚散一行白鷺，西風捲起梨花。（**白珽《湛淵集》、廿三頁上**）

### 鄭子實

　小傳：不見畫史記載。身世不詳。

〈題鄭子實秋溪釣雨圖〉　　　　　　　　　　　　　　元・陸文圭

　原注江晚漁歸，鄭谷能詩未能畫也。今子實乃能之耶，四言八句，聊啟一笑。水墨淡

淡，烟雨濛濛。溪抱前山，人倚孤篷。我懷季鷹，感慨秋風。身羈洛下，興寄吳淞。（陸文圭《牆東類稿》、卷十五）

〈題李飛卿所藏鄭子實竹石〉　　　　　　　　　　　　　　元・龔璛

　歸來乎山中，荊薪煮白石。周碧恍已化，殷墨久不食。（龔璛《存悔齋稿》）

〈題鄭子實著色溪山漁樂圖〉　　　　　　　　　　　　　　元・龔璛

　東風忽來吹綠雨，閑雲更學苔花舞。山中之人歸未歸，溪上漁舟泛春渚。（龔璛《存悔齋稿》）

## 鄭山輝

　小傳：字元秉，工畫蘭。（見《中國畫家人名大辭典》、六四一頁）

〈題鄭山輝效高房山枯木竹石圖〉　　　　　　　　　　　　元・宋禧

　山輝戲作房山畫，巳亥經今恰十年。館閣當時文物盛，風塵何處畫圖傳。神交未覺龍蛇遠，羽化猶疑翡翠鮮。前輩風流歸鄭老，令人注目海雲邊。（宋禧《庸菴集》、卷四）

〈為聞人生題鄭先生李太守合作蘭竹圖〉　　　　　　　　　元・宋禧

　石樓寫竹有書法，山輝作蘭非畫師。絕憐一老衰遲日，虛憶諸公全盛時。澤國凄涼今見此，玉堂文采舊稱誰。流傳後代應難得，肯與聞人玉雪兒。（宋禧《庸菴集》、卷五）

〈題山輝春草圖〉　　　　　　　　　　　　　　　　　　　元・宋禧

　二月四日，久雨始霽，過水北王大本家觀山輝翁春草圖，為題詩一首。

　江上茅堂春雨多，春來野色竟如何。老夫朝朝望白日，隔水茫茫生綠莎。踏青屐齒畏泥濘，垂白鬢毛愁棹歌。何時乘我五湖興，翡翠蘭苕迤釣簑。（宋禧《庸菴集》、卷六）

〈為孫尚質題（鄭）山輝翁蘭蕙圖〉　　　　　　　　　　　元・宋禧

　蕙花江上逢冬至，又見鄭翁蘭蕙圖。落筆十年身後在，懷人三絕眼中無。陽回后土幽芳發，雪滿陰崖眾草枯。看畫幾番曾墮淚，題詩此日更愁苦。（宋禧《庸菴集》、卷六）

〈立夏日為楊昭度孤子題山輝畫〉　　　　　　　　　　　　元・宋禧

　門外草青楊家子，堦前玉潤有蘭芽。春歸今日看圖畫，石畔辛夷未著花。（宋禧《庸菴集》、卷八）

〈題（鄭）山輝畫〉　　　　　　　　　　　　　　　　　元‧宋　禧

　兄事山翁四十年，水南水北往來便。只教洒淚看圖畫，幾處題詩暮樹邊。（宋禧《庸菴集》、卷八）

〈二月廿日夜，在城南僧舍題山輝翁春草圖〉　　　　　元‧宋　禧

　春院重過一夕留，忽思鄭老使人愁。更闌秉燭看圖畫，綠草紅花我白頭。（宋禧《庸菴集》、卷九）

〈為周德如題鄭山輝蘭圖〉　　　　　　　　　　　　　元‧宋　禧

　鄭公去後我重來，二十年中白髮催。留得故人圖畫在，周家芳草有花開。（宋禧《庸菴集》、卷九）

〈題（鄭）山輝畫二首〉　　　　　　　　　　　　　　元‧宋　禧

　竹能結實蘭茁芽，菖蒲有節鮮開花。鄭翁一去不復返，畫圖留落山人家。　　長為幽芳作畫圖，老年左臂竟偏枯。絕憐鄭老徒辛苦，身後聲名有益無。（宋禧《庸菴集》、卷九）

〈三月一日在僧舍題山輝枝木圖〉　　　　　　　　　　元‧宋　禧

　南山落木耐高寒，野老關情仔細看。死去畫圖留寶地，殘春花草近闌干。（宋禧《庸菴集》、卷十）

〈為陳生子範題鄭山輝東山指石圖〉　　　　　　　　　元‧宋　禧

　未識東山已白頭，徒聞指石俯江流。深秋鄰縣看圖畫，吟倚陳家百尺樓。（宋禧《庸菴集》、卷十）

〈為楊灌園題鄭山輝天涯芳草圖〉　　　　　　　　　　元‧宋　禧

　春草生長坂，幽人竟不知。參差添翠羽，蕭散長青絲。西日高低照，東風晝夜吹。畫圖非鄭老，遠道望渠思。（宋禧《庸菴集》、卷三）

〈題鄭山輝畫蘭〉　　　　　　　　　　　　　　　　　元‧宋　禧

　醉眠居士何憔悴，託意秋蘭似獨醒。身後流芳頭已白，人間看畫眼俱青。湘靈夢寐同紉佩，楚語愁吟可續經。誰解烹茶留此老，吳興文物久凋零。（元‧宋禧《庸菴集》、卷五）

〈為王漢章題鄭山輝、李石樓合作蘭竹圖〉　　　　　　元‧宋　禧

冀北李侯多晚興，江南鄭老有春愁。風潭對影來溪曲，雲谷聞香坐石頭。會合可稱雙璧在，畫圖將見萬金收。清華自古歸王謝，所愛曾兼二美不。（宋禧《庸菴集》、卷五）

〈冬十月，過上林鄉，為岑孝廉題鄭山輝雜畫，就用其韻〉　　　元・宋　禧

重過岑家懷鄭老，畫圖歲晚見春榮。芝蘭玉樹昔同賞，山澤布衣今獨行。十月誰憐眾芳歇，上林曾聽早鶯鳴。南樓日色令人愛，洗硯題詩重有情。（元・宋禧《庸菴集》、卷六）

〈鄭山輝春堂圖〉　　　元・宋　禧

悵望情人立水南，水南風日正清酣。踏青已去空遺佩，拾翠重來可盍簪。當日佳期猶自惜，暮年別恨更何堪。夢中綠暗關河路，愁破天光動鬱藍。（宋禧《庸菴集》、卷七）

〈題鄭山輝、李石樓蘭竹畫卷〉　　　元・宋　禧

山輝蘭蕙石樓竹，二老風流識者誰。江上春風苦蕭瑟，卻教宋玉不勝悲。（宋禧《庸菴集》、卷八）

〈為奉古元題鄭、李二老合作蘭竹圖〉　　　元・宋　禧

鄭翁山輝、李侯松雲，嘗為建初寺奉古元合作蘭竹圖一幅。古元徵予題詩其上，踰年不能就。今年庚戌春二月廿四日，過古元畫室，出圖觀之，予與坐客七八人，皆掩袂而泣。時山輝翁即世三日矣。李侯前月未赴龍河，于翁之歿蓋莫知也。悲感之際，遂援筆寫絕句一首。

李侯初上鳳凰台，鳳去能隨日影迴。空采幽芳思鄭老，遊魂春夜不歸來。（宋禧《庸菴集》、卷八）

〈為術者胡桂堂題山輝翁圖〉　　　元・宋　禧

雨後相逢北郭生，謾將牛斗論平生。卷簾笑看閑花草，一度春風一度榮。（宋禧《庸菴集》、卷九）

〈題山輝翁畫〉　　　元・宋　禧

薜荔為衣蘭作佩，雲間石室可容身。秋風黃葉渾無路，古木迴巖別有春。（宋禧《庸菴集》、卷九）

〈三月，馮處士要予觀鄭先生所作東山指石圖，為題詩一首〉　　　元・宋　禧

白頭春晚到東山，故舊相看有笑顏。鄰縣東山猶未識，眼明怪石畫圖間。（宋禧《庸菴集》、卷九）

〈為岑西峯題鄭山輝畫懸厓蘭，用其韻〉　　　　　　　元・宋　禧

　勝地平生幾度遊，曾看翡翠立芳洲。西山高處花如玉，暮景聞香一倚樓。（宋禧《庸菴集》、卷十）


〈鄭山輝畫蘭〉　　　　　　　　　　　　　　　　　元・唐　肅

　親見先生下筆時，緣坡委谷共分披。前身合是江潭客，萬葉千花畫楚辭。（清高宗《御定歷代題畫詩類》、卷七十五）


〈宗道師曾許尋鄭元秉春草圖見寄，詩以促之〉　　　元・戴　良

　平生不識鄭山輝，寫草成圖偶見之。恍惚鵝群翻水日，依稀鴻爪印沙時。康成已矣空書帶，靈運悽其但夢池。寸楮尺綃能寄否，敢憑去雁致深期。（戴良《九靈山房集》、卷二十五）


## 鄭北山
　小傳：不見畫史記載。身世不詳。


〈寄相仲積求觀鄭北山雪竹賦并畫卷〉　　　　　　　元・吳　萊

　古人不可作，雪竹有奇思。鄭公詠騷詞，或者攻繪事。向來拈筆間，才士巧相值。誰從歲寒窺，使得瑚璉器。東國正擾攘，靖康更元二。上天忽同雲，大地惟朔吹。玄陰知已凝，積羽忍不墜。狂曾鵝炙求，困及蟻漿饋。離明乃煌煌，勁節特一致。秦關收甲兵，蜀閫擁旗幟。每疑一寸心，長挺千畝翠。學行尚吾時，窮達等墨戲。相君本彌甥，年耄常拭眥。自應守遺文，重襲在篋笥。滿山蒼竹林，凡木揾顑頷。因之寄君詩，為酒懷古淚。（吳萊《淵穎吳先生文集》、卷四）


## 鄭印心
　小傳：不見畫史記載。身世不詳。


〈題鄭印心龍頭〉　　　　　　　　　　　　　　　　元・吳　澄

　冬而沉真，夫孰測其頭角崢嶸也；春而奮興，又孰測其雷雨發生也。時止時行，初真後亨。吁嗟客鄉，善得其情。（吳澄《吳文正集》、卷一百）


## 鄭同光
　小傳：不見畫史記載。身世不詳。

〈題鄭同光作齋壁枯竹〉　　　　　　　　　　　　　　　　　明・劉　嵩

　同夫嘗大醉，過予齋壁作枯竹一枝，仍題曰“與吾子高掃塵而去”戲答一絕。

　鄭公大醉仍能畫，雪壁霜枝故有神。賴得山齋清似水，不妨無葉自無塵。（劉嵩《槎翁詩集》、卷七）

## 鄭克安

　小傳：不見畫史記載。身世不詳。

〈鄭生畫卷，生字克安〉　　　　　　　　　　　　　　　　　明・凌雲翰

　繪事後素知有分，如以霄漢行煙雲。華虫宗堯舜服，龍馬神龜河洛文。擅場妙絕推道子，解衣磅礡逢元君。王會作圖在今日，好為丹青先策勳。（凌雲翰《柘軒集》、卷二）

## 鄭克剛

　小傳：不見畫史記載。身世不詳。

〈鄭克剛雙松圖〉　　　　　　　　　　　　　　　　　　　　元・黃鎮成

　老榦懸霜紫翠分，一山風雨半空聞。攜琴欲掃苔根石，為寫秋聲寄白雲。（黃鎮成《秋聲集》、卷四）

## 鄭思肖

　小傳：字憶翁，號所南，自稱三外野人，福州連江人。說者謂所南不特精寫墨蘭，而畫竹亦
　　　　妙。（見《中國畫家人名大辭典》、六四○頁）

〈鄭所南推蓬竹卷〉　　　　　　　　　　　　　　　　　　　自　題

　清晚清風吹過後，露出青青一罅天。一似推蓬偷看見，竹林半抹古蒼烟。所南老子。

　萬頃琅玕壓碧雲，清風幽興渺無垠。當時首肯說不得，不意相知有此君。所南。（明朱存理《鐵網珊瑚・書品》、卷二）

〈鄭所南蘭花卷〉　　　　　　　　　　　　　　　　　　　　自　題

　向來俯首問羲皇，汝是何人到此鄉。未有畫前開鼻孔，滿天浮動古馨香。所南翁。（清龐元濟《虛齋名畫續錄》、卷一）

〈鄭所南推蓬竹卷〉　　　　　　　　　　　　　　　　　　　元・釋善住

　翰墨不到處，凜然冰雪姿。分明圖畫見，何似倚蓬時。樗叟善住。（明朱存理《鐵網

珊瑚・書品》、卷二）

〈鄭所南推蓬竹卷〉　　　　　　　　　　　　　　　　　元・宋　旡

　要寫秋光寫不成，愁凝苦竹淡煙橫。葉間尚有湘妃淚，滴作江南夜雨聲。翠寒。（明
朱存理《鐵網珊瑚・書品》、卷二）

〈鄭所南推蓬竹卷〉　　　　　　　　　　　　　　　　　元・俞　焯

　孤竹君家元姓墨，墨君消息要深參。詩人莫作推蓬看，認取南枝見所南。越來子俞焯。
（明朱存理《鐵網珊瑚・書品》、卷二）

〈鄭所南推蓬竹卷〉　　　　　　　　　　　　　　　　　元・周惟新

　鄭老寧非老畫師，筆端瀟洒發天機。披圖葉葉消人骨，似帶秋聲出翠微。周惟新彥德。
（明朱存理《鐵網珊瑚・書品》、卷二）

〈鄭所南推蓬竹卷〉　　　　　　　　　　　　　　　　　元・王廷噐

　　所南翁，吾鄉老先生也，殘筆賸墨，流落人間，為世珍美。時或蒼烟半林，斜月數竿，超出
　　意外。姑蘇徐君彥周，果好事者，傾囊購而表出之。當代賢豪多有題跋，予忝桑梓之末，敢
　　不貂數語，涕泗感激，為徐君謝云。
　　蕭郎絕筆後，墨竹不世有。間生所南翁，獨拡無雙手。虛心抱直節，逢人好皇醜。橫
斜兩無莖，絕勝一千畝。想聚欲畫時，自有神扶肘。想聚欲題時，自有鬼擘口。時或風
雷怒，宛聽鵑龍吼。翁兮惜淪喪，百世名不朽。半抹古蒼烟，寂寞歲悆久。具眼今為誰，
千金買敝帚。寶愛等性命，起敬若父母。再拜謝徐君，停雲屢矯首。丙午八月十六日，
三山王廷噐書。（明朱存理《鐵網珊瑚・書品》、卷二）

〈鄭所南推蓬竹卷〉　　　　　　　　　　　　　　　　　元・叔　淵

　偶爾推蓬聊看竹，却非坐井小觀天。先生多少清高趣，不許時人識得全。叔淵。（明
朱存理《鐵網珊瑚畫品》、卷二）

〈鄭所南推蓬竹卷〉　　　　　　　　　　　　　　　　　元・周壽孫

　試觀所南之墨竹，中有深意固不俗。未肯全泄造化機，所露一班于片幅。隱其全體顯
一罅，知此理者機在日。能將隱顯同一觀，明月清風皆在足。此翁談玄亦如然，微露一
機與人參。舉一不以三隅反，扣其餘蘊終莫宣。如悟厥理本一致，斯明畫竹之意焉。
　　所南鄭翁，先考之益友也，深於玄學，善畫蘭竹，求則不予，不求則予。或與一枝半朵，片
　　言隻字，乘興而作，興盡則止。留布人間多矣，然大概用意可測，舉其始而不肯要其終，談

其粗而不肯言其精，將由賢者不足以語之耶。或知者不言而言者不知耶，唯畫亦然。將由求者不足以與之而吝與之耶，不求者或可以與之而固與之。今觀遺稿，不覺感慨，敬書數語，以識其本懷云耳，識者大怒其僭。時至元五年歲次己卯季春翔，吳門靜山周壽孫書子小隱齋。（明朱存理《鐵網珊瑚‧書品》、卷二）

〈鄭所南推蓬竹卷〉　　　　　　　　　　　　　　　　　　　　　元‧烈　哲

　碧雲午夏楚山冷，白雨六月湘江寒。南翁筆底得佳趣，瀟瀟半壁清琅玕。烈哲。（明朱存理《鐵網珊瑚‧書品》、卷二）

〈鄭所南推蓬竹卷〉　　　　　　　　　　　　　　　　　　　　　元‧陳　昱

　我身坐船中，竹自在沙渚。靜觀不推蓬，固已識全體。喜來踏破漆桶底，小作此君聊戲耳。此君徹上徹下旨，相逢無言只彈指。春山車馬東風前，荒深一脉秋花天。百年斯文誰為口，欲弔是翁吾亦顛。至元二載中春既望，吳人陳昱題。（明朱存理《鐵網珊瑚‧書品》、卷二）

〈鄭所南推蓬竹卷〉　　　　　　　　　　　　　　　　　　　　　元‧陸行直

　棋空飛珮珊珊，翰墨散落人間。瞻望清風高節，管中時見一斑。

　所南先生，貞節之士。有夷齊之風者，書畫散落人間政自不少，雖片紙不盈數寸，或蘭，或竹，必有題咏。然其意深密，非高識韵士豈容易窺見哉。予自童稚至壯時，得承顏接辭，而先生去世几二十載，今獲觀小軸，如在其右，展卷懸情慨想。甫里陸行直書於壺中天。（明朱存理《鐵網珊瑚‧書品》、卷二）

〈鄭所南推蓬竹卷〉　　　　　　　　　　　　　　　　　　　　　元‧葛壽孫

　筆底琅玕入骨清，松煙染葉帶微馨。閑窗展玩高風別，人說先生眼自青。仁仲葛壽孫。（明朱存理《鐵網珊瑚‧書品》、卷二）

〈鄭所南推蓬竹卷〉　　　　　　　　　　　　　　　　　　　　　元‧鄭元祐

　墨胎之墨死不化，固應此君長入畫。雨裏推蓬略見來，至今風節傳天下。遂昌鄭元祐。（明朱存理《鐵網珊瑚‧書品》、卷二）

〈鄭所南推蓬竹卷〉　　　　　　　　　　　　　　　　　　　　　元‧蔣　堂

　昔與此君曾半面，推蓬今日試推。葉聲冷瀉銀床露，野鶴幾番驚夢回。吳邵蔣堂。（明朱存理《鐵網珊瑚‧書品》、卷二）

〈鄭所南推蓬竹卷〉　　　　　　　　　　　　　　　　　　元・錢良祐

　南翁高臥似淵明，不種黃花種竹君。掛起北堂長見此，蒼烟一抹帶斜曛。錢良祐。（明**朱存理**《鐵網珊瑚・書品》、卷二）

〈鄭所南推蓬竹卷〉　　　　　　　　　　　　　　　　　　元・藏六翁

　雅趣端如金鐵，幾度凌霜傲雪。風前略露烟梢，未許人窺金節。藏六翁書。（明**朱存理**《鐵網珊瑚・書品》、卷二）

〈鄭所南推蓬竹卷〉　　　　　　　　　　　　　　　　　　元・王　育

　空玄影外泛孤舟，向曉乘風遍十洲。驀地推蓬得看見，蒼烟翠竹弄清秋。

　至正改元歲次辛巳閏五月十有九日，虛室生白居士王育書于讀書精舍薜荔南窗。（明**朱存理**《鐵網珊瑚・書品》、卷二）

〈鄭所南推蓬竹卷〉　　　　　　　　　　　　　　　　　　元・張　淵

　淡烟古墨縱橫，寫出此君半面。不須日報平安，高節歲寒曾見。

　須溪劉先生，嘗題墨竹長卷云汪遂良：摩訶池上龍千年，化為疋練橫曳烟。我見其面何必全。詩與畫遍相類此。故為書之，吳江湖南野逸張淵。（明**朱存理**《鐵網珊瑚・書品》、卷二）

〈題宋太學士鄭上舍墨蘭（有序）〉　　　　　　　　　　　元・王　逢

　公諱思肖，字所南，肖與南何居？義不忘趙北面他姓也。世家三山，曾大父咸，仕宋，父起，淳祐道學君子，公太學上舍，應博學宏辭科。會元兵南，叩闕上宋太皇幼主疏，不報，國初諸父老猶能記誦之。語切直犯時禁，俗以是爭目公，公遂變今名，隱吳下。所居蕭然，坐必南向，遇歲時伏臘，輒野哭南向拜而返，人莫測識焉。有田三十畝，邑宰素聞其精墨蘭，不妄與人，因紿以賦役取之，公怒曰：“頭可得，蘭不可得。”宰奇而釋之。又嗜詩，題蘭云：玉佩清風挽不回，暮雲長合楚王台。青春好在幽花裡，招得香從筆研來；過齊子芳書塾云：天垂古色照柴門，昔日傳家事具存。此世但除君父外，不曾別受一人恩；寒菊云：寧可枝頭抱香死，何曾吹落北風中。禦寒不藉水為命，去國自同金鑄心。其為文操行率類此，晚年益究天人性命之學，竟以壽終。

　舊傳獨行老康成，文物衣冠魯兩生。甘與秦民同避世，恥為殷士裸如京。天池水淺鯤南息，衡岳峰高雁北征。三百運終遺墨在，秋風九畹不勝情。（王逢《梧溪集》、卷一）

〈鄭所南畫蘭〉　　　　　　　　　　　　　　　　　　　　明・韓　奕

　惟公生南楚，侍宦來吳中。身遭宋國亡，耿耿存孤忠。無家又無後，南冠號北風。洒淚寫離騷，呫呫如書空。疎花綴藺葉，孤生不成叢。翛然數筆間，遺恨自無窮。圖成繼

〈鄭所南推蓬竹卷〉　　　　　　　　　　　　　　　　　　　元・錢良祐

數語，語怪誰能通。流落為世重，寧論拙與工。此花有時盡，此恨何時終。吁嗟匹夫心，
所受由天衷，我思殷頑民，千載將無同。

　　所南福州人，父叔起，宋平江和靖書院山長。所南宋太學生，宋祚日削，上書闕下，志存宋
　　祚，不獲報。宋亡，更名思肖，字憶翁，號所南，坐臥必南向，夜或乘高望南泣，誓不與北
　　人交，聞北人語即趨避。嘗曰：「古人重立身，今人重養身。立身者，與天地同流；養身者，
　　役於萬物，死於萬物，變者也」。」語所親曰：「我死，題吾主曰：『宋故不忠不孝鄭思肖』，
　　不忠，痛已不能存宋祚；不孝，傷已無後，宗系有絕也。」素不邇女色，為學九流百家皆造
　　奧極，多有論述。時寫蘭，疎花簡葉，根不著土，人問之，曰：「土為番人奪，忍著邪？」
　　嘉定某官，脅以它事求畫蘭，曰：「手可斷，蘭不可得也。」又曰：「求則不得，不求或與，
　　老眼空潤，清風萬古。」奕聞之先人復齋，復齋聞之外祖省元唐東嶼，東嶼與所南交甚厚，
　　皆宋末元初人。（韓奕《韓山人詩集》）

〈題鄭所南畫〉　　　　　　　　　　　　　　　　　　　　　明・袁　華

　　弓劍空遺瘴海涯，南冠悵望淚偷垂。滿頭白髮心如鐵，自寫幽芳慰所思。鄭君獨行今
重見，圖畫仍兼著述存。多少梁園舊詞客，長裾又曳向誰門。（袁華《耕學齋集》、卷十二）

〈題鄭所南畫蘭〉　　　　　　　　　　　　　　　　　　　　明・朱　凱

　　渚宮春冷北風寒，九畹蕭條入塞垣。老死靈均在南國，百年誰為賦招魂。（清高宗《御
定歷代題畫詩類》、卷七十五）

〈鄭所南墨蘭〉　　　　　　　　　　　　　　　　　　　　　明・都　穆

　　自題詩，云「一國之香，一國之殤。懷彼懷王，於楚有光」。所南宋大學生，而不仕
元，其畫蘭獨不畫土，人問其故，答曰：「土為書人奪去。」近朱堯民陪予，橋沈氏云
民，云是韓蒙庵故物。（明都穆《鐵網珊瑚》、卷五）

〈鄭所南蘭花卷〉　　　　　　　　　　　　　　　　　　　　清・翁方綱

　　逸氣來天地，無言擬谷香。秋風起纖末，心事接蒼茫。歲月鬱回首，緘題空自傷。不
知暮容髯，何以晤羲皇。伏闕陳書日，趨庭及壯年。山依蘭晚臭，人在菊秋天。培養論
才早，精神待用全。想饒坡石韻，風露正娟娟。鄭所南宋遺老，入元不仕。客吳下，寄
食僧寺以終。自稱景定詩人，有咸淳集。宋遺民錄，稱其畫蘭，自更祚後，不畫土根者
也。此卷自題丙午正月，不著年號，按陸行直跋所南墨竹云，予自童稚至壯時，得承顏
接辭，而先生去世幾二十載。陸行直跋亦不著年歲，然予考陸行直，生於德祐元年乙亥，
逮元成宗丙午歲，陸年三十二矣。是此卷自題丙午，是元成完改元之十年丙午，無疑也。

王冕題有晚年學佛白首南冠之語，又吳人陳昱詩，有家學相承寶祐年，東籬幾度菊花天
之句，予考鄭所南題井中心史，自署云，德祐五年乙卯三山菊山後人。蓋所南之父，名
起，號菊山。以陳詩證之，知其承過庭之訓，在宋末寶祐時，而其詩稱景定咸淳者，特
自敘宋代遺民之詞，而其隱居吳下，則入元已久矣。即此一卷，可以得貞士之苦心，具
詩人之始末，豈僅作翰墨觀已哉。嘉慶四年歲在已未春三月廿日北平翁方綱識。（清龐
元濟《虛齋名畫續錄》、卷一）


〈鄭所南蘭花卷〉　　　　　　　　　　　　　　　　　　　　清・趙懷玉

　翛然空谷異當門，渲染都成血淚痕。天使寸縑逃劫火，人無餘地託靈根。井寬差喜能
藏史，世大何曾別受恩。獨抱秋心盟楚客，年年芳草怨王孫。嘉慶四年已未四月十七日，
觀於京師鐵廠之小聚沙盦，距大德丙午，蓋四百九十四年矣。武進趙懷玉題。（清龐元
濟《虛齋名畫續錄》、卷一）


〈鄭所南蘭花卷〉　　　　　　　　　　　　　　　　　　　　清・郭　麐

　鄭所南畫蘭卷，三葉一花，翛然孤寄，洵逸品也。舊題皆前代勝流，最後北平翁侍郎
為之援据，題識甚詳。淵北仁弟通守，得於邗上，出以見示，且告之曰，余家以先德之
諱，凡圖畫有此花，皆不忍撨張。錢籜石先生為先人同年，嘗為畫卷以先友之故，謹為
饗治，時出敬觀，以寄永慕。此卷為遺民節士意氣所託，假令先人見之，必不令落他手。
又舊得趙子固水仙卷，惟此可耦，爰以重價購之，將與錢趙同藏，以示子孫無忘，子其
為我志之。余曰，有是哉，子之志也，家諱之避莫嚴於六朝及李唐，猶然此昌黎諱辯所
為作也。昔人有諱岳而不聞樂，諱石而不履石者，以為獨行則可，要非中道，禮所謂見
似目瞿，聞名心瞿者，亦即是以廣其孝思而已。今此卷既出遺民節士之手，而鄭重收藏，
以永無窮之慕，其為心目之瞿也大矣。不匱之錫，尚其類之，遂為書於後。道光四年正
月，吳江郭麐跋。（清龐元濟《虛齋名畫續錄》、卷一）


〈鄭所南蘭花卷〉　　　　　　　　　　　　　　　　　　　　清・齊彥槐

　豈惜眾草伍，難為王者香。離披三五葉，千古斷人腸。畫蘭不畫土，此意先生獨。風
雪一花開，幽香滿空谷。九畹根何託，三閭意亦勞。寒窗一展卷，殊勝讀離騷。更有趙
王孫，孤高同谷口。配食水仙王，天然兩佳友。淵北先生以所藏鄭所南真蹟見示，焚香
展玩暢然於懷。所南人品之高，筆墨之妙，前賢論之詳矣。爰題四絕句，附名卷尾，以
志景仰欣幸云。時道光九年歲在己丑十一月十一日，彥槐并識。（清龐元濟《虛齋名畫
續錄》、卷一）


〈鄭所南蘭花卷〉　　　　　　　　　　　　　　　　　　　　清・李振鈞

西山薇蕨許同論，勁草離披撒澹痕。不似楚香託沅澧，此曾無地著孤根。道光十年寅長至後二日，獲觀於樂無事日，有喜宜酒食之室，歎美弗諼，敬題二十八字，李振鈞海初甫。（清龐元濟《虛齋名畫續錄》、卷一）

## 鄭　某
小傳：不見畫史記載。身世不詳。

〈題楊仲謙走馬牽犬圖鄭某畫〉　　　　　　　　　　　　　　元・方　回

渥生漢馬真龍種，旅献周豢敵虎威。時節太平闖花柳，平川牽鞍走如飛。（方回《桐江續集》、卷二十六）

## 鄭昭甫
小傳：自號雲居山人，閩縣人，一作連江。善畫山水，兼工寫真。（見《中國畫家人名大辭典》、六四一頁）

〈題鄭昭甫寫張騫乘槎圖〉　　　　　　　　　　　　　　　　明・林　鴻

滾滾黃河天上來，茂陵底事望蓬萊。早知博望乘槎使，虛築通天百尺台。（林鴻《鳴盛集》、卷四）

## 鄭彥昭
小傳：不見畫史記載。身世不詳。

〈題鄭彥昭郎中為溥泉所作梅竹〉　　　　　　　　　　　　　元・李士瞻

山中人口寫梅竹，琅玕清瘦花如玉。幕中坐客多才華，鎮日揮毫寄幽獨。窗間月底忽相逢，紙帳香飄雲滿屋。（李士瞻《經濟文集》、卷六）

## 鄭高士
小傳：不見畫史記載。身世不詳。

〈題鄭高士畫竹〉　　　　　　　　　　　　　　　　　　　　元・丁鶴年

鄭君高節士，瀟洒絕人羣。蜀把青鸞尾，山窗掃白雲。（丁鶴年《鶴年詩集》、卷一）

## 鄭御史
小傳：不見畫史記載。身世不詳。

〈題鄭御史竹木圖〉　　　　　　　　　　　　　　　　　　　　明・藍　智

鄭公胸次貯冰壺，愛寫疏篁古木圖。携入洞天人不識，借看唯有列仙癯。（藍智《藍澗集》、卷六）

## 鄭敬常

小傳：不見畫史記載。身世不詳。

〈鄭敬常畫扇〉　　　　　　　　　　　　　　　　　　　　　　明・凌雲翰

遠嶼連沙渚，西風滿客船。獨憐江上月，今夜向人圓。（凌雲翰《柘軒集》、卷一）

## 鄭碧巖

小傳：不見畫史記載。身世不詳。

〈贈鄭碧巖序〉　　　　　　　　　　　　　　　　　　　　　　明・唐桂芳

盈天地皆山也，山之脉絡，水之支流，皆始於崑崙，故中州篤生異人。閩蜀之山，天地之氣於是焉窮罕，鍾於人而物多瑰奇；吳越之山，天地之氣於是焉薄，或鍾於人而俗多工巧；歙山之雄曰天都，晶嶷巉削三十有六，如澄心堂之紙，李廷珪之墨，名絕當世，其文章行義類不乏人。近師山鄭翰林以節死，亦可謂鍾山水之雄矣。翰林從孫椿，以碧巖兩大字來謁予，猶記至正初自金陵歸，大篇短章已為品題。奈崑炎海變，詞翰放失之餘，欲用覃厥思以償夙昔之願。十年來目力昏昧，顧予潦倒而椿鬢頒白。椿請益勤，詎敢以膚說辭。山之崔嵬，其形也，山之黝碧，其色也，豈頹然兀然而已。其中虛，所以山澤通氣，生毓不息，人之心虛，酬酢萬變，神明出焉。椿善畫，肖人狀貌與鬼神態度，嘗以鬼神處幽。隨意想像尚可儗似，人之大小妍媸，嬉笑怒罵，必於畫發之一遇之頃，睢盱驚悸，小弟不識其父兄，奴隸不知其為主者有矣。椿每贏衣盤礴，心匠經營，若人，若鬼物，忽湧筆下，就而圖之。畧加點染，已逼真矣。噫！承蜩弄丸，同於機妙，歐陽公曰：唐人藏書，例作卷軸。椿滌渝補敝，畧無糊迹，卷舒妥帖，易於把玩，其能大類是。雖然鄭處以詩字與畫，謂之三絕，椿家於歙，曾客吳越間，惜不從事於詩字，僅以畫名，晚節慕先生長者游。拳拳以斯文為請，猶有翰林之遺訓在。（唐桂芳《白雲集》、卷五）

## 鄭　禧

小傳：字熙之，一作禧之，吳郡人。工書畫山水，學董原筆法，用墨清潤可愛，墨竹禽鳥全法趙松雪。（見《中國畫家人名大辭典》、六四〇頁）

〈題鄭御史竹木圖〉　　　　　　　　　　　　　　　　　　　　明・藍　智

〈鄭熙之滄波罷釣圖軸〉　　　　　　　　　　　　　　　　　　　　自　題
　　結想在幽僻，衡門對遠山。溪流直到岸，古樹臨蒼灣。修竹鬱以秀，苔垣生紋斑。有詩常可讀，飛鳥相往還。塵事自屏絕，一室多餘閒。偶然開小徑，春草不須刪。掉舟何處客，罷釣滄波間。高懷渺相接，譚笑當留攀。至正辛卯夏日，鄭禧畫。（近代龐元濟《虛齋名畫錄》、卷七）

〈鄭禧之古木圖〉　　　　　　　　　　　　　　　　　　　　　元・鄭元祐
　　吾宗有子擅風流，履行只如陳太丘。復向仇池寫林薄，六月陰森如凜秋。前修凋零吾亦老，落日孤雲生晚愁。（清高宗《御定歷代題畫詩類》、卷七十三）

〈鄭僖畫濯足圖〉　　　　　　　　　　　　　　　　　　　　　元・唐　棣
　　天空木葉盡，水闊荻花稀。羨煞扁舟客，翛然與世違。子華棣。（清李佐賢《書畫鑑影》、卷十）

〈鄭僖畫濯足圖〉　　　　　　　　　　　　　　　　　　　　　元・陸　廣
　　參天古木氣蕭森，百尺藤蘿覆石陰。獨坐小舟閒濯足，野雲流水一般心。天游生。（清李佐賢《書畫鑑景》、卷十）

〈鄭禧之松林才子圖〉　　　　　　　　　　　　　　　　　　　　明・王　行
　　橫空微霞澹初卷，一片蒼雲隔層巘。遠壑清風拂樹來，煙鬟捎捎總如剪。蹇驢隨意歷山岡，此景此意應兩忘。忽驚啼鳥翠微裏，催我佳句投奚囊。人生樂事知多少，獨有吟情超世表。為瀉詞源挹畫圖，晴壁高堂楚山曉。（王行《半軒集》、卷十）

〈鄭僖畫濯足圖〉　　　　　　　　　　　　　　　　　　　　　明・黃　元
　　盡道滄浪清，此水清且沘。借問伊何人，云是楚往生。洪武三年仲夏，侯官黃元。（清李佐賢《書畫鑑影》、卷十）

〈題鄭僖畫〉　　　　　　　　　　　　　　　　　　　　　　　明・董其昌
　　僖，至元間人。元有兩至元年號，僖後至元也。余舊藏一帖，楊鐵崖、倪雲林皆題為趙子昂。已於海虞錢憲副處見一圖，有名欵，年號曰至元二年作。憶長興姚氏亦有一圖，倪元鎮詩有鄭虔語。今見此而三。古畫亦未易辨，蓋多為飛兌割截原題耳。壬申嘉平二十七日識，是日迎春東郊。（董其昌《容臺別集》、卷一）

〈鄭僖畫濯足圖〉　　　　　　　　　　　　　　　　　　　　　清・李世賢

鄭僖余郡人，畫法北苑，其用墨運筆，溫雅秀爽，濯足圖真合作也。時胡彥超、李世賢同鑒。（清李佐賢《書畫鑑景》、卷十）

## 鄭　鏗

小傳：字子聲，將樂人。嗜學工詩，尤長于畫。（見《中國畫家人名大辭典》、六四一頁）

〈鄭子聲飛鳳朝陽圖〉　　　　　　　　　　　　　　　　　元・黃鎮成

萬葉迎風舞翠翹，五雲浮日麗青霄。祇應飛上青天去，吹作仙人紫玉簫。（黃鎮成《秋聲集》、卷四）

〈僧別峯所藏鄭子聲竹樹〉　　　　　　　　　　　　　　　元・黃鎮成

空谷有佳人，連蹇歲云暮。清顏不可見，香墨在紈素。江山澹微茫，起我滄洲趣。白石隱疎篁，秋霜懸老樹。天高鴻雁稀，水落沙嘴露。上人心跡空，對此了言句。亦欲櫂孤篷，雲深不知處。（黃鎮成《秋聲集》、卷二）

〈題鄭子聲畫〉　　　　　　　　　　　　　　　　　　　　元・黃鎮成

能畫能書鄭廣文，丹成揮手謝塵氛。不知笙鶴遊何處，留得瀟湘一片雲。（黃鎮成《秋聲集》、卷四）

## 鄭鶴臞

小傳：不見畫史記載。身世不詳。

〈會鶴臞鄭高士真一庵為予寫神，走筆賦雜言〉　　　　　元・方　回

我不羨渠乘大馬，食肥肉。我不羨渠寢細氈，居華屋。富貴兩字輸與渠，奈渠未免一字俗。我有詩腸如月朗三秋，我有酒腸如海吞百瀆。西湖之水足供酒一杯，西湖之山可作詩千幅。羽客寫我醉吟意，雪為長髯電為目。豈知天上三台星，焉用人間九州督。仕宦不達坐多言，衰老未死緣寡欲。眉毛及鬚尚如漆，此為壽相萬事足。莫言不智又無福，寧當忍窮勿受辱。氣豪未減天外鴻，神清差似霜前菊。有人指吳問為誰，云是紫陽方虛谷。欲求我者，南山之南，北山之北。（方回《桐江續集》、卷十四）

## 蔣子中

小傳：不見畫史記載。身世不詳。

〈題蔣子中畫竹及對奕圖〉　　　　　　　　　　　　　　　元・唐　元

我圃近千箇，君窗隱一枝。秋陽宜辟易，開卷灑清颸。不語機關險，頻收局面新。百年輕費日，一著要先人。（唐元《筠軒集》）

## 蔣本仁

小傳：不見畫史記載。身世不詳。

〈題蔣本仁巢木竹石〉　　　　　　　　　　　　　　　　　　　元・舒頔

瀟洒疎篁曾雨露，槎牙古木慣風霜。東風不督忠貞節，羞與當時作棟梁。（舒頔《貞素齋集》、卷七）

## 劉一清

小傳：不見畫史記載。身世不詳。

〈題劉一清清溪圖歌〉　　　　　　　　　　　　　　　　　　　明・劉嵩

我家昔住清溪曲，五月柴門漾寒綠。望仙門外石橋灣，石折蒼波轉林麓。老藤修行翳兩涯，茅屋高下連桑麻。江魚出躍青荇葉，水禽啼上碧桃花。悠悠三十年來往，却別清溪事游蕩。東園有客種狸瓜，北渚何人繫漁榜。茲晨覽君圖畫工，作者乃是清溪翁。清溪自住渝水上，名稱偶爾能相同。長汀短棹遡雲水，絕壁喬林澹霞綺。烏鵲散漫夕陽邊，樓閣依微空翠裏。伊誰手携九節筇，從以童子囊孤桐。至音雅調不易識，深山古木號天風。我今欲歸歸未得，時時夢繞溪南北。釣槎歌石雨邊青，菱角沈泥雨中黑。問君何從得此本，強擬鄉園寄幽遯。避名惟恐世人聞，撫景應悲歲華晚。三山磯白鷺洲，京國相逢俱勝遊。諸君更棹酒百斛，相與爛醉秦淮樓。（劉嵩《槎翁詩集》、卷三）

## 劉大用

小傳：不見畫史記載。身世不詳。

〈題聞然子劉大用草蟲圖〉　　　　　　　　　　　　　　　　　元・胡祗遹

草蟲固微物，思態紛不同。劉侯乘戲墨，寫生善形容。依依敗荷枝，蕭蕭霜菊叢。拳聯寒露雨，飄搖秋蝶風。物物適其適，熙熙生意濃。翻嗤造物拙，神御匪專攻。——欲題詠，但恐辭源窮。可憐畫家手，虛費摹勒功。絕藝固可嘉，纖巧非神雄。何時風雨筆，雲海隨飛龍。（胡祗遹《紫山大全集》、卷一）

〈題劉大用畫草虫手卷〉　　　　　　　　　　　　　　　　　　元・王惲

口動翻飛自一天，眼中風露發清寒。筆端正有坡仙樂，莫作宣和藝本看。東坡墨戲出新意，八詠復見河陽劉。夢到草堂風露口，碧花籬落候虫秋。格物先須論致知，古人圖史發幽奇。多君夢到周南口，口出幽口口口口。（王惲《秋澗先生大全文集》）

新意，八詠復見河陽劉。夢到草堂風露口，碧花籬落候虫秋。格物先須論致知，古人圖史發幽奇。多君夢到周南口，口出幽口口口口。（王惲《秋澗先生大全文集》）

### 劉子翬

小傳：不見畫史記載。身世不詳。

〈題劉子翬橫溪獨釣圖〉　　　　　　　　　　　　　　　　　　元・周　巽

天河垂練映寒流，坐俯清冷墜玉鉤。源上桃花微雨過，孤吟驚起水中鷗。　芳洲白鷺飛來兩，日射金鱗波洸漾。芰荷香送晚風涼，一聲清唱雲中　響。　紫鱗翻藻時衝岸，紅線低垂月鉤半。雁叫蘆汀綸乍收，蟾流孤影來霄漢。　儒林劉郎最清絕，手把絲綸歌未闋。忽見江梅數蕊開，一蓑立斷寒江雪。（周巽《性情集》、卷六）

### 劉永之

小傳：不見畫史記載。身世不詳。

〈寫墨竹一枝并題與章子愚〉　　　　　　　　　　　　　　　　　　自　題

落日洞庭西，曾聞唱竹枝。十年江海別，風雨漫相思。積雨簀簹晚，新晴嶰谷春。錦衣看稚子，翠袖憶佳人。（劉永之《劉仲修先生詩集》、卷三）

〈（自）寫墨竹一枝〉　　　　　　　　　　　　　　　　　　　　　自　題

為君拈筆寫簀簹，數尺新稍綠粉香。持白西窗聽夜雨，高情渾似對瀟湘。（劉永之《劉仲修先生詩集》、卷三）

### 劉可軒

小傳：不見畫史記載。身世不詳。

〈贈劉可軒寫真〉　　　　　　　　　　　　　　　　　　　　　宋・文天祥

燕頷鳶肩都易寫，從前只道點睛難。近來阿堵君休問，燈下時將頻影看。（清高宗《御定歷代題畫詩類》、卷五十四）

### 劉　生

小傳：不見畫史記載。身世不詳。

〈題（劉生）青山白雲圖〉　　　　　　　　　　　　　　　　　　明・陳　謨

劉生用墨如用兵，墨如雨點鴉亂行。須臾生紙氣飛動，浮雲白白山青青。秦皇昔向湘江下，怒伐湘山山盡赭。此樹能逃烈焰中，至今瑤翠森如畫。窈窕復疑盤谷中，書痴擬欲挂高松。饑煮肉芝兮白雲，寒披栗葉嘯天風。（陳謨《海桑集》、卷一）

〈贈傳神劉生〉 元・蒲道源

人賦形神萬不同，劉生下筆便收功。能參水鏡無心處，迥出丹青著意中。（蒲道源《閒居叢稿》、卷七）

## 劉自巽

小傳：不見畫史記載。身世不詳。

〈贈劉自巽寫真〉 元・劉岳申

古今畫史惟商人第一，能象高宗夢中所得。乃傳岩所遇者相肖似，如高宗同夢，又如高宗夢覺所作，殆天授，非人力也。今之畫者，使人具衣冠坐，注視一物，然執筆端相以求之，有得亦有不得。得者常少，不得者常多，況寫夢又寓他人所夢乎。故謂高宗以夢得易，以形求難。後來麒麟雲台凌煙，類能使死者復生，生者不死，於是世道人物已降。而畫工亦遠矣，然亦豈可少哉。友人劉君士楚為余言，余里劉自巽妙寫真，為舉傳岩以助其神授天得，且戒之曰：無摹市井，無貌尋常，今山林岩穴，必有為霖雨為舟楫者，子其審之。（劉岳申《申齋劉先生文集》、卷一）

## 劉名卿

小傳：不見畫史記載。身世不詳。

〈劉名卿墨竹〉 自 題

雨洗南山潤筆巒，濕雲藏翠護琅玕。聲搖淇澳秋風早，影落湘江夜月寒。樂府披炳裁鳳管，谿家帶雪剪魚竿。我生亦有王猷癖，不用敲門到處看。劉名卿題。（清龐元濟《虛齋名畫錄》、卷七）

〈劉名卿墨竹〉 元・張 雨

墨池飛出兩琅玕，林屋氍晴共倚闌。不送軒轅裁鳳琯，小窗留得一枝看。方外史張雨。（近代龐元濟龐濟元《虛齋名畫錄》、卷七）

## 劉仲瑾

小傳：不見畫史記載。身世不詳。

〈贈畫工黎仲瑾，號碧山〉　　　　　　　　　　　　　　　元・歐陽玄

　　吾聞萇弘之忠裂金石，精氣千年化為碧，人生賴有方寸妙。萬變神奇從此出，又聞西方梵僧名法能，能令兩眼碧色晶熒熒。有時時後洒墨汁，纖穠疎秀皆成形。碧山畫神欲入品，表裏神光碧瞳炯。浮嵐暖翠山不愛，盡付晴窗落泓影。碧山學士今為誰，玉堂茅舍各有時。煩君添我山下屋，更看白雲相陸離。（歐陽玄《圭齋文集》、卷四）

## 劉志雲

　　小傳：不見畫史記載。身世不詳。

〈（劉志雲繪）劉竹溪手植松歌〉　　　　　　　　　　　　元・許有壬

　　安城竹溪劉先生，兒時植松屋西，今百五十年，亭亭入雲矣。曾孫志雲繪為圖，徵言於予。
　　志雲孝弟著於鄉，精藝聞於時。觀其松，論其世，其樹德者乎，為之歌，曰：

　　世方植槿務連滋，種松待長知幾時。槿花朝開暮即落，松也動是千年期。有人不作淺近計，眼前便立雲仍基。當時入土等豪末，灌溉培護如嬰兒。爾來一百五十載，黑雲千尺寒參差。勤劬封植已四世，邱山深閟梁棟姿。樹猶如此不用歎，竹溪挺特羅孫枝。老夫結苏太行下，手開三徑勞鋤治。有時松陰獨箕踞，坐受瑟瑟清風吹。因君此卷增感慨，田園荒盡不賦歸來辭。（許有壬《至正集》、卷十一）

## 劉宏度

　　小傳：不見畫史記載。身世不詳。

〈書(劉宏度)窈窕圖後〉　　　　　　　　　　　　　　　元・李孝光

　　予觀宋玉、曹子建洛神諸賦，其詞若近於嫚褻。而世咸以為減有是事，殆不然也。自國風雅頌之亡也，一變而為離騷，然其比興之法，則未嘗亡。蓋詩之善善惡惡也，其美是人。則形容其德之盛，如曷不肅雍王姬之車之類是也。其譏刺是人，則誇張其服飾之美、顏色之麗。如胡然而天，胡然而帝之類是也。夫其所以愛惡之意，固以躍然於言外。如屈原之湘君夫人、宋玉之美人、子建之洛神，亦皆為是假飾之詞。以是發洩其憂怨悲憤之情，蓋比興之遺音也。今觀劉君宏度其所貌窈窕圖，又讀其所為歌詩而識其意。明屈宋之作為庶幾正大之情，而非徒為是謠亂之辭。其言忠厚會於予心，故歌以繫之。其辭曰：

　　神煜煜兮來下，翹翠旌翩其如舞。嗟夫君兮懷女，風凄凄兮無感我戶。神將舉兮委蛇，捫予心兮嘯歌。不我與兮奈何，循吾理兮靡他。行無留兮媞媞，巫維子之宮兮安女栖。胡獨受命兮不齊，呼嗟蝶蝀兮朝隮。（李孝光《五峰集》、卷二）

## 劉伯希

小傳：善畫木石，尤長于松，學李成。（見《中國畫家人名大辭典》、六六〇頁）

〈奉題達兼善御史壁間劉伯希所畫古木圖〉　　　　　　　　　　元・傅與礪

　　遠樹含幽姿，近樹亦古色。水傍常見畫不得，乃在君家之素壁。青林寂寞行人窈，白
澗微茫斷烟隔。入門蕭蕭雲氣生，落日便恐歸禽爭。耳後颯爽行風聲，知君夜眠愁雨黑。
留客畫坐宜秋清，劉侯學李侯。畫手稱獨步，時見作古松。盤屈百怪聚，中林一株直且
良，安得劉侯寫其趣。（傅若金《傅與礪詩集》）

## 劉宗海

小傳：善畫山水。（見《中國畫家人名大辭典》、六六〇頁）

〈劉宗海山水歌〉　　　　　　　　　　　　　　　　　　　　　元・洪焱

　　吾郡山水邑，材藝皆絕倫。昔時稚川善游戲，妙筆往往追前人。後之作者非一士，劉
生妙年下筆新。意營慘淡竊元氣，功接虛無通鬼神。一生精勤嗜奇古，十年不見今楚楚。
忽然遺我四老圖，白日雲煙起窗戶。頭上松花坐處落，手中芝草饞時咀。此人眉骨非世
人，蹤迹何因到城府。誰依澗石開茅屋，亦遣疏花映修竹。樵斧時衝白鹿歸，漁舟獨繫
青楓宿。嗟余奔走貪長道，見盡幽人愧塵俗。近時詔下徵隱淪，茲士胡為置空谷。（洪
焱《杏庭摘稿》）

〈劉宗海為余作清江春雨、碧嶂秋嵐二圖，賦此以贈之〉　　　　元・劉永之

　　劉君早年善山水，得意徃徃圖樵漁。西昌城西一相見，忽然贈我双畫圖。圖中似是清
江曲，春雨蒼茫汀樹綠。烟中髣髴辨飛帆，水際依微見茅屋。漁郎繫船江石上，一口磯
頭水新長。孤村日莫烟火微，渡口歸人暝猶徃。碧嶂層巒翠轉奇，嵐光秀色含朝暉。風
林口葉洒青壁，雲壑流泉生翠微。我昔結廬此山裏，每愛秋嵐淨如洗。經年奔走厭風塵，
偶看新圖心獨喜。憑君添我小綸巾，明當歸掃山中雲。他日君來一相訪，松根為子開柴
門。（劉永之《劉仲修先生詩集》、卷四）

〈贈畫師劉宗海〉　　　　　　　　　　　　　　　　　　　　　明・劉嵩

　　寇盜餘五年，山林一憔悴。劉君最英發，筆墨有生氣。蒼然祁鄭間，見此喪亂際。拔
足自踰塵，師門本羅氏。聰明破溟涬，飛動入玄契。總角解揮塗，老成兀超異。高堂敞
軒豁，圖畫入蒼翠。紛披烟霧舒，晃朗城邑麗。霜禽晚更淨，水木寒不墜。翩翻毛翮兮，
的皪花果碎。江沙隱舟楫，山雪帶遠騎。瀟湘乍微茫，衡霍忽叢萃。冥冥開古色，漠漠
浮遠勢。東南半天下，屏障光溢視。遂令購求者，尺璧不敢貴。相逢苦漂泊，澤國春正
媚。口誦名詩文，磊落傾腹笥。窮途偶羈客，絕藝終名世。豈必懷古人，艱難發深喟。

（劉崧《槎翁詩集》、卷二）

## 劉 郎
小傳：不見畫史記載。身世不詳。

〈題枯木圖，為王子啟作〉　　　　　　　　　　　　　　　　明・劉 崧

　　高堂展圖颯寒景，古檜峩峩出蒼嶺。坐上疑聞啄木聲，空中忽落蛟龍影。幹株偃蹇勢迴薄，槎節盤撐氣深猛。尋常岩壑真有此，六月炎風為之冷。密葉中含雷雨垂，危標上逼雲霄迴。懸猿清秋怯倒上，饑鳶落日愁相並。浦口回舟望北林，原頭立馬瞻西嶺。劉郎此圖昔所畫，物色筆勢生雄騁。王君得此綺繡重，玉立堦墀見清挺。經年烽火萬山赤，赭伐還聞到條梗。天寒荒野霜露白，蕭瑟陰風助悲哽。豈無千尺棟梁具，摧絕泥沙竟誰省。深山大澤龍虎死，慘淡相看愁不醒。海波萬一解經天，亦欲乘槎掠參井。（劉崧《槎翁詩集》、卷三）

## 劉信可
小傳：不見畫史記載。身世不詳。

〈贈畫士劉信可二首〉　　　　　　　　　　　　　　　　　　宋・謝 枋

　　毛穎摧鋒入墨池，白雲窗下展烏絲。乘君袖裏孤山月，寫盡棋斜竹外枝。
　　譜係庭筠出管城，胸中千畝盡秋清。兒童不悮揮毫意，閑俙虛簷聽雨聲。（謝枋《疊山集》、卷二）

## 劉彥昭
小傳：不見畫史記載。身世不詳。

〈題劉彥昭杏林春曉圖〉　　　　　　　　　　　　　　　　　元・王 沂

　　久看林杏蔓柯條，每到春晴花最嬌。彩雲終日淨如拭，絳雪有時吹未消。撿方清潤浮書庋，接席繁陰落酒瓢。舊遊回首已十載，杏實纍纍須見招。（王沂《王徵士詩集》、卷六）

## 劉秘監
小傳：不見畫史記載。身世不詳。

〈劉秘監山水〉　　　　　　　　　　　　　　　　　　　　　元・盧 琦

秘監揮毫意正酣，依稀風景似江南。經年修蔓搖秋色，隔水遙峯起暮嵐。千里郊原天渺渺，半空松桂雨𩆉𩆉。故山亦有溪山好，自笑征塵日滿衫。（盧琦《圭峯集》）

## 劉敏叔

小傳：不見畫史記載。身世不詳。

〈跋（劉敏叔）王端明畫像〉　　　　　　　　　　　　　　元·虞　集

劉敏叔畫故端明潛齋王公於梅雪之間，其高風勝韻如在昔屈大夫頌橘以象伯夷千載以為名言托物儗倫君子豈偶然哉，雍虞某題。（虞集《道園學古錄》、卷十）

## 劉尊德

小傳：不見畫史記載。身世不詳。

〈贈劉尊德善琴工畫〉　　　　　　　　　　　　　　　　元·劉　詵

劉郎善琴如雍門，萬感畢赴指下絃。和如威鳳鳴若木，閶闔蕩蕩開晴天。怨如玄猿嘯遙夜，酸風孤馬行窮邊。劉郎善畫如鄭虔，落筆飛雨大化懸。豪鷹秋翻代北月，饑雁暮下江南烟。悲崖哀壑遠蕭瑟，斷蘆短荻寒芊綿。洞庭廣野神忽動，秋風六合心高騫。九成韶鈞夢舜日，萬騎羽獵思秦川。惜哉流落世未識，酒酣自賞詩千篇。嗚呼，明時材藝袞袞班集賢，安得有力貢之至尊前。（劉詵《桂隱詩集》、卷二）

## 劉　崧

小傳：舊名楚元，字子高，諡恭介，泰和人。博學有志行，工詩善畫梅竹。（見《中國畫家人
　　　名大辭典》、六六〇頁）

〈（自）題竹圖贈鍾子與〉　　　　　　　　　　　　　　　　自　題

午窗書困罷臨池，愛寫篔簹石上枝。高節豈容塵士混，苦心惟許雪霜知。光兮汗簡魚蟲古，聲合仙竽鳳鳥遲。頭白鍾期相見晚，為君惆悵一題詩。（劉崧《槎翁詩集》、卷六）

〈為善舉寫墨竹因題二絕其上〉　　　　　　　　　　　　　　自　題

深林昨夜雨，新笋幾時生。似覺清風動，微聞墜露聲。　潤愛娟娟色，清憐冪冪陰。何因掃苔石，來此坐鳴琴。（劉崧《槎翁詩集》、卷七）

〈題詩壁畫墨龍〉　　　　　　　　　　　　　　　　　　　自　題

余憂憤中戲作墨龍於報恩寺之西壁。明日，余兄子中復圖於東壁，有高視濶步之意。或請余

弟子彥贊之，子彥笑而不言，因賦一絕以見意。

東壁圖龍勢最雄，氣連西壁雨雲通。葛陂一杖無人識，雙劍飛來野寺中。（劉崧《槎翁詩集》、卷八）

〈賜文彥高墨竹〉　　　　　　　　　　　　　　　　自　題

富田文彥高，先丞相信國公諸孫。先是丞相故第及祭田，類為孫冠所奪。事平，彥高盡復之為新祠，祀丞相於故第，蓋盛舉也。余過富川，拜丞相祀，因與彥高相見道舊於別也，寫墨竹為贈，復題詩以美之富田文彥高，先丞相信國公諸孫。先是丞相故第及祭田，類為孫冠所奪。事平，彥高盡復之為新祠，祀丞相於故第，蓋盛舉也。余過富川，拜丞相祀，因與彥高相見道舊於別也，寫墨竹為贈，復題詩以美之。

丞相祀前竹滿墀，亭亭風節在孫枝。詎知雪壓霜披後，如見龍遊鳳翥時。萬壑秋聲傳瑟瑟，兩溪晴綠浸離離。新圖寫贈還相別，晏歲風流重爾思。（劉崧《槎翁詩集》、卷六）

〈題枯木圖為王子啟作〉　　　　　　　　　　　　　自　題

高堂展圖颯寒景，古檜峩峩出蒼嶺。坐上疑聞啄木聲，空中忽落蛟龍影。榦株偃蹇勢迴薄，梢節盤撐氣深猛。尋常巖壑真有此，六月炎風為之冷。密葉中含雷雨垂，危標上逼雲霄迥。懸猿清秋怯倒上，饑鳶落日愁相並。浦口回舟望北林，原頭立馬瞻西嶺。劉郎此圖昔所畫，物色筆勢生雄騁。王君得此綺繡重，玉立堦墀見清挺。經年烽火萬山赤，赭伐還聞到條梗。天寒荒野霜露白，蕭瑟陰風助悲哽。豈無千尺棟梁具，摧絕泥沙竟誰省。深山大澤龍虎死，慘淡相看愁不醒。海波萬一解經天，亦欲乘槎掠參井。（劉崧《槎翁詩集》、卷三）

〈為南山張道寫墨竹併題〉　　　　　　　　　　　　自　題

道人別我度雲岑，歸隱茅菴舊竹林。袖裡獨攜東海石，滿天風雨聽龍吟。（劉崧《槎翁詩集》、卷七）

〈為易謙畫竹併系以題〉　　　　　　　　　　　　　自　題

渭川烟雨三千畝，篔谷清風四五年。不是軒庭難種得，高情宜向畫中看。（劉崧《槎翁詩集》、卷七）

〈題墨竹，為郭持中賦〉　　　　　　　　　　　　　自　題

閒寫幽皇遺所知，兩竿秋玉帶橫枝。山林偃蹇尋常事，直上雲霄自有期。（劉崧《槎翁詩集》、卷七）

〈題墨梅一枝，寄瓜州慶守郭大使〉　　　　　　　　　　　　　　自　題

　　故人好在瓜州上，寫得梅花遠寄將。願托江流向千里，江流到海意尤長。（劉嵩《槎翁詩集》、卷七）

## 劉誠本

　　小傳：不見畫史記載。身世不詳。

〈題劉誠本畫綠陰靜釣圖〉　　　　　　　　　　　　　　　　　　明・劉　嵩

　　綠渚淨秋波，蒼林含夕景。之子坐垂綸，冥冥釣深冷。歸鳥背林梢，游鱗漾文荇。扁舟有餘閒，庶以怡日永。斷岸不逢人，虛明見清影。（劉嵩《槎翁詩集》、卷二）

〈答劉誠本寄畫〉　　　　　　　　　　　　　　　　　　　　　　明・劉　嵩

　　故人昔別能相憶，遠寄新城水墨圖。木葉盡含春雨潤，石根猶帶晚雲孤。啼猿遠過盤陀嶺，歸雁忽沉彭蠡湖。已辦鵞溪玉色絹，南歸問子寫蓬壺。（劉嵩《槎翁詩集》、卷五）

〈答劉誠本寄贈墨檜色二軸〉　　　　　　　　　　　　　　　　　明・劉　嵩

　　慘慘墨株龍首蜷，離離翠竹鳳毛鮮。一時妙筆能兼致，千古清風有永傳。滄海釣鰲誰是客，銀河載石故能仙。相思無那濠梁興，却望空山憶往年。（劉嵩《槎翁詩集》、卷六）

〈題劉誠本為子彥弟作山水圖〉　　　　　　　　　　　　　　　　明・劉　嵩

　　畫者有遠意，寓之山水間。野航當晚急，江閣與秋閒。嘉樹團丹壑，幽花照綠灣。何年謝塵鞅，杖策此中還。（劉嵩《槎翁詩集》、卷五）

## 劉　權

　　小傳：不見畫史記載。身世不詳。

〈吳儁仲傑橫河精舍圖〉　　　　　　　　　　　　　　　　　　　元・張　羽

　　橫河精舍誰所居，豐城隱者吳仲傑。是中林壑特幽勝，一幅劉權畫尤絕。遠山數曲重復重，炊烟一村樹叢叢。嵐光雲氣紛滉漾，盱水汝水遙相通。近小什伯青唇匝，峰底斜穿鶿鷁峽。跳波直下却迴漩，怪石截斷隻流合。竹窗桂棟溪之隅，過門好客無時無。溪魚長肥酒長熟，撥棄世務淡詩書。梧川春雨草木長，櫸塘耕稼仍膏壤。鉏翁牧子行唯諾，沙鳥風帆自來往。獨不見陶縣令松菊園，又不見杜陵老桑麻田。人生得此不歸去，有如頭上之青天。傑乎傑乎吾羨汝，毋負山中故人招隱篇。（清高宗《御定歷代題畫詩類》、卷一一五）

## 劉壽翁

小傳：不見畫史記載。身世不詳。

〈題劉壽翁為予寫真〉　　　　　　　　　　　　　　　元・吳　澄

里人劉壽翁，為予寫真，見之者，咸曰："此朱夫子像也。"其有若之似與？抑陽虎之似與？予為此思，識者鑒焉。草廬六十翁始生之日題。（吳　澄《吳文正集》、卷一〇〇）

〈贈寫真劉壽翁〉　　　　　　　　　　　　　　　　　元・吳　澄

黃洲橋邊偶儻人，號曰相山劉寫真。眼前名士描貌遍，亦及中原麋鹿身。生來自揆形相惡，赤準高顴面如削。武夷擢舟歌九曲，洛社深衣園獨樂。人言相似我言非，只合幼輿置巖壑。可憐筆墨誤點染，彊使垂紳望台閣。聖恩天廣覆群臣，百年勳閥長如新。誰將子上南薰殿，為寫褒鄂光麒麟。（吳澄《吳文正集》、卷九十八）

## 劉憲副

小傳：不見畫史記載。身世不詳。

〈題劉憲副為蕭鵬舉寫雨竹圖〉　　　　　　　　　　元・王　沂

風雨川上至，秋聲滿喬林。初疑鳳鸞引，忽若蛟龍吟。洋洋飛動意，矯矯變化心。隱晦在一壑，干霄故千尋。美人隔秋水，環珮鏘璆琳。清嫩毓內美，孤高蕃遠陰。以茲石上操，託爾邱中琴。共保歲寒節，永言懷好音。（王沂《伊濱集》、卷三）

## 劉　融

小傳：字伯熙，薊丘人。善畫山水，師法郭熙。（見《中國畫家人名大辭典》、六五九頁）

〈劉伯熙清溪圖〉　　　　　　　　　　　　　　　　　元・黃鎮成

暫脫塵鞅繫，結此清溪居。偶從農圃鄰，時讀種樹書。聽瀑掃松石，眠雲依草廬。韜琴自無絃，直釣不在魚。未知穹壤間，寵辱當何如。（黃鎮成《秋聲集》、卷二）

〈題游弘道所藏劉伯熙畫〉　　　　　　　　　　　　元・虞　集

燕城建都將百年，喬木往往遼金前。宮中屏帳愛奇古，每托畫手馳風烟。房山絕筆商山老，內府人家跡如掃。畫苑今惟劉伯熙，白髮承恩最偏好。西山古寺劫火餘，斧斤所赦遺殘枯。久經霜雪如鐵石，膏沐雨露還扶踈。一夕書惟侍清宴，有詔令熙寫幾縣。徧圖形勝到巖壑，直幹交柯每盈卷。游侯緣從自當時，閣下庭前屢見之。朝衣佐守南海上，袖卷龍鬐雷雨垂。高堂風動海水立，江岳驚奔鬼神泣。禁直岧嶢翠蓋高，誰識行蹤露華

濕。徂徠新甫何足攀，巴丘正似青城山。人聞彈指千百歲，大夫與我俱蒼顏。（虞集《道園遺稿》卷二）

〈（劉伯熙畫）雲松聽者圖序〉　　　　　　　　　　　　　　　　　　　明·危　素

雲松聽者，西域彥修君之別號也。孰為之圖，祕書監劉君伯熙也。彥修者，世冑高顯，蚤遊成均，歷官清要。今與劉君同官為少監，然襟度夷雅，恬淡自將，居京師修文坊，恆杜門卻掃，留情詩書文藝之間。嘗誦唐李翰林廬山巢雲松之詩，而愛其山屹立江上，飛泉怪石，佳花美木，往往而見，昔賢之遺跡，可以歷歷指數，誠東南之名山奧區。徒以於縻職守，未遑置身其地，故寄興是圖，朝夕覽觀焉。嗚呼，世之人亦孰窺其高致哉？昔者翰林暫過九江，雖嘗賞愛廬山，而有青天芙蓉之喻，亦曰吾將而已，則其巢雲松之語終弗能踐。今彥修君際國家盛明之時，駸駸日鄉於顯用，其勢莫得遂其超然遠舉之志，則雲松之號，僅見其彷彿於圖畫爾。若余之不才，貪戀微祿於輦轂之下，眷焉鄉邑，實邇茲山，於是及其強健，乞身以去，託迹煙霞水石孤迥寂寥之地，則聽者之稱宜歸於僕，吾彥修君果能讓之否乎？劉君亦肯為之圖否乎？（危素《說學齋稿》、卷四）

### 劉懋觀

小傳：不見畫史記載。身世不詳。

〈劉懋觀寫真〉　　　　　　　　　　　　　　　　　　　　　　　元·吳　當

蕭蕭霜鬢隔風塵，卻有劉郎為寫真。金馬玉堂成昔夢，蒼松白鶴伴閒身。傷心南土衣冠少，極目中天日月新。更許蘇卿老歸國，便應黃閣畫麒麟。（吳當《學言稿》）

### 劉曜卿

小傳：不見畫史記載。身世不詳。

〈劉曜卿畫折花宮女〉　　　　　　　　　　　　　　　　　　　　元·張　昱

柳風草露欲霑衣，又是宮中上直時。好把桃花都折盡，免教吹作落紅飛。（張昱《張光弼詩集》、卷三）

〈劉耀卿雪景〉　　　　　　　　　　　　　　　　　　　　　　明·凌雲翰

健步尋梅遠未還，無端詩思滿溪山。洛陽更有多風雪，獨有高人晝掩關。（凌雲翰《柘軒集》、卷一）

〈劉耀卿畫〉　　　　　　　　　　　　　　　　　　　　　　　明·凌雲翰

濕。徂徠新甫何足攀，巴丘正似青城山。人聞彈指千百歲，大夫與我俱蒼顏。（**虞集《道
園遺稿》卷二**）

重叠春山畫罨開，柳邊花底抱琴回。誰家庭院東風裏，一片笙歌隔水來。畫橋南畔藕
花香，坦腹湖亭愛午涼。醉拍闌干因得句，不知驚去睡鴛鴦。老桂吹香襲絳袍，併將秋
興寫秋毫。何人記得南樓夜，月過松梢一丈高。曾倚江亭看雁飛，梅花和雪亞荊扉。客
帆自向沙頭落，不是山陰興盡歸。（**凌雲翰《柘軒集》、卷一**）

## 霍元鎮

小傳：善山水，規模董北苑、米南宮，殊有標致。（**見《中國畫家人名大辭典》、六六九頁**）

〈霍元鎮春江捕魚圖〉　　　　　　　　　　　　　　　　　　　　元・虞　集

霍元鎮規模董北苑米南宮父子，寫山水雲物殊有標致，見示春江捕魚圖，遂賦此。

春江聚網萬魚急，漁人相謹魚相泣。負薪深山何處樵，利害相乘不相及。海鷗冥冥秋
影微，黃葉江南一棹歸。人間得失兩無迹。（**虞集《道園學古錄》、卷二十八**）

## 曉　菴

小傳：僧人，東吳人，善畫葡萄。（**見《中國畫家人名大辭典》、六六七頁**）

〈曉菴山水小幅〉　　　　　　　　　　　　　　　　　　　　　明・貝　瓊

高堂見林壑，忽似過雷峰。窈窕一門險，崢嶸千嶂重。人聲何處答，虎跡有時逢。怒
瀑流清耳，層雲起盪胸。松枯寒落子，草碧暖勾茸。勢出丹青假，神疑造化鍾。滄洲非
世外，玄圃只王封。絕境須吾賞，他年策瘦筇。（**貝瓊《清江詩集》、卷八**）

## 嶼　公

小傳：不見畫史記載。身世不詳。

〈題嶼公所畫湘江萬竹圖〉　　　　　　　　　　　　　　　　　明・烏斯道

遙望東南萬竹林，連岡度坂玉蕭森。滿天風雨湘雲冷，落日魚龍楚澤深。翠袖倚時人
去遠，黃頭歌罷思難禁。老禪揮洒緣何事，勾引新詩作風吟。（**烏斯道《春草齋集》、卷
四**）

## 樵枯子

小傳：僧人，東吳人，善畫羅漢。所作雖非貫休比，亦得其髣髴。（**見《中國畫家人名大辭典》、
六六七頁**）

〈題興元路長僧傑的家藏樵枯子所畫羅漢卷〉　　　　　　　元・蒲道源

　　浮屠氏之阿羅漢，蓋學物而未者，故其降龍伏虎浮杯擲錫，入定觀想，積精之至，皆得物之粗，猶孔門之有七十子。余寓京時，於秘省得觀唐僧貫休所畫十六相，詭異殊甚。今興元路侯牧之長宣差公，事物甚謹，僧樵枯子遂作手卷以獻之，雖非貫休比，亦得其彷彿。公俾予題其左，予於浮屠書罕讀，不盡究其說，為下一轉語，曰：「過去未來非我知，開卷覩之即見在。主人彈指起敬心，便是應真無掛礙。」既題，復歸於公，使藏之。（蒲道源《閒居叢稿》、卷二十）

## 龍　旗

　　小傳：不見畫史記載。身世不詳。

〈題龍棋墨梅〉　　　　　　　　　　　　　　　　　　　　元・郭　鈺

　　孤標開墨沼，勁氣入霜毫。謝庭春色好，玉樹兩相高。（郭鈺《靜思集》、卷十）

〈題龍棋梅〉　　　　　　　　　　　　　　　　　　　　　元・郭　鈺

　　硯冰敲碎碧雲殘，蜂蝶無飛花意閒。記得共尋林處士，嫩寒清曉到孤山。（郭鈺《靜思集》、卷十）

## 龍雲瑞

　　小傳：不見畫史記載。身世不詳。

〈題龍雲瑞雙雞圖〉　　　　　　　　　　　　　　　　　　元・王　禮

　　兒時聞爾之鳴，隻然而起，噫，今老矣。右時夜將唱。使墻下桑陰而多見，此非王道之始耶。右伏雌抱雛。（王禮《麟原前集》、卷十）

## 衛九鼎

　　小傳：字明鉉，天台人。善界畫及山水，師王振鵬。（見《中國畫家人名大辭典》、六七一頁）

〈題魏（衛）明鉉畫〉　　　　　　　　　　　　　　　　　元・鄭　韶

　　老翁住在浣花村，日日哦詩醉瓦盆。怪底橫江見船尾，不知春水到柴門。（顧瑛《草堂雅集》、卷十）

〈題衛明鉉溪山獨步圖次韻〉　　　　　　　　　　　　　　元・張仲深

　　輕舟艤幽渚，載酒欲問奇。穹巒浥朝潤，老樹含秋暉。意行入寥闃，山回轉參差。無琴寫深情，有酒一中之。覽圖愜懷素，坐玩殊忘疲。世途方蹇蹇，願我常怡怡。俯瞰滄

溪流，仰視白日馳。安得陶元亮，抽簪賦來歸。（張仲深《子淵詩集》、卷二）

〈題衛明鉉山水小景，為管伯銘賦〉　　　　　　　　　　　　元・鄭　東

　故人招我雁山傍，更入秋雲結草堂。至今未滿李徵士，白首猶貪著作郎。（元《大雅集》、卷八）

〈題衛明鉉畫隱居圖〉　　　　　　　　　　　　　　　　　　明・虞　堪

　每固脫俗居林下，更復題詩向畫中。啼鳥落花空歲月，閑雲流水漫西杁。（虞堪《鼓枻藁》、二二頁）

〈為李可道題衛明鉉畫樓台圖〉　　　　　　　　　　　　　　明・虞　堪

　海上相逢憶舊游，更開圖畫說丹丘。玉簫吹老人間世，獨倚煙霞第一樓。（虞堪《鼓枻藁》、三三頁）

〈為季丙卿題衛明鉉所畫咒錢出井圖〉　　　　　　　　　　　明・虞　堪

　神仙好幻術，驚世更駭俗。笑移天地入壺中，大塊輪菌等珠粟。葛仙鍊丹世所傳，咒錢出井飛上天。長生久視亦已矣，此事一經說千年。衛君亦是丹邱子，與我論交脫生死。昔年學仙差可耳，雅好樓台今畫史。孤雲處士騎鯨去，文皇欲官挽不住。霧帶雲裾盡屬君，草草落筆成天趣。季卿何由得此圖，卻寫仙翁鍊丹處。井氣空明泄海寒，丹光錯落闖天曙。蝦蟆秋飛老桂輪，子規夜叫長松樹。季卿父，烈丈夫，年過五十山澤癯。手援神農之百草，口誦軒轅之古書。回生起死奪造化，陰德邁種為菑畬。膏肓二豎為器泣，何物五鬼能攕歔。一道澄江自西下，十年賣藥留東吳。花飛苑樹秋霜薄，葉落江楓夜雨踈。每尋翁生說烹鍊，更得果老稱名譽。只今又逢東海上，咫尺蓬萊隔煙浪。便持此畫問安期，舉手人間謝塵埃。（虞堪《希澹園詩集》、卷一）

## 衛　生
　小傳：不見畫史記載。身世不詳。

〈題衛生畫〉　　　　　　　　　　　　　　　　　　　　　　元・張　憲

　拄天直壁插山椒，拍挾晴空老氣驕。蒼隼沒雲猶可望，野烟著水未全消。樓台落日秋蕭索，林麓西風冤寂寥。安得樂郊真似畫，日扶藜杖上溪橋。（張憲《玉笥集》、卷九）

## 燕山丈人
　小傳：不見畫史記載。身世不詳。

〈戲題（燕山丈人）二牛〉　　　　　　　　　　　　　　　　　　元・范　梈

　　燕山丈人年九十，戲筆掃此雙犁牛。江南夜半春雨作，老農驚起為君愁。（范梈《范
德機詩集》、卷六）


### 鮑原禮

　　小傳：四明人。畫菜若生，亦能山水、人物、花鳥。（見《中國畫家人名大辭典》、六七四頁）

〈題鮑原禮畫菜〉　　　　　　　　　　　　　　　　　　　　　　明・錢　宰

　　鮑生畫菜得真趣，不與黃筌花較妍。老圃春晴朝荷鋪，客窗風雨夜開園。太羹玄酒有
至味，海月玉珧皆小鮮。愛爾風翻紫復碧，晚菘早芥得春光。（錢宰《臨安集》、卷二）


### 閻中得

　　小傳：不見畫史記載。身世不詳。

〈閻中得畫〉　　　　　　　　　　　　　　　　　　　　　　　　明・凌雲翰

　　杖頭驢背又微吟，君出深山我入林。邂逅不須交一語，春來花鳥總關心。（凌雲翰《柘
軒集》、卷一）


### 閻　驤

　　小傳：字仲彬，餘姚人。善山水，學郭熙。（見《中國畫家人名大辭典》、六七三頁）

〈閻驤雲壑圖〉　　　　　　　　　　　　　　　　　　　　　　　明・釋妙聲

　　白雲冉冉生幽壑，烟草芊眠春漠漠。繞屋樗櫧一萬章，排雲瀑布千尋落。我家住在三
江口，山水娛人不知久。空翠常霑几上書，江花每落杯中酒。主爵郎中非畫師，有孫曰
驤仍似之。君家渾東那有此，應寫江南寄所師。（釋妙聲《東皋錄》、卷上）

〈閻仲彬墨菊〉　　　　　　　　　　　　　　　　　　　　　　　明・凌雲翰

　　立本丹青不自誇，戲拈禿筆寫秋花。只疑風雨重陽日，來訪柴桑處士家。（凌雲翰《柘
軒集》、卷一）

〈閻仲彬山水歌〉　　　　　　　　　　　　　　　　　　　　　　明・童　冀

　　總章石相之子孫，丹青名家今尚存。老來寓隱吳市門，白頭未覺兩眼昏。荊關范郭久
擅場，彬也醉來下筆親。吳興作者何紛紛，眼中忽復見此人。高堂雪壁垂縑素，白日蒼
茫起煙霧。長林大谷少人行，海闊天低風景暮。蓬萊圓嶠不可到，咫尺仙凡隔歸路。丹

崖瀑布懸秋旻，入耳颯颯悲風度。重岡複嶺雲氣連，陰洞或有蛟龍眠。人間霖雨不易至，便欲辟穀求神仙。丈人偶立秋風前，帳望落日心悠然。明朝拂衣下衡霍，采芝共入商山煙。（童冀《尚絅齋集》、卷四）

〈題閻仲彬畫〉　　　　　　　　　　　　　　　　　　　　　明・胡　奎

餘不谿上閻公子，愛寫茅亭碧樹間。一雨洗秋青不斷，傍人說是道場山。（胡奎《斗南老人集》、卷五）

## 盧東牧

小傳：錢塘人。工畫山水，其雲山雪景清潤不俗。（見《中國畫家人名大辭典》、六七七頁）

〈題盧東牧雲山〉　　　　　　　　　　　　　　　　　　　　元・貢性之

風流爭解說盧郎，墨瀋淋漓入醉鄉。雲白山青隨意寫，一時不數米襄陽。（清高宗《御定歷代題畫詩類》、卷九）

## 盧叔亨

小傳：不見畫史記載。身世不詳。

〈盧叔亨秋山圖〉　　　　　　　　　　　　　　　　　　　　元・朱德潤

皎皎白駒兮在空谷，負笈携書兮人如玉。路長漫漫兮紛草木，天步艱難兮遲我躅。安得軒車兮房駟服，躡千里兮信宿。（朱德潤《存復齋文集》、卷三）

## 盧益修

小傳：道士，天台人。善畫水仙，學趙孟堅。（見《中國畫家人名大辭典》、六七七頁）

〈送盧益修鍊師所畫水仙〉　　　　　　　　　　　　　　　　元・郯　韶

盧敖愛向山中住，長遣看雲一舄飛。昨夜候神東海上，夢隨環珮月中歸。（顧瑛《草堂雅集》、卷十）

〈題盧益修畫水仙花〉　　　　　　　　　　　　　　　　　　元・柯九思

媛瓊柔翠曉慵妝，香損鴛鴦瓦上霜。帝子愁多春夢遠，佩搖明月近瀟湘。（柯九思《丹邱集》錄自元詩選、六十頁）

〈題盧益修白描水仙花〉　　　　　　　　　　　　　　　　　元・鄭元祐

盧生吮筆寫三香，海上仙人欲取將。宮闕凝酥春雪霽，好留屏曲寫孤芳。（顧瑛《草堂雅集》、卷三）

〈題盧益修水仙〉 明・虞堪

盧郎吹笛向漚波，夢裏曾瞻帝子何。一自美人遺玉珮，至今南浦月明多。（虞堪《鼓枻藁》、四三頁）

## 盧師道

小傳：錢塘人。善山水，學郭熙，有溪山春霽圖不俗。（見《中國畫家人名大辭典》、六七七頁）

〈饒廣文請題盧師道山水圖〉 元・呂不用

滿城劉尉畫滄州，筆跡誰稱過楊素。杜公詩史世間傳，歌詩至今歌盡趣。錢塘畫史盧師道，蕭騷白髮今應老。幾時揮洒吳松圖，又是王維鄭虔好。得非蓬萊崩，毋乃洞庭坼。鬼神才豪素，心手有縱適。秋落太湖天水青，春到毗陵烟樹白。耳邊似欲聞清唱，綠有亭下滄浪客。吳山吳水好樓台，寶鑑翠屏隨地開。長洲宮苑亡麋鹿，西施蛾眉安在哉。千家烟火日初高，米市魚村隔畫橋。青鳥不傳王母信，白鷗翡翠下蘭苕。盧郎天機精妙誼，清以迥冠帶，風流坐歸艇，為誰更寫葦鱸興。洗眼茅茨看雲者，付與饒公廣文領。

（呂不用《得月稿》、卷六）

## 盧謐

小傳：不見畫史記載。身世不詳。

〈盧謐皷枻圖〉 明・王璲

湛湛巢湖雲，濯濯金庭樹。棠舟蕩秋風，皷枻復何去。凌雲渺十里，心神浩無際。方當興氣清，覩此清幽起。為問坐者誰，蒼冉濕煙霧。（明都穆《鐵網珊瑚》、卷八）

〈盧謐皷枻圖〉 明・金信

嚴陵台下桐江路，長日扁舟處處移。姓字不須黃絹識，機心惟有白鷗知。落荒春水如天上，細雨斜風在釣絲。我欲明年將一舸，五湖相逐與鴟夷。金信。（明都穆《鐵網珊瑚》、卷八）

〈盧謐皷枻圖〉 明・胡深

皷枻將安適，滄浪六月秋。夢回誰是蝶，機息自忘鷗。況此風波際，多君汗漫遊。□塵無所繫，天地一虛舟。又關山塵滿舊鞚韃，澤國秋深有釣舟。便服解衣篷底坐，盡將

心事付沙鷗。（明都穆《鐵網珊瑚》、卷八）

〈盧謐菝櫚圖〉　　　　　　　　　　　　　　　　　　明・趙　簡

　一髮中原望外山，吳頭楚尾足盤桓。世間到處風波險，贏得高人倚櫂看。十梁趙簡。
（明都穆《鐵網珊瑚》、卷八）

〈盧謐菝櫚圖〉　　　　　　　　　　　　　　　　　　明・葉　儀

　青林丹葉照晴波，風送秋聲入櫂歌。遊目靜觀天宇大，蠅頭蝸角奈君何。東陽葉儀。
（明都穆《鐵網珊瑚》、卷八）

〈盧謐菝櫚圖〉　　　　　　　　　　　　　　　　　　明・范祖幹

　身世都來不繫舟，江湖何處是滄洲。若為添我孤篷下，共駕秋風汗漫遊。范祖幹。（明
都穆《鐵網珊瑚》、卷八）

〈盧謐菝櫚圖〉　　　　　　　　　　　　　　　　　　明・都　穆

　元盧謐菝櫚圖，紙畫，題其上：丹青不願麒麟閣，待詔不求金馬門。一個小舟歌款乃，
百年清興在乾坤。乃盧謐為秉彝先生畫并題後。賦詩者數十人，余錄其七。（明都穆《鐵
網珊瑚》、卷八）

## 錢　生

　小傳：不見畫史記載。身世不詳。

〈錢生幽禽圖〉　　　　　　　　　　　　　　　　　　元・范　梈

　誰人翦下碧梧枝，誤落西風粉墨池。立斷小禽飛不去，朝陽何事鳳鳴遲。（范梈《范
德機詩集》、卷六）

〈題錢生折枝圖〉　　　　　　　　　　　　　　　　　元・李孝光

　枝以三折為一圖。前山花，其色白；中黃蜀葵；末金沙花，即長春也。天宮自是長春手，白
白紅紅綿繡圍。一種赤心能向日，百花不敢鬥光輝。（李孝光《五峰集》、卷四）

## 錢君輔

　小傳：不見畫史記載。身世不詳。

〈題錢君輔紫芝圖〉　　　　　　　　　　　　　　　　元・吳　萊

我聞錢子古丈夫，早歲喪親伏墓廬。血淚迸空百草枯，神芝挺發黃土壚。一莖三秀燁以敷，圓釘寶蓋屹相扶。醴泉灌注含膏腴，紫雲覆讓連根株。山靈地媼佗厥符，鳥啁獸躑助號呼。削杖苴絰麻布襦，毀容惡服絕復蘇。孝悌有王貫斗樞，卉木榮華孝之餘。里閭耆長起嘆吁，痛心疾首矧可摹。夫孰非親堂上居，日巖核敬本一軀。夫孰非子膝下娛，風樹悲撓弗待予。愛生戚死自古初，德鉏誶帚俗易趨。剞分宦奧類向隅，較計絲粟遽異儲。被薪委壑餒鳶烏，酤酒嗜炙酗栖杅。衰雖在身孝已渝，天薦厥祉天亦誣。信哉純孝與世殊，史筆值此合特書。素冠所刺今不無，朱草有神錫爾孤。琅玕玉樹豈得如，岱衡恒華五嶽都。玄黃赤白擁趾爐，列仙山澤或療癯。瑞不為孝徒區區，天寒歲晚霜霰疏。慎終追遠在我儒，匪丹伊青繪此圖，後有過者尚式車。（吳萊《淵穎吳先生文集》、卷三）

## 錢叔昂

小傳：吳郡人，洪武時以善畫山水，有名於時。（見《中國畫家人名大辭典》、六七九頁）

〈題錢叔昂瀟湘圖〉　　　　　　　　　　　　　　　　　明・孫蕡

遠山如游龍，近石如踞虎。秋陰迢迢樹楚楚，乃是洞庭瀟湘之極浦。西來白波浮太虛，鬼物似與空濛俱。潭深蜃氣結樓閣，鮫人踏浪隨游魚。織綃更泣明月珠，綴成懸璫素裙襦。九疑並迎翠華輦，絳節影低群真趨。須臾長風起木末，高林側亞葉亂脫。浮雲散盡天宇豁，雲水遙連帶青澗。蒼松翠竹黝未分，殘霞斷靄餘斜抹。錢郎毛骨清，畫此兼眾妙。白白遠山曉，恍疑一葉寒流中。雨後開篷展清眺，日落君山吹鳳簫。水雲相間作簫韶，荒祠三女應魂斷。試把芙蓉天外招。（孫蕡《西菴集》、卷四）

## 錢孟道

小傳：不見畫史記載。身世不詳。

〈東郭獨隱圖〉　　　　　　　　　　　　　　　　　　明・林弼

予友李君彌卜居東郭，翛然自樂，錢君孟道為作圖，題曰東郭獨隱，索余賦詩，便為書此。

東郭先生愛幽獨，茅堂門對碧山春。溪旁展席尋鷗伴，松外開窗與鶴隣。淺水稻田環綠遶，輕風花館落紅新。勞生擾擾知何用，汀樹川雲入夢頻。（林弼《林登州集》、卷四）

## 錢剛中

小傳：不見畫史記載。身世不詳。

〈贈錢剛中（寫竹）序〉　　　　　　　　　　　　　　元・朱德潤

剛中錢君，曩官黃冠。經故鄉，曾共樽俎話桑梓。情甚親也，時剛中以寫竹得名，日

酣詩酒，意甚閑也。‧‧‧‧‧‧‧。（朱德潤《存復齋文集》、卷五）

## 錢塘上人

　　小傳：不見畫史記載。身世不詳。

〈觀錢塘上人墨蘭二首〉　　　　　　　　　　　　　　　　元‧范　梈

　　蘭以比君子，所貴者幽深。黯然空谷中，遠為人所欽。志士秉美德，如玉復如金。篤實而輝光，芳騫出喬林。偶然為時出，節義凜森森。下愜丞庶望，上當君王心。功名無所累，宿好在雲岑。　翰墨者誰子，妙年出江關。翮須事浮屠，游戲在雲山。時將騷臣意，寫入尺素間。嗟彼為彬士，長往不知還。其心猶有慕，豈不薄茅菅。學古寧為人，誠念修已艱。聖哲雖異代，詎云不可攀。（范梈《范德機詩集》、卷二）

## 錢鈞羽

　　小傳：一作均羽，身世不詳，善畫。（見《中國畫家人名大辭典》、六七九頁）

〈錢鈞羽畫〉　　　　　　　　　　　　　　　　　　　　　元‧唐　肅

　　結構倚崔嵬，郎腰勢漫迴。雲將銀浪湧，山作翠蓮開。徑小無車入，庭空有鳥來。筆牀風墜葉，書閣雨生苔。蘭佩誰同擷，荷衣只自裁。一區揚子宅，百尺野王堆。帳鶴元無怨，沙鷗莫浪猜。此中鄰可小，吾亦謝喧豗。（清高宗《御定歷代題畫詩類》、卷一一三）

## 錢德鈞

　　小傳：不見畫史記載。身世不詳。

〈題錢德鈞水邨圖，子昂仲賓二公作竹石于後〉　　　　　　　元‧袁　易

　　無多茅屋滄波遶，一半青山竹樹遮。宛似吾鄉荒寂地，真疑割我白鷗沙。枝葉翛然長帶雨，坡陀幽處欲飄雲。故將竹石期貞士，二子風流最絕群。（袁易《靜春堂詩集》、卷二）

## 錢　選

　　小傳：字舜舉，號五潭，又號巽峯，又號清癯老人，家有習嬾齋，因號習嬾翁，又稱霅川翁，
　　　　　吳興人。工詩善書畫，人物師李公麟、山水師趙全穰，青綠山水師趙伯駒，尤善折枝。
　　　　　多寫花鳥、人物故實，所圖山水，當世罕傳。（見《中國畫家人名大辭典》、六七九頁）

〈和靖先生觀梅圖〉　　　　　　　　　　　　　　　　　自　題

　不見西湖處士星，儼然風月為誰明。當時寂寞孤山下，兩句詩成萬古名。吳興錢舜舉畫於習嬾齋并題。（明朱存理《珊瑚木難》、卷六）

〈錢舜舉白描五君詠圖〉　　　　　　　　　　　　　　　自　題

　五君詠

　阮籍

　阮公雖淪跡，識密鑒亦洞。沈醉似埋照，寓詞類托諷。長嘯若懷人，越禮自驚眾。物故不可論，途窮能無慟。

　嵇康

　中散不偶世，本自餐霞人。形解驗默仙，吐論知凝神。立俗迕流議，尋山洽隱淪。鸞翮有時鎩，龍性誰能馴。

　劉伶

　劉公善閉關，懷情滅聞見。鐘鼓不足歡，榮色豈能聽。韜精日沈飲，誰知非荒宴。頌酒雖佑章，深裡自此見。

　阮咸

　仲容青雲器，實稟生民秀。達音何用深，識微在金奏。郭奕已心醉，山公非虛觀。屢荐不入官，一麾乃出守。

　向秀

　向秀甘淡泊，深心託毫素。探道好淵玄，觀書鄙章句。交呂既鴻軒，攀嵇亦鳳舉。流連河裡遊，惻愴山陽賦。

　魏嘉平中，阮籍嗣宗，嵇康叔夜、山濤巨源、劉伶伯倫、阮咸仲容、向秀子期、王戎濬仲，並居河內山陽縣，共為竹林之遊，世號竹林七賢。顏延年作五君詠，乃黜山濤王戎，以其貴顯有負初志也。余因作五君詠圖，且書延年詩于卷後。清濯老人錢選舜舉。（明朱存理《鐵網珊瑚・書品》、卷三）

〈錢舜舉畫唐三學士圖〉　　　　　　　　　　　　　　　自　題

　唐三學士粲三英，挺挺人才藝術精。無事圍碁春晝永，至今畫筆上傳名。吳興錢選舜舉。（明朱存理《鐵網珊瑚・書品》、卷三）

〈錢舜舉畫觀梅圖〉　　　　　　　　　　　　　　　　　自　題

　不見西湖處士星，儼然風月為誰明。當時寂寞孤山下，兩句詩成萬古泠。吳興錢舜舉畫於習懶齋并題。（明朱存理《鐵網珊瑚・書品》、卷三）

〈錢舜舉畫洪崖像〉　　　　　　　　　　　　　　　　　　　　　　自 題

　　將以善夫濟世之極樂，至理以自新，維茲水之無倪，非智者莫能以鑒彼河伯之好夸。終望洋
而浩嘆。翳西海之沉羽，竟其說以怪誕，小大不同，其病則通。駭於所聞者忽於所見，誠哀
乎舉世之盲聾。余嘗披神禹之地圖，考先生之轍迹而誦之。方其發軔于瞿塘，千里一瀉，省
趨分符東上，慨河流之奔駛城，不沒者三板。先生胼胝以先激而返之，有以遏其性之狂悍，
伊文登之貝宮，空百幻以自獻，實精誠之冥通。異燃犀之獲譴，至於群妖肆憎，百魑相乘，
先生怡然而行，試正命於巨浸。儼波濤之不驚，耿耿明夜，乘桴南歸，海若息波，憑夷效奇，
混六鑿於一。噫，信天地之不私，匪深於水者，其能若斯耶。玩王孫之好修，弄五采於素絲，
聽之而無聲，即之而若遺，欲以求先生之樂，無異畫餅之充飢。

　　右手按膝左手戟，長帽不著豪氣溢。此公豈是尋常人，眉山秀出文章伯。擘開青峽噴
玉泉，石礴百折猶轟然。山中自當一部樂，何用嘈嘈鳴管絃。惠州飯飽渾無事，羅浮之
西山崛起。

　　神駕馭景飇，太虛時總轡。玄道不可分，直悟天人際。群從皆成仙，玩世不記年。何
當事神遊，許我笑拍肩。錢舜舉畫并題。（明孫鳳《孫氏書畫鈔》、五八頁）


〈錢玉潭化書圖并題〉　　　　　　　　　　　　　　　　　　　　　　自 題

　　兩兩挾策遊康衢，聚戲不異同隊魚。忽然兒態起爭競，捐棄篋笥仇詩書。吳興錢選舜
舉畫并題。（清卞永譽《式古堂書畫彙考・畫考》、卷之五）


〈錢舜舉水仙花圖并題〉　　　　　　　　　　　　　　　　　　　　　自 題

　　帝子不沈湘，亭亭絕世粧。曉煙橫薄袂，秋瀨韻明瑭。洛浦應求友，姚家合護王。殷
勤歸水部，雅意在分香。錢選。（清卞永譽《式古堂書畫彙考・畫考》、卷之五）


〈錢舜舉七賢圖卷〉　　　　　　　　　　　　　　　　　　　　　　　自 題

　　昔人好沈酣，人事不復理。但進杯中物，應世聊爾爾。悠悠天也閒，偷樂本無愧。諸
賢各有心，流俗毋輕議。

　　右余用唐宰相閻立本法，作晉七賢圖，吳興錢選舜舉畫并題。（清吳升《大觀錄》、卷十五）


〈錢舜舉觀梅圖〉　　　　　　　　　　　　　　　　　　　　　　　　自 題

　　不見西湖處士星，儼然風明為誰明。當時寂寞孤山下，兩句詩成萬古名。吳興錢舜舉
盡于習懶齋并題。（清吳升《大觀錄》、卷十五）


〈錢舜舉秋江待渡圖卷〉　　　　　　　　　　　　　　　　　　　　　自 題

　　山色青空翠欲流，長江渺渺一天秋。茅茨落日寒烟外，久立行人待渡舟。錢選舜舉畫

并題。（清吳升《大觀錄》、卷十五）

〈錢舜舉浮玉山居圖卷〉　　　　　　　　　　　　　　　自　題

　浮玉山居圖。瞻彼南山岑，白雲何翩翩。下有幽棲人，嘯歌樂徂年。蔡石映清泚，嘉木澹翔妍。日月無終極，陵谷從變遷。神襟軼寥廓，興寄揮五絃。塵影一似絕，招隱奚足言。右題余自畫山居圖，吳興錢舜舉。（清吳升《大觀錄》、卷十五）

〈霅溪翁雪霽弁山圖〉　　　　　　　　　　　　　　　　自　題

　至元廿九年，余留太湖之濱，雪霽舟行溪上，望西弁山，作此圖且賦詩云。

　弁山之陽冠吳興，嵯嶙巉嶬望不平。煥然仙宮隱其下，眾山所仰青復青。雪花夜積山如換，乘興行舟須放緩。平生不識五老峰，且寫我鄉一奇觀。錢選舜舉。

　是日，泛舟歸湖濱。至夜，雪大作。旦起，賦五言古體一首。

　夜來天雨雪，萬木同一變。飢鴉覺余起，觀覽立須儼。遙山璚成積，平田玉如碾。老夫醒眼看，樹樹何其燦。

　至元廿九年冬，余假弁山佑聖宮一室，以避喧。值雪作不已，但閉門擁罏飲酒賦詩而已，聊記數篇，附見於此卷。書試馮應科筆。選重題。（清吳升《大觀錄》、卷十五）

〈霅溪翁山居圖〉　　　　　　　　　　　　　　　　　　自　題

　山居惟愛靜，白日掩柴門。寡合人多忌，無求道自尊。鷄鵬俱有意，蘭艾不同根。安得蒙莊叟，相逢與細論。

　此余少年時詩，近留湖濱寫山居圖，追憶舊吟詩，書於卷末。揚子雲悔少作，隱居乃余素志，何悔之有。吳興錢選舜舉。

　董元事江南李主，為北苑副史，米元章稱其畫在諸家之上。此卷今留王井西處，乃趙蘭坡故物，余取一二，摹以自玩也。今復再見，如隔世然，駸駸老境惟有浩歎耳。霅溪翁錢選重題。

　（清吳升《大觀錄》、卷十五）

〈錢舜舉畫洪崖先生像〉　　　　　　　　　　　　　　自　題

　去歲無田種，今春乏酒財。從教花鳥笑，一任醉樓台。吳興錢選舜舉，畫於習懶齋并題。（清吳升《大觀錄》、卷十五）

〈錢舜舉梨花卷〉　　　　　　　　　　　　　　　　　　自　題

　寂寞闌干淚滿枝，洗妝猶帶舊風姿。開門夜雨空愁思，不似金波欲暗時。霅溪翁錢選舜舉。（清吳升《大觀錄》、卷十五）

〈雪溪翁紙本叢菊圖卷〉　　　　　　　　　　　　　　　　　　　　自　題

　時菊叢篁金氣微，白雲長遶古松枝。素絃一曲消殘夢，正是良宵月上時。吳興錢選舜舉。（清吳升《大觀錄》、卷十五）

〈錢舜舉雙瓜圖橫幅〉　　　　　　　　　　　　　　　　　　　　自　題

　金流石爍汗如雨，削入冰盤氣似秋。寫在小窗醒醉目，東陵閒說故秦侯。舜舉。（清李佐賢《書畫鑑影》、卷二十）

〈錢舜舉紫茄圖卷〉　　　　　　　　　　　　　　　　　　　　自　題

　蚤日毗山愛寫生，瓜茄任我筆縱橫。自憐巧處還成拙，學圃今猶學未成。吳興錢選舜舉畫并題。（近代龐元濟《虛齋名畫錄》、卷二）

〈錢舜舉七賢圖卷〉　　　　　　　　　　　　　　　　　　　元‧釋朝陽

　三對一乃獨，籍始咸以終。荷鋪事已達，揮絃意何窮。怠此聞遂友，嗤彼障籬翁。筆端有啟事，猶累吾三公。吳暾朝陽題。（清吳升《大觀錄》、卷十五）

〈錢舜舉文殊洗象圖〉　　　　　　　　　　　　　　　　　　元‧周　密

　人物不難於工緻縝密，而難於流動活潑。設色不難於艷麗雕刻，而難於清雅不俗。錢君此作，蓋兼得之矣。汝南周密識。（清龐元濟《虛齋名畫錄》、卷七）

〈舜舉馬〉　　　　　　　　　　　　　　　　　　　　　　　元‧牟　巘

　常得奚官剪拂齊，也思驤首一長嘶。好隨便面章台去，柳色如烟路不泥（清高宗《御定歷代題畫詩類》、卷一〇五）

〈雪溪翁山居圖〉　　　　　　　　　　　　　　　　　　　　元‧牟　巘

　疎林斷岸，鷁凫輩杳靄滅沒，其間大有佳趣。舜舉自謂得董北苑一二，豈非元章所謂一片秋色耶。號為山居，乃饕取至此，此老頗復可耐。陵陽子牟獻之書。（清吳升《大觀錄》、卷十五）

〈錢舜舉石勒參佛圖卷〉　　　　　　　　　　　　　　　　　元‧吳養浩

　吳興錢選舜舉效趙千里格度，寫石勒參佛圖澄，人物狀貌殊得三昧意趣，觀之使人皆起歡喜心，真絕藝也。予於修撰虞伯生館，偶得一展玩，噫，澄以幻術拘勒，惜不能以大義復晉，蓋方外之徒不足深議，若繪事之精，信可寶也。渤海吳養浩題。（清李佐賢《書畫鑑影》、卷四）

〈題錢選木芙蓉〉　　　　　　　　　　　　　　　　　　　元‧方　回

　東籬相伴殿西風，我識花神品藻公。秋老別無第三品，傲霜黃處拒霜紅。（方回《桐江續集》、卷二十五）


〈題錢舜舉著色山水〉　　　　　　　　　　　　　　　　　元‧方　回

　堆青積翠聳□□，□□崢嶸古寺深。此畫老錢暮年筆，真成一紙直千金。（方回《桐江續集》、卷二十六）


〈錢舜舉瓜畫〉　　　　　　　　　　　　　　　　　　　　元‧方　回

　老錢工作趙昌花，殘綠依稀姤五瓜。正叔晦翁凡六說，始知輔嗣大爭差。（方回《桐江續集》、卷二十六）


〈跋高舍人錢舜舉君選著色山水〉　　　　　　　　　　　　元‧方　回

　堆青仍積翠，山與水俱奇。毫髮漁船遠，尋常草舍卑。喜君真好學，索我細題詩。卷軸頻舒卷，明窗肯見思。（方回《桐江續集》、卷二十七）


〈錢舜舉青驄圖〉　　　　　　　　　　　　　　　　　　　元‧張伯淳

　翠鬣朱纓骨相殊，貢來名種出單于。唐韓宋李都休論，且看錢家進馬圖。（張伯淳《養蒙文集》）


〈題錢舜舉畫馬用尚文韻二首〉　　　　　　　　　　　　　元‧劉　詵

　東風驌駽滿帝里，顛倒奚官獨如此。臨衝未可輕一鳴，伯樂死矣世無耳。芻蕘區區困騎寄，回頭不受羈靮施。畫圖尚有飛騰勢，未信當年買骨痴。（劉詵《桂隱詩集》、卷四）


〈題白府判仲謙所藏錢舜舉岩壑圖〉　　　　　　　　　　　元‧劉　詵

　我如謝公好名山，開卷著我千巖萬壑間。亂烟遙峰出縹緲，怪石翠樹相回環。忽然山破飛瀑落，皎如仙人玉帶垂。雲端喧豗欲摵溪谷動，使我毛髮森清寒。不知其間有何徑，但見荷擔兩兩相追攀。浮屠崔嵬蒼壁頂，佛屋隱映長松關。下通窈窕知何處，想見小溪穿石去。沙邊汲叟犬相隨，橋上行人驢半渡。林空路斷孤舟橫，或坐舟尾或疾撐。左巖右灘地苦狹，長篙落石如有聲。我疑桃源從此逝，恍若風景非人世。欲呼錢郎問其途，錢郎已去誰能呼。（劉詵《桂隱詩集》、卷二）


〈霅溪翁山居圖〉　　　　　　　　　　　　　　　　　　　元‧鄧文原

　董元之石，韋偃之樹，畫史俱列上品。此圖能兼二妙，真舜舉得意筆也。古涪翁題。

（清吳升《大觀錄》、卷十五）

〈錢舜舉瓜蔓圖〉　　　　　　　　　　　　　　　　　　　　　元‧鄧文原

　　極目荒墟落木中，空山人靜潤泉春。秋來不用為霖雨，留得閒雲養臥龍。（清高宗《御定歷代題畫詩類》、卷九十一）

〈錢舜舉禾鼠〉　　　　　　　　　　　　　　　　　　　　　　元‧袁　桷

　　七尺長身愧負多，清時空食幾囷禾。營營蒼鼠齁分寸，不奈詩人總譴訶。（袁桷《清容居士集》、卷四十五）

〈題舜舉小隱圖〉　　　　　　　　　　　　　　　　　　　　　元‧趙孟頫

　　有水清且泚，洄洑亂石間。樂哉三子者，在澗歌考槃。流波牽弱縷，輕颷動文竿。信無吞舟魚，我志匪魴鰥。勿言隱尚小，神情有餘閑。高士不可見，古風何時還。（趙孟頫《松雪齋文集》）

〈題舜舉摹伯時二馬圖〉　　　　　　　　　　　　　　　　　　元‧趙孟頫

　　二龍何時飛上天，空有駿影人間傳。一匹鳳頭來于闐，一匹賜名花滿川。李侯作畫述者錢，想見溫公當國年。太平時節巡遊少，立仗歸來飽春草。老向天閑無戰功，馬自不逢人嘽喛。（趙孟頫《松雪齋文集》）

〈題錢舜舉著色梨花〉　　　　　　　　　　　　　　　　　　　元‧趙孟頫

　　東風吹日花冥冥，縣枝壓雪凌風塵。素羅衣裳照青春，眼中若有梨園人。攀條弄芳畏日夕，只今紙上空顏色。顏色好，愁轉多，與君沽酒花前歌。（趙孟頫《松雪齋文集》）

〈題舜舉折枝桃〉　　　　　　　　　　　　　　　　　　　　　元‧趙孟頫

　　醉裏春歸尋不得，眼明忽見折枝花。向來飛盡西園夜，萬燭高燒照爛霞。（趙孟頫《松雪齋文集》）

〈題錢舜舉畫〉　　　　　　　　　　　　　　　　　　　　　　元‧趙孟頫

　　舜舉作著色花，妙處正在生意浮動耳。邇來日夕沉埋醉鄉，吾恐久乃不復可得，覺非其深藏之。同郡趙孟頫題。（明朱存理《珊瑚木難》、卷四）

〈雪溪翁山居圖〉　　　　　　　　　　　　　　　　　　　　　元‧趙孟籲

　　舜舉少年，愛弄丹青，寫花草，宛然如生，爭欲得之。其晚年益趨平淡，多作山水。

此卷雖觀摹董北苑，然又自成一家，可謂前無古人矣。趙孟籲。（清吳升《大觀錄》、卷十五）

〈題錢舜舉馬〉　　　　　　　　　　　　　　　　　　　　元・吳　澄

近年錢趙二翁死，直恐人間無駃騠。駑駘群裏忽得此，萬里歸來日未西。（吳澄《吳文正集》、卷九十二）

〈題錢選蹴踘圖并序〉　　　　　　　　　　　　　　　　　元・吳　澄

錢舜舉云：青巾白衣趙太祖，對蹴踘者趙光普也，衣淺褐者太宗，衣黃乃石守信，衣白而鳥巾垂於項乃黨進，高帽年少者楚昭輔也。此本舊藏御府，兵火流落人間，白摹倣以遺好事之君子。

聚戲人間混等倫，豈殊凡翼與常鱗。一朝龍鳳飛天去，總是攀鱗附翼人。（吳澄《吳文正集》、卷九十二、四珍二）

〈錢舜舉弁山雪霽圖〉　　　　　　　　　　　　　　　　　元・吳　澄

錢子心清似太湖，筆移西蜀入東吳。使君得此成三絕，好共梅泉作一圖。（吳澄《吳文正集》、卷九十二）

〈錢舜舉畫觀梅圖〉　　　　　　　　　　　　　　　　　　元・仇　遠

痴童濯鶴冷相隨，笑指南枝傍小溪。到處一般香影色，孤山只在斷橋西。

右題和靖先生觀梅圖，無懷上人徵予作，愧弗稱也。至治元年春，西湖村民仇遠書。（明朱存理《鐵網珊瑚畫品》、卷三）

〈錢舜舉浮玉山居圖卷〉　　　　　　　　　　　　　　　　元・仇　遠

翼翼山千朵，蕭蕭屋數間。石崖不可渡，門逕幾層關。□樹經秋在，白雲終日閒。依稀鏡湖曲，西島水迴環。延祐四年九日，書於杭城北橋。

錦城方天瑞玄英先生，後人得白雲山居圖，彷彿桐廬山中隱所，錢舜舉真蹟別是一種風致，漫系以詩。山村老人仇遠。（清吳升《大觀錄》、卷十五）

〈題舜舉秋山圖〉　　　　　　　　　　　　　　　　　　　元・貢　奎

溶溶白雲度，宛宛清溪淥。磊磊數峯立，鬱鬱群樹稠。何人結茅屋，坐俯林塘幽。平生采芝藥，豈識人間愁。危檣引徵逕，落日涵孤洲。我昔山中居，景物窮冥搜。展圖忽自慰，悵望何當游。極漢喉賓漢，空□□歸舟。學道有達□，忍作終身謀。寡知亦將去，茲焉暫遲留。（貢奎《貢文清公雲林詩集》、卷一、25/ a）

〈題錢舜舉山水圖〉　　　　　　　　　　　　　　　　　　元・貢　奎

　春山如美人，粉黛艷粧飾。況此圖畫間，展卷若曾識。林居傑重構，夢寐追往昔。列岸泛晴溪，落日粲金碧。錢生巧著色，棄世有遺□。吾能辯真贗，勉哉子孫襲。（貢奎《貢文清公雲林詩集》）

〈錢舜舉七賢圖卷〉　　　　　　　　　　　　　　　　　　元・牟應龍

　叔夜致憎因傲笏，嗣宗白眼視人間。雖逃于酒終揚已，爭似劉令善閉關。濬沖公服駕軺車，偶過黃公賣酒壚。邈若山河忽興歎，竹林還憶舊朋徒。牟應龍題。（清吳升《大觀錄》、卷十五）

〈題丁生所藏錢舜舉山水〉　　　　　　　　　　　　　　　元・龔　璛

　寒溪深無魚，扁舟小如屐。舉世相為浮，更用一篙力。畫彼山中人，憩此松下石。（龔璛《存悔齋稿》）

〈錢霅溪宮人圖〉　　　　　　　　　　　　　　　　　　　元・安　熙

　露冷月華白，悠悠方寸心。夫君渺何許，悵望碧雲深。（安熙《默庵集》、卷二）

〈題錢舜舉畫梨花〉　　　　　　　　　　　　　　　　　　元・王　惲

　香翻玉笛真妃怨，雨時□□樂語淒。不侶錢郎能駐□，□風庭日醉如泥。□西千樹鬧春華，莫把芳容帶雨誇。看取一枝橫絕處，浩粧還是漢宮娃。（王惲《秋澗集》）

〈二美人圖（錢選筆）〉　　　　　　　　　　　　　　　　元・王　惲

　春醉瓊枝意未諧，行雲空鎖望仙台。九重不隔筆聲斷，喚得長空赤鳳來。右趙飛燕。
　壁月瓊枝醉舞梱，泠泠蘭舌半詞臣。國亡只咎傾國□，□滿胭脂片底春。右張麗華。（王惲《秋澗先生大全文集》）

〈錢舜舉折枝圖〉　　　　　　　　　　　　　　　　　　　元・王　惲

　探花走馬醉西城，歲與東君侶有情。不是今春風色惡，折技圖上看清明。（王惲《秋澗先生大全文集》）

〈題錢選臨曹將軍燕脂驄圖〉　　　　　　　　　　　　　　元・王　惲

　涪翁醉草丹青引，祕省珍藏獵騎圖。老眼再觀知有數，喜從唐本玩臨摹。龍種中來見異姿，春風舞影下瑤池。馬中岳湛錢郎筆，寫盡坡仙七字詩。刻烙天全固可悲，不應顧影自驚嘶。若看慘淡經營意，重為莊生解馬啼。首脫金羈藉帝閑，春風沙苑草芊綿。承恩幸在休閑地，誰與爭鳴八駿先。良驥初非以力聞，丹青傳寫畫圖新。超超說是千金駿，蹄齧何曾到圉人。（王惲《秋澗先生大全文集》）

〈題錢舜舉牡丹折枝圖〉　　　　　　　　　　　　　　　元・王　惲

　翠帷高捲出傾城，並髻凝粧別有情。似為洛人矜絕艷，兩枝相倚鬥輕盈。（王惲《秋澗先生大全文集》）

〈題仲經知事家藏錢舜舉折枝花鳥〉　　　　　　　　　　元・程鉅夫

　花鳥徐黃死不傳，筆端那得許清妍。錢郎狡獪老猶在，字畫翻騰作少年。（程鉅夫《雪樓集》、卷二十七）

〈舜舉畫棠梨練雀〉　　　　　　　　　　　　　　　　　元・程鉅夫

　霜暉棠梨臉，風梳練雀翎。含毫心欲醉，開卷眼還醒。（程鉅夫《雪樓集》、卷二十八）

〈題叚郁文所藏錢舜舉畫二首〉　　　　　　　　　　　　元・程鉅夫

　梨花　一枝寒食雨，落紙不沾濡。他日成秋實，還能寄我無。

　白菊　黃中雖正色，潔白見芳心。折得無人把，何如晚逕深。（程鉅夫《雪樓集》、卷二十八）

〈舜舉黃蜀葵〉　　　　　　　　　　　　　　　　　　　元・程鉅夫

　淡黃衫子道家粧，露白風清殿眾芳。只有向陽心尚在，紛紛紅紫任低昂。（程鉅夫《雪樓集》、卷二十八）

〈舜舉梨花折枝〉　　　　　　　　　　　　　　　　　　元・程鉅夫

　粉面丹心淺絳襦，清明時候古城隅。一枝獨背春風老，盡日巡簷撚白鬚。（程鉅夫《雪樓集》、卷二十八）

〈舜舉梅竹折枝〉　　　　　　　　　　　　　　　　　　元・程鉅夫

　吳興畫手早相知，粉墨淒涼歲月移。惟有寒梅幷翠竹，京華相對獨題詩。（程鉅夫《雪樓集》、卷二十九）

〈錢舜舉秋江待渡圖卷〉　　　　　　　　　　　　　　　元・陳　琳

　丹楓映江潮落早，斜陽影裏鳧鷖小。白雲飛盡碧天空，江鴻一聲波渺渺。行人悵望來沙頭，歸心如箭不少留。眼前幸爾風浪靜，舟渡遲遲且莫愁。潁川陳琳。（清吳升《大

觀錄》、卷十五）

〈錢舜舉折枝菊〉　　　　　　　　　　　　　　　　　　　元‧袁 桷

　醉別南山十五秋，雁聲深恨夕陽樓。寒香似寫歸來夢，背立西風替蝶愁。（柳貫《柳待制文集》、卷十三）

〈雪城錢氏畫折枝梨花〉　　　　　　　　　　　　　　　　　元‧蕭 㪺

　大谷有嘉種，釘坐冠榛栗。芳甘滌煩毒，養賢代鼎食。陰精蓄造化，一發移歲律。緗帔麗朝霞，香雲藹晴雪。畫史誰折贈，繁枝寫生質。云何以春華，而乃廢秋實。衰疾固多感，撫卷三歎息。（蕭㪺《勤齋集》、卷五、四珍二）

〈題錢舜舉畫竹萌茄蔬圖〉　　　　　　　　　　　　　　　　元‧馬 臻

　秋茄戀我遣不去，飲水曲肱有真意。達官日日飽太官，笑我出言蔬筍氣。錢公寫生高吳興，筆力超詣森有神。視此慎勿貴八珍，重茵列鼎聞之嗔。所謂紫駝峰猩猩唇，夢想不到林下人。但願一飽安餘齡，區區口體之累何足云。（馬臻《霞外詩集》、卷九）

〈錢舜舉畫洪崖像〉　　　　　　　　　　　　　　　　　　　元‧馮子振

　洪崖先生住西山，移宅深密逃人寰。幅巾烏華腰角帶，瀾袖袍色濃嵐班。一節九節相携慣，矮幹家僮蕉扇襟。崎嶇步武轉蹣跚，白服輕袪行計辦。一僮肩骒鞚白騾，俊駃難馭馳坡陀。後鞦側畔蹺足勢，奈爾決驟奔傾何。藍衫隻手操鞭逐，席帽背擎無世俗。一僮未了一僮催，高束文書赤雙足。一僮綠袂麻履惝，臂挑莊叟大瓢壺。先生家具即此是，焉用檢校隨身符。豫章穹巖鑰幽谷，雨捲雲飛霧如沐。神仙狡獪踪跡奇，寫到吳興錢氏屋。誰傳畫卷秦淮邊，妙意拾得希微憐。每翁一見心繾綣，贈以菊綬歸田篇。玉禾自熟犁鋤廢，黃犢鳥犍有餘地。雪騾水草久馴良，却後千年丹發匱。

　　洪都西山有洪崖移居古刻，此吳興錢舜舉作意臨摹，又別是一格。非學神仙者流如恒麓李子希，微誰當識之，海粟書于李氏恒麓山房。（清孫燨《鎮孫氏書畫鈔》、六〇頁）

〈錢舜舉浮玉山居圖卷〉　　　　　　　　　　　　　　　　　元‧黃公望

　雪溪翁，吳興碩學，其於經史貫串於胸中，時人莫之知也，獨與敖君善，講明酬酢咸詣理奧。而趙文敏公嘗師之，不特師其畫，至於古今事物之外，又深於音律之樂，其人品之高如此。而世間往往以畫史稱之，是特其游戲而遂掩其所學。今觀貞居所藏此卷并題詩其上，詩與畫稱，知詩者乃知其畫矣。至正八年九月八日，大癡學人黃公望稽首敬題，時年八旬。（清吳升《大觀錄》、卷十五）

〈錢舜舉海棠鸂鶒圖〉　　　　　　　　　　　　　　　　元・黃公望

　　春來庭院風光好，花蕚連枝錦不如。況有和鳴雙繡羽，御黃新梁浴清渠。《御定歷代題畫詩類》、卷一一一）

〈錢舜舉畫列女圖跋〉　　　　　　　　　　　　　　　　元・胡長孺

　　錢舜舉年少時，嗜酒，好音聲，善畫，高者，至與古人無辨。嘗借人白鷹圖，夜臨摹裝池，翌日，以所臨本歸之，主人弗覺也。今老矣，其畫益不可得。湖之人經舜舉指授，類皆以能畫，然而舜舉高矣。此三圖舜舉所臨，誠古名本。劉向書序，記古列女多矣，古人因之以為之圖。此獨取鄧曼許、穆夫人、括母，豈非以其識微知遠也耶。婦人之於父母夫若子之間，不失孝貞亦已多矣。今楚魏趙之事未見幾微，三人者固已言之，其言之讐無毫末差，若符合谷應。淵澄而日出，凡于形聲之內舉不能以自遁，則三年者之明其于婦人，獨不甚賢也哉。大德四年龍集庚子七月望，金華胡長孺書。（**明朱存理《鐵網珊瑚畫品》、卷三**）

〈跋聖哲圖後〉　　　　　　　　　　　　　　　　　　元・同　恕

　　此弟子從夫子陳蔡時也。聖門高弟若十人者，自得之優固為拔萃，然史所記弟子三千，身通六藝者七十二人，則宜以哲稱者，不猶多乎，故明道程氏謂曾子傳道而不與十哲。世俗論也，霅溪之為此，首貌曾子於聖人之後，豈亦以斯言為然歟。延祐己未九月二十七日，同恕盥手再拜敬識其後。（**同恕《榘菴集》、卷四**）

〈錢舜舉畫梅〉　　　　　　　　　　　　　　　　　　元・同　恕

　　風月長憐限南北，玉樹不識夢中花。吳興有筆開江路，也到西湖處士家。（**同恕《榘菴集》、卷十四**）

〈錢舜舉畫杏花金翅〉　　　　　　　　　　　　　　　元・同　恕

　　遺山老子關情處，爭醉西園十日紅。酷是吳興有才思，不教春事惜口口。（**同恕《榘菴集》、卷十五**）

〈錢舜舉折枝芙蓉〉　　　　　　　　　　　　　　　　元・虞　集

　　白髮多情憶劍南，秋風溪上看春酣。剪來一尺吳江水，儗比千花濯錦潭。（**虞集《道園學古錄》、卷四**）

〈題黃與可所藏錢舜舉瓜圖〉　　　　　　　　　　　　元・虞　集

　　秋蔓有遺實，不食庸何傷。東陵為圃地，何曾憂雪霜。（**虞集《道園學古錄》、卷二十**

九）

〈錢舜舉畫〉　　　　　　　　　　　　　　　　　　　　　　元・虞　集

一樹花如雪，清明客未歸。坐看黃鳥並，夢作綵雲飛。翠袖寒猶薄，羊車過絕稀。相如能作賦，月下卷春衣。（元《乾坤清氣》、卷十一）

〈題錢舜舉小景〉　　　　　　　　　　　　　　　　　　　　元・何　中

綠樹深深波渺渺，書樓高映碧峰寒。柴門掃就無人到，未必能令口口看。（何中《知非堂稿》、卷六）

〈錢舜舉畫馬歌〉　　　　　　　　　　　　　　　　　　　　元・范　梈

錢君畫人勝畫馬，安得名驄妙天下。青雲隱約見龍紋，有意軒昂駃華夏。圉官山立頎而髯，朱衣黑帶高帽尖。問渠掌握詎有此，牽控寧知人女嫌。君不見才士受束縛，往往因之縱寥廓。（范梈《范德機詩集》、卷四）

〈題錢舜舉畫馬〉　　　　　　　　　　　　　　　　　　　　元・丁　復

玉禾久飫出天閑，引看時常占舞班。四十年來太平日，屬車無數劍中山。二十年前燕市客，黃塵蔽天相逐來。中有出頭先一丈，山中彷彿憶龍媒。（丁復《檜亭集》）

〈題錢舜舉青馬圖〉　　　　　　　　　　　　　　　　　　　元・丁　復

青馬自是天麒麟，奚官引出羈絡新。垂頭緩行意態馴，綠鬃不動空無塵。聖人不肯事東巡，千里一日志莫信，賴有吳興為寫真。（丁復《檜亭集》）

〈題錢舜舉張麗華侍女汲井圖〉　　　　　　　　　　　　　　元・吳　萊

景陽宮中景陽井，手出銀盤牽素綆。鉛華不御面生光，寶帳垂綃花如影。臨春結綺屹層空，璧月瓊枝狎客同。鴛鴦戲水池塘雨，蛺蝶尋香殿閣風。日高歡宴驕若訴，床腳表章昏不寤。吳兒白袍戰鼓死，洛土青蓋降船渡。井泥無波井欄缺，半點胭脂汙緋雪。蕙心蘭質吹作塵，目斷寒江鎖江鐵。（吳萊《淵穎吳先生文集》、卷二）

〈題錢舜舉畫雞冠花〉　　　　　　　　　　　　　　　　　　元・于　立

玄霜冷漬丹砂汁，翠羽離披紫霞濕。金鳥海底浴神光，絳幘雞人露中立。（顧瑛《草堂雅集》、卷十一）

〈題錢舜舉畫青山白雲〉　　　　　　　　　　　　　　　　　元・于　立

吳興山水天下無，吳興畫手天為徒。天河染露洗空碧，輕煙薄素開新圖。白雲欲散松風
起，迴如丹丘隔。雪後寒糢糊，溪光倒影丹翠濕。又如洞庭水浸青珊瑚，綠蘿吹香掛秋
月。小橋野逕相縈紆，行人遙遙向何處，丹崖石檢或有仙人居。溪山如此無不好，築屋
臨流可投老。春雲秋露石田腴，我欲耕烟種瑤草。（顧瑛《草堂雅集》、卷十一）

〈題錢舜舉畫〉 元・黃溍

　鳥雀鷹鸇皆羽類，強之食乃弱之肉。兩雀亦分弱與強，一遭搏噬一高翔。畫師描貌勞
意匠，詩人見畫齊惆悵。人間萬事無不然，雞虫得失安足言。（黃溍《金華黃先生文集》、
卷四）

〈題錢舜舉作東坡畫竹圖〉 元・黃溍

　執筆不見人，毫端走風雨。至今身外物，獨與墨君語。（黃溍《金華黃先生文集》、卷
六）

〈題錢選畫仙居圖〉 元・柳貫

　仙人羽駕青雲輿，游戲八極陵空虛。神山縹緲在何許，意所到處皆方壺。畫師豈嘗與
之接，夢時識取醒時摹。聯棟紫房縣薜荔，交柯碧樹排珊瑚。琴書整暇筵几靜，在右絳
氣橫扶踈。武陵溪曲仇池路，人迹往往通樵漁。仙凡一膜初不隔，悟迷異趣何其殊。奔
輪駭轍世多有，逐臭未免如虫蛆。吳興老錢招隱曲，駕言設色調方諸。披圖三誦歸來乎，
盍亦視此招搖車。（柳貫《柳待制文集》、卷三）

〈題錢舜舉禾鼠圖〉 元・柳貫

　華黍如雲兆歲功，尚嫌鼠穴未能空。今朝試舉迎猫祭，直想西成八蜡通。（柳貫《柳
待制文集》、卷六）

〈錢舜舉草虫圖卷〉 元・柳貫

　蘋藻縈紆葦葉黃，一番微雨過棋塘。聲聲絡緯含商思，兩兩蜻蜓映夕陽。儘有新圖消
歲月，即看餘技盡文章。醺然心手調娛候，勘點虫魚入醉鄉。東陽柳貫題。（清龐元濟
《虛齋名畫錄》、卷二）

〈為秋堂題錢舜舉所畫吳興山水圖〉 元・陳泰

　畫師小景如傳神，自昔水墨無丹青。老錢變法米家譜，妙在短幅開煙屏。煙屏咫尺互
明滅，赤城霞綺山陰雪。松風四月五月時，坐定還疑棹歌發。秋堂吏隱洪堂都，對畫却
憶藭絲鱸。吳興山水雖可摹，老錢丹青今世無。（陳泰《所安遺集》、二二頁）

〈題錢舜舉畫煙江叠嶂圖〉　　　　　　　　　　　　　　　　元・蒲道源

　　江山奇絕吳楚鄉，畫史又與生錢郎。錢郎下筆得天趣，意象彷彿開衡湘。浮空水光接
巨浸，隔岸嵐翠摩穹蒼。幽岩梵宮半隱見，老樹樵舍相迷藏。中流一葉泛小艇，遠潤千
尺橫修梁。山居熙熙自太古，下視擾擾徒奔忙。我來京國行九軌，塵土眯目鬚眉黃。困
餘偶作林壑夢，歸計未遂驚彷徨。明窗豁然看此畫，便覺胸次生清涼。何時挐舟徑成往，
長嘯振衣千仞岡。（蒲道源《閒居叢稿》、卷二）


〈錢舜舉關山行旅圖，為馬良臣賦〉　　　　　　　　　　　　元・許有壬

　　江山信美非吾土，何事飄飄無定所。想因逐利利在途，遠駕車牛來服賈。天寒日暮山
路長，羸脖鼟鞭背如堵。往來如織有底忙，觸面相逢不相語。琴書汨沒長安道，趣向雖
殊實同苦。人間蠻觸方紛爭，得失區區都幾許。我行四方定何為，十年夢斷江湖雨。披
圖浩蕩發詩愁，政爾關山作行旅。（許有壬《至正集》、卷八）


〈題錢舜舉相馬圖〉　　　　　　　　　　　　　　　　　　　元・許有壬

　　伏波銅式久湮微，轉覺人間具眼稀。更向圖中校形似，真龍元不傍人飛。（許有壬《至
正集》、卷二十五）


〈錢舜舉漁樵對話圖〉　　　　　　　　　　　　　　　　　　元・許有壬

　　水碧山青罨畫中，維舟弛擔忽相逢。人間話柄知多少，只恐烟村有暮鐘。（許有壬《至
正集》、卷二十六）


〈錢舜舉摹李伯時畫鳳頭驄圖〉　　　　　　　　　　　　　　元・吳師道

　　汴都五馬來西域，當時總入龍眠筆。錢郎摹得鳳頭驄，相見群中更殊特。大宛渥洼挺
龍種，開元內廄森天骨。超然意氣欲爭雄，直比來儀稱瑞物。宋人兵力非漢唐，裕陵開
邊徒擾攘。鬼章成禽侈告廟，于闐效職修來王。吁嗟元祐乃致此，信是當國謀良。諸
賢一去寧復得，此馬不在吾何傷。（吳師道《吳正傳先生文集》、卷五）


〈錢舜舉山茶〉　　　　　　　　　　　　　　　　　　　　　元・袁裦

　　丹青筆點水晶宮，為爾寒葩染淡紅。今日北人多見慣，不須和雪上屏風。（袁裦《燕
石集》、卷八）


〈題玉山中錢舜舉畫五柳莊圖〉　　　　　　　　　　　　　　元・張天英

　　飛泉屋後銀河懸，孤松屋下蒼龍眠。四山無數白雲出，好柳五株當門前。葛巾丈人步
其下，悠悠別有山中天。（顧瑛《草堂雅集》、卷三）

〈錢舜舉花鳥十幅〉　　　　　　　　　　　　　　　　元·柯九思

　　古人工花卉者，有黃筌之精研，徐熙之散逸，俱屬神品，名冠今古，三百年來無有能似之者。至我元有錢舜舉，能兼二子之長，蓋其質秀才美，詞翰並妙，繪事之技止其緒餘，若此數幅，又餘事之餘，而更清麗不凡，天趣獨得，誠藝林中通材也。予閒居觀此，不勝敬服，為之擊節三歎。丹邱柯九思題於石室僧舍。（柯九思《丹邱集錄自寶繪錄》、二五頁）

〈錢玉潭諸夷職頁圖〉　　　　　　　　　　　　　　　元·柯九思

　　吳興錢舜舉作畫，無不精研，若其臨摹尤所擅長，第不易得耳。嘉禾吳瑩之，素與之善，珍藏此冊已越數載，未屬標幟。一日，予道經其邑，瑩之出示索題，豈以予為能知能書耶？聊採夷志中所載者筆之畫端，此特其十之二三，若必欲細微詳悉，尚俟博雅君子。至正丁亥四月下浣，九思并記。（柯九思《丹邱集錄自寶繪錄》、二六頁）

〈題錢舜舉畫杏花〉　　　　　　　　　　　　　　　　元·柯九思

　　一枝繁杏逞妖嬈，曾向東風楊柳腰。金水河邊三十里，落紅如雨玉驄驕。（柯九思《丹邱集》錄自元詩選、五八頁）

〈題錢舜舉畫梨花〉　　　　　　　　　　　　　　　　元·柯九思

　　洛陽城西千樹雪，走馬看花徧阡陌。金鞭換酒為沈口，爛醉花前扶不得。粉香薰透詩人脾，思入吳牋洒殘墨。別來風雨難為春，客懷幾度孤清明。壯遊回首已陳迹，一聲啼鳥心魂驚。苕溪居士獲天趣，造化潛移不知處。玉容寂莫澹春寒，猶記香山舊時句。羨君好古清有餘，勵志恥作黃金奴。梅邊握手恨不早，老眼半世空江湖。畫圖詩筆耀當代，大嚼屠門意殊快。更須什襲為珍藏，靜裏春光常自在。（柯九思《丹邱集·錄自元詩選》、六八頁）

〈題錢舜舉梨花鳩子圖〉　　　　　　　　　　　　　　元·柯九思

　　夢回澹澹雪香新，枝上幽禽氣得春。小院春陰呼雨至，太真愁絕翠初顰。（清《吳越所見書畫錄》、卷四）

〈錢舜舉草蟲圖卷〉　　　　　　　　　　　　　　　　元·柯九思

　　剗綵藤滑染丹黃，便似苕川十錦塘。大力固應忘色相，化工直欲鑄陰陽。一池荷葉遺裳服，兩部蛙聲奏樂章。公已欲祛塵世慮，水雲深處合為鄉。至正二年春三月五日。丹丘柯九思書。（近代龐元濟《虛齋名畫錄》、卷二）

〈錢舜舉草虫圖卷〉　　　　　　　　　　　　　　　　　　　　元・岑師吉

　齊物莊生論，虫魚爾雅箋。畫師兼賤手，巧匠奪天然。沙渚觀生意，林塘寫靜緣。相將狎鷗鷺，從此會逃禪。至元三年後丁丑歲秋九月望日。錢唐岑師吉書。(**清龐元濟《虛齋名畫錄》、卷二**)

〈錢舜舉木芙蓉〉　　　　　　　　　　　　　　　　　　　　　元・盧　琦

　紅妝初映酒杯醅，斜倚西風轉不堪。霜後池塘秋欲盡，令人惆悵憶江南。(**盧琦《圭峰集》**)

〈舜舉二馬〉　　　　　　　　　　　　　　　　　　　　　　　元・張　翥

　喜摩怒齧馬真性，角壯難馴非馬病。鞿銜乍脫秋田收，蹴踏八蹄驦尾映。世人但識驪與黃，天機默識誰能量。已從畫手失錢選，可信善相無孫陽。(**顧瑛《草堂雅集》、卷四**)

〈錢舜舉蠟嘴卷子〉　　　　　　　　　　　　　　　　　　　　元・張　翥

　秋蕡葉上碧離離，金井無人采摘遲。卻使野禽偷啄去，西風漫老鳳凰枝。(**顧瑛《草堂雅集》、卷四**)

〈秋岸行旅卷〉　　　　　　　　　　　　　　　　　　　　　　元・張　翥

　錢郎筆底秋萬斛，蒼茫染出苕溪曲。苕花吹老鯉魚風，石底沙茸出叢綠。野橋橫岸向何處，浮玉山前水如玉。宛然柳惲乘馬歸，望入溪山吟不足。我來江北見此畫，快意頻接雙倦目。頓令幽思滿吳中，舒卷烟雲慰羈束。自然新句贈霜葉，幾度詩成鞭影矗。相期歸去白蘋洲，手採秋茸茸為屋。(**顧瑛《草堂雅集》、卷四**)

〈錢舜舉海棠鸂鶒〉　　　　　　　　　　　　　　　　　　　　元・吳　鎮

　東風三月花如錦，兩兩文禽戲暖沙。堪歎深閨年少婦，豈無顏色在天涯。(**高宗《御定歷代題畫詩類》、卷一一一**)

〈題錢舜舉折枝海棠〉　　　　　　　　　　　　　　　　　　　元・貢師泰

　玉環睡起嬌無力，膩粉微勻酒暈生。不是開元寫遺恨，世間那得見傾城。(**貢師泰《玩齋集》**)

〈題舜舉獨馬圖〉　　　　　　　　　　　　　　　　　　　　　元・劉仁本

　錢唐錢舜舉多作花竹卉木菓蔬，而馬畫絕罕，所見一二耳。豈亦如李龍眠善畫馬，而黃龍心禪師謂其後當生馬腹中，遂不復畫馬而作羅漢人物耶？客有持以求筆語者，為賦一詩云。　　畫史前生相馬身，王驄獨立最精神。沙場百萬空回首，駃牝三千孰等倫。金粟龍媒悲草木，玉關驛路暗風塵。絕憐一日能千里，誰是黃金買骨人。（劉仁本《羽庭集》、卷四）

〈錢舜舉浮玉山居圖卷〉　　　　　　　　　　　　　　　　　　　元・張　雨

　　吳興公蚤得畫法于舜舉。舜舉多寫人物、花鳥，故所圖山水，當世罕傳。此卷蓋其自寫山居，景趣既高，筆墨精妙，尤為合作，詩亦雅麗，非近人語。僕以戊子秋七月得于書肆，如獲古圖史云。因次韻識歲月于後。

　　秋風動巖樹，歸鳥何其翩。我思巖中人，可以樂志年。夫君乃詞客，畫手故作妍。吳興圖畫藪，詎隨時好遷。上巖雪積雪，下巖水鳴絃。展卷纔尺許，坐對兩無言。山澤臞者張雨題于開元靜舍之浴鵠灣。（清吳升《大觀錄》、卷十五）

〈花蝶謠題舜舉畫〉　　　　　　　　　　　　　　　　　　　　元・鄭元祐

　　華魂迷春招不歸，夢隨蝴蝶江南飛。碧甃粉香酣不起，臥帖芳茵唾鉛水。痴娥眼嬌錯驚顧，解裙戲撲沾零露。折釵搔首笑相語，阿誰芳心同栩栩。頹雲流光空影寒，冰波緘恨啼闌干。（鄭元祐《僑吳集》、卷二）

〈錢選浮玉山居圖〉　　　　　　　　　　　　　　　　　　　　元・鄭元祐

　　餘不之水浮玉山，仙人來往乎其間。珪璋藻思發天巧，粉墨絹楮留人間。錢翁山居窈綿密，深潤山林閣白日。翁去而今能幾年，舊遊一變成荒烟。惟有墨蹟長不泯，夜夜白虹光滿天。（鄭元祐《僑吳集》、補遺）

〈錢舜舉七賢圖卷〉　　　　　　　　　　　　　　　　　　　　元・劉　致

　　門巷寡轍迹，靜對溪南竹。溪水淨堪染，竹色與分綠。有時澹相向，襟袍如墨玉。安得萬滄篔，遍植清溪曲。豈無稽阮輩，遯世遵往躅。浩歌日酣燕，達生亦云足。

　　往歲，居建康清溪曲茅一曲，與蒼篔谷相對，憶竹林眾君子，故有此作。今觀是圖，遂書於後，湘中劉致。（清吳升《大觀錄》、卷十五）

〈錢舜舉梨花卷〉　　　　　　　　　　　　　　　　　　　　　元・鄭　玉

　　霓衣舞罷下瑤台，淡整冰容淚滿腮。羞見春風嬌艷色，淒涼常與月徘徊。一枝帶雨逞芳妍，艷嬌容敢比肩。記得江南曾賞處，粉墻朱戶映鞦韆。天台鄭玉。（清吳升《大觀錄》、卷十五）

〈題柏仲節所藏錢舜舉金碧山水〉　　　　　　　　　　　　　　元・錢惟善

浩蕩鷗波萬里春，回頭車馬九衢塵。往來共載乘魚客，揖讓相逢化鶴人，苕霅溪山浮紫翠。蓬萊宮殿湧金銀，桃花流水知河處，猶有征夫遠問津。（錢惟善《江月松風集》、卷三）

〈題錢選毛女〉　　　　　　　　　　　　　　　　　　　元・錢惟善

槲葉紉衣紺髮青，宮粧變盡尚娉婷。君王若問長生樂，只有胡麻與伏靈。（錢惟善《江月松風集》、卷六）

〈霅溪翁雪霽弁山圖〉　　　　　　　　　　　　　　　　元・錢惟善

千山玉立弁山東，湖定移舟入鏡中。一代風流惟見畫，今人轉憶霅溪翁。

武林錢惟善題於吳門，時至正丙戌十月九日也。（清吳升《大觀錄》、卷十五）

〈跋錢舜舉所臨閻立本西域圖〉　　　　　　　　　　　　元・戴九靈

此吳興錢舜舉臨唐閻中令西域圖，中令藝絕古今，張彥遠記歷代畫第為上品，而西域圖實在所錄也。蓋當是時天下已定，而外國初入貢，故詔中令寫外國圖，而於西域則奉詔，其真蹟有李伯時題識者。舊藏廬陵王侍郎家，大觀間，詔取上進，廬陵令張達淳輩竊取摹之，於是有摹本，彥遠又云當時王知慎亦嘗一摹榻。而海外高麗等國，往往有唐摹，則此圖之傳世非特一本矣，第不知舜舉所臨者果自真蹟中來耶，亦摹本之所出耳。因茅元禮携至求題，姑志所聞如是，博雅君子必有能諗之者。（戴九靈《九靈山房集》、卷二十二）

〈錢舜舉洗馬圖〉　　　　　　　　　　　　　　　　　　元・貢性之

八駿風姿已絕倫，清波一浴更精神。想應黃屋東歸足，汗血曾沾遠道塵。（貢性之《南湖集》、卷下）

〈錢舜舉浮玉山居圖卷〉　　　　　　　　　　　　　　　元・顧　瑛

無官落得一身閒，置我當於丘壑間。便欲松根結茅屋，清秋採菊見南山。顧阿瑛。（清吳升《大觀錄》、卷十五）

〈錢舜舉浮玉山居圖卷〉　　　　　　　　　　　　　　　元・倪　瓚

何山西上道場山，山自白雲僧自間。至人不與物俱往，往往超出乎兩間。洗心觀妙退藏密，閱世千年如一日。翁今仙去未百年，人民城郭俱飛煙。囊楮題詩留粉墨，劍痙豐城光在天。倪瓚次韻遂昌翁所賦。庚戌。（清吳升《大觀錄》、卷十五）

〈（錢）舜舉瓜圖〉　　　　　　　　　　　　　　　　　元・沈夢麟

　　綠膚引蔓玉團團，曾種青門一畝寬。記得草堂詩句裏，杜陵曾嚼水晶寒。　綠膚引蔓玉團團，曾向吳興畫裏看。若道葵丘今及代，老夫無復夢長安。（沈夢麟《花谿集》、卷三）

〈題錢選畫江山萬里圖〉　　　　　　　　　　　　　　　元・楊維禎

　　神禹劃天塹，橫分南北州。祗今天不限南北，一葦航之如丈溝。洪源發從瞿塘口，險峽中壁分黃牛。括漢包湘會沅澧，二妃風浪慕天浮。青山何罪受秦赭，翠黛依然生遠愁。洞庭微波木葉落，有客起登黃鶴樓。老瞞橫槊處，釃酒澆江流。江東數豪傑，乃是孫與周。東風一信江上發，從此鼎國曹孫劉。吳南晉北後，倏忽開六朝。江南龍虎地，山水清相繆。渡頭龍馬王氣歇，洲邊鸚鵡才名留。新亭風景豈有異，長江不洗諸公羞。宮中金蓮步方曉，後座玉樹聲已秋。何如一杯酒，錦袍仙人月下舟。解道澄江淨如練，醉呼小謝開青眸。鐵崖散人萬里漚，拙跡今似林中鳩。不如大賈舶，江山足勝過。腰纏只跨揚州鶴，樓船不問蓬萊秋。平生此志苦未酬，眼明萬里移蒼洲。烏乎楚水尾吳江頭，山河一髮瞻神州。孰使我戶不出兮囚山囚。（元《乾坤清氣》、卷五）

〈為老圃生題錢舜舉畫瓜〉　　　　　　　　　　　　　元・宋　禧

　　官路歸來兩鬢華，誰知老圃樂生涯。種瓜不作封侯想，攀桂猶稱進士家。一卷畫圖兵後物，百年世事眼中花。炎天客過三山下，豈厭煎茶與設瓜。（宋禧《庸菴集》、卷五）

〈錢舜舉畫芙蓉〉　　　　　　　　　　　　　　　　　元・張　昱

　　木葉芙蓉最耐寒，等閒不許世人看。蛾眉淡掃朝天去，自採花頭製道冠。（張昱《可閒老人集》、卷二）

〈毛元道收舜舉舉山水〉　　　　　　　　　　　　　　元・金哈剌

　　杉栢笙竽奏，峯巒紫翠分。乃知錢博士，全似李將軍。有客臨清泚，呼童看白雲。少微光萬里，應是為徵君。（金哈剌《南遊寓興詩集》、五十三頁）

〈錢舜舉浮玉山居圖卷〉　　　　　　　　　　　　　　元・釋楚石

　　舜舉偏工著色山，山如水墨畫尤難。蒼茫樹石煙霞外，合作營丘老筆看。石道人題。（清吳升《大觀錄》、卷十五）

〈題錢舜舉折枝桃〉　　　　　　　　　　　　　　　　元・胡　布

　　五陵春色巧胚胎，桃李家山取次開。不惜月中攀桂手，寫他長者折枝來。（胡布《元

音遺響》、卷七）

〈題婦姑絡緯圖〉　　　　　　　　　　　　　　　　　元・朱誠詠

　　錢舜舉絡緯圖，內弟沈巖贈予者。渠家名畫頗多。顧予平生不妄取人尺楮，獨此尚有樸雅儉勤之意，似可存為子孫訓，是以藏之，非真愛其貌物之工也。（元、朱誠詠《小鳴集》、卷七）

〈錢舜舉瓜圖，為陳仲初題〉　　　　　　　　　　　　元・呂不用

　　秦家臣子青門種，錢氏兒孫寫絕真。寄語雨朝泉下士，世間更有愛瓜人。（呂不用《得月稿》、卷二）

〈錢舜舉畫唐三學士圖〉　　　　　　　　　　　　　　元・不二老人

　　唐朝內相極清華，出入黃扉掌白麻。承詔歸來無一事，閒尋碁局到昏鴉。不二心老人。（明朱存理《鐵網珊瑚畫品》、卷三）

〈題錢舜舉畫梅〉　　　　　　　　　　　　　　　　　元・戴子璋

　　故人相憶對南枝，寫寄無煩驛使持。此日披圖空想像，猶疑月落酒醒時。（清高宗《御定歷代題畫詩類》、卷八十四）

〈錢選畫花〉　　　　　　　　　　　　　　　　　　　元・陳　儼

　　霅翁夙號老詞客，亂後卻工花寫生。寓意豈求顏色似，錢塘風物記昇平。（清高宗《御定歷代題畫詩類》、卷九十）

〈錢舜舉秋江待渡圖卷〉　　　　　　　　　　　　　　元・察　伋

　　大江微茫天未曉，散綺餘霞出雲表。亂山滴翠露華寒，隔樹人家茅屋小。行人欲發待渡舟，垂綸獨釣磯上頭。感時撫卷寄遺意，蘆花楓葉蕭蕭秋。昌節察伋。（清吳升《大觀錄》、卷十五）

〈錢舜舉秋江待渡圖卷〉　　　　　　　　　　　　　　元・陳　恭

　　暝色生津樹，船開莫放遲。白頭何處客，沙上立多時。慈谿陳恭。（清吳升《大觀錄》、卷十五）

〈錢舜舉秋江待渡圖卷〉　　　　　　　　　　　　　　元・胡惟仁

　　芙蓉插天金陸離，白波倒影搖參差。江南西風渡船小，山下落日行令遲。楓林遙起漢

陽思，茅屋久負滄洲期。漁竿老我底須老，歸特白歸髮何時。會稽胡惟仁。（清吳升《大觀錄》、卷十五）

〈錢舜舉秋江待渡圖卷〉　　　　　　　　　　　　　　　　　　　元・朱　庸
　青山回合暝雲多，嬝嬝秋風吹白波。猶有江頭未歸客，荒涼落日奈愁何。蛟川朱庸。
（清吳升《大觀錄》、卷十五）

〈錢舜舉秋江待渡圖卷〉　　　　　　　　　　　　　　　　　　　元・胡　敦
　青山植至壁，崇涯耀金紫。澄江淨無波，明露爛如綺。歸人望茅茨，獨立江之渚。秋拏來何遲，暮色已如此。豈不念安居，無乃天所俾。薄田入幾何，科差殊未已。懷哉鹿門翁，足不履城市。胡敦。（清吳升《大觀錄》、卷十五）

〈錢舜舉秋江待渡圖卷〉　　　　　　　　　　　　　　　　　　　元・劉　中
　江上青山如一髮，宛轉林巒翠光滑。幾家茅屋未開門，野渡扁舟遲明發。蕭蕭木葉動秋颸，隔江有人歌竹枝。江天波浪空瀾惡，也應待渡米多時。正如獨客螺江上，身作孤雲心浩蕩。擬從雙闕觀清光，路梗蓬萊不能往。倪君置我白玉壺，篝燈促迫題畫圖。眼中見此三嘆息，却憶榕窗聞鷓鴣。
　　予自閩浮海，為阻風，還抵四明，倪君有助出示此卷，索予陪春草先生同賦，因得以寓其意焉。臨安劉中。（清吳升《大觀錄》、卷十五）

〈錢舜舉秋江待渡圖卷〉　　　　　　　　　　　　　　　　　　　元・王　魯
　神仙洞府何清寒，芝蘭長處無茅菅。燦爛烟霞隔風雨，四明遙映天台山。滄波隱現潛龍窟，六鼇戴空山作滑。方壺員嶠自相通，一見心清非倏忽。朝京曾觀黃金扉，雙闕岧嶢雲影微。萬里歸來海風健，片帆一路天南飛。江梅已報春消息，空翠霑衣舊山色。渡頭迎客待多時，還坐林間蒼蘚石。
　　余自京師南還，航海至鄞，倪君有助以秋江待渡圖見示，因有所感，就此繼善烏先生韻以見意云。時至正丁未春月，臨沂王魯。（清吳升《大觀錄》、卷十五）

〈錢舜舉秋江待渡圖卷〉　　　　　　　　　　　　　　　　　　　元・謝　表
　芙蓉花落飛紅雨，楊柳條疏晃碧波。莫謂到家天欲暮，濟川舟在夕陽多。長洲謝表。
（清吳升《大觀錄》、卷十五）

〈錢舜舉七賢圖卷〉　　　　　　　　　　　　　　　　　　　　　元・夏　溥
　林下晉賢凡七人，山王猶謂不足云。老錢定有筆外意，所畫如何無此君。痴兒每以形

似論，如此風致殊蕭然。此圖真可見妙口，自是胸中有七賢。夏溥題。（清吳升《大觀錄》、卷十五）

〈錢舜舉七賢圖卷〉　　　　　　　　　　　　　　　　　　　元・徐　霖

七賢游竹林，趨向大孤絕。山王偶然貴，何物遂見黜。金谿徐霖。（清吳升《大觀錄》、卷十五）

〈錢舜舉七賢圖卷〉　　　　　　　　　　　　　　　　　　元・哲馬魯丁

吳興錢選舜舉作七賢圖，輕毫淡墨，不假丹青之飾，似有取于晉代衣冠雅素之美，想其儀型，摹其樂趣。觀嵇康之友六人，或歌，或飲，或書，或琴，仰天席地，優游自得，吁！曲松飲水，浴沂舞雩，豈外是歟？珍藏之。哲馬魯丁載拜。（清吳升《大觀錄》、卷十五）

〈雪溪翁山居圖〉　　　　　　　　　　　　　　　　　　　　元・史　詮

鳧雁集平沙，松杉映水涯。山中幽僻處，真個是仙家。東魯史詮。（清吳升《大觀錄》、卷十五）

〈錢舜舉梨花卷〉　　　　　　　　　　　　　　　　　　　　元・仲　繡

雪川錢公舜舉，巧出天思，其摹寫名物，精詣入神，為當世所貴重。今觀其所畫梨花，雖一枝朵之微，其風神姿度，飄意瀟洒，宛有生氣，豈世之規規於丹墨者比哉。蓋其晚年得意之筆，誠可珍玩也。歲在閼逢閹茂律呂夾鐘下澣。金華三紳仲繡跋。（清吳升《大觀錄》、卷十五）

〈錢舜舉梨花卷〉　　　　　　　　　　　　　　　　　　　　元・朱　璠

淡妝宜對月黃昏，何事東風亦斷腸。落寞行雲春夢杳，畫圖留得粉痕香。番陽朱璠。（清吳升《大觀錄》、卷十五）

〈錢舜舉梨花卷〉　　　　　　　　　　　　　　　　　　　元・吳仲莊

一枝花雪畫闌東，淡白風姿夜月中。得與梅花同歲暮，肯隨紅紫媚春風。吳仲莊。（清吳升《大觀錄》、卷十五）

〈雪溪翁紙本叢菊圖卷〉　　　　　　　　　　　　　　　　　元・高　安

南山秋色靜，悠然佳興適。詩酒詠清流，巾舄坐盤石。調古永絃清，露重湘花潭。覽絲竟忘言，相對娛秋夕。高安。（清吳升《大觀錄》、卷十五）

〈雪溪翁紙本叢菊圖卷〉　　　　　　　　　　　　　　　　　元・釋澹古

　　吳興錢舜舉，世以為畫工，非也。當國初時，錢卿與趙松雪、鮮于因學、李息齋、徐
容齋諸名公遊，不樂仕進，讀書賦詩，衡門甔石，晏如也。性喜畫，興到振筆為之，初
不擇紙卷，皆臻精妙，或注意求之，則不得。俗工竊其高名，競傳贗以眩世，蓋玉石昭
然，又豈能混之哉？此卷今不易得，因書以識之。澹古。（清吳升《大觀錄》、卷十五）

〈雪溪翁紙本叢菊圖卷〉　　　　　　　　　　　　　　　　　元・徐　文

　　彭澤歸來正值秋，菊花新忘可忘憂。盤桓自得琴中趣，月白風清意未休。徐文。（清
吳升《大觀錄》、卷十五）

〈雪溪翁紙本叢菊圖卷〉　　　　　　　　　　　　　　　　　元・茅　貞

　　柴桑迹非隱，彭澤地水喧。達人處其中，未始倚一偏。秋花有佳色，夜光照南山。舉
酒遂清泉，坐久不知遠。酒罷橫素琴，忘絃併忘言。茅貞。（清吳升《大觀錄》、卷十五）

〈題錢舜舉應真圖〉　　　　　　　　　　　　　　　　　　　明・宋　濂

　　錢舜舉所貌應真渡水圖，備極情態，此畫史恒事爾，或者妄謂應真實然則過矣，觀者
當具金剛眼而弗為紙墨所感可也。（宋濂《宋學士文集》、卷四十五）

〈題錢舜舉馬圖〉　　　　　　　　　　　　　　　　　　　　明・劉　基

　　吳興公子雅好奇，欲把丹青競天巧。花蜂柳鶯看已足，貌得驊騮圖更好。浪花滿身蹄
削礫，兩耳抽出春筍尖。風鬣欲拂九霄霧，隔目似掛高秋蟾。昨者王良失羈鞚，封狼咆
哮蛇豕閧。天閑乘黃越在野，出車未見歌南仲。嗚呼，安得此馬背負郭令公，掃清四海
歸奏明光宮。（劉基《誠意伯劉文成公文集》、卷十一）

〈題錢舜舉折枝山茶〉　　　　　　　　　　　　　　　　　　明・劉　基

　　歲暮寒氣結，百卉無遺榮。懿此獨不凋，方冬燁紅英。有似節義士，特立不爽貞。幽
居屏紛雜，丹鉛寄深情。葱蘢翠雲翹，綴以流霞精。玄霜避晨艷，華月助霄明。坐令桃
與李，無言愧微生。贈詩忽遐棄，貴之比瑤瓊。（劉基《誠意伯劉文成公文集》、卷十三）

〈（錢選畫）紫茄〉　　　　　　　　　　　　　　　　　　　明・張以寧

　　江南壩裏紫彭亨，票致錢郎巧寫生。憶得故園秋雨過，新炊初熟飯香粳。（張以寧《翠
屏集》、卷二）

〈（錢選畫）絲瓜〉　　　　　　　　　　　　　　　　　　　明・張以寧

黃花翠蔓子纍纍，寫得西風雨一籬。愁絕客懷渾怕見，老來萬縷足秋思。（明‧張以寧《翠屛集》、卷二）

〈題畫湖州圖〉　　　　　　　　　　　　　　　　　　　　　明‧唐桂芳

浙西山水與江左異，其奔放而為江，其瀦溜而為湖，其鍾英毓秀而為石族，其崒崔西如天目，東如靈巖、虎邱，其他誠有所挾而未暇及焉。州冒以湖，得非瀕其湖湄而名之也歟。曩年，浙東帥府都事牟公景陽負大才，方為烏程築萬卷堂，邀予以記，適抱私戚，愧未遑也，於湖州未嘗一蹴其境。今春邂逅，獲覩繆侯所藏錢舜舉畫吳興手卷。予初病目，類雲妬月，翳而復吐，尚能指示人物姣麗，竹木娟秀，苕霅瑩潔，金碧翔煥，最清最浮。乍遠乍近，水晶之鄉，舟行天上。邇者目盡瞽，殆欲神馳夢想，髣髴而不果得焉。吳興介浙西諸郡，號為甲乙，其風俗奢侈，嗜好豐縟，由前宋一時王侯第宅麻列其間，所以沉酣富貴，翕然嚮慕，非諸郡比也。趙公子昂文章伏一世，「前代王孫今閣老」虞先生語也，而與舜舉、馮應科並稱三絕，可乎？蓋以字畫掩其所長故也。噫！歡樂之極，傷悼繼之，桑田海水，華屋邱墟，古今相禪不既多乎？舜舉之畫，摹寫盛明之際，於此卷未容輕棄，不獨係於吳興之陳迹也，仲禮其葆之。（唐桂芳《白雲集》、卷七）

〈題錢舜舉凌波仙子圖〉　　　　　　　　　　　　　　　　　明‧劉嵩

若有人兮美而鬙，冠切雲兮衣翩翩。粲然獨立青山前，褰裳流盼凝娟娟。乘雲而行兮從風而旋，態莊色正合自然。矯如翔鸞凌紫烟，朗如明月行青天。山之石兮駢闐，山之松兮連蜷。下有瑤草紛交連，素華綠葉何芊芊。不言不笑意已宣，風骨乃是凌波仙。金華老人惜嫣嬽，友于聯屬成三妍。其來無方往無邊，世人不見將千年。誰其畫者錢塘錢，我歌欲繼湘江篇。張君好古宜寶胠，此畫此歌毋浪傳。（劉嵩《槎翁詩集》、卷三）

〈題錢舜舉折枝〉　　　　　　　　　　　　　　　　　　　　明‧釋妙聲

目極江南有所思，餘口風雨落花時。錢郎應恨春歸盡，獨倚東風寫折枝。（釋妙聲《東皋錄》、卷上）

〈題錢舜舉海棠白頭翁〉　　　　　　　　　　　　　　　　　明‧朱　同

睡起嬌紅映綠紗，春風籬落一枝斜。山禽自是頭元白，莫向花間怨歲華。（朱同《覆瓿集》、卷三）

〈書錢舜舉畫後〉　　　　　　　　　　　　　　　　　　　　明‧朱　同

昔人評書法，有所謂龍游天表、虎踞溪旁者，言其勢；其曰勁弩欲張、鐵柱將立者，言其雄；其曰駿馬青山、醉眠芳草者，言其韻；其曰美女插花、增益得所者，言其媚，斯評書也。而余以之評畫，畫之與書，非二道也。然書之為道，性情則存乎八法，義理則原乎六書。昔之習書者，未必不本乎此，無他術也。而善書者固不得不同，而亦不能不異，猶耳目口鼻人之所同，而狀貌之殊則萬有不齊也。畫則取乎象形而已，而指腕之法，則有出乎象形之表者。故有兒童觀形似之說，雖然徒取乎形似者，固不足言畫矣。一從事乎書法而不屑乎形似者，於畫亦何取哉，斯不可以偏廢也。吳興錢舜舉之於畫，精巧工緻妙於形似，其書法之媚者與筆法所自，本乎小李將軍，木石遒勁雖未之及，而人物居室舟車服御之精巧殆可頡頏，居吳興三絕之一。其以是與，且其折枝啼鳥、翠袖天寒，別有一種嬌態，又非他人所能及者。禪家有五眼觀，是畫者又別具一眼，不可以沒骨律之也。繆君仲禮得是畫於解綬之時，因憶吳興舊游，且有感於其詩，有所謂「莫言倦客多牢落，正是詩人覓句時」之語，欲得能言之士相與詠歌之，而求余書其說於卷首。然則仲禮之有取於是者，豈徒以其媚而已哉，故不復辭而書此以告觀者。（朱同《覆瓿集》、卷五）

〈錢舜舉二菊〉　　　　　　　　　　　　　　　　　　　　　　　明・淩雲翰

　露華如酒曉淋漓，醉色和秋上別枝。若使羅虬重有作，此花端合比紅兒。

　盡道西施類玉環，多因醉裏認容顏。館娃宮與華清似，都在秋風十二鬟。（淩雲翰《柘軒集》、卷一）

〈舜舉桃花〉　　　　　　　　　　　　　　　　　　　　　　　　明・淩雲翰

　花開記得湧金池，一片枝頭不受吹。十萬人家春似海，瑤笙誰向月中歸。右碧桃。晴日蒸紅爛若霞，一枝如影綠窗紗。去年花裏尋詩處，錯認溪橋賣酒家。右緋桃。（淩雲翰《柘軒集》、卷一）

〈董士勉架閣所藏雪溪翁觀梅詩意圖〉　　　　　　　　　　　　明・淩雲翰

　欲寫寒梅愧未工，丹青賴有雪溪翁。要觀清淺黃昏處，盡在經營慘澹中。一鶴一琴猶舊日，集邱集水自春風。郎官畫省多才思，東閣吟詩興頗同。（淩雲翰《柘軒集》、卷一）

〈錢舜舉桃源圖〉　　　　　　　　　　　　　　　　　　　　　明・淩雲翰

　聞說桃源何處尋，披圖想像重沈吟。錦雲靄靄藏蓬島，紅雨紛紛落樹林。一葉漁舟迷遠近。幾家農舍隔幽深。眼看宋業將移晉，惆悵先生避世心。（淩雲翰《柘軒集》、卷二）

〈玉仙謠和阮孝思作〉　　　　　　　　　　　　　　　　　　　明・楊　基

　二女仙圖，從人持旄前引。一仙騎白牝鹿，一騎青騾。又婢持翣扇在後，畫妙入神，雪溪錢翁筆。

　　赤岸無波海塵起，蟠桃枝上花成子。玉仙邂逅赴瑤池，雲角凌空月如水。子子千旌引素霓，神鹿步躚青騾嘶。珮環流響入碧落，霧鬢約掠風鬟低。鸞尾金寒敧扇影，銖衣濕露香痕冷。銀漢斜回星彩沈，漸漸扶桑耀初景。齊州九點春微茫，六龍騰駕催晨光。踏歌不到碧雲夢，胡蝶牽愁愁正長。綵霞一滅瑤台路，想像徒憐蘀英慕。青鳥千霜去不還，猶許留情向毫素。（楊基《眉菴集》、卷四）

〈白描芍藥圖錢選作〉　　　　　　　　　　　　　　　　明・楊　基
　　玉樓寒擁翠羅衾，珠箔暗搖縷縷金。蝴蝶亂飛花未落，東風庭院又春深。（楊基《眉菴集》、卷十一）

〈題錢舜舉畫曉日照群山圖〉　　　　　　　　　　　　　明・張　羽
　　朝陽澄霽景，麗色散群峰。明霞冠其顛，一一金芙蓉。煙樹遠漸辦，蒼翠知幾重。幽谷俱光彩，卉木生光容。茅茨住溪口，桃源疑可通。閒觀發佳興，清賞趣何窮。逝將登日觀，一覽披奇胸。（清高宗《御定歷代題畫詩類》、卷一）

〈錢舜舉畫洪崖先生像〉　　　　　　　　　　　　　　　明・韓　璵
　　挈囊書卷古仙儔，八表凌雲汗漫遊。不跨白騾携杖去，定尋老于駕青牛。薊丘韓璵。（清吳升《大觀錄》、卷十五）

〈（錢）霅翁海棠〉　　　　　　　　　　　　　　　　　明・徐　賁
　　一枝寫出玉容嬌，桃李漫山恨未消。惆悵東闌明月夜，半酣西子貌難描。（徐賁《北郭集》、卷九）

〈錢舜舉羽毛〉　　　　　　　　　　　　　　　　　　　明・王　恭
　　嬌鳥雙飛戀淺紅，樂遊原上曉嘶驄。別來已少看花伴，空對芳菲落畫中。我惜錢郎粉墨奇，莫將花鳥讓徐熙。湘簾幾度銀燈夕，只訝菱謌太液池。（王恭《白雲樵唱集》、卷四）

〈錢舜舉捕魚圖〉　　　　　　　　　　　　　　　　　　明・董　紀
　　脫蓑掛船尾，鼓枻坐船頭。得魚既換酒，欸乃揚中流。妻兒冒短篷，喜無風雨憂。日暮向何處，白鷺古時洲。（董紀《西郊笑端集》、卷一）

〈錢舜舉秋江待渡圖卷〉　　　　　　　　　　　　　　　明・烏斯道
　　野日欲低江樹寒，洪濤捲風吹白菅。魚龍抓舞小舟遠，行人目斷東南山。東南自是神仙窟，紫翠含輝凍山骨。璚華瑤草長闌干，翠羽金衣共飄上。囊忽深處開戶扉，溪流照席寒光微。正宜人月梗稻熟，豈可一點溪塵飛。少待夜深風浪息，五色綵霞團曉色。從容歸去生雲林，歌激清溟臥磐石。至正二十六年冬十二月既望，烏斯道題。（清吳升《大觀錄》、卷十五）

〈題（錢選）七賢圖後〉　　　　　　　　　　　　　　　　　　　明‧陳謨

　　右晉七賢圖，吳興錢舜舉倣唐閻立本所製者也。始以劉伶、阮咸，次嵇康、向秀，次阮籍，終王戎、山濤。劉伶最曠達不拘，史傳第著其酒德頌可見。咸妙解音律，尤善琵琶，嘗以大盆盛酒，相向酌取，有群豕來共飲之，咸接去其上仍共豪飲。嵇康好服食之事，以為神仙稟之自然，非積學所得至，於導養得理則安期彭祖之倫可及，允為名言。所與神交者，陳留阮籍河內山濤等，世稱竹林七賢者，見諸康傳中。阮籍著大人傳，以三公九牧皆為褌中之蝨，本有濟世大志，屬天下多故，名士少全，由是不與世事，酣飲以為常。文帝初欲為武帝求婚於籍，籍醉六十日不得言而止，其人可知。向秀清悟有遠識，莊周著內外篇，秀為之發明奇趣，其後郭象因得述而廣之。若夫王戎慕遽伯玉之為人，與時舒卷，雖位總台司而委事僚寀間，乘小馬出遊，見者不知其為三公也。山濤為吏部典選十餘年，甄拔人物各得其當，時稱山公啟事。吳平之後，與盧欽論兵，以為不宜去州郡武備，帝稱之，曰：「天下名言也。」而不能用。烏乎，是七賢者，其高致雖大小各殊，然皆皭皭乎不可尚已。及宋顏延之出為永嘉太守，意甚憤怨，乃作五君詠以述竹林之勝，而山濤王戎以貴顯被黜，蓋有激而然，非定論也。古之君子，固有身處廟堂心存巖壑，豈可一概而論。今觀此圖，諸賢高致宛然如生，舜舉所云流俗無輕議者當矣。反覆觀之，阮咸出塞之音，嵇康廣陵，安得復起斯人於九原，一聞其慷慨激烈之餘韻乎，安政蕭君其珍襲之。（陳謨《海桑集》、卷九）

〈錢舜舉山水四首〉　　　　　　　　　　　　　　　　　　　　明‧韓奕

　　詩還如畫畫如詩，松雪齋前墨滿池。亦有餘杭舊公子，風流相並又相知。
　　山影湖光鏡裡天，釣魚灘接種菱田。王維最解能詩畫，不住輞川住輞川。
　　皎然當日在湖州，逢著春山便去遊。今日與師看畫裏，浮杯渡處有浮鷗。
　　村村水竹暗相連，家有桑園步有船。見說宦游南渡後，多來此處賦歸田。（韓奕《韓山人詩集》）

〈為張邦英題錢舜舉折枝梅花〉　　　　　　　　　　　　　　　明‧龔斆

　　西湖美人風韻奇，玉為資質冰為肌。江梅向暖開南枝，美人與之襟期。月香水影有妙句，橫斜浮動無人知。世間凡卉不敢並，香名萬古芳菲菲。羅浮美人亦大好，笑靨盈盈破春早。明日蕭條客夢醒，參橫月落春光老。怊悵松林不見人，多情翠羽空相惱。繁花亂插滿頭歸，芳心寂寞憂心擣。吳興美人真可人，興來亦寫梅花真。奇奇怪怪發天趣，斯須幻出江南春。疏花綽約有生意，鮫綃半幅無纖塵。固知佳畫不易得，百年誰復藏其珍。朝雲不入梨花夢，鈴閣無聲畫屏凍。淑態偏嫌夜雪欺，幽風不許春風動。意態娉婷富貴羞，精魂冷落清寒共。時揩病目一摩挲，萬紫千紅竟何用。山陰古多圖與書，張郎自是山陰癲。平生愛畫入骨髓，得此置之座右隅。我生亦有畫梅癖，對此不覺形神俱。含丹吮墨我不如，還君此畫長嗟吁。（龔敩《鵞湖集》、卷一）

〈題明皇出獵閣錢舜舉畫〉　　　　　　　　　　　　明・龔　敩

　皇州春滿雪消遲，正是君王出獵時。輦路塵昏雙鳳闕，掖垣鸎繞萬年枝。雲飛黃鵠鷹初健，月滿雕弓馬載馳。卻憶內園供奉日，鹿銜花去已無知。（龔敩《鵞湖集》、卷三）

〈題錢舜舉畫蠶桑圖〉　　　　　　　　　　　　　　明・虞　堪

　桑中鳴禽巧如鳩，吳娘養蠶夜不歇。暖雨寒風惱殺人，政是江南三四月。苕溪遺老白髮翁，畫蠶畫葉搖春風。千金難買吳娘笑，故寫生枝椹子紅。（虞堪《希澹園詩集》、卷一）

〈題韓允傳所藏錢舜舉山居圖〉　　　　　　　　　　明・鄭　真

　煙雨春深擁翠螺，山人獨賦考槃阿。柴門有客頻相問，泉石生涯奈汝何。翩翩鞍馬過橋西，荒嶀人家竹樹低。見說草堂春似海，杜陵不數浣花溪。竹窗松閣翠重重，點染應歸造化功。水鏡涵空秋一色，置身如在廣寒宮。飄然湖海逐浮漚，風雨淮山兩度秋。野色微茫舟似葉，令人歸興眇瀛洲。白雲相望海天遙，桂樹山中不受招。故國百年遺老盡，畫圖披玩似瓊瑤。按圖繪寶鑑，舜舉號玉潭，宋景定間鄉貢進士，畫青綠山水師趙千里，意度氣韻，妙入神品。鄉友韓允傳，志尚幽雅，購得是圖，深寶玩之。予客居鳳陽，附致求題，賦詩五首，允傳讀之，其有以契予意否耶？（鄭真《滎陽外史集》、卷八十九）

〈題錢舜舉山水卷〉　　　　　　　　　　　　　　　明・鄭　真

　海國青山舊隱居，望鄉千里客心孤。西風落照頻看畫，彷彿樓船過太湖。山外有山深復深，蒼松紅葉暮雲陰。繁華滾滾塵迷眼，不負林泉百歲心。（鄭真《滎陽外史集》、卷八十九）

〈霅溪翁山居圖〉　　　　　　　　　　　　　　　　明・楊　彝

　門前野水可通漁，雲裏草樓方著書。好山誰臨北苑畫，斷橋我憶西湖居。塵埃自著鷗鷺外，霜露正當鴻雁初。為報秋風搖落草，梅花消息近何如。（清高宗《御定歷代題畫詩類》、卷四十六）

〈錢舜舉秋江待渡圖卷〉　　　　　　　　　　　　　　　　明・鄧宇

　　秋江已平秋葉黃，有客待渡秋水長。停橈切莫歌白苧，白苧歌成秋露涼。鴻飛冥冥白日晚，客心茫茫愁欲斷。微波咫尺不可通，何況精靈隔霄漢。臨川逸民鄧宇。（清吳升《大觀錄》、卷十五）


〈錢舜舉畫唐三學士圖〉　　　　　　　　　　　　　　　　明・劉三吾

　　右此老錢舜舉所畫唐三學士，吾里好事者譚維先傳心得之，前進士李一初希蘧先生題之也。先生登元統癸酉李齊榜進士第。始參議張公起巖、尚書宋公誠夫、監丞揭公曼碩，讀其廷對策，擬甲是科，啟緘乃南士，遂改次李齊公平。會齊病，上表謝恩，則先生也。城西龍湖乾之記驗矣。初授文林郎應奉翰林文字，未上。過家拜重慶，鄉邦榮之。已而連丁內外憂，改同知婺源州事，興學教民，士子駸駸知所向方。轉儒林郎江浙儒學副提舉，同寅班公彥功，以善書鳴，詞翰兼工，班讓能焉。既還鄉，值亂離，用廣西憲臣薦入風紀，僉湖南憲道使，未任。養晦望中諸義壘，轉徙禾川諸詩禮，大家爭迎致之。雖在艱危，不忘忠愛，時紓思乎吟詠文字之間。兵燹後，所存惟雲陽集而已。先生人品高尚，胸次廓然無城府，故所為文不事剞劂，而綸幅自然，詩亦如之，評者謂有館閣氣象。嗚呼已矣，九泉不可作矣。今觀此畫此詩，宛然鸞停鵠峙之在目也。維先什襲惟謹，念遺響寥寥不遠湖江數千里，介其子以和裝成池幅，懇識其後，意恐先生地下笑里中人為爾寂寂也，願哉維先之用心也，余于是益有感矣。天之將喪斯文吾里也，吾不得而知也。胡為使先生以垂絕之音，聲諸阜山之義，壘天之未喪斯文吾里也，吾不得而知也。胡為俾後死者獲嗣其遺響，于（闕文）。今大明朝玉堂之瓊署，其亦有數也。夫其亦有數也，夫言之不足載，歌詠之。其詩曰：「老錢設色工寫具，圖此學士祇三人。其時大開天冊府，人中妙選皆鳳麟。更番無事各退坐，華館方牀錦繡茵。手書不看看棋子，何以得此逍遙身。流傳幸得譚隱士，題品不用餘縉紳。前朝學士李應奉，彩筆落帋如有神。今朝翰林劉學士，紫薇沘露當清晨。李則已矣邈遺響，捧心之後難為顰。工顰□效不用辨，且看梅花報小春。」洪武二十一年倉龍戊辰良月既望，翰林學士奉議大夫兼左春坊贊善里中老契家劉三吾坦坦翁書。（明朱存理《鐵網珊瑚・書品》、卷三）


〈錢舜舉秋江待渡圖卷〉　　　　　　　　　　　　　　　　明・池貞

　　將軍有名畫，愛之如璆琳。越羅重襲象為首，一展滿目秋蕭森。群峰如鸞舞霄漢，無奈金碧迷寒林。長江流波渺千頃，湛澈獨喜同吾心。移舟莊叟不足道，偶爾遇濟江之潯。中間把鈞者誰子，永謝塵俗忘纓簪。幾間茅棟隔涼塢，欲與此輩來幽尋。

　　戴將軍奇瑛所藏錢舜舉丹青，索余題。余見卷中前輩諸作，皆通麗新奇。如金聲玉應，非後進竊窮欄寸晷之功爾可以比。雖間有一二不快人意，蓋無鍾離春之醜，則不足以成西施之美質也。洪武癸酉夏四月晦日，西湖池貞書。（清吳升《大觀錄》、卷十五）

〈錢舜舉秋江待渡圖卷〉　　　　　　　　　　　　　　　　　　　　明‧青華子

　大江東西路南北，輕舟日送勞生客。汀沙薄暮風滿林，未渡友笻看山色。山色無古今，行人幾來往。錢公妙筆咫尺間，寫盡江天足幽賞。青華子。（清吳升《大觀錄》、卷十五）

〈錢舜舉秋茄圖并題卷〉　　　　　　　　　　　　　　　　　　　　　明‧袁　凱

　老圃秋風裏，疏花獨自芳。葉稠初覆綠，子嫩未成黃。香積山僧供，茅茨野客嘗。江南多此味，見畫憶家鄉。安丘袁凱。（清吳升《大觀錄》、卷十五）

〈錢舜舉畫黃花翠竹〉　　　　　　　　　　　　　　　　　　　　　　明‧釋一初

　擬買陶家地一弓，卻看圖畫感秋風。向來翠竹黃花圃，多在空山暮雨中。（清高宗《御定歷代題畫詩類》、卷八十二）

〈題（錢選）觀鵝圖〉　　　　　　　　　　　　　　　　　　　　　　明‧方孝儒

　善用物者，天下無遺物。夫苟無遺物，則凡飛走動息之類接乎耳目者，悠然會於心，皆足以助吾天機，孰非可用者乎。世稱王逸少愛鵝，鵝何足深愛，逸少固有以取之爾，事物之變，天地之蹟，陰陽鬼神之蘊奧。心之所得寫之於書，其所取者豈特一端哉。盈兩間者，怕逸少之書法也，鵝蓋其一物而已。觀錢舜舉之畫，風流閒遠之趣猶溢於目中，此豈易與世俗言耶。（方孝儒《遜志齋集》、卷十八）

〈錢舜舉浮玉山居圖卷〉　　　　　　　　　　　　　　　　　　　　　明‧金　湜

　山居圖（篆書）。太僕寺丞前中書舍人直文華殿四明金湜篆。（清龐元濟《虛齋名畫錄》、卷二）

〈錢舜舉浮玉山居圖卷〉　　　　　　　　　　　　　　　　　　　　　明‧姚　綬

　三十年前，余閱錢舜舉山居圖于璜溪沈悅梅宅，生紙用筆，得王右丞家法，綠淺墨深細膩潤，真與隋唐人爭衡。圖為張貞居伯雨所得，和詩一篇，詞意甚遠，書法精妙，殆非時製。余初學貞居書，以悅梅為吾婿張訓舅氏，從其乞得之，置古墨林卷中，書雖存而圖則缺，每有神劍異處之嘆。成化癸卯二月四日，悅梅之子志行以義，新授承事郎，載酒往賀，出圖贈余，兼得黃子久、鄭明德、琦楚石、倪元鎮、仇仁近諸作，展誦之餘，不忍釋手，籌燈滄江虹月舟中，且閱且和，得凡四首，惟志所喜，罔知形穢，不可與古並也。雖然古今人未必不可相及，故韓退之送楊巨源嘗一言之，余不可無言以附尾耶，神劍合并豈非係之天也，余之後人尚保弗失。後學姚綬。

　錢舜舉畫品甚高，人以花鳥見稱，蓋未嘗多見其山水故也。觀此山居圖，七分用墨，三分設色，筆法絕類輞川，復入顧愷之之域。趙松雪素所師資，豈真阿私所好哉？況貞居于書肆中，一見此圖而賞識之，復知其詩語意沖淡，字畫清逸，無慚是翁。大癡云"知詩者乃知其畫"，亦名言耶？故于大書特書，不一詩而足也，是綬過石雲橋記。（清吳升《大觀錄》、卷十五）

〈錢舜舉草虫圖卷〉　　　　　　　　　　　　　　　　　　　　　明‧滕用亨

　　金風蕭瑟徧滄洲，賸有殘荷葉尚留。解向鏡中觀物化，露蟲冉冉寫清秋。永樂五年丁亥春三月十有二日，後學滕用亨拜題。（近代龐元濟《虛齋名畫錄》、卷二）

〈錢舜舉草虫圖卷〉　　　　　　　　　　　　　　　　　　　　　明‧楊　青

　　巽峰畫佳者，余嘗見數卷。茲又從文度參議得觀此卷，秀韻天成，羌無俗韻。文度近又獲陸放翁書，與此殆稱雙璧，神物之合，如延津龍劍，快何如？桐鄉楊青。（清龐元濟《虛齋名畫錄》、卷二）

〈錢舜舉草虫圖卷〉　　　　　　　　　　　　　　　　　　　　　明‧林　俊

　　曩有持承旨趙公作牧馬圖，示余索句。為率題一絕，有「墨花飛灑天閒裏，不向西風繪黍離」之句，意若有不滿者。舜舉與趙同時，趙且師事之，苟容推轂何難致顯，而獨徘徊於苕霅間，絕意進取，其人品固已高矣。右卷用意入細，生氣遠出野塘，風景宛然在目，有識者自能辨之，固無俟余之讚歎，而即因是以想見其為人，更有得於鳴動趯躍之外者。即以殘荷叢葦蕭瑟之間，蓋公於此意隱然有所寄矣。舒閱數回，漫記於後。莆田林俊。（清龐元濟《虛齋名畫錄》、卷二）

〈題錢舜舉畫山水圖〉　　　　　　　　　　　　　　　　　　　　明‧王　洪

　　我生性愛遊名山，獨掃雲石清泉間。樹陰繞地綠雲合，松氣一簾蒼霧寒。東村西崦人家住，日出滄溟海霞曙。任他芳草滿逕生，隨著清溪放舟去。翠崖丹壁千萬尋，彩色下射春波深。劃然長嘯萬山靜，天風吹送鸞皇音。時來偶向東山起，拄笏朝朝看爽氣。今日君家見此圖，恍然如在林泉裏。朝回無事坐粉闈，手拂空翠開煙霏。碧蓮萬朵坐中起，彩雲五色窗前飛。安得鵝溪絹千尺，好請錢郎放雄筆。不論五日拜十日，掃遍高山與奇石。掛公高堂之素壁，彼為公畫我為公吟。願公經濟有餘暇，適此逍遙廊廟心。（王洪《毅齋詩文集》、卷四）

〈錢舜舉松溪待渡圖為姜司諫題二首〉　　　　　　　　　　　　　明‧楊士奇

　　翠黛連山綠漲隄，扁舟長倚岸東西。人家知是吳興往，還傍苕溪傍霅溪。

　　槿籬茅舍水村幽，林彩山光積翠浮。空使行人愁望渴，隔溪閒却木蘭舟。（楊士奇《東里詩集》、卷三）

〈題貝祭酒聖賢像後〉　　　　　　　　　　　　　　　　　　明・楊　榮

　竊惟聖賢之道，如天地之大，日月之明，萬世之所瞻仰。至於簡冊所載聖賢，容貌詞氣，動靜語默之間，則不能不為之慨然。想見其儀刑於千載之上，況得覩其遺像者乎？覩其遺像猶足以使人感發而興起，又況於當時親炙之者乎？此吳興錢舜舉所畫聖賢遺像，今國子祭酒貝君宗魯所藏，以求予題。撫卷拜玩，肅然生敬，遂書此於左方，方宗魯尚寶藏之。（楊榮《文敏集》、卷十五）

〈題都御史所藏錢舜舉山水〉　　　　　　　　　　　　　　　　明・夏原吉

　雪翁山水舊馳名，此卷今看筆更精。一瀑漏巖飛雪練，數峰當戶列雲屏。杖藜僧入松間寺，策騎人過柳外亭。佳境如斯在何處，扁舟便欲訪蓬瀛。（夏原吉《忠靖集》、卷五）

〈錢舜舉浮玉山居圖卷〉　　　　　　　　　　　　　　　　　　明・楊循吉

　卷初到卷末，文采何翩翩。糢糊山水留，一紙餘百年。真藏雲東館，披乘風日妍。仙翁愛惜重，至老心不遷。新題時舉筆，白雲在朱絃。嗟余亦何者，亦未古人言。楊循吉拜觀并題。（清吳升《大觀錄》、卷十五）

〈題錢舜舉瓜圖〉　　　　　　　　　　　　　　　　　　　　　明・唐文鳳

　吳興錢舜舉，鍾苕霅之秀，寓意於丹青。凡天地間品彙形肖之類，皆為寫生而能逼真。蓋深有得於沒骨圖之遺法。其視黃筌趙昌相伯仲，宜世人與松雪公翰墨并稱為湖州之絕也。此圖植南園之竹，蔓西域之瓜。有團其實，有燁其花。于以見造化生物之巧，同里汪彥章氏購得之，俾予綴語，觀其所尚，可以知其為人也，當永葆之。（唐文鳳《梧岡集》、卷七）

〈錢舜舉清暉堂寫戲嬰圖，為臨淮顧謙賦〉　　　　　　　　　　明・程敏政

　海榴花開白日長，繡屏十二雲錦張。沈沈午漏下初刻，搔頭不整慵來妝。一姬南面金縷裳，兩姬夾侍相頡頑。欣然圍坐看兒戲，斑管雕弧堆象牀。三姬鼎足如雁行，玉階隨步鳴雙瑲。以口撫嬰愛入骨，笑語彷彿聞昭陽。一姬下坐收錦襠，洗兒自與澆蘭湯。涓涓秀若化生子，銀盆水滿芙蓉香。一姬轉盼殊未央，拭巾在手明吳霜。小鬟兩兩意閒適，紈扇不動薰風涼。苕溪畫史推錢郎，柔思獨步丹青場。摩挲舊本豈易得，流傳遠自清暉堂。才人不說顧長康，鑒賞欲博千金強。冬斯麟趾尚可作，為君擊節歌周王。（清高宗《御定歷代題畫詩類》、卷五十九）

〈錢舜舉秋茄圖并題卷〉　　　　　　　　　　　　　　　　　　明・錢　溥

　短短樹，疏疏花。西風籬落畔，生意自無涯。纍纍結就紫金寔，曉露凝華耀晴日。苕

溪貌得畫圖看，一片秋光落神筆。雲間錢溥。（清吳升《大觀錄》、卷十五）

〈錢舜舉秋茄圖并題卷〉　　　　　　　　　　　　　　　　　　明・陸　昶

　紫苞涼沁露香新，十畝秋毫一望勻。莫厭此中滋味薄，東陵亦是種瓜人。東吳陸昶。
（清吳升《大觀錄》、卷十五）

〈錢舜舉秋茄圖并題卷〉　　　　　　　　　　　　　　　　　　明・吳　節

　林下新開老圃堂，繁花不種種秋芳。桑枝細簇珊瑚樹，嫩葉低垂紫金囊。七月金風吹
不老，更五甘露濕猶香。紛紛甲第誇梁肉，淡薄誰知滋味長。姚江吳節。（清吳升《大
觀錄》、卷十五）

〈錢舜舉秋茄圖并題卷〉　　　　　　　　　　　　　　　　　　明・夏時正

　紫葉低垂紫實新，粉痕含蒂露輕勻。苕溪俊筆能神妙，老去翻憐學圃人。
　錢吳興畫入新品，當時工史多假公名。故公晚年之作，必自題識其後以別之。此圖係以絕句，
　亦公晚年筆也。仁和夏時正。（清吳升《大觀錄》、卷十五）

〈錢舜舉秋茄圖并題卷〉　　　　　　　　　　　　　　　　　　明・潘暄和

　落蘇和露煮來新，味與羊肪太不勻。卻愛忘機秋圃裡，遠遺榮辱漢陰人。榮陽潘暄和。
（清吳升《大觀錄》、卷十五）

〈錢舜舉秋茄圖并題卷〉　　　　　　　　　　　　　　　　　　明・周　瑄

　珊瑚枝綴玉苞新，露葉紛敷翠紫勻。老圃拚餐滋味足，只愁無酒可邀人。古并周瑄次
季爵韻為廉夫書。（清吳升《大觀錄》、卷十五）

〈錢舜舉秋茄圖并題卷〉　　　　　　　　　　　　　　　　　　明・史　敏

　雨珪芳樹若雲稠，結纍垂金□紫球。愛殺老錢三昧手，分明寫我故園秋。淮陽史敏。
（清吳升《大觀錄》、卷十五）

〈錢舜舉秋茄圖并題卷〉　　　　　　　　　　　　　　　　　　明・伍　方

　紫苞青蒂葉微黃，老圃秋深浥露香。自是憲臺清似水，澹中滋味較來長。
　古今名物可寶者多，但其顯晦之間亦若有數，存者不遇其人，雖昌黎之文終為頹壁敗葉中物
　耳，況乎楮穎餘墨哉。是圖雖粉黛非故，而各卿大夫愛重如此，非得其人則亦求汝于醬瓿上
　爾，豈能有是顯哉？然則今日之吐奇抽秘，競為稱揚，亦此畫之遭也。嘉興伍方識。（清吳

升《大觀錄》、卷十五）

〈錢舜舉紫茄圖卷〉　　　　　　　　　　　　　　　　　　　明‧余思復

　　壬子歲，余客丹徒，與太原李鶴舫同舍，會丹陽姜子恂持宋元人畫冊來觀，中有舜舉畫茄，妙絕如生物。每憶之不忘，於今十四年，余幸再遊，又見此幅，頓還舊觀矣。普松雪翁晚歸林下，檢笥中得舜舉茄果各一幅，因題其上，云“交遊來往休相笑，肉味何如此味長”，想見古人高致，因併識之。時乙丑歲十月八日，將樂余思復。（清龐元濟《虛齋名畫錄》、卷二）

〈霅溪翁山居圖〉　　　　　　　　　　　　　　　　　　　　明‧陸景龍

　　山林之幽樂且閒，何人卜居雲中間。草樓高出蒼樹杪，石梁斜壓清溪灣。循溪隱隱穿細路，斷岸疏柳接烟霧。微茫萬頃白漚天，雁陣鳧群落無數。樵歌初斷漁唱悠，沙頭人臥竹葉舟。青山數點西日下，渺渺一片江南秋。我昔苕溪問清隱，溪上分明如此景。別來時或枉夢思，忽見此圖心為醒。錢翁少年善丹青，晚歲筆意含英靈。興來漫臨北苑畫，妙入毫末窮杳冥。無聲詩與有聲畫，翁能兼之奪造化。詞林諸老富品題，一紙千金重光價。感君特此索我詩，愧乏瓊玖答贈之。臨風展玩三太息，寧不為動蓴鱸思。我今借屋湖山裏，恍忽風景無乃似。擬將三尺白剡藤，試煩東鄰雪篷子。柳州陸景龍。（清吳升《大觀錄》、卷十五）

〈霅溪翁山居圖〉　　　　　　　　　　　　　　　　　　　　明‧紀　儀

　　江上嵐光滴翠微，江波浩淼蕩晴暉。石林霜老丹楓樹，茅屋雲深白板扉。鏡裏一天飛鳥盡，槎頭三尺釣絲歸。展圖無限滄洲興，恍我黃塵未拂衣。紀儀。（清吳升《大觀錄》、卷十五）

〈霅溪翁山居圖〉　　　　　　　　　　　　　　　　　　　　明‧紀　堂

　　桃源起新微，芝巖亦科稅。剩水殘山無寸遺，白雲夢斷歸來地。晴窗忽見古畫圖，眼中突兀開仙都。玄圃蒼洲宅相似，不知塵世皆泥塗。芙蓉峰高眩金碧，海霞掩映成五色。茅堂深開白板扉，漁磯隱護青苔石。江天鏡澴波不驚，野樹錦列秋無聲。扁舟載客向何處，日暮還尋鷗鷺盟。如此高情復誰有，烟雲空落丹青手。卷圖三嘆意茫然，淒風颯颯生林藪。紀堂。（清吳升《大觀錄》、卷十五）

〈錢舜舉梨花卷〉　　　　　　　　　　　　　　　　　　　　明‧釋悅禪

　　傳說江南信，東風一夜開。只緣春意重，贏得蝶蜂猜。石橋悅禪。（清吳升《大觀錄》、卷十五）

〈錢舜舉梨花卷〉　　　　　　　　　　　　　　　　明·釋橙隱

　淡白妝成粉膩勻，芳枝猶帶舊精神。畫欄寂寞無人見，回首東風別是春。橙隱潛老。
（清吳升《大觀錄》、卷十五）

〈錢舜舉梨花卷〉　　　　　　　　　　　　　　　　明·周　雍

　人皆尚姚冶，君獨慕清白。謂此冰雪容，不資粉黛色。露湛玉生輝，雪飄香可襲。以
茲貞潔趣，於焉輔吾德。珍同五色芝，異比九穗麥。咄彼桃與李，紛華亦何益。慎保夫
膩姿，毋令染繰黑。天台周雍。（清吳升《大觀錄》、卷十五）

〈錢舜舉梨花卷〉　　　　　　　　　　　　　　　　明·范彥良

　粉粰新抹半歲葌，寂寞東風泣向誰。院落無人春夜靜，玉容惟月有相宜。華陽范彥良。
（清吳升《大觀錄》、卷十五）

〈錢舜舉梨花卷〉　　　　　　　　　　　　　　　　明·楊　魯

　嘉樹結繁花，春明滿幽院。璀燦冰雪容，淡掃新妝面。華月欣載臨，芳露時相炫。因
思美實時，深宜致恩眷。有母在故園，知誰與共獻。飲此長別離，牂伐顏鬢變。風物易
傷懷，嗚嗚淚如線。會稽楊魯。（清吳升《大觀錄》、卷十五）

〈錢舜舉梨花卷〉　　　　　　　　　　　　　　　　明·釋道遐

　臨風幾度獨憑欄，素艷清香帶露寒。憶在故園春雨裏，畫圖那忍客中看。青山道遐。
（清吳升《大觀錄》、卷十五）

〈錢舜舉梨花卷〉　　　　　　　　　　　　　　　　明·馬　顒

　一曲清平按未終，梨園花草幾春風。如今白髮看圖畫，彷彿朝雲落寞中。披圖若憶雪
川翁，藝苑留情獨最工。更有不傳三昧□，至今遺恨水晶宮。金台馬顒題。（清吳升《大
觀錄》、卷十五）

〈錢舜舉梨花卷〉　　　　　　　　　　　　　　　　明·袁　輔

　明月上花梢，容光淡相映。楚楚冰雪姿，對此瑤台鏡。山空夜氣涼，露冷曉妝靚。何
以駐芳時，拂石寄幽詠。袁輔。（清吳升《大觀錄》、卷十五）

〈錢舜舉梨花卷〉　　　　　　　　　　　　　　　　明·夏伯英

　素心冰潔異群芳，粉白溶溶淺淡妝。更有可人清意味，一天明月倍生香。夏伯英。（清
吳升《大觀錄》、卷十五）

〈錢舜舉梨花卷〉　　　　　　　　　　　　　　　　　　　　明・晏昱

　　玉蘭春暖烟花碧，斗帳香飄紫綃濕。一枝晴雪覆金屏，獨下瑤堦踏春色。綠雲壓鬢橫翠鈿，花顏欲與爭嬋娟。鞦韆影高紅日繞，嬌鶯啼欲花間烟。東風角地白雪碎，雙蛾暗蹙青山翠。悶來休向雨中看，箇中盡是傷春淚。四明晏昱。

　　不入東風冶艷場，冰容常伴月凄涼。如何泣向庭前雨，惹得閒人也斷腸。四明晏昱。

（清吳升《大觀錄》、卷十五）

〈錢舜舉梨花卷〉　　　　　　　　　　　　　　　　　　　　明・釋師鑒

　　一株圖雪傍東闌，玉質生春媚曉寒。開向百華零落後，合人寫作畫圖看。華頂師鑒。

（清吳升《大觀錄》、卷十五）

〈錢舜舉文殊洗象圖〉　　　　　　　　　　　　　　　　　　明・徐有貞

　　余曩歲，見唐人周昉有文殊洗象圖，最為高古，近復從王中丞齋頭得見，錢玉潭此卷，精妙不減周昉，而文雅迨欲過之。每一展閱，未有不令人擊節歎賞者也。東海徐有貞。

（近代龐元濟《虛齋名畫錄》、卷七）

〈錢舜舉雲山秋景圖〉　　　　　　　　　　　　　　　　　　明・張寧

　　百里溪山一色秋，嶺雲汀樹共悠悠。何人欲著閒居賦，有客將歸遠逆遊。林外漁樵黃葉渡，水中亭館白蘋洲。風光滿目知何處，不是吳州是越州。（張寧《方洲集》、卷九）

〈錢舜舉畫跋〉　　　　　　　　　　　　　　　　　　　　　明・張寧

　　霅翁著色最精，遠過前輩。晴窗披閱，光彩欲浮，久亦鮮潤。此幅形似傅染略異，不知是其得意時否？說者謂范寬畫，老不及少，郭熙少不及老，此圖將無同耶？（張寧《方洲集》、卷二十）

〈錢舜舉石勒聽誦圖跋〉　　　　　　　　　　　　　　　　　明・張寧

　　徐君子久，以錢舜舉所畫石勒聽誦圖求題。圖中冠服規模得當時體制，傅染筆法，皆出新意，不侔常作，可佳也。勒本羯種，非中華族類，乃能好文考古以矯飾國事，致有成功。晉室君臣，顧相崇尚虛無，廢經敗度，風流版蕩，卒珍膏澤以底於亡。孔子所謂夷狄之有君，不如諸夏之亡，蓋傷之也。霅翁作此，其將以為功乎？抑將以為戒乎？（張寧《方洲集》、卷二十一）

〈錢舜舉水仙花〉　　　　　　　　　　　　　　　　　　　　明・吳寬

　　種盡芳根花不發，霅翁筆底忽生妍。人云須向水邊種，始悟花名是水仙。（清高宗《御

〈錢舜舉梨花卷〉　　　　　　　　　　　　　　　　　　　　　　明・晏　昱

定歷代題畫詩類》、卷八十七）

〈錢舜舉花鳥卷〉　　　　　　　　　　　　　　　　　　　　　　明・江盈科

　深院朱欄覆錦茵，百花開盡竹枝新。鵪鶉滿地多馴狎，飲啄優游不避人。江盈科題。
（清李佐賢《書畫鑑影》、卷四）

〈錢舜舉花鳥卷〉　　　　　　　　　　　　　　　　　　　　　　明・吳　奕

　錢舜舉當勝國時，為吳興八俊之一，高蹈不仕，其人品直在趙魏公之上，繪事妙臻神
品，片楮寸縑，流傳人間奉為拱璧。予友陳雨泉所藏鵪鶉卷，形神並得，世不多觀者。
予覽之，心眼快絕，輒書數語於左，以俟世之鑒者識焉。延陵吳奕。（清李佐賢《書畫
鑑影》、卷四）

〈錢選水仙〉　　　　　　　　　　　　　　　　　　　　　　　　明・祝允明

　散罷天花下紫壇，露橫秋袂水鳴環。凌波欲接君王去，又恐繁霜不耐寒。八斗才中畫
洛神，翠羅輕颺襪火塵。霅溪老子真能事，更比陳王寫得親。允明。（祝允明《懷星堂
集》、卷八）

〈跋錢舜舉明皇擊梧桐圖〉　　　　　　　　　　　　　　　　　　明・祝允明

　趙飛燕舞在掌上，楊玉環比昭陽微有肌，為盤中舞宜也。謝阿蠻等奏樂其旁，而潞州
別駕所按與之諧，則其素習可知。雖微楊玉環，獨無一盤中之人哉。來漁陽之鼙皷，不
專在羽衣一婆娑也。吾惜楊玉環受誣已久，漫因錢吳興為一舉末減之手。（祝允明《懷
星堂集》、卷八）

〈錢選畫張果老圖歌〉　　　　　　　　　　　　　　　　　　　　明・李夢陽

　張果者，中條山人也。武后聞其有道術，召之，果遽死。後復出，往來汾晉間。玄宗使李嶠
齋璽書造請焉，果至，舍集賢院，詔肩輿入禁中。問治理神仙之事，帝悅焉，欲以玉真公主
妻果。果不從，辭還山。果蓋剪紙駏乘之，不則折收巾笥中。而錢圖故落於俗家，今為沔守
李得矣。

　張翁紙駏真有無，錢也何意傳其圖。印記雖明幅斷裂，李侯完之亦奇絕。所恨圖尾錢
有詩，就蛇添足將無痴。憶昔翁來集賢院，入宮詔許肩輿便。一日聲名人主動，千年面
目吾今見。帝貌深沈玉榻雄，侍人一異三人同。漢皇信有瑤池降，秦始枉慕蓬萊通。玄
言未竟鈴殿風，寸駏躍出青箱空。有僮追捉雙眼紅，此駏敫薛盤當中。李侯一看一絕倒，
每稱獨苦嗟良工。細觀張翁骨格古，徐福五利寧其伍。曰嬪真令天下疑，遄歸轉覺皇心
蠱。長生殿前牛女辰，廣寒仙桂舞鸞身。世間但識申師巧，誰解中條放浪人。（李夢陽

《空同集》、卷二十二）


〈錢舜舉女仙圖〉　　　　　　　　　　　　　　　　　　　　　明‧都　穆

　　古人善畫者多圖人物，至唐而山水始盛，趙宋因之。玉潭翁以歲貢士而妙於繪事，今觀劉氏溫甫所藏女仙圖，有以知其遠宗乎古，而非後之人所能及也。嘗聞道家言，女仙多遨遊太清，次則居於洞府，或塵緣末斷，復謫降人間。數滿乃去，第未知玉翁之所圖，其天仙歟？地仙歟？抑降謫而來者歟？九原可作，吾將印之玉翁。（**明都穆《鐵網珊瑚》、卷四**）


〈錢舜舉弁峰望雪圖卷〉　　　　　　　　　　　　　　　　　　明‧文　彭

　　霅溪翁善於設色，故見其青綠卷甚多，而於木墨則未之見也。此弁山望雪尤為精絕。一開卷間，儼然摩詰、營邱筆意，始知胸中既富，則隨所遇而無不精妙者，良可敬羨。思重出示，漫題於後。三橋文彭。（**清李佐賢《書畫鑑影》、卷四**）


〈錢舜舉花鳥卷〉　　　　　　　　　　　　　　　　　　　　　明‧文　嘉

　　錢舜舉字玉潭，家世霅川，花木、翎毛師黃筌，人物師刁光胤，山水師李成，鶴師薛稷，龍水師孫位，資諸家之善而兼有之。此畫鶺鴒卷，特其緒餘耳。藏者珍重，勿視游戲之具已也。茂苑文嘉。（**清李佐賢《書畫鑑影》、卷四**）


〈錢舜舉浮玉山居圖卷〉　　　　　　　　　　　　　　　　　　明‧項元汴

　　錢霅川畫山居圖，詠元諸名公品題詞翰，姚侍御、丹丘公墨妙，裝潢成卷，項少溪主人授弟墨林子珍藏。原價參拾金。（**清龐元濟《虛齋名畫錄》、卷二**）


〈錢舜舉浮玉山居圖卷〉　　　　　　　　　　　　　　　　　　明‧周　鼎

　　右第一跋，初得之，為虹月舟物也，故志喜以云。然為物於虹月知第幾哉？予又初見之於今之日焉。仲夏二日，鼎識。

　　霅錢之奇墨，非句曲、玉山、遂昌、雲林、山村諸大老，不能以有聲之畫相為奇也，非吾雲東逸史又安能繼諸老後塵，其不為虹月舟聚奇也耶？鼎題。

　　跋後，又和韻四首，自為韻騷體三首，唐選一首、五言律六首，喜甚而不已於詞，由乎物之佳甚，而不厭心目口手故也。予耄矣，心目之不厭，聊彷彿吾丹丘一二，口手之倦甚，則虹月之一冗客。況鄭、倪、仇、顧可丹丘，主人曠世相友，豈桐村牧可穢廁耶？八十三翁桐村周鼎，書於武唐舟次。

　　中段長句二首，一三月廿三日，舟至本覺寺作；一念五日抵靈芝寺作。又七言律一首，語溪舟中，蓋廿四日也。五言選二，一則四月二日，在靈芝；一在靈隱，不日。最後一跋，署是月三日，則靈隱之作，於是日跋於是夕。前後凡二十餘首，亦自訟其太多，貽或者笑。又自解曰：「士屈於不知己信於知己，予固非真知己者，不笑其多，愛其敏而贍也；特笑其嗜古成癖，有自溺以劫蔡太師之顛，欲巧為之解，得乎？」既而強予續貂，予欲強分此卷為二物，移虹月於桐村上也。則怖予以米之顛自許，分則死，不許焉。予亦以其所怖予者怖之。坐客愕眙，哄然一噱，曰：「古今癡絕，代不乏賢。」端陽前二日，周鼎書。

前輩風流不可得，得見風流在遺墨。無聲詩數雪溪翁，妙句尤能淡無迹。黃篋樓中寶藏久，題品曾煩井西叟。迂倪跋鄭相後先，唾落珠璣欲盈斗。玄英有孫白雲房，又解轉藏人所藏。回首桐廬好山色，也曾仇覽棲鸞鳳。翩翩鶴背群仙去，環佩餘音渺何許。神光吹不散罡風，斗畔時時夜虹吐。雲東逸史獬豸衣，嗜古急忙如渴飢。等閑光怪手可招，筆底奇珍皆我歸。銀海波寒盪明月，玉池秋水暖生肥。對此不覺融心神，吐詞連連如轉機。古人今人曠百世，前身後身無乃是。卷舒舒卷兩相忘，猶自不能忘夢寐。謾將華鳥評吾雪，一紙青山落屏几。袞袞篇章題不盡，癡黃言其學有本。苦為詩畫掩其名，自古美才天所悢。歸來乎雲東子，所逸所勞者。何事答言一掏硯池春，儘力工夫了於此門外。冗塵閑自起，方自揮毫掃生紙。苕霅二溪同一水，安知溪上山，峨弁不在鴛湖鏡光裏。明年甲辰春正月乙卯，書於雲東仙館，時年八十有四，鼎識。（近代龐元濟《虛齋名畫錄》、卷二）

〈題錢舜舉畫〉　　　　　　　　　　　　　　　　　　　明・董其昌

張果老、李太白，皆仙真玩世，所謂逆行順行天莫測者。非兩公得遇明皇，乃明皇得遇兩公。霓裳一曲，猶是仙才勝茂陵劉郎耳。此圖為錢舜舉畫，舜舉元時畫史，曾中宋進士。趙文敏從問筆法，兼山水、人物，亦在能妙間。以此為慎旃太史公初度贈正，惟文章光燄萬丈，銅狄婆娑，窮刻可相方耳。（董其昌《容臺別集》、卷一）

〈錢舜舉畫洪崖先生像〉　　　　　　　　　　　　　　　明・王世貞

此吳興錢舜舉所寫洪崖先生像也，神采秀發，意象閑遠，望而知其非人間人。家弟嘗寄余一本，乃北宋名筆，更佳，而後缺一幀，題以為葛稚川移居圖，余辨以為洪崖像，弗信也，得此本澄之，乃屈。按列仙諸史傳，謂先生長七尺五寸，眉目如畫，嘗御烏紗帽、紅蕉衫、黑犀帶、短勒靴，携玕竹杖，今像正爾。而後一人，短而濶，若家暇柯古所云弄臣者，其執耶六角肩也。餘四人，大小不一，即橘木葛津拙也。其挽而不前者一白騾，即雪精也。肩者即鐵如意，常盈壺、常滿盃、文榴酒榼，自然榴杓；一云垂雲笠、方木凳、二玄書、葛木如意，魏惠壺、木桮杓也，蓋靡不合者。舉拙於詩，而畫後有題句，云：「去歲無田種，今春乏酒財。從他花鳥笑，佯醉臥樓台。」此先生詩也。然先生又有二詩，云：「下調無人采，高心又被嗔。不知時俗意，教我若為人。」又：「人世非求利，趨朝不為名。有時陪俗物，相伴且營營。"舜舉似不知也，始余嗜古書畫幾成癖，乃先生更甚焉。而一時名士，若李大已贈孔子木屐，郭翰復贈孔子二像履，楊炯復贈孔子石硯與楊雄鐵硯，田游巖贈尹喜龜王戎如意杖，楊齊哲贈稽康鍛錐，劉守章贈四皓鹿角枕，司馬子微贈淮南王挐杵臼，魏肅贈陶潛琴隱居芙蓉冠，劉長新王喬笙，張珪贈尺八寸海蝦蟇牙鳳，休莊贈河上公注道德經藁本，周子忝贈古帝王圖，元亭贈謝靈運鬚，僧儵然贈迦葉頭陀缽，智遠贈蔡邕焦尾琴，葛洪刮藥篦。余始而笑，以為何所辨真贗，既而私喜，以為靈真嗜好若此，何況我輩。第今年秋，盡捐所藏物付兒曹，僅荷一柀一瓢，佛老書十餘卷，入城南精舍，此身洒然，覺先生之尚有累也。先生諱氳，一諱蘊，字藏真，晉州神山人，趙道一謂其年九十三，四月八日尸解於洪崖古壇，至八月復見於晉州，復尸解。而徐慧謂其初乘白騾，從五童，入洪崖古井，後復出，不知所終。道一謂其慕古洪崖先生，因自號洪崖先生，而慧則即古先生洪崖也。夫洪崖先生固張氏，乃黃帝之臣伶倫也，一見於衛叔鄉溥，再見於班孟堅賦，三見於郭景純詩，四見於陶貞白真誥，蓋遐逖之靈真而希夷之妙跡也。張氳先生出處靈幻，親狎萬乘，固靜能公遠之儔，而博綜藝尚書，幾貞白伯仲耳。且使古洪崖而在，則吾孔子尚當稱東家丘，桐柏真人當稱吹笙少年，而何氣物之足羨。故須以道一所紀為正。庚辰八月朔，後學王世貞拜首題。（清吳升《大觀錄》、卷十五）

〈錢舜舉太白觀瀑圖〉　　　　　　　　　　　　　明・王世貞

　匡廬萬古瀑，太白千秋才。兩奇偶相值，後人何有哉。及展舜舉圖，悅登文殊台。立起青蓮枯，來聽萬壑雷。始知丹青力，可以迴寒荄。（高宗《御定歷代題畫詩類》、卷四十）

〈錢舜舉寒林七賢圖〉　　　　　　　　　　　　　明・高得暘

　騷壇逸響何寥寥，作者逝矣誰能招。詵然七子美風度，乃有遺像圖生綃。衣冠半帶晉秀氣，人物絕是唐中朝。想當朝事得休暇，擬采野景歸風謠。青騾黃犢踏凍雨，蹇驢瘦馬衝寒飆。醉鞭笑停似按轡，吟鐙戲拍催聯鑣。看花多情且少待，尋梅有興非無聊。此圖我嘗見十數，高林大樹風蕭蕭。掃除閒冗存簡素，吳興筆老才尤超。方之粉墨巧塗染，奚止天地相懸遼。尚疑高李六君子，當時未見潘逍遙。道同氣合志相感，雖曠百世如同僚。畫師晚出有深意，況自昔日傳今朝。屋梁落月見顏色，妙處不待窮摹描。君不見袁安僵臥寒正驕，王維乃作雪裏之芭蕉。（清高宗《御定歷代題畫詩類》、卷三十八）

〈錢舜舉深宮戲嬰圖〉　　　　　　　　　　　　　明・焦竑

　水晶簾隱繡匡牀，葉葉芭蕉逗曉涼。手舞龍雛成一笑，不知清蹕幸昭陽。（清高宗《御定歷代題畫詩類》、卷五十九）

〈題錢舜舉所畫梅花卷〉　　　　　　　　　　　　　　　　　　　　明‧戴　奎

　　雪溪畫師名早傳，畫梅不作鐵綫圈。湖山入夢既瀟灑，粉繪落紙尤清妍。巴西故人玉堂老，別去幾年音問少。溪雲山月不堪持，一枝寫寄春風早。想當盤礴欲寫時，寓情筆底誰能知。心期不負歲寒意，貞潔要如冰雪姿。到今令人歎奇絕，我亦見之慚蹇拙。從誰交誼重金蘭，空慕廣平心似鐵。（清高宗《御定歷代題畫詩類》、卷八十四）

〈錢舜舉畫花石子母雞圖〉　　　　　　　　　　　　　　　　　　　明‧王　淮

　　落紅香散東風軟，露巖絡翠苔紋淺。閒庭晝永日當空，花影團團移未轉。兩雞不識春意佳，棲遲也傍庭前花。父雞昂然氣雄壯，獨立峰顛發高唱。母雞喈喈領七雛，且行且逐鳴相呼。兩雛依依挾母腋，母力已勞兒自得。兩雛呼呼趨母前，有如嬌兒聽母言。兩雛唧唧隨母後，呼之不前不停口。一雛引首接母蟲，兒腹已飽母腹空。嗟爾愛雛乃如此，不知爾雛何報爾。錢翁摹此悅生意，我獨觀之暗流涕。劬勞難報慈母恩，漂泊江湖復何濟。展圖三歎重摩挲，雞乎雞乎奈爾何。（清高宗《御定歷代題畫詩類》、卷一一一）

〈錢舜舉弁峰望雪圖卷〉　　　　　　　　　　　　　　　　　　　明‧程正揆

　　天子中興，冬至瑞雪，凡七日，父老云：「數十年僅見，蓋天意有在也。」適展玩此圖，古雪繽紛，不異住峨嵋天半矣。史氏青溪主人程正揆。（清李佐賢《書畫鑑影》、卷四）

〈錢舜舉石勒參佛圖卷〉　　　　　　　　　　　　　　　　　　　明‧徐明善

　　晴窗展圖畫，往事不必言。千金寶一紙，尺璧無瑕痕。勒也何為者，跳梁我中原。彼澄西域胡，知有佛法尊。變幻多技能，口欲群魔吞。指人以東伐，又指人西轅。吾儒責以義，把此公案翻。塊然一拳石，白日雲霧昏。言之非其人，吾舌當自捫。偶於士龍氏，醉我黃金尊。閒將詩盡意，細與君評論。徐明善。（清李佐賢《書畫鑑影》、卷四）

〈錢舜舉浮玉山居圖卷〉　　　　　　　　　　　　　　　　　　　清‧高　宗

　　未聞巢由買山隱，巢由隨處定名山。五畝之園千古計，數椽草堂終日閒。高賢群結忘年友，舊句應同半偈刪。鈲槻豈必傳靈運，吾亦遊神於此間。丁卯小春上澣御題。（近代龐元濟《虛齋名畫錄》、卷二）

〈錢舜舉弁峰望雪圖卷〉　　　　　　　　　　　　　　　　　　　清‧李佐賢

　　雪川錢選，字玉潭，又字舜舉。宋景定間鄉貢進士。元初，吳興有八駿之號，以子昂為稱首，舜舉與焉。張雨云：趙吳興早歲得畫法於舜舉。舜舉多寫人物、花鳥，所寫山水，當世罕傳。容臺集稱，其山水師趙令穰，趙文敏曾從之問畫法，其為當時推重如此。

而山水已稱罕觀，況今又歷五百餘年，其珍重更當何如。昔見江貫道雪景小幅，鉤勒清健，皴片法謹嚴，與此圖神似，想見名手筆下無所不有，又不僅師大年也。白雲遺稿稱，選嗜酒，將醉醺醺然，心手調和時，是其畫趣，畫成不暇計較，每為好事者持去。今有圖記精明，旁附謬詩猥札者，皆贗本，即親作亦非得意筆。此卷無款，與其說合或半醉時所作與？同治戊辰，竹朋李佐賢跋。（清李佐賢《書畫鑑景》、卷四）

〈錢舜舉石勒參佛圖卷〉　　　　　　　　　　　　　　　　清・李佐賢

　按書畫譜載，石勒問道圖，石勒拱而問，佛圖澄踞石坐，以手支頤而寐，背後作一石壁，盤石松其上，無侍從。石勒背後，乃有侍從數人。描是鐵線兼蘭葉，色則輕著青綠，雖秀勁，乃致不高古。黃溍、陳繹曾跋以為唐人，非也，當是趙千里云云。此卷布置與所載略同，佛圖澄背後無石壁，乃舜舉摹千里筆而微有變化者，其運筆之清潔，設色之雅靜，則有目所共賞也。同治丁卯新春，竹朋李佐賢跋。（清李佐賢《書畫鑑影》、卷四）

〈錢舜舉浮玉山居圖卷〉　　　　　　　　　　　　　　　　清・王懿榮

　霅溪為有宋遺老，故每作山居以自況。此卷著款處，署題為"余自畫山居，墨山翠樹，意境殊絕，迥非人間所有"。元明以來，名家林立，誰敢著此一想。

　國初孫退谷、高江村兩家，所錄一卷，傳為老屋扁舟、雲白樹紅者，曩曾在定府見之，旋歸常熟邵翰編松年矣，視此猶是尋常谿逕。大癡跋尾，謂此老山水，當世罕傳。今此卷與利津李氏舊藏弁山雪霽卷，同歸遲盦八丈大夫子祕笈。計此二十年間，得見霅溪山水卷子者三，深幸眼福不淺。光緒廿有一年十二月，門下再傳弟子懿榮謹記。（清龐元濟《虛齋名畫錄》、卷二）


## 錢　顗

小傳：不見畫史記載。身世不詳。

〈書（錢顗）杏林生意圖後〉　　　　　　　　　　　　　　明・貝　瓊

　右杏林生意圖，錢顗為姑蘇陶友諒作也。觀其依山屋數楹而坡石之外，樹數百株，彷彿花開高下，芳紅爛紫與日光霞氣參錯，不啻遊匡廬間過董仙人之所居也，其生意油然可見矣。然生意斂之，至密不盈一粟，圉而遠之，彌乎天地，杏林特其一耳。蓋一元之氣，流行四時，則有無窮之生意，而物之生者亦無窮焉。人徒觀夫方春之時雨露所及者，雖陰崖絕島，或芽、或梉、或苞、或萼，以為否極而通，而生意之充塞，莫不發榮滋長如此。又惡知冰雪之際，若寒折膠，華者既斂，實者既脫，如千兵萬馬鏖大漠之野，而亦未嘗無生意焉，此造化不已之機也。今醫以生意屬之杏林者，蓋舉小以著大。且言其術足以利物，充其虔而起其僨，為能復天地之生意而死者以蘇，功有補於造化之不及者歟。吁！董仙人之時食其否而壽者幾千人矣。後世之醫固未至於奉之神，苟欲擬其治人而全乎天年，其設心豈不仁矣哉。此余深嘉友諒之為人，而又喜命名之意深遠也，故書以貽之。（貝瓊《清江貝先生集》、卷十三）

〈題袁清溪所藏（錢顒畫）雪夜泛舟圖〉　　　　　　　　　　　　明·孫　蕡

　　錢顒畫山工畫雪，山下寒江更奇絕。萬壑千林鳥倦飛，蒼松古柏凍欲折。清人何日縱冶遊，銀濤渺渺著孤舟。黃罍碧杓置篷底，定是山陰王子猷。故人高居剡溪曲，窄窄柴門鎖黃竹。遙憐孤鶴怨空山，塵榻無人伴幽獨。披蓑童頭縮蝟毛，龍鱗冰片難容篙。凌兢歷覽有何好，博得老眼如饞貓。衝寒乘興莫匆促，回船攏岸也不俗。故人開軒掃茅屋，問字床頭抗酒壺。留連坐到東方旭。（孫蕡《西菴集》、卷四）

## 曇上人
　　小傳：不見畫史記載。身世不詳。

〈題曇上人墨竹圖〉　　　　　　　　　　　　　　　　　　　　元·陳　旅

　　道人赤腳蹋海石，石上剪得青珊瑚。一枝雲葉山傯裏，夜半月明生露珠。（陳旅《安雅堂集》、卷一）

## 翰古清
　　小傳：不見畫史記載。身世不詳。

〈贈翰古清〉　　　　　　　　　　　　　　　　　　　　　　　元·鄭元祐

　　虞公借榻宗鏡堂，四眾鄉仰不暫忘。古清上人獨見取，贈以金薤之琳瑯。公時目生視貿貿，文成欲寫難成行。殞星著紙廢屬讀，風襟露帶斜低昂。中言上人善幻化，神龍千丈一鉢藏。蜿蜒委蛇各有熊，擘雲掣電金蛇光。海濤翻山霹靂碎，怒捲河漢如壺漿。世人蒿目不敢覷，師獨摩撫如馴羊。神膏點鱗翠鬣舞，金篦刮瘼星芒張。珊瑚千樹宮室祕，獻以耆婆未覯之。藥方師，哀其誠。為摹寫，風旗雷車兩腳霧。點睛未了便飛去，硯坳有墨空淋浪。願師騎之上帝都，為問蒼生誰短長。鼃眠鶴夣且莫辨，伽那定裏松花香。（鄭元祐《僑吳集》、卷三）

## 霜　月
　　小傳：不見畫史記載。身世不詳。

〈題霜月畫八君子，原注趙韓王以下及王荊公〉　　　　　　　　元·劉將孫諸君子峨峨如天人，千古歸重半山文學義行。豈其有所不及，推論經綸開濟之初心。上規孔孟，亦何意參差遺憾，置雁行猶有所不足耶。嗚呼，此雖孝子慈孫不能改也。功名之際，豈不各有時哉。（劉將孫《養吾齋集》、卷二十六）

## 韓介玉

小傳：善畫山水。（見《中國畫家人名大辭典》、六九七頁）

〈沈思敏（韓介玉）山水圖〉　　　　　　　　　　　　　　　元·沈夢麟

　　會稽儒者韓徵君，渠是魏國趙公之外孫。胸蟠神秀有源委，落筆群峭生煙雲。峰蓮削翠開朵朵，瀑泉噴玉流紛紛。神仙樓閣抗龍首，山人茅屋棲雪根。漁舟兩葉通谷口，石梁有客來前村。乃知意匠奪天巧，經營林壑何嶙峋。老人舊歲閩中去，道經武夷泊溪滸。上有文公九曲之棹歌，亦有仙人煉丹之洞府。躋攀忽驚風雨至，蒼黃若被神靈阻。歸來忽忽三四月，沈郎邀我具雞黍。夜披畫圖索題識，恍如坐我武夷下。嗟予素有登臨癖，衰老無由追故步。不如返棹浣花谿，依舊歸休釣游所。（沈夢麟《花谿集》、卷二）

〈為杜玄德題韓介玉山水小景〉　　　　　　　　　　　　　　元·沈夢麟

　　每愛韓生畫，清溫似魏公。群峰開錦繡，一樹雜青紅。佛剎岡頭見，漁舟谷口通。徵君草堂裏，絕似浣花翁。（沈夢麟《花谿集》、卷三）

## 韓仲文

小傳：不見畫史記載。身世不詳。

〈題韓仲文竹坡圖〉　　　　　　　　　　　　　　　　　　　元·張之翰

　　何坡不可竹，才值高人清意足。何竹不可詩，非得活句安能奇。韓侯家本南徐州，愛竹又過王子猷。曩居萬頃蒼烟裏，四面無非此君子。今寓錢塘寫竹圖，殆以筌蹄未忘耳。有時要披玩，胸中羅列千琅玕。有時要題詠，筆頭風雨秋風寒。不然竹與君兮何相干。(張之翰《西巖集》、卷四)

## 韓星源

小傳：不見畫史記載。身世不詳。

〈次韻王使君韻題玉琊雲隱圖并序〉　　　　　　　　　　　　元·趙汸

　　鄱陽王本善，故居懷玉山之北，號曰玉琊雲隱，鄉先達進士董公為之記，和陽王使君為之賦，又得星源韓徵君為之圖。予嘗過本善所寓，見其淨掃一室，琴書圖畫與弓劍雜，前培桂植菊，怪石纖蒲，幽潔可愛，益能審己推分隨所寓而安，視竄名尺籍而有所顧願者不仝科也。乃次使君韻附於卷末，以釋其幽思云。

馬上劍三尺，山中雲半間。無人尋草徑，有虎臥柴關。解甲端陣後，懸弓定地還。胡為思舊隱，畢竟復誰閒。（趙汸《東山存稿》、卷一）

### 蕭西陽

小傳：不見畫史記載。身世不詳。

〈奉題墨竹，為西陽蕭先生賦〉　　　　　　　　　　　明・劉嵩

西陽先生風節高，蚤以文翰馳英豪。興來為之寫蒼玉，便覺滿紙生風濤。長身勁氣欲千尺，復有孫枝儼相向。曾聞鸞鳳下雲霄，會見蛟龍起春浪。先生靜掩林中居，眼明秋水箋蟲魚。他年東海訪奇古，定載小車求竹書。（劉嵩《槎翁詩集》、卷四）

### 蕭孚有

小傳：不見畫史記載。身世不詳。

〈題蕭孚有為羅履員所作蘭竹圖二首〉　　　　　　　　元・劉詵

劍葉緗花萬石間，無誰可共此幽寒。湘纍紉盡秋風佩，未必曾來月下看。　岩笋橫斜出樨龍，林梢偃蹇受清風。歲寒石友聊堪共，未許山王著此中。（劉詵《桂隱詩集》、卷四）

### 蕭煉師

小傳：不見畫史記載。身世不詳。

〈題泰源堂壁上墨龍，蕭煉師畫〉　　　　　　　　　　明・劉嵩

白鶴仙人劍氣雄，蜿蜒鱗甲動秋風。何年飛上精藍壁，海藏神珠徹夜紅。（劉嵩《槎翁詩集》、卷八）

### 蕭鵬搏

小傳：字圖南，契丹人，王庭筠甥。詩書畫三事皆追宗舅氏，尤長山水亦善水墨梅竹。（見《中國畫家人名大辭典》、七○○頁）

〈蕭圖南竹樓圖軸〉　　　　　　　　　　　　　　　　自題

竹樓結山半，直與羅浮通。雖近西山北，如連清禁東。翡葉何璀燦，置我綠雲中。規院

月色入，迴廊霧氣濃。泉水詰曲流，源委靡易窮。卓錫事既往，挂瓢鮮希蹤。冀茲潺湲響，寫我寂寞衷。至正二年八月，小樓初成，賦詩寫圖以誌歲月。南夫蕭鵬搏。（清李佐賢《書畫鑑景》、卷二十）

〈蕭圖南竹樓圖軸〉　　　　　　　　　　　　　　　　　　元・揭傒斯

　　結廬山之坳，不與世人通。好風來牖北，明月照窗東。蘭蕙繞階砌，絃歌樂其中。四山湧蒼翠，萬竿碧陰濃。逝者如斯夫，洞邃窅難窮。巢許不可及，嚴光有芳蹤。景仰古之人，終焉此折衷。

　　南夫蕭丈，高尚士也，觀其竹樓落成，賦詩寫圖，逸韻之致概可見矣。因依韻和詩誌喜。揭傒斯并題。（清李佐賢《書畫鑑影》、卷二十）

〈蕭圖南竹樓圖軸〉　　　　　　　　　　　　　　　　　　元・方從義

　　此山曾夢到，閱筆恍身遊。雅意君多勝，清言我一酬。好花應坐客，密竹已成丘。池上欣新霽，春鶯啼碧流。

　　圖南契友携竹樓圖，過上清之花下，因賦詩於上，以當臥遊。金門羽客方方壺誌。（清李佐賢《書畫鑑影》、卷二十）

## 謝君績

　　小傳：身世不詳，善畫。（見《中國畫家人名大辭典》、七〇四頁）

〈題（謝君績）秋江送別圖送楊亨衢少府參安成軍事〉　　　元・郭　鈺

　　楊少府，紫騮馬，黃金鞭，團花戰袍繡兩肩。腰下雕弓懸迥若秋鷹解絛鏇，縱之颯颯凌千仞之蒼煙。酒酣拔劍玉龍舞，喝令西飛白日回中天。簸海腥風白波立，壓空殺氣玄雲連。緣邊諸將亦無數，晝擁旌旂夜撾鼓。豹韜合變符參謀，太守掄材君獨去。送君江上君甚歡，江風吹雪蘆花寒。知君心事如秋水，故應寫入畫圖看。問誰畫者謝君績，不畫琵琶美人泣。舟子揚帆發棹歌，主人解劍停杯立。我亦從軍今四年，男兒姓名何足憐。老親白髮長相憶，只得還家種薄田。（郭鈺《靜思集》、卷一）

〈題金守正所藏謝君績秋山讀書圖〉　　　　　　　　　　元・郭　鈺

　　晴雲日高澹林木，澗水縈迴繞茅屋。白髮何人似我閒，長日空齋把書讀。謝公湖海今倦遊，乃知筆力老更遒。西山一點千仞秋，臨風回首情悠悠。（郭鈺《靜思集》、卷五）

## 謝庭芝

　　小傳：字仲和，號雲村，崑山人。工詩善書畫，尤長墨竹，亦能山水。（見《中國畫家人名大

辭典》、七○三頁）

〈題謝仲和竹石〉　　　　　　　　　　　　　　　　　　元‧郊韶

　　江南謝老獨風流，愛寫晴雲竹樹幽。絕似玉堂殘月夜，數枝晴雪映高秋。（顧瑛《草堂雅集》、卷十）

〈東林蘭若題謝仲和墨竹〉　　　　　　　　　　　　　　元‧陳基

　　謝家公子晉風流，寫竹渾如黃澹游。道人相對東林下，滿室清飀生素秋。疎篁著滄洲雨，老樹青含太古春。想見解衣盤薄處，為渠爛熳寫天真。（陳基《夷白齋藁》、卷十一）

## 薛穆

　　小傳：字公遠，號澹園，吳江人，洪武中官柳州通判。善詩文，工書畫，尤長墨竹。（見《中國畫家人名大辭典》、六九二頁）

〈為陳仲孚題薛公遠墨竹〉　　　　　　　　　　　　　　明‧釋妙聲

　　前朝畫竹誰第一，尚書高公妙無敵。近世多宗李集賢，房山真蹟那能得。澹園學李殊逼真，柳州半刺題銜新。鶯山之虛況多竹，畫品近來應入神。東皐溪傍草堂小，羅池廟前春雨早。三十里外見似人，玉立長身照枯槁。石湖今有太邱陳，孤竹春陰生子孫。清風高節在封植，知有王猷來款門。（釋妙聲《東皐錄》、卷上）

## 薩都刺

　　小傳：字天錫，號直齋，蒙古人。仕官至河北廉訪徑歷，工詩，能畫。（見《中國文學家人名大辭典》、九五○頁）

〈薩天錫畫屏〉　　　　　　　　　　　　　　　　　　　元‧傅與礪

　　入坐聞流水，開屏見遠山。路通烟樹窈，門對野橋開。拄杖晴俱出，漁舟暝獨還。袛懃萬里客，塵土汙朱顏。娟娟幽竹好，箇箇倚天長。白日含烟雨，清秋動雪霜。渾疑過雲夢，猶憶對瀟湘。何日開三徑，吹笙引鳳凰。（傅若金《傅與礪詩集》）

〈題薩天錫歲寒圖〉　　　　　　　　　　　　　　　　　元‧傅與礪

　　松樹青冥氣千丈，野梅幽竹連蕭爽。月下微風縞袂開，塵前大雨蒼鱗長。看君埔壁有此奇，君更與此同霜姿。乍聞清瀨瀉懸石，忽若流雲生石陂。（傅若金《傅與礪詩集》）

## 聶空山

小傳：身世不詳，善畫。（見《中國畫家人名大辭典》、七○八頁）

〈題聶空山畫扇〉　　　　　　　　　　　　　　　　　　元・虞　集

客來山雨鳴澗，客去山翁醉眠。花外春雲藹藹，竹邊秋月娟娟。（元《乾坤清氣》、卷十四）

## 簡天碧

小傳：道士，身世不詳，善畫。（見《中國畫家人名大辭典》、七○八頁）

〈題簡天碧畫山水〉　　　　　　　　　　　　　　　　　元・馬祖常

西江隱君簡天碧，醉來畫水復畫石。春山秋樹綠更紅，木橋野屋橫且直。烟雲蓊鬱風雨交，元氣淋漓障猶濕。雪蓬夜宿魚尾舠，晴蓑曉掛牛角岹。岷關巫峽冬氣清，猿啼鳥嘯天一尺。老來看畫眼苦澀，便擬買田溪水側。脫去賜帶繫芒履，著書五車刻苔壁。（馬祖常《石田文集》、卷二）

〈題簡生畫澗松〉　　　　　　　　　　　　　　　　　　元・虞　集

簡生與我皆蜀人，留滯東南凡幾春。每拂齊紈作山水，使我感慨懷峨岷。如此長身兩松樹，滿谷悲風散陰霧。雌雄如劍變為龍，鱗鬣齊成擘厓去。秘閣嘗觀韋偃圖，蒼潤雄深世所無。默識形神出模畫，把筆莽蒼增嗟吁。玉堂寶書本同館，官府既分難復見。摩挲新墨慰衰朽，鬢雪飄蕭數開卷。昔我樵牧青城山，坐起政在双樹間。當時簡生若相見，應并寫此聽潺湲。劉郎集賢好賓客，好著幽窗對晴碧。凌靈為我哦七言，有鶴飛來破秋色。（虞集《道園學古錄》、卷二）

〈題香室僧所藏簡天碧松檜圖〉　　　　　　　　　　　　元・洪　焱

孤松直立苔滿身，皮骨老作蒼龍鱗。墨池得水怒穿壁，屋上垂髯寒近人。傍有雙檜左紋皴，短蛟下蹲不敢伸。神靈變化或有日，雷電時時撼香室。（洪焱《杏庭摘稿》）

〈題何武子所藏簡天碧松圖〉　　　　　　　　　　　　　元・劉永之

蒼松偃蹇如短虬，垂肘近人寒不收。悲風蕭蕭生晝晦，古鬣㴽水令人愁。錦韉騎馬山陰道，石黛空青拂衣好。萬里江湖隔舊游，生觀圖畫空山老。（清高宗《御定歷代題畫詩類》、卷七十一）

〈題香室僧所藏簡天碧松檜圖〉　　　　　　　　　　　　元・傅若金

孤松直立苔滿身，皮骨老作蒼龍鱗。墨池得水怒穿壁，屋上垂髯寒近人。傍有双檜左

紋皴，短蛟下蹲不敢伸。神靈變化或有日，雷電時時撼香室。（傳若金《傳與礪詩集》）

〈題胡典史所藏簡天碧西山南浦圖〉 　　　　　　　　　明・劉 嵩

　　草堂高人好奇古，手卷畫圖橫尺五。云是簡君之所為，歷歷西山與南浦。雁原鶴嶺紛
屓顏，春水亂入螺螄灣。章江楊柳綠如霧，滕閣正在蒼茫間。冥冥官舫北來遠，風力漸
紓帆漸捲。天低白浪驛亭孤，雲振黃牛柂樓轉。城中酒樓喧管絃，歌女能舞花如烟。菰
蒲落日凫雁晚，風浪杳嗟何年。反思往時寇圍急，列艦旌旗半江赤。官軍血戰龍沙屯，
東北人家半荊棘。為君指點尋舊蹤，我思簡君安得同。高堂酌酒歲云暮，如見積雪明東
峰。只今風塵尚蒙翳，對此酣歌一歔欷。豐城龍劍今有無，亦欲看雲望奇氣。（劉嵩《槎
翁詩集》、卷四）

## 藍 瑜

　　小傳：旴江人。善畫，嘗為馬庭堅繪柏庵閣。（見《中國畫家人名大辭典》、七 〇九頁）

〈題（藍瑜）栢庵圖後〉 　　　　　　　　　　　　　　明・宋 濂

　　上黨馬君庭堅其幼也，父名之以栢，長遂築室而居，曰栢庵。及主事勳曹，轉閩省檢
校官，不至庵中者頗久，乃命旴江藍瑜畫為。時展玩之，而其僚友員外郎王彥和實為之
記。庭堅來京，復請濂題其後。傳有之曾臼以椈，說者謂：“椈，栢也。椈栢性堅緻有
脂而香，故古人破為臼，用以搗鬱。”嗚呼，栢之德與申椒胡繩同，又不特歲寒後凋而
已，庭堅之父托此而訓名，其知之深而望之至哉。庭堅不惟奉以自名，且以名其室，是
跬步不忘乎親矣，不忘乎親者庸非孝乎？昔者蘇文公命其二子曰軾、轍，且知軾之不外
飾，而車仆馬弊患不及轍。其後咸如文公之言，今庭堅所守，貞勁而芳譽遠聞。有無愧
於栢者，知子莫若父，信哉。或謂庭堅樹栢築庵，乃為肥遁之計，非至論也。（宋濂《宋
學士文集》、卷三十三）

## 顏守仁

　　小傳：不見畫史記載。身世不詳。

〈顏守仁竹石圖〉 　　　　　　　　　　　　　　　　　元・王 逢

　　廣文窮益堅，竹石硯池出。勢卻虞人旌，籟隱伶倫律。渭川春暗雨，淇園寒落日。鳳
深蒼梧雲，茅簷花復實。（元《大雅集》、卷四）

## 顏直之

　　小傳：字方叔，號樂閒居士，吳人。善小篆，工畫人物。（見《中國畫家人名大辭典》、七一

○頁）

〈跋（顏直之）金縢圖〉　　　　　　　　　　　　　　　　元・黃　溍

　　尚書正義分金縢一篇為四節，吳郡顏直之用龍眠遺法，書其本文而畫其所書以為此
圖。其所書蓋第二節之冊祝，第三節之卜吉祝，與卜同在一時篇終所記乃後來事，故略
而弗及也。經文可見者，植璧，秉珪，啟籥，納冊而已。此圖於鼎俎樽爵豆籩筐筐之屬，
靡所不備，亦畫家以意為之。而曲盡其形容耳。（黃溍《金華黃先生文集》、卷二十一）

## 顏朝宗

　　小傳：不見畫史記載。身世不詳。

〈顏朝宗一灣煙水圖詩序〉　　　　　　　　　　　　　　　明・鄭　真

　　海寧賈君惟敬，謫居潁上縣。扁其室曰一灣煙水，邑簿盧凌顏朝宗繪為一圖。題詩其
上，嗣而和之者有人矣。會惟敬南還，舟次濠梁。出以相示，予笑而謂之。曰：此所以
示歸兆也，天壤之間。水居其多，知者樂水。以其周流不滯有似於水也，惟敬其知者歟。
且水之大者莫海若也，惟敬家黃岡。在滄海上，水之大者。固常見之矣，客處淮潁。其
取義於一灣煙水者，所以誌不忘焉爾。宜君子以為必歸也，然則扁焉觀焉。狗名而求實，
其何間於彼此哉。遂歌詩誌別云。（鄭真《滎陽外史集》、卷二十五）

## 顏　輝

　　小傳：字秋月，江山人。善道釋人物，亦工畫鬼，筆法奇絕，有八面生意。（見《中國畫家人
　　　　名大辭典》、七一 ○頁）

〈顏輝耕牧漁樵圖〉　　　　　　　　　　　　　　　　　元・釋大訢

　　南陽草廬人已非，短衣飯牛歌獨悲。渭濱之叟非熊羆，買臣五十印纍纍。江湖與子終
忘歸，北風吹面鬢如絲。（釋大訢《蒲室集》、卷二）

〈顏輝猿〉　　　　　　　　　　　　　　　　　　　　元・釋大訢

　　峽冬拖長冰，崖滑如積鐵。客子涕縱橫，悲猿助鳴咽。仰視浮雲奔，再聽蒼石裂。不
畏行路難，但感芳年歇。（釋大訢《蒲室集》、卷一）

〈為蔣英仲作顏輝畫青山夜行圖歌〉　　　　　　　　　　元・柳　貫

　　前山濕霧方濡濡，後山蒸雲如鬼驅。松蹊行盡迫曛黑，辟月正掛寒蟾蜍。問翁蒼茫何
所途，投館莫有林間廬。枯梢尚鳴風勢急，隈岸欲渡溪流竉。沃洲天姥雖峭絕，無此原

壑深盤紆。固應豐城牛斗墟，龍劍夜出乘飛符。神人仗氣挾以俱，虎豹旁躑雄牙須。世間何物珊瑚株，不可褻玩矧可誣。青峰峰之巔野水砠，獨往似是仙者徒。心融意定不少假，收攬奇怪一筆摸。蔣君閑朝携過予，墨色照几晴光鋪。老顏未老為此圖，柳子歌罷三嗚呼。南州双璧范與虞，君當清賦傾明珠。（柳貫《柳待制文集》、卷一）

〈（顏輝）百猿圖〉　　　　　　　　　　　　　　　　　　元・戴　良

　　右顏輝所畫百猿圖一卷。所以圖猿之為狀凡百數：兩臂掛樹仰而斜立者一；蹲而背視者一；戲而群折樹上葉，亦或引水欲飲，纍纍如貫珠者五；左手攀蘿右手反掬飛瀑者一；兩手釣樹上，行復相携，俯摘石上草者三；高懸如蹴踘者一；揚臂相顧者二；坐而為子齕蝨者一；困卧樹者一；或嘯，或墜，或蹲，或懸，或俯，或仰者六；首戴子者一；聯臂下取澗中泉者三；群游岩前獨樹，宛轉相顧盻者九；衎衎大樹上，呼號食息者四；竄身叢竹，上下相追逐者十有二；往來引子者三；掛枝欲墮者二；匿身樹陰者二；擁子者一；抱樹相向者二；躑躅枯枒者五；蔽虧榛莽者四；怒相擊，喜相戲者十；舉手嚇飛鳶者二；寒相附者二。凡猿之大者一百有四，黑者七十八，黃者二十六。其子之戴者，負者，行者，立者，陟者，降者，痒搔背者，舒臂群呼者，坐母首者，驚附母懷者，走挾母腋者，任母背者，倚母捫蝨者，跳岩下樹者，出沒崖壁隱隱如蒼鼠者，亦皆曲盡態，可喜而可愕；凡猿之小者二十有一，黑者十六，黃者五。而大小之數，通百二十有五焉。至正季歲予附海舟南還，至四明，舘人夏叔宜兄弟出此圖以示，予於是重有所感矣。嗟呼，猿之與猿，其形相近也，其舉動相若也。然猿之性類乎仁，遇稼穡不踐踏，見小草木必環之以行，木實未熟則守之；猴之為性，恒反是，反是則幾於暴矣。猿多產之於西川，而猴莫盛於東海。予居東海萬山中，厭猴之暴而慕乎猿之仁也。嘗杭巨海，抵淄水，登泰山以望巫峽，遡川陝，將求猿之所在而寓目焉，然道路阻絕不果也。及還四明，乃得是圖而觀之，能不有感乎？遂從叔宜假之，留月餘，叔宜請予題其上，故為記其形狀與數而歸之，且懼觀者之不審也。或至目猿以為猴，因併著其外同而內異者如此。柔兆敦祥之歲良月朔日記。（戴九靈《九靈山房集》、卷二十）

〈泰和普閣寺壁顏輝畫〉　　　　　　　　　　　　　　　　明・解　縉

　　涂生少與鬼神遇，家在我鄉社山住。踏破山河畫得名，顏輝服役從之屢。清貧四壁自揮手，旋題粉堊分新舊。匣移好事為汝留，百年風雨人間壽。泗水一盂捲滄海，娉婷妖孽顏如灰。水平呾嗟具湯沐，運持萬斛青蓮開。胡奴金童髮拳曲，鼗鼓聲喧叫萬回。玉環堆壞不能扶，天台惠林遊國都。杖頭三國幾英傑，識者當時知有無。忽從殿角出彪虎，倉皇悔不彎弓弩。走過盤拿值一龍，前額披鱗咸爭武。兩禪癡坐殊不驚，松陰露滴秋冥冥。寒山拾得笑何事，老佛垂髮東南行。定光亦向長汀去，千年獼猴作人語。徵也光華照未來，胡雛那得相賓主。光中兵甲血相濺，石勒諸兒眼如鼠。括囊笑殺萬緣空，醯雞起滅何匆匆。男兒一身佩宇宙，萬億劫後應相逢。神交語了未可終，金雞飛出扶桑紅。靜巷道人正結夏，赤腳擬踏嶒嶝峰。邀我題詩觀明月，如此風流何遠公。古來夢幻當相續，天地茫茫有形栲。生事不逢隨眼前，世間何事非蕉鹿。跨牛菴前芳草綠，直上青天放黃犢。機鋒禁署騰玉霄，風流太史黃山谷。（解縉《文毅集》、卷四）

〈題顏輝沙漠出獵圖〉　　　　　　　　　　　　　　　　　明・胡　儼

　朔風卷地吹白草，陰山八月雪信早。塞外馬肥弓力強，什什伍伍遊沙場。沙場迢遞千萬里，白雁高飛天似水。翻身滿引烏角弓，須臾血灑榆林裏。獅子交馳疾若風，馬蹄踏鐵如遊龍。嵩岳高高雙眼碧，狐裘蒙茸髻毛赤。不覩沙場畫裏真，豈知秋月筆通神。祇今塞上烟塵絕，群部俱來貢金闕。買縑欲寫王會圖，幾度臨風憶秋月。（胡儼《頤庵文選》、卷下）

〈題顏輝寫呂洞賓像〉　　　　　　　　　　　　　　　　　明・唐文鳳

　洞庭渺渺秋波瀾，袖中三尺青蛇活。朗吟飛度天宇清，黃鶴樓寒桂香發。一聲鐵笛月色新，葫蘆酒熟純陽春。豈知誤落顏輝筆，千載風流前後身。（唐文鳳《梧岡集》、卷二）

## 瞿　智

　小傳：字睿夫，婁江人。博學善詩，以書法鈎勒蘭蕙尤妙。（見《中國畫家人名大辭典》、七一一頁）

〈題瞿睿夫鈎勒竹〉　　　　　　　　　　　　　　　　　　元・王　逢

　我嘗宴龍君，醉躤白鳳尾。都將蒼梧雲，零亂瀟湘水。（王逢《梧溪集》、卷三）

〈題□鶴洲所藏瞿睿夫鈎勒蘭有引〉　　　　　　　　　　　元・王　逢

　睿夫名智，婁江人，博學善詩，以書法鈎勒蘭，尤妙絕，為太史黃溍、提學段天祐、編修李孝先、外史張雨所友重，累遷文學官，攝紹興錄判，尋棄去。

　我夢陪群仙，尻輪神為馬。阻秀蒼梧岑，集芳洞庭野。水雲秋澹汀，月露夜清灑。畫者何如人，沖心良獨寫。（王逢《梧溪集》、卷四）

〈題瞿惠夫蘭〉　　　　　　　　　　　　　　　　　　　　元・釋克新

　我愛美人金錯刀，秋風紉珮倚湘皋。石田茅屋龍山下，何處林間踏鳳毛。官滿南歸理釣襄，蒓羹鱸膾意如何。春蘭秋蕙尋常見，明月勞人魂夢多。（釋克新《雪廬稿》、五頁下）

## 鎮南王

小傳：不見畫史記載。身世不詳。

〈題王虛齋所藏鎮南王墨竹〉 元‧胡 助

帝子乘鸞謁紫清，滿天風露翠衣輕。閒將十二參差玉，吹向雲間作鳳鳴。金盤夜冷露流脂，玉管含雲寫竹枝。方士持歸東海上，月明應是作龍騎。（納延《金台集》、卷二）

## 闍 然

小傳：不見畫史記載。身世不詳。

〈闍然草蟲圖〉 元‧楊宏道

遂性方為樂，逢栽未必愚。人生何異此，一幅草蟲圖。（楊宏道《小亨集》、卷五）

## 邊 武

小傳：字伯京，燕京人。工書善墨戲花鳥及枝木竹石。（見《中國畫家人名大辭典》、七二○頁）

〈題李倚衡所藏邊伯京萱竹圖〉 元‧黃鎮成

金谷園西錦水東，紫繼雲暖露華濃。琴中寫得江南意，翠繞巫山十二峰。（黃鎮成《秋聲集》、卷四）

〈題邊伯京畫盤松圖〉 元‧熊夢祥

居震宮，受秦封，乘元氣，超穹窿。又何獨羨夫梁棟之質，莫測夫神奇變化之功，夫然後知其為龍松。（顧瑛《草堂雅集》、卷六）

〈題邊武畫蒼松圖〉 元‧柯九思

疎竹搖秋雨，蒼松凝晚烟。王孫歸未得，誰復效春妍。（柯九思《丹邱集‧錄自元詩選》、五四頁）

〈題邊伯京枯木竹石圖〉 明‧凌雲翰

邊伯京為瑞應宮吳提點作枯木竹石圖，吳之甥鄭敬常得之，俾題其左。

瑞應宮前竹木蒼，邊鸞曾寫贈吳剛。一拳怪石疑瓊玉，空使詩人憶渭陽。（凌雲翰《柘軒集》、卷一）

## 邊長文

小傳：不見畫史記載。身世不詳。

〈題邊長文所畫山水圖歌，為常伯敬賦〉　　　　　　　　　　　明・劉　嵩

五月炎風扇長夏，黃埃撲面湖堤下。山水娛人未擬歸，擷蘭軒裡看圖畫。中峰九叠開芙蓉，春雲盤盤上高松。苔逕未逢秋雨屐，石樓似聽霜晨鐘。飛鴻指點向何處，彷彿經行舊時路。懸巖瑤草不知名，隔水桃花自千樹。問君此圖作者誰，角東邊郎風格奇。丹巖綠水照白雪，高興如在鍾山時。鍾山岧嶤夾雲起，六代繁華付流水。芳草長懷北固遊，啼鴬曾識東山妓。當時二謝聲價同，登臨到處遺高風。釣魚衝雪寒江上，騎馬踏雲空翠中。只今南遊歸未得，日日臨圖看山色。鳳凰一去來何時，落日荒台暮江北。（**劉嵩《槎翁詩集》、卷四**）

〈題邊長文為黃子邕畫雪舫齋圖〉　　　　　　　　　　　　　明・劉　嵩

簫峰隱者黃子邕，綠眉秀頰雙青瞳。雪中曾踏溪南石，坐聽簫聲雲霧中。懸崖路轉愁獨往，結屋溪邊小於舫。絕似山陰王子猷，夜半乘流入虛朗。朝歌綠水憐芳春，暮歌黃竹哀時人。長風遠從海上至，劃見六合無纖塵。新城往年兵革起，林杪高軒化荊杞。東湖湖上遇邊郎，為寫幽居雪山裏。千崖凍合凝夕光，江鳥不飛沙岸長。別浦維舟初罷釣，深簹卷幙更傳觴。簫峰遠在青天外，玉樹蕭森澹相對。疑有飛軿駕白虬，飄搖下與群仙會。仙人一去不可呼。此境欲往愁荒蕪，炎埃六月何由濯，日倚湖陰看畫圖。（**劉嵩《槎翁詩集》、卷四**）

## 邊封

小傳：不見畫史記載。身世不詳。

〈飲飛雲樓作松石圖〉　　　　　　　　　　　　　　　　　　自　題

展圖似有風蕭颯，六月高堂舞蟄龍。頭角空騰青獅豸，爪髯空處玉芙蓉。杜陵若賦口侯畫，口相罷要泰華封。著我避塵泉石裡，看雲惟賴一枝筇。（**明朱存理《珊瑚木難》、卷六**）

## 邊魯

小傳：字至愚，號魯生，宣城人。工古文奇字，善墨戲花鳥。（見《中國畫家人名大辭典》、七二〇頁）

〈題邊魯生梨花雙燕圖〉　　　　　　　　　　　　　　　　　元・楊維禎

燕燕兩于飛，瓊樓莫雨微。春風歌白雪，夜月夢烏衣。對語寄宮樹，營巢接禁闈。江

南花事晚，疑是苦思歸。（清高宗《御定歷代題畫詩類》、卷一一一）

〈邊至愚竹雉圖有引〉　　　　　　　　　　　　　　　　　　　元・王　逢

　　至愚，諱魯生，宣城人。材器超卓。以南台宣使奉台命西諭時，嘗為鐵崖楊提學寫此圖。後
　　至愚竟以不屈死，朝廷追贈南台管勾。鐵崖既序其事，復徵予為之歌，曰：

　　南台管勾有氣節，手寫竹雉心石鐵。鐵崖捫其三寸舌，奉命西渝慎開說。韓愈一使廷
　　湊說。竹不撓寧寸折，雉寧死不苟活。使衣無光日明滅，悲風蕭騷吹駜騋。齊城竟蹈酈
　　生轍，土花尚碧萇弘血，我為作歌旌汝烈。（王逢《梧溪集》、卷六）

〈題邊魯生墨竹為汪大雅〉　　　　　　　　　　　　　　　　　　明・張以寧

　　竹沙舊遊邊魯生，鳳城今識汪大雅。忽見此君如故人，滿室清風共瀟洒。（張以寧《翠
屏集》、卷二、四珍二）

〈題（邊魯生）花香竹影圖〉　　　　　　　　　　　　　　　　　明・烏斯道

　　倪仲權氏扁齋居之室曰花香竹影，日與余燕坐其間，馬君易之，邊君魯生枉駕來訪，
笑語者終日。仲權聞魯生儒者而畫名雅重江湖間，欲請作花香竹影圖，未敢出諸口，易
之度仲權意以清，遂援筆作是圖無凝滯，香影未嘗不藹然也。觀者或病之，曰：“花竹
可圖，香影不可圖也。”魯生笑而不答，余為解之，曰：“可圖則皆可圖，不可圖則皆
不可圖。易曰艮其背不獲其身，行其庭不見其人，吾身既不可獲，外物又不可見，花與
竹又焉可圖哉。孔子曰無聲之樂，日聞四方，無聲既可聞，香與影獨不可圖歟？”諸公
皆大噱，且相與飲酒而別。（烏斯道《春草齋集》、卷四）

## 鏡塘上人

　　小傳：僧人，京口人，善傳神。（見《中國畫家人名大辭典》、七二〇頁）

〈贈寫神鏡塘上人歸京口〉　　　　　　　　　　　　　　　　　元・貢師泰

　　鶴翎風動碧天涼，寶月新凝百鍊霜。水面散成千種影，波心元只一輪光。玉簪道士來
空室，金粟維摩現十方。此去要觀真法相，卻收畫本過維揚。（貢師泰《玩齋集》）

## 鎦山立

　　小傳：不見畫史記載。身世不詳。

〈鎦山立梅圖〉　　　　　　　　　　　　　　　　　　　　　　元・歐陽玄

　　山澤癯儒面目真，見梅往往見先人。屋梁月色新湔拂，茅舍玉堂同一春。（歐陽玄《圭

齋文集》、卷三）


### 鎦 琪

小傳：不見畫史記載。身世不詳。


〈再過江陰觀鎦琪寫竹〉　　　　　　　　　　　　　　明・汪廣洋

　鎦琪素得洋州譜，寫竹真如寫草書。尚憶澂江舊游地，雨中燒筍食鱘魚。（汪廣洋《鳳池吟稿》、卷十）


### 鎦堯甫

小傳：身世不詳，善畫山水，有觀瀑圖。（見《中國畫家人名大辭典》、七〇七頁）


〈題鎦堯觀瀑圖〉　　　　　　　　　　　　　　　　元・丁 復

　劉侯校書天祿罷，向人輒作山水畫。長巒老樹翠□欹，轉瀑崩厓練花瀉。玄冠白袍問子誰，濠梁漆園遯世者。京都塵起碧于雲，炎州瘴來疾如射。揮毫定憶龍河上，挾風久眠匡廬下。（丁復《檜亭集》）


### 鎦道權

小傳：不見畫史記載。身世不詳。


〈題鎦道權扇面山水〉　　　　　　　　　　　　　　明・劉 嵩

　三峽連明月，九華多白雲。傷心江上望，春樹綠紛紛。（劉嵩《槎翁詩集》、卷七）


### 鎦夢良

小傳：不見畫史記載。身世不詳。


〈蜀人鎦夢良效楊補之掀蓬圖〉　　　　　　　　　　元・虞 集

　錦屏山下花如錦，却愛清江野水邊。放筆豈能無直幹，掀蓬方欲鬥清妍。最怜半面欹歌扇，更笑輕身障舞筵。君看上林千樹雪，繁枝何處獨娟娟。（虞集《道園學古錄》、卷二十九）


〈題（鎦）夢良梅〉　　　　　　　　　　　　　　　元・虞 集

　詩翁白髮對青春，看遍江邊玉雪新。我是錦城城裏客，開圖更憶錦屏人。（虞集《道園學古錄》、卷二十九）

## 瓊　壺

小傳：不見畫史記載。身世不詳。

〈贈寫真者瓊壺〉　　　　　　　　　　　　　　　　　　　　　　　　元・貢　奎

酒病詩愁瘦損神，一官容易遂閑身。相逢且來丹青手，只把梅花寫我真。（貢奎《雲林集》）

## 譚淥潭

小傳：不見畫史記載。身世不詳。

〈詠譚淥潭墨竹〉　　　　　　　　　　　　　　　　　　　　　　　　元・譚景星

幽人清韻超流俗，腹如椰子不盈匊。定知變化何從來，中有籫簹萬竿玉。陰晴雪月應手生，水石溪山更神速。影搖百尺老蛟走，色浸一潭秋水綠。渭川嶰谷豈離心，六逸七賢長在目。丁寧斤斧忽須來，恐有鸞鳳此來宿。忽遣數枝臨坐偶，留與先生伴幽獨。坐令茅屋清風生，蔣詡王猷俱碌碌。謂伊可侯千戶徒，胸中奚翅十萬夫。遠梢晻靄近樹出，小葉扶疏大葉枯。追風掃雨入翠羽，遏煙染露成葆車。西翁索居村西半，恍如此君清而癯。彼之清癯我亦爾，晴窗雪壁何可無。今人只說烏氏保，無復誠懸鐵鉤鎖。恨不相追蘇子游，未必當時誇與可。（譚景星《西翁近藁》、卷三、7/a）

## 譙先生

小傳：不見畫史記載。身世不詳。

〈閑極說〉　　　　　　　　　　　　　　　　　　　　　　　　　　　明・張以寧

余觀涪陵譙先生作牧牛圖十。其始也，繩以馭之，箠以懼之，手之，目之，心之，腹之，惟恐其縱逸而蹂躪也，夫安得須臾閑哉。及其久也，人牛熙熙，繩箠不施，其閑可知也。其極也，渾淪一白，人牛無踪，閑又不足言矣。余因嘆曰：「是與為山叟看水牯之說，其合乎？」泉之開元閑極靖上人，與余遊，將別，徵余說，遂以此贈之，且謂曰：「至道難明，流光易徂，遑遑汲汲，如救頭燃，上人未宜遽閑也，余亦方競辰閑得乎，晤言有日，會觀其極。任重圖遠，惟善努力。」（張以寧《翠屏集》、卷四）

## 羅小川

小傳：豫章人，善畫。（見《中國畫家人名大辭典》、七二三頁）

〈題羅小川青山白雲圖為四明倪仲權賦〉　　　　　　　　　　　　　元・納　延

山上晴雲似白衣，溪頭竹樹綠陰圍。野橋日落行人卷，茆屋春深燕子飛。漉酒屢招鄰舍飲，放歌還趁釣船歸。客窓看畫空愁絕，便欲移家入翠微。（納延《金台集》、卷一）

〈（羅小川）山林小景詩序〉　明・張以寧

畫，猶詩也。夫為詩者，非摸擬摽掠以為似也。非琢雕剞劂以為工也，非切摩聲病組織纖巧以為密且麗也。必也渙然而悟，渾然而來，趣得於心手之間，而神溢於札翰之外。是則詩之善也，於畫亦然。是故古之善畫者必善詩，非獨善畫者之善詩也，蓋凡知詩者莫不知畫也。不然，譏雪中芭蕉以為不類，譏風吹柳花以為無香，是惡知畫且惡知詩哉？進士齊張道亨，有善詩聲，間以畫小景示予，崇者為山，平者為川，窪者為谷。鬱而秀者為林，淡而遠者為雲。為室廬，為人物，覽之令人有出塵之想。道亨諗予曰："是畫也，趣之具，神之完，作者豫章羅君小川，詩者諸名人，而藏之者某君，請序焉。"予也魯，於畫非知而能者也，然頗知詩，於是，知某君之必知畫且知詩，惜予未之識也，曷日相與炉熏茗椀，望西山之雲而共商略之。（張以寧《翠屏集》、卷三）

〈題羅小川山水圖，奉和耆山真人詩韻〉　明・胡 奎

平生愛畫入骨髓，出門萬里皆山川。周南太史古轍迹，媿我白頭非壯年。稚川父子有家法，何異萬選青銅錢。每于江海見遺墨，一紙千金人共憐。匡廬秀出南斗傍，赤日倒射香鑪煙。金光壁采絢林壑，使我一覽神超然。天雞喈喈而喔喔，火龍蜿蜿而蜒蜒。東分蓬萊五鼇股，西擘太華三峰蓮。乃知意匠奪天巧，聲價肯讓它人先。瀛洲仙子何翩翩，霧閣雲窓常晝眠。直疑榑桑與若木，根盤暘谷通虞淵。耆山真人好事者，筆勢倒翻三峽泉。安期棗如瓜，玉井藕如船。何當為我蛻凡骨，神游八極齊喬佺。（胡奎《斗南老人集》、卷四）

## 羅小舟

小傳：不見畫史記載。身世不詳。

〈題李子翀所藏羅小舟青松障子歌〉　明・劉 嵩

羅君畫松奇且雄，兩株屹立青天中。已愁白晝結寒雨，更覺素壁吹長風。橫梢屈鐵蒼皮健，恍惚垂雲青一片。若非巫峽道中逢，定向華山峰頂見。深林無人日色昏，蕭瑟似有孤啼猿。蒼根下走岩石裂，清響瞑與溪流喧。古來志士淪野草，每見良材歎枯槁。何如此樹保天真，千歲高堂奉君老。（劉嵩《槎翁詩集》、卷三）

## 羅士哲

小傳：不見畫史記載。身世不詳。

〈題羅士哲畫送張仲簡謁虞、杜二先生〉　　　　　　　　　　　元・洪 焱

滿幅晴煙寫別離，行人江浦放歌時。樹深一水通臨汝，花發千峰到武夷。問字只攜門外酒，尋仙豈看洞中碁。扁舟卻出名山路，應得藏書慰所思。（洪焱《杏庭摘稿》）

## 羅秀賓

小傳：不見畫史記載。身世不詳。

〈題羅秀賓瑞粟圖〉　　　　　　　　　　　　　　　　　　　元・郭 鈺

粟分五穗效禎祥，不敢移根獻廟堂。聖主得賢為上瑞，畫圖聊付子孫藏。（郭鈺《靜思集》、卷十）

## 羅受可

小傳：不見畫史記載。身世不詳。

〈湖西羅受可作梅月圖贈予北行，賦此報之〉　　　　　　　　元・吳 當

青山湖上去，白雲湖上住。草屋八九間，梅花兩三樹。年年許客看花開，花下攜琴載酒來。對花把酒喚鶴舞，酒酣落月尚卿盃。黃昏疎影橫斜好，更取生絹拈筆掃。高情能畫勝能吟，風雪荒寒憶郊島。我來不值花開時，騎馬獨從湖外歸。上陽密露春如海，祇有東家蝴蝶飛。（吳當《學言稿》）

## 羅若川

小傳：身世不詳，善畫松。（見《中國畫家人名大辭典》、七二三頁）

〈羅若川畫松〉　　　　　　　　　　　　　　　　　　　　元・虞 集

暮春多雨晝冥冥，羅生畫松當素屏。老蛟化為劍氣黑，白鶴下啄苔痕青。傳來日暮自簥火，夢入幽巖尋茯苓。不遇胡僧露隻腳，石函自了讀殘徑。（虞集《道園遺稿》、卷三）

## 羅稚川

小傳：不見畫史記載。身世不詳。

〈羅稚川善畫作此贈之〉　　　　　　　　　　　　　　　　元・趙 文

吾觀天地間，一一皆是畫與詩。渝川有二羅，畫得天地之英奇。大羅詩名撼湖海，小羅天機勃鬱不得已而水墨之。搖毫造化已破碎，灑墨元氣為淋漓。嗟余老眼得一見，以手捫摸心然疑。問君自古畫有幾，君今此畫師者誰。君言我以眼為手，天地萬物皆吾師。

吾能得其意與理，貌取色相特其皮。畫成正未知似否，人人有眼誰可欺。譬之禪宗要透脫，戀戀佛祖寧非癡。作詩點出未來眼，一掃徐熙與郭熙。（趙文《青山集》、卷七）

〈題彭宜遠所藏羅稚川山水樓閣圖〉　　　　　　　　　　　元・劉詵

平沙蒼蒼鳥未歸，烟村四合高復低。漁翁兩兩青蓑衣，賣魚直上長楊堤。千峰萬峰何崔嵬，朽枝瞰水忽倒垂。倦驢向橋欲渡疑，後有羸僕勢若追。卻疑詩人獨尋詩，舍鞍先濟何所之。飛樓縹緲山之西，中有美人長鬢眉。憑闌相對知為誰，豈非海上喬與期。宮中琪樹秋離離，彷彿疑有香風吹。吾聞蓬萊有此地，流水落花隔人世。便當剩買青芒鞋，小向是間住千歲。（劉詵《桂隱詩集》、卷一）

〈題鐵仲堅宣差所藏羅稚川煙村圖〉　　　　　　　　　　元・劉詵

荒村漠漠煙連山，誰家野店兩樹間。青帝稍出樹梢外，秋風敗葉寒班班。路通白石流水亂，長橋縹緲依山澗。漁姑得酒歸意速，攜稚過橋如落雁。寒藤老木又一川，罾船方饞罾斜懸。有魚有酒復有客，風致何必能詩篇。亂鴉幾點天疑暮，欲泊未泊環高樹。小舟七八散前灘，或倚長篙收釣具。君不見鴟夷一舸游五湖，子陵羊裘釣桐廬，安知若人非其徒。（劉詵《桂隱詩集》、卷一）

〈題羅稚川小景〉　　　　　　　　　　　　　　　　　　元・劉詵

遠洲連岡近洲平，高樹稀葉低樹青。長溪浸日流無聲，中有數葉漁舟橫。誰家飛軒接水亭，沙邊客至扶杖迎。江村頗類浣花里，人品兼似陶淵明。（劉詵《桂隱詩集》、卷二）

〈題稚川芦雁圖〉　　　　　　　　　　　　　　　　　　元・范梈

不見羅生心惘然，畫圖河朔盡流傳。滄洲舊隱無人識，正似寒芦落雁邊。（范梈《范德機詩集》、卷六）

〈題羅稚川所畫臨川羅益謙溪居圖〉　　　　　　　　　　元・揭傒斯

迢遞臨川郡，浟瀞元獻里。溪上君子廬，閑戶青林裏。連山煙景晏，斷岸寒沙靡。日暮孤舟還，荒村隔流水。（揭傒斯《揭文安公全集》、卷三）

〈題稚川山水〉　　　　　　　　　　　　　　　　　　　元・丁復

江光如空山在天，好風佳日散晴煙。綠陰成蓋崖樹連，野橋楊柳亦娟娟。擔簦之子何促速，況有荷杖當我前。茅堂獨坐豈待客，或者兀忘流年。又疑浣花溪上叟，索句未得掩兩肘。對樹不語胡為然，將非得詩不得酒。好客下來兩何有，耐可有酒有客無詩篇。出門諒不可，天地烏用我。乃不使之老為農，耕種南山田。陶公秫熟五十畝，往往為酒愁無錢。不如兩漁翁，靜釣春江船。有時掣得十尺魚，紫鱗耀日錦色鮮。賣魚買酒自可醉，仰歌明月披蓑眠。金陵美酒斗十千，老客把甕雙檜邊。長日渴吻流無涎，六代江山眼中好，六帝池臺沒荒草。五錦驄，嘶滿道，歸來輒向蓬萊島。蓬萊島，海上仙，凝波倒影髮正玄。百年未信人能老，大笑長呼羅稚川。（丁復《檜亭集》）

〈題（羅稚川）宜春山水圖，贈謝景初〉　　　　　　　　　　　　　元・朱思本

　昔年仕昭萍，地入吳楚交。扁舟熟來往，山水多巖嶅。上有宜春台，雲烟俯江郊。輕別忽三紀，光陰如石敲。謝生持卷來，訪我松雲巢。云有羅稚川，筆力驅騰蛟。生綃半幅間，曲折藏泓坳。摩挲識曾遊，峻路平林梢。五台互轇轕，三峽爭寮巢。秀氣何所鍾，英姿匪菅茅。進德須及時，青春無自拋。歸哉有餘師，世俗徒嘐嘐。（朱思本《貞一齋詩》、五〇頁下）

〈題羅稚川畫卷〉　　　　　　　　　　　　　　　　　　　　　　元・陳　旅

　雨氣通林壑，江光動野航。道人巖下去，茅屋樹邊涼。斷岸入秋水，遠山留夕陽。登臨莫作賦，游子未還鄉。（陳旅《安雅堂集》、卷二）

〈題稚川畫〉　　　　　　　　　　　　　　　　　　　　　　　　元・劉永之

　水流芰荷浦，家住茱萸瀨。誰掉酒船來，空潭波影礙。（劉永之《劉仲修先生詩集》、卷三）

〈題稚川畫〉　　　　　　　　　　　　　　　　　　　　　　　　元・劉永之

　二月燕子來，官河柳條碧。落絮作春泥，新雛始舒翼。翩翩野田雀，行啄野田粟。日暮接翅歸，秋風動叢竹。斑斑短尾鶉，毛色如紫綺。啄粟秋正肥，高飛不盈咫。灌木寒枝短，幽禽靜不驚。月中白鷺下，時聞啼一聲。（劉永之《劉仲修先生詩集》、卷三）

〈羅稚川山水〉　　　　　　　　　　　　　　　　　　　　　　　元・胡　助

　稚川山水足幽奇，點綴分明似郭熙。何事舟人歸意速，風吹溪雨欲來時。（胡助《純白齋類稿》、卷十四）

〈羅稚川雪景〉　　　　　　　　　　　　　　　　　　　　　　　元・胡　助

　獨釣寒江似凍蠅，五樓千古掛枯藤。山陰道上無行迹，林外人家雪滿罾。（胡助《純白齋類稿》、卷十五）

〈羅稚川山十韻，為角東應可立題〉　　　　　　　　　　　　　　元・納　延

平生丘壑趣，偶向畫中傳。雨氣千峰外，江流落日邊。蘼蕪青滿渚，芳樹綠參天。渺渺溪雲淨，涓涓石溜縣。崖顛何處閣，谷口小家煙。漁唱來秋浦，僧鐘落夜船。瞥驚飛鳥過，疑有蟄龍眠。竹逕能留客，桃源竟得仙。丹青夸絕代，賦詠藉名賢。千古滄洲意，含情憶稚川。（納延《金台集》、卷一）

〈題羅稚川小景畫四首〉　　元・劉仁本

白鷺聯拳靜，蒼松並榦齊。桃花無數發，疑是武陵溪。

出水新蒲短，和煙翠柳深。一雙黃鳥並，斷岸聚文禽。

紅葉迷烟樹，黃芦間白蘋。江南秋色裏，還有雁來賓。

怪石蹲塩虎，枯槎掛玉龍。飢鳥相並立，無處啄寒蛩。（劉仁本《羽庭集》、卷四）

〈題秋浦捕魚圖〉　　明・林弼

秋風吹溪溪水寒，長楓落盡枝頭丹。漁郎舉罾得雙鯉，烹魚煖酒歡婦子。江亭有客秋望遙，青煙漠漠山迢迢。沙頭落日呼渡急，舟子無言倚蓬立。誰其畫此老稚川，使我一見心茫然。依稀艤櫂涔陽浦，髣髴開樽采石渡。安得坐我茅亭中，葛巾相對三老翁。買魚沽酒燒野荻，拚與渠儂醉終日。（林弼《林登州集》、卷三）

〈題羅稚川畫〉　　明・林弼

右稚川羅氏畫一幅，坡陀樹石，綽有荊關風致，而山巒人物間類馬遠，蓋兼用諸家法也。舟中褒衣幅巾坐者二人，筆床茶竈，歷歷可指，豈玄真子之徒歟。噫！稚川亦有得隱處之趣者矣。（林弼《林登州集》、卷二十三）

〈題稚川山水〉　　明・劉嵩

松下茆亭五月涼，汀沙雲樹晚蒼蒼。行人無限秋風思，隔水青山似故鄉。（劉嵩《槎翁詩集》、卷七）

## 羅濟川

小傳：不見畫史記載。身世不詳。

〈羅濟川百雁圖〉　　元・洪焱

天南鴻雁百為群，澤國微茫島嶼分。飛逐稻粱時共集，宿驚蒲葦近相聞。瀟湘夜渡霜浮月，渤澥春還水映雲。坐數修程感行客，揮弦目送揔紛紛。（洪焱《杏庭摘稿》）

## 嚴釣隱

小傳：不見畫史記載。身世不詳。

〈題蜂雀圖嚴釣隱所畫〉 元・丁　復

　我觀蜂雀圖，蓋取封爵喻。雀噪據高枝，蜂閒緩飛去。矧茲風日佳，忽若歲年莫。搖落漸復稀，榮華豈如故。所以嚴灘人，千載保清素。（丁復《檜亭集》）

## 嚴景祥

小傳：不見畫史記載。身世不詳。

〈題嚴景祥畫〉 元・張仲深

　蘚紋碧蔭虵蚹石，山意晴函鶴背雲。自是蒼松多野趣，未應祇數老髯君。董元，善畫，美鬚髯，人號髯君。　江海十年奔走地，草堂今日友朋心。平生乞得清洪願，只結茅齋住緣陰。（張仲深《子淵詩集》、卷六）

## 覺　隱（釋）

小傳：不見畫史記載。身世不詳。

〈僧覺隱畫并題〉 自　題

　花下拋書枕石眠，起來閒嗽竹間泉。紙窗石鼎疢猶煖，殘燼時飄一縷煙。（清卞永譽《式古堂書畫彙考・畫考》、卷之五）

〈題覺隱竹石〉 元・釋至仁

　芝阜論文歲月長，雲根竹樹老風霜。秋高月色明如畫，不見舟山孤鳳皇。（釋至仁《澹居藁》、十九頁）

〈題覺隱雙松〉 元・釋克新

　芝草山中水石隈，晴虹夜半起林台。丹厓千尺双松樹，春雨春風生紫苔。（釋克新《雪廬稿》、五頁上）

〈覺隱枯木竹石為伯琚題〉 元・釋克新

　十年不見紫芝仙，叢竹枝株亦可憐。禪月文章鳴一代，畫圖終古世間傳。（釋克新《雪廬稿》、五頁上）

〈覺隱畫為仁性中題〉 元・釋克新

芝阜青林接語溪，兩山樓閣碧雲齊。高僧畫溝渚天集，華雨繽紛路欲迷。(釋克新《雪廬稿》、七頁下)

## 蘇大年

小傳：字昌齡，後以字行號西澗，別號林屋洞主，真定人。能詩文，工書畫，墨林師文同，竹石師蘇軾，窠木師廉布。(見《中國畫家人名大辭典》、五頁)

〈題蘇大年溪山讀書圖〉　　　　　　　　　　　　　　元·曹伯啟

一區精舍水雲間，萬里春融百慮閒。海內蒼生渴霖雨，不應堅坐對柴關。(曹伯啟《曹文貞公詩集》、卷九)

〈蘇昌齡時光山水小景圖二首〉　　　　　　　　　　　元·曹伯啟

林塍微風草木香，紅塵回首路茫茫。多情一片東山月，纔到滄州駐景長。余生夢寐在林泉，老眼披圖意豁然。可笑勞神不知止，咸陽何啻路三千。(曹伯啟《曹文貞公詩集》、卷九)

〈次韻蘇昌齡求畫〉　　　　　　　　　　　　　　　　元·朱德潤

先天未畫龍負圖，後天既畫無成畫。人文肇開清濁判，移山之術毋乃踈。知君愛此愚公術，收拾萬象開清虛。一拳一石一勺水，疏鑿變態冰玉如。紅雲紫霧梵王宅，丹崖翠壁仙人居。憶昔神遊記閶闔，天風駕鶴飄衫裙。悵落塵寰三十年，吹笙舊侶誰儔予。江空歲莫知己少，蘇仙忽作陽春噓。嵩高王屋竟何所，便欲呼君同結廬。人生多能祇自苦，魯質不若曾子與。龜燋雉翳君記取，何如浮雲任卷舒。(朱德潤《存復齋文集》、卷九)

〈題蘇大年畫秋江送別圖贈湘中江可翁〉　　　　　　　元·成廷珪

竹沙江頭水楊樹，正是秋風送君處。海門日出潮欲平，把酒娛君君不住。楊公廟前聞鼓聲，多少行人此中去。江子于今空復情，干戈滿地兵縱橫。丹楓葉角山鬼嘯，黃竹叢薄饑鼯鳴。湘中有家不得往，時對此圖雙眼明。(成廷珪《居竹軒詩集》)

〈題蘇大年畫〉　　　　　　　　　　　　　　　　　　明·張以寧

徐君遠從西江來，親為蘇子作松石。松三千年鐵作膚，石亦蒼寒太古色。幾株老木相因依，氣格不敢與之敵。洲前搖搖者舟子，短棹滄江蕩晴碧。著子歡歌於其中，仰觀青天岸白幀。是時東山月始出，無邊露氣連赤壁。潛蛟出舞巢鶻翔，江姬色動三太息。眼中之人有太白，風雲變態俱無跡。前輩風流今復聞，人間絕景豈易得。徐君更為添野夫，共泛靈槎臥吹笛。(張以寧《翠屏集》、卷一)

〈蘇昌齡山水〉　　　　　　　　　　　　　　　　　　　　　　　明·俞貞木

昔年曾跡廬山路，每見雲山憶川遊。林下老僧誰復在，空岩仍有白雲浮。立菴。（明都穆《鐵網珊瑚》、卷七）

〈蘇昌齡山水〉　　　　　　　　　　　　　　　　　　　　　　　明·錢　紳

雲開春塢樹離離，野水流花遠到池。一侶館娃宮畔路，亂山斜日雨晴時。錢紳。（明都穆《鐵網珊瑚》、卷七）

〈蘇昌齡山水〉　　　　　　　　　　　　　　　　　　　　　　　明·張　倫

東坡居士非凡骨，西礀先生是後身。當日畫圖題味處，晴窗喜見墨猶新。

西礀乃蘇先生昌齡之別號。先生與倫先子交甚篤，故倫童稚時，亦侍先生之杖履。今先生物故殆將四十載矣。一日，公鼎交兄持此圖徵予焉。感念今昔，為之泣然。故寫二十八字于先生盛作之下，聊寫景慕之意爾。時辛己秋九月，張倫書於城西書樓。（明都穆《鐵網珊瑚》、卷七）

〈蘇昌齡山水〉　　　　　　　　　　　　　　　　　　　　　　　明·謝　縉

人家隱隱樹依依，蘿逕迢嶢入翠微。莫道空山無過客，扁舟嘗載一僧歸。葵丘生謝縉。（明都穆《鐵網珊瑚》、卷七）

〈蘇昌齡山水〉　　　　　　　　　　　　　　　　　　　　　　　明·李應楨

東風曉寒春雨晴，南山照眼浮雲青。白雲飛盡日午出，依□遠樹間林礀。深光晃耀亂散綵，巖扉掩霧舒烟屏。我嘗南遊過洞庭，艤舟湖上侵漁燈。年來好景落夢寐，羞見鬢影垂星星。題詩一律喚雲鶴，猴山相對吹雙笙。

右水墨小幅紙，礬頭點簇，極有董北苑筆意，妙品也。予友陳叔行所藏乃祖道宜必故物。叔行又有李貞伯先生與道宜柬論此畫，云：「梅譜為偽本無疑，光弼詩亦非真蹟。惜不令陳文實論一，本以為齋閣清玩。」詩并跋語幸與錄下，畫軸清古。立菴是俞貞木，吳中老儒。錢紳字孟書，終教渝。張倫文伯，自訓導荐為御醫。金聲皮公舟，劉公素侍郎兄也。補之卷中留看幾日，但不敢塵埋耳。草草後奉不談，應楨再拜望堅遠先生通家。乙卯閏十一月初六日，曉起呵凍記錄遺於後。（明都穆《鐵網珊瑚》、卷七）

〈蘇昌齡山水〉　　　　　　　　　　　　　　　　　　　　　　　明·錢　紳

雲開春塢樹離離，野水流花遠到池。一侶館娃宮畔路，亂山斜日雨晴時。錢紳。（明都穆《鐵網珊瑚》、卷七）

## 蘇君政

小傳：不見畫史記載。身世不詳。

〈題蘇君政山水卷〉　　　　　　　　　　　　　　　　　　　元・蕭奭

　倦游客子思洗腆，樂山妙筆通真靈，秋風一夕故山夢，明發馬首秦東亭。（蕭奭《勤齋集》、卷八）

## 蘇照

小傳：字明遠，建安人，工詩文善畫墨菊，竹石亦佳。（見《中國畫家人名大辭典》、七三一頁）

〈蘇明遠畫竹圖〉　　　　　　　　　　　　　　　　　　　　明・孫蕡

　蘇郎畫竹如寫帖，珊瑚為枝篆籀葉。寒梢不及三尺長，遠勢直與青霄接。青冥不辨西與東，雲光竹色俱空濛。飛廉排山振鷺鷥，霹靂迸火驚蛇龍。奇搜不獨竹色老，竹旁有石仍更好。想其落筆當酒酣，人間屏障愁絕倒。近時吳興趙子昂，最能寫竹窮青蒼。蘇郎晚出繼芳躅，湖海二妙相輝光。十年不到瀟湘浦，環珮空懷玉簫女。相期共泛書畫船，濃墨淒迷掃烟雨。（孫蕡《西菴集》、卷四）

〈題楊肇初（蘇明遠畫）墨菊圖〉　　　　　　　　　　　　　明・孫蕡

　蘇郎墨菊真有香，老墨落紙生秋霜。宛然著我三徑底，日與野老同徜徉。生平愛畫仍愛菊，令人見此二美足。猶疑已是重陽過，寒花落葉心簌簌。憶昨蘇郎畫菊時，君家數本方離披。誰云清致不兼得，更對濁酒開東籬。明朝酒醒賓客去，君獨沉吟空繞樹。還看君家墨菊圖，君家此樂陶家無。（孫蕡《西菴集》、卷四）

〈題蘇明遠畫〉　　　　　　　　　　　　　　　　　　　　　明・貝瓊

　絕境疑無路，平川不起濤。天光兼水潤，山勢敵秋高。葛令惟求藥，秦人自種桃。雲霞如有意，他日待吾曹。（貝瓊《清江詩集》、卷七）

〈（蘇照）墨鞠圖贊〉　　　　　　　　　　　　　　　　　　明・宋濂

　建安蘇照為學子黃叔暘作墨鞠圖，侑之以竹石，豆以其氣節之相同歟。禁林散吏宋濂為造象，贊曰：

　我本中黃，鐵為肺腸。精神外章，不自知形貌之黝歟。綠竹猗猗，白石瑳瑳。貞而匪阿，斯為月下之友歟。萬色齊冥，洞察物情，雖暗而明，豈陶令沈昏而託之酒歟。（宋濂《宋學士文集》、卷三十二）

## 饒自然

　　小傳：不見畫史記載。身世不詳。

〈再用前和臨江饒自然夜坐韻贊饒所作山水圖〉　　　　　　　　　　元‧劉詵

　　高人發秘思，妙景自天角。蕭蕭山水間，草樹環四坐。雲歸野色靜，泉落嚴光破。平生慕清游，展轉面壁臥。（劉詵《桂隱詩集》、卷一）

## 顧 氏

　　小傳：不見畫史記載。身世不詳。

〈題顧氏長江圖〉　　　　　　　　　　　　　　　　　　　　　　元‧戴良

　　天下幾人畫山水，虎頭子孫世比。何年寫此長江圖，多少江山歸筆底。巴陵三峽天所開，遠勢似向岷峨來。洞庭湘僅毫末，楚客湘君安在哉。江上一朝風雨急，老我曾來踏舟立。鼓枻既聞潭畔吟，抱琴復聽竹間泣。別來幾日世已非，忽此披圖憶曩時。早知避地多處所，肯逐紅塵千里歸。林下一夫巾屨似，亦有舟人與漁子。能添野老烟波裏，便與同生復同死。（戴九靈《九靈山房集》、卷十六）

## 顧 安

　　小傳：字定之，淮東人。善墨竹。說者謂其竹筆遒勁風，梢雲幹得蕭協律之法，其懸崖竹法文湖州。（見《中國畫家人名大辭典》、七三六頁）

〈顧定之歲寒竹石圖〉　　　　　　　　　　　　　　　　　　　　自 題

　　歲寒高節。至正乙巳閏月八日，為解君仲高于橫溪之澄玉樓作此紙，以記歲寒之意，定之。（清吳升《大觀錄》、卷十八）

〈顧定之竹石〉　　　　　　　　　　　　　　　　　　　　　　　自 題

　　至正壬寅秋七月，顧定之作于赤城江滸之賓月軒。（清李佐賢《書畫鑑影》、卷二十）

〈贈海中所藏顧定之竹〉　　　　　　　　　　　　　　　　　　元‧黃鎮成

　　凱之遺墨在人間，風起蕭蕭萬葉寒。何日携琴踏青蘚，雨華台上聽琅玕。（黃鎮成《秋聲集》、卷四）

〈為鄂省檢校陳用方題顧定之墨竹〉　　　　　　　　　　　　　元‧李士瞻

　　鳳凰枝上舞監毿，恍似湘南與渭南。紫籜穿林龍乍躍，琅玕著雨翠如酣。風前遞影頻

搖萬，月下開樽偶共三。最憶漢濱千畝地，碧波江漲水挼藍。（李士瞻《經濟文集》、卷六）

〈題顧定之竹〉　　　　　　　　　　　　　　　　　　　　　　元・郯　韶

　　吳下幾人能畫竹，風流只數顧參軍。都將數尺雲烟思，寫作當年篆籀文。（顧瑛《草堂雅集》、卷十）

〈題顧定之竹〉　　　　　　　　　　　　　　　　　　　　　　元・張　雨

　　毗陵參軍顧定之，為予醉掃風竹枝。參軍久留坐深夜，要看官奴秉燭時。（顧瑛《草堂雅集》、卷五）

〈顧定之墨竹〉　　　　　　　　　　　　　　　　　　　　　　元・鄭元祐

　　虎頭諸孫妙飛墨，蓊篔修纖傍湖石。只疑湘江水湛碧，英娥騎鯨去不返，千古遙岑縮秋色。（鄭元祐《僑吳集》、卷二）

〈顧定之竹〉　　　　　　　　　　　　　　　　　　　　　　　元・鄭元祐

　　虎頭孫子顧參軍，八法從衡寫墨君。龍伯由來寶湖石，鳳毛何事刷春雲。（鄭元祐《僑吳集》、卷六）

〈題顧定之竹〉　　　　　　　　　　　　　　　　　　　　　　元・鄭元祐

　　石屋老人畫竹石，後之學者森如織。河源一分百派殊，天下紛紛竟誰識。（鄭元祐《僑吳集》、補遺）

〈顧定之竹〉　　　　　　　　　　　　　　　　　　　　　　　元・韓　奕

　　毗陵郭裏老恭軍，高節凌霄似此君。記得散衙閑寫處，墨池風影落秋雲。（韓奕《韓山人詩集》）

〈題顧定之畫天柱峰竹石〉　　　　　　　　　　　　　　　　　元・呂不用

　　憶昔松雪道人畫竹石，玉堂諸老紛愛惜。清詩題後共流落，海內於今秘其迹。一代風流誰似之，壽宕先生墨又奇。想當盤礴欲畫時，靈區秀結隨所思。荊山已召卞和泣，瀟湘不寫皇英悲。天柱由來天上星，墮來久得天桎名。至今牛斗纏其上，歲歲春風資發生。山中昨夜春雷鳴，老蛟孕脫天地精。寶藏恐為霹靂碎，鳳凰叫下風泠泠。翠毛零落雲窟暖，稚龍迸出莓苔青。圖成擲筆驚絕倒，心手天機乃神造。高風自古非虛譽，世人何人不稱好。（呂不用《得月稿》、卷六）

〈顧定之竹石圖〉 元・胡　布

　綠竹生秋陰，拳石通雲氣。瀟灑畫圖中，一片江南意。穆如當九夏，四座涼飆起。寫者野王孫，寶之宋公子。（胡布《元音遺響》、卷一）

〈題顧定之畫墨竹〉 元・鄭　東

　眼中得見珊瑚樹，無乃佳人碧玉釵。酒醒同誰步清影，不勝白露滿秋階。（顧瑛《草堂雅集》、卷七）

〈清風來友人圖〉 明・林　弼

　馮性之以顧定之墨竹寄其友方時舉，題曰清風來故人，索賦一絕　。

　故人別去每相思，修竹清風苦見之。鳳鳥不來春又暮，湘雲吹斷玉參差。（林弼《林登州集》卷七）

〈顧定之墨竹〉 明・凌雲翰

　淮南善畫竹，其世宗虎頭。前身蕭協律，後身文湖州。濃墨逼景獻，健毫從澹游。清如李息齋，勁若柯丹邱。子昂固莫及，仲敏或可侔。素得金錯法，向背分剛柔。興來只一掃，揮處踰雙鉤。雨葉已籠夏，風枝仍報秋。遂令愛竹者，不必穿林幽。嘗聞維摩像，神光燭遐陬。何如君子容，蒼顏照清流。胸中有渭川，淇水同悠悠。載歌瞻菉詠，吾其企前修。（凌雲翰《柘軒集》、卷三）

〈為如海上人題顧定之竹〉 明・王　彝

　老僧出定心逾寂，坐覺谷中繁露滴。萬響千聲自去來，一時月照袈裟白。蜿蜒何物向窗飛，分明鼓鬣復揚鬐。人間只識仙翁杖，不識降龍出鉢時。（王彝《王常宗集》、續補遺）

〈顧定之墨竹二首〉 明・董　紀

　木脫百草枯，此君有貞節。獨於歲寒時，居然傲霜雪。種竹何必多，無則令人俗。蕭蕭一兩竿，清風自然足。（董紀《西郊笑端集》、卷一）

〈顧定之墨竹〉 明・袁　華

　八法從衡篆籀文，墨池春水蕩湘雲。任宅門外風埃滿，日報平安有此君。（袁華《耕學齋集》、卷十二）

〈題顧定之竹〉 明・虞　堪

錄事官常州，政是太平日。想得鳳凰枝，掀髯揮彩筆。直節應承雨露恩，五色芝雲護子孫。而今飛向閩南去，搖蕩春風化墨痕。（虞堪《希澹園詩集》、卷一）

〈題顧定之畫出牆竹〉　　　　　　　　　　　　　　　　　　　明・虞　堪

莫笑虎頭痴，偏憐鳳尾垂。粉牆遮不斷，翠雨濕多時。（明・虞堪《希澹園詩集》、卷二）

〈題顧定之二篠〉　　　　　　　　　　　　　　　　　　　　　明・虞　堪

匪闌翠之老稚，伊飛翻之羽翹。戾九天之披拂，遲一氣之扶搖。（虞堪《希澹園詩集》、卷二）

〈顧定之畫竹卷跋〉　　　　　　　　　　　　　　　　　　　　明・張　寧

趙松雪寫竹九疊法，後世惟九龍山人得之，息齋而下弗論。此幅顧定之所寫，揮毫用墨，澹潤老爛，今百餘年，相對如雨窗凝睇之時，雖孟端恐未易與。卷首蒼雪軒古篆，鄱陽周伯琦筆，惟陳登可庶幾，餘不足比，可謂具美矣。（張寧《方洲集》、卷二十一）

〈題顧定之竹畫〉　　　　　　　　　　　　　　　　　　　　明・釋麟洲

吳下曾逢顧定之，十年長記別來時。蕭蕭白髮江南思，誰解尊前唱竹枝。（清高宗《御定歷代題畫詩類》、卷八十）

## 顧　侯

小傳：不見畫史記載。身世不詳。

〈題顧侯江山圖歌〉　　　　　　　　　　　　　　　　　　　　元・宋　禧

岷峨之山昔所聞，下臨江水高入雲。層巒奔流到東海，乃有巴蜀吳楚分。暮年今見畫圖好，滿目江山驚野老。峨眉新月遠關情，巫峽朝雲愁未了。客舟幾日下瞿塘，誰倚高樓望漢陽。人煙晚集磯頭樹，天邊秋水去茫茫。忽憶蘇翁遊赤壁，西望蜀山歸未得。當時摘宦尚逍遙，月下吹簫從二客。顧侯留滯東海頭，放懷思上洞庭舟。龍門連月坐風雨，畫圖一洗今古愁。（宋禧《庸菴集》、卷二）

## 顧仲淵

小傳：不見畫史記載。身世不詳。

〈題顧仲淵臨柯丹丘竹〉　　　　　　　　　　　　　　　　　　元・于　立

湖州去後丹丘老，見此風枝露葉新。千古中郎那可得，虎賁猶是典刑人。（**顧瑛《草堂雅集》、卷十一**）

## 顧 達

小傳：一名達，字周道，中吳人。工山水人物，並能寫貌。（見《中國畫家人名大辭典》、七三六頁）

〈題顧周道畫〉 元・郯 韶

楚雨初晴綠樹浮，斷雲芳草隔汀洲。亦知不負幽棲意，長向春江釣碧流。（**顧瑛《草堂雅集》、卷十**）

〈題顧周道濯足圖〉 元・潘 純

脫屨白石上，濯足清泉中，悠然天際想，木末生微風。（元《乾坤清氣》、卷十一）

〈顧周道山水圖〉 明・劉 基

憶昔晉時顧虎頭，能畫聲名塞穹昊。千載而下繼者誰，君之耳孫字周道。江南山連滄海島，水遠山長愁絕倒。興來走筆如有神，濃抹淡粧無不好。前峰倚天自太古，知是天台是天姥。煙開浪波搖浦漵，草滿江洲樹如羽。山迴兩崖夾幽谷，小橋俯映菰蒲綠。扁舟何處覓鱸魚，滄浪水寒空濯足。柳道碧石明素沙，茅廬似是陶公家。衡門畫掩雞犬寂，誰人共采黃金花。我屋双溪松栢裏，清泉皎潔無泥滓。鳳皇不來鷹隼逝，白日鷗鶊嘯桑梓。華表柱頭丁令威，風塵瀩洞何當歸。感時對景重回首，不知人民今是非。（**劉基《誠意伯劉文成公文集》、卷十四**）

〈題何德儒所藏顧周道水石圖〉 明・謝 肅

沄沄石下波，鬱鬱波上林。過橋仙客忽長嘯，一鶴來自蓬山岑。蓬山岑，不難至，聊樓瀛海內自適滄洲意，恍如出巨石，群峰落影洪流碧，又似泊金山，迴潮激樹崩崖間。江淮風景真奇絕，來往扁舟蔭清樾。鳥飛魚泳醉吟中，回首茲游幾秋月。虎頭子，天機清。剪彼水石來軒楹，使我一見氣崢嶸。龍蛇起陸雷霆驚。爾宜藏此畫，慎莫素壁掛。光氣一沖天，超然便神化。（**謝肅《密庵集》、卷二**）

## 顧 琳

小傳：號雲屋，上虞人。工山水，鄭山輝稱其有出塵之趣。（見《中國畫家人名大辭典》、七三七頁）

〈題顧山人為任宜齋畫赤腳圖〉　　　　　　　　　　　　元・呂不用

德星又聚楊雄宅，山雨歸來酒半醺。走向田間携篛笠，野人不識舊將軍。（呂不用《得月稿》、卷二）

〈畫山水歌贈別顧山人歸羅壁山，兼呈宋庸菴先生〉　　　　元・呂不用

天下幾人畫山水，商公寂寞高公死。東吳顧郎亦好手，乃是虎頭將軍之孫子。去年聞君寫松羅壁中，厚地拔出双虬龍。庸菴妙句杜老翁，令人更羨庸菴容。今年見君寫松天姥峯，天末瀧洞鳴長風。我嗟已似許丞聾，幸有烱烱雙青瞳。為君作歌成，山水皆動色，明日留君當不得，青鞋依舊向羅壁，好對庸菴道吾臆。（呂不用《得月稿》、卷六）

〈次韻楊秉哲題顧山人畫滄洲圖便面〉　　　　　　　　　　元・呂不用

有客有客山中來，山人柴門為客開。一尺鵝溪寫瀛海，六鰲載出金銀台。顧侯名傳三十秋，正當冠蓋忘交游。自喜天機入神處，海色青霞射紅霧。傳家自是虎頭來，何況三山昔曾度。（呂不用《得月稿》、卷六）

〈題顧雲屋雲山圖〉　　　　　　　　　　　　　　　　　　元・呂不用

我識東吳顧文學，早歲丹青動黃閣。揮毫得意傲王侯，霜刮虬髯面如削。一自途窮悲潓落，旅食南州夢非昨。蛟龍為魚氣鬱勃，散作春雲滿丘壑。乾坤無地著茅茨，寫向雲根亦奇作。荒林日色曉蒼涼，古木風聲晚蕭索。首陽蕨根秋士深，商嶺芝苗今寂寞。看圖為問人何在，晚交駐意歸猿鶴。（呂不用《得月稿》、卷六）

〈為方景常題顧雲屋蘭亭圖〉　　　　　　　　　　　　　　元・宋　禧

崇山氣磅礡，群峰靜儀刑。風泉瀉霞嶠，迢遞委幽亭。溪林何濯濯，汀蘭亦青青。良辰各有適，列坐集簪纓。胡獨一時樂，而遺千載名。浮雲變晨暮，山川久含靈。撫運既幽獨，寧忘今古情。（宋禧《庸菴集》、卷一）

〈題（顧）雲屋所贈高峰遠澗圖〉　　　　　　　　　　　　元・宋　禧

今年壬子秋九月，余與玉山逸人顧雲屋，連夜宿吾邑羅壁山中，時近九日。羅壁之顛，有所謂龍門，足以適登高眺遠之興，雲屋以余未遊為歉。明日將偕往，先為作高峰遠澗圖以贈。及還，予乃賦詩書其上云。　　高泉落雲中，大澤露群石。霜降草木黃，青松有顏色。緬思玉山期，邂逅滄洲客。登高贈畫圖，賦詩宿羅壁。（宋禧《庸菴集》、卷一）

〈題雪浦待渡圖〉　　　　　　　　　　　　　　　　　　　元・宋　禧

吾邑王性常，客居羅壁山中。歲晏，躡冰雪還水北省親。時中吳顧雲屋留其家，為作雪浦待

渡圖，以贈之。予觀其圖，有感於中，賦古詩一首。

冉冉歲云晏，蕭蕭林木疎。積雪徧原隰，山川今昔殊。遠眺既茫昧，近矚迷舊途。游子去家久，思親賦歸與。寧不畏凜冽，飛鳴有慈烏。川廣不可越，臨津為踟躕。舟子隔雲渚，迴篙憐久需。故廬在何許，北里路非迂。豈無澤中雁，亦有冰下魚。甘旨恒在念，釣弋誠良圖。生理何獨拙，往返携琴書。俛仰宇宙內，幽抱聊自舒。日出長夜後，陽復泣寒餘。茲理諒無舛，不樂復何如。（宋禧《庸菴集》、卷一）

〈為徐性全題顧山人天際歸舟圖〉　　　　　　　　　　　　　元・宋　禧

佳期諒無失，歸近心反勞。蕭蕭江樹冷，落落雲山高。孤舟來浩蕩，所望非漁舠。風水協龜卜，秋來多濁醪。（宋禧《庸菴集》、卷一）

〈題顧侯江山圖歌〉　　　　　　　　　　　　　　　　　　　元・宋　禧

岷峨之山昔所聞，下臨江水高入雲。層巒奔流到東海，乃有巴蜀吳楚分。暮年今見畫圖好，滿目江山驚野老。峨眉新月遠關情，巫峽朝雲愁未了。客舟幾日下瞿塘，誰倚高樓望漢陽。人煙晚集磯頭樹，天邊秋水去茫茫。忽憶蘇翁遊赤壁，西望蜀山歸未得。當時摘宦尚逍遙，月下吹簫從二客。顧侯留滯東海頭，放懷思上洞庭舟。龍門連月坐風雨，畫圖一洗今古愁。（宋禧《庸菴集》、卷二）

〈為方處士題顧山人所作鑑湖漁隱圖〉　　　　　　　　　　　元・宋　禧

東南山水會稽好，鑑湖一曲歸賀老。狂客幽人樂未央，酒船釣艇愁可掃。玄英先生懶作官，好與嚴陵寫懷抱。垂竿竟入鑑湖中，著鞭不上長安道。古來謾說勾錢都，越女色白天下無。千巖萬壑有清氣，相看未必如老漁。適志生涯萬金貌，忘機身世片舟虛。功成頗怪鴟夷子，卻載西施浮五湖。（宋禧《庸菴集》、卷二）

〈題顧山人畫古松歌〉　　　　　　　　　　　　　　　　　　元・宋　禧

能畫古松天下少，昔有畢韋今顧老。顧老作畫書法同，或變真書作行草。硬黃古紙一丈餘，落筆古松隨一掃。糾纏墨白成文章，恍惚陰陽割昏曉。半年作客羅壁山，但畫江山極幽渺。亂葉點點晉書圓，直樹行行秦篆小。有人請畫松一株，草書張顛合驚倒。一株兩株八九株，變怪無窮出天造。愧我題詩勞寸心，數日一篇方脫藁。何如顧老畫古松，游戲草書書法好。（宋禧《庸菴集》、卷二）

〈題（顧）雲屋山人大松圖歌〉　　　　　　　　　　　　　　元・宋　禧

吾聞丹山松一株，盤根錯節鐵不如。萬牛相送美材盡，獨以傴塞留仙都。松根燒丹學仙者，仙成已去千載餘。夜夜丹光到今出，泰山徒誇秦大夫。誰能畫此古松樹，中吳高士身姓顧。張燈驚起潭底龍，揮毫墮落月中兔。聲名世重定無虛，人物天生真有數。精靈邂逅宇宙間，唯有造化知其故。我夢羽人在丹台，飄飄綠髮春風回。半年高士不相見，招我看畫山中來。古松在眼為再拜，重是抑塞之奇材。一時作歌強衰朽，千古少陵安在哉。（宋禧《庸菴集》、卷二）

〈題顧山人秋江叠嶂圖歌〉　　　　　　　　　　　　　　　　　元・宋　禧

　顧侯避俗留越山，高情長在山水間。秋堂夜半夢巴蜀，孤帆遠逐西風還。椎床呼燈怪遲緩，萬里江山猶在眼。澄澄素練天際長，叠叠青鬟日邊遠。寫來巫峽今人愁，神女陽台居上頭。尚見雲陰含過雨，可怜樹色送行舟。地形何處接吳楚，林薄人煙帶洲渚。黃帽西來打鼓郎，茜裙東去唱歌女。畫圖不盡意有餘，太平人物俱歡娛。多愁宋玉在何許，好賦顧侯山水圖。（宋禧《庸菴集》、卷二）

〈（顧雲屋）龍門眺遠圖〉　　　　　　　　　　　　　　　　　元・宋　禧

　誰寫龍門眺遠圖，風流顧老出勾吳。河中天關爭高下，海上雲山半有無。杜甫神游應自惜，安期仙去待誰呼。未須東望成長往，小住塵寰慰老夫。（宋禧《庸菴集》、卷七）

〈為陳山人題顧雲屋大松圖〉　　　　　　　　　　　　　　　　元・宋　禧

　顧侯秀異天所種，胸中有此千尺松。深山大澤久藏器，層冰積雪當嚴冬。羽化登仙巢老鶴，樓居閱世對亢龍。小山桂樹何年種，讓爾獨立青芙蓉。（宋禧《庸菴集》、卷七）

〈顧山人畫〉　　　　　　　　　　　　　　　　　　　　　　　元・宋　禧

　高峰特立翠芙蓉，叠嶂飛來宛似龍。雲度雙關如有約，水流千磵捴相後。秋林谷口安亭館，曉寺巖阿響鼓鐘。老去可堪城郭住，關心草閣傍青松。（宋禧《庸菴集》、卷七）

〈羅壁隱居圖雲屋為方溟遠作〉　　　　　　　　　　　　　　　元・宋　禧

　玉山有客尋佳處，金谷何人比此山。溪閣幽居青樹裏，園泉遠落白雲間。燈明春夜看圖畫，地主年華集珮環。隔水桃花深幾許，洞門斜日未須關。（宋禧《庸菴集》、卷七、四珍二）

〈為方允恭題顧山人龍門雪霽圖〉　　　　　　　　　　　　　　元・宋　禧

　羅壁山形似金谷，今人誰繼古人遊。龍門雪色入鳥道，顧老霜毫追虎頭。高情脫略風塵跡，遠眼冥迷草木愁。客底敝裘能忍凍，畫圖不許世人求。（宋禧《庸菴集》、卷七）

〈為方出翁題顧雲屋大松圖〉　　　　　　　　　　　　　　　　元・宋　禧

去年寫松小山下，今年寫松羅壁中。千尋奇材拔厚地，兩度苦吟愁老翁。羽蓋青天落冰雪，龍門白日起電風。虎頭筆力今重見，神妙能分造化功。（元・宋禧庸庵集、卷七）

〈龍門大松圖〉　　　　　　　　　　　　　　　　　　　　　　元・宋　禧

虎頭孫子氣吞虎，龍門怪松身似龍。落筆蕭梢朔風起，潑墨慘淡飛雲從。無疑杜老歌韋偃，謾說秦封臨岱宗。天生異材久盤屈，青眼千年才一逢。（宋禧《庸菴集》、卷七）

〈顧雲屋效米元暉畫〉　　　　　　　　　　　　　　　　　　　元・宋　禧

能畫佳山水，顧侯天下稀。尋常董北苑，忽作米元暉。（宋禧《庸菴集》、卷八）

〈題顧雲屋山水圖〉　　　　　　　　　　　　　　　　　　　　元・宋　禧

吳郡顧雲屋，工山水畫，吾鄉鄭山輝稱其有出塵之趣。戊申夏，自鄞還吳，泊舟慈溪之丈亭，觀其山水諸佳處而樂之。過餘姚，為山輝門人徐性全作此圖，以行亟，其圖墨色有未足者。性全以贈其友周德如，山輝為題山字韻絕句一首。辛亥春，予循海而遊，過德如家，德如舊嘗從予者也，出此圖請予繼山輝題詩，予遂以次其韻。

虞公渡下丈亭山，送目船窗幾往還。今日題詩雲屋畫，白頭一笑海雲間。（宋禧《庸菴集》、卷九）

〈顧雲屋畫〉　　　　　　　　　　　　　　　　　　　　　　　元・唐　肅

江際石林秋，間來伴客遊。獸茵鋪接膝，鳩杖倚過頭。峰對千重色，潮聽一派流。話多論隱趣，身不近閒愁。縹渺雲生瀨，參差樹隱洲。無端破幽悶，飛去一隻鷗。（清高宗《御定歷代題畫詩類》、卷五十二）

〈次韻楊秉哲題顧山人畫滄洲圖便面〉　　　　　　　　　　　　元・呂不用

有客有客山中來，山人柴門為客開。一尺鵝溪寫瀛海，六鰲載出金銀台。顧侯名傳三十秋，正當冠蓋忘交游。自喜天機入神處，海色青霞射紅霧。傳家自是虎頭來，何況三山昔曾度。（呂不用《得月稿》、卷六、２〇/ａ）

〈題顧雲屋雲山圖〉　　　　　　　　　　　　　　　　　　　　元・呂不用

我識東吳顧文學，早歲丹青動黃閣。揮毫得意傲王侯，霜亂虯髯面如削。一自塗窮悲濩落，旅食南州夢非昨。蛟龍為魚氣鬱勃，散作春雲滿丘壑。乾坤無地著茅茨，寫向雲根亦奇作。荒林日色曉蒼涼，古木風聲晚蕭索。首陽蕨根秋土深，商嶺芝田今寂寞。看圖為問人何在，晚交注意歸猿鶴。（清高宗《御定歷代題畫詩類》、卷九）

〈顧雲屋畫〉　　　　　　　　　　　　　　　　　　　　　　元・唐　肅

　江際石林秋，間來伴客遊。獸茵鋪接膝，鳩杖倚過頭。峰對千重色，潮聽一派流。話多論隱趣，身不近閒愁。縹渺雲生瀨，參差樹隱洲。無端破幽悶，飛去一隻鷗。（清高宗《御定歷代題畫詩類》、卷五十二）

## 顧　祿

　小傳：字謹中，華亭人。能詩善書工山水，兼雜畫及鈎勒石竹。（見《中國畫家人名大辭典》、
　　　　七三七頁）

〈與太常典簿顧謹中題畫二首〉　　　　　　　　　　　　　　　　明・董　紀

　髮髯風煙笠澤東，吳山不與越山同。誰家樓閣停歌舞，舊是夫差避暑宮。滕王高閣倚江潯，畫棟珠簾歲月深。南浦中西山晴復雨，後人朝暮幾登臨。（董紀《西郊笑端集》、卷一）

〈鄉友顧謹中以山水圖題詩見寄，依韻答之〉　　　　　　　　　　明・管時敏

　九點吳山夢裏青，遠煙踈樹晚冥冥。何時買得螭頭舫，乎水菱歌泖上聽。（管時敏《蚓竅集》、卷八）

## 顧敬仁

　小傳：不見畫史記載。身世不詳。

〈顧敬仁竹石〉　　　　　　　　　　　　　　　　　　　　　　元・呂不用

　我愛東州顧文學，虎頭傳家見奇作。何年借得西阿斧，太華雲根為誰砍。蠻溪春水正溶溶，奈爾龍孫更難邈。解衣手心少盤礴，一對青鸞下寥廓。（呂不用《得月稿》、卷六）

## 顧　瑛

　小傳：又名德輝，字阿瑛，江蘇崑山人。工詩，能畫，又築玉山草堂，為江南藝文人士聚會
　　　　之所。（見《中國畫家人名大辭典》、七三六頁）

〈顧阿瑛古樹空亭圖軸〉　　　　　　　　　　　　　　　　　　　自　題

　古樹弄霜色，浮嵐幾疊青。閒來觀物理，特為卓空亭。阿瑛。（近代龐元濟《虛齋名畫續錄》、卷一）

〈顧阿瑛古樹空亭圖軸〉　　　　　　　　　　　　　　　　　　明・居　節

亭皋踈樹已驚霜，日落遙山轉翠蒼。無限秋光何處見，西風黃葉過橫塘。居節題。（清龐元濟《虛齋名畫續錄》、卷一）

〈顧阿瑛古樹空亭圖軸〉　　　　　　　　　　　　　　　　　明·文 彭

踈樹經霜赤，遙山過雨青。蕭閒無轍迹，寂寞艸玄亭。文彭次韻。（清龐元濟《虛齋名畫續錄》、卷一）

### 龔彥釗

小傳：不見畫史記載。身世不詳。

〈書龔彥釗畫舜二妃圖後〉　　　　　　　　　　　　　　　　元·馬 臻

伊大舜之鰥下兮，玉蘊櫝而藏諸堯側。陋以巽位兮，師錫帝而曰俞。試諸難而孝恭兮，惟懋嘉績。降二女子于溈汭兮，迺嬪于虞。繇治家以及區宇兮，始克觀于婦道。咨百辟而設居方兮，胡陟南而云徂。恐夙夜之弗逮兮，服盛德而靡失。何昊天之不弔兮，灑泣涕而連。如委重華而莫余申兮，寧遂湘流之浩淼。陟天命而隕厥躬兮，疇能撫事而踟躕。悲湘筠以凄風雨兮，膠淚清而莫除蕩。恨骨而誰為依兮，空馳靈於故都。昔四岳以明頑嚚昏傲兮，猶烝烝而善治。君今雖死而無憾兮，生厥父而厥夫懷哉。若人而不復見兮，終混輿而罔極。孰謂九京而不可作兮，美彥釗之為圖。爾有斯謀斯猷兮，亦孔昭於永世。我歌既成曷從而予之兮，望雲氣於蒼梧。（馬臻《霞外詩集》、卷四）

### 龔 咸

小傳：不見畫史記載。為龔開之子。

〈兒子咸畫雁，老人作江天。仍作詩命咸書卷上〉　　　　　　元·龔 開

朔方六月猶有雪，江南十月冰未結。雁門一夜起秋風，飛到江南未八月。江南處處多稻粱，景物何獨高瀟湘。沙汀月暗漁火起，驚奴一夜空慌忙。休言汝肉不登俎，全身已被家兒取。猶幸先生有愛心，放汝長江得容與。（明朱存理《珊瑚木難》、卷六）

### 龔 開

小傳：字聖予，一作聖與，號翠巖，淮陰人。工詩善書畫，古隸得魏漢筆意，畫山水師二米，畫人馬師曹霸，描法甚矗，尤善作墨鬼鍾馗及瘦馬等畫，怪怪奇奇，自出一家。。（見《中國畫家人名大辭典》、七四九頁）

〈題自寫蘇黃像〉　　　　　　　　　　　　　　　　　　　　自 題

海風吹髮如短蓬，精魄弄成頹鬢翁。歸來已覺在陽羨，鄰里不似雪堂概。江空六年歲月懞尊中，何況如今一螺墨。安能及公目如初生犢，細觀此畫尤崛奇，無觀巉巖無剩肉。百年光景春夢婆，人間遂少天上多。一炷清香留永日，奈何堂堂不語何。譬如寶界淪泗上，萬夫之力那能起。後來博古彼誰子，猶寫雄聲吞簫篋，不然豈徒有三足兩耳□□□天地中間泣鬼神。人之龍，文之虎，人言海內四學士，又云蘇門六君子。洪崖肩高萬丈餘，談笑笈拍何軒渠。當為誰作前者王，當為誰作後者盧。詩到聖時不讀書，高處豈獨煮湯坐團蒲。豈不迢迢百世下，好事亦寓蘇黃圖。又非中郎虎賁之事身，又非叔敖身後之□□，典型摩詰劣少頓。一丈精神三尺素，光芒射人數百步。布袍便是山谷褐，可能其中□萊肚。

往年，余見姜白石詩一卷，有絕句，作小草尤佳，云“道人野性如天馬，欲把青絲出帝閑”，甚愛此詩，第恨其不通畫，不能使無聲詩有聲畫相表見，此為欠事。因戲作前馬。既又念此句，此馬終無出路，復成後紙。去冬，有瘦馬一匹寄天台僧存書記，鶴臞亦以書來取畫，久之未報。今得此歸丈室，如有數也。天隨言凡物惟散者為得，二馬得失如何，白石不可作，枅而辨之，其在鶴臞有知道能言者，并惠教。楚龔開。（明朱存理《珊瑚木難》、卷六）

〈高馬小兒圖〉　　　　　　　　　　　　　　　　　　自　題

華騮料非九分膔，童子身長五六繞。青絲鞍短金勒緊，春風去去人馬驕。莫作尋常廝養看，沙陀義兒皆好漢。此兒此馬俱可憐，馬方三齒人朱冠。天真爛漫好容儀，楚楚衣裝無不宜。豈比五陵年少輩，臙脂坡下鬥輕肥。四海風塵雖已息，人才自古當愛惜。如此小兒如此馬，他日應從萬人敦。老夫出無驢可騎，乃有此馬騎此兒。呼兒回頭為小駐，停鞍聽我吟新詩。兒不回頭馬行疾，老夫對此空嘖嘖。（明朱存理《珊瑚木難》、卷六）

〈題龔聖予人馬〉　　　　　　　　　　　　　　　　　自　題

雪巘褚先生為士友戴祖禹題馬，謂得一翹舉者為佳。因憶敖器之評曹孟德詩，云“如幽燕老將，氣韻沉雄”，此語若施之畫馬，尤為至當，雖不翹舉亦可。此橐一年前手定，未嘗示人，今以先生之言用酬來意，又似不偶然也。至元壬辰八月九日，淮陰龔開記。（明朱存理《珊瑚木難》、卷六）

〈龔翠巖天馬圖〉　　　　　　　　　　　　　　　　　自　題

往余見姜白石詩一卷，有絕句，作小草尤佳，云“道人野性如天馬，欲擺青絲出帝閑”。甚愛此詩，第恨不通畫，不能使無聲詩有聲畫相表見，此為久事，因戲作前馬，既又念此句，此馬終無出路，復成口紙。去冬，有瘦馬一匹寄天台僧存書記，鶴臞亦以書來取畫，久之未報，今得此歸丈室，如有數也。天隨言凡物惟散者為詩，二馬得失何如，白石不可作，析而辨之，其在鶴臞有知道能言者，併幸惠教，楚龔開。（明朱存理

《鐵網珊瑚・書品》、卷二）

〈龔翠巖中山出遊圖〉　　　　　　　　　　　　　　　　　　　自　題

　髯君家本住中山，駕言出遊安所適。謂為出獵無鷹犬，以為意行有家室。阿妹韶容見靚妝，五色胭脂最宜黑。道逢驛舍須少憩，方屋無人酒食。赤幘烏衫固可享，美人清血終難得。不如歸隱中山釀，一醉三年無緣息。卻愁有物覷高明，八姨豪買他人宅。□□君醒為掃除，馬嵬金駄去無跡。

　　人言墨鬼為戲筆，是大不然，此乃書家之草聖也。豈有不善真書而能作草者。在昔善畫墨鬼，有似頤真、趙千里。千里丁香鬼誠為奇特，所為去人物科大遠，故人得以戲筆目之。頤真鬼雖甚工，然其用意猥近，甚者作髯君野漚一毫豬，即之妹子，特杖披衿趕逐，此何為者耶？僕今作中山出遊圖，蓋欲一灑頤真之陋，庶不廢翰墨清玩，譬之書，猶真行之間也。鍾馗事絕少，僕前後為詩，未免重用，今即他事成篇，聊出新意焉耳。淮陰龔開記。（**明朱存理《鐵網珊瑚・書品》、卷二**）

〈龔翠巖玉豹圖〉　　　　　　　　　　　　　　　　　　　　　自　題

　南山有雄豹，隱霧成變化。奇姿驚世人，毛物亦增價。天上房星湦瑞光，孕成白馬而墨章。為誰容易來中國，風雪天山道路長。頭為王欲得方，目為相欲得明。脊為將軍欲得強，腹為城郭欲得張。絕憐此馬皆具足，十五肋中包腎腸。嗟予老去有馬癖，豈但障泥知愛惜。千金市駿已無人，禿筆松煤聊自得。君侯昔如汗血駒，名場萬里曾先驅。山林鐘鼎知何有，歲晚江湖託著書。白雲未信仙鄉遠，黃髮鬖鬖健有餘。飲酒百川猶一吸，吟詩何嫌萬夫敵。我持此馬將安歸，投之君侯如獻璧。君侯作詩凜馳驚，八荒滿盈動電雨。定知此馬知此意，獨欠老奚通馬語。曹將軍，杜工部，各有一心存萬古。其傳非畫亦非詩，要在我輩之衿期，君侯君侯知不知。

　　僕為虛谷先生作玉豹馬，先生有詩見酬，極筆勢之馳騁，乃以此詩報謝，淮陰龔開。（**明朱存理《鐵網珊瑚・書品》、卷二**）

〈龔翠岩瘦馬圖〉　　　　　　　　　　　　　　　　　　　　　自　題

　駿骨圖。龔開畫。

　　一從雲霧降天關，空盡先朝十二閑。今日有誰憐駿骨，夕陽沙岸影如山。經言馬肋貴細而多，凡馬僅十餘肋，過此即駿足。惟千里馬多至十有五肋，假令肉中畫骨，渠能使十五肋現於外，非瘦不可。因成此相，以表千里之異，尫羸非所諱也。淮陰龔開水木孤清書。（**清吳升《大觀錄》、卷十八**）

〈題施好古示龔學古瘦馬六言〉　　　　　　　　　　　　　　元・方　回

畫馬不學韓幹，我知八十翁心。使皆肥□□□，□□□□可斟。（方回《桐江續集》、卷二十七）

〈龔翠巖玉豹圖〉　　　　　　　　　　　　　　　　　　　元・方 回

龔侯之先楚兩龔，遠孫挺挺有祖風。五鼎食肉不挂意，萬卷讀書曾用功。草字隸字各神妙，古詩律詩俱豪雄。雖有一癖好畫馬，不比人間凡畫工。颯爽修髯三尺長，長安市上無人識。等閑幅紙寫驊騮，或者終身求不得。我未嘗求忽得之，神出玉花驄一匹。開卷如聞嘶風聲，蹴踏青天砲霹靂。曹伯昔遇唐明皇，畫出此馬真龍驤。黃金拜賜南薰殿，赫奕門戶生光輝。昇平難保金易散，晚歲奔波逃戰場。却將少陵詩一首，名撐宇宙相悠長。龔侯不干萬乘主，但欲追尋窮杜甫。老筆一洗韓幹肉，天閑至寶落環堵。詩非杜甫畫勝曹，無乃心神漫勞苦。龔侯此筆真游戲，別有文章垂萬古。□□龜城叟為作玉豹圖，敬作長歌識之，虛谷翁方回。（明朱存理《鐵網珊瑚・書品》、卷二）

〈楚龔雲山圖〉　　　　　　　　　　　　　　　　　　　　元・張伯淳

小米心期付老龔，雲容山色有無中。懸知白雪樓頭客，一拂雲山萬慮空。（張伯淳《養蒙文集》）

〈題龔聖予山水圖〉　　　　　　　　　　　　　　　　　　元・趙孟頫

澤雉樊中神不王，白鷗波上夢相親。黃塵沒馬歸來晚，只有西山小慰人。當年我亦畫雲山，雲白山青只尺間。今日看山還自笑，白頭輸與楚龔閑。（趙孟頫《松雪齋文集》）

〈題龔翠巖中山出遊圖〉　　　　　　　　　　　　　　　　元・白 珽

何處張弧鬼一車，中山曾見夜蒐圖。紛紛眼底朱成碧，後乘鍾家有此姝。（白珽《湛淵集》、廿一頁上）

〈龔翠巖中山出遊圖卷〉　　　　　　　　　　　　　　　　元・湯時懋

月黑山空聚嘯聲，搜神志怪寫猙獰。老馗疾惡風霜面，泉壤千年不隔生。湯時懋。（明朱存理《鐵網珊瑚・書品》、卷二）

〈題龔巖翁龍馬圖〉　　　　　　　　　　　　　　　　　　元・龔 璛

學古齋中楚龔，攬天飄御風鬃。莫論將軍畫馬，試看老子猶龍。（龔璛《存悔齋稿》）

〈龔巖翁以焦墨作亂山，甚奇，為題六言〉　　　　　　　　元・龔 璛

無大拔山竟去，奮髯飲研欲枯。介甫但有執拗，呂端不是糊塗。（龔璛《存悔齋稿》）

〈題龔聖予畫馬〉　　　　　　　　　　　　　　　　　　　　　元・龔　璛

　人間能有幾天馬，試問來從西極者。二十萬匹從貳師，攻破大宛僅得之。執驅校尉奏妙選，帝閑自此收權奇。未央宮門銅作式，矯矯如此龍八尺。絆者自絆逸者逸，不是老龔誰貌得。（龔璛《存悔齋稿》）

〈龔翠巖中山出遊圖〉　　　　　　　　　　　　　　　　　　　元・龔　璛

　歲云暮矣索鬼神，九首山人生怒嗔。獵取群妖如獵兔，驅儺歸去作新春。　高郵龔璛。（明朱存理《鐵網珊瑚・書品》、卷二）

〈龔翠岩瘦馬圖〉　　　　　　　　　　　　　　　　　　　　　元・龔　璛

　生成何用十五肋，羅帕銀鞍千百羣。可是蒺藜肥不得，骨如山立意如雲。高郵龔璛。（清吳升《大觀錄》、卷十八）

〈龔翠巖中山出遊圖〉　　　　　　　　　　　　　　　　　　　元・韓　性

　是為伯強為謫狂，睢盱鬼伯髯怒張。空山無人目昏黃，迴風陰火隨幽篁。辟邪作字魏迄唐，殿前吹笛行跟蹡。飛來武士藍衣裳，夢境何為在縑綃緗。中山九首彌荒唐，猶可為人祓不祥。是心畫師誰能量，筆端正爾分毫芒。清都紫府昭回光，三十六帝參翱翔。陰氣慘淡熙春陽，謂君閣筆試兩忘，一念往復如康莊。　安陽韓性。（明朱存理《鐵網珊瑚・書品》、卷二）

〈龔聖子畫瘦馬行〉　　　　　　　　　　　　　　　　　　　　元・馬　臻

　在昔開元曹將軍，健筆突兀老入神。能貌明皇玉驄馬，博得聲價輕千鈞。後來韓幹只畫肉，少陵不許肥失真。寥寥此道幾懸絕，至理不付尋常人。淮陰龔公老儒者，落筆文辭馳二雅。有時快意掃骨馬，妙處不在曹公下。畫時想極虛無垠，思入萬里沙場昏。凝精洞視色不變，杳冥久中百體存。相經合備渥洼種，仰首鳴天鼻欲動。氣豪似與神龍爭，疾雷迅電驚塵夢。憶昨嫖姚騎戰時，旋雲轉霧飛四蹄。翻然踏碎關山雪，歸來汗血光淋漓。霜枝萬骨功誰利，太平總為將軍致。如今衰瘦箭瘢乾，生駒卻受黃金轡。此馬此畫絕世無，先生慷慨傳此圖。可憐韋設日已遠，獨撫此畫深嗟吁。北風動地天色慘，展開猛士寒搖膽。詠罷新詩無限情，卷向空齋白日晚。（馬臻《霞外詩集》、卷一）

〈題鄧蘇壁所藏龔處士畫馬卷〉　　　　　　　　　　　　　　　元・馬　臻

　金釘繩短駐霜蹄，曾見先生手畫時。精凝繭香回緊爽，氣隨神變發權奇。華軒欲試丹青動，絕筆無傳造化私。今日有誰偏愛惜，鄧公馬癖幾人知。（馬臻《霞外詩集》、卷四）

〈和黃瀑翁寄弔龔巖翁畫馬詩〉　　　　　　　　　　　　　　　　　元・馬　臻

　　大德丁未，黃瀑翁寄弔龔巖翁畫馬詩，因路雲溪過西江，訪李鶴田，請同賦。明年，路雲溪
回杭，瀑翁首出此卷索和章。余於巖翁久敬不忘，故拭淚次其韻，以重存歿之感焉。

　　吾聞曹韓之馬，筆力相承如有待。能使畫師神色改，一落人間五百年。珍襲如今復誰
在，髯龔貌得霜雪蹄。曹韓無詩不敢齊，神龍變化叵易測。似聞展卷空中嘶，蹶來初放
行天步。萬里關河夜飛渡，下慚俗馬相驕矜。金羈但識西湖路，猛氣尚欲超濠沱。春風
苜蓿生意多，匡廬老仙得此畫。迸淚激越成悲歌，歌成惆悵翁仙去，價直千金那忍顧。
殷勤寫挂墳樹枝，不知冥漠能知不。（馬臻《霞外詩集》、卷十）

〈龔翠巖中山出遊圖〉　　　　　　　　　　　　　　　　　　　　　　元・釋宗衍

　　老髯見鬼喜不嗔，出遊夜醉中山春。髯身自鬼龍者□，況乃前後皆非人。楚龔老死無
知己，生不事人焉事鬼。吁嗟神鼎世莫窺，此圖流傳當寶之。　釋宗衍。（明朱存理《鐵
網珊瑚・書品》、卷二）

〈龔翠巖中山出遊圖〉　　　　　　　　　　　　　　　　　　　　　　元・宋　无

　　酆都山黑陰雨秋，群鬼聚哭寒啾啾。老馗豐髯古幞頭，耳聞鬼聲饞涎流。鬼奴輿馗夜
出遊，兩昧劍笠逐輿後。槁形蓬首枯骸瘦，妹也黔面被裳繡。老馗回觀四目時時鬪，料
亦不嫌馗醜陋。後驅鬼蜼荷衾枕，想馗倦行欲安寢。挑壺抱甕寒凜凜，勿乃搾鬼作酒飲。
今我能言口為噤，執縶魍魎血灑骻。勿乃剮鬼成鬼鱠，令我有手不能把。神閒意定元是
假，始信吟翁筆揮灑。翠巖道人心事平，胡為識此鬼物情。看來下筆眾鬼驚，詩成應聞
鬼泣聲。至今卷上陰風生，老馗氏族何處人。託言唐宮曾見身，當時聲色相沉淪。阿瞞
夢寐何曾真，宮妖已殘馬嵬塵。倐忽青天飛霹靂，千妖萬怪遭誅擊。酆都山摧見白日，
老馗忍飢無鬼吃，冷落人間守門壁。翠寒宋无。（明朱存理《鐵網珊瑚・書品》、卷二）

〈同吳正傳詠龔巖叟小兒高馬圖〉　　　　　　　　　　　　　　　　　元・吳　萊

　　北平爰久不侯，伏波矍鑠空持矛。并州小兒十歲許，双足捷走真驊騮。金鞍玉勒絲䪾
絡，肉䯗風鬣雪斷罕。郊衢一躍自矜驕，血氣未完先躊躇。漢皇神武駕英雄，西極飛來
八尺龍。城朼鬪雞爾尚可，磧外鳴劍吾無功。初陽却照長楸道，白髮奚官泣枯草。悠悠
翠蓋與鸞旗，老矣驊騮那得知。（吳萊《淵穎吳先生文集》、卷二）

〈龔翠巖天馬〉　　　　　　　　　　　　　　　　　　　　　　　　　元・郭畀

　　髯龔畫馬師曹霸，相見開元天寶年。水滿曲江春草碧，何知蜀棧上青天。（郭畀《快
雪齋集》、六頁下）

〈龔翠巖中山出遊圖卷〉 元‧錢良右

　小魎欺人亦可憎，鬼翁怒縛敢憑陵。莫言怪狀元無有，老眼髶龔見屢曾。錢良右敬題。
（明朱存理《鐵網珊瑚‧書品》、卷二）

〈題（龔開）江磯圖卷後〉 元‧柳　貫

　此江磯圖淮陰龔聖予先生所作。余初見先生錢塘湖東，年已七十餘，踈髶秀眉，頎身
逸氣如圖畫中仙人劍客，時時為好事者吟詩作書畫，韶度沖遠，往往出尋常筆墨畦町之
外。時余稚齒方出遊諸公間，雖不敢率率先生為之，而心實企慕焉。此圖為弁陽周公謹
作，公謹故家多蓄法書名畫，先生之死蓋後公謹數年，而公謹之子孫今盡弃其所藏，余
在燕嘗見其三四。暨來豫章，見集古錄蔣洪仲家，今又從旴江周道益見此圖，然不知此
尤物何以能無脛翼而飛行至是耶。錢塘故都，未及百年，風流文物掃地盡矣。獨其書畫
之所存，猶可想見其彷彿，此固重夫攬古者之一慨云耳。（柳貫《柳待制文集》、卷十八）

〈（龔開）高馬小兒圖贊〉 元‧吳師道

　易不云乎，小人乘君子之器，盜思奪之矣。龔開聖予作高馬小兒圖，蓋出於此。其自為詩則
姑文致，委曲而署，於未語見意不敢盡也。愚輒不揆，申極其詞以著義，且以贊奇產之不終
厄云爾。

　龍之媒，挺權奇。嗟不逢，制小兒。眇童頑，爾何如。樂騰凌，傲以嬉。聖有戒，垂
訓詞。據非宜，或奪之。彼雖奪，亦莫覊。充帝閑，屬鸞旗。願托身，奉明時。（吳師
道《吳正傳先生文集》、卷十一）

〈龔翠巖中山出遊圖卷〉 元‧陳　方

　楚龔胸中墨如水，零落江南髮垂耳。文章汗馬兩無功，痛哭乾坤遽如此。恨翁不到天
子傍，陰風颯颯無輝光。翁也有筆如干將，貌取群怪驅不祥。是心頗與魎相似，故遣魔
斥如翁意。不然異狀吾所憎，區區白日胡為至。嗟哉咸淳人不識，夜夜宮中吹玉笛。　谷
陽陳方。（明朱存理《鐵網珊瑚‧書品》、卷二）

〈龔翠岩瘦馬圖〉 元‧張　翥

　自古稱良驥，以德不以力。來從渥洼水，汗血真可惜。骨相既不凡，萬里方一息。臨
障協人心，屢戰殊無敵。于茲筋骨罷，瘦骨嗟多肋。翻鬣更垂頭，態度猶傑特。少壯既
為用，衰病那可斥。牧向華山陽，萋萋芳草碧。吳郡張翥。（清吳升《大觀錄》、卷十八）

〈龔翠巖人馬圖〉 元‧秦　約

　八坊隊隊馬如雲，曾向開元奉聖君。今日飛龍仙駕遠，千金駿骨世空聞。秦約。（明

朱存理《鐵網珊瑚書品》、卷二）

〈題龔翠巘江山圖〉　　　　　　　　　　　　　　　　元・華幼武

　　山雲白白樹青青，正是江南第一程。卻憶西津舊時路，黃沙漲滿少人行。（清高宗《御定歷代題畫詩類》、卷六）

〈題林芝隱所藏龔翠岩臨昭陵什伐赤馬圖〉　　　　　　元・王　逢

　　龔名開，宋季淮陰人，自題云：赤驥駝僧去玉關，換他白馬載經還。誰憐什伐蚩龍子，贏得金創臥帝閑。風雨昭陵戰伐秋，赤流汗血尚成溝。畫工解貌千金骨，不抵東家口戴牛。（王逢《梧溪集》、卷二）

〈王國臣以龔翠岩先生所畫梨樹幽禽圖見贈，賦此〉　　元・戴九靈

　　為念閑情愛此圖，錦囊卷送結交初。槎枒玉樹君應似，宛轉珍禽我不如。人物既為時膾炙，才名真作世璠璵。客途獨愧情難報，感謝當傳百代餘。（戴九靈《九靈山房集》、卷二十五）

〈龔翠岩瘦馬圖〉　　　　　　　　　　　　　　　　　元・倪　瓚

　　憶昔昇平貞觀年，八坊錦隊如雲烟。當時筆下寫神駿，就中最數韓曹賢。權奇五馬宋元祐，蘇黃賞嘆稱龍眠。本朝天馬渥洼種，指顧千里寧加鞭。饑食玉山之禾飫，醴泉龍驤虎躍何翩翩。翰林仙人趙榮祿，畫法直度曹李前。而今覽畫皆嘆息，真龍欲見無由緣。淮陰老人氣忠義，短褐雪髯當宋季。國亡身在憶南朝，畫思詩情無不至。宋江三十尚形模，鍾山鬼隊尤可吁。高馬小兒傳意匠，詩就還成瘦馬圖。夕陽沙岸如山影，天閑健步何由騁。後世徒知繪可珍，孰知義士憤欲癭。倪瓚。（清吳升《大觀錄》、卷十八）

〈題龔聖予人馬〉　　　　　　　　　　　　　　　　　元・楊維禎

　　老龔謫世房星精，愛畫先皇照夜真。霹靂一聲天上落，鼎湖飛浪白如銀。維禎。（明朱存理《珊瑚木難》、卷六）

〈龔翠岩瘦馬圖〉　　　　　　　　　　　　　　　　　元・楊維楨

　　誰家瘦馬鐵色驄，稜稜脊骨如懸弓。吁嗟恐是百戰後，主將棄之大澤中。毛色模糊雪點墨，瘡瘢斑駁吐花紅。天寒歲晏道里遠，野秣幾時秋草豐。吾聞天閑十二皆真龍，太僕品豆朝暮供。五花如雲肉如豐，生平不泯汗血功。祇立閶闔生雄風，豈知驊騮在野食不充，生有伯樂無奇逢。嗚呼！相馬貴骨不貴肉，開也畫圖無乃同，令我展圖三歎心忡忡。鐵笛叟在清真之竹洲館試郭玘墨。（清吳升《大觀錄》、卷十八）

〈龔翠巖中山出遊圖卷〉 元·王搏鳳

老馗怒目髯奮戟，阿妹新粧臉塗漆。兩輿先後將何之，往往徒御皆骨立。開元天子人事廢，清宮欲藉鬼雄力。楚龔勿乃好幽怪，醜狀奇形尚遺跡。 古并王肖翁搏鳳。（明朱存理《鐵網珊瑚·書品》、卷二）

〈龔翠巖中山出遊圖卷〉 元·王 時

長嘯空林百草秋，蒼髯煤臉也風流。當時竊得三郎夢，卻向中山學夜遊。 金源王時本中。（明朱存理《鐵網珊瑚·書品》、卷二）

〈龔翠巖中山出遊圖卷〉 元·李鳴鳳

老夫書倦眼糢糊，睡魔魘去復來不受驅。故人偶遇蓬蒿屋，授我一卷牛腰墨。戲圖午窗拭眥試，展玩使我三嘆還。長吁人間何處有此境，眾鬼雜遝相奔趨。一翁烏帽袍韡□，兩鬼共舉藤輿出。怒瞠兩目髯舒戟。阿妹雙臉無脂鉛，只調松煤塗抹色如漆。前呼後役皆鬼徒，亦有橫挑直挑之鬼物。又有猙鬼數十輩，相隨各執役。陰風淒淒寒起袂，遇是九首山人出遊中山捕諸鬼。三郎聰明晚何謬，玉環狐媚不悟祿兒醜。當年曾偷寧王玉笛吹，豈信此徒亦復效聱來肆欺。馗也詎能一一盡擒捉，舉世滔滔定誰知覺，我欲呼髯扣其術。人言固是翠巖老子遊戲筆，卻憶漁陽鐵騎來如雲，騎騾倉皇了無策。錦韉游魂竟弗歸，方士排空御氣無從覓。老巖去我久，九京難再作，遺墨敗楮空零落。安得江波化作蒲萄之新醅，畫鼓四面轟春雷。叱去群魅不復顧，大笑滿傾三百杯。黃山樵叟李鳴鳳。（明朱存理《鐵網珊瑚·書品》、卷二）

〈龔翠巖中山出遊圖卷〉 元·呂元規

百鬼紛紛擾士民，明皇選得夢中身。前呼後擁中山道，翻與群妖作主人。 呂元規。（明朱存理《鐵網珊瑚·書品》、卷二）

〈龔翠巖中山出遊圖卷〉 元·襏襫翁

中山出遊圖凡一卷，展玩者莫不驚訝。世之奇形怪狀，暴戾譎詭，強弱吞唅，變詐百出甚於妖魅者，不少人不以為怪而何？蓋耳聞目接，久而與之俱化，故眎為常也。吁，髯翁之畫深有旨哉！以鍾馗事祇見明皇夢中為疑，予謂："往古來今，星流電掣，烜赫淒涼，菌生漚滅，何事非夢，獨于是疑焉？今贅數語于卷，又豈非夢中說夢耶？" 東湖襏襫翁題。（明朱存理《鐵網珊瑚·書品》、卷二）

〈龔翠巖中山出遊圖卷〉 元·周 耘

翠巖龔先生，負荊、楚雄俊才，不為世用。故其胸中磊磊落落者，發為怪怪奇奇在毫端游戲，氣韻筆法非俗工所可知。然多作汗血老驥伏櫪，態度若生，蓋志在千里也。寫中山出遊圖，髯君顧盼，氣吞萬夫，興從詭異，雜杳魑魅，束縛以待烹，使剛正者覩之心快，奸佞者見之膽落。故知先生之志，在掃蕩兇邪耳，豈清玩目之。噫！先生已矣，至今耿光逼人。　後學象山周耘識。（明朱存理《鐵網珊瑚・書品》、卷二）

〈龔翠巖中山出遊圖卷〉　　　　　　　　　　　　　　　　　元・劉　洪
　　堪笑龔侯戲鬼神，豪端寫出逼曳真。我貧不敢披圖看，恐作邪揄來笑人。劉洪。（明朱存理《鐵網珊瑚・書品》、卷二）

〈龔翠巖中山出遊圖卷〉　　　　　　　　　　　　　　　　元・孫元臣
　　鍾叟蒼髯妹漆膚，前丘後擁兩肩輿。能令五鬼非吾患，免使奴星結柳車。孫元臣題。（明朱存理《鐵網珊瑚・書品》、卷二）

〈題龔聖予人馬〉　　　　　　　　　　　　　　　　　　　元・李　構
　　開元四十九萬馬，迅雷追風莫可縱。不是畫師題品出，誰知一匹是真龍。李構。（明朱存理《珊瑚木難》、卷六）

〈龔翠岩瘦馬圖〉　　　　　　　　　　　　　　　　　　　元・劉　益
　　百戰一身在，尩羸若堵墻。太平無事日，歸向華山陽。未食天閑粟，形骸瘦不禁。何時逢伯樂，應重價千金。吉水劉益。（清吳升《大觀錄》、卷十八）

〈龔開所畫煎茶索句圖〉　　　　　　　　　　　　　　　　明・凌雲翰
　　玉川和靖總清標，煮茗吟梅共寂寥。時世不同人物似，正如雪裏見芭蕉。（凌雲翰《柘軒集》、卷一）

〈題龔聖與瘦馬圖〉　　　　　　　　　　　　　　　　　　明・徐有貞
　　右吳郡魏文忠所藏龔聖與瘦馬圖。聖與名開，淮陰人，在宋季以詩畫知名。其作此圖，蓋得杜子美瘦馬行之意。聖與首自題以詩，繼而題之者，會稽楊維楨而下凡十三人，皆託之馬以喻人。其辭意有足悲者，然予觀此圖獨異焉。古之善畫馬者，貴得其神氣而不貴形似。聖與乃以相馬經言，馬之千里者，其肋十有五，拘拘然如數畫之。夫馬固有十五肋者，然不必畫也，畫之不已泥乎？予意曹霸韓幹之畫馬不若是也，且伯樂謂天下之馬，若滅，若沒，若亡，若失，不可以形容筋骨相也，可以形容筋骨相者常馬耳。由此觀之，相馬經之言亦未必然。如必以十五筋乃為千里馬，亦猶必十尺乃為文王，必三尺乃為周公也，是世俗之見非豪傑之見也。嗟乎，聖與既泥形而畫之，予又泥馬畫而論之，

豪傑之士將不併笑之耶？（徐有貞《武功集》、卷二）

〈龔翠岩瘦馬圖〉　　　　　　　　　　　　　　　　　　　明‧謝　晉

　何年放汝華山陽，瘦骨稜嶒肉竟亡。雙耳垂風寒欲墮，四蹄踏雪煖猶殭。無人飼秣思
天廐，失主哀鳴憶戰場。房琯可憐遭貶斥，少陵曹賦病乘黃。謝晉。（清吳升《大觀錄》、
卷十八）

〈龔翠岩瘦馬圖〉　　　　　　　　　　　　　　　　　　　明‧徐　珵

　古吳郡魏文忠所藏龔聖與瘦馬圖。聖與名開，淮陰人，在宋季以詩畫知名。其作此圖，
蓋得杜子美瘦馬行之意。聖與首自題，以詩繼而和之者，會稽楊維禎而下共若干人，皆
託之馬，以喻其詞意，有足悲者。然予觀此圖，亦竊有疑焉。古之善畫馬者，貴得其神
氣，不貴得其形似。聖與乃以相馬經言，馬之千里者其肋十有五，拘拘然如數而畫之，
不已泥乎？予意曹霸、韓幹之畫馬，不若是也已。伯樂謂天下之馬，若滅，若沒，若亡，
若失，不可以形骸筋骨相也。可以形骸筋骨相也者，常馬耳。由此觀之，相馬經之言亦未
必然，如必以十五肋乃為千里，亦猶必十尺乃為文王，三尺乃為周公也，是世俗之見，
非豪傑之見也。嗟乎！聖與既泥形而畫之，予又泥畫而論之，豪傑之士將不併笑之耶？
正統元年仲春，翰林編修徐珵題。（清吳升《大觀錄》、卷十八）

〈龔翠巖中山出遊圖卷〉　　　　　　　　　　　　　　　　明‧豐　坊

　翠巖翁為宋臣，入元遂不仕，人品如此，故書畫皆妙絕。所作八分，全用篆法，有秦
權量、漢汾陰鼎、綏和壺遺意。其圖鬼物，怪怪奇奇，用意要非玩戲而已。詩曰為鬼為
蜮，則不可測，世間此輩固自不少，安得盡供髯君咀嚼耶？嘉靖丁亥二月廿五日，四明
豐坊觀於寶岷樓，因題隸書。（清龐元濟《虛齋名畫錄》、卷二）

〈龔翠岩瘦馬圖〉　　　　　　　　　　　　　　　　　　　明‧項元汴

　右龔開字聖與，別號翠岩，淮陰人，宋兩淮制置使監當官。入元朝不仕，博聞多識，
耿介不同流俗，作古隸得漢魏筆。故其書，上古典型具在。予家藏此，遂述所由。萬歷
六年戊寅孟秋七月二十四日，在赤松軒書，墨林項元汴。（清吳升《大觀錄》、卷十八）

〈龔翠巖中山出遊圖卷〉　　　　　　　　　　　　　　　　清‧高士奇

　自唐吳道子作鍾馗出遊圖，其後畫者日眾，離奇虛誕，各有所寄也。龔翠巖入元不仕，
旅舍無炊，往往攤紙於其子之背為圖，易米人爭購之。然所傳於世亦無多。丁丑冬，余
請養初還，得其羸馬圖於吳門。今年六月，又得其中山出遊圖。二卷皆極著者，前賢題
跋多且佳，余故並珍之。客曰：「昔人詩篇圖畫多託之馬者，或以喻才俊，或以傷不遇，

尚有意在，似此鬼隊滿前，何所取乎？」余曰：「不然，世之人形而鬼怪，其行者不一而足，安知此輩貌醜而不心質耶？凡遇世事之可喜、可諤、可駭、可怒、可恐、可歎者，取茲觀之，必忽爾大笑，以古人為不爽。」康熙庚辰七夕前一日，立秋旬餘，餘暑日熾，軒窗近晚，始有微涼，滌研消遣，隨筆成語，書罷起立，纖月已在簷際。茉莉花開，滿樹繽紛，回憶少年，別是一境味。江村藏用老人高士奇。（清龐元濟《虛齋名畫錄》、卷二）

〈龔翠巖中山出遊圖卷〉　　　　　　　　　　　　　　　　　清・李世倬

　　畫自一畫而化無窮，意之所至托諸毫末，可諷、可諫、可褒、可頌、可禱，盡視為畫，鮮識其旨，固可縱情而逞癖。夫筆墨也，果有得也，則觸處皆是驚人駭俗，致觀者訝然，此作是也。跋有云：嫁妹出遊，鑿言之無據，泛言無庸。所以物色而藏之者，蓋有遐思焉。伊祁李世倬。（清龐元濟《虛齋名畫錄》、卷二）

〈龔翠巖中山出遊圖卷〉　　　　　　　　　　　　　　　　　清・許乃普

　　此卷筆墨奇古，深得武梁祠像筆意，洞心駭目，可寶可寶。道光丁酉元夕後二日，錢唐許乃普觀於章門使署之靜香齋，并記。（清龐元濟《虛齋名畫錄》、卷二）

## 巖　卿
　　小傳：不見畫史記載。身世不詳。

〈畫師巖卿蒲中八詠圖後〉　　　　　　　　　　　　　　　　元・段成己

　　老大溪山入夢頻，聊憑圖畫寫情真。歸歟不及身強健，山有英靈恐笑人。（段成己《二妙集》補、頁三）

## 鑑仲明
　　小傳：不見畫史記載。身世不詳。

〈鑑仲明畫〉　　　　　　　　　　　　　　　　　　　　　　元・金哈剌

　　高樹鳴秋雨，層巒起莫雲。扁舟江上客，應訪武九君。（金哈剌《南遊寓興詩集》、三十六頁）

〈鑑仲明畫為習齋老人題〉　　　　　　　　　　　　　　　　元・金哈剌

　　浙僧能畫天下聞，放筆萬里成逡巡。大山小山雲氣濕，遠樹近樹煙光分。蜿蜒石逕入屋底，交加薜蘿垂澗濱。徵君焚香日相對，頓令四座無囂氛。（金哈剌《南遊寓興詩集》、

四十頁）

〈寄曾子習索鑑仲明畫〉 　　　　　　　　　　　　　　　　元‧金哈剌

　中津橋上別，倏爾又兼旬。籬菊驚殘露，山梅報小春。鳥巾簪白雪，縞服避紅塵。曾說南僧畫，揮毫似有神。（金哈剌《南遊寓興詩集》、四十六頁）

〈鑑仲明上人畫〉 　　　　　　　　　　　　　　　　　　明‧凌雲翰

　老禪曾隱虎跑泉，筆底山林似巨然。此是太平真氣象，家家茅屋起炊煙。（凌雲翰《柘軒集》、卷一）

# 閱覽書目

## 元人著作

耶律楚材《湛然居士文集》十四卷　　四部叢刊　　　　　　　台灣中華書局

劉秉忠《藏春集》一卷　　四庫全書珍本第六集　　　　　　　台灣商務印書館發行

張宏範《淮陽集、附詩餘》二卷　　四庫全書珍本第三集　　　台灣商務印書館發行

郝經《陵川集》三十九卷　　四庫全書珍本第四集　　　　　　台灣商務印書館發行

張養浩《歸田類稿》二十二卷　　四庫全書珍本第三集　　　　台灣商務印書館發行

張養浩《雲莊類稿》一卷　　四庫全書珍本第三集　　　　　　台灣商務印書館發行

釋英實存《白雲集》一卷（善本）　　　　　　　　　　　　　台北故宮博物院藏

王義山《稼村類稿》三十卷　　四庫全書珍本第初集　　　　　台灣商務印書館發行

方回《桐江續集》三十六卷　　四庫全書珍本第初集　　　　　台灣商務印書館發行

楊公遠《野趣有聲畫》二卷　　四庫全書珍本第二集　　　　　台灣商務印書館發行

黃庚《月屋漫稿》一卷　　四庫全書珍本第八集　　　　　　　台灣商務印書館發行

黃庚《至正集》　　四庫全書珍本第八集　　　　　　　　　　台灣商務印書館發行

戴表元《剡源集》三十卷　　四部叢刊　　　　　　　　　　　台灣中華書局

艾性夫《剩語》二卷　　四庫全書珍本第初集　　　　　　　　台灣商務印書館發行

張伯淳《養蒙集》十卷　　四庫全書珍本第三集　　　　　　　台灣商務印書館發行

陸文圭《牆東類稿》二十卷　　四庫全書珍本第別集　　　　　台灣商務印書館發行

趙文《青山集》一卷　　四庫全書珍本第初集　　　　　　　　台灣商務印書館發行

劉詵《桂隱集》一卷　　四庫全書珍本第二集　　　　　　　　台灣商務印書館發行

劉壎《水雲村稿》一卷　　四庫全書珍本第四集　　　　　　　台灣商務印書館發行

鄧文原《素履齋稿》一卷　　四庫全書珍本第三集　　　　　　台灣商務印書館發行

張觀光《屏巖小稿》一卷　　四庫全書珍本第三集　　　　　　台灣商務印書館發行

釋善住《谷響集》三卷　　四庫全書珍本第三集　　　　　　　台灣商務印書館發行

吾丘衍《竹素山房詩集》三卷（善本）　　　　　　　　　　　台北故宮博物院藏

胡祇遹《紫山大全集》二十六卷　　四庫全書珍本第四集　　　台灣商務印書館發行

任士林《松鄉集》十卷　　四庫全書珍本第二集　　　　　　　台灣商務印書館發行

趙孟頫《松雪齋文集》十卷　　四部叢刊　　　　　　　　台灣中華書局

吳澄《草廬集》一卷　四庫全書珍本第二集　　　　　　　台灣商務印書館發行

仇遠《金淵集》六卷（善本）　　　　　　　　　　　　　台北故宮博物院藏

仇遠《山村遺集》六卷（善本）　　　　　　　　　　　　台北故宮博物院藏

白珽《湛淵集》一卷（善本）　　　　　　　　　　　　　台北故宮博物院藏

釋圓至《牧潛集》七卷（善本）　　　　　　　　　　　　台北故宮博物院藏

　楊宏道《小亨集》六卷　　四庫全書珍本第初集　　　　　台灣商務印書館發行

　許衡《魯齋集》一卷　　四庫全書珍本第四集　　　　　　台灣商務印書館發行

　劉因《拾遺》　四部叢刊　　　　　　　　　　　　　　　台灣中華書局

　魏初《青崖集》五卷　　四庫全書珍本第初集　　　　　　台灣商務印書館發行

　劉將孫《養吾齋集》三十二卷　　四庫全書珍本第初集　　台灣商務印書館發行

　龔璛《存悔齋稿》、補遺》二卷　　四庫全書珍本第三集　　台灣商務印書館發行

　耶律鑄《雙溪醉隱集》六卷　　四庫全書珍本第二集　　　台灣商務印書館發行

　滕安上《東庵集》四卷　　四庫全書珍本第初集　　　　　台灣商務印書館發行

　許謙《白雲集》；《白雲先生集》一卷　　四部叢刊　　　台灣中華書局

　元淮《金囦吟》一卷（善本）　　　　　　　　　　　　　中央圖書館藏

　程端禮《畏齋集》六卷　　四庫全書珍本第別集　　　　　台灣商務印書館發行

　安熙《默庵集》五卷　　四庫全書珍本第三集　　　　　　台灣商務印書館發行

　胡炳文《雲峰集》八卷　　四庫全書珍本第四集　　　　　台灣商務印書館發行

　王惲《秋澗集》一百卷　　四部叢刊　　　　　　　　　　台灣中華書局

　姚燧《牧庵集》三十六卷　　四部叢刊　　　　　　　　　台灣中華書局

　程鉅夫《雪樓集》三十卷（善本）　　　　　　　　　　　台北故宮博物院藏

　曹伯啟《曹文貞公詩集》十卷　　四庫全書珍本第四集　　台灣商務印書館發行

　曹伯啟《漢泉漫稿》一卷　　四庫全書珍本第四集　　　　台灣商務印書館發行

　陳孚《觀光稿》一卷　　四庫全書珍本第八集　　　　　　台灣商務印書館發行

　陳宜甫《秋巖詩集》二卷　　四庫全書珍本第初集　　　　台灣商務印書館發行

　尹廷高《玉井樵唱》三卷　　四庫全書珍本第初集　　　　台灣商務印書館發行

　王旭《蘭軒集》十六卷　　四庫全書珍本第初集　　　　　台灣商務印書館發行

　袁桷《清容居士集》五十卷　　四部叢刊　　　　　　　　台灣中華書局

　周權《此山集》十卷　　四庫全書珍本第三集　　　　　　台灣商務印書館發行

　馬臻《霞外集》（善本）　　　　　　　　　　　　　　　中央圖書館藏

　劉岳申《申齋集》十五卷（善本）　　　　　　　　　　　中央圖書館藏

　張之翰《西巖集》二十卷　　四庫全書珍本第初集　　　　台灣商務印書館發行

釋大訢《蒲室集》十五卷　　　四庫全書珍本第二集　　　　台灣商務印書館發行

黃玠《弁山小隱吟錄》二卷（善本）　　　　　　　　　　台北故宮博物院藏

洪希文《續軒渠集》十卷　　　四庫全書珍本第六集　　　　台灣商務印書館發行

陳櫟《定宇集》十六卷　　四庫全書珍本第二集　　　　台灣商務印書館發行

侯克中《艮齋詩集》十四卷　　　四庫全書珍本第初集　　　台灣商務印書館發行

何中《知非堂稿》六卷　　　四庫全書珍本第五集　　　　台灣商務印書館發行

貢奎《貢文靖公雲林詩集》六卷（善本）　　　　　　日本東京靜嘉堂文庫藏

貢奎《雲林集》六卷　　四庫全書珍本第三集　　　　台灣商務印書館發行

郭豫亨《梅花字字香》一卷　　　四庫全書珍本第九集　　　台灣商務印書館發行

劉敏中《中庸集》二十卷　　　四庫全書珍本第三集　　　　台灣商務印書館發行

王結《文中集》六卷　　　四庫全書珍本第初集　　　　台灣商務印書館發行

袁易《靜春堂詩》四卷（善本）　　　　　　　　　　台北故宮博物院藏

劉鶚《惟實集》七卷　　　四庫全書珍本第四集　　　　台灣商務印書館發行

蕭㪺《勤齋集》八卷　　　四庫全書珍本第二集　　　　台灣商務印書館發行

馬祖常《石田集》十五卷　　　四庫全書珍本第六集　　　　台灣商務印書館發行

同恕《矩庵集》十五卷　　　四庫全書珍本第初集　　　　台灣商務印書館發行

虞集《道園學古錄》五十卷　　　四部叢刊　　　　　台灣中華書局

虞集《道園遺稿》六卷　　　四庫全書珍本第五集　　　　台灣商務印書館發行

楊載《翰林楊仲弘詩集》　　　四部叢刊　　　　　　台灣中華書局

楊載《仲弘集》八卷　　　四庫全書珍本第六集　　　　台灣商務印書館發行

范梈《德機集》一卷　　　四部叢刊　　　　　　台灣中華書局

揭傒斯《文安集》十四卷　　　四部叢刊　　　　　　台灣中華書局

宋无《翠寒集》一卷（善本）　　　　　　　　　　台北故宮博物院藏

丁復《檜亭集》九卷　　　四庫全書珍本第三集　　　　台灣商務印書館發行

王沂《伊濱集》二十四卷　　　四庫全書珍本第初集　　　台灣商務印書館發行

王沂《王徵士詩》八卷（善本）　　　　　　　　　台北故宮博物院藏

吳萊《淵穎吳先生集》十二卷　　　四部叢刊　　　　　台灣中華書局

釋祖柏《不繫舟集》一卷　　　四庫全書珍本第五集　　　台灣商務印書館發行

于立《會稽外史集》一卷　　　四庫全書珍本第五集　　　台灣商務印書館發行

袁士元《書林外集》一卷（善本）　　　　　　　　中央圖書館藏

郭畀《快雪齋集》一卷（善本）　　　　　　　　　中央圖書館藏

黃溍《黃文獻公文集》十卷　　　四部叢刊　　　　　台灣中華書局

朱思本《詩稿》（善本）　　　　　　　　　　　台北故宮博物院藏

歐陽玄《圭齋集》十六卷　　四部叢刊　　　　　　台灣中華書局

柳貫《待制集》二十卷　　四部叢刊　　　　　　　台灣中華書局

陳泰《所安遺集》一卷（善本）　　　　　　　　　中央圖書館藏

蒲道源《閒居叢稿》二十六卷（善本）　　　　　　中央圖書館藏

許有壬《圭塘小稿》十三卷　　四庫全書珍本第六集　　台灣商務印書館發行

許有壬《至正集》八十一卷　　四庫全書珍本第八集　　台灣商務印書館發行

許有壬《續集》一卷　　四庫全書珍本第八集　　　台灣商務印書館發行

吳師道《吳正傳先生文集》二十卷（善本）　　　　中央圖書館藏

程端學《積齋集》五卷　　四庫全書珍本第別集　　台灣商務印書館發行

袁桷《燕石集》十五卷　　四庫全書珍本第二集　　台灣商務印書館發行

黃鎮成《秋聲集》四卷　　四庫全書珍本第六集　　台灣商務印書館發行

張天英《石渠居士集》一卷　　四庫全書珍本第五集　　台灣商務印書館發行

熊夢祥《松雲道人集》一卷　　四庫全書珍本第五集　　台灣商務印書館發行

薩都剌《天錫集》四卷　　四部叢刊　　　　　　　台灣中華書局

屠性《彥德集》一卷　　四庫全書珍本第五集　　　台灣商務印書館發行

洪焱祖《杏亭摘稿》一卷　　四庫全書珍本第三集　　台灣商務印書館發行

陳旅《安雅堂集》十三卷　　四庫全書珍本第二集　　台灣商務印書館發行

傅若金《傅與礪文集、附錄、詩集》二十卷

　　　　　　四庫全書珍本第三集　　　　　　　台灣商務印書館發行

傅若金《清江集》一卷　　四庫全書珍本第三集　　台灣商務印書館發行

朱晞顏《瓢泉吟稿》五卷　　四庫全書珍本第初集　　台灣商務印書館發行

唐元《筠軒集》十三卷　　四庫全書珍本第三集　　台灣商務印書館發行

李存《俟庵集》三十一卷　　四庫全書珍本第二集　　台灣商務印書館發行

蘇天爵《滋溪集》一卷（善本）　　　　　　　　　中央圖書館藏

朱德潤《存復齋集》一卷　　四部叢刊　　　　　　台灣中華書局

朱德潤《存復齋續集》一卷（善本）　　　　　　　中央圖書館藏

余闕《青陽集》六卷　　四部叢刊　　　　　　　　台灣中華書局

周伯琦《近光集》三卷　　四庫全書珍本第二集　　台灣商務印書館發行

周伯琦《扈從集》一卷　　四庫全書珍本第二集　　台灣商務印書館發行

李士瞻《經濟文集》六卷（善本）　　　　　　　　台北故宮博物院藏

郯韶《雲臺集》一卷　　四庫全書珍本第五集　　　台灣商務印書館發行

劉永之《山陰集》一卷（善本）　　　　　　　　　日本東京靜嘉堂文庫藏

柯九思《丹丘生集、附錄》六卷（善本）　　　　　中央圖書館藏

胡助《純白齋類稿、附錄》二十一卷（善本）　　　　　台北故宮博物院藏

盧琦《圭峰集、附錄》三卷　　四庫全書珍本第三集　　台灣商務印書館發行

杜本《清江碧嶂集》一卷（善本）　　　　　　　　　中央圖書館藏

張翥《蛻庵集》五卷　　四庫全書珍本第五集　　　台灣商務印書館發行

李孝光《五峰集》十卷　　四庫全書珍本第七集　　台灣商務印書館發行

邵亨貞《野處集》四卷　　四庫全書珍本第初集　　台灣商務印書館發行

邵亨貞《蟻術詩選》八卷　　四部叢刊　　　　　　台灣中華書局

釋大圭《夢觀集》五卷　　四庫全書珍本第五集　　台灣商務印書館發行

納延《金臺集》二卷（善本）　　　　　　　　　　台北故宮博物院藏

張仲深《子淵詩集》六卷　　四庫全書珍本第初集　　台灣商務印書館發行

陳鎰《午溪集》十卷　　四庫全書珍本第初集　　　台灣商務印書館發行

吳景奎《藥房樵唱、附錄》四卷　　四庫全書珍本第初三集　台灣商務印書館發行

潘純《子素集》一卷　　四庫全書珍本第初五集　　台灣商務印書館發行

張渥《貞期生稿》一卷　　四庫全書珍本第五集　　台灣商務印書館發行

岑安卿《栲栳山人詩集》三卷　　四庫全書珍本第五集　　台灣商務印書館發行

吳鎮《梅花道人遺墨》一卷（善本）　　　　　　中央圖書館藏

貢師泰《玩齋集》十卷　　四庫全書珍本第三集　　台灣商務印書館發行

劉仁本《羽庭集》六卷　　四庫全書珍本第別集　　台灣商務印書館發行

姚文奐《野航亭稿》一卷　　四庫全書珍本第五集　　台灣商務印書館發行

陳高《不繫舟漁集》一卷（善本）　　　　　　　台北故宮博物院藏

成廷珪《居竹軒集》四卷　　四庫全書珍本第三集　　台灣商務印書館發行

張雨《句曲外史集》三卷　　四部叢刊　　　　　台灣中華書局

張雨《貞居集補遺》三卷（善本）　　　　　　　台北故宮博物院藏

鄭元祐《僑吳集》十二卷（善本）　　　　　　　中央圖書館藏

謝宗可《謝宗可詠物詩》一卷　　四庫全書珍本第六集　　台灣商務印書館發行

陳樵《鹿皮子集》四卷（善本）　　　　　　　　台北故宮博物藏

郭翼《林外野言》二卷　　四庫全書珍本第四集　　台灣商務印書館發行

胡天游《傲軒吟稿》一卷　　四庫全書珍本第初集　　台灣商務印書館發行

項炯《可立集》一卷　　四庫全書珍本第五集　　台灣商務印書館發行

鄭玉《師山集》八卷　　四庫全書珍本第四集　　台灣商務印書館發行

王翰《友石山人遺稿》一卷　　四庫全書珍本第八集　　台灣商務印書館發行

吳海《聞過齋集》八卷（善本）　　　　　　　　台北故宮博物院藏

吳當《學言稿》六卷　　四庫全書珍本第三集　　台灣商務印書館發行

許恕《北郭集・補遺》一卷（善本）　　　　　　　　台北故宮博物院藏

張憲《玉笥集》十卷（善本）　　　　　　　　　　台北故宮博物院藏

金涓《青村遺稿》一卷（善本）　　　　　　　　　台北故宮博物院藏

丁鶴年《丁鶴年集》三卷（善本）　　　　　　　　台北故宮博物院藏

舒頔《貞素齋集》八卷　　四庫全書珍本第二集　　台灣商務印書館發行

舒遠遜《北莊遺稿》一卷　　四庫全書珍本第二集　台灣商務印書館發行

李繼本《一山文集》九卷（善本）　　　　　　　　台北故宮博物院藏

錢惟善《江月松風集》十二卷（善本）　　　　　　台北故宮博物院藏

周霆震《石初集》一卷（善本）　　　　　　　　　台北故宮博物院藏

王逢《梧溪集》七卷　　四庫全書珍本第二集　　　台灣商務印書館發行

吳皋《吾吾類稿》三卷　　四庫全書珍本第別集　　台灣商務印書館發行

葉顒《樵雲獨唱》六卷（善本）　　　　　　　　　台北故宮博物院藏

魯貞《桐山老農集》四卷　　四庫全書珍本第初集　台灣商務印書館發行

郭鈺《靜思集》十卷　　四庫全書珍本第二集　　　台灣商務印書館發行

戴良《九靈山房集》三十卷　　四叢　　　　　　　台灣中華書局

李祁《雲陽集》十卷　　四庫全書珍本第二集　　　台灣商務印書館發行

貢性之《南湖集》二卷　　四庫全書珍本第七集　　台灣商務印書館發行

楊翮《佩玉齋類稿》十卷　　四庫全書珍本第初集　台灣商務印書館發行

倪瓚《倪雲林先生全集》十二卷　　四叢　　　　　台灣中華書局

呂思誠《來鶴亭詩》八卷　　四庫全書珍本第八集　台灣商務印書館發行

朱希晦《雲松巢集》三卷　　四庫全書珍本第四集　台灣商務印書館發行

汪克寬《環谷集》八卷　　四庫全書珍本第七集　　台灣商務印書館發行

周巽《性情集》六卷　　四庫全書珍本第初集　　　台灣商務印書館發行

沈夢麟《花谿集》三卷　　四庫全書珍本第九集　　台灣商務印書館發行

胡行簡《樗隱集》六卷　　四庫全書珍本第二集　　台灣商務印書館發行

趙汸《東山存稿》七卷　　四庫全書珍本第二集　　台灣商務印書館發行

楊維楨《東維子集》三十卷　　四叢　　　　　　　台灣中華書局

楊維楨《鐵崖古樂府復古詩》十六卷　　四叢　　　台灣中華書局

陳基《夷白齋稿》三十五卷　　四庫全書珍本第九集　台灣商務印書館發行

宋禧《庸齋集》十四卷　　四庫全書珍本第二集　　台灣商務印書館發行

張昱《可閒老人集》四卷　　四庫全書珍本第初集　台灣商務印書館發行

張昱《張光弼詩集》　　四叢　　　　　　　　　　台灣中華書局

梁寅《石門集》七卷　　四庫全書珍本第四集　　　台灣商務印書館發行

| | |
|---|---|
| 釋克新《雪廬稿》一卷（善本） | 台北故宮博物院藏 |
| 鄧雅《玉笥集》九卷　　　四庫全書珍本第初集 | 台灣商務印書館發行 |
| 鄭東、宗本元　　　　　四庫全書珍本第五集 | 台灣商務印書館發行 |
| 秦約、良琦　　　　　　四庫全書珍本第五集 | 台灣商務印書館發行 |
| 汪澤民、張師愚《宛陵群英集》　四庫全書珍本第二集 | 台灣商務印書館發行 |
| 賴良《大雅集》　　　　四庫全書珍本第三集 | 台灣商務印書館發行 |
| 胡布、張達、劉紹《元音遺響》　四庫全書珍本第三集 | 台灣商務印書館發行 |
| 偶桓《乾坤清氣》　　　四庫全書珍本第三集 | 台灣商務印書館發行 |
| 段成己《二妙集》（善本） | 日本東京東洋文庫藏 |
| 白樸《天籟集》（善本） | 日本東京東洋文庫藏 |
| 王毅《木訥齋文集》（善本） | 日本東京大學東洋文化研究所藏 |
| 潘伯修《江檻集》（善本） | 日本東京大學東洋文化研究所藏 |
| 陳普《石堂先生遺集》（善本） | 日本東京內閣文庫藏 |
| 朱升《朱楓林集》（善本） | 日本東京內閣文庫藏 |
| 譚景星《村西集》（善本） | 日本東京內閣文庫藏 |
| 金哈剌《南遊寓興集》（善本） | 日本東京內閣文庫藏 |
| 華幼武《西碧先生黃楊集》（善本） | 日本東京內閣文庫藏 |
| 釋至仁《澹居集》（善本） | 日本東京內閣文庫藏 |
| 釋性空《廬山外集》（善本） | 日本東京內閣文庫藏 |
| 王廷珪《竹居詩集》（善本） | 日本東京靜嘉堂文庫藏 |
| 張庸《全歸集》（善本） | 日本東京靜嘉堂文庫藏 |
| 黃樞《後圃集》（善本） | 日本東京靜嘉堂文庫藏 |
| 貢奎《貢文靖公雲林詩集》（善本） | 日本東京靜嘉堂文庫藏 |
| 沈貞《茶山老人遺集》（善本） | 日本東京靜嘉堂文庫藏 |
| 姚璉《姚叔器先生集》（善本） | 日本東京靜嘉堂文庫藏 |
| 呂不用《得月稿》（善本） | 日本東京靜嘉堂文庫藏 |
| 劉永之《劉仲修先生詩集》（善本） | 日本東京靜嘉堂文庫藏 |
| 韓奕《韓山人詩集》（善本） | 日本東京靜嘉堂文庫藏 |
| 蔣易《鶴田蔣先生文集》（善本） | 日本東京靜嘉堂文庫藏 |
| 傅仲淵《鼇海詩人集》（善本） | 日本東京靜嘉堂文庫藏 |

## 明人著作

宋濂《宋學士全集》三十一卷　　　四叢　　　　　　台灣中華書局

宋濂《文憲集》三十二卷　　　四庫全書珍本第四集　　　台灣商務印書館發行

劉基《誠意伯文集》二十四卷　　　四叢　　　　　台灣中華書局

汪廣洋《鳳池吟稿》十卷　　　四庫全書珍本第三集　　　台灣商務印書館發行

陶安《陶學士集》二十卷　　　四庫全書珍本第七集　　　台灣商務印書館發行

宋訥《西隱集、附錄》十一卷　　　四庫全書珍本第三集　　　台灣商務印書館發行

張以寧《翠屏集》四卷　　　四庫全書珍本第二集　　　台灣商務印書館發行

危素《雲林集》二卷　　　四庫全書珍本第三集　　　台灣商務印書館發行

危素《說學齋稿》四卷　　　四庫全書珍本第三集　　　台灣商務印書館發行

唐桂芳《白雲集》七卷　　　四庫全書珍本第四集　　　台灣商務印書館發行

林弼《林登州集、附錄》二十四卷　　　四庫全書珍本第四集　台灣商務印書館發行

劉崧《槎翁詩集》八卷　　　四庫全書珍本第五集　　　台灣商務印書館發行

釋妙聲《東皐錄》三卷　　　四庫全書珍本第五集　　　台灣商務印書館發行

朱同《覆瓿集》八卷　　　四庫全書珍本第初集　　　台灣商務印書館發行

凌雲翰《柘軒集》五卷　　　四庫全書珍本第十集　　　台灣商務印書館發行

朱右《白雲稿》五卷　　　四庫全書珍本第二集　　　台灣商務印書館發行

謝肅《密庵集》八卷　　　四叢　　　　　　台灣中華書局

貝瓊《文集》三十卷　　　四叢　　　　　　台灣中華書局

蘇伯衡《蘇平仲集》十六卷　　　四叢　　　　　台灣中華書局

王彝《王常宗集》四卷　　　四庫全書珍本第三集　　　台灣商務印書館發行

錢宰《臨安集》六卷　　　四庫全書珍本第三集　　　台灣商務印書館發行

童冀《尚絅齋集》五卷　　　四庫全書珍本第初集　　　台灣商務印書館發行

趙撝謙《趙考古文集》二卷　　　四庫全書珍本第四集　　　台灣商務印書館發行

劉彥炳《劉彥昺集》九卷　　　四庫全書珍本第二集　　　台灣商務印書館發行

藍仁《藍山集》六卷　　　四庫全書珍本第別集　　　台灣商務印書館發行

藍智《藍潤集》六卷　　　四庫全書珍本第別集　　　台灣商務印書館發行

高啟《大全集》十八卷　　　四叢　　　　　台灣中華書局

楊基《眉庵集》十二卷　　　四叢　　　　　台灣中華書局

張羽《靜庵集》四卷　　　四叢　　　　　台灣中華書局

徐賁《北郭集》六卷　　　四叢　　　　　　　　　　　　　　台灣中華書局

林鴻《鳴盛集》四卷　　　四庫全書珍本第五集　　　　　台灣商務印書館發行

王恭《白雲樵唱‧附錄》五卷　　　四庫全書珍本第四集　　台灣商務印書館發行

王恭《草澤狂歌》五卷　　　四庫全書珍本第初集　　　　台灣商務印書館發行

王行《半軒集》十二卷　　　四庫全書珍本第三集　　　　台灣商務印書館發行

孫蕡《西庵集》九卷　　　四庫全書珍本第六集　　　　　台灣商務印書館發行

祁奎《望雲集》五卷　　　四庫全書珍本第四集　　　　　台灣商務印書館發行

管時敏《蚓竅集》十卷　　　四庫全書珍本第四集　　　　台灣商務印書館發行

董紀《西郊笑端集》二卷　　　四庫全書珍本第二集　　　台灣商務印書館發行

鄭潛《樗庵詩稿》二卷　　　四庫全書珍本第初集　　　　台灣商務印書館發行

鄭潛《樗庵類稿》二卷　　　四叢　　　　　　　　　　　台灣中華書局

烏斯道《春草齋詩集》五卷（善本）　　　　　　　　　　台北故宮博物院藏

袁華《耕學齋詩集》十二卷　　　四庫全書珍本第三集　　台灣商務印書館發行

袁華《可傳集》一卷　　　四庫全書珍本第初集　　　　　台灣商務印書館發行

殷奎《強齋集》十卷　　　四庫全書珍本第四集　　　　　台灣商務印書館發行

陳謨《海桑集》十卷　　　四庫全書珍本第四集　　　　　台灣商務印書館發行

梁蘭《畦樂詩集》一卷　　　四庫全書珍本第八集　　　　台灣商務印書館發行

王冕《竹齋詩集》（善本）　　　　　　　　　　　　　　中央圖書館藏

史謹《獨醉亭集》三卷　　　四庫全書珍本第初集　　　　台灣商務印書館發行

袁凱《海叟集‧集外詩》一卷　　　四庫全書珍本第六集　台灣商務印書館發行

吳伯宗《榮進集》四卷　　　四庫全書珍本第三集　　　　台灣商務印書館發行

王翰《梁園寓稿》九卷　　　四庫全書珍本第三集　　　　台灣商務印書館發行

劉璉《自怡集‧附錄》二卷　　　四庫全書珍本第四集　　台灣商務印書館發行

胡奎《斗南老人集》六卷　　　四庫全書珍本第五集　　　台灣商務印書館發行

龔斆《鵝湖集》六卷　　　四庫全書珍本第二集　　　　　台灣商務印書館發行

虞堪《希澹園詩集》三卷　　　四庫全書珍本第初集　　　台灣商務印書館發行

虞堪《鼓枻稿》三卷（善本）　　　　　　　　　　　　　中央圖書館藏

鄭真《滎陽外史集》一百卷　　　四庫全書珍本第初集　　台灣商務印書館發行

王紳《繼志齋集》九卷　　　四庫全書珍本第四集　　　　台灣商務印書館發行

釋宗泐《全室外集‧續集》十卷　　　四庫全書珍本第六集　台灣商務印書館發行

張宇初《峴泉集》四卷　　　四庫全書珍本第五集　　　　台灣商務印書館發行

唐之淳《唐愚士詩》四卷　　　四庫全書珍本第四集　　　台灣商務印書館發行

方孝儒《遜志齋集》二十四卷　　　四叢　　　　　　　　台灣商務印書館發行

程通《貞白遺稿》十卷　　四庫全書珍本第三集　　　　台灣商務印書館發行

周是修《芻蕘集》六卷　　四庫全書珍本第四集　　　　台灣商務印書館發行

劉璟《易齋集》二卷　　四庫全書珍本第四集　　　　台灣商務印書館發行

龔詡《野古集、年譜、附錄》四卷　四庫全書珍本第四集　台灣商務印書館發行

姚綬《穀庵集選》（善本）　　　　　　　　　　中央圖書館藏

杜瓊《杜東原集》（善本）　　　　　　　　　　中央圖書館藏

解縉《文毅集》十六卷　　四庫全書珍本第四集　　　　台灣商務印書館發行

王偁《王檢討集》五卷　　四庫全書珍本第四集　　　　台灣商務印書館發行

王紱《王舍人詩集、附錄》六卷　　四庫全書珍本第八集　台灣商務印書館發行

梁潛《泊庵集》十六卷　　四庫全書珍本第六集　　　　台灣商務印書館發行

王洪《毅齋詩文集》八卷　　四庫全書珍本第初集　　　台灣商務印書館發行

胡儼《頤庵文選》二卷　　四庫全書珍本第四集　　　　台灣商務印書館發行

王璲《青城山人集》八卷　　四庫全書珍本第三集　　　台灣商務印書館發行

楊士奇《東里文集、詩集、續集、別集》九十三卷

　　　　　　四庫全書珍本第七集　　　　　　　　台灣商務印書館發行

楊榮《楊文敏集》二十五卷　　四庫全書珍本第四集　　台灣商務印書館發行

夏原吉《忠靖集》七卷　　四庫全書珍本第四集　　　　台灣商務印書館發行

金幼孜《金文靖集》十卷　　四庫全書珍本第二集　　　台灣商務印書館發行

王直《抑庵集》前後集共五十卷　　四庫全書珍本第八集　台灣商務印書館發行

李昌祺《運甓漫稿》七卷　　四庫全書珍本第二集　　　台灣商務印書館發行

唐文鳳《梧岡集》十卷　　四庫全書珍本第八集　　　　台灣商務印書館發行

李時勉《古廉文集》十一卷　　四庫全書珍本第三集　　台灣商務印書館發行

于謙《忠肅集》十二卷　　四庫全書珍本第四集　　　　台灣商務印書館發行

謝晉《蘭庭集》二卷　　四庫全書珍本第初集　　　　台灣商務印書館發行

李賢《古穰集》三十卷　　四庫全書珍本第二集　　　　台灣商務印書館發行

徐有貞《武功集》五卷　　四庫全書珍本第四集　　　　台灣商務印書館發行

韓雍《襄毅文集》十五卷　　四庫全書珍本第四集　　　台灣商務印書館發行

岳正《類博稿、附錄》十一卷　　四庫全書珍本第三集　台灣商務印書館發行

柯潛《竹巖集、補遺、附錄》四卷　　四庫全書珍本第四集　台灣商務印書館發行

鄭文康《平橋稿》十八卷　　四庫全書珍本第七集　　　台灣商務印書館發行

童軒《清風亭稿》八卷　　四庫全書珍本第三集　　　　台灣商務印書館發行

張寧《方洲集》二十六卷　　四庫全書珍本第三集　　　台灣商務印書館發行

何喬新《椒邱文集、卷外集》三十五卷

四庫全書珍本第五集　　　　　　　　　　台灣商務印書館發行

沈周《石田詩選》十卷（善本）　　　　　　中央圖書館藏

朱存理《樓居雜著、野航詩稿、文稿》四卷

四庫全書珍本第八集　　　　　　　　　　台灣商務印書館發行

莊昶《定山集》十一卷　　四庫全書珍本第九集　台灣商務印書館發行

賀欽《醫閭集》九卷　四庫全書珍本第九集　　台灣商務印書館發行

周瑛《翠渠摘稿》七卷　　四庫全書珍本第二集　台灣商務印書館發行

王鏊《震澤集》三十六卷　　四庫全書珍本第五集　台灣商務印書館發行

邵寶《容春堂前集、後集》二十、十四卷

四庫全書珍本第五集　　　　　　　　　　台灣商務印書館發行

史鑑《西村集》八卷　　四庫全書珍本第三集　台灣商務印書館發行

朱誠泳《小鳴稿》十卷　　四庫全書珍本第二集　台灣商務印書館發行

祝允明《懷星堂集》三十卷　　四庫全書珍本第六集　台灣商務印書館發行

李夢陽《空同集》六十六卷　　四庫全書珍本第八集　台灣商務印書館發行

顧璘《浮湘集》四卷　　四庫全書珍本第六集　台灣商務印書館發行

顧璘《息園存稿詩》　　四庫全書珍本第六三集　台灣商務印書館發行

邊貢《華泉集》十四卷　　四庫全書珍本第七集　台灣商務印書館發行

孫緒《沙溪集》二十工卷　　四庫全書珍本第八集　台灣商務印書館發行

何塘《柏齋集》十一卷　　四庫全書珍本第六三集　台灣商務印書館發行

何景明《大復集》三十八卷　　四庫全書珍本第七集　台灣商務印書館發行

陸深《儼山集》一百卷　　四庫全書珍本第五集　台灣商務印書館發行

孫承恩《文簡集》五十八卷　　四庫全書珍本第二集　台灣商務印書館發行

文徵明《甫田集》三十五卷（善本）　　　　中央圖書館藏

唐寅《唐伯虎先生全集》（善本）　　　　　中央圖書館藏

陸粲《陸子餘集》一卷　　四庫全書珍本第五集　台灣商務印書館發行

朱樸《西村詩集》　　四庫全書珍本第八集　　台灣商務印書館發行

周鼎《土苴集》（善本）　　　　　　　　　中央圖書館藏

董其昌《容臺集》（善本）　　　　　　　　中央圖書館藏

徐渭《徐文長三集》（善本）　　　　　　　中央圖書館藏

都穆《鐵網珊瑚》　　藝術賞鑑選珍續輯　　台北漢華文化事業公司出版

詹景鳳《詹氏玄覽編》　　藝術賞鑑選珍　　台北漢華文化事業公司出版

張丑《清河書畫舫》　　　　　　　　　　　台灣學海出版社印行

汪珂玉《珊瑚網》　　藝術賞鑑選珍　　　　台北漢華文化事業公司出版

吳其貞《書畫記》六卷 台北文史哲出版社印行

顧復《平生壯觀》十卷　藝術賞鑑選珍續輯 台北漢華文化事業公司出版

朱存理《珊瑚木難》八卷　藝術賞鑑選珍 台北漢華文化事業公司出版

朱存理《鐵網珊瑚》二十一卷　藝術賞鑑選珍 台北漢華文化事業公司出版

## 清人著作

卞永譽《式古堂書畫彙考》三十卷 台灣正中書局印行

松泉老人《墨緣彙觀錄》四卷　國學基本叢書 台灣商務印書館印行

吳升《大觀錄》二十卷　藝術賞鑑選珍 台北漢華文化事業公司出版

高士奇《江村消夏錄》三卷　藝術賞鑑選珍續輯 台北漢華文化事業公司出版

孫承澤《庚子消夏記》八卷　藝術賞鑑選珍續輯 台北漢華文化事業公司出版

高宗敕編《御定歷代題畫詩類》　四庫全書珍本第六集 台灣商務印書館發行

胡敬《胡氏書畫考三種》四卷　藝術賞鑑選珍續輯 台北漢華文化事業公司出版

吳榮光《辛丑消夏記》五卷　藝術賞鑑選珍續輯 台北漢華文化事業公司出版

郁逢慶《書畫題跋記》十二卷　藝術賞鑑選珍續輯 台北漢華文化事業公司出版

李佐賢《書畫鑑景》二十四卷　藝術賞鑑選珍續輯 台北漢華文化事業公司出版

顧文彬《過雲樓書畫記》二十卷　藝術賞鑑選珍續輯 台北漢華文化事業公司出版

楊恩壽《眼福編》 台北文史哲出版社印行

陸心源《穰梨館過眼錄》 台灣學海出版社印行

龐元濟《虛齋名畫錄》八卷　藝術賞鑑選珍三輯 台北漢華文化事業公司出版

龐元濟《虛齋名畫續錄》四卷　藝術賞鑑選珍三輯 台北漢華文化事業公司出版

梁章鉅《退盦金石書畫跋》二十卷　藝術賞鑑選珍四輯 台北漢華文化事業公司出版

葛金烺《愛日吟廬書畫錄》四卷 台北文史哲出版社印行

# 畫 家 人 名 索 引